1878
|
2023

The Philatelic History of Suzhou

蘇州集郵史

苏州市集邮协会 编

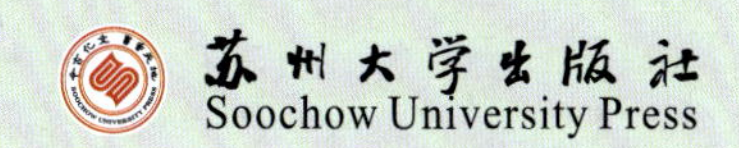
苏州大学出版社
Soochow University Press

图书在版编目(CIP)数据

苏州集邮史. 1878—2023 / 苏州市集邮协会编.
苏州 : 苏州大学出版社, 2024. 10. -- ISBN 978 -7
-5672 -4842 -7

Ⅰ. G262.2 -092

中国国家版本馆 CIP 数据核字第 2024S5B995 号

书　　名: 苏州集邮史(1878—2023)
SUZHOU JIYOU SHI (1878—2023)

编　　者: 苏州市集邮协会
责任编辑: 杨　柳　冯　云
装帧设计: 吴　钰
书眉绘画: 李　涵

出版发行: 苏州大学出版社(Soochow University Press)
社　　址: 苏州市十梓街 1 号　**邮编:** 215006
印　　刷: 苏州工业园区美柯乐制版印务有限责任公司
邮购热线: 0512-67480030
销售热线: 0512-67481020

开　　本: 889 mm×1 194 mm　1/16　**印张:** 31.5　**字数:** 911 千
版　　次: 2024 年 10 月第 1 版
印　　次: 2024 年 10 月第 1 次印刷
书　　号: ISBN 978 -7 -5672 -4842 -7
定　　价: 280.00 元

若有印装错误,本社负责调换
苏州大学出版社营销部　电话: 0512 -67481020
苏州大学出版社网址　http://www.sudapress.com
苏州大学出版社邮箱　sdcbs@suda.edu.cn

绚烂与深邃的姑苏邮风

——《苏州集邮史（1878—2023）》序

甲辰龙年岁初，我从苏州带回厚厚一摞书稿，名《苏州集邮史（1878—2023）》。读之，我深感姑苏邮风之绚烂，于是，便有了几个层次的思忖：苏州与苏州集邮，以及苏州集邮史在中国集邮史程中的作用……

（一）

最早知道苏州，源自童稚时随私塾先生咏读的诗句——“姑苏城外寒山寺”；第一次到苏州，即领略了微斜虎丘塔的魅力。

当我在电视上“话说”了长江，再“话说”运河时，水城门与《平江图》让我知道了这个处于蜿蜒水脉中的经济和文化繁盛的苏州，原是灵地的人杰创造出来的。就在《话说运河》开播的1986年，我这个热爱集邮的电视人拿到了有水城门图案的纪念邮资明信片。赫然入目的是一行文字：苏州建城二千五百年。

2 500年之久的时间让我知道了，一座城池的价值，就在于它在时间过往的长河中留下了什么。过往的，就是历史；历史，就是对过往的梳理。许许多多的人都想知悉自己家乡的过往，我想，这个认知既是深厚而温馨的一种情感与情怀，又是对于前人和后者及处于现实中的自己的一份责任和使命。于是，不同的视角、多元的采撷，便有了一段段关于自己家乡历史的描述。

写到这里，我便有了一个感悟：任何修史之人都是扛起了一种使命的。放在我案头上的这部厚厚的书稿——《苏州集邮史（1878—2023）》，是从一个独特的视角来厘清和叙说苏州古城的一段文化史迹。编者恰与我同好，也喜那有长长历史的“王者之好”——集邮！

（二）

集邮，本是一个文化集藏行为，年深日久，藏者留下了“邮资凭证”的实体遗存，以及对其不辍研究之成果。因此，对于这部书稿，我迫切想知道的，就是苏州集邮是如何兴起的，因何集邮可以走过这么多年。这些，就是历史的昭彰，也是历史留给今人的启示。历史不仅要告诉我们“有什么”，还要启迪我们想一想“为什么”。有史实、有思考，历史方有价值。

为什么我只瞥了一眼《苏州集邮史（1878—2023）》的书名，还未细细研读，就发了这么一通议论？那是因为我也曾参与过一部集邮史的编纂。那是一部题为《中国集邮史（1878—2018）》的近两百万字的巨著。包括来自苏州的金问涛先生亦参与其中，我们经过近三年的春秋笔耕，才使这部史著得以面世。因此，作为该书主编，我似有或本就应当有的一种积习，就是在看到又一部“集邮史”书稿时，忍不住翻腾起对于修史的一些思绪。

于是，作序之先，我便写了我对于姑苏这块美丽地界的印象，以及对于“集邮史”编纂的一点点或已过时了的想法。我知道，先验式的以过去思路套看新著是不可取的。于是，我翻开书稿，一页页读了下去，便有了叠加在原来思路上的一些新的思考。

（三）

读史，重要的是读进去。因为历史在时间和空间上都和我们有一定的距离。因此，这就要求我们在修史时不能罗列过程，而要在设定逻辑线索的“面”上，提炼出有价值的信息“点”。

打开《苏州集邮史（1878—2023）》目录，五章篇幅铺陈出了这个地域集邮所走过的时间线。我主编《中国集邮史（1878—2018）》时，因涉及中国近现代历史，故要遵守时序表述的严格规范。于是，我将目光首先投到这部集邮史的时间概念上。从晚清经民国到新中国的几个历史阶段，时间轴不变，但在表述上，编者定位在集邮发展轨迹上，如“苏州近代邮政与集邮萌芽（1878—1911）”“新中国成立后苏州集邮的起伏历程（1949—1983）”等。这就将时代与社会这如天幕一般的大背景，聚焦到了集邮这个域界，铺陈出了一条清晰的时间线。

《苏州集邮史（1878—2023）》的另一个信息“点”，则是在揭示历史发展的逻辑顺序时，依据了集邮这个文化集藏行为的渊流。集邮的流脉首先是邮政，其次是邮票，最后才是集邮。而在集邮中，首先是集藏，其次是研究，最后才是展示；集邮组织和集邮市场贯穿其间。

如此，集邮时空的逻辑性叙述，既符合史实，又条理分明。于是，当读者拿起这部沉甸甸的集邮史时，读之便有了一个顺畅的逻辑思路，那正是一个具有可读性的寻索路径。

“初”读这部集邮史，我即走进关于苏州集邮的娓娓叙述之间。随后，我的目光便聚焦在了这部集邮史的历史撰述的特征和特色上。

（四）

苏州毗邻上海。在中国集邮史上，1878 年 7 月大龙邮票发行之时，理论上是中国集邮之始。这个集藏的“舶来品”的实际萌生与中兴之地在外国人聚集最多的沪上及其周边，就像交响乐走进中国首成立上海工部局交响乐团一样。因此，《苏州集邮史（1878—2023）》开篇就写明：“上海是中国集邮的发源地，苏州素有‘上海后花园’之称，故亦得集邮风气之先……近代集邮已在苏城萌芽。”

其一，苏州集邮的第一个特征就是专业化。在邮政和邮票的大背景中，邮史写明了集邮载体邮票、邮戳、封片的行用与搜集，以及具有时代感的研究。在集邮从萌生到中兴的过程中，支撑集邮走向专业水平的是早期集邮组织，如东吴集邮社、大华邮票会、苏州邮币会等，以至于有了“‘雨后春笋’的涌现”一节。随之，邮刊成为集邮研究苑地。在那里，集邮向深研究，探讨成果累累。在“苏州邮人发起的邮学论争”一节中，再现了当年集邮学术探究的史实。邮知—邮识—邮学由浅入深，这正是集邮专业化的体现。苏州集邮因此走在中国集邮之先，以站位的高起点，将集邮的专业内涵从历史角度给予揭示与表达。

其二，集邮专业性的具体表现就是文化性，也就是集邮发展到了新中国时期，在践行中提出的“集邮文化”的概念。《苏州集邮史（1878—2023）》虽有五章，但“集邮文化”不是一个单独命题，而是贯穿在五章的叙述中的。作为集邮的物质载体，特别是邮票表现了什么，集邮行为中的集邮展览、学术研究、集邮宣传的本质体现了什么，集邮的组织和活动及交流的宗旨又是什么，集邮未来向深向广推进的导向落在哪里，等等，如何在这一系列问题中寻找出“集邮文化”，值得探究。离我们最近的一件事——苏州创建全国集邮文化先进城市，则从目标上和实践中，将集邮提升到了文化高度。

其三，苏州这个有着悠久集邮传统的城市，如何在百年历程中、在集邮成果创造中时时走在前列？这离不开创新意识，且与具有开放思维的苏州地域特质紧紧相联系。东吴大学（今苏州大学）作为知识先觉者的聚集之地，集邮群体的出现充分体现了其以文化为基础、以地域为优势的开放意识。20 世纪 90 年代，在苏州发起的一个“新兴”集邮类别——生肖集邮，及至诞生的全国性组织和专业化邮刊，并在 2024 年举办的具有国际影响力的中华全国生肖集邮展览，皆是在创新思维的引领下，体现了集邮成果获得的根由。

其四，读《苏州集邮史（1878—2023）》的一个鲜明感知就是，不回避集邮市场对于集邮的推进作用。在本书第二章，时在 1912—1937 年，就有关于“一批通邮海外的集邮先进、闻名国内的苏州邮商”的记载，并在陈述史实的基础上，做出“民国初年苏州邮商声播海内外”和“早期邮商小传”的叙述。而有关新中国成立之初的发展状况，则有一节写到“新中国成立初期苏州邮商的经营情况”，以至于细致写到了“邮商概况”和“售品目录”。有关集邮市场的重要作用，集邮史中一直有延续记载。从 20 世纪 60 年代前后的“苏一集邮店及其《寄拍卖目录》”到改革开放后的“集邮经营与集邮市场的发展”，作为历史性叙述，不讳言集邮的经济元素，不回避集邮市场在集邮中的重要作用，这在高调唱出“集邮文化”主旋律的同时，也正视了集邮的一个重要的事实，那就是对于历来就有的市场化集邮状态，做了公正的、客观的、准确的记录与评价，并将其作为集邮的一个特征与构成，写入历史中。

其五，历史不单是过程，也给我们留下了启示。集邮是既具专业性又具娱乐性的一个文化集藏行为，但在不同历史阶段，有对于今日的不同启示。中国集邮的特点就是“组织起来”。最早的邮会、最近的协会，都显示出这个个体性集藏行为在“组织起来”中焕发出的活力和潜力。这部集邮史特别详尽地记载了 70 多年前集邮组织的一个活动，细节之外还提到了：“走至门口分手时，彼此都相约下期提早到会，这情形，使编者意识到：如果苏州邮人，能将这样的精神继续贯彻下去，那末，苏州邮坛的前途，将有一个不可衡量的将来。”又如由周治华先生创办并领衔的生肖集邮研究会，其富有成果的经年集邮活动，不仅值得写入集邮史，而且从实践中升华出了许多启迪性理念，如“创新铸就集邮品类”“注重研究，理论与实践并进”，以及为邮展制定了专用规则，在集邮界形成了共识，留下了实践性成果。就是在例行记载历届集邮协会代表大会时，也依据不同时期做了启示性的概述。如写到苏州市集邮协会第六次代表大会时，特别提出了“加大服务力度，稳定集邮队伍”“创新活动形式，展现集邮魅力”“把握舆论导向，注重立体宣传”“普及提高并举，著书组集共赢”等理念。《苏州集邮史（1878—2023）》中有史实、有史论，这就从正面表述了集邮史观，确立了修史站位。因此，读《苏州集邮史（1878—2023）》的这个收获，亦为此著的一大特征。

此外，通读这部记录了江南“天堂”之地集邮衍生、萌发并兴盛的历史的大作，我还饶有兴味地看到了从文字到图片的精心细致的布局、严谨修史的科学态度，这部被称为“史”的大书，充满历史的厚重感和顺畅的可读性。相信奉到读者面前的成书，更会令人读之有获、爱不释手。

（五）

苏州集邮的历史进程虽然仅是一个地域的集邮状貌，却是中国集邮历史长河中的一朵美丽的浪花。

在我主编《中国集邮史（1878—2018）》时，《苏州集邮史（1878—2023）》就在策划、筹备和编纂中。于是，在《中国集邮史（1878—2018）》的篇章中，就有了关于这个也是中国集邮发端之地城市的重要记载。

在中国集邮百余年的史程中，苏州集邮不可或缺。《中国集邮史（1878—2018）》首篇就有“被称作上海‘后花园’的苏州，受上海集邮界的影响，早期集邮者也有不少留下史迹”的叙说，并具体记载了苏州卢赋梅于 1897 年、张景盂不迟于 1906 年已开始集邮，以及 1922 年 3 月 10 日苏州徐氏兄弟邮票社首次在《申报》刊登广告等史迹。

在《中国集邮史（1878—2018）》中，记载离我们最近的苏州集邮史迹，则是书中写到的“生肖邮票博物馆位于江苏省苏州市姑苏区山塘街东杨安浜2号玉涵堂西一路，于2013年5月18日开馆”。又记载了“顽强生存”的民间邮刊《生肖集邮》。对周治华先生创办并领衔的生肖集邮研究会的活动与成就，做了详尽记叙和高度评价。

从1915年张景孟在苏州开设五洲邮票社，到自2016年苏州市邮政史集邮研究会在苏州成功举办连续三届的民信局研讨会，以及自2018年连续七届中华全国生肖集邮展览在苏州举行，苏州集邮活动百年未曾间断的史实与成就，在新版《中国集邮史》中皆留有浓墨重彩的一笔。

一个地域的集邮史程能够25次出现在中国集邮的历史记载中，能够21次进入“中国集邮大事记”里，这表明了苏州集邮的历史在中国集邮史程中的地位、意义与价值。

历经多年策划、筹备和编纂，《苏州集邮史（1878—2023）》今终得以面世。作为曾参与集邮修史的一员，我感到集邮的历史，既是时代的、社会的缩影，也是对邮政、邮票、集邮事业前行的总结。更为重要的是，作为中国集邮史程的一个重要构成，苏州集邮正在厚重的历史积淀中汲取优势，在新的形势下“顽强生存”并砥砺前行。这份记录既是对历史的存留，也是对现实奋进的启迪与激励。

作为《中国集邮史（1878—2018）》的主编，在拜读了《苏州集邮史（1878—2023）》之后，于眼前、脑际翻卷着姑苏邮风的绚烂。随卷记下些许思绪，或可一览这段历史之变。但重要的是，这部邮史让我再次认清了为集邮修史的责任、使命和价值。

是为序。

中华全国集邮联合会第六届副会长
《中国集邮史（1878—2018）》主编　李珠

二〇二四年一月十七日

Foreword

Brilliant and Profound Philatelic Culture in Suzhou

At the beginning of the Jiachen Loong Year (2024), I brought back a thick stack of manuscripts from Suzhou: *The Philatelic History of Suzhou (1878–2023)* . During the course of reading, I deeply felt the brilliance and profoundness of the philatelic culture in Suzhou. Hence, there were several angles of contemplation: the relationship between Suzhou and Suzhou philately, as well as Suzhou philately in the history of Chinese philately ...

I

I knew Suzhou first from a poem recited by a private school teacher during childhood: "Hanshan Temple Outside Gusu City" . When I arrived in Suzhou for the first time, I saw the slightly slanted Tiger Hill Pagoda.

When I "talked about" the Yangtze River and then the Beijing-Hangzhou Grand Canal on the TV screen, the Water City Gate and Pingjiang Map made me learn that Suzhou, in this winding river, possessed a prosperous economy and culture, which were originally created by the distinguished locals. In 1986, when *Talking about the Canal* was broadcast on television, I received the commemorative postage postcard with the design of the Water City Gate. The impressive entry was a line of words: "Commemorating the 2500th Anniversary of the Founding of Suzhou".

It teaches me that the value of a city lies in what it has left behind in the long river of time. The past is history; history is to sort out the past. I deem that many people hope to comprehend about the past of their hometown. This is not only a profound and warm emotion and sentiment, but also a responsibility and mission for our ancestors, descendants, and ourselves in reality. So, from different perspectives and diverse sources, there are piles of descriptions about the history of their hometown.

At this point, I have come to realize that anyone who compiles history books carries a sense of emotion and mission. The thick manuscript placed on my desk is titled *The Philatelic History of Suzhou (1878–2023)*, which clarifies and narrates a cultural heritage of Suzhou, an ancient city, from a unique perspective.

II

Philately is an icon of cultural collection. After a long lapse of time, the physical remains of the postage certificate have left behind, as well as the continuous research on it. Therefore, what I was urgently eager to know about this manuscript is how Suzhou philately emerged and why it has gone through so many years and achieved so many results. These facts are the revelation of history and the inspiration that history has written for today's people. History not only tells us "what" is there, but also inspires us to meditate about "why". Only with historical facts and reflection can history be valuable.

Why do I make such a discussion before researching it just after having a glance at the title of *The Philatelic History of Suzhou (1878–2023)*? It is because I have once participated in the compilation of a history of philately. That is a book of nearly 2 million Chinese characters titled *The Philatelic History of China (1878–2018)*. Through the participation of Mr. Jin Wentao from Suzhou, we have gone through nearly three years' compilation before the publication. Therefore, as the editor-in-chief of the book, it seems that I have or should have had a kind of habit, which is that when I notice another draft of "philatelic history", I cannot help rummaging through some fragments of my thoughts on history revision.

Therefore, before writing this foreword, I express my emotions on the beautiful territory of Suzhou, as well as some outdated ideas about the compilation of "philatelic history". I understand that it is impossible to apply past thoughts to new works. So, I open the manuscript and read it page by page, gaining some new insights which are superimposed on the original ideas.

III

The most important requirement for reading history is to immerse into it. History has a certain distance from us both in time and space, which requires that historical revision is not a process of listing information, but rather a process of extracting valuable information points based on the logical clues.

Opening the manuscript of *The Philatelic History of Suzhou (1878–2023),* I notice there are five chapters covering the timeline of regional philatelic activities. *The Philatelic History of China (1878–2018)*, due to its involvement in modern and contemporary Chinese history, has strict standards for chronological expression. At this point, my gaze also first shifts to the concept of time in this philatelic history, because this is the historical context that philatelic specialization cannot be separated from. The timeline of several historical stages from the late Qing Dynasty to the People's Republic of China remains unchanged. However, in terms of expression, the compilers position themselves on the development path of philatelic activities, such as "Modern Postal Services and Sprouted Stamps-Collecting in Suzhou", "Vicissitudes of Stamps-Collecting in Suzhou after the Founding of the People's Republic of China (1949–1983)", etc.

Another point of *The Philatelic History of Suzhou (1878–2023)* is that in revealing the logical sequence of historical development, it bases on the profound source of philatelic culture as a collection. That is to say, the main stream of philatelic services is post, followed by stamps, and finally philately. In philately, the first is collection, the second is research, and the third is exhibition, along with the information of philatelic organizations and markets throughout each link.

In this way, the logical narrative of philatelic time and space is both in line with historical facts and well organized. So, by picking up this heavy book, one can have a smooth and logical way of thinking while reading, which is a readable search approach.

The feeling of summarizing this philatelic works at the beginning attracts me into a narrative about Suzhou philately. What follows is my vision focusing on the characteristics and features of this historical book.

IV

Suzhou is adjacent to Shanghai. In the history of Chinese philately, the issuance of the "Large Dragon Stamp" in July 1878 was theoretically the beginning of Chinese philately. The actual emergence and revival of this collection of "imported products" occurred in Shanghai and its surrounding areas, where foreigners gathered the most. It is stated clearly at the beginning of *The Philatelic History of Suzhou(1878–2023)*: "Shanghai is the birthplace of Chinese philately, and Suzhou is known as the 'backyard of Shanghai', thus leading the philatelic culture. Philately has already sprouted in Suzhou during the late Qing Dynasty."

Firstly, the outstanding characteristic of Suzhou philately is specialization. Under the background of post and stamps, postal history has written about the use and collection of philatelic carriers such as stamps, postmarks, and covers, as well as research with a sense of times. In the process of the appearance and revival of philately, early philatelic organizations such as the Soochow Philatelic Society, the Great China Stamp Society, the Suzhou Stamp-and-Coin Society, etc. supported the development of philatelic professionalism. Therefore, there is a section named "On Vast Emerging Philatelic Society". Subsequently, philatelic publications became a hub of research. There, philatelic research and exploration have yielded fruitful results. In the section "Philatelic Debates and Research Initiated by Suzhou Philatelists", the historical facts of the academic exploration of philatelic studies at that time are reproduced. Philately has three stages: knowledge, cognition, and studies, which are the embodiment of the professionalization. As a result, Suzhou philately has taken the leading position in China's philatelic activity, holding a high starting point to reveal and express the professional connotation of philately from a historical perspective.

Secondly, the specific manifestation of philatelic professionalism is cultural property, which is the concept of "philatelic culture" proposed in the practice of philatelic development in the People's Republic of China. Although this is not a separate proposition in the five chapters of the book, it runs through the narration of all. As a material carrier of philatelic activities, what do stamps represent? What does the essence of stamp exhibitions, academic research, and philatelic publicity in philatelic behavior reflect? What is the organization, activity, and purpose of exchange for philatelic activities? Where is the direction of the future of philately to advance towards depth and breadth? Especially the creation of a national advanced city for philatelic culture in Suzhou, which is the closest to us, has elevated philately to a cultural height in terms of goals and entities.

Thirdly, how can Suzhou, a city with a long-standing philatelic tradition, consistently lead the way in creating philatelic achievements over the course of a century? This is a fact as well as a concept, which is the consciousness of "innovation" and is closely related to the Suzhou regional characteristics with open-mindedness. As a gathering spot for pioneers, the appearance of a philatelic community and the use of philatelic history to express its uniqueness reflect an open consciousness based on culture and with regional advantages. The embryonic stage of its philatelic innovation has developed to the "emerging philately" category— "Shengxiao philately" launched in Suzhou in the 1990s, and even to the establishment of national organizations and specialized philatelic magazines, as well as the internationally influential Suzhou 2024 All-China Shengxiao Philatelic Exhibition. All of which are guided by"innovative" mindset, reflecting the foundation of philatelic achievements.

Fourthly, a distinct feeling from reading *The Philatelic History of Suzhou (1878–2023)* is not to avoid the role of the stamp market in promoting philatelic activities. According to the second chapter, from 1912 to 1937, there were records of "a group of advanced stamp-dealers in Suzhou who were well known domestically for postal services overseas", and based on historical facts, descriptions of "Suzhou stamp-dealers spreading their voices both domestically and internationally" and "early stamp-dealers biographies" were made. At the beginning of the founding of the People's Republic of China, there was a section that wrote about the business situation of Suzhou stamp-dealers in the early days, to the extent of being detailed in the "Stamp-dealers List" and "Sales Catalogue". In the history of philately, there have been continuous records of this important aspect that philatelists are indispensable. From the "Su Yi Stamp Shop and *Its Auction Catalogue*" in the 1950s and 1960s to the "Philatelic Management and the Development of Philatelic Market" after the implementation of the Reform and Opening-up Policy, as a historical narrative, we cannot shy away from the economic elements of philately and the important role of stamp market in it. While singing out the main theme of philatelic culture in a high-profile manner, this also acknowledges an important and necessary fact of philatelic, which is to make a fair and objective record and evaluation of the market-oriented business that has always been in existence, and to write it into history as a characteristic and component of philatelic integrity.

Fifthly, history is not just a process, but a mirror, that is, to be a teacher of the future. Philately is a cultural activity that combines professionalism with entertainment. Nevertheless, at different historical stages, there are different inspirations for today's philately. The characteristic of Chinese philately lies in its well-organized features. The earliest philatelic societies, as well as the latest associations, have demonstrated the vitality and potential of this individual collection behavior in being organized. This philatelic history contains a detailed record of the activities of philatelic organizations over 70 years. In addition to the details, it specifically mentions, "When we part at the door, we both agree to arrive earlier for the next meeting. This situation makes the editor realize that if Suzhou philatelists can continue to implement this move, then the future of Suzhou philatelic activities will have an immeasurable future." For another example, the Chinese Shengxiao Philatelic Research Association founded and led by Mr. Zhou Zhihua, whose fruitful philatelic activities over the years were not only worthy of being written into the philatelic history, but also distilled many enlightening concepts from practice. What he pointed out, such as "innovating to create philatelic categories", "emphasizing research, advancing theory and practice", and "formulating professional and specialized rules for stamp exhibitions" has formed consensus in the philatelic cycle and won practical achievements. It is in the routine records of previous representative conferences of philatelic associations that enlightening summaries on different periods are made. As mentioned in the sixth representative conference of the Suzhou Philatelic Association, it was particularly proposed to "increase service efforts to stabilize the philatelic team", "innovate activity forms to demonstrate the charm of philatelic activities", "grasp public opinion guidance by focusing on three-dimensional publicity", "promote and improve both by achieving win-win results in researching and collecting". There are historical facts and theories in philatelic studies, which positively expresses the view of philatelic history and establishes the position of compiling history. Therefore, reading *The Philatelic History of Suzhou (1878–2023)* is also a major feature of this achievement.

In addition, after reading through this philatelic history that originated, sprouted, and flourished in Suzhou, I have been intrigued by the exquisite layout from text to images, the rigorous scientific attitude towards historical studies, and the vivid aggregation of images and text. This makes this book full of historical beauty and smooth readability. I believe that the printed book presented to the readers will be even more rewarding and irresistible to read.

V

The historical process of Suzhou philately, although only a regional philatelic record, is a beautiful wave in the long river of Chinese philatelic history.

When I was the editor-in-chief of *The Philatelic History of China (1878–2018)*, the history of Suzhou philately was also being planned, prepared, and compiled. So, in the chapter of Chinese philatelic history, there is an important record of the origin of Chinese philatelic activities.

In the history of more than a hundred years of Chinese philatelic history, the indispensable beginning and end of Suzhou philatelic activities are described on Page 35 in *The Philatelic History of China (1878–2018)*, which states that "Suzhou, known as the 'backyard' of Shanghai, was also influenced by the Shanghai philatelic community, and many early philatelists left behind historical traces". It specifically records that Lu Fumei in Suzhou began philatelic activities in 1897 and Zhang Jingyu no later than 1906. On March 10, 1922, the Xu Brothers Stamp Society in Suzhou first published advertisements in a well-known Shanghai newspaper— *Shen Bao*, and so on.

In *The Philatelic History of China (1878–2018)*, Page 1343 states that "the Shengxiao Stamp Museum is located at No. 2 Yuhantang West Road, Shantang Street, Gusu District, Suzhou City, Jiangsu Province, and opened on May 18, 2013." On Page 1347, it also states that the *Shengxiao Philately*, a non-govenmental stamp magazine that aims to survive tenaciously, is also mentioned. This is a detailed account and high praise of the activities and achievements of the Shengxiao Philatelic Research Association led by Mr. Zhou Zhihua.

From Zhang Jingyu's establishment of the Five Continents Stamp Society in Suzhou in 1915, to the successful holding of three consecutive "Private Mail Office Seminars" by the Suzhou Postal History Research Association in Suzhou in 2016, and six consecutive national Shengxiao Stamp Exhibitions held in Suzhou in 2018, the uninterrupted historical facts and achievements of Suzhou philatelic activities for a hundred years have left a vivid mark in the new edition of *The Philatelic History of China*.

The records of a local philatelic history have appeared 25 times in the philatelic history of China, and 21 times in its "Chinese Philatelic Chronicles", indicating the status, significance, and value of Suzhou philatelic history in the history of Chinese philately.

After years of planning, preparation, and compilation, *The Philatelic History of Suzhou (1878–2018)* has finally been published. As a former philatelist historian, I feel that the philatelic history is not only a microcosm of the society of the times, but also a summary of the progress of post, stamps, and philatelic activities. Importantly, as an integral component of Chinese philatelic history, Suzhou philately is drawing on its advantages from the profound historical accumulation, "surviving vigorously" and striving forward in the new era. This historical record is not only a preservation of history, but also an enlightenment and inspiration for the progress of reality.

As the editor-in-chief of *The Philatelic History of China (1878–2018)*, after reading *The Philatelic History of Suzhou (1878–2023)*, I retrospect the brilliance and profoundness of the Suzhou philatelic style in my mind. I write some thoughts and feelings along with the volume, which may provide a glimpse of the historical value of this period. What is important is that this philatelic history has once again spurred me on responsibility, mission, and value of compiling philatelic history.

This is the Foreword.

Li Jinzhu,
The Sixth Vice President of the All-China Philatelic Federation,
Editor-in-Chief of The Philatelic History of China (1878–2018)
January 17, 2024

前 言

苏州自古风物清嘉，人文荟萃。2 500多年的积淀，使得吴地文化底蕴深厚。这里的人们开放包容，在开创与升华地方本土文化的同时，又善于兼收并蓄外来文化。集邮一经海外传入，就受到有文化、重修养、懂外语的知识阶层的青睐，并很快被赋予了中国特色、吴门印记。19世纪末至20世纪初，集邮已在苏州萌芽，出现了一群集邮活动家，卢赋梅、柴冠群、陈复祥、张景盂等一批中国邮坛先驱，为引领与倡导集邮风尚做出了重要贡献。到20世纪二三十年代，苏州已有相当数量的集邮爱好者，他们活跃于中国早期的三大邮会中，或建会办刊，或参展研讨，或著书立说，或从业经营，以各种方式传播和普及集邮知识。殷实的经济基础与浓厚的文化氛围使苏州的集邮传统从20世纪四五十年代开始一直延续不断，并在八九十年代获得了空前的发扬与光大。

如果说，人们物质生活水平的日益提高和邮票题材的丰富多样，是新中国集邮从小众走向群体的两大主因，那么改革开放之初苏州市集邮协会的“横空出世”，则将集邮大众化浪潮推到前所未有的高度。40多年来，在各级集邮协会的组织和引领下，会员队伍呈爆发式增长，活动形式不断创新，学术水平多层次提高，研究成果高频率涌现，品牌效应大范围外溢，社会影响持续扩大：创建了一个品牌组织——生肖集邮研究会，组织了一次品牌活动——2006极限集邮（苏州）展览暨学术论坛，孕育了一项品牌工程——校园集邮文化建设，打造了一支品牌队伍——汇聚了四市六区及9个专项组织中的老中青骨干力量，更有赖各方领导的关心、社会各界的支持、上下团结一心的“天时地利人和”的加持，以荣膺“全国集邮文化先进城市”称号的美誉度，开创了苏州集邮跨世纪的全盛时期。

于是，挖掘苏州集邮发端史料，梳理苏州集邮发祥史迹，载录苏州集邮发扬史实，记述苏州集邮发展史略，成为当代集邮人不可推卸的责任与使命。作为苏州市集邮协会第九次代表大会确定的一项重大任务，编委会全体成员秉真求实、通力协作，攻克了资料搜集、史实考证、图文适配等难点，在多年资料归集、积累的基础上，经过近两年的集体攻关，终于将苏州这座历史文化名城自清末至今140余年的集邮文化从萌芽、兴起、传承到发展、繁荣、创新的全过程择要编撰而成的《苏州集邮史（1878—2023）》如期呈现给广大读者。

毫无疑问，这部浓缩了苏州百年集邮人、事、物的史书，为亲历者打开了抚今追昔的窗口，为兴趣者带来了鉴古明志的启迪，为研究者提供了寻史溯源的蓝本。鉴于苏州集邮前世今生皆具的影响力，《苏州集邮史（1878—2023）》的正式出版，既丰富了中国集邮史的地方篇章，又填补了苏州文化史的门类空白。集邮“怡情、益智、养性”的精神内核和“交友、联谊、和谐”的社会属性，决定了其传承发展的可持续性。

《苏州集邮史（1878—2023）》只是一个历史阶段的小结，它需要崇尚集邮文化的后来者接续书写。君不见，在这片历来丰饶而厚重的文化沃土上盛开的“集邮之花”正与昆曲、评弹、苏绣、书画、灯谜、盆景、苏作等传统文化艺术一道，把历史悠久的文化名城装点得更加绚丽多彩、千姿百态。随着新时代集邮文化创新发展之路的不断延伸，“苏州集邮史”也将续写未来新的篇章。

《苏州集邮史（1878—2023）》编辑委员会主任
苏州市集邮协会会长

Preface

Suzhou boasts its beautiful and charming scenery since ancient times, with a rich collection of people and culture. With over two thousand and five hundred years of accretion, Suzhou possesses a profound cultural heritage. The people here are open and inclusive, not only creating and elevating local culture, but also accommodating foreign ones. When philately introduced from overseas, the educated, cultivated intellectuals and other collectors who were expert in foreign-languages favored it. It is imbued with Chinese characteristics and the imprint of the Wu Culture. From the late 19th century to the early 20th century, philately had already sprouted in Suzhou, and a group of philatelists emerged, including Lu Fumei, Chai Guanqun, Chen Fuxiang, Zhang Jingyu, and other pioneers in the Chinese philatelic cycle, who made important contributions to leading and advocating philatelic trends. By the 1920s and 1930s, there were already a considerable number of philatelic enthusiasts in Suzhou, who were active in the early "three-pillar" philatelic societies in China. They established associations and published magazines, either participated in exhibitions and discussions, wrote books and made speeches, or engaged in business operations to spread and popularize philatelic knowledge in various ways. The solid economic foundation and strong cultural atmosphere have enabled Suzhou's philatelic tradition to develop continuously since the 1940s and 1950s, and to achieve unprecedented development and flourishment in the 1980s and 1990s.

The increasing improvement of people's material life and the rich and colorful stamp themes are the two main reasons for the transition of stamp collecting in the People's Republic of China from a niche to a group. The emergence of the Suzhou Philatelic Association at the early period of the implementation of Reform and Opening-up Policy has pushed the wave of popularization of philately to an unprecedented height. Over the past 40 years, under the organization and leadership of various levels of philatelic associations, the membership team has grown explosively, the forms of activities have continuously innovated, and the academic standard has improved at multiple aspects. Research results emerge frequently, brand effects spill over on a large scale, and social impact continues to expand. We have established a brand organization—the Shengxiao Philatelic Research Association, organized a brand event—the 2006 Maximaphily (Suzhou) Exhibition and Academic Forum, nurtured a brand project—campus philatelic culture construction, and created a brand team—a backbone of elderly, middle-aged, and young people gathered by four cities, six districts, and nine special organizations. We also rely on the care of leaders from all occupations, support from all sectors of society, and unity from top to bottom to achieve "favorable timing, location, and human relationship". With blessings and the reputation of being awarded the title of "Advanced City in National Philatelic Culture", Suzhou has ushered in a flourishing period of philatelic culture across the century.

Therefore, it is the mission of contemporary philatelists to explore the historical materials of the origin of Suzhou philatelic activities, sort out the historical sites of Suzhou philatelic activities, record the historical facts of Suzhou philatelic development, and outline the development history of Suzhou philatelic activities. As a major task determined by the Ninth Congress of the Suzhou Philatelic Association, all members of the editorial board should adhere to the principles of seeking truth and cooperation, overcome difficulties such as data collection, historical verification, and graphic and textual adaptation. Based on years of resource collection and accumulation, and after nearly two years of collective research and development, the philatelic culture of Suzhou from the late Qing Dynasty to the early period of the People's Republic of China has finally been transformed from sprouting, rising, inheriting, to developing and prospering, with a time span of over 140 years. At last, the selected compilation of the entire process of innovation, *The Philatelic History of Suzhou (1878–2023)* present to readers as scheduled.

Undoubtedly, this book that condenses the footsteps of philatelists for a century has opened a window for those who have experienced it to reminisce about the present and the past, bringing inspiration to those who are interested in learning from the past and understanding the future, and providing a blueprint for researchers to trace the origin of history. Given the influence that Suzhou philately has had in its past and present lives, its official publication not only enriches the local chapter of Chinese philatelic history, but also fills the category gap of Suzhou cultural history. The essence of philatelic culture, characterized by its emotional, intellectual, and nurturing qualities, as well as its social attribute of making friends, forming friendships, and promoting harmony, determines the sustainability of its inheritance and development.

The Philatelic History of Suzhou (1878–2023) is just a summary of a historical stage, and it requires successors who advocate philatelic culture to continue. The "philatelic flowers" blooming on this cultural fertile land, along with traditional cultural arts such as Calligraphy and Painting, Lantern Riddles, Bonsai, Kunqu Opera, Pingtan, Su Embroidery, and Su Works, are decorating Suzhou with more colorful and diverse colors. With the continuous extension of the innovative development path of philatelic culture in the new era, "the philatelic history of Suzhou" will also continue to write a new chapter in the future.

Chen Lilie,

Editorial Board Director of *The Philatelic History of Suzhou (1878–2023)*,

President of the Suzhou Philatelic Association

目 录

序篇 苏州早期邮传 / 1

第一节 古代官驿 / 3

一、驿传遗存 / 3
二、太平天国疏附衙遗存 / 7

第二节 民信局 / 9

一、苏州民信业的肇始 / 9
二、发达的苏州民信业 / 10

第一章 苏州近代邮政与集邮萌芽（1878—1911） / 13

第一节 苏州近代邮政 / 15

一、外国在华邮局（客邮） / 15
二、中国海关邮政 / 17
三、大清邮政官局 / 19

第二节 近代集邮已在苏州萌芽 / 21

一、清代邮资票品在苏州的行用 / 21
二、清末苏州集邮的萌芽 / 23

第二章 苏州集邮的兴起与亮点（1912—1937） / 27

第一节 民国前期苏州邮政纪要 / 29

一、苏州邮政之沿革 / 29
二、民国前期苏州邮戳行用概况 / 32

第二节　苏州的早期集邮者与邮商 / 38

一、民国建元苏城初现集邮群体 / 38
二、民国初年苏州邮商声播海内外 / 41
三、早期邮商小传 / 46
四、早期集邮组织中的苏州会员 / 50

第三节　东吴大学的早期集邮者与东吴集邮社 / 57

一、东吴大学的早期集邮者 / 57
二、东吴集邮社 / 60

第四节　1937 年前编出的集邮书刊 / 63

一、集邮刊物 / 63
二、集邮图书 / 65
三、卖品目录 / 68

第三章　全面抗战时期和抗战胜利后的集邮活动（1937—1949）/ 71

第一节　全面抗战爆发前后苏州邮人的爱国情怀与扼腕遭遇 / 73

一、苏州邮人的爱国情怀 / 73
二、苏州邮人的扼腕遭遇 / 76

第二节　抗战相持阶段前后的苏州邮事 / 79

一、抗战相持阶段苏城开办的邮社 / 79
二、苏城首个集邮组织——大华邮票会 / 81
三、活跃在大后方邮坛的苏州游子 / 88

第三节　战后苏州集邮活动之兴盛 / 92

一、“雨后春笋”的涌现 / 92
二、从苏州邮人联谊会到苏州邮币会 / 95
三、集邮讲座进校园 / 99

第四节　苏州邮人编著的书刊介绍 / 104

一、集邮图书 / 104
二、集邮刊物 / 107

第五节　苏州邮人发起的邮学论争与研究 / 113

一、苏州邮人发起的邮学论争 / 113
二、苏州籍邮人中的邮学研究大家及其贡献 / 118

第六节 “区票”集藏与苏州 / 125

一、“区票”宣介在苏州 / 125
二、苏州邮人与“区票”集藏 / 126

第四章 新中国成立后苏州集邮的起伏历程（1949—1983） / 131

第一节 新中国成立初期苏州邮商的经营情况 / 133

一、邮商概况 / 133
二、售品目录 / 135

第二节 20世纪50年代的集邮活动与纪念邮戳 / 136

一、苏城邮人状况 / 136
二、苏州市工人文化宫集邮研究组创立，引领全市的集邮活动 / 139
三、丰富多彩的纪念邮戳 / 142

第三节 20世纪60年代前后的苏州邮刊“创编热” / 145

一、文化宫集邮组织引领邮刊创编 / 145
二、苏州集邮者对邮学的研究和创编邮刊 / 146
三、苏一集邮店及其《寄拍卖目录》 / 149

第四节 “文化大革命”前后苏州集邮活动的起落 / 154

一、“文化大革命”前的全市集邮状况 / 154
二、“文化大革命”期间的集邮状态 / 156
三、十一届三中全会后集邮活动逐步恢复 / 158

第五章 改革开放大时代苏州集邮迎来发展高潮（1983—2023） / 165

第一节 集邮经营与集邮市场的发展 / 167

一、邮票公司经营活动与发展 / 167
二、苏州题材邮品的申报与首发活动的品牌效应 / 170
三、苏州邮市的兴盛与变化 / 177

第二节 集邮组织的建立与发展 / 183

一、苏州市集邮协会的创建与沿革 / 183
二、六市（县、区）集邮协会的创建 / 203
三、苏州市职工集邮研究会的重建与影响 / 228

四、生肖集邮研究会的开创与发展 / 238
五、专项集邮组织建设 / 250

第三节　集邮展览与集邮活动 / 278

一、集邮展览与获奖情况概述 / 278
二、集邮拍卖活动 / 292
三、海内外联谊与交流 / 296

第四节　集邮学术研究与集邮宣传 / 308

一、集邮学术研究的开展与成果 / 308
二、集邮宣传与知识竞赛 / 316
三、邮协会刊与民办邮刊 / 324

第五节　集邮文化先进城市建设 / 340

一、集邮活动在工矿企业蓬勃开展 / 340
二、校园集邮文化建设工程 / 347
三、“集邮者之家”建设 / 358
四、集邮“五进” / 364
五、创建全国集邮文化先进城市 / 378
六、集邮文化常设展示场馆 / 383

苏州集邮史大事记（1878—2023） / 389

主要参考文献 / 411

附录 / 413

图片索引 / 455

后记 / 475

Contents

Introductory Chapter　Early Post Records in Suzhou / 1

Section 1　Ancient Official Post / 3

(1) Remains of Ancient Post / 3

(2) Remains of Shufuya Station in the Taiping Heavenly Kingdom / 7

Section 2　Private Mail Office / 9

(1) Commencement of Private Mail Trade / 9

(2) Advanced Private Mail Trade in Suzhou / 10

Chapter 1　Modern Postal Service and Sprouted Stamps-Collecting in Suzhou (1878–1911) / 13

Section 1　Modern Postal Service in Suzhou / 15

(1) Foreign Powers Set up Post Offices in Suzhou (“Guest Post”) / 15

(2) Customs Trial Post / 17

(3) National Post in the Qing Dynasty / 19

Section 2　Modern Stamps-Collecting Sprouted in Suzhou / 21

(1) Use of Postal Items in Suzhou During the Qing Dynasty / 21

(2) Burgeon of Stamps-Collecting in Suzhou During the Late Qing Dynasty / 23

Chapter 2　Upsurge and Highlights of Stamps-Collecting in Suzhou (1912–1937) / 27

Section 1　Summary of Suzhou Post During the Early Republican Period / 29

(1) Evolution of Suzhou Postal Service / 29

(2) Overview of the Use of Suzhou Postmarks in the Early Republican Period / 32

Section 2　Early Stamp-Collectors and Stamp-Dealers in Suzhou / 38

(1) Early Emergence of Philatelic Groups in Suzhou During the Republic of China / 38

(2) Suzhou Stamp-Dealers Broadcasted Their Voices Both Domestically and Internationally During the Early Period of the Republic of China / 41

(3) Biography of Early National Stamp-Dealers / 46

(4) Suzhou Members in Early Philatelic Organizations / 50

Section 3 Early Philatelists and Philatelic Societies in Soochow University / 57

(1) Early Philatelists / 57

(2) The Soochow Philatelic Society / 60

Section 4 Philatelic Books and Magazines Compiled Before 1937 / 63

(1) Philatelic Magazines / 63

(2) Philatelic Books / 65

(3) Auction Catalogues / 68

Chapter 3 Philatelic Activities During the Period of the Full-Scale Anti-Japanese War and after the Victory of the Anti-Japanese War (1937–1949) / 71

Section 1 Patriotism and Cruel Encounters of Suzhou Philatelists Before and after the Out-Break of the Full-Scale Anti-Japanese War / 73

(1) Patriotism of Suzhou Philatelists / 73

(2) Cruel Encounters of Suzhou Philatelists / 76

Section 2 Philatelic Activities in Suzhou During the Stalemate Stage in the Anti-Japanese War / 79

(1) Philatelic Society Established in Suzhou During the Stalemate Stage in the Anti-Japanese War / 79

(2) First Philatelic Organization—the Great China Stamp Society / 81

(3) Active Philatelists in Philatelic Cycles in the Rear Area / 88

Section 3 Prosperous Philatelic Activities in Suzhou after the Anti-Japanese War / 92

(1) On Vast Emerging Philatelic Societies / 92

(2) From Friendship Society to Stamp-and-Coin Society in Suzhou / 95

(3) Philatelic Lectures Stepping into Campuses / 99

Section 4 Introduction to Books and Magazines Compiled by Suzhou Philatelists / 104

(1) Philatelic Books / 104

(2) Philatelic Magazines / 107

Section 5 Philatelic Debates and Research Initiated by Suzhou Philatelists / 113

(1) On "Popularization of Philately" / 113

(2) On "Merger of Philatelic Societies" / 118

Section 6 Collections of Liberated Areas Stamps / 125

(1) Introduction to Liberated Areas Stamps in Suzhou / 125

(2) Suzhou Philatelists and Collections of Liberated Areas Stamps / 126

Chapter 4 Vicissitudes of Stamps-Collecting in Suzhou after the Founding of the People's Republic of China (1949–1983) / 131

Section 1 Situation of Suzhou Stamp-Dealers in the Early Liberation Period / 133

(1) Introduction to Stamp-Dealers / 133

(2) Stamp-Sales Catalogues / 135

Section 2 Philatelic Activities and Commemorative Postmarks in the 1950s / 136

(1) Introductions to Stamp-Collectors in Suzhou / 136

(2) Established Philatelic Research Group of Suzhou Workers' Cultural Palace Becoming a Trend-Setter in the Philatelic Activities / 139

(3) Varied Commemorative Postmarks / 142

Section 3 Craze for Publishing Philatelic Journals in Suzhou Around the 1960s / 145

(1) Suzhou Workers' Cultural Palace Leading the Publishing of Philatelic Journals / 145

(2) Researching on Philately and Publishing Philatelic Journals / 146

(3) Suyi Stamp Shop and Its Auction Catalogues / 149

Section 4 Vicissitudes of Philatelic Activities in Suzhou Before and after the Cultural Revolution / 154

(1) Philatelic Status Before the Cultural Revolution / 154

(2) Philatelic Status During the Cultural Revolution / 156

(3) Philatelic Activities Gradually Resumed after the Third Plenary Session of the Eleventh Central Committee / 158

Chapter 5 In the Era of Reform and Opening-up, Suzhou Philatelic Activities Have Reached a Climax of Development (1983–2023) / 165

Section 1 Stamp Sales and the Development of Stamp Markets / 167

(1) Business Activities and Development of Stamp Companies / 167

(2) Brand Effect of the Declaration and First Issue Events of Suzhou Themed Philatelic Products / 170

(3) Prosperity and Changes of Suzhou Stamp Markets / 177

Section 2 Establishment and Development of Philatelic Organizations / 183

(1) Establishment and Evolution of the Suzhou Philatelic Association / 183

(2) Establishment of Six County-Level Cities Philatelic Associations / 203

(3) Reconstruction and Influence of the Employee Philatelic Research Association / 228

(4) Establishment and Development of the Shengxiao Philatelic Research Association / 238

(5) Construction of Special Philatelic Organizations / 250

Section 3 Stamp Exhibitions and Activities / 278

(1) Overview of Stamp Exhibitions and Awards / 278

(2) Stamp Auctions / 292

(3) Friendship and Exchange at Home and Abroad / 296

Section 4 Philatelic Research and Publicity / 308

(1) Development and Achievements of Philatelic Academic Research / 308

(2) Philatelic Publicity and Competition / 316

(3) Philatelic Journals from Associations and Enthusiasts / 324

Section 5 Advanced City Construction of Philatelic Culture / 340

(1) Philatelic Activities Flourishing in Enterprises / 340

(2) Campus Philatelic Culture Construction Project / 347

(3) Construction of a "Philatelists' Home" / 358

(4) "Five-Step-Into" of Philately / 364

(5) Creating an Advanced City for National Philatelic Culture / 378

(6) Permanent Exhibition Venue for Philatelic Culture / 383

Chronology of Suzhou Philatelic Events (1878–2023) / 389

References / 411

Appendix / 413

Image Index / 455

Epilogue / 475

序篇　苏州早期邮传

邮驿是近代邮政产生之前，由统治者设立的传递文书、军情、贡品等的国家通信和交通机构。古城苏州的邮驿始于春秋时期，北宋庆历五年（1045）首见“姑苏驿”之记载，太平天国时期的“苏福省”亦见袭用。民营信局（简称“民信局”），是办理民间收寄书信、运送包裹、汇兑等业务的商办民用通信机构。苏州民信业肇始于清乾隆年间，因苏州乃江南水乡，水网密布，民信局遍布县治及周边乡镇，故民信业十分发达。清末民初，苏州民信局与官驿、国家邮政呈“三足鼎立”的局面。

Post stations are national communication and transportation institutions established by rulers to transmit documents, military information, tribute, etc. before the emergence of modern postal services. The post stations in the ancient Suzhou started during the Spring and Autumn period. In 1045, the first record of the “Gusu Post” was recorded, and during the Taiping Heavenly Kingdom period, the “Sufu Province” was also named. Private mail bureaus are commercial and civilian communication institutions that handle private letters, items, remittances, and other businesses. Suzhou private mail industry was founded during the Qianlong period. It was well-developed because of the Jiangnan (south of the Yangtze River), dense water networks, and information bureaus scattered throughout the county and surrounding towns. In the late Qing Dynasty and early Republic of China, it leveled off tripartite confrontation with the official post office and the national postal service.

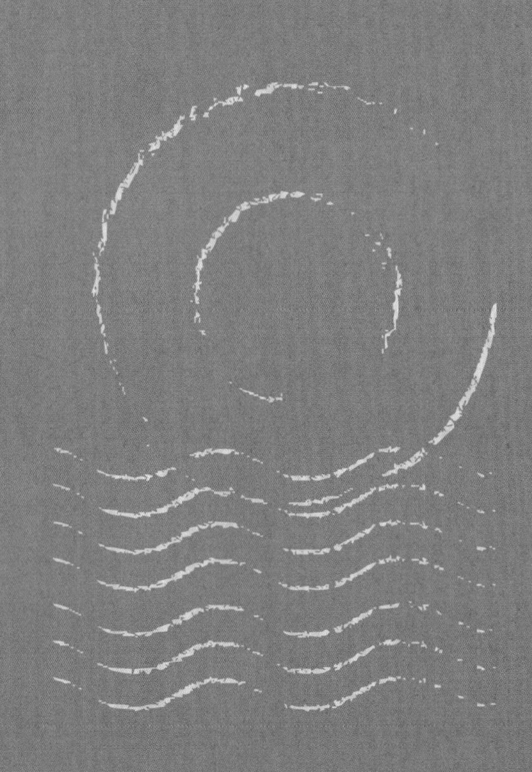

第一节　古代官驿

一、驿传遗存

古代邮传通信始于商周，盛于唐宋，衰于清末。邮驿是近代邮政产生之前，由统治者设立的传递文书、军情、贡品等的国家通信和交通机构，融通信、交通、馆舍于一体，数十里设一驿，采用人力和物力相结合的方式接力传递，是官办、官用、官管的国家权力机构的组成部分。邮驿制亦为太平天国所袭用。

古城苏州的邮驿始于春秋时期，当时吴王寿梦为与诸侯争霸，不仅在城外千灯秦柱山筑烽火台防御越国（图 0–1），且在姑苏城内都亭桥处设有都亭驿传机构，广招天下贤士。北宋庆历五年（1045）首见“姑苏驿”之记载（图 0–2），其时苏州邮驿已大有扩展：“姑苏驿递，南接行省，北抵大江，东南贡赋并两浙、闽海之供，悉由兹道是以送往迎来，岁无虚日。”另据旧志记载，唐代，吴江有平望驿和吴（淞）江驿；宋代，吴县设宁苏驿及望亭驿，昆山有新江驿，常熟有县东驿、琴川驿、北门驿三驿，吴江增设南北驿，等等。

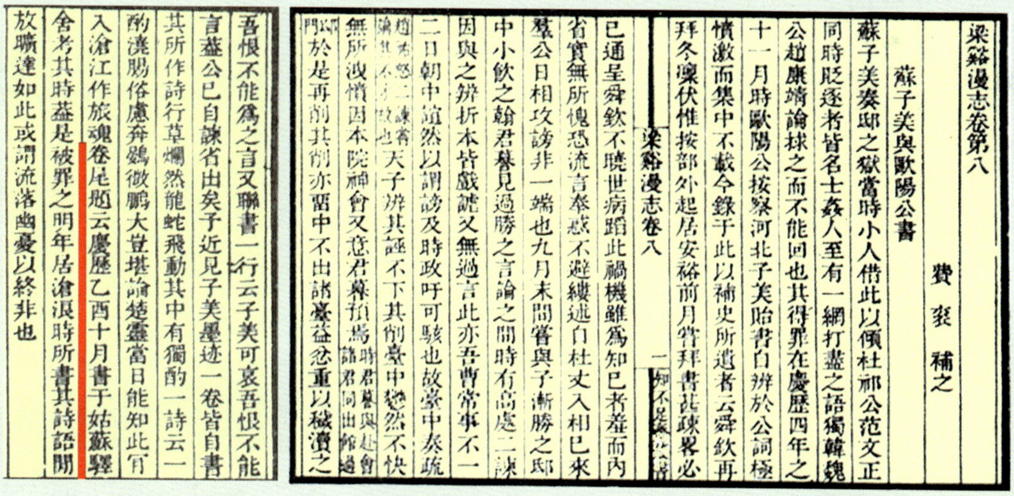

图 0–1　千灯秦柱山仿建的烽火台

梁谿漫志卷第八

費袞　補之

蘇子美與歐陽公書

蘇子美奏邸之獄當時小人借此以傾杜祁公范文正同時貶逐者皆名士姦人至有一網打盡之語獨韓魏公趙康靖論捄之而不能回也其得罪在慶歷四年之十一月時歐陽公按察河北子美貽書自辨於公詞極憤激而集中不載今錄于此以補史所遺者云舜欽再拜冬凜伏惟按部外起居安裕前月嘗拜書甚疎畧必

梁谿漫志卷八　一　知不足齋叢書

已通呈舜欽不曉世病蹈此禍機雖爲知已者羞而內省實無所愧恐流言奉惑不避縷述自杜丈入相已來羣公日相攻謗非一端也九月末間嘗與子漸勝之邸中小飲之翰君謨見過勝之言論之間時有高處二諫因與之辨析本皆戲謔又無過言此亦吾曹常事不一二日朝中諠然以謂謗及時政吁可駭也故臺中奏疏天子辨其誣不下其劄臺中懟然不快無所洩憤因本院神會又意君謨預焉於是再劄其例亦留中不出諸臺益忿重以穢瀆之

吾恨不能爲之言又聯書一行云子美可哀吾恨不能言蓋公已自諫省出矣予近見子美墨迹一卷皆自書其所作詩行草爛然能蛇飛動其中有獨酌一詩云一酌澆腸俗慮奔鷄徵鵬大豈堪論楚靈當日能知此肎入滄江作旅魂卷尾題云慶歷乙酉十月書于姑蘇驛舍考其時蓋是被罪之明年居滄浪時所書其詩語閒放曠達如此或謂流落幽憂以終非也

图 0–2　《苏子美与欧阳公书》中“姑苏驿”之记载

太仓邮驿则较为滞后，明初方在城乡设州前、新塘、诸泾、井亭、张泾 5 个急递铺。清代沿用明驿，据同治《苏州府志》记载：府治外，苏州（含吴县、长洲、元和）有急递铺 18 个，吴江（含震泽）有急递铺 17 个，昆山（含新阳）有急递铺 10 个，常熟（含昭文）有急递铺 5 个。至宣统三年（1911）七月，邮传部奏准裁撤驿站，苏州驿站全部裁撤当在此后。1914 年 4 月，苏州图书总汇处印行的《新测苏州城厢明细全图》上，胥门外大日晖桥、泰让桥南处仍标有“驿站”字样（图 0–3）。

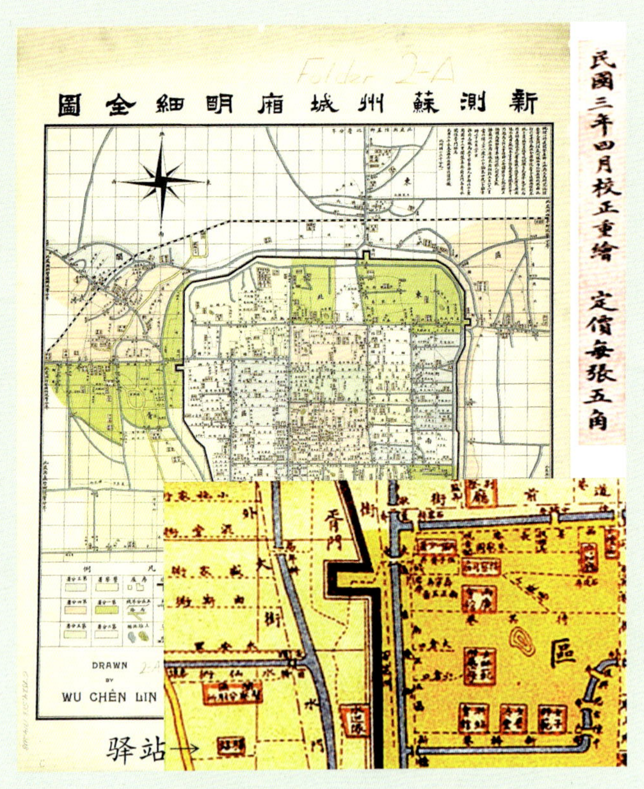

图 0-3 《新测苏州城厢明细全图》上标注的“驿站”

苏州地区驿传遗存有元朝重修驿道“九里石塘”——大运河吴江段古纤道（图 0-4）；“横塘驿站”则为苏州古驿之仅存，位于市郊西彩云桥畔京杭运河和胥江交汇之处（图 0-5）。驿站坐北朝南，卷棚歇山顶，南面的左右石柱上镌刻楹联一副：“客到烹茶，旅舍权当东道；灯悬待月，邮亭远映胥江。”边题：“同治十三年六月。”J174M《中华全国集邮联合会第三次代表大会》小型张（图 0-6）的主图即为横塘驿站（题名误书“姑苏驿”）。

驿站时期与苏州有关的邮品数量不多，但近年来多件精品，包括谢鄂常旧藏浮出水面，亮相拍卖场，使集邮爱好者得以一睹芳容，枚举如下。

图 0-4 大运河吴江段古纤道

图 0-5 京杭运河边的横塘驿站

图 0-6 《中华全国集邮联合会第三次代表大会》小型张

◆ 光绪十二年（1886）苏州织造部堂寄江宁织造部堂特大型公文封套（图 0–7），为北京诚轩拍卖有限公司 2005 年秋季拍卖会 2267 号拍品。盖红色官印三方，封面行文“钦命督理苏州织造部堂兼管浒墅关税务世　公文赍至　江宁织造部堂　当台开拆”，背落款“内一件　光绪十二年七月二十九日”，加盖红色“马上飞递”戳。

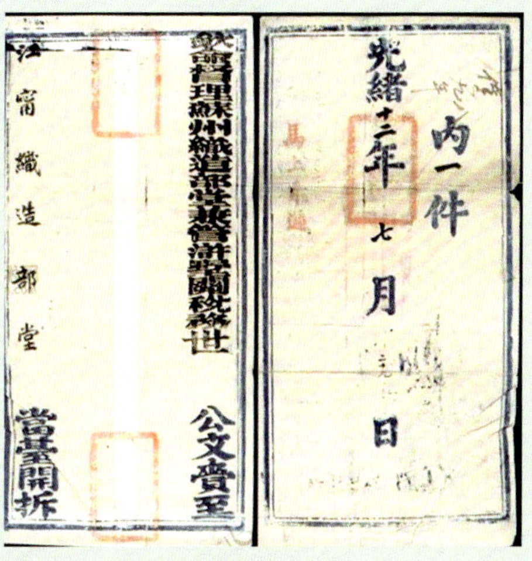

图 0–7　光绪十二年苏州织造部堂寄江宁织造部堂特大型公文封套

◆ 同治十年（1871）江南江宁等处承宣布政使司寄苏州等处承宣布政使司大型公文封套（图 0–8），为中国嘉德国际拍卖有限公司 2014 年秋季邮品钱币拍卖会 2060 号拍品。盖关防印三方，封面行文“江南江宁等处承宣布政使司　公文递至　苏州等处承宣布政使司　当台开拆”，背落款“内二件　同治十年七月廿七日”，手书“马递”。

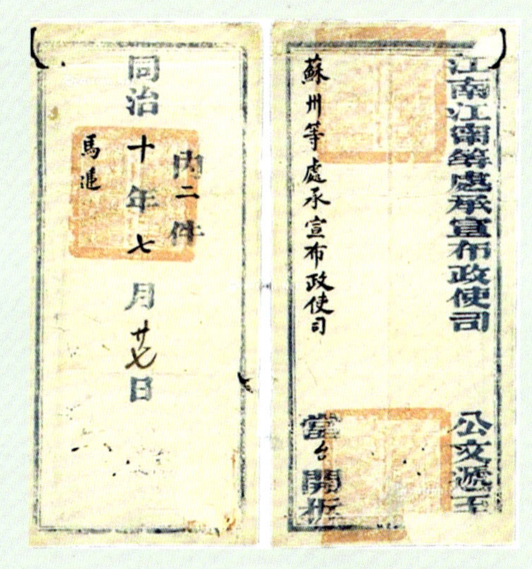

图 0–8　同治十年江南江宁等处承宣布政使司寄苏州等处承宣布政使司大型公文封套

◆ 光绪九年（1883）金陵寄苏松太道邵大型驿站排单公文封（图 0–9），为北京诚轩拍卖有限公司 2016 年秋季拍卖会 2366 号拍品。该公文于二月廿七日辰时封发，由太子太保、东阁大学士、兵部尚书、两江总督部堂、二等恪靖侯加一等轻车都尉左（宗棠）发递苏松太道（台）邵（友濂）紧急公文，盖满汉文“江南江西总督关防”印七方，封套正面注明“公文仰沿途快马无分雨夜星飞递至”，封背注明“驿飞递昼夜限行五百里”；封套左侧中部正、背各贴方形纸片一枚，以纸捻细绳连同信函穿透缝缀，其上手写“钉验”字样并加盖关防印，以示为机密公文，防止信函中途遭遇拆封；公文封背贴有完整排单，详细记载途经驿站九处及所经时刻；公文于二月廿七日巳时交寄金陵驿，依次经云亭、云阳、毗陵、锡山、姑苏、昆山、镇洋，三月初一辰时抵达嘉定，所经邮路、时刻记录完整清晰（谢鄂常旧藏）。

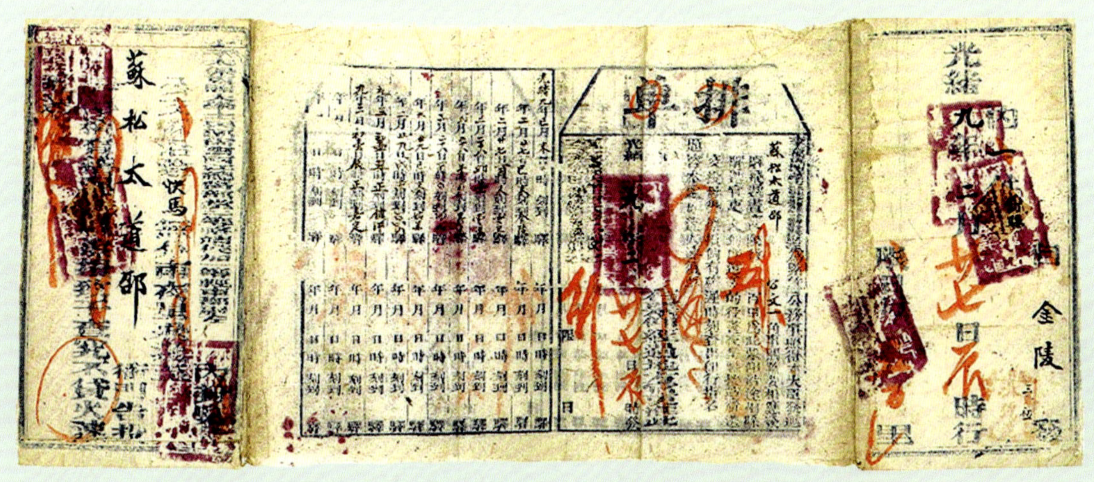

图 0–9　光绪九年金陵寄苏松太道邵大型驿站排单公文封

◆ 同治十二年（1873）甘肃省城寄江苏布政司大型驿站排单公文封（图 0-10），为北京诚轩拍卖有限公司2016年秋季拍卖会2365号拍品。该公文于十月廿二日申时封发，由钦差大臣、太子太保、陕甘总督部堂、一等恪靖伯加一等骑都尉左（宗棠）发递江苏布政司紧要公文，盖满汉文“甘肃等处承宣布政使司之印”五方，关印之上另有“本爵大臣总督部堂赴肃州督办军务委甘肃布政司代印”木戳手盖二处，封背贴有完整排单，正面注明“健马昼夜星驰限行五百里依限投递”，并详细记载途经驿站名称及所经时刻。因排单格式共为六十格，此件途经站点多于六十，致使排单之内无法容纳，继而由排单尾向右继续书写余下站点。此封自十月廿二日申时由兰州封发，遂于当日亥时经兰泉交驿夫传递，依次途经定远、金崖、清水、秤钩、延寿、西巩、保宁、通安、青家、高家、泾阳、神林、隆城、瓦亭、安国、高平、白水、安定、瓦云、宜禄、新平、永安、威胜、醴泉、渭水、京兆、新丰、丰原、华山、潼津、潼关、鼎湖、桃林、甘棠、硖石、蠡城、义昌、函关、周南、首阳、洛口、管城、圃田、大梁、莘城、雍丘、葵丘、宁城、商丘、石榴堌、会亭、太邱、百善、睢阳、大店、固镇、王庄、濠梁、红心、池河、大柳、滁阳、东葛、江淮、金陵、云亭、云阳、毗陵，共六十八站，并于十一月十五日子时抵达锡山；此封自西北甘肃兰州寄出，最终抵达苏州，前后共计七十处站点。凭借马匹之力，历时不及一月横跨我国甘肃、陕西、河南、安徽、江苏五省的东西大部近两千千米，足以显现出清代邮驿系统四通八达、传递快速（谢鄂常旧藏）。

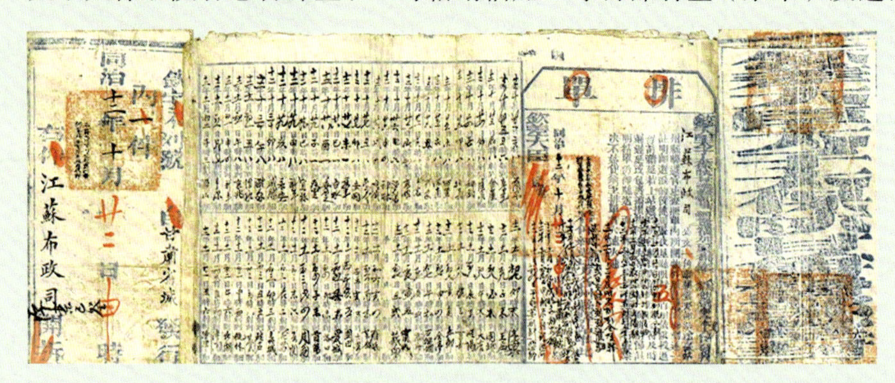

图 0-10　同治十二年甘肃省城寄江苏布政司大型驿站排单公文封

◆ 同治六年（1867）江苏布政使司寄常熟县大型驿站排单公文封（图 0-11），为北京诚轩拍卖有限公司 2016 年秋季拍卖会 2367 号拍品。该公文的封套、排单分置，未粘贴，于四月廿七日封发，正面手写“排单五百里　右仰‘常熟县’开拆”，排单内详列途经驿站两处及所经时刻，为四月廿八日子时末刻交寄姑苏驿，即日未时末刻抵达县驿，排单及封套盖满汉文“江南苏松常镇太等处承宣布政使司印”五方（谢鄂常旧藏）。

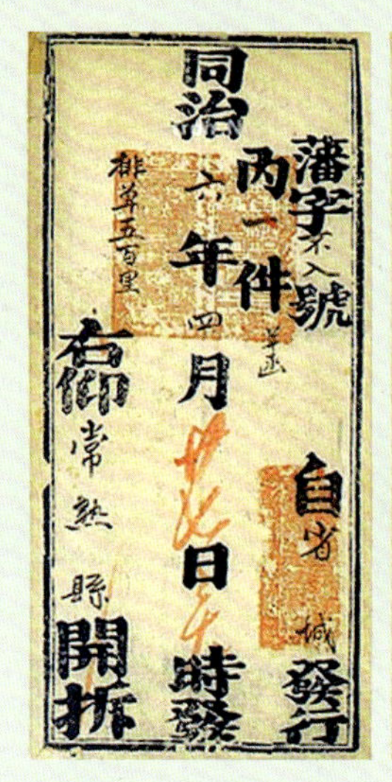

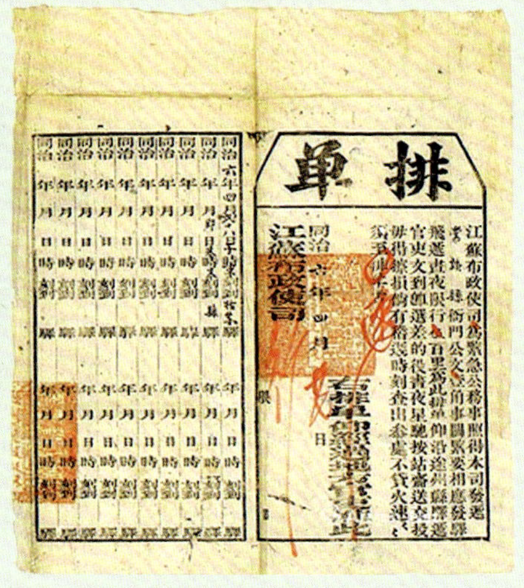

图 0-11　同治六年江苏布政使司寄常熟县大型驿站排单公文封

二、太平天国疏附衙遗存

太平天国疏附衙以军邮为主，其职能与清代官驿有相似之处，但后期提出了发展近代邮政的具体设想。

咸丰三年（1853）三月十九日太平天国定都天京，为调度军队、运输接济和传递公文，在中央建立起正式的通信机构——疏附衙，凡太平天国统治的地区，每隔三五十里设一疏附衙，每衙二三十人，设官一员，专门负责传递来往公文。凡遇紧急军情，公文封套加盖主将的云马圆戳。疏附衙还创立了“火牌”制度。

咸丰十年（1860）六月太平天国攻占苏州后，随即建立苏福省，以苏州为省会，辖区包括今松江、太仓、常熟、昆山、苏州、吴江、无锡等地及常州的一部分，疏附衙随之拓展到苏地，行使职能至同治二年（1863）十二月苏州失陷。今已发现与苏州相关的数件太平天国驿传邮品。

◆《太平天国文书汇编》录《幼主诏旨》（图 0-12）——谕忠王李秀成诏（附“递文路程单”），原件藏剑桥大学图书馆，行文：

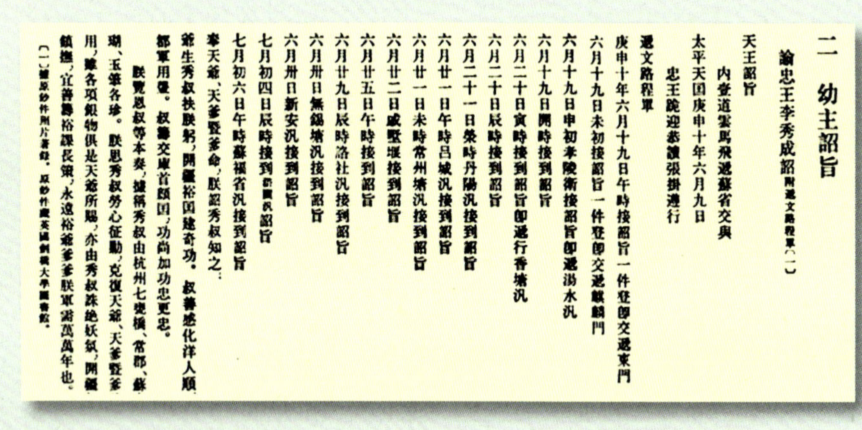

二　幼主詔旨

諭忠王李秀成詔附遞文路程單〔一〕

天王詔旨

內壹道雲馬飛遞蘇省交與

太平天国庚申十年六月九日

忠王跪迎恭讀張掛遵行

遞文路程單

庚申十年六月十九日午時接詔旨一件登即交遞東門

六月十九日未初接詔旨一件登即交遞麒麟門

六月十九日申初孝陵衛接詔旨即遞湯水汛

六月十九日開時接到詔旨

六月二十日寅時接到詔旨即遞行香塘汛

六月二十日辰時接到詔旨

六月二十一日榮時丹陽汛接到詔旨

六月廿一日午時呂城汛接到詔旨

六月廿一日未時常州塘汛接到詔旨

六月廿二日戚墅堰接到詔旨

六月廿五日午時接到詔旨

六月廿九日辰時洛社汛接到詔旨

六月卅日無錫塘汛接到詔旨

六月卅日新安汛接到詔旨

七月初四日辰時接到滸關汛詔旨

七月初六日午時蘇福省汛接到詔旨

奉天爺、天爹暨爹命，朕詔秀叔知之：

爺生秀叔扶朕躬，開疆裕国建奇功。叔善感化洋人順，

都軍用覺。叔籌交庫首顧国，功尚加功忠更忠。

朕覽恩叔等本奏，據稱秀叔由杭州七堡橫、常郡、蘇

瑚、玉筆各珍。朕思秀叔努心征勳，克復天爺、天爹暨爹

用，繳各項銀物俱是天爺所賜，亦由秀叔誅絶妖氛，開疆

鎮撫，宜善籌裕課長策，永遠裕爺爹爹朕軍萬萬年也。

〔一〕據原抄件照片著錄。原抄件藏英國劍橋大學圖書館。

图 0-12　太平天国《幼主诏旨》中的“递文路程单”

天王诏旨：

内壹道云马飞递苏省交与　太平天国庚申十年六月九日

忠王跪迎恭读张挂遵行。

递文路程单：庚申十年六月十九日午时接诏旨一件登即交递东门；六月十九日未初接诏旨一件登即交递麒麟门；六月十九日申初孝陵卫接诏旨即递汤水汛；六月十九日开时接到诏旨；六月二十日寅时接到诏旨即递行香塘汛；六月二十日辰时接到诏旨；六月二十一日荣时丹阳汛接到诏旨；六月廿一日午时吕城汛接到诏旨；六月廿一日未时常州塘汛接到诏旨；六月廿二日戚墅堰接到诏旨；六月廿五日午时接到诏旨；六月廿九日辰时洛社汛接到诏旨；六月卅日无锡塘汛接到诏旨；六月卅日新安汛接到诏旨；七月初四日辰时接到浒关汛诏旨；七月初六日午时苏福省汛接到诏旨。

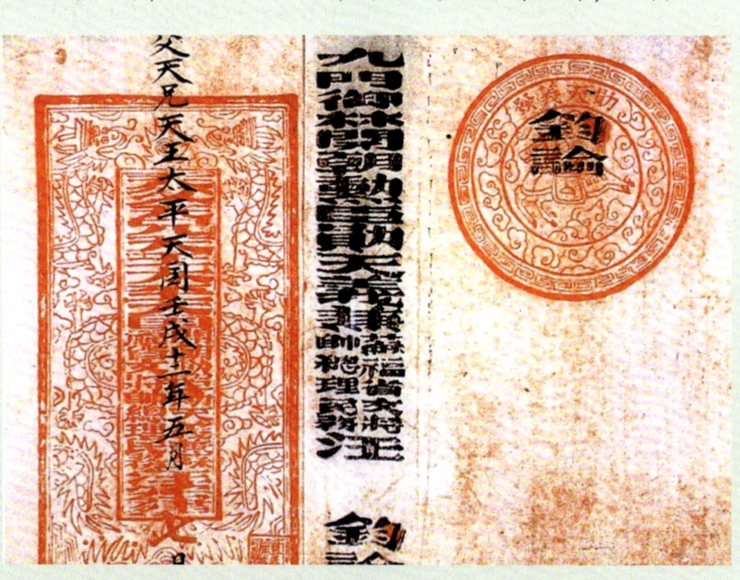

图 0-13　太平天国盖有云马圆戳的实寄封

◆《中国清代邮政图集》载“太平天国盖有云马圆戳的实寄封”（图 0-13），上书：

图 0-14　太平天国“勋天义发”印章

“钧谕　九门御林开朝勋臣勋天义兼苏福省文将帅总理民务汪（宏建）钧谕　父天兄天王太平天国壬戌十二年五月。”封首钤盖“勋天义发”云马圆戳。

上述“勋天义发”印章（图 0-14）及帖首钤盖云马圆戳的汪宏建“钧谕”，现藏于南京博物院。

◆ 苏州博物馆 1973 年报道：1966 年 7 月，苏州市红旗区房屋修建工人在葑门内吴衙场 42 号商业学校修建工程中，发现一批有关太平天国将领吴习玖的文物，内含太平天国癸亥十三年（1863）四月初一黄得馥给吴习玖的禀帖一件。帖首盖有标志急递文书的有“保天安发”字样的圆形回纹边奔马图案（图 0-15），现藏于苏州博物馆。

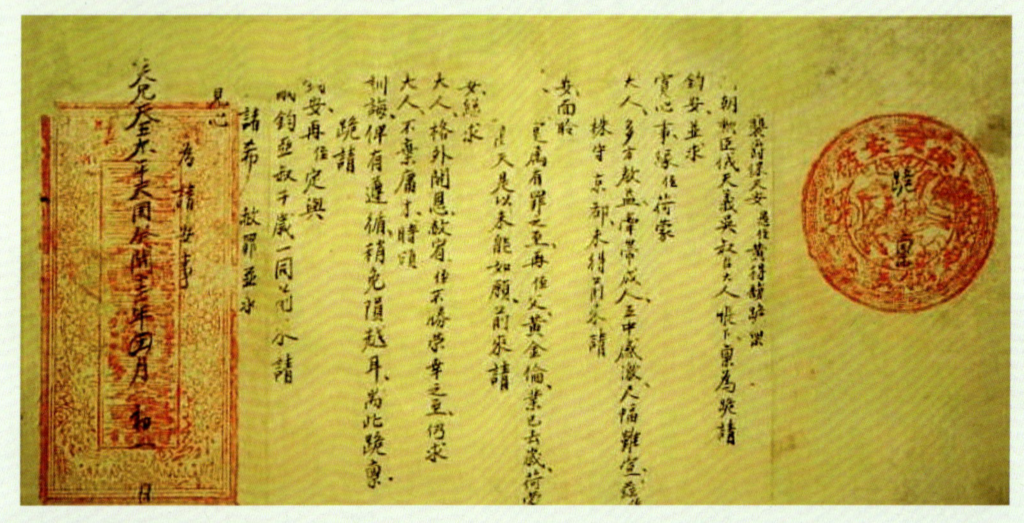

图 0-15　太平天国将领黄得馥致吴习玖禀帖

◆ 罗尔纲主编的《太平天国文书》中亦可见收录的数件苏州驿传邮品书影，如太平天国庚申十年（1860）四月“忠王李秀成给定天豫康玉吉谆谕”（图 0-16）。原件墨书、朱笔填写，“谆谕”二字上盖“忠王发”圆形回纹边奔马图案朱色图记。此件原藏于北京故宫博物院，1948 年被带往中国台湾。

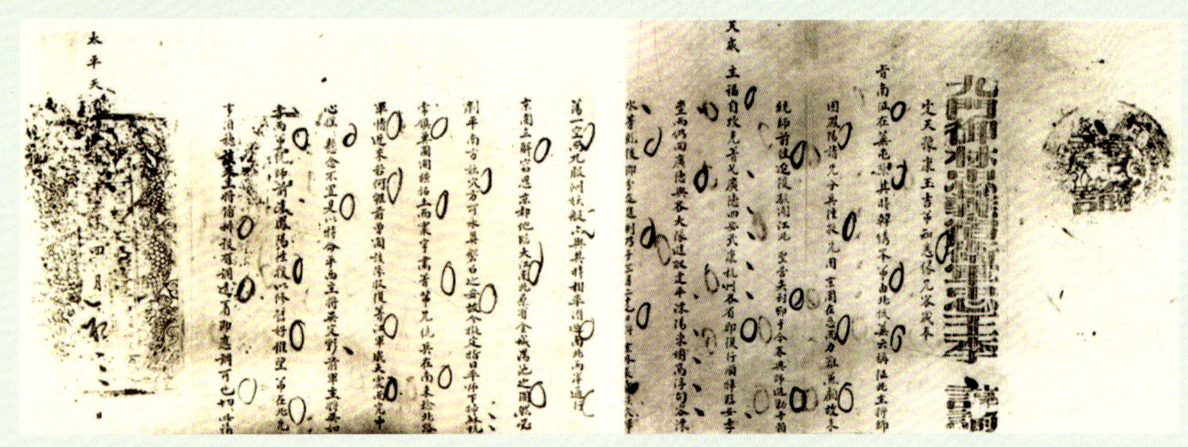

图 0-16　忠王李秀成给定天豫康玉吉谆谕

第二节　民信局

一、苏州民信业的肇始

民信局，又称“民局”“信局”“差局”，全称“民营信局”，是办理民间收寄书信、运送包裹、汇兑等业务的商办民用通信机构。1921 年版交通部邮政总局《民国十年邮政事务总论》开篇“置邮溯源”记：“民间邮递之法，有明永乐之前，似未尝有也。”民国二十三年（1934）六月一日邮政总局复交通部邮电司第 153 号函及其附件揭示，民信局创设年代可上溯至乾隆年间。虽迄今尚未见实证信物，然由邮政当局记录在案，据（南京）交通部总务司发行的《交通年鉴》“第三编邮政第六节民信局概况”记载，1934 年 3 月国内挂号领照登记的 386 家民信局中，创设于乾隆年间者有北平的广泰［乾隆十六年（1751）五月］、福兴润［乾隆十八年（1753）二月］、协兴昌［乾隆二十年（1755）正月］与胡万昌，永嘉的全盛和永利，武进的全盛，盛泽的协兴等 8 家。

苏州民信业号称乾隆年间发端，然“乾隆老店”之说“似有虚”（盛泽协兴信局为孤例），乾隆二十四年（1759）绘成的《姑苏繁华图》中有商家店招 260 余号，但不见信局。而道咸年间信局“是为实”（有记载、有凭据），且具有一定规模，相关史料和实证列举如下。

◆《交通年鉴》信息表明，乾隆年间苏州地区已见民信局创设之说，如编号 296 的盛泽协兴信局。嘉道咸年间吴县（编号 236—259）、盛泽（编号 293—303）两地开业信局超过 30 家。

◆“宁波天封塔清道光通裕信寓碑记”披露，道光年间甬江通裕信寓已开通瓯闽—宁绍—苏杭一带邮路。《奉宪勒石永禁》碑文：

> 钦加同知衔调授宁波府鄞县正堂加六级纪录十二次叶。为出示晓谕事：据林春元、吴文宏、黄廷萱等呈称，向在甬江开张通裕信寓，递送瓯闽等处及苏杭绍寄往瓯闽，带回信札，并押送各号商银包，由来已久。前遭奉备李章先等冒捏兜揽及脚夫李启云等勒索帮费、强收元寓招牌，控荷王前主讯明惩治，断令元等照旧走递，其闽瓯带回寄往苏杭绍银信亦归元等承走。历蒙出示晓谕在案，今被风雨损坏，深恐李启云等仍蹈前辙，呈叩照案给示勒石永禁等情到县。除批示外，合行照案给示永禁。为此示仰号商、地保、走信人等知悉，所有宁绍寄赴瓯闽及瓯闽带回寄往苏杭银信，均归林春元等走递，其由宁绍寄赴苏杭者不准兜揽递送。至夫头李启云等肩挑货物，承值差使，各信寓帮费系属私议，并未讯断，未便借词帮贴。自示之后再敢阻挠争执，一经访闻或被告发，定即从重究治，决不宽贷。各宜禀遵毋违，特示。
>
> 道光贰拾肆年叁月 日给

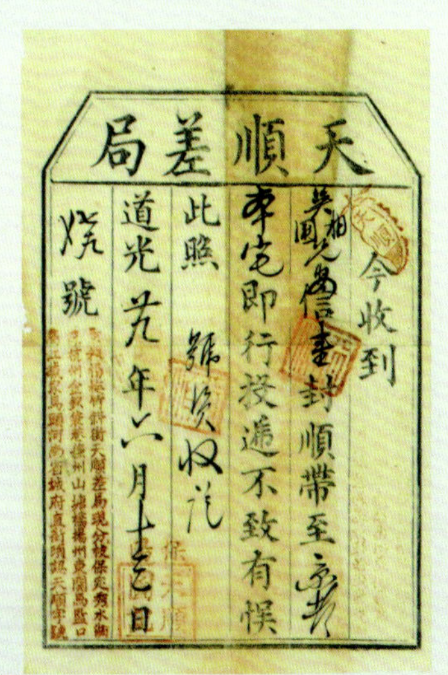

图 0-17　道光二十九年天顺差局收据

◆ 天顺差局回单及存世封证实，道咸年间北京天顺差局在苏州山塘桥设有分支——天顺政记信局。

上海集邮家刘广实收藏道光二十九年（1849）六月十三日天顺差局收据（图 0-17），行文为：“今收到吴柏围兄安信壹封顺带至京都本宅即行投递不致有误　此照　号资收讫　道光廿九年六月十三日四百七十九号。”右上角盖鸡毛状“天顺”章一枚，中盖私章两枚于“信壹封”与“号资收讫”之上。左下方盖方形“保阳天顺图记”印。商码号下方刻印：“京都杨梅竹斜街天顺差局现分枝保定秀水胡同杭州金钦袋巷苏州山塘桥扬州东关马监口清江臧家马头河南省城府直街须认天顺字号。”原件保存良好，宣纸印刷，填写内容为毛笔书写。

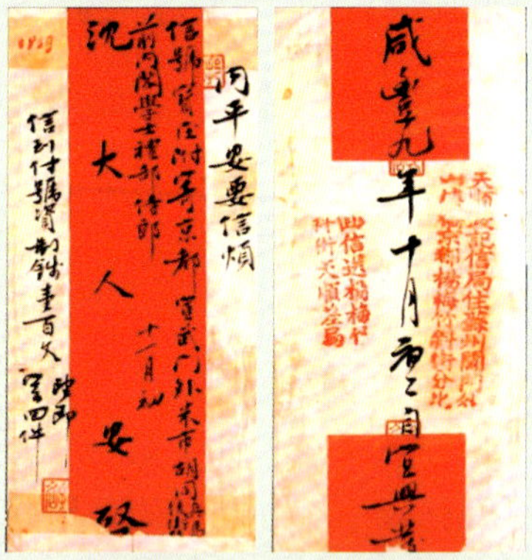

图 0-18　咸丰九年天顺政记信局封

现藏于中国邮政邮票博物馆、由姜治方捐献的咸丰九年（1859）十月初二宜兴发寄京都宣武门外米市胡同前内阁学士礼部侍郎沈大人收启的红条封（图 0-18），封正面书“内平安要信烦　信号宝庄附寄京都宣武门外米市胡同兵马后街　前内阁学士礼部侍郎沈大人安启　信到付号资制钱壹百文 望即写回信”，红条下方另见收信人书“十一月初”，封背面中缝书“咸丰九年十月初二自宜兴发”，上下封口盖有私章。右侧信局盖红色“天顺政记信局住苏州阊门外山塘桥京都杨梅竹斜街分此”戳，左侧盖“回信送杨梅竹斜街天顺差局”戳。

◆《山西票号史料》记载，道光二十四年（1844）三月至二十五年（1845）十二月蔚泰厚票号苏州分号寄京都分号汇票百余件，均托天成局捎带；咸丰元年（1851）八月至二年（1852）四月间托正大局捎信 45 次，托天成局捎信 13 次。中国邮政邮票博物馆的另一件藏品——同治九年（1870）北京至苏州实寄民信封（图 0-19）上书：庚午十月念（廿）八日自都门封发　贵局妥速寄至苏州胥门内金狮巷西头路北第三大门　闰十月十四日到　十五日复交天成局。加盖信局戳“回信仍送苏州山塘桥北堍天成京信局”。

图 0-19　同治九年天成局封

二、发达的苏州民信业

苏州地处长江三角洲中部，西南濒临太湖，北依长江，东接上海，西连无锡，南邻嘉兴、湖州，沪宁铁路东西横越，京杭运河南北纵贯，河湖交织，江海通连。苏州物产富饶，人文荟萃，素有“鱼米之乡”“丝绸之府”“园林之城”“工艺之都”之称，历来经济繁荣，文化昌盛。自从隋炀帝开通大运河，沟通了海河、黄河、淮河、长江、钱塘江五大水系，苏州成为东南沿海沟通南北的水陆交通要冲，“五龙汇阊”，使阊门逐渐成为全国财货集散、转运和信息交流的一个中心，商人云集于此（图 0-20），与各地往来通信、交流的需求，使得民信业在苏州非常发达。光绪年间，

图 0-20　繁盛一时的阊门水上运输

苏州民信业达到全盛期，据《光绪三十四年邮政事务情形总论》报告，“苏州有民局五十二家使用船只，大约经运信件一百万，经过寄路一千五百里”。苏州民信业发达的表现：

独立自主。《宣统二年邮政事务情况总论》中指出：“苏州一处民局，无论何家，均不将总封交由邮局寄递，乃由自备之信班办理。”此举被邮政当局斥为“必系顽固守旧”。

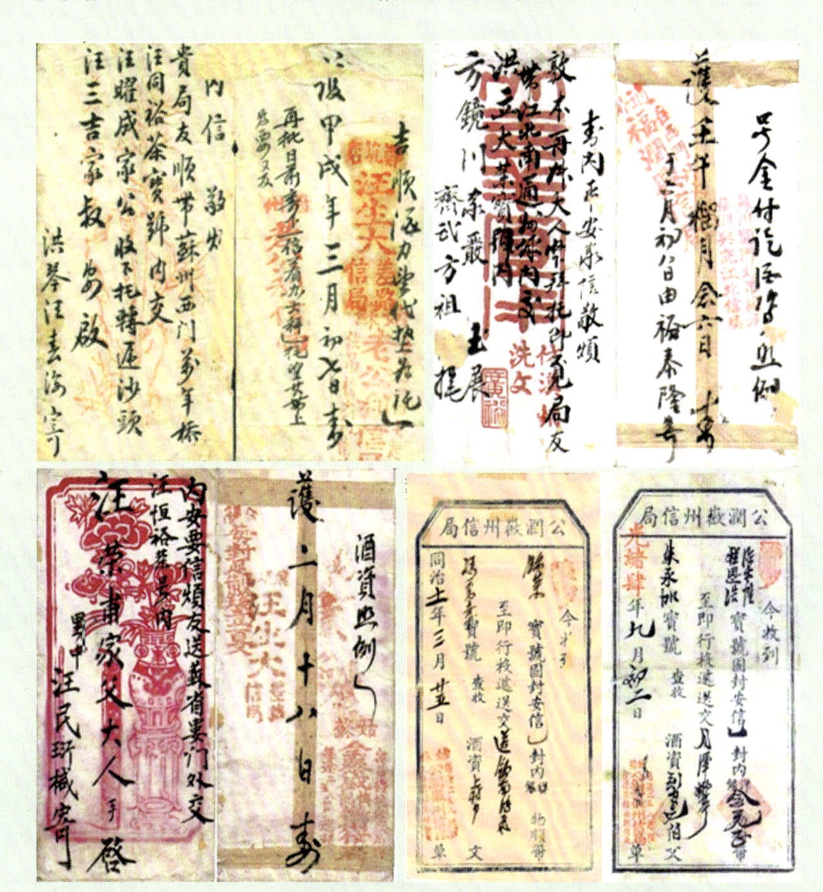

图 0–21 阊门外吊桥堍和渡僧桥堍的民信局实寄封及收据

数量众多。《苏州市志（第一册）》中载有“1922 年苏州 35 家民信局一览表”，均集中在阊门一带。其中，位于吊桥堍的民信局有老恒利、铨昌祥、永利、全盛义记、全盛合记、正源、通裕、宝顺、通顺协、老福兴、协大、老福润、林永和、亿大、老正大、正大、永义祥、顺成、政大源、森昌、协泰森、全泰盛等 22 家，位于鲇鱼墩的民信局有鸿源、福兴润、协兴昌、老协兴、协源、正和合记、正和协记、金昌仁、裕兴康、乾昌、老惠通等 11 家。在这些民信局中，道光年间开办的百年老店有 24 家，最早者开办于道光五年（1825）。存世民信封（图 0–21）揭示，清末民初尚有姑苏老公利信局、苏州福润兴记江北信局、姑苏公润徽州信局、姑苏马正源芬记徽州信局、姑苏老悦来信局、姑苏老协泰信局、姑苏全泰盛慎记徽州信局，以及严平西先生的《民信局的发展历程及行用戳记（续）》一文中见示戳样的苏州福兴润记轮船信局、姑苏全昌仁轮船信局、姑苏全泰盛恒记上洋信局、姑苏全泰盛恒记上江信局、姑苏全泰盛义记信局、姑苏马正源和记徽州信局等，合计近 20 家。

太仓范利清组集的《苏州民信局》，展示了姑苏老协兴信局、姑苏宝顺信局、姑苏老正大公记信局、姑苏林永和仁记信局、姑苏协源信局、姑苏协大老信局、姑苏永义祥信局、姑苏通顺信局等 15 个不同民信局的实寄封，在长沙 2014 第 16 届中华全国集邮展览上荣获一框类镀金奖。

覆盖面广。苏州因地处江南水乡，水网密布，民信局遍布县治及周边乡镇。市区之外郊县见诸记载及见存实寄封（图 0–22）的民信局有吴中甪直永和仁信局、光福通裕信局、横泾永义昶信局、东山宝顺信局；吴江全盛信局、老协兴信局、福润信局、永利信局、林永和信局、正大信局、正和信局，盛泽永利信局、顺成信局、正和信局、永和合记信局、正源信局、协大信局、全盛信局、福润信局、林永利仁记信局、正大信局、协兴信局、正和合记信局，震泽全盛信局，黎里老协兴昌记信局，北厍协大记信局；常熟致大信局、永义昶信局、协源信局、全泰盛轮船局，梅李永义祥信局，支塘永义昶信局；太仓太苏致大信局，浏河全盛信局，沙溪永义昶信局；昆山周庄汪协源信局，亭林汪协源信局等近 40 家。

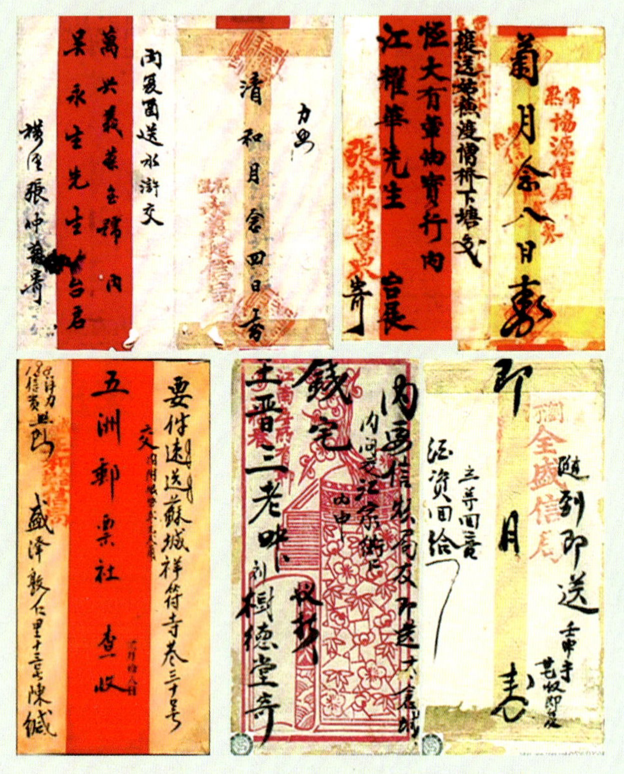
图 0-22　苏州郊县民信局存世封

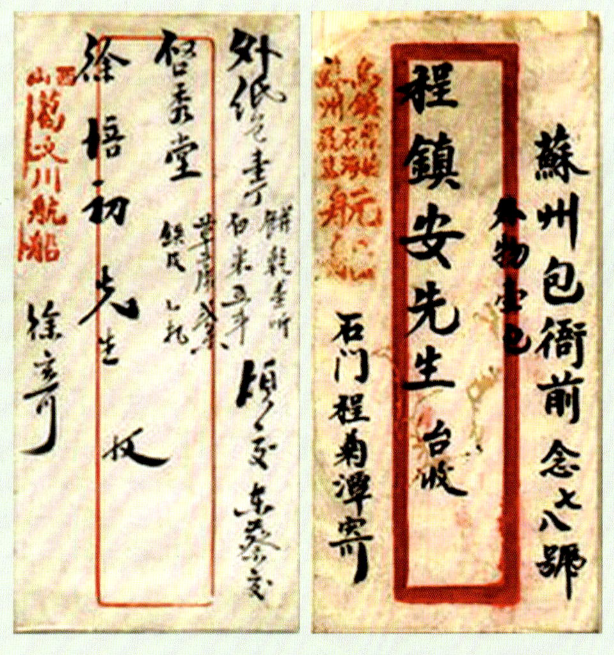
图 0-23　苏州船递封

据《申报》1883—1909 年的广告信息揭示，今苏州大市范围内的民信局还包括东山全盛信局、惠通信局，洞庭山万通信局；昆山鸿源春信局、宝顺局、老正大信局、通裕泳记信局、全盛信局，锦溪协大信局；太仓罗店老正大信局、永义昶信局，双凤致大信局，浏河宝顺局、永义昶信局；吴江黎里永泰丰信局、全盛信局，平望永和信局，同里协大信局；常熟致大信局、宝顺信局、永利信局、协兴信局、全盛信局等。另据 1883 年 4 月 16 日《申报》的广告：上洋全顺昌信局在常熟、梅李、太仓、沙头、横泾等处新开信局，合计不下 20 余家。综上所述，苏州及周边地区先后开办的信局超过百家，存世民信封中已见的不同信局戳式多达 40 余种。

此外，由于苏州周边水网密布、四通八达，故私家船递（图 0-23）和信客也十分活跃。船递在苏州占有一定的比重，尤其在官方邮政尚未通达的乡村，信客、民间团体及私家传递十分兴盛，已呈现出定点、专线、专船传递的特征，可视为民信局的延伸和补充。

光绪二十二年（1896），苏州设立新式官办邮政系统后，作为传统寄递组织的私营民信局在苏州仍然有较大的发展空间，此后这两种不同形式的寄递系统一直处于合作与竞争的过程中。新式官办邮政以国家为后盾，采取多种措施，逐渐挤压民信局的生存与发展空间，在此过程中民信局则以苏州商会为依托，并通过商会请求延迟取缔民信局。双方间的博弈以民信局停闭告终（苏州地方民信局停闭时间为 1935 年 1 月 26 日）。

第一章　苏州近代邮政与集邮萌芽（1878—1911）

邮政是集邮的基础，近代邮政的发展催生了集邮。随着邮戳的出现、邮票的发行与使用、实寄封片的收藏和流传，国内诞生了集邮者。上海是中国集邮的发源地，苏州素有“上海后花园”之称，故亦得集邮风气之先，尤其是1896年苏州开埠及大清邮政官局设立后，邮戳、邮票、实寄封片俱备，集邮嗜好者随之显现，近代集邮已在苏城萌芽。

Postal services are the foundation of philately, and the development of modern postal services has given birth to philately. With the emergence of postmarks, the issuance and use of stamps, the collection and circulation of covers, stamp collectors have appeared in China. Shanghai is the birthplace of Chinese philately. Since Suzhou is known as the “backyard of Shanghai”, it is also one of the original places of Chinese philatelic culture, especially after the opening-up of Suzhou in 1896 and the establishment of the Qing Postal Bureau. With the availability of postmarks, stamps, and covers, philatelic enthusiasts began to emerge, and philatelic activities had already sprouted in Suzhou during the modern times.

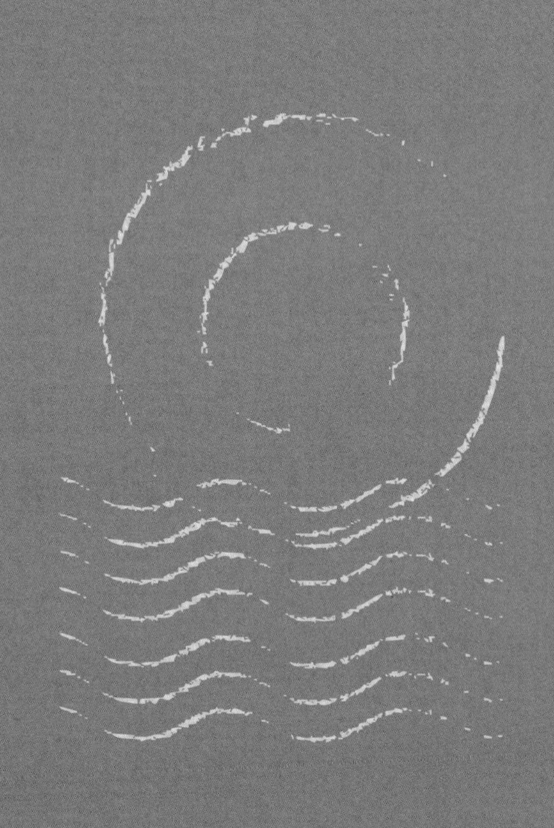

第一节　苏州近代邮政

一、外国在华邮局（客邮）

客邮和商埠书信馆都是列强侵犯中国的产物，前者是外国邮政部门在我国通商口岸直接设立的在华邮局，后者为外国在华势力在租界地以工部局、社会团体或私人名义建立的机构。它们的存在，一方面侵犯了我国的邮政主权，另一方面又在某种程度上刺激和促进了中国古代的邮驿制度向近代邮政的转变，如实行西方早已推行的近代邮政均一邮资、预付邮资的收费方式，并重视对邮票及邮资品的印售等。

客邮的“入侵”始于1842年《南京条约》签订后，英国人于我国各口岸贸易所设立正式通信机关，列强群起效尤、竞相设立。据光绪三十三年（1907）调查所得：英国、法国、德国、俄国、日本、美国等国在华的邮局共有67所。1895年，中日签订不平等的《马关条约》（原名《马关新约》），清政府同意日本在沙市、重庆、苏州、杭州四地增辟商埠（图1-1）。

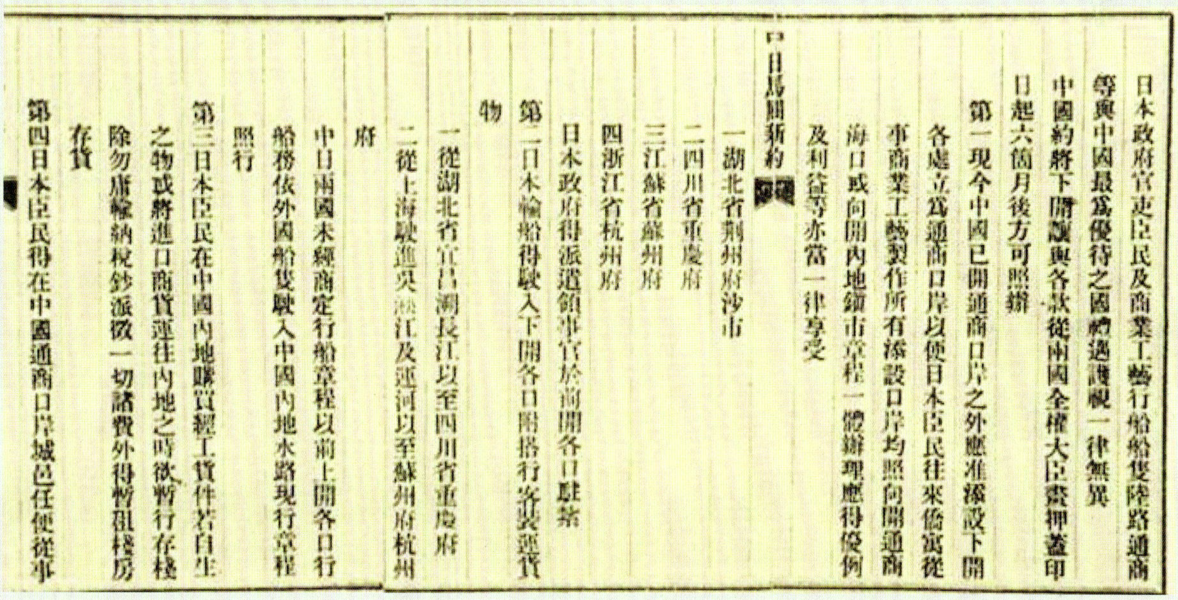

日本政府官吏臣民及商業工藝行船船隻陸路通商
等與中國最爲優待之國禮遇護視一律無異
中國約將下開讓與各款從兩國全權大臣畫押蓋印
日起六個月後方可照辦
第一　現今中國已開通商口岸之外應准添設下開
各處立爲通商口岸以便日本臣民往來僑寓從
事商業工藝製作所有添設口岸均照向開通商
海口或向開內地鎮市章程一體辦理應得優例
及利益等亦當一律享受
中日馬關新約
一　湖北省荆州府沙市
二　四川省重慶府
三　江蘇省蘇州府
四　浙江省杭州府
日本政府得派遣領事官於前開各口駐紮
第二　日本輪船得駛入下開各口附搭行客裝運貨
物
一　從湖北省宜昌溯長江以至四川省重慶府
二　從上海駛進吳淞江及運河以至蘇州府杭州
府
中日兩國未經商定行船章程以前上開各口行
船務依外國船隻駛入中國內地水路現行章程
照行
第三　日本臣民在中國內地購買經工貨件若自生
之物或將進口商貨運往內地之時欲暫行存棧
除勿庸輸納稅鈔派徵一切諸費外得暫租棧房
存貨
第四　日本臣民得在中國通商口岸城邑任便從事

图1-1　《中日马关新约》（片段）

光绪二十二年五月初九（1896年6月19日），总税务司赫德呈称：“伏思通商旧开各口新关向有办理邮递事宜，惟日、法两国条约新开之思茅、河口、苏州、杭州、沙市等口，非但无邮政局，且尚未开关。近闻日本拟遣官赴杭州、苏州、沙市、重庆四处，自本月二十一日设立邮政分局，似此行殊不可解。”由此可知，苏州的日本客邮开办当不早于1896年7月1日。另据李颂平所著的《客邮外史》和水原明窗所著的《华邮集锦·在中国日本邮便局》中所述，在苏州的日本客邮局开局日期为1896年11月1日。

1930年版《交通史邮政编》第四册追记：日本国客邮局设“苏州二等邮局一，信箱二（一在城内马医科街东来日本医院门前；一在城外阊门马路东洋堂杂货铺门前）”。日本邮局初在领署设局，1901年由城内迁入青旸地日租界内。东来日本医院1899年原创办于青旸地，

图 1-2　清代明信片：阊门东洋堂本店门面（右前）

后迁至马医科东（绣园），1907—1914 年在此经营；东洋堂 1900 年原开设于繁华的阊门（图 1-2）。因民族情绪和"冷水盘门"两大缘故，日租界终未繁华，方有东洋堂与东来医院两热闹处信箱设置之举。

因苏州开埠较晚，而日侨人数又不多，故当年日本邮局收发之存世邮件已成凤毛麟角，所行用的日本客邮日戳，已见有 6 种戳式（图 1-3）：

① 公元纪年英文日期全格式 I.J.P.O 标记戳，苏垣 1898 年 12 月 29 日寄日本挂号信见销，被收录于 1976 年日本邮趣协会出版的《在中国日本邮便 100 年》第 136 页（据水原明窗参展邮集照相制版）。

② 明治纪年全汉文日式丸一型戳，日本明治三十四年（1901）二月二十二日"清国苏州邮便局"戳销票（赵涌在线 53504084 号拍品）。

③ 明治纪年中文局名日式栉型戳，日本明治三十九年（1906）四月十一日租界苏州邮便局至日本东京的汇款收据见销。

④ 公元纪年英文局名 I.J.P.O 栉型戳，1907 年 1 月 1 日苏州寄日本广岛县吴市赤城号航空母舰邮资明信片见销。

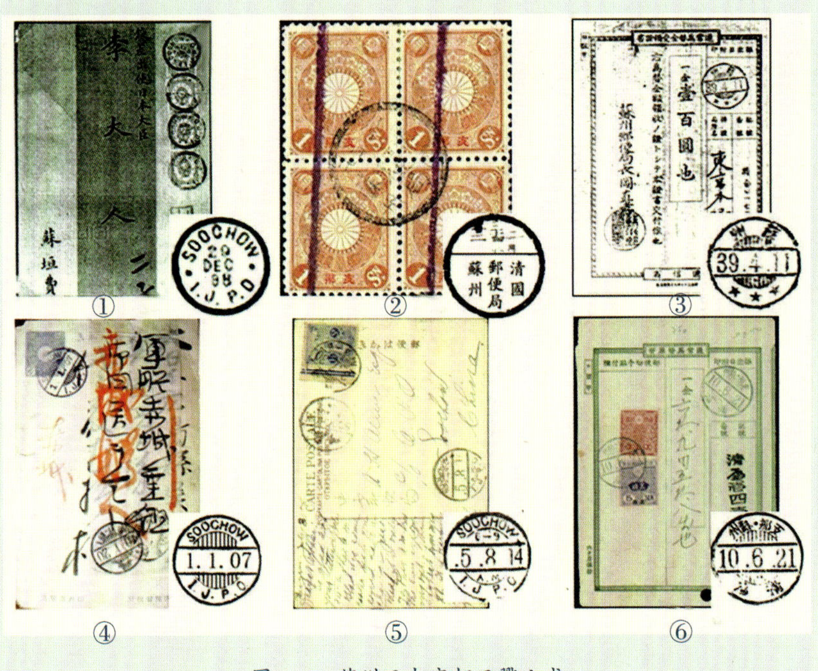

图 1-3　苏州日本客邮日戳六式

⑤ 公元纪年英文局名三格式 I.J.P.O 标记戳，1914 年 5 月 8 日由日本云仙温泉寄苏州邮局贴票明信片见销（中国台湾蟠龙拍卖第 45 期 1365b 号拍品之一）。

⑥ 日本大正纪年日文局名栉型储汇戳，日本大正十年（1921）六月二十一日振出《通常为替原符》底单见销（全方位拍卖第 74 期 13107 号拍品）。

苏州因开埠较晚，没有设立书信馆，暂未见到外埠书信馆寄达苏州的邮件。

二、中国海关邮政

1. 海关递送邮件

初期仅限于使馆信件、海关公文及关员私信，以海关日戳销盖邮件。同治六年（1867）总税务司署首次公布了有关邮件封发时刻和邮资的通告，目前已发现 1872 年 2 月 22 日红色椭圆形“上海海关邮资已付”英文戳销盖邮件。上海 1875 年 8 月 7 日海关日戳为该标准型戳的较早使用例。

苏州关第二任税务司客纳格 1901 年 12 月 31 日签署的《海关十年报告——苏州（1896—1901）》记：苏州通商口岸正式开放日期为 1896 年 9 月 26 日，海关办事处于 10 月 1 日在临时区域内开张。苏州关税务司署（俗称“洋关”）设于城南觅渡桥桥堍的青旸地（图 1–4），苏州关税务司负责代理邮政业务，其起始时间不早于 1896 年 10 月，只因在是年 9 月 26 日公布的《苏州关试办章程》七条中未提及邮务。

图 1–4　清代明信片：觅渡桥畔

迄今所见苏州行用海关日戳的较早时间为 1897 年 2 月 2 日（图 1–5），1899 年 1 月尚见行用例。已见的苏州海关戳邮品的戳式有标准型海关英文日戳、海关邮件戳、海关汉文戳三种。下面介绍前两种。

◆ 标准型海关英文日戳。1899 年 1 月 12 日苏州寄吴淞清一次邮资片（图 1–6），蓝色苏州八卦戳销邮资图，加盖蓝色标准型苏州海关（SOOCHOW CUSTOMS）日戳，有上海邮政局 1899 年 1 月 12 日英汉大圆到达戳（《海关日戳 1875—1913》第 215 页录）。

◆ 海关邮件戳。1897 年 3 月 8 日苏州寄上海海关公文封（图 1–7），销椭圆形苏州海关邮件（SOOCHOW CUSTOMS MAIL MATTER）戳，另销标准型苏州海关日戳，背有上海海关 3 月 9 日到达戳（北京华辰拍卖有限公司 2002 年秋季拍卖会 1528 号拍品）。

图 1–5　苏州海关日戳销票（1897 年 2 月 2 日）

图 1–6　标准型苏州海关英文日戳

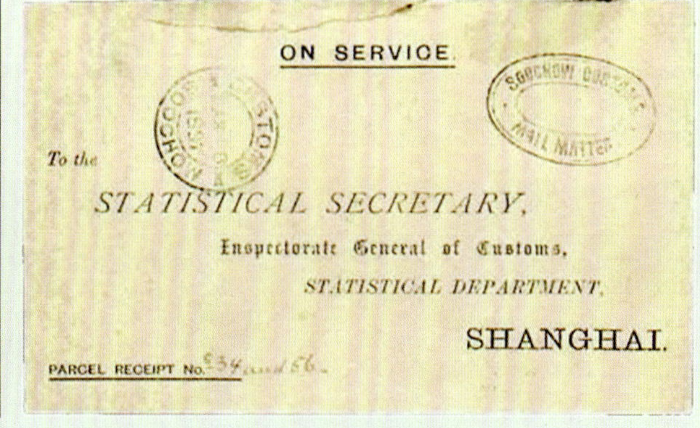

图 1–7　苏州海关邮件戳

2. 1878 年清政府委托海关试办邮政

官方为与民信局在业务上展开竞争，于 1878 年 7 月 24 日在天津成立由津海关招商承办的邮务代理机构——华洋书信馆，并在北京、烟台、牛庄、上海设立分馆，开始收寄民众的邮件。据 1878 年 11 月该馆订立的《新设马递详细章程》，华洋书信馆又在周村、德州、济南、清江、扬州、镇江等处设立分馆，1882 年被赫德勒令关闭。据中国台湾资深邮学家华裕宽考证，华洋书信馆实寄封存世仅 20 余件。

2000 年，一件与苏州有关的华洋书信馆实寄封——“翁同龢光绪四年北京寄常熟亲笔家信”（图 1–8）浮出水面，据鲍克强、张巍巍所作的《翁同龢家书：揭示华洋书信馆不为人知的历史》一文披露：“此信由于是翁同龢亲笔，故后人将其视作书法珍品，展开装裱收藏。2000 年 7 月 9 日北京某周末拍卖会流出，原描述为‘翁同龢信札二通（带信封）’，系收藏信札之人所售，故未被邮人所关注。”

该封用黄条以示家丧在身，封口处盖 7 枚（正面 4 枚、反面 3 枚）“叔平手题”之印，为翁同龢亲笔家信。封正面书：“内妥要家言烦　贵局即带上海由航船径寄常熟南门内　左都御史翁平安家信　思永堂本宅查收勿误　信资酌给　均斋手缄。”背面为发信时间：光绪四年十月十八日（1878 年 11 月 12 日），销“京都　华洋书信馆”和“苏州　华洋书信馆　往阊门外吊桥西堍老正大上海信局内”2 枚红色戳记。

但这封钤印存在争议，主要有两点：一是 1878 年 11 月所颁的《新设马递详细章程》中未列“苏州”。但见 1878 年 7 月 25 日津海关税务司德璀琳致江海关税务司赫政函，其大意：我已派文案吴焕（华洋书信馆操办人）去监督他们的工作，并让吴焕与那些愿意同我们合作的民信局取得联系，让他们也为我们代办邮政业务。二是信封所盖两种华洋书信馆戳记未见经传。但“华洋书信馆双龙日戳”行用前见存“京都华洋书信馆”长条形戳，已知“华洋书信馆双龙日戳”行用的最早记录为 1879 年 3 月（中国邮政邮票博物馆藏品）。此封虽存争议，却是留给后人研究海关邮政时期苏州邮史的一项重要课题。

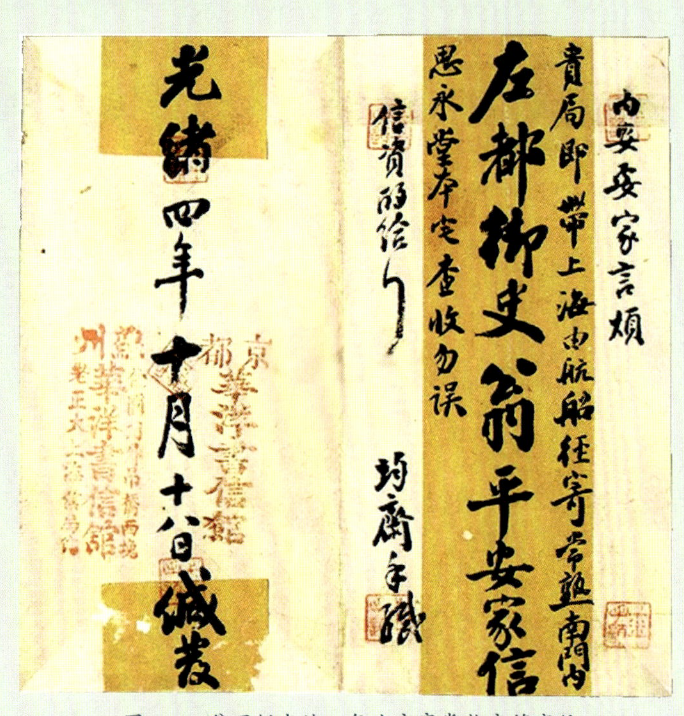

图 1–8　翁同龢光绪四年北京寄常熟亲笔家信

三、大清邮政官局

1896 年 3 月 20 日，光绪皇帝根据总理衙门“兴办邮政”的奏折，批准开办大清邮政官局。1897 年 2 月 20 日，大清邮政官局正式开业，并由海关总税务司赫德兼任总邮政司，负责大清邮政官局事务，这标志着近代邮政制度在中国的确立。1878 年，海关试办邮政时，就开办了信函、新闻纸、贸易契的递送业务及国际信函递送、挂号等业务；1897 年，大清邮政官局营业时，又增加了明信片、书籍、包裹、货样等的运输业务；1898 年，开办了邮政汇兑、国际包裹递送业务；1899 年，开始与外国邮政订立互寄邮件章程；1909 年，正式开办快递业务。至 1911 年，全国共建有各等邮局 6 201 处。

大清邮政苏州官局初名“苏州府邮政分局”（也称“苏州邮政总局”），开办于 1897 年春。《苏州海关十年报告（1896—1901）》记：位于共同租界的帝国邮局于 1897 年 2 月开业，[①] 是年 4 月，城内的邮局相继成立。除了邮局之外，城内与郊区设有 17 个邮箱。《苏州海关志》载：首个城区支局于 1897 年 5 月 3 日开办，初设于阊门内蒋家桥浜（宝林寺前邮局），1899 年 2 月 27 日迁移至护龙街盍簪坊巷。[②] 1905 年 1 月 10 日，苏州邮政发布公告，于城区阊门、齐门两处添设分局。

Mitu Bridge P.O.
No. 189
General.

REMITTANCE CERTIFICATE.

IMPERIAL POST OFFICE.

No. 120
Shanghai

REMITTANCE.

the two $5.00 stamps are affixed on this space.

5 dollars　FIVE 5 DOLLARS

$ 10.00

Soochow, 21st July 1898

THIS is to certify that the *unobliterated* Postage Stamps affixed hereon under the word REMITTANCE, namely, two Stamps of a total value of ten Dollars and — Cents, were purchased at this Office to-day, to be sent to Shanghai and there be redeemed at face value at the I.P.O. within Six Months; and that the *obliterated* Stamps affixed under the word FEE, namely, One Stamps of a total value of twenty Cents, represent the Commission charged.

W. Scott
Postal Officer.

N.B.—Holders are warned that payment will be refused if the Stamps affixed hereto are detached, changed, soiled, or torn; if the Certificate be altered, defaced, or mutilated; if it is presented for payment at an Office other than that named in the body of the Certificate; or if it is not cashed before the expiry of Six Months.

To
THE IMPERIAL POST OFFICE,
Shanghai

FEE.

Cents 20

图 1-9　苏州觅渡桥邮局开具的汇银执据

苏州府邮政分局于 1898 年已开办邮政汇兑业务，见存 1898 年 7 月 21 日苏州觅渡桥邮局开具的苏州发上海的汇银执据（图 1-9），左上角加盖“Mitu Bridge P.O.”黑色木戳印，由邮务主管 W.Scott 签发。1904 年《东方杂志》第三期《各省邮政汇志》报道：“苏城自添设邮政总局以来，城厢乡镇广设信箱，均由内河轮船递寄信件，故邮务蒸蒸日上。”1909 年起，苏州邮政总局开办快信业务，见存苏州邮政总局城区二分局己酉年（1909）六月初四经办快信的发信收单（图 1-10）。

光绪二十七年（1901），苏州邮政总局下辖苏州、无锡、常州、常熟 4 个分局，“大清邮政中国境内业经设立各等邮局清单”（1901）见列（图 1-11），据《宣统元年邮政事务情形总论》记载：

图 1-10　苏州快信发信收单

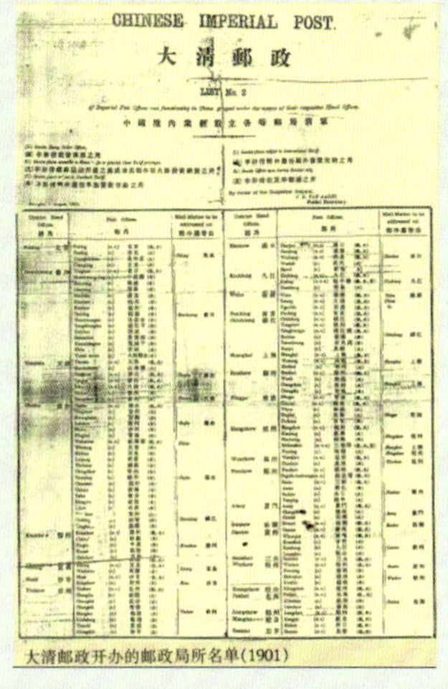
CHINESE IMPERIAL POST.
大清郵政

大清邮政开办的邮政局所名单(1901)

图 1-11　大清邮政中国境内业经设立各等邮局清单（1901）

---

① 苏州府邮政分局的开业时间，客纳格在 1901 年签发的《苏州海关十年报告（1896—1901）》中记为“The Imperial Post Office was opened at the Settlement in February 1897”；《1897 年 3 月 6 日江海关税务司雷乐石呈总税务司第 4899 号文》报告：所有各口岸（all the ports）的邮政工作都是从 2 月 2 日开始的，从那天一直到 20 日工作压力涌向邮局职工简直是巨大的；陆允昌在《苏州洋关史料（1896—1945）》中则译注：创设日期为农历“清光绪二十三年二月五日”（1897 年 3 月 7 日），《苏州通史》《苏州海关志》《苏州邮电志》皆从此说。

② 载于 1899 年 2 月 24 日《申报》上的《大清邮政苏局告白》：本局向在阊门内宝林寺前设立分局，兹定于本年正月十八日（1899 年 2 月 27 日）将该分局移至护龙街盍簪坊巷，所有宝林寺原设之分局即于是日停止，嗣后凡有寄信寄包购票之人均祈到盍簪坊巷分局购买投寄可也。

苏州邮界总分局数，光绪三十三年（1907）为7处，光绪三十四年（1908）为8处，宣统元年（1909）为10处。宣统二年（1910），苏州邮政总局改为“副邮界总局”，至宣统三年（1911）在跨塘桥、养育巷、中市、醋坊桥、觅渡桥、砖桥、护龙街等7处均设有城区支局。

苏州邮政总局局址初设在觅渡桥，据《申报》报道：1906年3月7日晚，觅渡桥邮局不慎失火，烧毁房屋三四间，乃于1907年购置阊门外鸭蛋桥之西土地一块，备造邮政局之用，过渡期间总局曾在阊门叶家弄口办公。在苏州邮政总局前班司账贝雅士的主持下，1910年鸭蛋桥堍新局所（图1-12）建成，宣统二年十一月初一（1910年12月2日），总局由叶家弄移往鸭蛋桥西新局所营业（图1-13）。

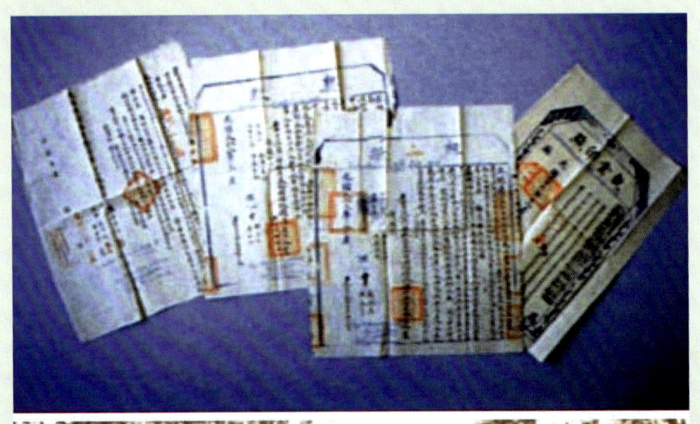

图1-12　阊门外鸭蛋桥堍苏州邮政总局的地契和新局所

大清宣統二年庚戌
十月廿五日共二張

蘇州閶門葉家衖口郵政總局
于宣統二年十一月初一日移往閶門馬路鴨蛋橋西新建洋房內收發郵件事宜
特此通諭居民人等一例知悉此白
蘇州郵總局告白

图1-13　《申报》上刊发的广告（1910）

第二节　近代集邮已在苏州萌芽

一、清代邮资票品在苏州的行用

海关邮政时期所发行的大龙邮票、小龙邮票及慈禧寿辰纪念邮票至今尚未发现经确证的在苏州使用例，偶见已披露的实寄封真伪尚需进一步考证。

1897 年 2 月 20 日大清邮政官局正式开业后，陆续发行的正式使用的邮资票品有小龙加盖改值邮票、慈禧寿辰纪念加盖改值邮票、红印花票加盖暂作邮票、蟠龙邮票、宣统登极纪念邮票、欠资邮票、快信邮票，以及邮资明信片等。币制改革后，票品的邮资计费面值已由原来的纹银改为洋银。存世所见，与苏州有关的实寄票品有以下几种。

◆ 见存海关小龙暂作洋银加盖改值贴票苏州实寄封示例：1897 年 7 月 19 日苏州寄北京中式欠资封（图 1–14）。贴海关小龙 3 分银暂作洋银 2 分票 2 枚，销“SOOCHOW 97 JUL 19　光绪廿三年六月二十日　苏州邮政局”大圆戳（《大圆戳探索 1897—1913》第 108 页录）。

◆ 红印花加盖票苏州实寄封示例：

① 苏州寄德国红印花加盖票西式挂号封（图 1–15）。贴红印花 2 分当 1 分邮票 16 枚，销苏州邮政局 1897 年 8 月 14 日大圆戳［SPINK（斯宾克）拍品］。

② 江苏镇洋经上海寄北京红印花加盖票中式挂号封（图 1–16）。贴红印花大 2 分邮票 3 枚，销上海八卦戳，另有上海邮政局 1897 年 6 月 3 日大圆戳、北京邮政局 6 月 10 日大圆戳［《中国邮票史（第二卷）》第 161 页录］。此外，见存苏州海关销印的红印花加盖邮票（大 1 分、小 2 分、当 4 分等）多枚。

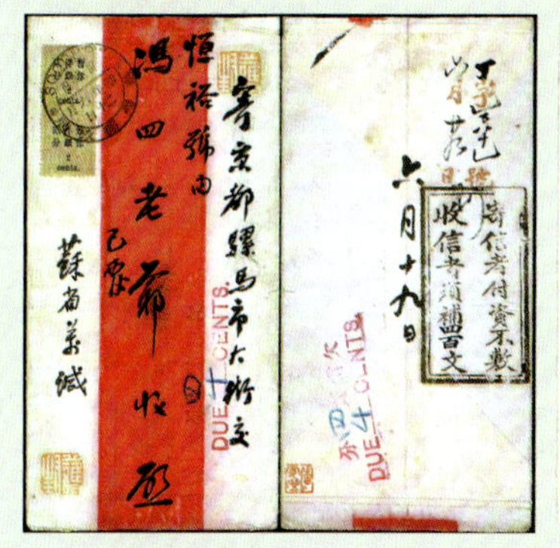

图 1–14　小龙暂作洋银加盖改值贴票苏州实寄封

图 1–15　红印花加盖票苏州实寄封

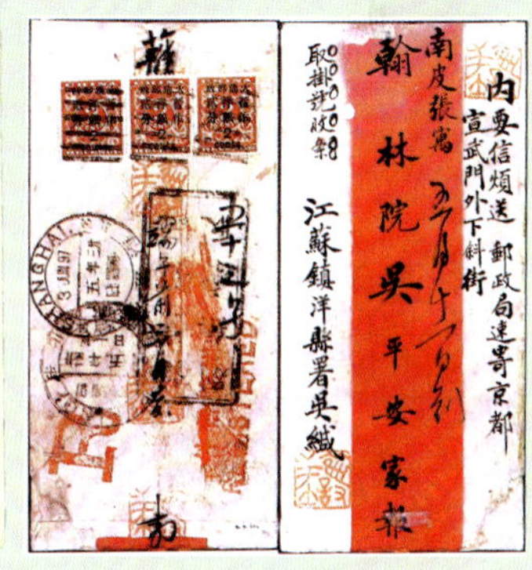

图 1–16　红印花加盖票镇洋实寄封

◆ 蟠龙邮票的使用在苏州则较为普遍，蟠龙贴票实寄封可谓“俯拾皆是”。不仅城区邮局，周边的常熟、同里、木渎等邮政局所也见寄发，示例（图 1–17）：

① 苏州寄上海海关公事封。贴蟠龙邮票 4 分 1 枚，销棕色苏州八卦戳，另盖棕色英汉大圆戳“光绪廿三年九月十三日　97 OCT 8　苏州邮政局”（中国嘉德国际拍卖有限公司 2007 年秋季拍卖会 7172 号拍品）。

② 常熟寄北京红条封。贴蟠龙邮票 2 分 1 枚，销“江苏 CHANG-SHU 常熟 十二月廿日”三格式手填日期戳，背盖上海 12 月 22 日中转戳，有北京邮政局 12 月 29 日椭圆到达戳（北京诚轩拍卖有限公司 2009 年春季拍卖会 1336 号拍品）。

③江苏同里寄上海红条封。背贴蟠龙邮票1分2枚，销“江苏同里庚戌五月廿二”日戳，另销“昆山邮政局”“苏州”“上海”三地单线小圆戳（《全方位通讯拍卖目录》第68期第1234号拍品）。

④江苏木渎寄宁波红条封。背贴蟠龙邮票3分1枚，销“木渎辛亥八月二十”日戳，盖有红色“邮政信箱　壹”和不清晰的中转及到达戳（中国嘉德国际拍卖有限公司2006年秋季拍卖会5488号拍品）。

◆ 有1909年宣统登极纪念邮票在苏州的发售记录，《中国邮票史（第二卷）》第32页“宣统纪念邮票首批分发各邮区数量表”（图1–18）记载：苏州邮界首批分发2分邮票20 000枚、3分邮票10 000枚、7分邮票10 000枚。见存2分宣统登极纪念销票（图1–19），盖1909年9月27日苏州中英文单线小圆戳（此类型销票实物各地存世所见较多，一般为请求邮局盖销）。

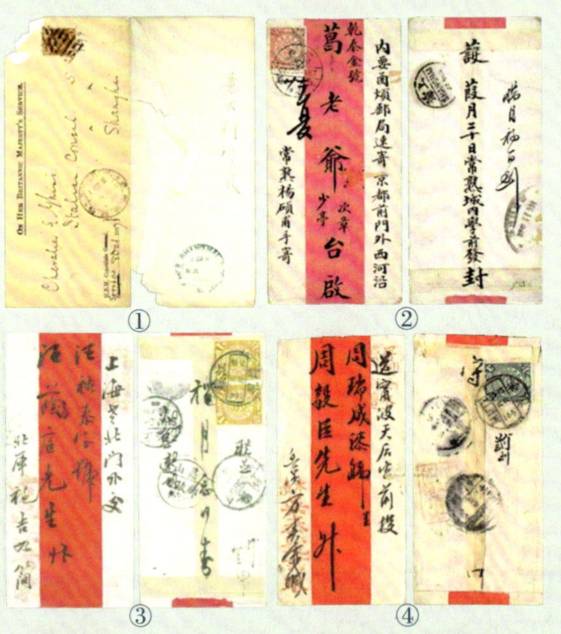

图1–17　苏州邮政总局及所辖周边邮局寄发的蟠龙贴票实寄封

宣统纪念邮票首批分发各邮区数量表　　单位:枚

邮界	2分邮票	3分邮票	7分邮票	邮界	2分邮票	3分邮票	7分邮票
北京	70000	35000	35000	芜湖	10000	5000	5000
太原府	10000	5000	5000	南京	30000	15000	15000
开封	10000	5000	5000	镇江	20000	10000	10000
西安府	10000	5000	5000	上海	100000	50000	50000
东三省（及副邮界）	50000	25000	25000	苏州	20000	10000	10000
天津	80000	40000	40000	杭州	20000	10000	10000
烟台	30000	15000	15000	宁波	20000	10000	10000
济南	10000	5000	5000	温州	10000	5000	5000
胶州	20000	10000	10000	三都澳	10000	5000	5000
重庆	20000	10000	10000	福州	50000	25000	25000
成都	20000	10000	10000	厦门	50000	25000	25000
宜昌	20000	10000	10000	汕头	30000	15000	15000
万县	10000	5000	5000	广州（及副邮界）	70000	35000	35000
沙市	10000	5000	5000	琼州	10000	5000	5000
长沙	10000	5000	5000	龙州	10000	5000	5000
岳州	10000	5000	5000	蒙自	20000	10000	10000
贵阳	10000	5000	5000	思茅	10000	5000	5000
汉口	70000	35000	35000	腾越	10000	5000	5000
九江	20000	10000	10000	造册处库存	1000000	500000	500000
大通	10000	5000	5000	总　计	2000000	1000000	1000000

图1–18　宣统纪念邮票首批分发各邮区数量表

图1–19　苏州盖销宣统登极纪念邮票

◆ 另见大清国邮政欠资票在苏州贴用的实物，如1907年美国寄苏州欠资封（图1–20），贴美国邮票2分1枚，销“1907 JAN 24”戳，经帕迪尤卡销“1907 JAN 28”戳，经上海销“1907 FEB 28”英汉中转戳寄苏州，因邮资不足另销T.15欠资戳，加贴清蓝欠资邮票1角2枚，销苏州“1907 MAR 1”英汉落地戳（上海华宇拍卖有限公司2017年春季拍卖会3610505号拍品）。

◆ 大清邮政蟠龙图邮资明信片，1897年10月1日至1908年共发行四版，均见有苏州行用实物（图1–21），如销苏州“1899 JUN 6”英汉戳寄本埠清一次邮资片（上海华宇拍卖有限公司2012年秋季拍卖会1213430号拍品），收件人W.H.Park（柏乐文，1858—1927）为苏州博习医院（今苏州大学附属第一医院）首任院长及东吴大学教务长。

图 1-20　苏州贴用大清国邮政欠资票实寄封

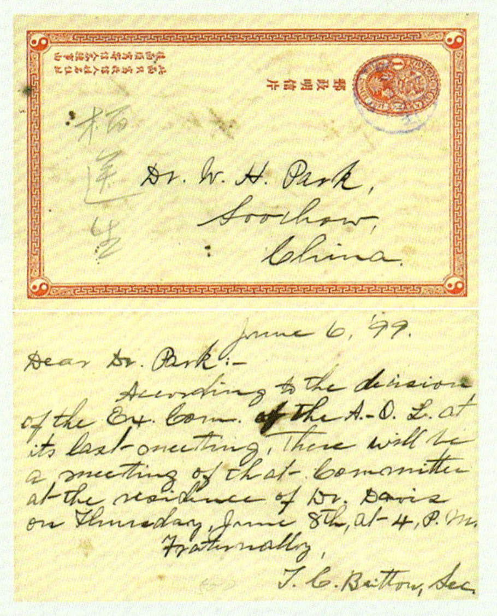
Dr. W. H. Park,
Soochow,
China

June 6, 99.
Dear Dr. Park:-
According to the decision of the Ex. Com. of the A.O.L. at its last meeting, there will be a meeting of that Committee at the residence of Dr. Davis on Thursday, June 8th, at 4 P.M.
Fraternally,
T. C. Britton, Sec.

图 1-21　苏州实寄初版大清邮政蟠龙图邮资明信片

二、清末苏州集邮的萌芽

集邮是以近代邮政为基础而兴起的，邮政的发展、邮戳的盖销、邮票的发行和使用，加之媒体的宣传与推动，孕育了集邮。

上海是中国集邮活动的发源地，旧有“苏州是上海的后花园”之说，故苏州得集邮风气之先亦在情理之中。上海开埠后，报刊业的发展进入繁荣期，据《上海租界志》统计，1865—1895 年全国新办报刊中沪报占据半数，并起到左右全国舆论的作用。信息丰富、造势力度较大的《万国公报》《申报》《新闻报》《时报》《时事新报》等都出自上海。清末起上述报刊即在苏州拥有不少读者：1879 年年底前，苏州已成为《申报》分销处，按《申报分馆章程》规定，“承认本报每日销数达五百份以上者，始得称为分馆”；1893 年，《新闻报》在苏州设立代理处，此时大多上海报社都在苏州设立了代理处，《点石斋画报》也在苏州寄售；1896 年前后，《万国公报》的发行量达到 38 400 份，居当时发行的各种刊物之首，其中就有苏州读者的贡献；1906 年 10 月，沪宁铁路上海至苏州段开通后，苏州民众上午即可看到当日沪报；1911 年，《时报》在苏州的订数达 3 000 份。苏州距离上海不过半日之邮程，沪报的影响是不言而喻的。清末起，不少集邮知识和大量邮票收卖广告，通过报端快速传递给社会公众，推动了集邮在中国的萌芽。

1877 年，《申报》已刊登苏模洋行《照收买信局旧人头》的广告，该则广告于 1877 年 5 月 9 日—12 日及 14 日—15 日连载 6 天，文曰：“上海东洋两处所发已用信局人头，情愿卖出者，价每百个银五角。又吕宋人头，每百个出价七角五分。虹口黄浦滩路第六号门牌，苏模洋行启。”邮票拍卖广告则不迟于 1890 年，因是年 2 月 20 日鲁意斯摩广告云：“初二日两点钟在本行拍卖书信馆人头数万。”

苏州五洲邮票社的《本社之略史》云：“盖本社主人，爱好邮票，可谓基于天性。年方弱冠，喜通邮筒，必将邮票撕下，置之小盒中。闲中排列玩弄，津津若有异味。未尝梦想此物为世界所嗜好也。数载之后，见上海《时事新报》征求栏，多有收集及交换邮票者，遂欣然加入，其趣益浓。从此邮友既多，邮识亦增。渐知某国有某公司也，某国有某交换会也，东购西换，函札频仍，朝斯夕斯，乐乃无艺。不数年间，居然积至万种以上。而重复者，汗牛充栋矣。”因耳濡目染沪报集邮信息，苏州第一代集邮者卢赋梅、张景孟等“下海”业邮后都首选在《新闻报》《申报》发布售邮广告。

清末，沪报刊载的集邮普及代表作，除《花图新报》上的《各国信馆之印图》、《申报》上的《信票奇谈》、《集成报》上的《古邮券居奇》、《益闻录》上的《信票癖》、《通问报》上的《说邮票》外，1905—1907 年《万国公报》第一百九十三、第一百九十七、第二百一十七册还分别见载东吴大学校长林乐知著、东吴学者范祎述的《明信片源流》（图 1-22）、《邮票式样》与《邮票之历史》。

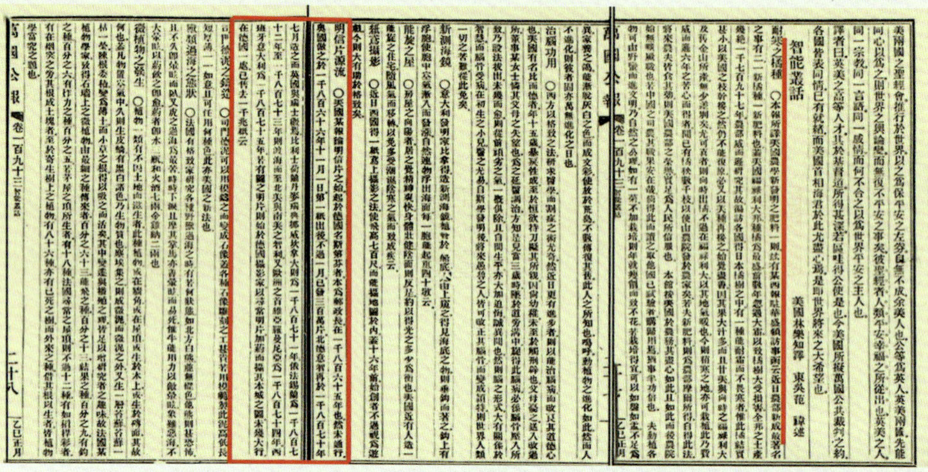

美兩國之聖經會推行於世界以之爲保平安之左券自無不成余美人也公等爲英人英美兩國先能同心以爲之則世界之輿論變而無復不平安之事矣彼聖經者人類平安幸福之所從出也英美之人同一宗教同一言語同一感情而何不合之以爲世界平安之主人也

譯者曰英美之高等人才其於基督道所得甚深若屠哇得公使是也今美國所擬萬國公共裁判之約各國皆表同情已有就緒而美國首相海君於此尤盡心焉是即世界將來之大希望也

智能叢話　美國林樂知譯　東吳范禕述

耐寒之橘種　○本館所譯美國農學新發明之肥料一則茲有某西報駐華盛頓訪事函云近日農部新成最著名之事有二一新橘種一新肥料也蓋美國福羅利大邦種橘爲最盛當數年忽遇大雷以致橘樹大受損害全邦之土產幾絕一千七百九十七年農部威而遜研究其故遍訪各國得日本橘樹之中有一種能耐雷而不畏寒者惟此橘結實甚小以美國之枝幹接之然仍不能復原必又以美種再接之始覺適會因其果大汁多而且甘美與向時之福羅利大及舊金山所產無少差別矣尤可喜者則向時出橘不過在福羅利大以其地氣暖也今則稍寒之地亦可栽植此乃農威而遜六年之苦心而得者聞已有橘秧數千枝以便山農院發於農家矣若夫新肥料則爲農部摩爾所得自得此法將來農夫皆食其勞則美國農部之榮譽實足爲人民所信服也　本館按美國於農務其盡心如此且如此而後農院始無曠職也若中國之司農其職果安在哉倘得此而讀之取他國已試驗者嚆矢用焉猶事半功倍也　夫動植各物可由野蠻而進文明乃自然之公理如有一弱不加栽培則與就爛而致不花若栽培得宜可以如盤如盂不足爲異家養之鴿能兼脫灰白之色而成文彩使放於荒島不數傳復其故此人之所知也嗚呼動植物之進化如此然而人不進化則彼者固亦萬無進化之日也

萬國公報　卷一百九十三　二十七　乙巳正月

治腦功用　○西方以格致之法研求醫學而割症之術尤奇然近日更有進步者則以能治腦病而收其道德心也美國有名比而德者年十五歲暴戾性成至於恒欲持刀擬其所親因嘗幼稚未至於觸刑辟也父母憂之送入收養所業事某女士憐其父母之失望也爲之延醫調治方知是兒當三歲時墜於道旁溝中腦得此腦病必係腦骨壓入所致乃設法救出未幾而愈則從前頑劣之氣一概俱除且自問生平亦大加追悔誠異聞也然則腦之形式大有關係於智慧而腦骨受病在初生之小兒醫之尤易自斯學發明後將來惡待之人皆可收正其腦骨而變成善將則世界人類一切之苦難從此免矣

新測海鏡　○意大利發明家比拿得造新測海鏡懸掛於船底以由上窺之得見海底之物則垂鈎而罣之鈎上有浮胞使胞中空氣漸入而發漲自然連物浮出海面每一胞能起重四十敦云

能旋之屋　○房屋之向陽者居之覺精神爽快身體壯健陰面則反是約以得光之多少爲衛也美國近有人造一能旋之住宅隨風氣而移轉以免多受潮濕陰寒之氣而致成疾云

紙鳶攝影　○近日西國得一紙鳶上攝影之法使飛高七百尺而能攝地圖於內蓋十六年前始創者不過視爲遊戲今則大有助於格致矣

明信片源流　○英國某報論明信片之始起於德國名斯缽芬者本爲郵政長在一千八百六十五年也然未通行奧國倣之於一千八百六十六年十一月一日第一紙出後不過一月已發三百萬片北德意志再於一千八百七十年七月效之而英國與瑞士假爲比利士荷蘭丹麥瑞典挪威坎拿大則爲一千八百七十一年依法錫蘭爲一千八百七十二年至一千八百七十三年則渡海而至北美與南美之智利又歐洲之首維亞羅曼尼亞爲一千八百七十四年西班牙意大利爲一千八百七十五年若有圖之明片則始於德國攝影家以尋常明片加藥而攝其本城之圖未幾大行在德國一處已售去一千兆紙云

司門德泥之鑄造　○司門德泥可以用模鑄之而變成石像蓋各種石像雕刻之工甚苦若用模範製此泥高低長短厚薄一一如意且可任用何種色此亦美國之新法也

獸類過海之態狀　○法國有格致家研究各種野獸過海之時有若何狀態如北方白熊雖無懼色然終則甚恐怖且不久即昏眩而臥又虎之過海爲最苦時時下淚且厚其掌馬亦善暈眩而易死惟牛能用力以敵暈眩衆種惡海不大暈眩以藥餵之即愈藥者飽木一瓶和火酒七兩金雞納二兩也

微植物之發生　○植物一類有不因土地而滋生者此種植物或在牆角或在屋頂或生於木上或生於磚面其故何也蓋凡物留空氣中久則生皮蘚有黑白諸色乃生物質也麻坎集之則成微泥而微泥之外又生一層苔蘚苔蘚一層一堆陳根委枝變爲薄土而小草之根得以吸之而活矣其中變遷與繁殖之理皆足以啓研究者之趣味故法國某植物學家致得石牆上之微植物由最細之種傳來者百分之六十三雌朵之種百分之十三結果之種百分之九有鈎之種百分之六有枒力之種百分之五若茅屋之頂所生者有十八種法國尋常之屋頂則不過十二種有如稍桿彩者有在樹突之旁其根成土塊者至於寄生樹上之植物有八十六種亦有已死之樹而外來之種借其根以生者皆植物學當究之題也

萬國公報　卷一百九十三　二十八　乙巳正月

图 1-22　《万国公报》载东吴大学林乐知著、范祎述《明信片源流》（1905）

图 1-23　倪远甫保存的蟠龙红条封

另一方面，苏州富足的经济与浓厚的人文环境也激发了富家及文人雅士的收藏热，其中包括深受集邮家青睐的古旧封片。例如，晚年定居苏州的大清户部银行津行经理倪远甫，其生前保存的蟠龙红条封（图 1-23）不下百余枚，如今频频亮相各大邮品拍卖场，已成为集邮者青睐的收藏品。又如，上海集邮家严西峤的《古邮散弦》言及：“今春（1948）余赴苏州探省岳翁张氏之便，自其尘封之箱箧中获见有万寿及加大小字之连票信封甚多，收件人名均为‘张月阶老太爷’，张氏为苏城旧家，其遗物虽书信之微亦得保留迄今达五十年之多。”张月阶（1838—1915），补园主人、苏纶纱厂大股东、苏州商会第 1—6 届会董，平生爱好文物、书画、昆曲等。

再如，吴江黎里的柳亚子，同盟会成员，南社发起人之一。早年即有收藏信封之癖，闲暇时常与其子柳无忌赏析同乐。在《集邮六十年琐记》中，柳无忌提到，“当我在上海圣约翰青年会学校读书时，已对集邮发生兴趣”，最初“父亲是我集邮的同志和支持者。差不多当时我所有的旧邮票，中外一样，都是他给我的。他有一个习惯，凡是友人来信，总是连信封（图 1-24）一并保存，如此数十年来，积存了好几只箱子。当我弄邮票的时候，他就为我从箱子及抽屉里找出成百上千的信封，把邮票剪下来给我，并帮我做检对、取舍、辨别、品相的工作。他对我的帮助，始终没有间断过。当我于1932年自美返国，在天津教书时，他还继续供给我一些朋友们为他搜集的邮票。现在我已寻到的，有8个‘上海市通志馆’与10个‘南社纪念会’信封，里面装着（中国）香港、日本、美国，以及欧洲各国的邮票，都是从父亲那里拿来的”。

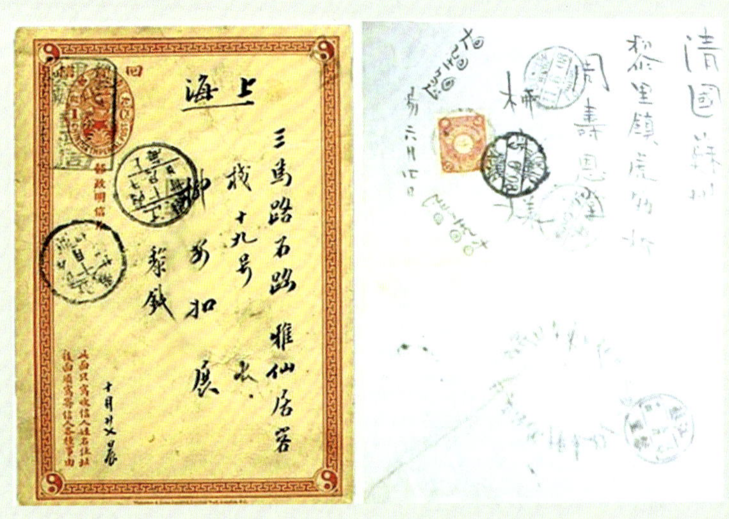

图1-24　柳亚子藏清末实寄封

在洋人把持的海关、洋行、教会学校及教堂中，出现了首批中国邮币集藏者。《新闻报》1901年4月6日—12日连载苏州“洋关”胡绥之的《收买金钱》广告（图1-25），云：“今欲收买古时各种金钱，如有愿售者，请先画样，注明价钱，寄苏州觅渡桥如意里。私铸不收。苏州洋关胡绥之谨启。”

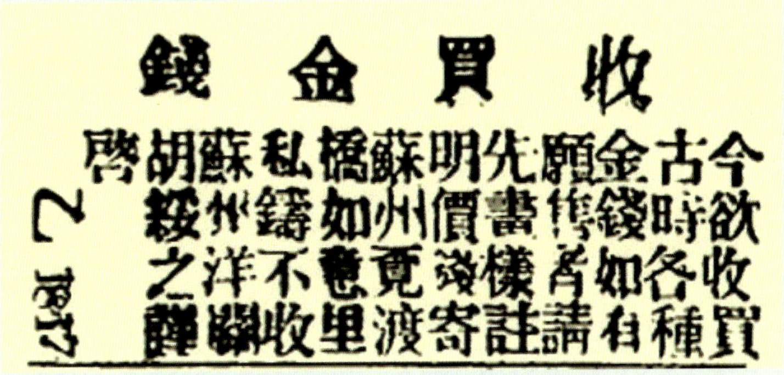

收買金錢

今欲收買古時各種金錢如有願售者請先畫樣註明價錢寄蘇州覓渡橋如意里私鑄不收蘇州洋關胡綏之謹啓

图1-25　《新闻报》上刊登的胡绥之的广告（1901）

另有确切资料佐证，苏州邮商卢赋梅和张景盂清末即开始集邮：1927年8月《邮票新声》第二卷第一期刊登了卢义思邮票公司的《集邮家注意》（图1-26）广告，云：“本公司主人收藏各国古旧邮票已历三十余载。”据之推算，起始年当在1897年前。1926年12月五洲邮票社印行的《集邮须知》刊载了张景盂的《自序》（图1-27），曰：“余不揣窳陋，凭廿载浸淫之所得。”故起始年当为1906年左右。寓居上海的苏州邮人朱世杰则更早，1903年已兼营邮业。

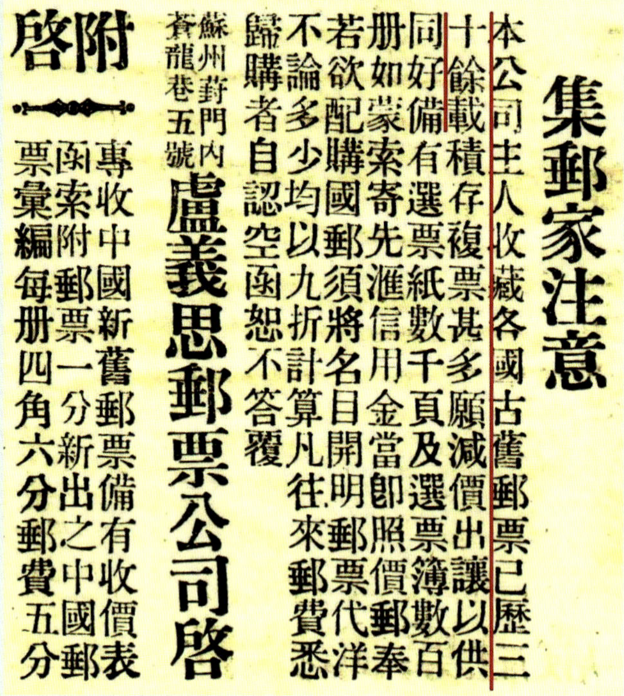

集郵家注意

本公司主人收藏各國古舊郵票已歷三十餘載積存複票甚多願減價出讓以供同好備有選票紙數千頁及選票簿數百册如蒙索寄先滙信用金當卽照價郵奉若欲配購國郵須將名目開明郵票代洋不論多少均以九折計算凡往來郵費悉歸購者自認空函恕不答覆

蘇州葑門內蒼龍巷五號 盧義思郵票公司啓

附啓

專收中國新舊郵票備有收價表函索附郵票一分新出之中國郵票彙編每册四角六分郵費五分

图 1-26 卢赋梅在《邮票新声》上刊登的集邮广告（1927）

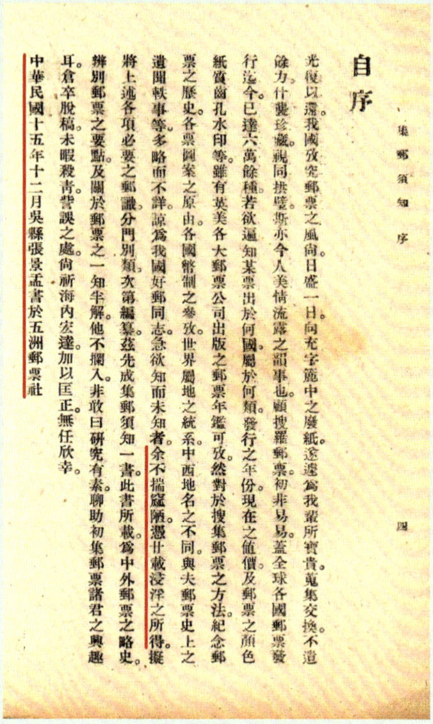

集郵須知 序 四

自序

光復以還。我國攷究郵票之風尙日盛一日。向充字簏中之廢紙。遂遽爲我輩所寶貴。蒐集交換。不遺餘力。什襲珍藏。視同拱璧。斯亦今人美情流露之韶事也。顧搜羅郵票。初非易易。蓋全球各國郵票發行。迄今已達六萬餘種。若欲遍知某票出於何國。屬於何類。發行之年份。現在之値價。及郵票之顏色紙質齒孔水印等。雖有英美各大郵票公司出版之郵票年鑑可攷。然對於搜集郵票之方法。紀念郵票之歷史。各票圖案之原由。各國幣制之參攷。世界屬地之統系。中西地名之不同。與夫郵票史上之遺聞軼事等。多略而不詳。諒爲我國好郵同志。急欲知而未知者。余不揣譾陋。憑廿載浸淫之所得。擬將上述各項必要之郵識。分門別類。次第編纂。茲先成集郵須知一書。此書所載。爲中外郵票之略史。辨別郵票之要點。及關於郵票之一知半解。他不攔入。非敢曰研究有素。聊助初集郵票諸君之興趣耳。倉卒脫稿。未暇殺青。訾謬之處。尙祈海內宏達。加以匡正。無任欣幸。

中華民國十五年十二月吳縣張景孟書於五洲郵票社

图 1-27 《集邮须知》上刊载的张景孟的《自序》（1926）

此外，根据相关史料及邮品分析，清末苏城内外“染指”邮花者尚有杨佩玉、蒋伯年、陈海澄、俞敦吾、左起喜、冯补拙等，集邮在苏州已然萌芽。

第二章　苏州集邮的兴起与亮点（1912—1937）

1913 年，国民政府改组邮政，苏州府邮政分局更名为“苏州一等邮局”。随着邮政体制的健全，邮政服务深入寻常百姓家，集邮在苏州开始兴起，已呈现群体化、多样化的特征，并出现了一批通邮海外的集邮先进、闻名国内的苏州邮商，以及独树一帜的东吴大学集邮群体和接踵编出的集邮书刊等。民国前期涌现的丰富多彩的苏州邮戳，也为集邮爱好者带来了诸多的乐趣。

In the second year of the Republic of China, postal services reorganized and Suzhou was listed as a first-class post office. With the improvement of the postal system, ordinary people have used postal services, and philately has begun to rise in Suzhou, presenting a group-oriented and diversified pattern. A group of well-known domestic Suzhou stamp-dealers, a unique group of Soochow University philatelists, and a series of philatelic books and magazines have sprung up. The rich and colorful Suzhou postmarks that flooded in the early period of the Republic of China also brought incomparable enjoyment to philatelists.

第一节 民国前期苏州邮政纪要

一、苏州邮政之沿革

苏州邮政创设于光绪二十三年二月初五（1897 年 3 月 7 日），初名“苏州府邮政分局”，受苏州关税务司节制，至 1911 年 5 月方与海关分离，纳入邮传部邮政司管辖之中，时建制上仍为苏州副邮界分治。

《1913 年 11 月 18 日交通总长周自齐呈　大总统报明改组邮局办法并附比较表请鉴核文》云：窃查邮政创始隶属海关，组织规章悉依关制。前年划归部管，维持恢扩，未暇更张。共和告成，驿站裁废，统一邮权，责成尤重。自后，苏州邮政发生了几个重大事项。

1. 1913 年，苏州府邮政分局更名为“苏州一等邮局”

《1913 年 11 月 17 日邮政总局邮政总办帛黎签署第 333 号通令》指出：总局已决定改变把通商口岸作为邮界中心的方针。改组工作完成之后，邮界管理机构将设在各省省会，副邮界将被撤销，原设在各通商口岸的邮局将按新等级划分办法划为一等邮局。而据 12 月 13 日帛黎签署的第 344 号通令的附件 2 公布：北京等 29 处“为目前暂定的一等局”，江苏有镇江、苏州两处。

1913 年 11 月，苏州府邮政分局更名为“苏州一等邮局”，由 1897 年进入中国海关的美国人林贵荣任局长，接替前任苏州府邮政分局邮务总办贝雅士主持邮务。苏州一等邮局历任邮政主管名录见表 2-1。

表 2-1　苏州一等邮局历任邮政主管名录

姓　名	职　务	任职时间	备　注
林贵荣（美国）	苏州一等邮局局长	1913—1915 年	1897 年进入中国海关，曾任上海邮界二等邮政司事
应立（德国）	苏州一等邮局局长	1915—1917 年	1883 年进入中国海关，曾任胶州邮界超等邮政司事
佐麻萨腊（奥地利）	苏州一等邮局局长	1917 年 4 月 1 日—？	卸任后调上海邮局
赫尔士（英国）	苏州一等邮局局长	1917—1918 年 9 月 7 日	1918—1920 年任镇江一等邮局局长
贺师尼（奥地利）	苏州一等邮局局长	1918 年 9 月 7 日—1921 年 2 月 26 日	1902 年进入中国海关，曾任温州邮界头等邮政副司事
怡赛福（俄国）	苏州一等邮局局长	1921 年 2 月 26 日—1923 年 7 月	三等二级邮务官
路德兰（英国）	苏州一等邮局局长	1923 年 7 月—1925 年 3 月 17 日	1901 年进入中国海关，曾任职上海邮界
徐兰生（中国）	苏州一等邮局副邮务长	1925 年 3 月 17 日—1928 年 12 月 7 日	1921 年 9 月—12 月四等二级邮务官徐兰生考察玉树邮务；1929 年后掌湖南、张家口、北平、安徽、河南诸局
曾玉墀（中国）	苏州一等邮局副邮务长	1928 年 12 月 7 日—1930 年 7 月 14 日	由上海邮务职工会监委调充苏州邮局；1930—1938 年任宜昌、北平、安徽、江西诸局局长
郑义琛（中国）	苏州一等邮局副邮务长	1930 年 7 月 14 日—1931 年 9 月 4 日	1910 年首批邮政留学生，1915 年任山东邮局邮务官，1931 年后掌宜昌、烟台、河南、西川、福建诸局

在1925年前，苏州一等邮局历任局长都由美国、德国、奥地利、英国、俄国等外籍人员充任，至1925年3月17日起，始由邮政总局派国人担任，首任华人局长为徐兰生。

2. 1922年年底，苏州日本邮便局最终停闭

因《马关条约》而于1896年7月开办、后迁入苏州青旸地日租界的日本邮便局，1922年12月31日最终停闭。其停闭经过如下：1921年11月在华盛顿召开的太平洋与远东问题会议上，中国代表施肇基宣读了中国要求撤销“客邮”的宣言，声明外国在华的“客邮”设置是非法的。1922年2月1日，华盛顿会议限制海军军备第五次代表大会最终通过《关于在中国之外国邮局议决案》，明确：中国境内的外国邮局除在租借地或为约章特别规定者外，撤销之期不得逾1923年1月1日。1922年8月起，日本驻华公使小幡酉吉和北京政府交通部代表刘符诚在北京举行中日邮政会议。每星期三开会一次。是年12月9日签署三项协定，规定双方自1923年1月1日起互递邮件、保险函件、包裹、汇票，同时撤废在华日邮。

苏州日邮撤废情况，据1922年12月16日《申报》载《日人会议撤废日邮之善后》（图2-1）报道：“昨（十五日）日，日本总领事馆为撤废问题，特在该馆开撤废日邮之善后会议，到者如苏州、南京、杭州及本埠各日邮局长，以及曾参预中日邮政撤废会议之牧野氏等，均如期出席。”是月21日，邮务官鸭志田政市郎搭乘博爱丸号客轮返日本复命，日本撤废邮政委员牧野乘车抵达苏州与驻苏邮务局长进一步商议苏州日邮撤废善后问题。是年12月27日《新闻报》所载的《苏州撤废日邮志闻》（图2-2）记：“各地客邮相继撤废，苏州日租界所设之日本邮政局，同在撤废之列。现定于（民国）十二年一月一日实行。苏州邮政总局局长怡赛福。以日邮收回后，邮局原有办事人员，不复办公，尚须招考邮务员若干人云。”由此可知，苏州日邮终结于1922年12月31日。

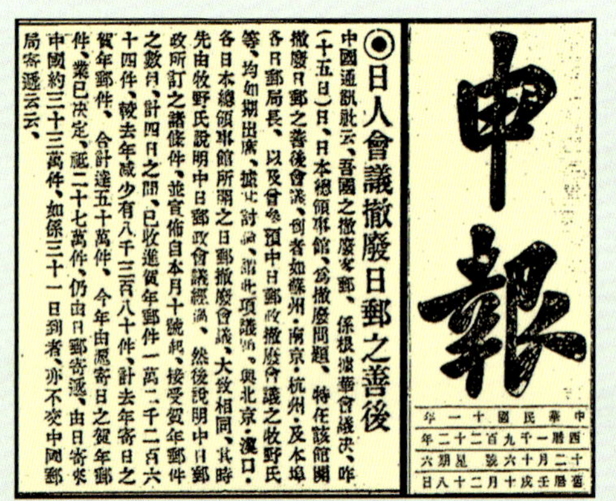

申報

◎日人會議撤廢日郵之善後

中國通訊社云、吾國之撤廢客郵、係根據華會議決、昨(十五日)日、日本總領事館、爲撤廢問題、特在該館開撤廢日郵之善後會議、到者如蘇州·南京·杭州·及本埠各日郵局長、以及曾參預中日郵政撤廢會議之牧野氏等、均如期出席、據此討論、關於此項議題、與北京·漢口·各日本總領事館所開之日郵撤廢會議、大致相同、其時先由牧野氏說明中日郵政會議經過、然後說明中日郵政所訂之諸條件、並宣佈自本月十號起、接受賀年郵件之數目、計四日之間、已收進賀年郵件一萬二千二百六十四件、較去年減少有八千三百八十件、計去年寄日之賀年郵件、合計達五十萬件、今年由滬寄日之賀年郵件、業已決定、祗二十七萬件、仍由日郵寄遞、由日寄來中國約三十三萬件、如係三十一日到者、亦不交中國郵局寄遞云云、

图2-1 《申报》上撤废日邮的报道（1922）

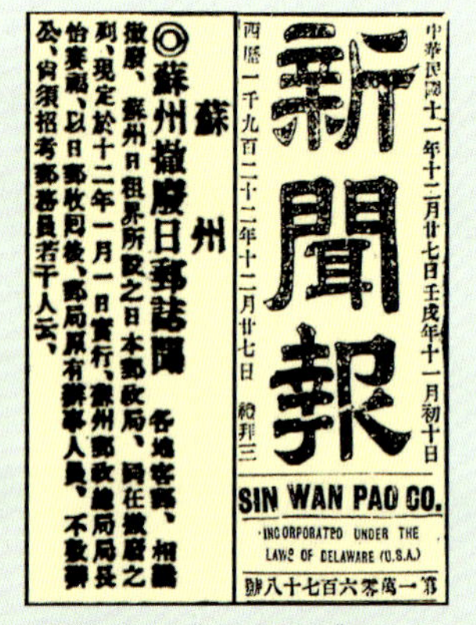

新聞報

西曆一千九百二十二年十二月廿七日 禮拜三

SIN WAN PAO CO.

INCORPORATED UNDER THE LAWS OF DELAWARE (U.S.A.)

蘇州

◎蘇州撤廢日郵誌聞　各地客郵、相繼撤廢、蘇州日租界所設之日本郵政局、同在撤廢之列、現定於十二年一月一日實行、蘇州郵政總局局長怡賽福、以日郵收回後、郵局原有辦事人員、不復辦公、尚須招考郵務員若干人云、

图2-2 《新闻报》上撤废日邮的报道（1922）

3. 1931年，苏州一等邮局更名为“吴县一等邮局”

1925—1928年，国民政府与北洋政府南北对峙，战事连连，邮路、政令不畅。1926年下半年南方革命军开始北伐，1927年北伐军攻克苏州，北洋政府委设的苏常道尹公署为“吴县临时行政委员会”所取代。南京国民政府成立，吴县公署、吴县政府相继问鼎。1928年，县、市分治，设立苏州市。1930年3月27日，江苏省政府训令撤销苏州市，是年5月16日吴县正式接管苏州。

随着时局的动荡，邮政方面亦发生变动：1927年，国民政府定都南京后设立南京邮政总局；1928年，北京邮政总局裁撤南迁，与南京邮政总局合并；1931年元旦，交通部为节约开支和便于管理将江苏邮区与安徽邮区合并，于南京设苏皖邮务管理局。邮政总局总办钱春祺、会办多福森于1931年4月4日签发《交通部邮政总局通谕》第347号，事由为：“谕各邮局人员，为奉部令，全国各县邮局旧式名称应行取消，一律改用新名，附发更正局名清单。谕仰遵照由。”其中，附件《各县城邮务局所应行更改名称清单》中列：“[旧名称]苏州——[新改名称]吴县（苏州）。”

吴县一等邮局历任副邮务长名录见表 2–2。

表 2–2 吴县一等邮局历任副邮务长名录

姓 名	任职时间
夏锡侯	1931 年 9 月 4 日—1932 年 7 月
包 容	1932 年 7 月—1935 年 7 月
徐祖光	1935 年 7 月—1937 年 9 月
江明超	1937 年 9 月—1938 年 3 月
王纪生	1938 年 3 月—1941 年 8 月
包 容	1941 年 8 月—1946 年 6 月
李载元	1946 年 6 月—1947 年 12 月
徐英三	1947 年 12 月—1949 年 5 月

根据苏州市档案馆所藏邮政档案（图 2–3）可以确定，苏州一等邮局更名为“吴县一等邮局”的交接时间在 1931 年 9 月，是年 9 月 4 日邮局公函始见“吴县一等邮局钤记”印章启用（图 2–4）。

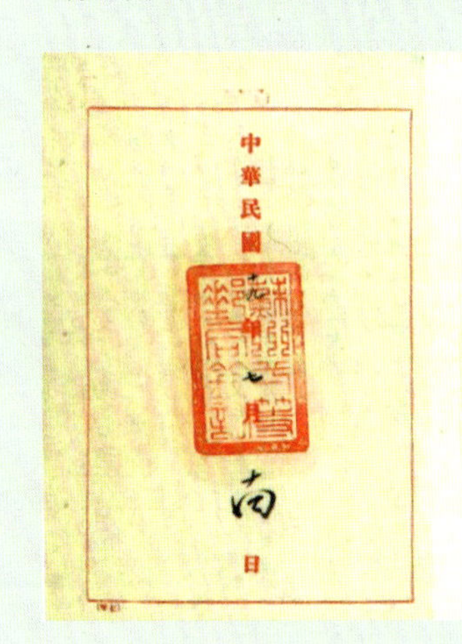

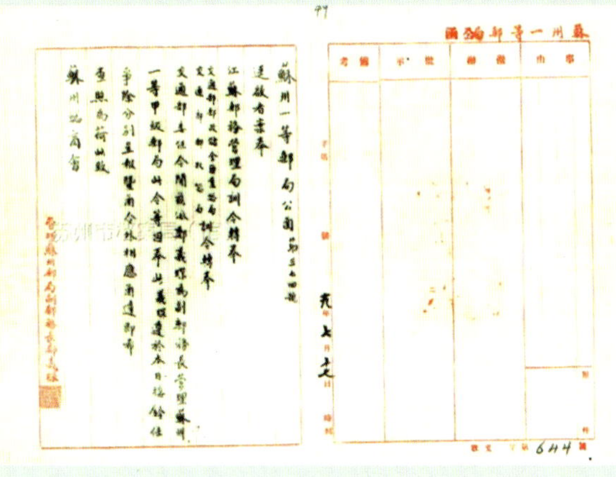

图 2–3 苏州一等邮局公函（1930 年 7 月 14 日）

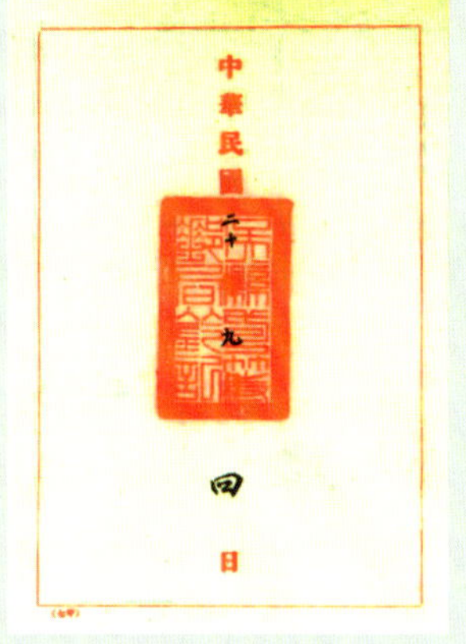

图 2–4 吴县一等邮局印信（1931）

4. 1935 年 1 月 26 日，明末清初兴起的苏州民信局全部停止营业

因民信局及民信批局的设立足以妨碍邮政收入，1928 年首都交通会议决议取缔民信局。翌年 11 月 26 日，交通部指令取缔苏州民信局：“为苏州民业信局代表任士庭等请从缓取缔民局，核与定例相背，请转知饬令遵章办理。呈悉，已批饬苏州总商会，并分别转知迅遵定章办理矣，仰即知照此令。交通部长王伯群，中华民国十八年十一月二十六日。”

自后“取缔”与“请从延缓”的博弈延续多年，苏州民信局还于 1932 年 1 月 15 日成立吴县民信局同业公会（图 2–5），以更好地维护自身权益。然终究回天乏术，1935 年 1 月 28 日《苏州明报》第二张第六版刊登的《苏地民信局已停业 职工生活尚无解决办法》（图 2–6）

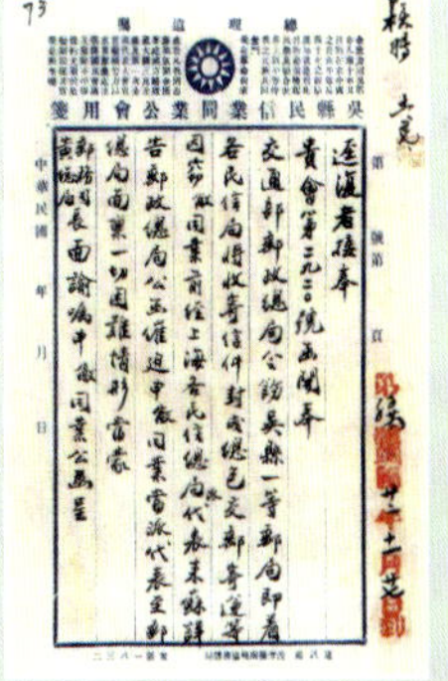

图 2–5 吴县民信局同业公会 1933 年信函

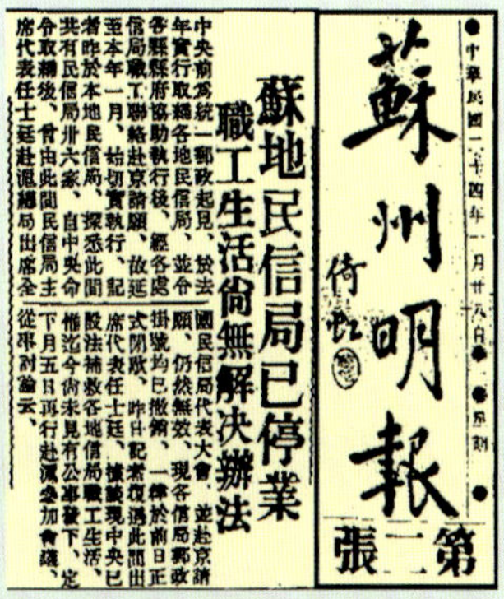

图 2–6 《苏州明报》上刊登的苏地民信局停业报道（1935）

报道：“记者昨于本地民信局，探悉此间共有民信局卅六家。自中央命令取缔后，曾由此间民信局主席代表任士庭赴沪总局出席全国民信局代表大会，并赴京请愿，仍然无效。现各信局邮政挂号均已撤销，一律于前日正式闭歇。”

尾声：全面抗战爆发初期，因中华邮政暂时中断，民间邮递一度“死灰复燃”。

1938 年 4 月 7 日《申报》见刊《沦陷四月来的苏州》（图 2–7），文中述及：“苏沪邮政，在失陷前，就阻断不通，音信隔膜，幸而，绝迹已久的民信局，死灰复燃，首倡的是吴县横街益苏民信局，雇人专差走送。后来，海红坊潘宅和上海苏州旅沪同乡会，合办信件传递，改乘‘自治会’车。现在，京沪邮政恢复，苏沪日内可实行。”实际上，淞沪会战时期，还有洞庭东山旅沪同乡会等团体雇用山船传递民信（图 2–8）。无独有偶，常熟沦陷前夕，邮局撤往镇江，致全县邮政通信中断。1938 年春，因地方用邮急需，常熟伪维持会推荐邑人蔡自达筹办民信局，局址仍设在北市心原邮局内，收寄平信、挂号信，并办理汇兑等业务，每天与上海、苏州对封邮件一次，交由日商大直汽车公司代运。1938 年年底，原在沪待命邮局员工奉江苏邮政管理局令返回常熟恢复业务，民信局同时告终。

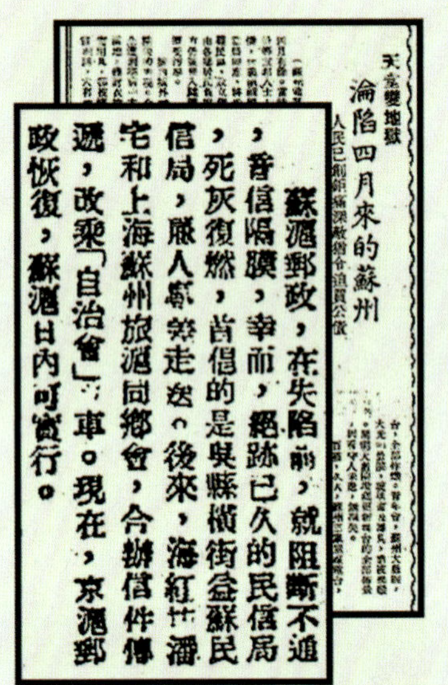
天堂變地獄
淪陷四月來的蘇州

蘇滬郵政，在失陷前，就阻斷不通，音信隔膜，幸而，絕跡已久的民信局，死灰復燃，首倡的是吳縣橫街益蘇民信局，雇人專差走送。後來，海紅坊潘宅和上海蘇州旅滬同鄉會，合辦信件傳遞，改乘「自治會」車。現在，京滬郵政恢復，蘇滬日內可實行。

图 2–7 《申报》上刊登的苏沪邮政报道（1938）

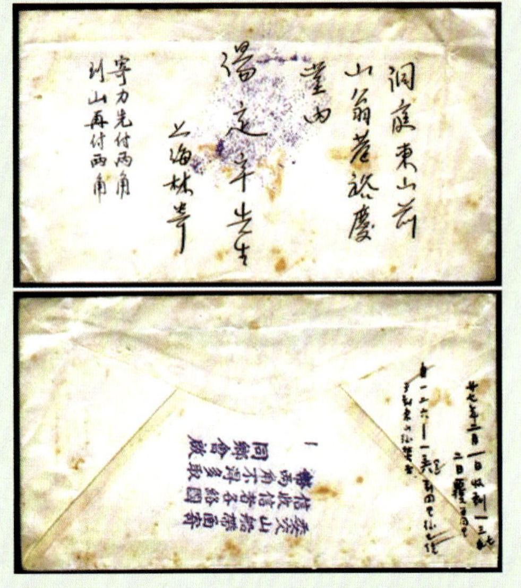
图 2–8 洞庭东山旅沪同乡会雇用山船传递民信封

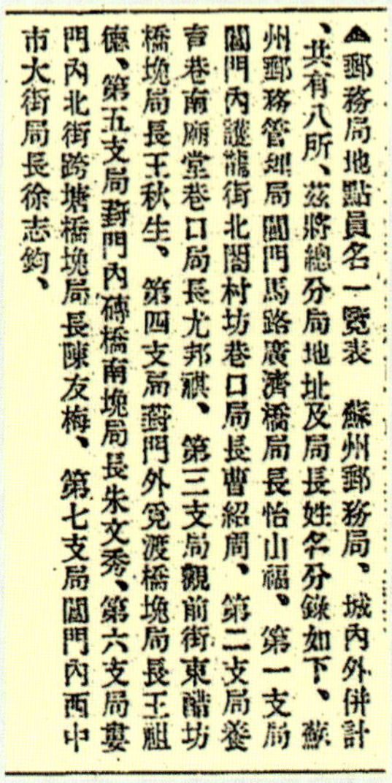

◎郵務局地點員名一覽表 蘇州郵務局、城內外併計、共有八所、茲將總分局地址及局長姓名分錄如下、蘇州郵務管理局閶門馬路廣濟橋局長怡山福、第一支局閶門內護龍街北閤村坊巷口局長曹紹周、第二支局養育巷南廟堂巷口局長尤邦祺、第三支局觀前街東醋坊橋堍局長王秋生、第四支局葑門外覓渡橋堍局長王祖德、第五支局葑門內磚橋南堍局長朱文秀、第六支局婁門內北街跨塘橋堍局長陳友梅、第七支局閶門內西中市大街局長徐志鈞、

图 2–9 《申报》上刊载的苏州邮政城市支局名录（1922）

民国时期，苏州邮政城市支局初设置为 7 个。1922 年 11 月 15 日《申报》上载《邮务局地点员名一览表》（图 2–9），苏州邮务局城内外并计共有八所，兹将总分局地址及局长姓名分录如下：苏州邮务管理局　阊门马路广济桥　局长怡山福，第一支局　阊门内护龙街北阁村坊巷口　局长曹绍周，第二支局　养育巷南庙堂巷口　局长尤邦祺，第三支局　观前街东醋坊桥堍　局长王秋生，第四支局　葑门外觅渡桥堍　局长王祖德，第五支局　葑门内砖桥南堍　局长朱文秀，第六支局　娄门内北街跨塘桥堍　局长陈友梅，第七支局　阊门内西中市大街　局长徐志钧。

苏城沦陷初期仅恢复齐门、养育巷、西中市 3 个支局，1941 年 5 月增设丁家巷第四支局，抗战胜利后支局设置又有所调整。

二、民国前期苏州邮戳行用概况

《1912 年 2 月 28 日邮政总办通谕第 6 号》云：照得政体现改为共和立宪，国号定为中华民国，是以“大清”二字在各项名目及公事文件内，均应留心免除。此外，政府业定为用阳历继续阴历，所有关于邮务各项及公文等件，如何改用阳历之处，另有该管邮务总办详谕各该管局供事及各代办知照。据此，使用“中华民国”字戳加盖清票。

民国元年（1912），苏州城区及常熟、昆山、太仓均见使用“中华民国”加盖清票（图2–10），并存以“苏州”遮盖“大清”的快信票据（图2–11）。存世实物中见苏州“阴历干支纪年”邮戳终于“壬子”（图2–12）。

此外，值得关注的民国苏州邮戳研究课题还有以下几个。

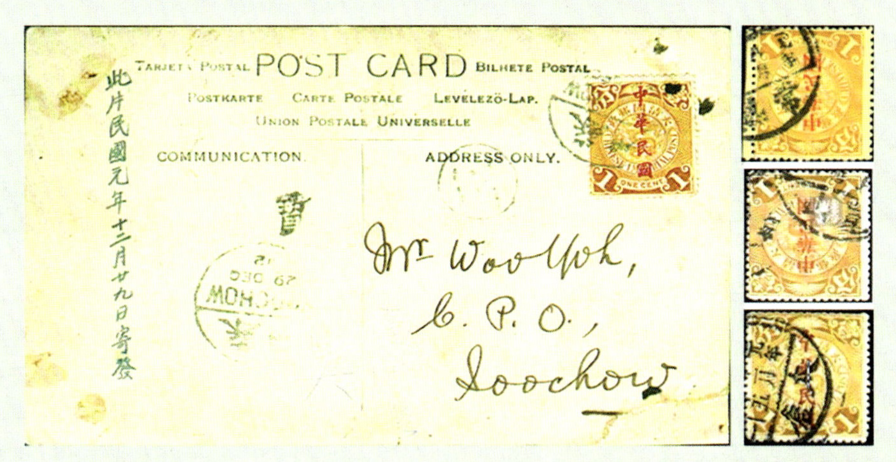

图 2–10 民国元年，苏州城区实寄片与常熟、昆山、太仓销票，贴票均为“中华民国”加盖清票

图 2–11 以“苏州”遮盖“大清”快信票据

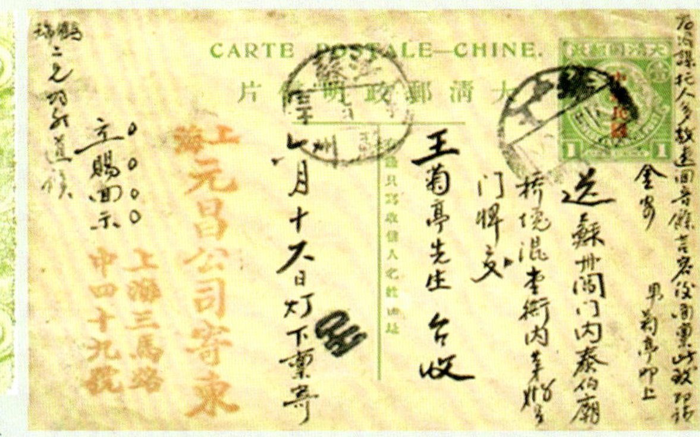

图 2–12 苏州“壬子”干支纪年邮戳

1.“苏州府”邮戳之困惑

苏州府邮政分局管理时期，所用邮政日戳内的局名标记有“阊门”“齐门”“苏州”“苏州城”等，鲜见“苏州府”字样。民国建元，废府留县，“苏州府”戳却浮出水面，尚不明情由，但已见民国四年至十二年（1915—1923）各年份之“苏州府”销戳实证，另上海泓盛拍卖有限公司2011年秋季拍卖会4755号拍品为民国三版帆船图邮资明信片实寄片1件，销苏州（铲“府”）十三年（1924）四月十五日英汉文腰框戳（图2–13）。

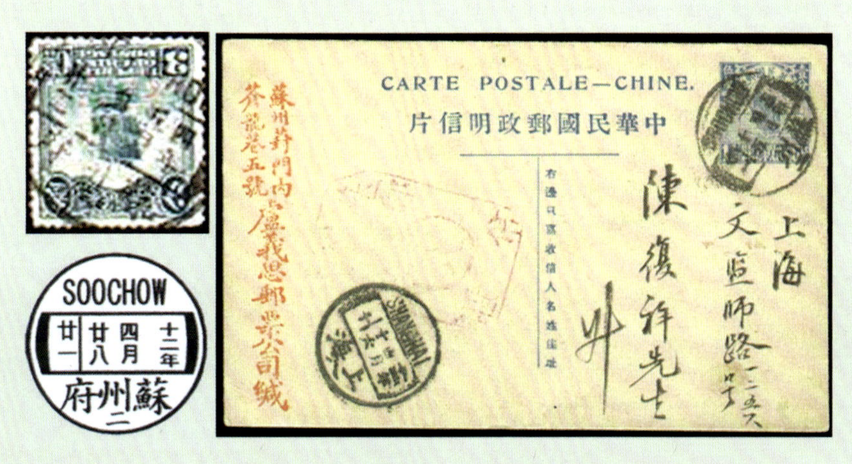

图 2–13 民国年间“苏州府”戳

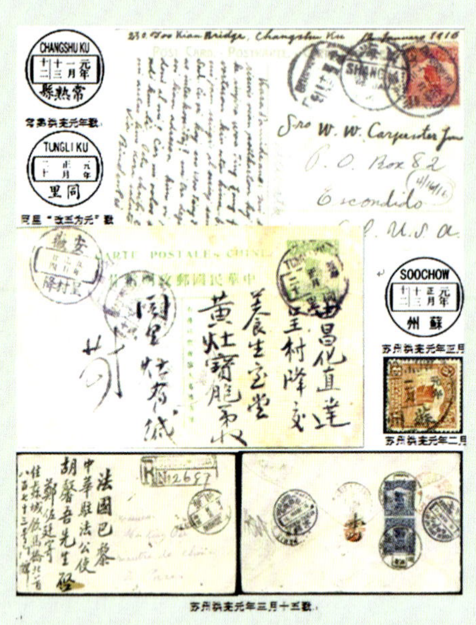

图 2-14　苏州“洪宪元年”邮戳

2.“洪宪元年”邮戳

1915 年 12 月 31 日，袁世凯下令改 1916 年为“中华帝国洪宪元年”，自任皇帝，并在元旦登基。袁世凯的倒行逆施导致众叛亲离，内外交困。袁世凯被迫于 1916 年 3 月 22 日宣布取消帝制，次日废除“洪宪”年号，恢复“中华民国”，“洪宪王朝”只维持了 83 天。袁世凯做了八十三天皇帝梦——可悲，不经意间却为集邮界留下了耐人寻味的研究课题。

苏州、常熟、同里等局皆有“洪宪元年”邮戳的使用记录，内以苏州局存世邮品居多，1、2、3 月各月份戳均见，较早日期为 1 月 13 日，较晚日期为 3 月 17 日（图 2-14），但苏州戳式中带有“洪宪”二字的未曾所见。

3. 纪念邮戳

1918 年 10 月 10 日，徐世昌就任中华民国总统，全国邮局统一使用刻有“徐大总统就任纪念”字样的邮戳。最早的全国性纪念邮戳是 1918 年的“徐大总统就任纪念”邮戳。这枚邮戳为水波浪纹，规格为 50mm × 15mm；中间为同心双椭圆形，规格为 20mm × 15mm；大椭圆形内圈刻有“徐大总统就任纪念”字样，下方正中有一颗五角星，小椭圆形内圈刻就任日期“七年十月十日”字样（图 2-15）。1918 年 10 月 9 日《申报》见刊广告：“兹因徐大总统于双十节就任，邮局为申庆贺起见，特备纪念日期戳记，于十月十日在各邮务管理局及重要一等局以盖销各邮件上之邮票，各界人士等是日将邮票交由上述之邮局加盖此项戳记，亦可照办。惟只以是日为限，幸勿错（过）机会。”

早此两天，时任苏州一等邮局局长的贺师尼已见颁布的英文版的中华邮政苏州局 71 号邮政通知（图 2-16），主题为“在 10 月 10 日（国庆日）于邮件邮票上销盖特别印章的通知”。民国期间，苏州的纪念邮戳并不多见，上述“徐大总统就任纪念”邮戳正是在苏城出现的首枚纪念邮戳。苏城沦陷时期，汪伪政权把持邮政，虽常规邮戳并无二致，但汪伪政权为推行“奴化”教育，曾在沦陷区大量使用宣传邮戳。苏州地区见有“中华民国政府迁都纪念”等戳。

图 2-15　苏州行用的“徐大总统就任纪念”邮戳

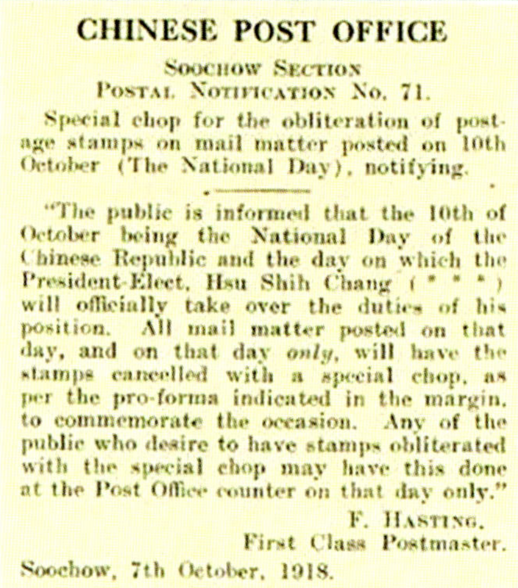

CHINESE POST OFFICE

SOOCHOW SECTION

POSTAL NOTIFICATION No. 71.

Special chop for the obliteration of postage stamps on mail matter posted on 10th October (The National Day), notifying.

"The public is informed that the 10th of October being the National Day of the Chinese Republic and the day on which the President-Elect, Hsu Shih Chang (* * *) will officially take over the duties of his position. All mail matter posted on that day, and on that day *only*, will have the stamps cancelled with a special chop, as per the pro-forma indicated in the margin, to commemorate the occasion. Any of the public who desire to have stamps obliterated with the special chop may have this done at the Post Office counter on that day only."

F. HASTING,
First Class Postmaster.

Soochow, 7th October, 1918.

图 2-16　中华邮政苏州局 71 号邮政通知（英文版）

4. 邮政储金戳

《邮政总局谕各邮局人员之第 150 号通谕之附件》邮政储金办事规则第一号《邮政储金之开办》云：“现经交通部决定，自民国八年七月一日起，先于天津、北京、太原、开封、济南、汉口、南昌、南京、上海、安庆、杭州各邮局施行一种有限之邮政储金办法。”

《中华民国八年邮政事务总论》记：“邮政储金局，七月一日，天津、北京、太原、开封、济南、汉口、南昌、南京、上海、安庆、杭州等局开办邮政储金，自当日起，此项办法推行于其他地方，计七十处。”

▲開辦郵政儲金之通告　蘇州一等郵務局接奉郵務管理局郵務長發出通告云爲通告事由本年十月十五日起在蘇州郵務局開辦郵政儲金凡個人存款在一個月內係以一百元爲限學校或公益團體在一個月內係以一百五十元爲限個人儲金總額本息合計至多以二千元爲限學校或公益團體儲金總額本息合計至多以三千元爲限每次存入以一元爲最小數目惟爲便利存儲在一元以下之小數起見備有銀元五分及一角之儲金郵票出售以便粘於得向儲金局領取之儲金券上此項儲金券於儲金郵票貼滿價值一元時即可向儲金局作爲存款收入至於儲金利息現定爲常年四釐二毫自存款之次日起算至提款之前一日爲止所有郵政儲金之存款不在政府科收稅課之列此外凡關於郵政儲金一切事由得向儲金局詢問取閱細則特此通告俾衆周知

图 2-17　《申报》上刊载的苏州《开办邮政储金之通告》（1919）

1919 年 10 月 18 日《申报》载《开办邮政储金之通告》（图 2-17）记：“苏州一等邮务局接奉邮务管理局邮务长发出通告云，为通告事由，本年十月十五日起在苏州邮务局开办邮政储金。”据邮政档案，苏州邮政储金业务承办局有阊门外邮局及城内护龙街、养育巷 2 个支局，1930 年 4 月又增觅渡桥、砖桥、齐门、中市等 4 个承办局。1946 年 11 月，邮、储分离，专设邮政储金汇业局南京分局苏州办事处，1953 年后停办。目前见存“邮政储金　苏州府”“邮政储金　吴县”“邮政储金汇业局南京分局　苏州办事处”等销戳票（图 2-18）。

图 2-18　苏州行销之“邮政储金”戳式

5. 立券报纸邮戳

1905 年年初，清代邮政将新闻纸资费分为三类，其中第二类即称“立券新闻纸”，当时规定：凡发行周期 10 天之内，每次寄数不少于 500 份的新闻纸，报社向邮局办理登记立券手续后，即可按立券新闻纸交寄，资费按月总付，并享受折扣优惠。《1915 年 12 月 14 日副邮政总办铁士兰签署的 409 号通谕》云：近来邮政总局一直在考虑修改与立券新闻纸有关的现行规则，现决定对 120 号和 122 号通令做全面修改。之后，《法令周刊》第三百三十三期又刊载交通部公函《邮局收寄立券报纸不满五百份以上者仍应按份贴票函》（第 2785 号，1936 年 10 月 5 日）。

因苏州早期报纸多以本埠民众为阅读对象，故有无“立券新闻纸”类鲜为人知。好在故纸旧闻中尚留线索，如天命在 1943 年 8 月《万象》第三卷第二期上发表的《星社溯往》一文忆及：“十五年六月，他们又死灰复燃了，由赵眠云、范烟桥、黄转陶、吴闻天合辑三日刊，仍名《星报》，这时候组织较为完密，内容相当充实，一切都取法于上海的《晶报》，并且委托《晶报》在上海分销，每期销一千余份，到七十期而止。在这时期，有一件值得记载的事，苏州的报纸从来没有向邮局‘立券’过，《星报》为了外埠销数较多，便进行‘立券’，经过许多手续以后，得到邮务管理局的认可。可是苏州的邮局还没有‘立券’的特定邮戳，又过了许多日子，方始颁发下来，而开印大吉，第一次印在报纸上的‘立券’邮戳，却是《星报》。经管这立券事宜的，是设在观前醋坊桥的邮政支局，不久就裁撤。这是苏州文化史料上有趣的一个小记录。”

图 2-19　苏州“中华邮政”立券邮件邮戳

张恺升所著的《中国邮戳目录（1872—1949）》中载苏州局使用“中华邮政”立券邮件邮戳之戳图（图 2-19），但使用日期不详。戳式是否与苏州《星报》上由观前醋坊桥邮政支局加盖之立券报纸戳一致，尚待找寻实物加以验证。

6. 双地名邮戳

1917 年，法国人铁士兰替代帛黎担任北洋政府邮政总办之职，上任伊始即颁发第 91 号通谕《遵照大总统更订全国行政区划令改订邮局名称》，始有双地名标记邮戳之动议，然而未几即下达通知《邮政局所定名之施行展缓》（1918 年 1 月 18 日）。上海《绿光邮票社月刊》第八号《邮务辑要》披露该通知内容如下：“按照民国现行制度裁府留县，所有各县邮局名称，一律改用县名，勿再沿用府名。并自民国七年一月一日起，将各项之更改一律施行在案。惟因政府机关尚未行用新定名称，以至立即更改遭遇困难。爰经总局呈请交部，准将新定名称之实行展缓。至将来须俟他项机关一律改用新名称时，再行照改。”

直到 1931 年 4 月 4 日交通部邮政总局通谕第 347 号《为奉部令全国各县邮局旧式名称应行取消一律改用新名附发更正局名清单谕仰遵照由》颁布，各省会及通商口岸才开始普遍使用新旧双地名邮戳，河北、湖北、广东、福建诸省推而广之。

吴县（苏州）双地名邮戳，在全国邮区中连续使用的时间最长，从 1931 年 10 月启用（图 2-20），至 1949 年从未间断，新中国成立后仍沿用，至 1955 年尚见吴县（苏州）铲字（英文地名）戳实寄邮品存世。而且，邮戳形制多样，除民国邮戳的常规格式外，双地名还见镌刻于邮政储金戳、简易寿险戳、邮资已付戳、邮政代理戳及邮局局长戳内，邮戳外形分圆形、椭圆形、方形、八角形等。

图 2-20　早期吴县（苏州）双地名邮戳行用实例（1931）

7. 苏州城区邮政委办机构木刻戳记之沿用

1901 年 6 月 15 日大清邮政官局颁布《殷实铺户代邮政开设分局章程》，指示在各邮局所在地，划分若干段，委由铺商设立代办分局，出售邮票，接受交寄各类邮件。代办分局收寄的邮件交给邮局时应加盖戳记，所颁发的戳样由代办铺商依样刻制。代办分局开办后，设置地点渐由城镇发展到乡村各地。代办铺商所用戳记，初为 1899 年 10 月 15 日编有号码的地名戳，简称“号码戳”。代办铺商使用号码戳不久，即先后出现刻有“信柜”“信箱”字样的戳记，盖有“信筒”戳记的封片则极少遇到。清末民初，苏州城区的邮政代办分局和“信柜”戳，始见于光绪二十六年（1900），早期戳多数带编号，其戳式不下十余种（图 2-21），可谓丰富多彩。综合来看，有“邮政分局”“信柜”“信箱”戳记，暂未见“代办所”和“信筒”字样戳记。

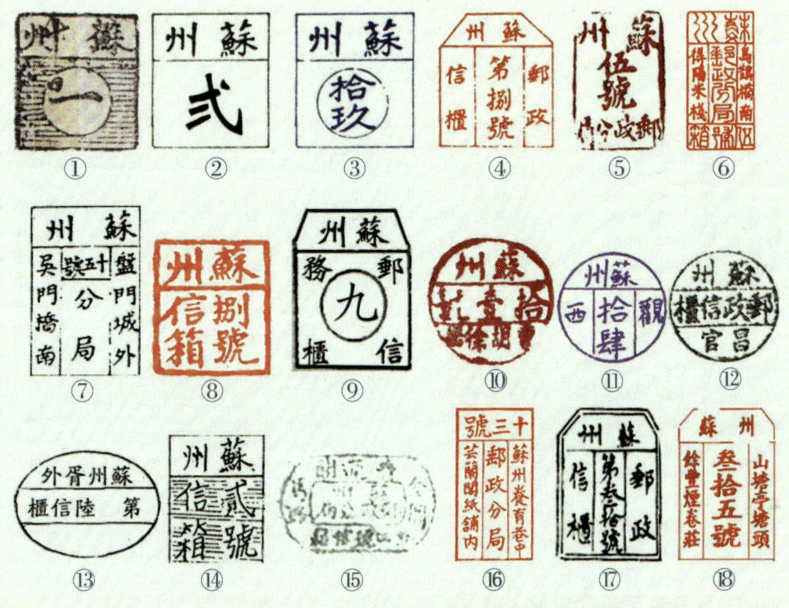

图 2-21　苏州城区的“邮政分局”和“信柜”等戳记式样

从存世销戳邮品及图 2-21 中的戳记式样可知，民国时期确定沿用的苏州信柜编号与戳式有：苏州（贰），类戳式③；苏州式，戳式②；苏州胥外第陆信柜，戳式⑬；苏州（陆），类戳式③；苏州邮务信柜（八），类戳式⑨；苏州邮务信柜（九），戳式⑨；苏州（玖），类戳式③；苏州拾壹曹胡徐桥，戳式⑩；苏州邮务信柜（十二），类戳式⑨；苏州观西拾肆，戳式⑪；苏州（拾伍），类戳式①；苏州（拾陆），类戳式③；苏州（拾捌），类戳式③；苏州邮务信柜（十八），类戳式；苏州（拾玖），戳式③；苏州（贰拾），类戳式③；苏州（廿肆），类戳式③；苏州邮务信柜（卅），类戳式⑨；苏州（叁拾壹），类戳式③；苏州邮务信柜（卅二），类戳式⑨；苏州叁拾五号，戳式⑱；苏州昌官邮政信柜，戳式⑫；等等。1927 年时曾有一次全国性的信柜大变革，一般的城市信柜都降级为邮票代售处（图 2-22）。

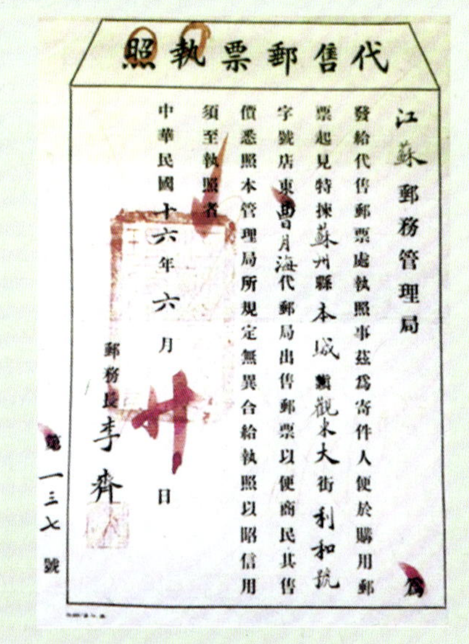

代售郵票執照

江蘇郵務管理局　為

發給代售郵票處執照事茲為寄件人便於購用郵票起見特揀蘇州縣本城觀東大街利和號字號店東曹月海代郵局出售郵票以便商民其售價悉照本管理局所規定無異合給執照以昭信用須至執照者

中華民國十六年六月廿日

郵務長

第一三七號

图 2-22　苏州邮票代售处代售邮票执照

第二节　苏州的早期集邮者与邮商

一、民国建元苏城初现集邮群体

集邮，作为西学东渐的舶来品，最早是从通商口岸上海“登陆”我国的。《申报》上第一则收购邮票的广告见于1877年5月9日苏模洋行《照收买信局旧人头》，然早期征集者均为洋人或洋行。民国建元后情况有了改观，1914年起《申报》和《新闻报》《时事新报》《时报》等沪报沪刊屡见刊国人征集邮票的广告，其中不乏苏州邮人的征邮广告。

1914年6月起，《时事新报》先后见登苏州（张）春霆、仲复兄弟《邮票大征求》、常熟辛峰巷杨智涵《智涵第二次征求邮花》、苏州醋库巷柴冠群《亚铎中外旧邮票第三次大征求》、苏州宜都宾巷14号孔劣愚“劣愚征求旧邮票”等征邮广告（图2-23）。

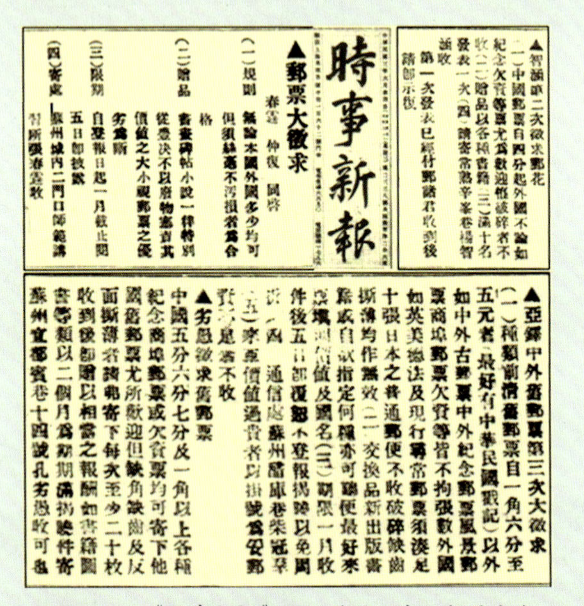

時事新報

▲郵票大徵求　春霆 仲復 同啓
（一）規則　無論本國外國多少均可 但須絲毫不污損者爲合格
（二）贈品　書畫碑帖小說一律特別 從豐決不以廢物塞責其 價值之大小視郵票之優劣爲斷
（三）限期　自登報日起一月截止閱 五日即核算
（四）寄處　蘇州城內二門口師範講 習所張春霆收

▲智涵第二次徵求郵花
（一）中國郵票自四分起外國不論如 紀念欠資等票尤爲歡迎惟破碎者不 收（二）贈品以各種書籍（三）滿十名 發表一次（四）請寄常熟辛峯巷楊智 涵收
第一次發表已經付郵諸君收到後 請即示復

▲亞鐸中外舊郵票第三次大徵求
（一）種類前清舊郵票自一角六分至 五元者（最好有中華民國戳記）以外 如中外古郵票中外紀念郵票風景郵 票商埠郵票欠資等皆不拘張數外國 如英美德法及現行尋常郵票須湊足 十張日本之普通郵便不收破碎缺齒 撕薄均作無效（二）交換品新出版書 籍或自試指定何種亦可聽便最好來 函……值及國名（三）期限一月收 件後五日即復郵不登報揭曉以免閱 ……（四）通信處蘇州醋庫巷柴冠羣 （五）來票價值過昂者以掛號爲妥郵 資……是者不收

▲劣愚徵求舊郵票
中國五分六分七分及一角以上各種 紀念商埠郵票或欠資票均可寄下他 國郵票尤所歡迎但缺角缺齒及反 面撕薄者概不收每次至少二十枚 收到後即贈以相當之報酬如書籍圖 書等類以二個月爲期滿掛號件寄 蘇州宜都賓巷十四號孔劣愚收可也

图2-23　《时事新报》上刊登的征求旧邮票广告

1914年9月，上海《白相朋友》旬刊第八期内刊广告《佩玉征求中外旧邮》（图2-24）：“（种类）前清古邮龙形船形四分以至五元民清欠资共和纪念票外国不论今古。”落款：“苏州同里市北埭杨佩玉收。”

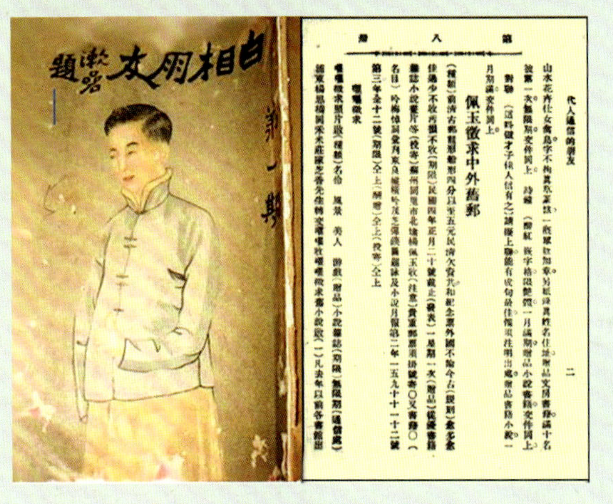

图2-24　同里杨佩玉征求中外旧邮广告（1914）

1916年6月22日，《申报》《时报》《新闻报》同时刊登常熟冯补拙《征收旧邮票》广告（图2-25）。1918年6月14日，上海《时报》亦见广告《征求书画邮票》：邮寄苏州卫前街念（廿）九号冯渭卿收（图2-26）。

上述信息表明，在那个时期，国内集邮者已悄然“登台亮相”，苏州作为上海的“后花园”，近水楼台先得月，不仅有清末即已浸淫邮花的卢赋梅、张景盂之辈，而且存世邮品佐证及至民初苏城的集邮者已不在少数。

◆ 1912年实寄片，9月4日镇江实寄苏州葑门卢赋梅1分蟠龙图邮资大清邮政明信片（图2-27），北京诚轩拍卖有限公司2006年春季拍卖会2509号拍品。卢赋梅为民国著名集邮家，时任东吴大学图书馆管理员，1897年已开始集邮。

◆ 1914年3月30日，无名氏自苏州三支局实寄美国俄亥俄州 Quaker Stamp Co. 西式封（图2-28），贴2分蟠龙加盖“中华民国”票、2分帆船票各1枚，远东拍卖公司2012年春季拍卖会1874号拍品。

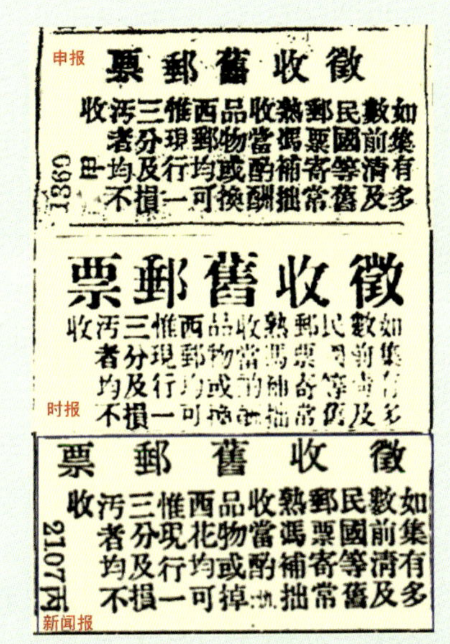

图 2-25 常熟冯补拙征收旧邮票广告（1916）

图 2-26 苏州冯渭卿征求书画邮票广告（1918）

图 2-27 集邮家卢赋梅收件（1912）

图 2-28 苏州寄美国西式封（1914）

◆ 1913 年 4 月 14 日，无名氏自苏州实寄美国俄亥俄州 Toledo Stamp Co. 封（图 2-29），贴 5 分、10 分中华民国光复纪念邮票及 1 分蟠龙加盖“中华民国”票各 1 枚，上海泓盛拍卖有限公司 2012 年秋季拍卖会 6000 号拍品。

图 2-29 苏州寄美国集邮封（1913）

◆ 1914 年，苏州吴县直街 4 号赵鸣冈实寄纽约 Monopol Stamp Co. 明信片。青岛陆游藏品。信文大意：尊敬的先生，我希望与贵公司交换邮票，但不知你们的价格，恳请寄上你们的价目表。谢谢。赵鸣冈。

◆ 1914 年 6 月 3 日，苏州赵鸣冈实寄美国俄亥俄州 Toledo Stamp Co. 明信片（图 2-30），寄件地址：中国苏州吴县直街 4 号。苏州邹子阳藏品。信文大意：尊敬的先生：我想说的是，我有很多种中国邮票，但是我并不清楚这些票在贵公司的价格。你可告知我任何一种华邮的价格（如纪念邮票等），以便我可以给你寄去中国邮票。如果你能给我寄些外国邮票，我将在十天内给你寄去中国邮票以作交换。你们真诚的赵鸣冈。

图 2–30　苏州寄美国明信片（1914）

◆ 1915 年 8 月 3 日，苏州寿星桥章家弄陈海澄寄美国 *Mekeel's Weekly Stamp News*（《梅基尔邮票新闻周刊》）1 分五色旗邮资明信片，加贴北京一版帆船 3 分银 1 枚（图 2–31），上海泓盛拍卖有限公司 2012 年秋季拍卖会 6249 号拍品。信文大意：尊敬的先生，我谨通知你，新一期刊物首页上的总期数已经超过了封条上注明的订阅期数。鉴于我的是试阅订单，请即刻办理中止订阅的手续。非常感谢，你们真诚的陈海澄，中国苏州章家弄 34 号。

◆ 1917 年，苏州东麒麟巷 7 号吴献书发美国 Scott Stamp Co. 实寄封，贴 2 分帆船票 5 枚（图 2–32），上海拍卖行有限责任公司 2017 年秋季拍卖会 536 号拍品。图 2–33 为苏州东吴大学卢（赋梅）于 1918 年双十节实寄本城娄门内东麒麟巷 7 号吴献书集邮封，贴半分帆船票，销苏州“徐大总统就任纪念”戳，上海华宇拍卖有限公司 2012 年秋季拍卖会拍品。

图 2–31　苏州寄美国明信片（1915）

图 2–32　苏州寄美国集邮封（1917）

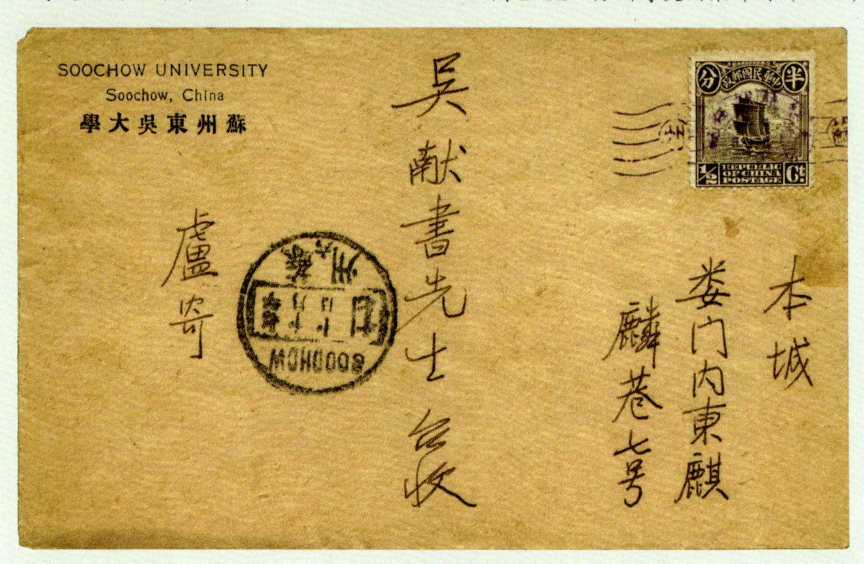

图 2–33　苏州邮人本埠实寄封（1918）

◆ 1918年4月30日，苏州东麒麟巷7号吴献书集邮片，为苏州六支局实寄美国俄亥俄州 Toledo Stamp Co. 民国二版1分帆船票邮资片，被销“T”字欠资戳及书写罚资15分，另有“CENSORED”审查戳记（图2-34）。青岛赵建藏品。信文大意：诸位先生：1月23日，我挂号寄给你们一张2.2美元的邮政汇票，并附上了退换的邮票及一份新订单和需求清单。但我尚未收到你们的回信，请尽快把我订购的邮票和确认要退换的邮票寄我。

◆ 1918年7月15日，常熟方塔街裴炳森实寄美国俄亥俄州 Quaker Stamp Co. 挂号封（图2-35），蟠龙拍卖网2011年春季拍卖会44-1883号拍品。

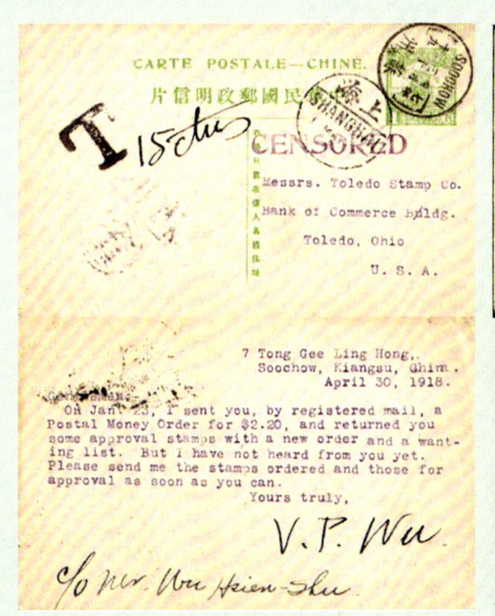
CARTE POSTALE—CHINE.
中华民国邮政明信片

T 15cts

CENSORED

Messrs. Toledo Stamp Co.
Bank of Commerce Bldg.
Toledo, Ohio
U. S. A.

7 Tong Gee Ling Hong,
Soochow, Kiangsu, China.
April 30, 1918.

Gentlemen:
On Jan. 23, I sent you, by registered mail, a Postal Money Order for $2.20, and returned you some approval stamps with a new order and a wanting list. But I have not heard from you yet. Please send me the stamps ordered and those for approval as soon as you can.

Yours truly,
V. P. Wu

c/o Mr. Wu Hsien-Shu

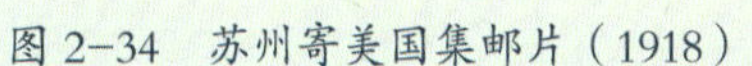
图2-34 苏州寄美国集邮片（1918）

图2-35 常熟寄美国挂号封（1918）

◆ 盛泽敦仁里13号陈缄、盛泽正和合记信局送交苏城祥符寺巷30号五洲邮票社之红条封，为中国台湾1982年《邮展选粹》（初版）收录。因邮社1922年已迁至蔡汇河头，故信寄发年份当在此前。

因中华民国早期国内邮商屈指可数，知名者仅上海的李辉堂、朱世杰、徐子珊和福州的魏叔彝等少数几人，且票品有限，故而集邮先进无奈“舍近求远”，求助于国外邮社。1915年苏城出现五洲邮票社后，吸引了更多的集邮者。

二、民国初年苏州邮商声播海内外

随着国内集邮的发展，邮品流通成为集邮者的迫切需要，上海、福州、苏州、常州、天津一带的沿海沿江城市相继出现邮票商业。在1925年中华邮票会成立前，苏州已有4家颇具影响力的邮票社，它们分别为张景盂的五洲邮票社、卢赋梅的卢义思邮票公司、徐荫祺与弟徐荫祥的徐氏兄弟邮票社（又名“大陆邮票交换俱乐部”）和太仓世界邮票社。

张景盂的五洲邮票社是本埠第一家邮票社，开设于1915年。此前则有邑人朱世杰在外埠上海以业邮为副业，开办集古社。1929年6月《邮学月刊》第一卷第八期刊登的集古社广告《二十六周纪念大赠送大贱卖》云：“本社创设申江迄今二十六载矣。”据此推算，邮社开办年份当为1903年。另有一位苏州外埠邮商陈复祥，于1922年年末在上海北四川路51号开办中华邮票公司，1922年12月27日—29日《申报》及1923年元旦版《神州邮票研究会会刊》见刊其广告。

张景盂的五洲邮票社因开办之初即挂牌并正规经营（图2-36为《时报》于1915年12月24日刊登的广告《奉赠旧邮票五十种》，图2-37为早期苏州五洲邮票社实寄封），故被誉为“中国最早之邮票公司”（张赓伯语），社址先设于苏城祥符寺巷（1918—1919年一度设于曹胡徐巷），1922年迁蔡汇河头，1938年春再迁上海愚园路608弄67号，1945年张景盂病故前一年社务已交由子女打理，至1967年4月最终停业，父子两代经营邮社长达半世纪之久。

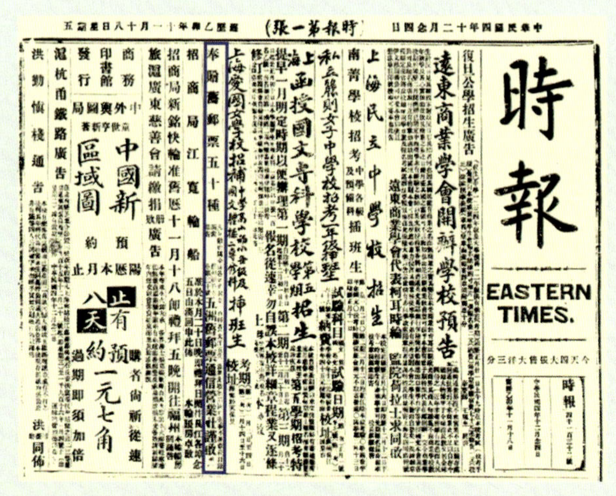

图 2–36 《时报》刊登的苏州五洲邮票社广告（1915）

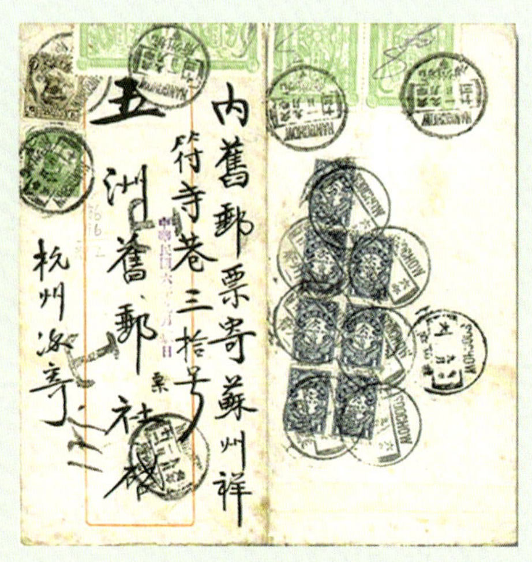

图 2–37 早期五洲邮票社实寄封（1917）

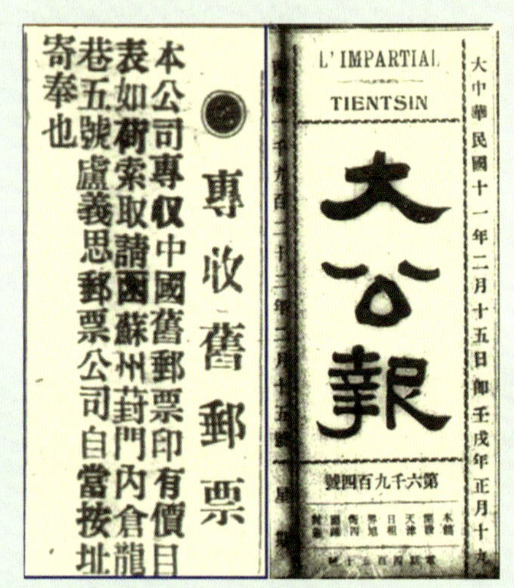

图 2–38 《大公报》刊登的卢义思邮票公司广告（1922）

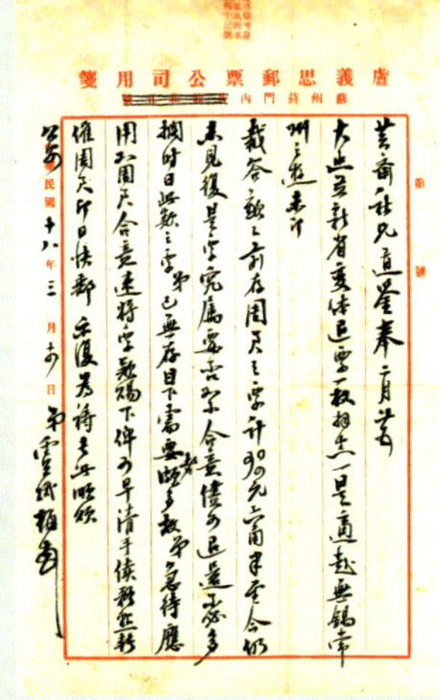

图 2–39 卢义思邮票公司专用信笺

卢赋梅的卢义思邮票公司挂牌于 1919 年，是年他从学习和工作了整 17 年的东吴大学辞职，凭借自小喜好开始了专业邮商生涯。社址初设于苏城苍龙巷 5 号，后随寓所变迁为苍龙巷 8 号、凤凰街水仙弄 13 号、胥门内瓣莲巷 45 号、铁瓶巷 60 号和 61 号。1922 年 2 月 15 日千里之外的天津《大公报》见载卢义思邮票公司《专收旧邮票》广告（图 2–38），卢赋梅对国邮颇有研究，梁芸斋等集邮家是该社的常客。图 2–39 为卢义思邮票公司专用信笺。

1920 年，徐氏兄弟邮票社在天赐庄 35 号寓所开张（图 2–40 为徐氏兄弟邮票社 1924 年寄发美国挂号封，邮社的封口标签揭示其创办于 1920 年）。1922 年是徐氏兄弟邮票社最为活跃的时期，邮社备有样本及英文章程，且登发广告于《申报》，其回应速度令人惊叹。如是年 3 月 10 日《申报》上刊登的售邮广告，很快在千里之外的长春找到了知音，四天后即有集邮者范慕高回应求索售邮章程（图 2–41）。

图 2–40 徐氏兄弟邮票社实寄封（1924）

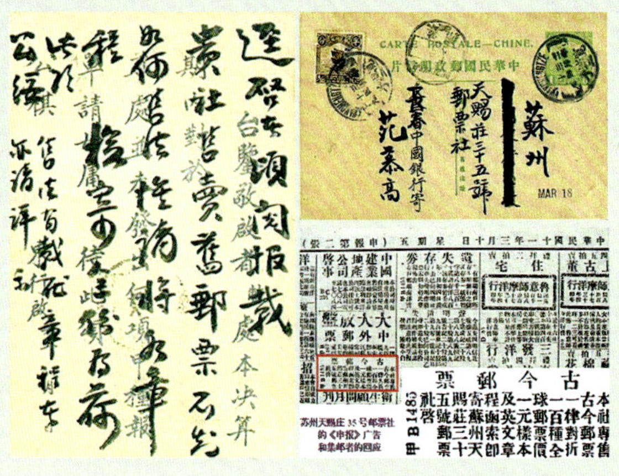

图 2–41 《申报》售邮广告的快速效应

20 世纪 20 年代初，太仓世界邮票社也是享誉国内邮坛的。1921 年，其由蒋鹤舫创办于太仓西门内陆家桥西首。1922 年 9 月《思益附刊》（图 2-42）、1923 年 10 月 21 日《新闻报》、1923 年 11 月 9 日《申报》、1924 年 1 月《邮声》（第十三期）均见登该邮社广告，1927 年春尚见《新闻报》刊载该社营业广告《创业六周纪念赠券》（图 2-43）。

思益附刊

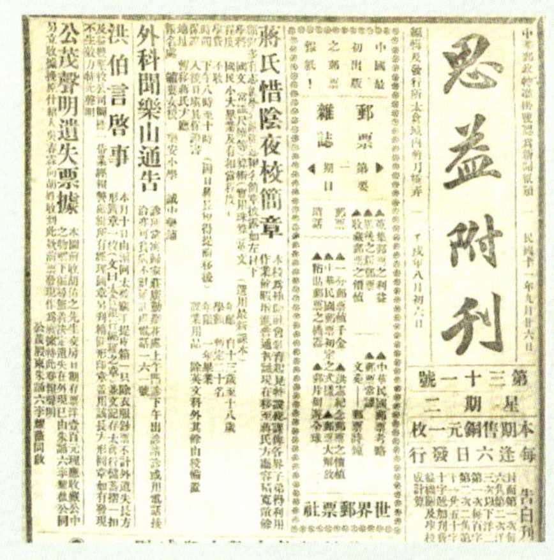

图 2-42 《思益附刊》刊登的邮社广告（1922）

創業六週紀念贈券

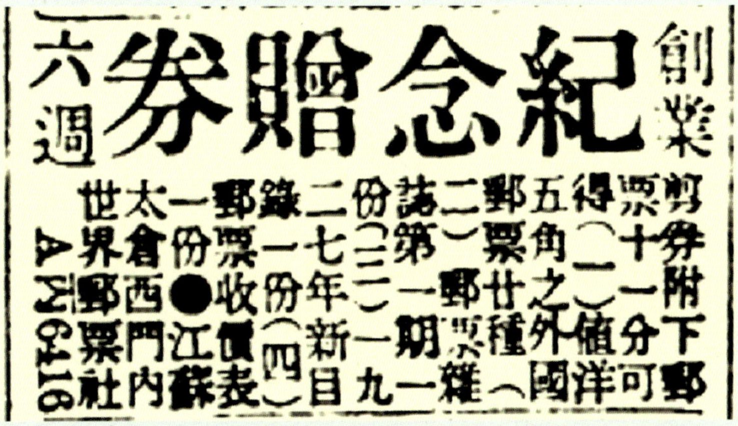

图 2-43 太仓世界邮票社创业六周年广告（1927）

鲜为人知的是，天津著名邮商张维廉的维廉邮票社 1923 年春创设于北京。是年夏，张维廉辞去北京大学助教职返回苏州照料生病的母亲，期间兼营邮社，历时约半年。翌年，张维廉就职北京德商西门子电机厂技术室时，邮社重返北京。1923 年 7 月 9、11、13 日《新闻报》连载《维廉邮票社迁移广告》云：“本社向在北京营业，信用久著，现已迁至苏州学士街九十六号。专营中外古今邮票，兼收售古钱。惟以通信营业，不设门市，定价从廉。邮票目录函索即寄，古钱目录现正编订。”是年 10 月 6 日及 11 月 18 日《时事新报》载《维廉邮票社广告》云：“本社专运各国新旧邮票及藏票簿册等件，价格从廉，并有折扣、赠品，目录函索即寄。社设苏州学士街九十六号。”（图 2-44）

維廉郵票社
新聞報
SIN WAN PAO CO.
維廉郵票社廣告
時事新報
THE CHINA TIMES

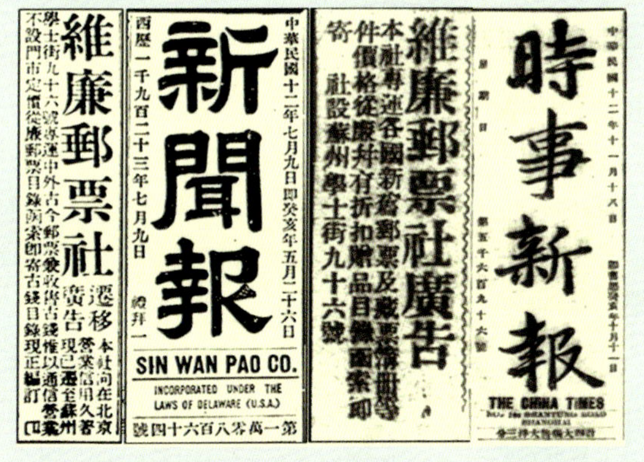

图 2-44 《新闻报》《时事新报》刊登的维廉邮票社在苏州的营业广告（1923）

除正规邮票社外，苏城还有兼营邮品者，吴县集邮家俞敉吾便是一例。据 1915 年《国货调查录》第三期登记，青年时代俞敉吾在其家庙堂巷 6 号所办的教育文具店的经营项目即有“国耻纪念明信片信笺信封（五月九日）”（图 2-45）之项。更有一位兼营邮业者蒋伯年，其兼营邮品的时间还早于张景孟，1914 年 1 月 14 日—20 日《时报》刊发的广告《贵重邮票出现》（图 2-46）云：“德爵克劳福所遗古今各国邮票数百组，贵常参杂，今有一部分可运华。发售计分五十种不同，每

國貨調查錄
第三期

图 2-45 吴县俞敉吾兼营邮品记录（1915）

貴重郵票出現

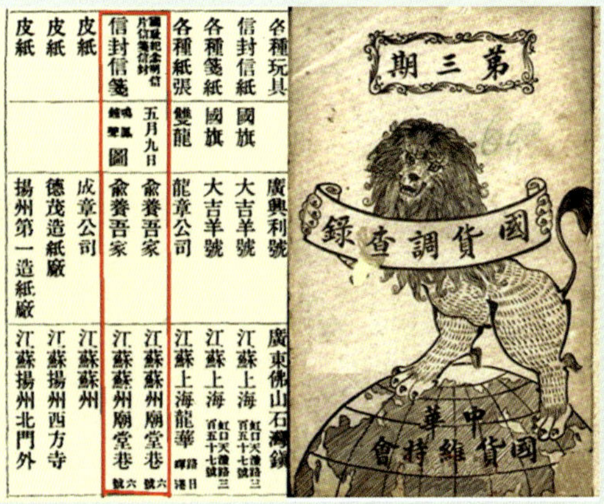

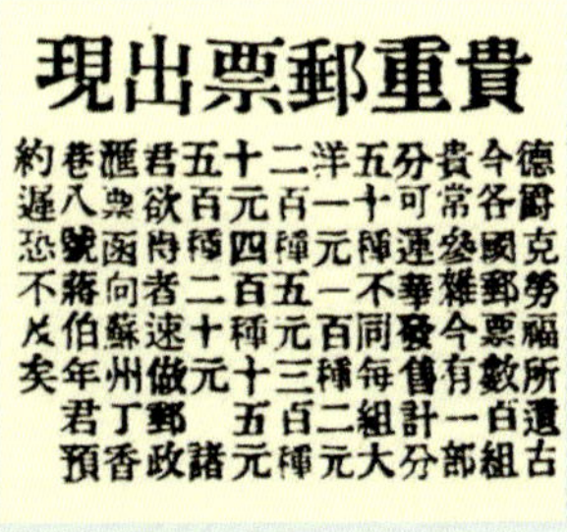

图 2-46 《时报》刊登的蒋伯年售邮广告（1914）

组大洋一元；一百种二元；二百种五元；三百种十元；四百种十五元；五百种二十元。诸君欲得者，速做邮政汇票函，向苏州丁香巷八号蒋伯年君预约，迟恐不及矣。”

蒋伯年，苏州名绅蒋炳章（字季和）长子，新光邮票研究会 366 号会员蒋仲川之兄。20 世纪 20 年代初为苏州工巡捐局技师，后在苏州创办实业，计有洋澄冰厂、绣谷乐园公墓及私立振吴汽车工业补习学校等，一度出任国民政府南京军用轮船处处长。蒋伯年青年时期喜收藏，除集邮之外，好搜集各种产品目录。

郵票家注意
謝君寄售中外郵票多種特別大減價欲意購從速蘇州廟堂巷二十七號左起喜啓

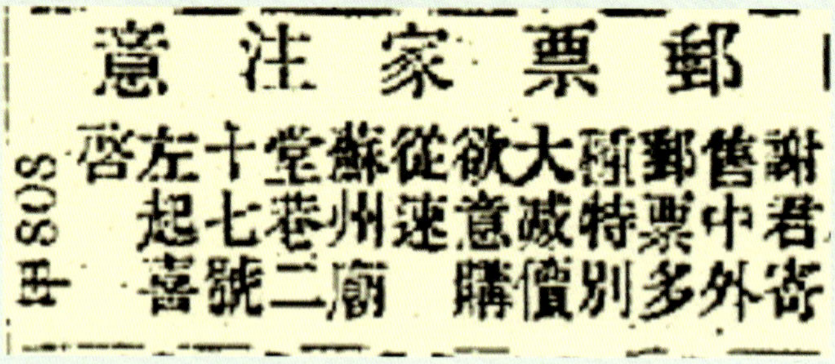

图 2-47 《申报》刊登的左起喜售邮广告（1918）

此外，民间邮品交换亦见兴起，如常州邮券展览会发起者之一的左起喜，曾寓苏州庙堂巷 27 号，也在家经办中外邮票寄售业务。1918 年 11 月 23 日—27 日《申报》刊其广告《邮票家注意》：“谢君寄售中外邮票多种，特别大减价，欲意购从速。苏州庙堂巷二十七号左起喜启。”（图 2-47）

附新郵票十四分可得滿洲僞國郵票一種外國郵票廿種華
售郵
郵十種寄票二種目錄一份（新址）江蘇太倉西門內遠東郵票社

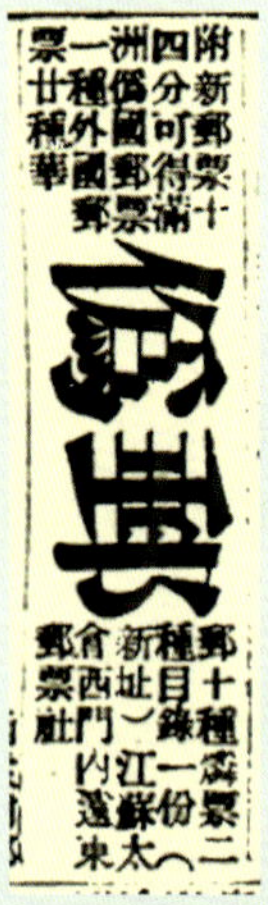

图 2-48 《申报》刊发的远东邮票社广告

“邮史矿”张赓伯《邮海沧桑录（八）》记曰：“国人营邮业者，除上述外，如张子堂、柴冠群、邓伯昭、卢赋梅诸君，在早年亦颇具声望。”柴冠群之业邮，当时似为互通有无之举，同里盐公堂之职位与富裕家境令其终究未成专业邮商。

20 世纪 30 年代，记载在案的苏州邮商还包括以下几家。

◆ 太仓远东邮票社。张池奎《太仓集邮史略》记曰：“1930 年前后，蒋士渊、蒋鹤舫在今城厢镇县党校址设立营利性质的远东邮票社。”此说采自蒋士渊堂弟蒋宪清之回忆。查蒋士渊行踪，1925 年《紫罗兰》第二期见其作品，落款为“蒋士渊（太仓西门内陆家桥西首）”。而在神州邮票研究会叶真源的集邮笔记中，对所录“江苏太仓西门内世界邮票社”，特加注“陆家桥西首”。《申报》广告佐证了远东邮票社 1930—1939 年的行踪，其中 1930 年 2 月至 1934 年 6 月刊发广告 30 余条，社址为上海法租界贾西义路天成里 31 号；1934 年 10 月至 1935 年 9 月迁至江苏太仓西门内（图 2-48），刊发广告 6 条；1936 年 2 月至 6 月刊发广告 9 条，地址上海邮箱 1916 号远东邮票社；1939 年 1 月 27 日刊发《集邮乐》广告，落款上海邮政信箱 4089 号远东邮票社。

九江新信館票一分至四角新八枚 計洋二元五角
上海工部局書信館新四枚全 計洋二元
哀鴻賑捐票一分至一元五枚 計洋二角
烈士郵票特選十二種全 計洋四角
中華地名票五十種 計洋五角
日本賀年票新一枚全 計洋六分
美術小形交換冊每冊 計洋一角五分
青春郵語日刊十一月出版十二冊全年 計洋八角
在十一月一日起至十日定閱七折
十一日至廿日九折並贈免費刊登廣告券二次
常熟東河街五十二號
綠洲郵票社

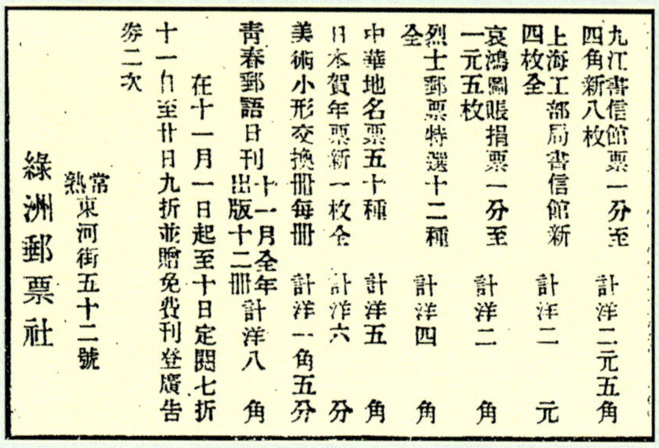

图 2-49 常熟绿洲邮票社售邮广告（1936）

◆ 常熟绿洲邮票社。创办人华特生，1932 年初设于常熟东河街 52 号，至 1936 年 10 月仍见该址的营业广告（图 2-49），1936 年年底邮票社迁至上海小西门尚文路松雪坊 7 号。随即依托邮社组建绿洲邮票会并出版会刊，1939 年尚见绿洲邮票社在沪营业，该社为中国邮商公会会员。

◆ 苏州真光集邮社。1935 年 8 月《甲戌邮刊》第二卷第八期所刊《真光集邮社广告》（图 2-50）云：“本社乃十余集邮同志所组合，以提倡

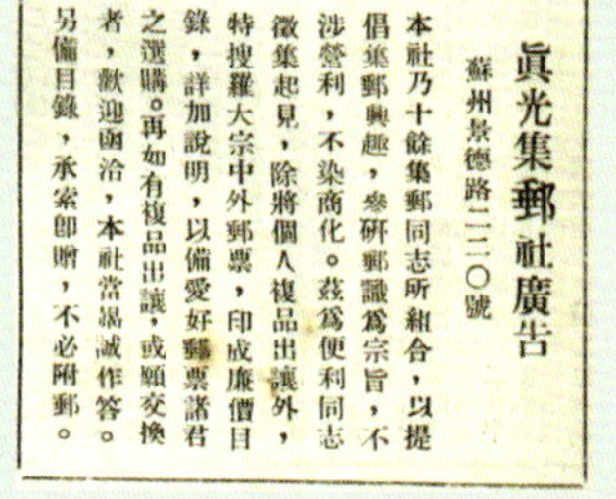

眞光集郵社廣告
蘇州景德路二二〇號
本社乃十餘集郵同志所組合，以提倡集郵興趣，參研郵識爲宗旨，不涉營利，不染商化。茲爲便利同志徵集起見，除將個人複品出讓外，特搜羅大宗中外郵票，印成廉價目錄，詳加說明，以備愛好郵票諸君之選購。再如有複品出讓，或願交換者，歡迎函洽，本社當竭誠作答。另備目錄，承索即贈，不必附郵。

图 2-50 真光集邮社开办广告（1935）

集邮兴趣，参研邮识为宗旨，不涉营利，不染商化。”社址署苏州景德路220号，创办人实为陆志新。由于公道待人，营业尚可。全面抗战爆发后于1938年7月迁移上海霞飞路471号继续营业，该社为中国邮商公会会员。

苏州早期邮商经营虽各具特色，然能声播国内外实则有共通之处。

文化素质较高。开办邮社前，张景盂即有从教经历，卢赋梅与徐荫祺则身处东吴大学（含附中）十年有余。卢赋梅在校期间曾为《吴语》编辑部成员，故华邮为其强项；张景盂与徐荫祺的外语出色，其海内外交邮得心应手。更有本科毕业于北京大学的“高知”张维廉，推广集邮“犹如儿戏”。

集邮行家里手。张景盂、卢赋梅、徐荫祺三人本身都是集邮先进，并研究有方，且为早期邮会骨干。因此，他们不仅深谙集邮者的心理与需求，而且人脉资源丰富，有利于邮社的长足发展。

注重广泛宣传。首先是广告，张景盂的五洲邮票社是《申报》的售邮广告大户，据不完全统计，1918—1930年刊发的五洲邮票社广告多达23条（刊登40余日）。此外，五洲邮票社广告业经查见刊的载体还有《邮声》《邮乘》《邮票新声》《文华》《东方杂志》《甲戌邮刊》《集邮杂志》《邮典》《大华邮刊》《近代邮刊》等。卢赋梅的卢义思邮票公司广告见刊《邮乘》《邮票新声》《申报》，徐荫祺的兄弟邮票社广告除刊登于《申报》外还见刊《邮声》，太仓世界邮票社的广告亦曾在《邮声》“显身”。此外是办刊出书，1922年徐荫祺创办*Continental Stamp News*（《大陆邮票新闻》）；太仓世界邮票社1922年先后创刊《邮票杂志》和《邮票新闻》，1924年《邮票新闻》改为《邮票界》，继续发行；1926年卢赋梅与陈复祥合编《中国邮票汇编》，1927年、1938年和1939年张景盂先后编出《集邮须知》《邮苑珍闻》《集邮家用标准中西地名对照表》，1941年还编辑《大华邮刊》（2期）。

经营作风规范。经营规范者，首推五洲邮票社，陈志川赞曰：“为早期国内邮商中经营有道而规模备具者之先锋，今日享有盛名之集邮家，其集邮之始，发轫于五洲邮票社者，实繁有徒。”张心华在《忆父亲张景盂》中述及：“父亲有保存来往书信的习惯，他保存有开张第一年的函购和问询书信一千多封，其中第一位函购者是苏州城郊的集邮者。以后多年，父亲每天都能收到二十余封信，他每封信都认认真真地阅读、作复。”张景盂经营邮社之悉心，足见一斑。中华邮票会第58号会员、湖州集邮家徐造青在《邮乘》第二卷第四号撰稿《我之开始集邮状况与后来之经过》云：“此中得益于苏州张景盂、卢赋梅两先生者甚多，我国售邮票之所目下已有不少，我均经购过，当以苏州五洲邮票社及卢义思邮票公司两家为最廉，而票亦最整洁。”苏城各邮社均备章程目录，以诚信待客，接待各地邮友。

经营手段多样。苏州邮商多以初集邮者为对象，常采取薄利多销的促销手段。如五洲邮票社的广告中充斥了“价廉物美之货”“特别大廉价”“半送半卖”“奉赠旧邮票”“用新邮票购各国邮票”等话术。此外，“中外邮兼顾”“门市函购并举”“集邮用品书籍配套”亦为他们的常用营销手段，如专营华邮的卢义思邮票公司为集邮者提供美国司各脱邮币公司参考书预订，太仓世界邮票社邮品、邮刊兼售，卢义思邮票公司备有专用信笺，徐氏兄弟使用预印社址信封，五洲邮票社发行的贴页、提供的配套邮票簿（插、册）则多达10种。

经营方式灵活。五洲邮票社与兄弟邮票社时常调剂邮品，本邑石剑荣收藏有1922年8月18日五洲邮票社寄本城天赐庄卅五号兄弟邮票社的明信片（图2-51），揭示了苏城早期邮商间调剂邮品的史实。内容如下：“示悉宣统票准照目录定价，作七折可也，以表特别优待（原定价二角半，作七折价一角七分半），赈灾票每套须二角四，欠资票则照原价九折可也。此复，敬请台安，谨启！”又，上海泓盛拍卖有限公司2011年秋季拍卖会4755号拍品为1924年4月15日苏州卢义思邮票公司寄上海陈复祥的明信片，通信内容为：“归，信及附件均收到无误，徐子珊返沪后便乞一询为感。小字暂作弟再要一套，来苏时祈带下，弗忘，相见不远，余容面叙，此复即颂。复兄，侍安。弟卢赋梅顿，四月十五号。”（图 2-52）

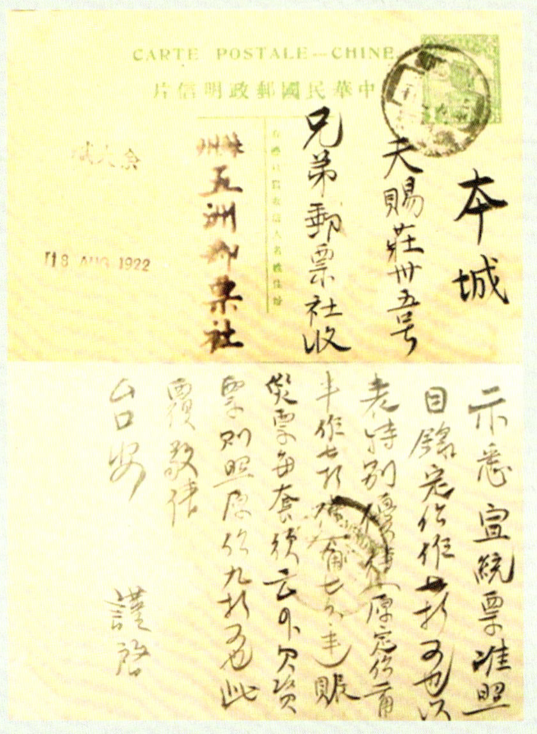

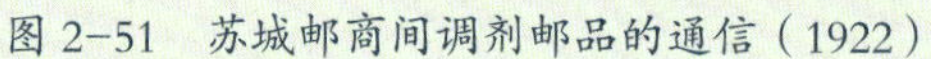
图 2-51　苏城邮商间调剂邮品的通信（1922）

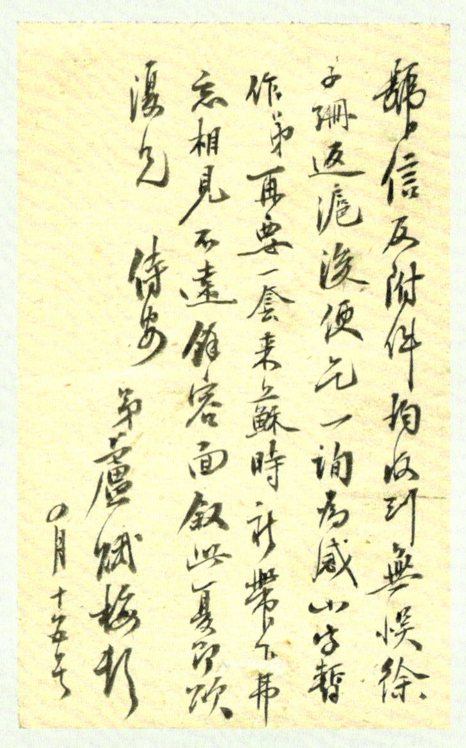
图 2-52　苏沪邮商通信（1924）

抗战前在沪业邮的苏州籍邮商，除朱世杰（集古社）、陈复祥（中华邮票公司）外，尚有朱朴庐（业余）、叶振伯（业余）、张寄文（绿光邮票社）等。

三、早期邮商小传

1. 朱世杰

朱世杰（1880—1956，图 2-53），本名朱耀宗。祖籍安徽，生于吴门，长于上海黄浦江畔，居恒则自称为沪人。肄业于汉口路美华书馆，国文、英文均具根底，21 岁时供职于邮局，服务邮局长达三十年。朱世杰 1903 年开始兼营邮业，后挂牌“集古社”。邮社存货丰富，20 世纪 30 年代中期，朱世杰与中华邮政进行过一次空前绝后的“官民交换”，既解了当局存档华邮全集的燃眉之急，也为集邮界保留了诸如加盖“限滇省贴用”邮票、楷体字“中华民国”欠资票等票源。

图 2-53　朱世杰像

朱世杰也是一位集邮家。他有全部中国商埠邮票及其变体，新旧各一；中国纪念邮票全部；大龙至万寿加盖四方连；上海工部局封票笺片全部；清至民国加盖“国币伍拾圆”明信片全部；1921—1932 年全部中国首航实寄封等邮集。朱世杰对中国早期邮票相当有研究，也具有很高的真伪鉴别能力，他先后编写、出版过《华邮目录》和《中国集邮图谱》（1926），并时常在各邮刊上发表自己的集邮文章。朱世杰早年加入上海邮票会及中华邮票会、新光邮票研究会、甲戌邮票会（“民国三大邮票会”）等，曾任中华邮票会董事、中国邮商公会审定部主任等职。朱世杰有三子，均承袭其衣钵业邮，可谓“邮商世家”。

2. 卢赋梅

图 2-54 卢赋梅像

卢赋梅（1882—？，图 2-54），江苏吴县人。1902 年入读东吴大学。他学生时代兴趣广泛，是音乐会、青年会、健身会的成员，后因家境变故，“中学停业”。当学校主楼林堂落成并内设图书馆时，卢赋梅被延聘为“驻馆办事”，成为东吴大学图书馆首任管理员。在东吴大学工作期间，他是《吴语》编辑部的成员之一，还在《东吴学报》社兼职，担任营业部发行经理，上述经历为其日后的业邮生涯打下了很好的基础。1919 年卢赋梅辞职后，于苍龙巷 5 号寓所挂牌“卢义思邮票公司”，成为专业邮商。邮社几易其址，先后在苍龙巷 8 号、水仙弄 13 号、瓣莲巷 45 号、铁瓶巷 60 号和 61 号，抗战爆发后不久即匿迹邮坛。

卢赋梅是中华邮票会、新光邮票研究会、甲戌邮票会的元老，历任中华邮票会评议长，新光邮票研究会研究部、拍卖部、江苏分会主任及甲戌邮票会顾问。他具有集邮家、专业邮商和邮学研究者三重身份：1896 年前后卢赋梅即已开始集邮，其编组的邮集在中国首个竞赛性邮展——1918 年常州邮券展览会上获头奖；他开办的卢义思邮票公司是苏州较早的邮票社；《邮乘》和《新光杂志》都刊有其邮文；1926 年，他还和陈复祥合编了《中国邮票汇编》，是我国最早的中文版邮票目录。对其邮学造诣，著名集邮家张包子俊曾在新光邮票研究会创办的回顾文章中追记道：“卢赋梅君则正于此时努力于帆船票之研究，又古票之刷色与变体经卢赋梅君发明者甚多，情况有如今钟笑炉君。”

3. 柴冠群

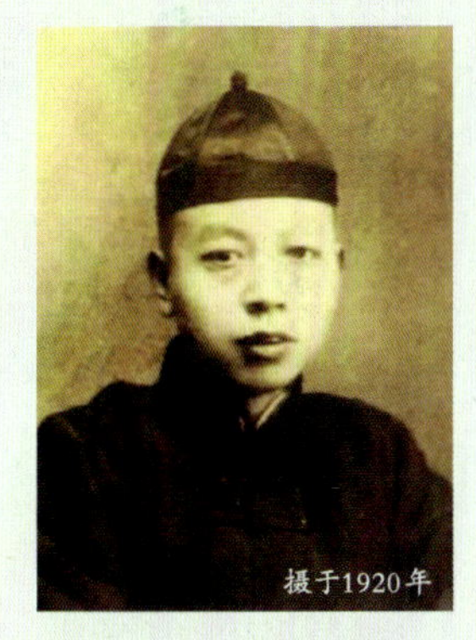

图 2-55 柴冠群像

柴冠群（1889—1945，图 2-55），又名柴英，号甸澄，江苏吴县人。祖籍浙江上虞，祖父柴安圃于清同治中叶先至吴江同里主管江震盐公堂，清光绪年间购得潘曾琦旧宅园，重修扩建，造居苏州，其宅园人称“柴园”。辛亥革命后柴冠群继承父业为盐商，任职吴江同里江震盐公堂。因上赖祖荫，家中殷实，柴冠群自小对文物、绘画颇感兴趣，并喜收藏。20 世纪 20 年代初步入邮坛，张赓伯所举“早年国人营邮业者”中见有柴冠群。1922 年 8 月，神州邮票研究会在上海成立，当年柴冠群即加入该会。1925 年 7 月，中华邮票会成立，他又成为首批会员，名列第 10 号，并担任评议长。1926 年，新光邮票研究会在杭州正式成立后，经通讯评选，柴冠群被推举为该会首任会长，后改任评议长（1928—1929）。20 世纪 30 年代邮事活动渐少，柴冠群遂淡出邮坛。

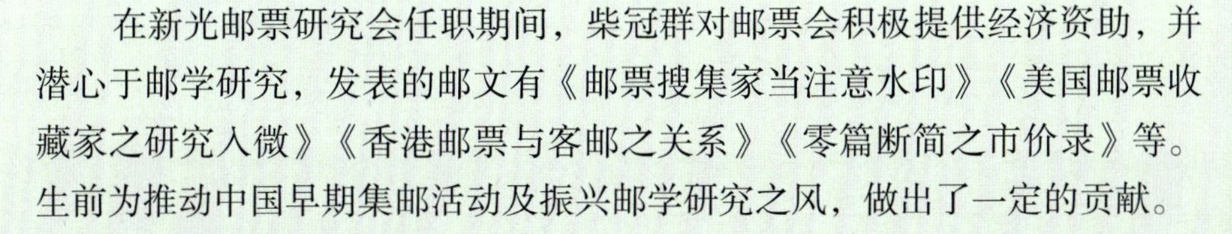

在新光邮票研究会任职期间，柴冠群对邮票会积极提供经济资助，并潜心于邮学研究，发表的邮文有《邮票搜集家当注意水印》《美国邮票收藏家之研究入微》《香港邮票与客邮之关系》《零篇断简之市价录》等。生前为推动中国早期集邮活动及振兴邮学研究之风，做出了一定的贡献。

4. 张景盂

图 2-56 张景盂像

张景盂（1893—1945，图 2-56），江苏吴县人。他自幼喜爱邮票，受上海《时事新报》征求邮票广告的启迪，1915 年在苏城创设五洲邮票社，初期社址有曹胡徐巷与祥符寺巷 30 号，1922 年迁入蔡汇河头，1938 年春迁上海愚园路608弄67号。张景盂堪称邮商典范，1936年成为中国邮商公会苏州区委员。他本人也是位集邮家，1918年专程赴常州邮券展览会陈列票品，1941年又出品《世界精选票》参加新光邮票研究会上海展。张景盂先后编出《集邮须知》（1927）、《邮苑珍闻》（1938）、《集邮家用标准中西地名对照表》（1939），五洲邮票社的广告及卖品目录均不忘宣传邮识，他还积极投稿三大邮刊以普及邮学。

张景盂深谙邮商与集邮者的唇齿关系，十分热心邮会工作。他1925年加入中华邮票会并担任评议长，1926年起又担任新光邮票研究会评议长，1936年成为甲戌邮票会吴县通讯处宣传委员。1941年，张景盂参与组建大华邮票会，负责主编《大华邮刊》。1945年病故的前一年，他已将五洲邮票社移交其子女经营，新中国成立后社名变更为“五洲集邮社”。1967年4月5日，张心华退租邮政专用信箱，经营长达半个世纪的五洲邮票社遂告终结。

图2-57　陈复祥像

5. 陈复祥

陈复祥（1902—1970，图2-57），江苏吴县人。他自幼生长在上海，在华童公学读书时开始集邮，以收集、研究中国商埠邮票为主，先后购得雷米和费拉尔两人遗集中的珍品。“其邮集悬格甚高，非双连以上不能入选。前清名贵之品，有藏至数全格之多者。”（陈葆藩语）其所组的《海关大龙小龙邮票上的邮戳》，在1957年7月莫斯科世界青年联欢节邮展中获得银奖。

陈复祥1922年与张棣村等人共同发起神州邮票研究会，任交换部主任。1925年与周今觉共同发起成立中华邮票会，先后担任中文书记、拍卖部主任，最初的会址即设在陈复祥寓所。陈复祥于20世纪20年代初即开始经营邮票业，其刊登的广告标题醒目，自诩为“中国最大之邮票供给所”。他以其深厚邮识常为集邮家鉴别邮票真伪，并负责加盖保真名戳。1936年1月，陈复祥发起成立中国邮商公会并被公推为会长，他以公正立场维护了邮商的声誉和集邮者的权益。陈复祥论著颇丰，是我国第一位研究商埠邮票史的专家，《新光》邮刊对其专著《中国商埠邮票史》连载数年。1926年，陈复祥与卢赋梅合编《中国邮票汇编》，20世纪40年代编出《中国及商埠邮票罗门氏专门目录》及《红印花暂作小二分版号识别法》，1962年还负责《清代邮戳志（卷二）》（孙君毅、刘广实编写）的组稿工作。

图2-58　张维廉像

6. 张维廉

张维廉（1902—2004，图2-58），原名张传普，号威廉，祖籍浙江吴兴，生于苏州。1914年考入上海同济医工学校德语预科班，1923年自北京大学德文系毕业。1923—1926年任职北京德商西门子电机厂技术室，1926—1932年调职天津西门子，1933—1937年任陆军大学教官。全面抗战时期，张维廉随陆军大学辗转至长沙、遵义，最后落脚重庆郊区。1943年，张维廉被国立中央大学聘为外文系副教授，1946年随校复员南京，翌年参与创办全国最早的德语专业，1953年担任南京大学外文系德国语言教研室主任，1963年升为教授，1987年退休。

张维廉主集外邮，尤其关注蒙古邮票，兼集钱币。1926年加入辽宁海城的寰郎邮票会（20号）及新光邮票研究会（20号），1934年任新光邮票研究会南京通讯处主任，后因专注国内德语教育而于1936年请辞。张维廉“下海”业邮，敢为人先。1923年已在北京开办维廉邮票社，同年滞留苏州半年有余，1926年邮社随其工作变动迁至天津，张维廉在津业邮期间已展露邮识，并曾助力袁寒云集邮。张维廉撰有《用紫电光鉴别邮票之新发明》《有疵邮票之标准价格》《新旧邮票谈》《我所希望于集邮诸君及我会者》《记二次蒙邮之新版》等邮文。

7. 徐荫祺

徐荫祺（1905—1986，图2-59），江苏吴县人。青少年时代与其弟徐荫祥随父亲在东吴大学发轫处天赐庄生活和学习。其父徐允修系东吴大学元老，“1896年秋当东吴犹为博习书院时，即来校与西人士共事一方，教授国学”，并长期兼任校长秘书。受东吴大学人文环境的熏陶及父亲职守的影响，少年徐荫祺国文、英文俱佳，并迷上了集邮。纵观徐荫祺的一生，其邮坛生涯虽短暂，然而十分绚烂。1920年，他在苏城天赐庄35号寓所开办徐氏兄弟邮票社，邮社经营规范，备有样本及英文章程。1922年，是徐荫祺集邮业绩得以彰显的一年，是年3月和7月他在《申报》上刊发“古今邮票”专售广告，使客户广涉国内外。是年，他还创办了英文版《大陆邮票新闻》季刊（2期）。1922年，徐荫祺年方17岁，却有如此成绩，他不愧为苏州邮坛的“少年英雄”。

图2-59 徐荫祺像

1925年7月，中华邮票会在上海成立，徐荫祺即随苏州邮界先进者张景盂、柴冠群、卢赋梅加入，成为该会的第12号会员。1926年，新光邮票研究会在杭州正式成立，徐荫祺成为首批会员，并在当年七月被推举为评议长，是年还加入了北京邮票交换会（29号）。不久，徐荫祺赴燕京大学攻读硕士学位。为了专注学业，他忍痛割爱，息邮从研，最终成为国内外生物医学界的知名学者。

8. 蒋士渊

蒋士渊（1907—？），江苏太仓人。抗战前至沪从商，1928年曾与人合伙在霞飞路集资创办国家影片公司，1930年在上海法租界贾西义路天成里31号寓所开办远东邮票社，1934—1935年一度回乡担任《思益旬刊》主编，远东邮票社随迁太仓。1936年，《思益旬刊》出版16期后停刊，蒋士渊携邮社返回上海，“孤岛”时期寓所迁址福履理路合群坊30号。1949年，远东邮票社尚在合群坊30号营运。

蒋士渊1936年5月题名甲戌邮票会（323号）、7月题名新光邮票研究会（1028号），1940年5月题名中华邮票会（502号）、12月题名天津邮票会（262号），1946年加入成都怡友邮票研究会（201号）。1929—1930年在沪发行《趣味世界》（3期），1935年在太仓创刊《邮苑》（附于太仓《思益旬刊》）。

9. 华特生

华特生（1913—1985，图2-60），原名庞树灿，字荫庭，江苏常熟人。1926年常熟县立中学肄业，1927年进入苏州万国魔术会学艺，1929年进入苏州世界魔术学院进修。1930年毕业后拜吴恩淇院长为师，吴院长单传亲授魔术技艺。1931年组织美克魔术团在沪杭一带演出；1950年加入张慧冲巨型魔术团；1952年成立华特生巨型魔术团，1960年响应周恩来总理的号召支援江西建设，易名“江西省魔术杂技团”。1972年退休，定居上海徐汇区，1985年病故。华特生是中国“闪电派”魔术创始人，著有《华特生魔术》《魔术种种》《魔术的节目和剧目》等。

图2-60 华特生像

艺术总是相通的，魔术大师华特生也是位不折不扣的邮迷。其后人庞秉璋在《上海集邮》刊文中述及："华特生早年热衷集邮，与周今觉、陈复祥、张包子俊等友善。"1932年，华特生于常熟东河街52号创办绿洲邮票社，1936年年底邮票社被迁至上海小西门尚文路松雪坊7号。随即，华特生组建绿洲邮票会、创办《青春：邮语月刊》，绿洲邮票会见刊会员140名，"剪邮猜奖""文虎悬奖"评选是该会的特色活动。绿洲邮票社到沪后即加入中国邮商公会，华特生本人在中国邮商公会第二届全体大会上被推举执掌出版部。20世纪30年代是华特生的邮事活跃期，1936年他尚在常熟东河街52号居住时，即已加入新光邮票研究会（1040号）。到沪后他又积极参与新光邮票研究会的活动，还为邮刊撰稿，1939年6月《集邮杂志》第一卷第二期还见其邮文《两面印刷的邮票》。

图2-61　陆志新像

10. 陆志新

陆志新（1916—1995，图2-61），江苏吴县人，1931年从振华女校初中毕业，1935年自苏州女子中学师范科肄业后，得其英语老师谢大任赏识和相助，创办真光集邮社，社址在景德路220号。1938年7月，真光集邮社由苏州迁上海霞飞路471号营业，陆志新约1943年歇业返里，寓苏城铁瓶巷31号。抗战胜利后，陆志新进苏州铁路站工作直至退休。真光集邮社"出售中外各国成套邮票"，因公道待人，营业尚可，天津集邮家张伯江《我集邮的经过》言及："上海集古社朱世杰君及苏州真光陆志新君两处，所购者较多。"邮社广告多刊登于《甲戌邮刊》第二卷第八期、第四卷第七期及《新光邮票钱币杂志》第六卷第七期，迁沪后见刊《邮典》第一卷第四期及《大华邮刊》创刊号。

陆志新一生热爱集邮，不嗜烟酒，独钟邮票，他将全部精力都倾注在邮票的收集和研究上。陆志新在民国邮刊上发表的文章有《新邮消息：乔治六世加冕纪念票》《加冕纪念邮票》《国邮简史》《怎样造成新中国的邮学乐园》等。他先后于1935年5月题名甲戌邮票会（187号），1937年4月题名中华邮票会（374号），1939年9月题名新光邮票研究会（1155号）。陆志新尤其热心家乡邮会的工作，在大华邮票会开展工作期间他主持发行部及上海办事处工作，新光邮票研究会苏州分会组建时他又担当理事，并主持拍卖科工作。

四、早期集邮组织中的苏州会员

20世纪30年代前，苏州尚无市级集邮组织，然而全国各大集邮组织中苏州籍会员则不在少数。据不完全统计，有上海邮票会会员2人（陈复祥、朱世杰），神州邮票研究会会员4人（陈复祥、柴冠群、张景盂、卢赋梅），中华邮票会会员9人（陈复祥、朱世杰、张景盂、柴冠群、卢赋梅、徐荫祺、朱兰荪、蒋伯壎、朱朴庐），新光邮票研究会会员16人（郑汝纯、郑允明、卢赋梅、柴冠群、张景盂、陈复祥、蒋伯壎、朱兰荪、陶墨耕、俞敦吾、潘竹庵、朱朴庐、汪葆熙、李筱荷、徐师亮、赵尊三），北京邮票交换会会员3人（徐荫祺、卢赋梅、张景盂），賨郎邮票会会员5人（卢赋梅、张景盂、朱兰荪、朱朴庐、郑允明）。并且，在苏城已出现基层集邮组织，1929年1月新光邮票研究会苏州分会在苏州卢赋梅寓所挂牌成立，是年8月东吴大学校刊《老少年》第五年第八期刊登东吴集邮社成立消息。

1930—1936年，加入新光邮票研究会的苏州籍邮人则有俞定初、朱世杰、朱冠伦、钱絜南、周文钦、谢德华、姚叔威、谢大任、赵人龙、蒋仲川、吴顺照、冯任之、陈毓万、金一鹤等14位。

另据1936年5月印行的《第二期甲戌邮票会会员录》，1937年前加入甲戌邮票会的苏州籍会

员数达26位，他们分别是：

29号 郑汝纯，33岁，吴县人（表署江宁），南京铁道部；

53号 殷幼琴，46岁，吴江人，上海江海关账房；

58号 叶笃钦，39岁，吴县人，广水平汉车站站长室；

65号 郑允明，26岁，吴县人（表署江宁），国立北平图书馆研究室；

88号 周雍西，43岁，吴县人，天津北宁路局材料处计理课；

91号 叶顺庆，24岁，吴县人，江苏川沙北门内中市街叶永丰酱园；

116号 谢大任，吴县人，苏州五卅路19号；

126号 范祖同，31岁，常熟人，南京杨将军巷兵工署；

127号 谢德华，吴县人，苏州西中市德馨里4号；

187号 陆志新，21岁，吴县人，苏州景德路220号；

188号 周文钦，吴县人，上海狄思威路麦加里31号；

244号 蒋仲川，吴县人，苏州祥符寺巷108号；

255号 朱荣生，38岁，吴县人，上海白克路571弄62号；

256号 吴咏芝，35岁，吴县人，长沙里仁巷3号；

290号 王清闲，常熟人，常熟阁老坊4号；

296号 李啸胡，吴县人（表署歙县），苏州大八良士巷9号；

325号 冯任之，常熟人，上海杨树浦华忻坊197号；

330号 吴松甫，36岁，吴县人，江都城内稽家湾吴公祠后1号；

336号 金一鹤，38岁，太仓人，太仓大桥南；

344号 许衡公，31岁，吴县人，南京铁道部；

368号 顾一尘，42岁，吴县人，镇江小码头街江苏省立医院；

392号 杨渭君，太仓人，太仓城内致和西街29号；

402号 朱兼百，吴江人，江苏吴江盛泽后街35号；

410号 谈祖麟，吴县人，苏州观东井巷8号；

432号 强亦明，常熟人，常熟南门外南河；

485号 徐逢生，吴县人，苏州葑门凤凰街27号。

毋庸置疑，20世纪二三十年代苏城的集邮群体已形成，集邮者以中青年为主，职业广涉银行、铁路、海关、商业、盐务诸业及军界、医界、学界。上述邮会成员情况选介如下。

◆ 俞敦吾（1889—？），江苏吴县人。城市贫民出身，青年时代在其居住地庙堂巷6号开办教育文具店时曾兼营邮品。20世纪二三十年代先后加入新光邮票研究会（80号）、中华邮票会（267号）、甲戌邮票会（371号），主集华邮，期间在苏州酱园业当会计，娶妻潘承慧（南京博物院《流芳谱》见潘承慧、俞敦吾题名）。

◆ 陈毓万（1893—？，图2-62），字子初，江苏吴县人。1916年，他获沪江大学文学学士学位，毕业后即到苏州晏成中学担任教务主任，1926年又成为沪江大学第一个教育科硕士，1928年被选为晏成中学第一任中国校长。1934年9月—10月，他曾随华东基督教教育会考察教育团赴日考察。陈毓万是位成功的教育家，在他治校期间，在一个只有300多名学生的规模不大的中学里，教职员中竟有博士1人、硕士4人、学

图2-62 陈毓万像

士 9 人；晏成中学的教员采用首席制，由教员治校；学校还允许学生组织各种团体。20 世纪 30 年代初，晏成中学在苏州各校中保持着八项体育纪录。

1936 年 5 月，陈毓万列《新光邮票钱币杂志》附刊第五卷第五期，会员号 696，通讯处为苏州晏成中学，收集类别为中外邮票。在邮坛上，陈毓万虽然只是一个普通的集邮爱好者，但彰显出苏城的集邮大军中不乏英杰。

◆ 金一鹤（1898—？），本名金焕章，字幼鹤，江苏太仓人。他曾就读于太仓第四中学，抗战前任太仓银行董事兼总行副经理，1946 年该行在沙溪复业后，金一鹤任稽查处处长。主集华邮，细节不详，但见张包平之《邮人日记》记曰：“（1946 年）五月九日，于金一鹤君邮集中得滇省单圈小字一套。惜一元为大字，未免美中不足。”金一鹤为中华邮票会（297 号）、新光邮票研究会

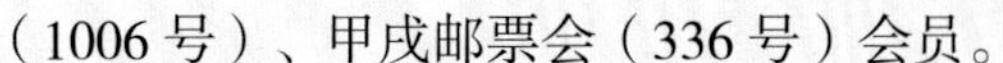

（1006 号）、甲戌邮票会（336 号）会员。

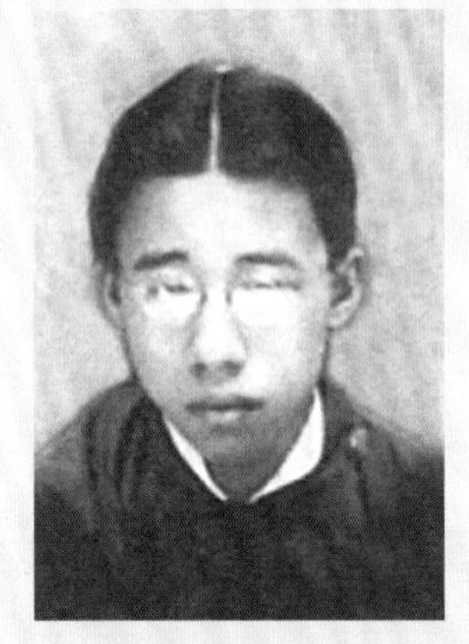

图 2-63　朱朴庐像

◆ 朱朴庐（1899—？，图 2-63），本名朱翱，字瘦桐，别号泪痕，江苏太仓人。朱朴庐为南社早期社员（入社号 491），曾参加南社 1916 年 6 月 4 日上海愚园第 14 次雅集和 1919 年 4 月 6 日上海徐园第 17 次雅集。朱朴庐的文学造诣很深，尤精法文，1919 年秋参与青星学会法文夜校的办学工作，1920 年常熟《北野杂志》第一卷第四期见刊署名“朱瘦桐”的文章，自后著译不断。朱朴庐先后创编了《青星周刊》(1918)、《小说夺标会》（1924），还曾协助太仓旅沪学生会编辑《新太仓》。1925 年 8 月，署名“朱瘦桐”的集邮处女作《集邮杂话》3 期连载于《时事新报》，1926 年始以朱朴庐的名字亮相邮坛，是年《申报》多次刊登其售邮广告。新中国成立后，朱朴庐参加文具业，从事集邮簿册的研制工作。

朱朴庐为新光邮票研究会（104 号）、中华邮票会（172 号）、甲戌邮票会（46 号）早期会员，对邮会工作十分尽职，1931 年新光邮票研究会会刊改版更名为《新光》，由朱朴庐任编辑，编辑部就设于徐家汇孝友里其寓所。朱朴庐对拍卖活动也是乐此不疲，1936 年年底甲戌邮票会第二届委员选举，朱朴庐以高票（位列第九）当选委员，并担任拍卖部主任。八一三事变后，新光邮票研究会移师上海，朱朴庐等协助恢复邮会的拍卖活动。1951 年 8 月 24 日，上海 50 余位集邮人士举行座谈会，发起筹组全国性集邮团体“中国集邮会”，公推王纪泽、钟笑炉、居治群、徐星瑛、

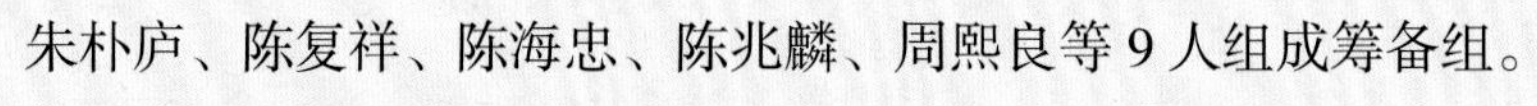

朱朴庐、陈复祥、陈海忠、陈兆麟、周熙良等 9 人组成筹备组。

图 2-64　谢大任像

◆ 谢大任（1899—1994，图 2-64），江苏吴县人。1921 年，谢大任自苏州桃坞中学毕业，因成绩优等被保送上海圣约翰大学。1925 年大学毕业后，谢大任先后在苏州中学、乐群中学等 25 所中学及上海大同大学、震旦大学等 15 所大学任教，可谓“桃李满天下”。在 20 世纪 30 年代，谢大任已成为上海知名的英语、拉丁语学者，90 岁高龄方自上海第二医科大学（今上海交通大学医学院）退休。谢大任一生著有大学英语、拉丁语参考书 70 余种。1937 年 8 月至 1938 年 8 月，谢大任在《竞文英文杂志》上连载 7 期英文稿《集邮杂谈》。谢大任曾把自己的养生之道归结为“勤”“乐”二字，集邮便是“乐”中之一。他在民国邮界的影响主要是新疆木戳红字加盖“航空”票的发现：1932 年 11 月至 1933 年 6 月，新疆邮政当局曾将已加盖“限新省贴用”字样的北京老版和新版中面值 5 分和 1 角的帆船邮票及 1 角 5 分和 3 角的农获票，用木刻戳加盖“航空”二字使用。谢大任与一位在新疆任职的美国人通信获此邮票，后又委托美国人代购全套邮票，并寄给美国司各脱邮币公司供年鉴刊用。不久，他又把此事告诉了陈复祥。

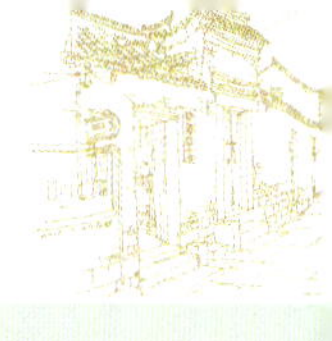

此外，20 世纪 30 年代，谢大任还相助其执教苏州女子中学师范科时的学生陆志新，在苏城景德路创办了真光集邮社。谢大任 1934 年加入新光邮票研究会，1939 年加入甲戌邮票会，1940 年年底新光邮票研究会组织邮集参加为难民筹募基金之“上海文艺展览会”，出品《英皇加冕邮票》（含 12 套纪念样票）。集邮为其终身嗜好，晚年与陆志新的书信来往中仍不忘谈邮论趣。

◆ 朱冠伦（1900—？），江苏吴县人。1930 年，《新光月刊》第二十期之《新会员题名录》见署：179 号朱冠伦，江苏，31 岁，通讯处苏州马医科巷，集各国邮。朱冠伦为苏城大地主朱春海长子，年轻时即嗜烟、好赌、爱收藏。《苏州地方志·乡镇村志》“篆刻”篇记：“近代，（同里）里人庞仲经善刻竹。有富室朱冠伦赠千金，嘱刻扇骨、臂搁、笔筒等，于是名垂三吴。”朱冠伦还于 1931 年加入中华邮票会（196 号），1937 年 5 月加入甲戌邮票会（651 号）。

◆ 冯伯源，字任之，江苏常熟人。抗战前在沪从商，曾寓居上海杨树浦路华忻坊 197 号。他抗战中返乡，居于常熟大榆树头 9 号，胜利后迁至书院弄 21 号。新中国成立后，冯伯源执教于常熟中学校，曾为常熟政协委员。冯伯源好收藏（邮票、纸币、烟标）、善诗文，邮坛以字行，在沪加入新光邮票研究会（395 号）、中华邮票会（273 号）、甲戌邮票会（325 号），与集邮先进张包子俊、赵善长、钟笑炉等有诗词酬唱。冯伯源病故于 20 世纪 70 年代初，遗藏被子女带回武汉。

◆ 李筱荷（1908—？），曾用名李啸胡，祖籍安徽歙县。邮会会籍资料揭示行踪：1929 年住苏城临顿路 592 号；1930—1931 年一度任职蚌埠二马路中和运输公司；1931 年年末回到苏州，居紫兰巷 23 号；1936 年先后搬迁至大八良士巷 9 号、阔巷 9 号登平里；1937—1940 年改址富仁坊巷 30 号；1941 年出现于常熟程家巷 19 号；1943—1946 年搬到苏城护龙街。

李筱荷学生时代即成为邮迷，是新光邮票研究会（129 号）、中华邮票会（198 号）、甲戌邮票会（296 号）会员，主集华邮、满邮。1930 年，《新光月刊》见刊其文《我底邮话》《苏州李筱荷社友来函》《蚌埠李筱荷社友来函》等篇；1941 年，李筱荷成为大华邮票会第 3 号会员，曾为苏州集邮会首次邮展认购捐赠镜框 10 只；1948 年，李筱荷随苏州邮友赴沪参观新光邮票研究会与交通部邮政总局联合举办的邮票展览。王疆松《邮林琐记》云：“李筱荷嗜樗蒲，（限“百搭”一类只，公余为之应代申明，以免人疑，请李兄勿怪）兼爱票品。”

◆ 陶墨耕（1911—2000，图 2-65），本名陶梦菊，江苏吴县人。苏州晏城中学 1932 级毕业生，擅长美术，精通英语，集邮为其终身嗜好，即便在 1950—1978 年偏居边陲黑龙江勃利县第二中学时仍乐此不疲。陶墨耕的集邮活动始于 1927 年，集邮之初即得到卢赋梅的指点，起点颇高。翌年加入新光邮票研究会（61 号），《邮票新声》第二卷第二期和第三期刊发其处女作《半年之集邮经过》和《暂作三分之小变体》。

图 2-65 陶墨耕像

陶墨耕 20 世纪三四十年代活跃于神州邮坛，邮坛深处不时闪现他“辛勤耕耘”的身影：1936 年下半年起他为新光邮票研究会推重，主持广告、服务两科工作，并在 1937 年被推为理事，他发表于新光邮票研究会会刊的邮文达 20 余篇；1936 年年初又加入甲戌邮票会（276 号），当年即在会刊发表邮文 8 篇。影印华邮明信片的倡议与印行，是他加入甲戌邮票会后做出的一大贡献。是年年底，在甲戌邮票会第二届委员选举中，陶墨耕当选为委员，并担任吴县通讯处主任。甲戌邮票会内的同事对他的评价是：“材长心细，努力国邮，会务尤多翊赞。”苏州失陷后，陶墨耕避乱乡间，一度流寓上海。1939 年年初，陶墨耕落脚常熟浒浦口，成家立业，与友合开“洽生商店”，后更名为“乐爱邮票公司”（1945 年 11 月公告开业）。沦陷时期陶墨耕并未消沉，1940 年加入天津邮票会（61 号），翌年被选为理事与会刊编辑，还先后代表英国太平洋邮票交换会及美国太平洋邮票交换会在国内发展会员。陶墨耕 1941 年加入中华邮票会（508 号），是年还担任大华邮票会流通部主任，1943 年年底加入金竹邮票会（337 号），1944 年加入重庆邮票研究会（61 号）与大连日华邮票研究会（236 号）。抗战胜利后，陶墨耕的名字淡出邮坛，但其仍蜗居乡间继续其所“乐爱”的集邮营生。新中国成立后，陶墨耕在黑龙江从教近三十年，并以本名陶梦菊亮相邮坛，1978 年年底退休回到苏州，寓居瓣莲巷，为“文化大革命”后苏城集邮复苏流通起到了较大的作用。

图 2-66　姚叔威像

◆ 姚叔威（1917—？，图 2-66），别名姚瀛客，字士庄，江苏吴县人。其父姚君玉为苏城绸布业富商大贾，是协记、大有恒、乾泰祥绸布号的大股东，膝下有三子姚轩宇、姚竞存和姚叔威，三兄弟同好昆曲、玩票，均为禊集曲社主要成员。后姚叔威子承父业，1958 年任苏州人民商场副经理，曾当选苏州市政协第 1—4 届委员及第 5 届常委，1960 年作为中国民主建国会江苏省代表出席中华全国工商业联合会第三届会员代表大会。

姚叔威 1935 年 2 月加入新光邮票研究会（277 号），1952 年集邮家姜治方南下省亲，顺道拜访邮友到了苏州。其于《集邮六十年》中记曰：“我先找五洲邮票社，继寻卢义思邮票公司。或已搬迁，或已歇业。最后到姚叔威家，又不遇主人。幸姚夫人热情接待，将邮集拿出来让我观赏。姚集全部是新票，排列整齐，近代票且多四方连，姚夫人对邮票似懂非懂，因系新见，没坐多久，我就告辞，留下我在北京地址，请姚以后与我通讯联系。”

邮商的成长与爱好者队伍的壮大，推动了集邮水平的提高。1918 年，苏城集邮先进参加了民国邮坛的一项重要邮事活动——常州邮券展览会，并崭露头角。是年 5 月 10 日—12 日，在今常州市人民公园内举办了中国历史上首次具有现代邮展雏形的竞赛级邮展，常州籍集邮家张赓伯在 1945 年撰写的《邮海沧桑录》中回忆道：“苏州张景盂、柴冠群、卢赋梅辈，均专程来常陈列票品，会三日结束，柴、卢辈获首奖以去，余亦得第五名之奖，其乐不可以言喻也。”

1926 年春，新光邮票研究会在杭州基督教青年会举办邮票展览，张包子俊《新光邮票会会史实录 · 来一次邮票陈列》记曰：为邮票展览“写信给陈复祥、朱世杰寄来了一些中国选票。我们不征同意，就给它搬在镜框里。陈复祥的威海卫‘和’字商埠票，算是顶名贵了”。“外埠热心的人倒有，一位张景盂从苏州寄来一组暹罗的大数票，卢赋梅也寄来了许多外国老邮票价值大得惊人。”凌能夏《杭州邮票陈列会记》亦记曰：“第一日陈列镜框计七十余，出品人十数。第二日又增加若干，其中如卢赋梅君之暹罗票及奈太耳古票，西人 E.A.Tnrner 之客邮、李弗如君之客邮明信片……均属洋洋乎大观，足为本会生色。其中珍票之足述者，有卢君奈太耳一九〇二年之古票、郑汝纯君之临城匪票……”

苏州的集邮先进还是邮品拍卖活动的积极参与者和组织者，民国三大邮会——中华邮票会、新光邮票研究会和甲戌邮票会的首任拍卖部主任分别为陈复祥、卢赋梅和朱朴庐，都是苏州人氏。1928 年 11 月至 1929 年 10 月，卢赋梅就任新光邮票研究会拍卖部主任，并于苏州寓所主持通讯拍卖，苏州邮人柴冠群、陶墨耕、潘竹安，还有卢赋梅东吴大学时期的同班同学吴颐伯等都是其间常客。

苏州的第一批邮商，本身都是集邮家，他们成为民国邮会初创时期的中坚力量。1925 年 7 月，中华邮票会在上海创立，推举陈复祥为中文书记，卢赋梅、柴冠群、张景盂等 5 人为评议员；1926 年改设董事会，陈复祥为董事之一，1928 年增加朱世杰；1926 年 7 月，新光邮票研究会进行首次职员选举，推举柴冠群为会长，张景盂、徐荫祺等 4 人为评议员，卢赋梅为研究部主任；1927 年，卢赋梅改任拍卖部主任；1928 年，柴冠群改任评议长。1936 年 11 月，甲戌邮票会进行第二届委员选举，推举陈复祥、卢赋梅等 5 人为顾问，张景盂为吴县委员。

苏城的集邮先进对民国早期邮会建设倾注了极大的心血，如《邮票新声》第十二期《以往之一年》见云：“在本刊草创之际，李弗如君助力良多，其后卢赋梅、柴冠群、张景孟三君襄助亦复不遗余力，而张景孟、王抱存二君赐稿尤多。”

需要补充说明的是：及至20世纪30年代，集邮之风已深入苏城社会各个阶层，并非仅限于邮票会会员，民间也不乏痴迷者。本邑藏友徐铮的两通信札恰好反映了上述史实，是不可多得的苏城早期集邮史料，且充满年代感和民间烟火气，值得观览。

信札一（图2-67，1932年8月25日实寄）记曰：“儒林姨甥鉴。久未通函谅，起居吉羊为念。报载先烈邮票业已发行计四种（八分为朱先烈执信，一角为宋先烈教仁，二角为黄先烈兴，三角为廖先烈仲凯），每套计洋六角八分。兹因分局不肯轻易出售，不得之转恳贤甥待觅二套便请转交外祖母可也。该款面奉不误。有否请先通一电话为感。专此即诵公安。姨丈范舜云。八月二十。”

信札二（图2-68，1933年3月6日实寄）记曰：“儒林贤姨甥如晤。承寄下纪念邮花五个早经收到，适舜因事在申，稽复为歉。费神之处谢谢！缓日到阊门之便，款由外祖母转交可也。如有续到，请各留一枚，多多益善。公余展览亦一快事也。拜托拜托！专此即询侍福！姨丈范舜云。三月五日。”

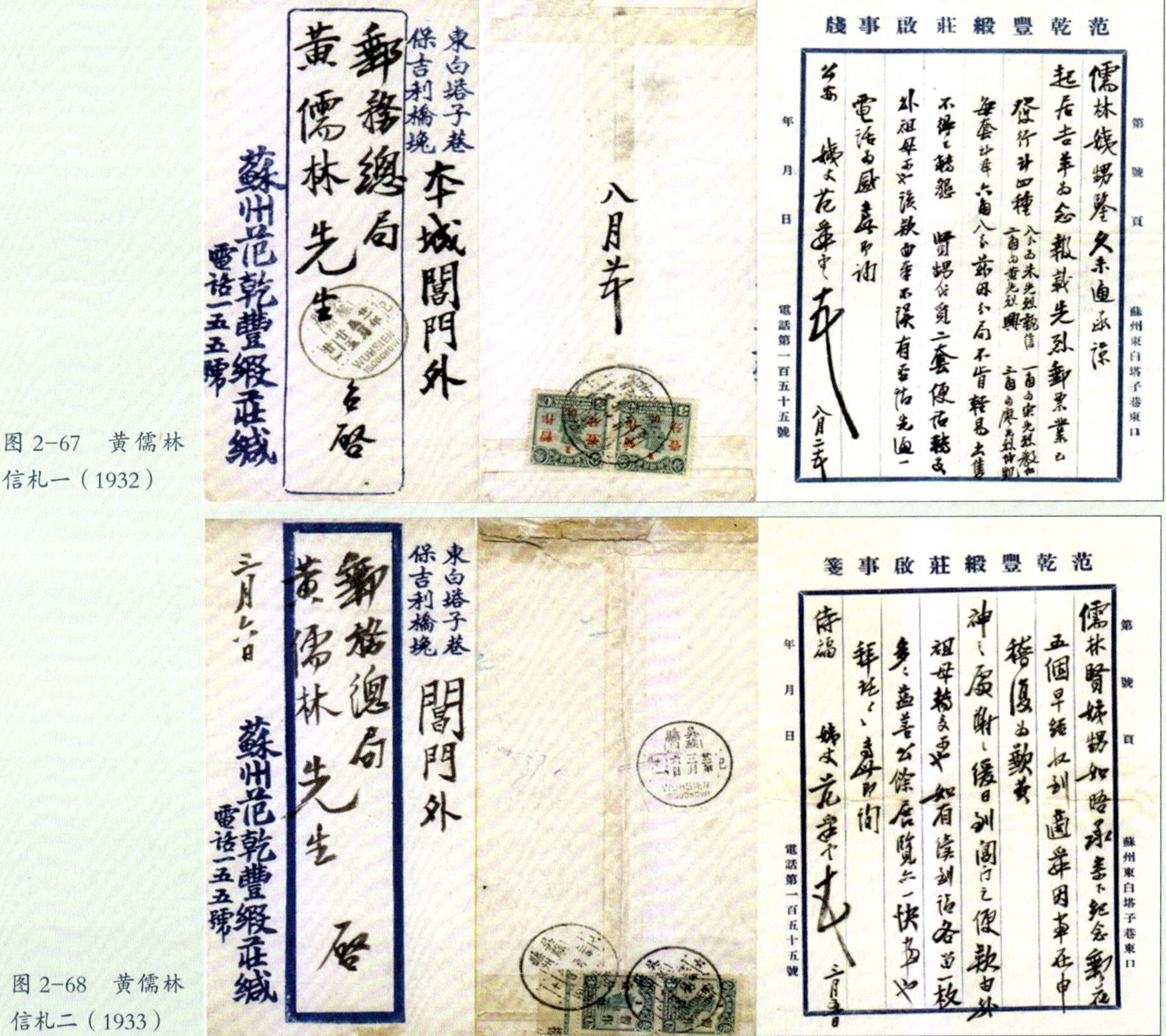

图2-67 黄儒林信札一（1932）

图2-68 黄儒林信札二（1933）

经查考，收、寄件人均真实存在。寄件人范舜云，1914 年入读上海函授国文专科学校，正科甲班肄业生，翌年曾撰发《汪氏小园记》《刘敬使匈奴结和亲论》等文，1933 年任苏州东白塔子巷缎庄“范乾丰”负责人，1949 年为“范乾丰福号”代表，1955 年 8 月随“范乾丰”并入公私合营新苏丝织厂。收件人黄儒林，安徽人，1929 年考入苏州一等邮局，1936 年升任三等一级一等邮务员，1945 年前一度调职泰兴邮政局，不久重返苏州一等邮局。黄儒林为范舜云的姨甥。

由此可知，全面抗战爆发前嗜邮已成为苏城民间雅好，主人翁范舜云集邮并非一时之兴，且其邮识不俗；邮政是普通百姓集藏的主渠道之一，邮局惜售问题约 90 年前即已存在。

第三节 东吴大学的早期集邮者与东吴集邮社

一、东吴大学的早期集邮者

1900 年，姑苏城东南葑溪之西的天赐庄诞生了一所高等学府——东吴大学，在此后的五十年间，东吴大学培养出一批又一批的社会栋梁与学科行业专家。东吴大学的求知理念、人文环境、文化底蕴及一定的经济支撑，早期亦催生出了一群邮界才俊。

早在 1905 年，东吴大学创办人之一、董事长林乐知即已在《万国公报》撰稿推介邮学知识，由林乐知著、东吴学者范祎述的邮文《明信片源流》《邮票式样》《邮票之历史》分刊于《万国公报》第一百九十三、一百九十七、二百一十七册上。

其中，《明信片源流》记曰："美国某报论明信片之始，起于德国名斯第芬者。本为邮政长，在一千八百六十五年也。然未通行。奥国仿之于一千八百六十六年十一月一日，第一纸出后，不过一月，已发三百万片。北德意智再于一千八百七十年七月造之。而英国与瑞士继焉。比利时、荷兰、丹麦、瑞典、挪威、坎拿大则为一千八百七十一年。俄法锡兰为一千八百七十二年。至一千八百七十三年则渡海而至北美与南美之智利。又欧洲之首维亚罗曼尼亚为一千八百七十四年。西班牙、意大利为一千八百七十五年。若有图之明信片则始于德国摄影家，以寻常明片加药而摄其本城之图。未几大行，在德国一处，已售去一千兆纸云。"

1914 年起，东吴大学青年会即曾在苏州东洋堂印制东吴大学校景明信片（图 2-69 为《青年》1915 年第一期纪事），后又多次改版续印，留存了美好校园风光（图 2-70，彩印二版，苏州陆树笙藏品）。

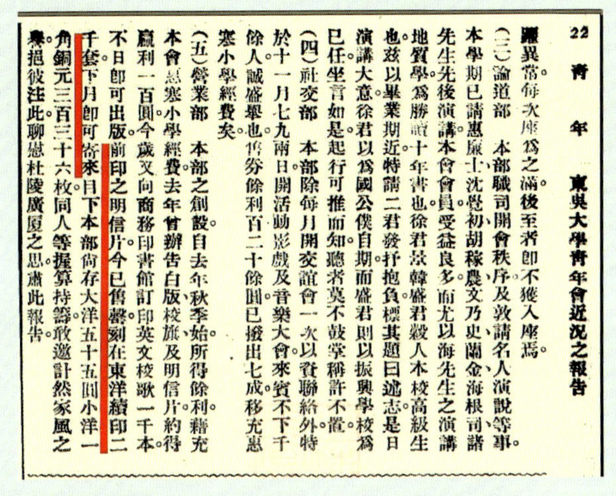

22 青 年 東吳大學青年會近況之報告

[illegible]異常。每次座爲之滿。後至者即不獲入座焉。

（三）論道部 本部職司開會秩序、及敦請名人演說等事。本學期已請惠廉士、沈叠初、胡稼農、文乃史、蘭金海、根司諸先生先後演講。本會會員受益良多。而尤以海先生之演講地質學爲勝。讀十年書也。徐君景韓、盛君毅人、本校高級生也。茲以畢業期近。特請二君發抒抱負。標其題曰述志。是日演講大意。徐君以爲國公僕自期。而盛君則以振興學校爲已任。坐言如是。起行可推而知。聽者莫不鼓掌稱許不置。

（四）社交部 本部除每月開交誼會一次以資聯絡外。特於十一月七九兩日開活動影戲及音樂大會。來賓不下千餘人。誠盛舉也。售劵餘利百二十餘圓。已撥出七成。移充惠寒小學經費矣。

（五）營業部 本部之創設。自去年秋季始。所得餘利。藉充本會惠寒小學經費。去年曾辦告白版、校旗、及明信片。約得贏利一百圓。今歲又向商務印書館訂印英文校歌一千本。不日即可出版。前印之明信片。今已售罄。刻在東洋續印二千套。下月即可寄來。目下本部尚存大洋五十五圓小洋一角、銅元三百三十六枚。同人等握算持籌。敢邀計然家風之舉。挹彼注此。聊慰杜陵廣厦之思。肅此報告。

图 2-69 《青年》第一期纪事（1915）

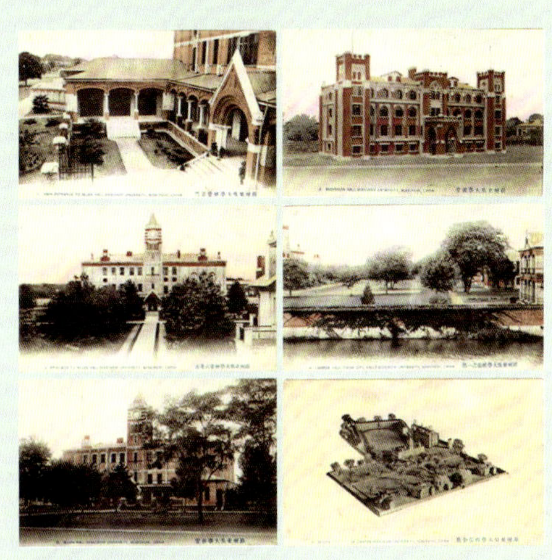

图 2-70 苏州东洋堂印制的东吴大学校景明信片

东吴大学最早的集邮者，当推第二届毕业生陈海澄与第三届毕业生吴献书。

图 2-71 陈海澄像

陈海澄（1884—1961，图 2-71），曾用名陈肇瀛，化名陈镜清，江苏吴县人。1902 年入读东吴大学堂，1908 年修完大学课程毕业，被授予文学学士学位，长期从事英语教学、翻译工作。1915—1924 年执教江苏省立第二农业学校（苏州农校），期间组织中华节育研究社，曾任东吴大学同学会会长、北局青年会董事长。1925 年后执教东吴大学，任英文讲师、教授，兼文理学院会计主任，1954 年自江苏师范学院退休。见存 1915 年集邮片。

图 2-72　吴献书像

吴献书（1885—1944，图 2-72），江苏吴县人。1902 年入读东吴大学堂，1909 年冬毕业后留校任教数十年，为“东吴元老”与“东吴名师”之一。吴献书一生奉献于英语教育事业，译著有《理想国》《科学之将来》《最近欧洲史》《英文翻译的理论与实践》等。见存 1917—1918 年集邮封片。

图 2-73　葑溪三剑客——卢赋梅（左）、陆志韦（中）、王疆松（右）像

师出东吴、日后享誉民国邮坛者则推“葑溪三剑客”卢赋梅、陆志韦和王疆松（图 2-73），东吴大学档案史料揭示三人同校于 1912—1915 年。

陆志韦（1894—1970），原名陆保琦，浙江吴兴南浔人。1913 年毕业于东吴大学，初任东吴大学附中教员，1915年冬留学美国，1920年获芝加哥大学哲学博士学位。陆志韦读书时代已开始集邮，后因成绩卓著，人称“博士集邮家”。陆志韦的邮事活动以 20 世纪二三十年代任教燕京大学时期最为活跃，1929 年年底加入中华邮票会（171 号）、1935 年 7 月和 9 月分别题名甲戌邮票会（212 号）和新光邮票研究会（550 号）。1936 年 11 月，甲戌邮票会选聘其为顾问。陆志韦注重邮品研究并常有新发现，先后在《邮学月刊》上发表《汇兑印纸暂作邮票用》（1930）、《三分暂作一分票之小变体》（1931）、《陆志韦君来函》等邮文。“华邮之王”周今觉为之按曰：“变体之搜求，全仗群策群力以为之，始克渐臻美备。凡对于吾书，能为补阙拾遗，匡其所不逮者，皆吾所百拜以求之者也。世有同志，幸毋金玉尔音焉可。”陆志韦因收藏丰富、研究精深，与阮景光、梁云斋、刘子惠同被函聘为 1933 年奥地利维也纳万国邮展名誉董事。

王疆松（1898—1999），学名王强松，江苏吴县人。1912 年入东吴大学附中，1920 年获东吴大学理科学士学位。王疆松的集邮生涯颇具传奇色彩，故《国粹邮刊》之《海上邮人小志》专栏为其立传。《近代邮刊》1948 年第二期又刊发其抒怀诗作《邮咏》，道明其曲折的集邮经历。王疆松在民国邮坛属于“大器晚成”。王疆松与集邮的缘分可谓“阴差阳错”，《国粹邮刊》指其：“平生错过良好集邮机会凡二：在读书时代见同学陆君志韦、卢君赋梅之集邮而未感兴趣，在办事时期目睹袁寒云氏之集邮狂热而无动于衷；初期集邮时其友黄艾伯君闻讯愿以全部珍品相让，索价至廉，君犹豫不决因循坐误。”孰料王疆松却因“偶与儿辈在邮肆选票遂引起集邮兴趣”，1941 年开始集邮后则上进心切，经其中表强亦明介绍，得张包子俊指点始得门径，后又因与钟笑炉的频繁交往而癖好日深。

20 世纪二三十年代活跃于邮坛的东吴大学的邮者还有吴颐伯、殷幼琴、朱兰荪、陆干臣、孙君毅等。

吴颐伯（1888—1933），本名吴寿祺，号颐伯，浙江海盐人。东吴大学第五届毕业生，1910 年毕业后即返乡，是浙江省教育厅视学富光年之婿，20 世纪 20 年代曾为上海商务印书馆股东之一，近代出版家张元济的书信、诗文中曾提及他这位同乡。吴颐伯入读东吴大学之初，与卢赋梅为同班同学，1903 年版东吴大学堂年刊《雁来红》刊有丙班生合影（图 2-74），吴颐伯即在其中。吴颐伯是个典型邮迷，1929 年 5 月加入新光邮票研究会（125 号）后，邮会的拍卖活动中时常可见其影踪。

殷幼琴（1890—？），江苏吴江人。1909 年自东吴大学附中毕业，1910 年进入海关，初任上海江海关账房，1936 年以超等一级税务员职级调厦门关。殷幼琴主集华邮，兼顾世界各国邮票，1934—1935 年先后加入甲戌邮票会（53 号）、新光邮票研究会（261 号）、中华邮票会（248 号）。

图 2-74　苏州东吴大学堂丙班生合影（1903）

朱兰荪（1891—？），字寿仁，江苏吴县人，东吴大学 1909 年学生花名册见录，后于苏州中学高中毕业。朱兰荪 1923 年进入铁路系统；1929 年时任京汉铁路郑州材料厂司事，是年离职回乡，寓铁瓶巷 47 号；1930—1931 年，寓所地址改为苏州小王家巷桂花弄 15 号。1926 年，朱兰荪加入新光邮票研究会（18 号）、中华邮票会（61 号），1928 年《邮票新声》第二卷第三期见刊其文《对于同好贴用邮票之提议》（图 2-75）。朱兰荪主集世界各国邮票。

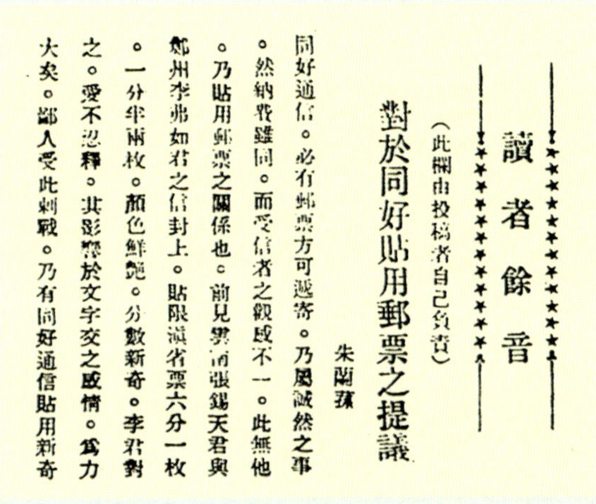

讀者餘音

（此欄由投稿者自己負責）

對於同好貼用郵票之提議

朱蘭蓀

同好通信。必有郵票方可遞寄。乃屬誠然之事。然納費雖同。而受信者之觀感不一。此無他。乃貼用郵票之關係也。前見[illegible]寄張錫天君與鄭州李弗如君之信封上。貼限滇省票六分一枚。一分半兩枚。顏色鮮艷。分數新奇。李君對之。愛不忍釋。其影響於文字交之感情。爲力大矣。鄙人受此刺戟。乃有同好通信貼用新奇

图 2-75　朱兰荪《邮票新声》邮文（1928）

图 2-76　陆干臣像

陆干臣（1897—1963，图 2-76），字鸿渐，浙江吴兴人。东吴大学湖州附中毕业后，考入苏州东吴大学攻读生物学，1919 年获理学学士学位。陆干臣自东吴大学毕业后，参加苏州基督教青年会创建工作，1923 年考取“庚款”官费留学美国，先后在美国耶鲁大学及范德比尔特大学攻读社会学，获文学硕士学位后回上海。1925—1931 年，陆干臣任中华基督教青年会全国协会干事，1932 年起一直担任上海青年会总干事，曾任麦伦中学和东吴大学董事长多年。20 世纪 30 年代，正处国难之际，陆干臣在青年会为各种抗日救亡运动提供活动场所，例如召开会议、收容难民、服务伤兵等，还和《新闻报》及《申报》之《社会服务》栏共同发起“救济失学义卖市场”。1958 年，陆干臣退休。见存 1920 年陆干臣自东吴大学寄发美国 Quaker Stamp Co. 集邮封（图 2-77）。

孙君毅（1903—1983，图 2-78 为其学籍档案），原名孙祖宏，江苏无锡人。与其兄孙祖基同为上海东吴大学法科 1926 级毕业生。大革命时供职于国民革命军第一师，后在上海、吴县、无锡等地执律师业。孙君毅是位“大器晚成”的邮学家，1936 年秋方结缘集邮，是年 12 月题名甲戌邮票会（493 号），翌年受聘为该会的法律顾问；1937 年加入中华邮票会（349 号）。1939 年 7 月 8 日，新光邮票研究会在其寓所召开邮学座谈会，由是孙君毅又成为该会 1076 号会员，并被 1948 年会员大会推举为法律顾问。1949 年，《浙江新闻副刊：中国邮报》第六期所刊的《全国集

邮界瞩目之伪齿票案公断书发表》，是其恪尽职守的典型例证。20 世纪 40 年代后期，孙君毅开始邮学普及与研究工作，先后编出《邮学词典》（1946）、《集邮家罗斯福》（1948），1946 年后主持无锡集邮研究会工作并主编会刊《邮友》。他在普及邮识的同时对我国早期票与戳的研究也取得了较大的成果，其中包括孙君毅本人所撰的《中国纪念邮戳志》《中国商埠邮戳志》和译作《中国快信邮票志》等。

图 2-77　陆干臣集邮封（1920）

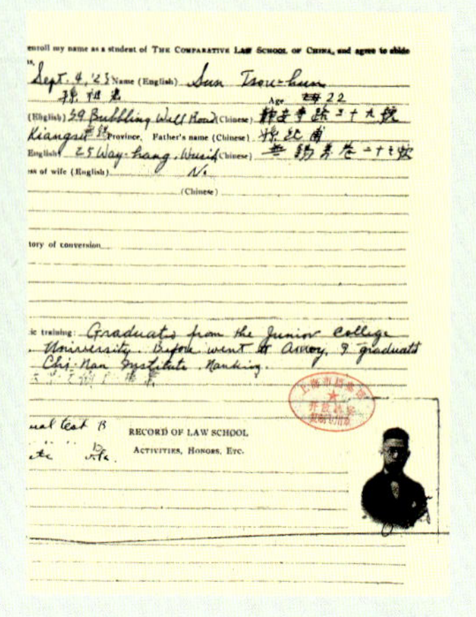

图 2-78　孙君毅学籍档案

二、东吴集邮社

1929 年，苏州东吴大学校园内的集邮氛围甚为浓厚，并由此催生了东吴集邮社。

东吴大学校刊《老少年》第五年第八期刊发《东吴集邮社成立消息》（图 2-79）云："搜集邮票一事，为欧美人士所深嗜。即贵如英国国王、日本太子，而至于普通平民，无不以此为事，竞相收集，虽重价不吝。近日欧风东渐，吾国人士亦相效尤。盖邮票项目繁多、花纹新颖，富有美术上之兴趣，且与历史亦有连带之关系，并借此可以养成收集力、辨别力，种种良好习惯。吾校同学中嗜此者，颇不乏人。惟邮票种类极多，珍奇之品，断非一二人所能搜集无遗。于是乃有集邮社之组织，定名曰东吴集邮社，并聘请顾问，选定职员，共同进行社务。每星期三开常会一次，以便研究各种邮票智识。目下各方进行甚利，将来必有一美满之展览会，以供诸同学一览云。"

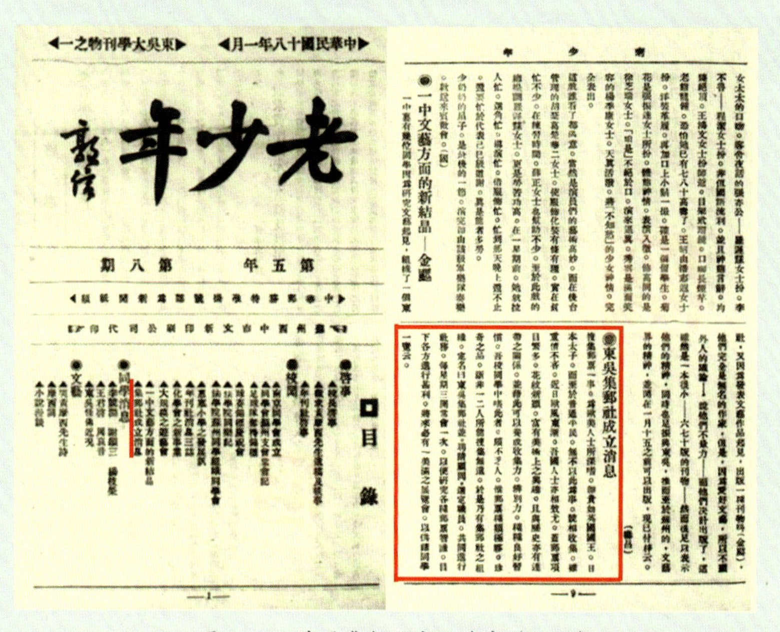

中華民國十八年一月　東吳大學刊物之一

老少年

第五年　第八期

目錄

東吳集郵社成立消息

搜集郵票一事。爲歐美人士所深嗜。卽貴如英國國王。日本太子。而至於普通平民。無不以此爲事。競相收集。雖重價不吝。近日歐風東漸。吾國人士亦相效尤。蓋郵票項目繁多。花紋新穎。富有美術上之興趣。且與歷史亦有連帶之關係。並藉此可以養成收集力。辨別力。種種良好習慣。吾校同學中嗜此者。頗不乏人。惟郵票種類極夥。珍奇之品。斷非一二人所能搜集無遺。於是乃有集郵社之組織。定名曰東吳集郵社。並聘請顧問。選定職員。共同進行社務。每星期三開常會一次。以便研究各種郵票智識。目下各方進行甚利。將來必有一美滿之展覽會。以供諸同學一覽云。

—9—

图 2-79　东吴集邮社成立消息（1929）

上述文献弥足珍贵，它填补了苏州早期集邮史的一处空白，只可惜再无后续报道，故我们对东吴集邮社的组成人员及其活动无法了解更多。随着时光流逝，当事人均驾鹤仙去，80 年前的详情已不得而知。但经同期其他史料查知，与东吴集邮社活动相关的情况可明确两点：

①苏州集邮先进卢赋梅 1929 年 1 月起负责新光邮票研

究会江苏分会，会所就设于苏城凤凰街水仙弄其寓所内，是年11月卢赋梅还为“俾资专任江苏分会事务有利进行”而“再三函请辞职”，辞去新光邮票研究会拍卖部主任职务。根据卢赋梅与东吴大学的渊源关系及新光邮票研究会江苏分会的工作职责所在，想必东吴集邮社的成立与他不无关联。

②1929年前后苏州东吴大学校园内的集邮爱好者，已确定的有汪葆熙、沈大鉎、尤心贤、王明星、强亦明、蒋宪清等。

图 2-80 汪葆熙像

汪葆熙（1911—？，图2-80），江苏吴县人。少时即聪颖好学，十二岁那年因被评为“爱读本刊者”而亮相上海《儿童世界》。就读于东吴大学附中时他活跃上进。1929年，他不仅是高二年级的级长，还担任一中的学生会主席，也就在这一年汪葆熙加入了新光邮票研究会（108号）。本科阶段，汪葆熙为潜心学业一度中断邮会活动，研修有成，1933年连续在学报《东吴》第一卷发表《江浙当铺状况》《参观中央造币厂记》《中国黄丝业之危机》《中国旧式集资法——会》《钱业浅说》多篇论文。1934年，汪葆熙从东吴大学本科毕业后即任职上海商业储蓄银行。汪葆熙的集邮情结始终割舍不断，1942年又见录新光邮票研究会会员名录，此前他已加入中华邮票会（485号）。

图 2-81 沈大鉎像

沈大鉎（1911—？，图2-81），江苏吴县人。1929年就读于东吴大学附中高二，1936年于东吴大学法学院毕业。他是知名的民国翻译家，译有《罕穆剌俾法典》《邱吉尔第二次世界大战回忆录》《苏联公民的基本权利和义务》《希特勒末日记》等。见存1929年沈大鉎自东吴大学寄发辽宁海城蓂郎邮票社集邮片（图2-82）。

尤心贤，江苏吴县人。1929年就读于东吴大学附中高一，时寓养育巷邮局内。见存其苏城沦陷时期寄发的集邮封（图2-83）。1946年，尤心贤加入新光邮票研究会（5691号），通讯处均为苏州紫兰巷31号。

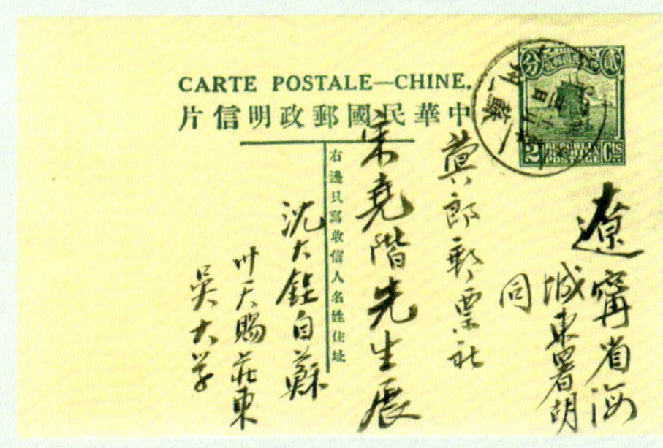

图 2-82 沈大鉎集邮片

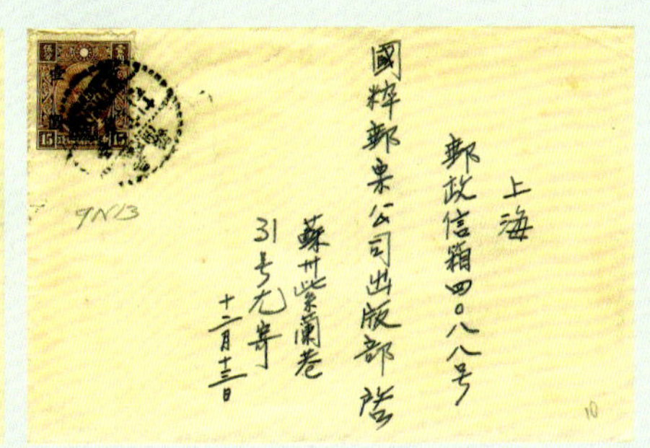

图 2-83 尤心贤集邮封

图 2-84 强亦明像

强亦明（1911—1992，图2-84），江苏常熟人。因其母系苏州人，故在苏州就读小学和中学。1926年起涉入邮坛，常到五洲邮票社购邮，由此结识张景孟等邮人。18岁时，他因病从东吴大学附中休学回常熟，期间常到上海集古社朱世杰处购邮。1936—1937年，他先后加入甲戌邮票会（432号）和中华邮票会（381号）。全面抗战时期，强家避难上海租界西摩路武定路安逸坊667号，毗邻奥伦多邮票公司，遂为常客，并由张包子俊介绍加入新光邮票研究会（1191号）。强亦明又带动其子强守敬、表亲王疆松父子加入新光邮票研究会。

图 2-85　蒋宪清像

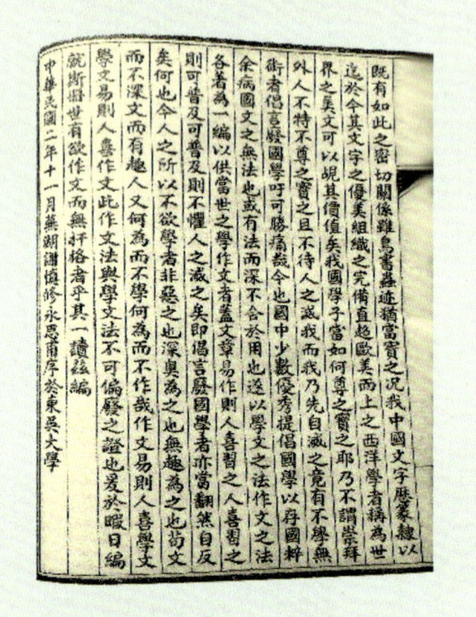

既有如此之密切關係雖鳥書蟲迹猶當寶之況我中國文字歷篆隸以迄於今其文字之優美組織之完備直超歐美而上之西洋學者稱為世界之美文可以覘其價值矣我國學子當如何尊之寶之耶乃不謂崇拜外人不特不尊之寶之且不待人之滅我而我乃先自滅之竟有不學無術者倡言廢國學吁可勝痛哉今也國中少數優秀提倡國學以存國粹余痛國文之無法也或有法而深不合於用也遂以學文之法作文之法各著為一編以供當世之學作文者蓋文章易作則人喜習之人喜習之則可普及可普及則不懼人之滅之矣即倡言廢國學者亦當翻然自反矣何也今人之所以不欲學者非惡之也深奧為之也無趣為之也苟文而不深文而有趣人又何為而不學何為而不作哉作文易則人喜學文學文易則人喜作文此作文法與學文法不可偏廢之證也爰於暇日編就斯編世有欲作文而無扞格者乎其一讀茲編

中華民國二年十一月蕪湖謝慎修永思甫序於東吳大學

图 2-86　谢慎修于东吴大学时所编著作

图 2-87　谢颂羔像

王明星（1912—？），北京人。1929 年 7 月就读于东吴大学附中高一。1928 年加入新光邮票研究会（81 号）及中华邮票会（125 号），返乡后成为“北平当年的知名集邮家”。

蒋宪清（1907—？，图 2-85），江苏太仓人。他在江苏省立第四中学校（太仓）完成中学学业，1930 年获东吴大学理学学士学位，1933 年被上海市政府委任为工务局技士，战时曾任甘肃油矿局研究员。蒋宪清“从二十年代开始坚持集邮 60 余年，抗战期间在重庆亦未中断，并保存着邮政 25 周年以后大部分新票”。

知名集邮家中，20 世纪 30 年代前的东吴学人，还有谢慎修、谢颂羔等。

谢慎修（1895—1955），又名谢永思，笔名迷谜、慎翁，安徽芜湖人。1913—1914 年前后就读于东吴大学，在校时编出《学文法》和《作文法》两书（图 2-86），并加入南社。谢慎修返回芜湖后，执教芜关中学，期间组织永思学社，开办大同邮票社。抗战爆发后，谢慎修携全家离开芜湖，经宜昌到重庆，1945 年下半年随在四川白沙镇服务的国立编译馆东归南京，后辞职回芜湖。谢慎修 1910 年左右开始集邮，《丽丽邮声》第五卷第一期刊登的《集邮的今昔》中，谢慎修自述“笔者早年在教会大学读书，受着欧风美雨的熏陶养成了集邮的习惯”，主集世界邮票。1929 年 9 月，谢慎修与邮友合办大同邮票社；1933 年创办大同邮票会，主编会刊《邮话月刊》和《邮话》；1936 年加入甲戌邮票会（287 号）。抗战胜利后，谢慎修由重庆返回芜湖重操邮业，续办《大同邮话》，大同邮票社约于 1954 年歇业。

谢颂羔（1895—1974，图 2-87），浙江杭州人。1917 年毕业于苏州东吴大学，1918 年经美国北长老会资助留学美国三年，1921 年获阿伯恩神学院神学学士学位，1922 年获波士顿大学硕士学位，回国后历任金陵神学院教员、苏州高等法律学校教授、沪江大学教授、上海广学会编辑等职，主要从事哲学和宗教学研究。1939 年，谢颂羔在《学徒之友》上撰文《我的个人兴趣》，称：“我也爱邮票，是用过的邮票。我买到了少许，同时又搜集了一些，于是我又卖出了几张，因此再可以得到几张新的了。我感觉到集邮是一种很有益的消遣。在得到邮票之后，我觉得心旷神怡，走笔便觉容易了。”谢颂羔曾在广学会刊物《福幼报》上撰发《集邮谈》《集邮通讯》《邮票浅说》《邮票说明》《邮讯》等 10 余篇面向少儿的普及邮文。

第四节 1937 年前编出的集邮书刊

一、集邮刊物

1937 年前国内集邮专刊（不含集邮图书、邮票目录、报章副刊及纯卖品目录），据刘广实《中国集邮书刊简目（初稿）》记载，全国总计不过 30 余种，苏州地区编辑发行的占比即达 15%，邮学氛围可谓高涨。

1.《大陆邮票新闻》英文季刊，徐氏兄弟邮票社 1922 年编辑发行（苏州徐荫祺主编）

编出信息：1927 年 8 月 25 日《邮票新声》第二卷第一期《中国邮票刊物调查》（图 2-88）记，《大陆邮票新闻》，徐荫祺编辑，徐氏兄弟邮票社发行，（民国）十一年（1922）创刊，英文季刊出两期停刊。

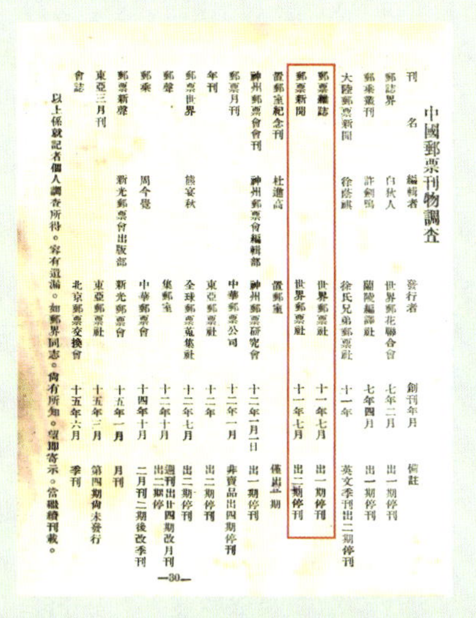

中國郵票刊物調查

刊名	編輯者	發行者	創刊年月	備註
郵誌界	白秋人	世界郵花聯合會	七年二月	出一期停刊
郵乘叢刊	許劍鳴	蘭陵編譯社	七年四月	出一期停刊
大陸郵票新聞	徐蔭祺	徐氏兄弟郵票社	十一年	英文季刊出二期停刊
郵票雜誌		世界郵票社	十一年七月	出一期停刊
郵票新聞		世界郵票社	十一年七月	出二期停刊
叢郵室紀念刊	杜進高	叢郵室		僅出一期
神州郵票會會刊	神州郵票會編輯部	神州郵票研究會	十二年一月一日	出一期停刊
郵票月刊		中華郵票公司	十二年一月	非賣品出四期停刊
年刊		東亞郵票社	十二年	出二期停刊
郵票世界	熊宴秋	全球郵票蒐集社	十二年七月	出二期停刊
郵聲		集郵室	十二年十月	週刊出廿四期改月刊出二期停
郵乘	周今覺	中華郵票會	十四年十月	二月刊二期後改季刊
郵票新聲	新光郵票會出版部	新光郵票會	十五年一月	月刊
東亞三月刊		東亞郵票社	十五年三月	第四期尚未發行
會誌		北京郵票交換會	十五年六月	季刊

以上係就記者個人調查所得。寄有遺漏。如郵界同志。倘有所知。望即寄示。當繼續刊載。

—30—

图 2-88 《邮票新声》第二卷第一期《中国邮票刊物调查》存目（1927）

2.《邮票杂志》《邮票新闻》《邮票界》，太仓世界邮票社 1922—1924 年编辑发行（太仓蒋鹤舫主编）

编出信息：1924 年 1 月 26 日《邮声》第十三期广告《邮票搜集家注意》（图 2-89）载："《邮票杂志》（第一期），每份三分。《邮票新闻》（已出二期），每份分半。" 1927 年 8 月 25 日《邮票新声》第二卷第一期《中国邮票刊物调查》记，《邮票杂志》，太仓世界邮票社发行，（民国）十一年（1922）七月创刊，出一期停刊；《邮票新闻》，太仓世界邮票社发行，（民国）十一年（1922）七月创刊，出两期停刊。1948 年 8 月《近代邮刊》第三卷第八期《国粹邮学藏书钞目》记，《邮票界》民（国）十三年（1924）五月第三号一张，太仓世界邮票社发行，8 开新闻纸式。根据这则启事，借知本刊原名《邮票新闻》，共出两期，至第三期起始改称《邮票界》，故谓为"第三号"者，实则根据旧名沿用，若以《邮票界》言，则为第一期矣。

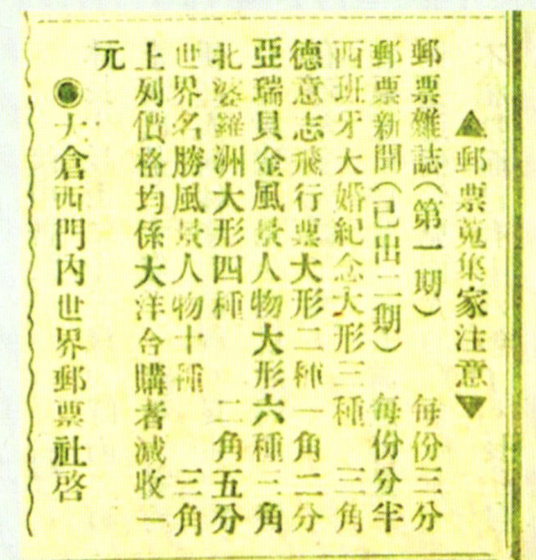

郵聲

图 2-89 太仓世界邮票社邮刊发行信息（1924）

另据 1922 年 9 月 26 日《思益附刊》第三十一号《中国最初出版之邮票报纸》披露，太仓世界邮票社《邮票杂志》第一期要目为：《搜集邮票之利益》《战后之新邮票》《收藏邮票之价值》《中华民国邮票考略》《文苑——邮票诗钟》《一分邮票值千金》《洪宪纪念邮票之价值》《中华民国邮票初定之样式》《邮票大解放》《粘贴邮票之机器》《邮片周游全球》。

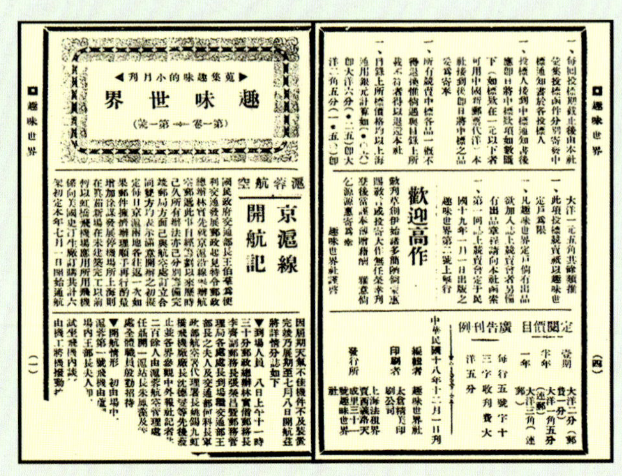
趣味世界

图 2-90　《趣味世界》创刊号

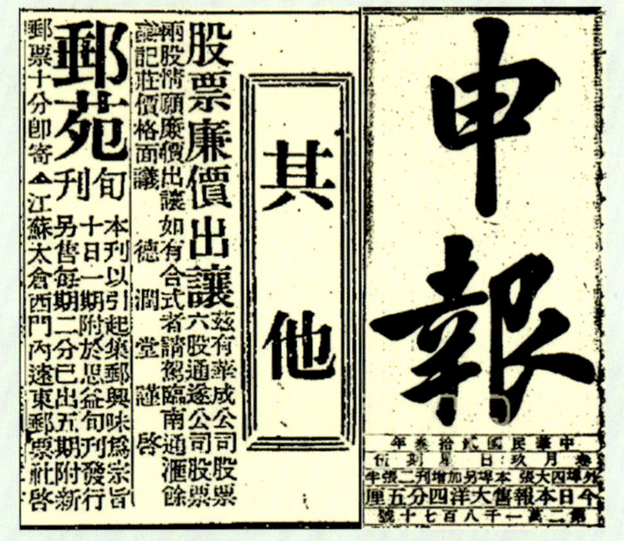
申報

外埠四大張 本埠另加增刊二張半

今日本報售大洋四分五厘

第二萬一千八百七十號

其他

股票廉價出讓

茲有華成公司股票六股通遂公司股票兩股情願廉價出讓如有合式者請移駕臨南通匯餘莊詳記價格面議　德潤堂謹啟

郵苑旬刊

本刊以引起集郵興味為宗旨十日一期附於思益旬刊發行另售每期二分已出五期附新郵票十分即寄　江蘇太倉西門內遠東郵票社啟

图 2-91　《申报》上刊登的《〈邮苑〉旬刊》发行广告（1935）

图 2-92　《青春：邮语月刊》封面集锦

尚见刊登于 1923 年 11 月 9 日《申报》上的《邮票搜集家注意》广告云：“本社编辑之邮票新闻月刊，专载关于邮票智识之文字。第一期业已出版，函索请附邮票分半，预定全年十二期连寄费大洋一角八分。邮票杂志尚存百余份，每份售大洋三分。江苏太仓世界邮票通信营业社启。”

3.《趣味世界》月刊，趣味世界社 1929—1930 年编辑发行（太仓蒋士渊主编）

编出信息：32 开铅印，每期 4 页，共出 3 期。创刊号（图 2-90）由太仓精美印刷公司印刷，上海法租界贾西义路天成里 31 号趣味世界社发行。

4.《邮苑》旬刊，太仓远东邮票社 1935 年编辑发行（太仓蒋士渊主编）

编出信息：1935 年 3 月 9 日《申报》刊出的《〈邮苑〉旬刊》广告（图 2-91）云：“本刊以引起集邮兴味为宗旨，十日一期，附于《思益旬刊》发行，另售每期二分，已出五期，附新邮票十分即寄。江苏太仓西门内远东邮票社启。”

5.《青春：邮语月刊》，绿洲邮票会 1936—1937 年编辑发行（常熟华特生主编）

编出信息：为绿洲邮票会会刊，小 64 开铅印竖翻本，每期正文 20 页，共出 6 期，封面设计新颖别致（图 2-92）。

寓教于乐是绿洲邮票会活动的一大特色，会刊各期中均见有“文虎悬奖”“剪邮猜奖”“送邮猜奖”“猜价赠奖”等相关内容。其他记载绿洲邮票会的资料：

①创刊号登载题词两幅——“特生先生嘱：提倡集邮，陈复祥”与“绿洲邮票社出版志喜：万里风行，世界邮票地图社谨贺”。

②《绿洲邮票会会章》共计六款，申明邮会“以研究邮识、交换复品、引导初

集同志为宗旨”，规定“本会会员得享十大权力”。

③ 第四期所刊的《中国邮商公会会刊第十四期》报道：华特生在中国邮商公会第二届全体大会上被推举为出版部负责人。

④《本会廿六年度新会员》分刊于第四、第六两期，会员号截至140号。

二、集邮图书

苏州邮人的早期集邮著作虽数量有限，然本本出彩且各具特色。

1.《中国邮票汇编》

《中国邮票汇编》由陈复祥、卢赋梅合编，1926年3月由苏州卢义思邮票公司发行。32开铅印，序言2页，正文42页，书末有简章、广告2页。

《中国邮票汇编》序（图2-93）曰：

> 我国近年以来邮票知识渐行普及，惟大都好采取各国大形风景人物五色灿烂之品，徒求美观，而对于本国所有各票反不事搜集，此或由于无适当之参考书籍以引起国人之注意耳。夫集邮之风，虽效袭欧美，然于保存国粹之外，且有地理历史等研究之价值在焉。是以，考察一国邮票发行情形，得睹其国势之强弱盛衰。我国自前清光绪四年七月试办邮政、发行邮票迄今，已历四十有七年，其间累次印行各票约计不下七百余种，甚为复杂，而尤多不易辨别之点，一票之值自千余元以至一二分不等。考各国邮票参考书内，所述我国邮票情形类，皆未能完备，且无正实价格，致搜集者无相当指示，引以为憾。鄙人等爰本二十余年搜集之经验，并加考核汇辑，是书历年始告成册。诠释务求详尽，析类务求精密，复列价目。俾资征集。此书之出，或于集邮者不无少补，也惟著者识见有限，尚希海内大家赐以指教为幸。此外，且有各地书信馆票及各国客邮票史，容俟续述。陈复祥、卢赋梅谨志。

正文部分，以“第一次印”开篇，以“前清西藏用票”收尾，列举了1878—1925年发行的国邮票品，共38种779枚。标题名称依次为：第一次印、第二次印、慈禧寿辰纪念、暂作洋银小字、

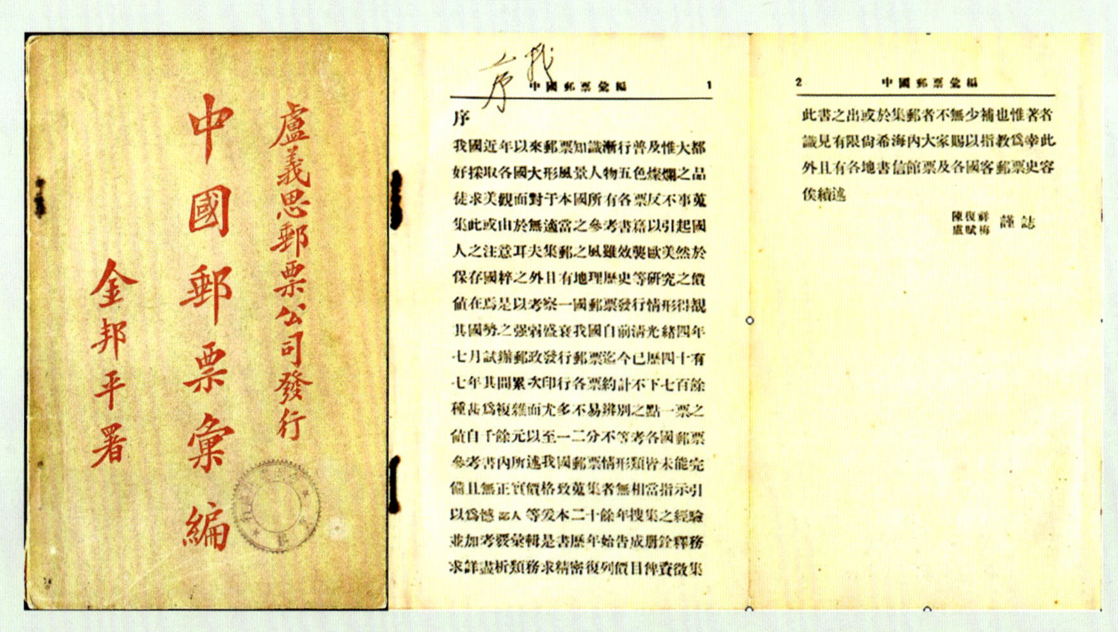

中國郵票彙編　1

序

我國近年以來郵票知識漸行普及惟大都
好採取各國大形風景人物五色燦爛之品
徒求美觀而對于本國所有各票反不事蒐
集此或由於無適當之參考書籍以引起國
人之注意耳夫集郵之風雖效襲歐美然於
保存國粹之外且有地理歷史等研究之價
值在焉是以考察一國郵票發行情形得覩
其國勢之強弱盛衰我國自前清光緒四年
七月試辦郵政發行郵票迄今已歷四十有
七年其間累次印行各票約計不下七百餘
種甚為複雜而尤多不易辨別之點一票之
值自千餘元以至一二分不等考各國郵票
參考書內所述我國郵票情形類皆未能完
備且無正實價格致蒐集者無相當指示引
以為憾鄙人等爰本二十餘年搜集之經驗
並加考覈彙輯是書歷年始告成冊詮釋務
求詳盡析類務求精密復列價目俾資徵集

2　中國郵票彙編

此書之出或於集郵者不無少補也惟著者
識見有限尚希海內大家賜以指教為幸此
外且有各地書信館票及各國客郵票史容
俟續述

陳復祥
盧賦梅　謹誌

图2-93　《中国邮票汇编》书封及序

暂作洋银大字、红印花暂作票、邮政独立后二次印票、庚子年暂作票、福州飓风票、二次印变更颜色及加添票、宣统纪念、临时中立、中华民国临时中立、加盖宋体中华民国、加盖楷体中华民国、光复纪念、共和纪念、伦敦印民国票、北京印厚纸、北京印薄纸、附收赈捐票、航空邮票、邮政廿五年纪念、宪法纪念、暂作二分、北京新版、暂作三分、暂作欠资、初次印欠资、临时中立欠资、加盖中华民国欠资、伦敦印民国欠资、北京印厚纸欠资、北京印薄纸欠资、快信邮票、邮局代封票、限新省贴用票、前清西藏用票。正文版式为首列票品图案和通栏说明，再按正票、无齿邮票、奇特票、阔边邮票等类别，分列票品之序号、面值、颜色、未用过价、用过价。

本书为国内最早的中国邮票目录。书中对各种邮票的刷色及变体（目录中称为“奇特票”）搜罗得较齐全，成为后来集邮目录的典范。例如，书中排列的大龙邮票分 40 余号，小龙邮票分 20 余号；对民国邮票的各种纸质及刷色区别也一一注明；书中标出的邮票价格比较符合当时的市场情况，很有参考价值。

2.《中国集邮图谱》

《中国集邮图谱》（图 2–94）由朱世杰编，上海集古社于 1926 年 7 月发行初版，16 开横式活页，正文 86 页，有周今觉、李辉堂序，是中国第一部中英文对照、图文并茂的邮票目录。全书细分为大清海关邮政邮票、大清邮政邮票、中华民国邮政邮票、台湾邮票、上海工部局书信馆邮票、中国商埠书信馆邮票、明信片及邮制信笺、明信片信件及封缄纸类别。本书为中英文对照，图文并茂，是新中国成立前广泛使用的中国早期邮票定位册。

“华邮大王”周今觉序云：

> 朱君世杰，研究华邮有年。雅好搜集，又熟于华邮之旧闻逸乘，故于一票之发行。类能详其始末，析其源流，参稽其时日与统计。近以三年心力，成此邮谱一卷。以正式官邮为主，旁及商埠上海。其诠释则中西并列，其图案则正变兼收。析类之精，采择之备，视曼氏之谱，犹椎轮之于金根大辂矣。其不胫而走海外，又何疑焉？于其成也。乐为之序。

出版后，袁寒云在《说邮》中予以推介：海上友人，朱子世杰，集邮历十数年，专攻邮学，致力甚竺，于国邮嬗变，类能详言。今撰《中国集邮图谱》一卷，始于海关邮券，迄于各地客邮，每种咸附以图说，其间若各种加盖及变体，又若纪念券、赈捐券、航空券，皆一一罗列，靡或遗阙，客邮中于上海一埠尤为详尽。初试集邮者，可按图搜致，缀贴其上，既宜玩赏，且资研求。厥册有

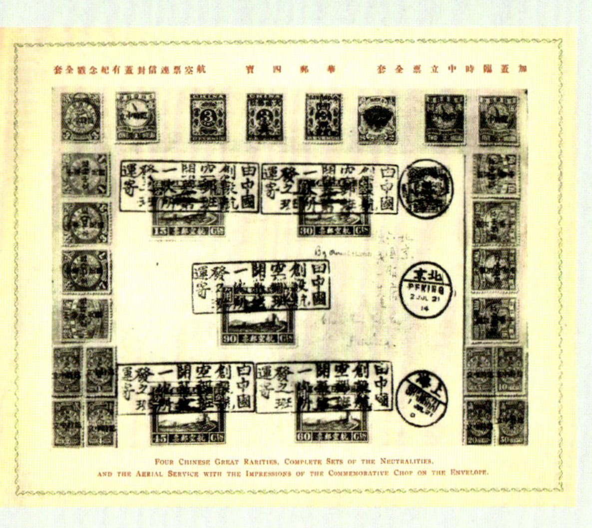

图 2–94 《中国集邮图谱》（1926 年初版）

功于国邮，诚匪鲜焉，其刊印之精、附图之备，犹余事也。

《中国集邮图谱》于1928年12月增订再版时，正文加至96页，《国粹邮刊》第三卷总第二十八、二十九期张赓伯撰文称道："此谱颇风行一时，当时集国邮者，几十之七八采用之，以其便利也。""集邮图谱为活页，内容尚称完备，惜乎文字方面，未加修饰，装订及印刷亦无美术意味，为美中不足，但在十五六年前之中国邮坛，已为空前之作，许多新集邮家均因此图谱而产生，朱君之功不可没也。"

3.《集邮须知》

《集邮须知》由张景盂编纂，苏州五洲邮票社出版，是公认的我国最早的集邮启蒙读物。32开铅印，1927年发行初版（图2–95），正文50页；1934年增订再版时，正文增至122页；1940年6月发行三版时，正文52页。原书起首有"周序""陈序""自序"三篇。

"周序"云：

张君景盂，潜心于此。爰有《集邮须知》之作，或本著经验，或译自西书，或标鉴别之真诠，或述邮丛之逸话，使不识旁行书契者，亦得人手一编。广闻益智，有南针先导之功，无擿埴冥行之苦。庄子曰：其作始也简，其将毕也必巨。毋以其始之筚路蓝缕，而谓其毕遂无灿烂庄严之一日也。书此以为息壤。

民国十六年（1927）元旦，陈复祥作"陈序"曰：

张君景盂，嗜爱邮票，费十余年之研究，辑成《集邮须知》一书。洋洋万余言，为我国爱集邮票之士所不可少者。鄙人亦同此嗜好。故乐序焉。

民国十五年（1926）十二月，吴县张景盂书于五洲邮票社"自序"道：

光复以还，我国考究邮票之风尚，日盛一日。向充字簏中之废纸，遂遽为我辈所宝贵。搜集交换，不遗余力。什袭珍藏，视同拱璧。斯亦今人美情流露之韵事也。顾搜罗邮票，初非易易。盖全球各国邮票发行迄今，已达六万余种。若欲遍知某票出于何国、属于何类、发行之年份、现在之价值，及邮票之颜色、纸质、齿孔、水印等，虽有英美各大邮票公司出版之邮票年鉴可考，然对于搜集邮票之方法、纪念邮票之历史、各国图案之原由、各国币制之参考、世界属地之统系、中西地名之不同，与夫邮票史上之遗闻轶事等，多略而不详。谅为我国好邮同志，急欲知而未知者。余不揣寡陋，凭廿载浸淫之所得，拟将上述各项必要之邮识，分门别类，次第编纂。兹先成《集邮须知》一书。此书所载，为中外邮票之历史、辨别邮票之要点、关于邮票之一知半解，他不拦入。非敢曰研究有素，聊助初集邮票诸君之兴趣耳。仓卒脱稿，未暇杀青。訾误之处，尚祈海内宏达，加以匡正，无任欣幸。

《集邮须知》不分章节，话题以段落转换，其体例类似明清笔记，唯缺标题而已。叙述票品邮事，以史为径，中外兼容；纵横捭阖，旁征博引；夹叙夹议，精见迭出。自英国"黑便士"始，举凡欧美各国首枚（套）邮票，中国海关邮政及大龙邮票、商埠邮票，西藏、新疆、台湾、香港、澳门邮政和邮票，清代、民国邮票，甚至"临城劫车案"的"土

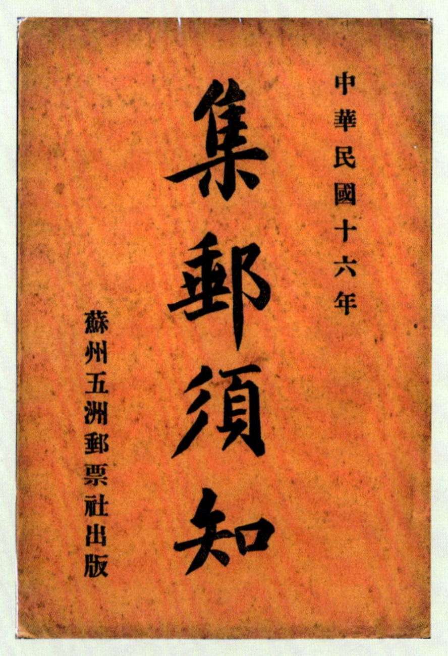

图2–95 《集邮须知》（1927初版）

匪邮票”等，均有叙及。其间夹叙邮票知识，如齿孔、版别、版式、水印、用纸、刷色、加字、变体、倒印等；穿插叙议集邮心理、观念、习惯和方法，介绍中外珍邮和国外邮商等。最后，以当年英籍女郎拒收情笺而催生邮政改制的故事，隐引“黑便士”以首尾呼应，“一笑”作结。全书看似东鳞西爪，实为一气呵成。“周序”称此书：“广闻益智，有南针先导之功。”“陈序”则谓之：“洋洋万余言，为我国爱集邮之士所不可少也。”先哲眼慧，诚哉斯言！

1929 年，周今觉作《集邮须知之介绍及评论》云：“总之此书大体精审，内容丰富，惟初版之书，往往不免纯驳互见，再版时若能淘汰净尽，则更成完璧矣。”（原文载于《邮学月刊》第一卷第六号）

三、卖品目录

邮社卖品目录并不鲜见，然而唯有苏州《五洲邮票社卖品目录》独树一帜，宣传集邮文化不遗余力，其与众不同之处在于：一是版别多，二是内涵丰富。

《五洲邮票社卖品目录》，张景盂编，初名《五洲邮票社营业目录》（图 2-96），更名为《五洲邮票社卖品目录》后的已见版本有：1921 年 1 月第六次重订（28 页）、1931 年 5 月第九次重订、1933 年 6 月第十次重订、1935 年 9 月第十一次重订、1936 年 10 月第十二次重订（82 页）、1938 年 4 月迁沪后第十三次重订（62 页）、1948 年 9 月第十九次重订。张景盂生前《五洲邮票社卖品目录》（图 2-97）共刊出十六版。

《五洲邮票社卖品目录》的内涵十分丰富，郭润康在《集邮传真》之《精美目录》篇中对第十二版做了详细介绍。

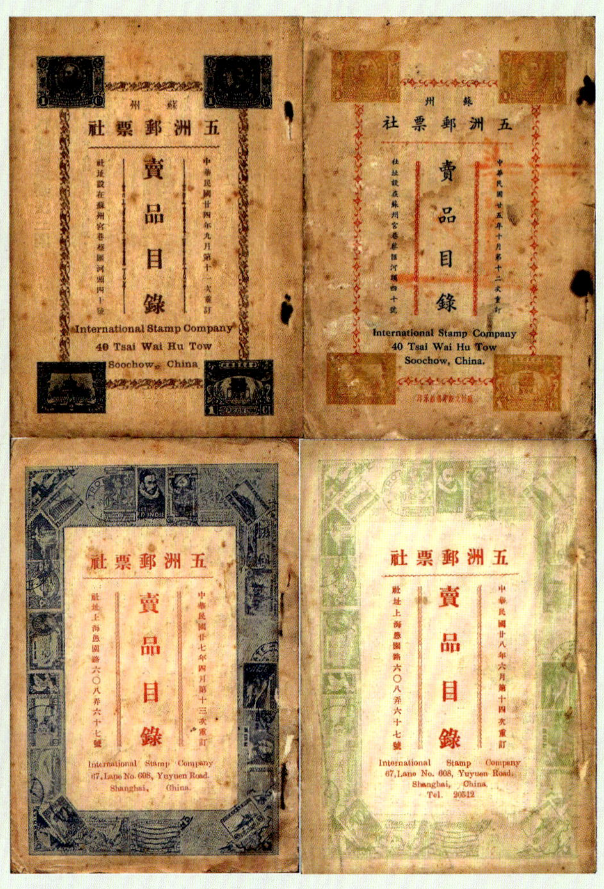

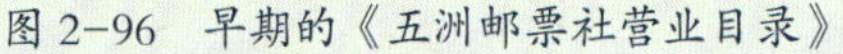
图 2-96　早期的《五洲邮票社营业目录》

图 2-97　苏州编印的《五洲邮票社卖品目录》

目录的第一篇是《珍藏邮票之意旨》，对集邮的意义与目的做了阐述；第二篇是《研究邮票之程序》，虽所论较简，但亦指出了研究的初级；第三篇是《本社的历史》，对该社创办过程做了介绍。其他还有邮购章程与注意事项等。

目录售品内容分各种混合票（分为 10 类）、分国选配票、中国分类票、各国分类票（约 90 个国家和地区）、中外印花税票、应用品及杂品（包括书刊、年鉴、集邮用具、封片等），洋洋一册，82 页，可以说卖品丰富。这本目录的最大特色是分类细、介绍详，表现为：一是介绍国家概貌，如安南“为上古百粤之地，自秦汉至唐，入于中国版图，宋以后为藩国，明时曾改为行省，后仍为藩属，至清光绪十二年，为法兰西所并也”。二是介绍邮票内容，如 1935 年菲美航空开航纪念邮票，“该票自菲律宾至美国间第一次开航之纪念邮票，盖庆祝横渡太平洋之成功也。系借用本岛新版大形票，加盖金色文字及飞机图样，临时行使者”。在封二上有整幅广告，系交通银行二十周年纪念发行的中国第一次纪念明信片，文云：“我国创办邮政以来，虽纪念邮票曾有 12 次发行，唯纪念明信片，未之前闻。十六年三月，适值交通银行开业二十周年纪念，交通部因隆重祝典，特准发行纪念片一组，计有四种，正面用红绿紫三色印，邮图亦系帆船式，与普通者同，反面铜图各异。”同时，指出该纪念明信片发行量不多，且系非卖品，仅供临时馈赠之用，现特价供应，每套 3 角 5 分。

郭润康认为：这些目录不是一般的卖品目录，实际上是一种“集邮知识入门”的书。张景盂一生对集邮文化的宣传，可谓不遗余力，在十二版卖品目录中，还附有一篇单页的文章——《集邮之乐乐如何》（图 2-98），作者署名“镜宇”。

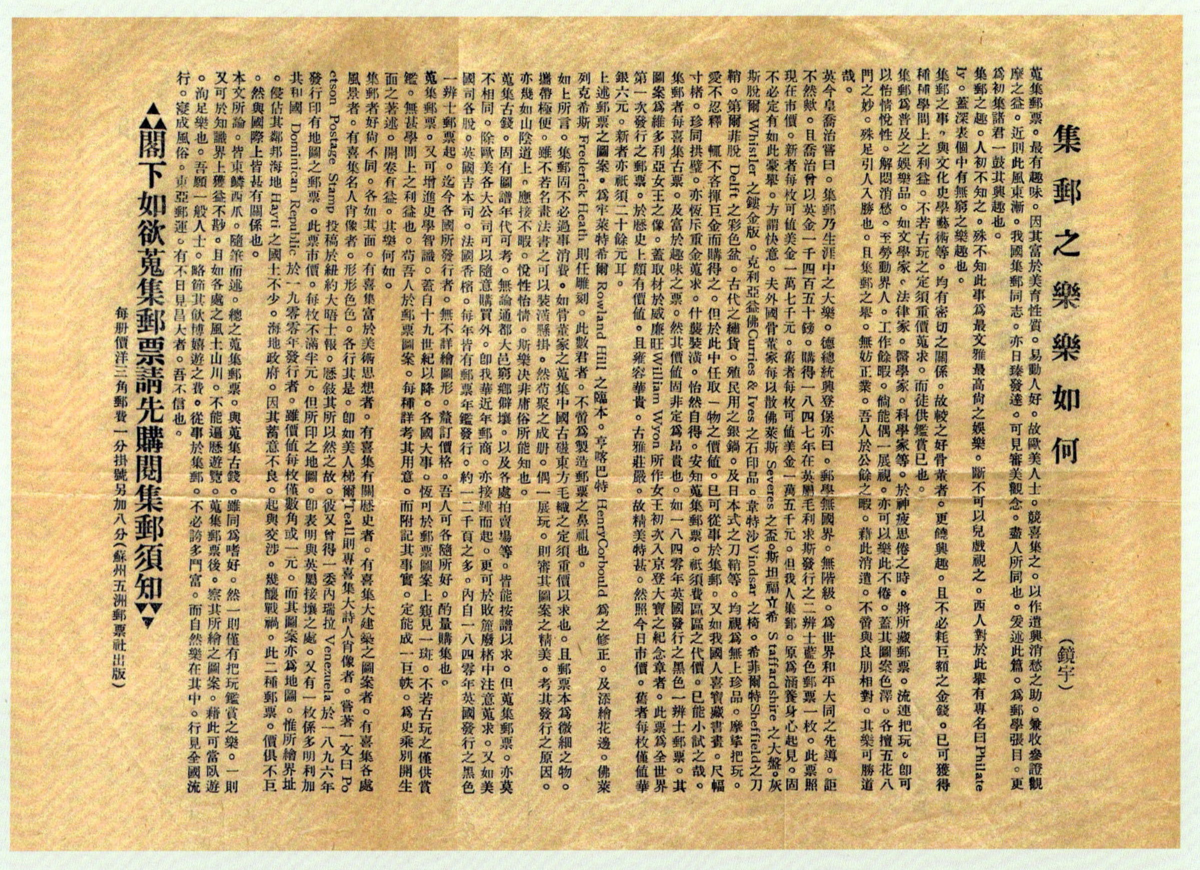

集郵之樂樂如何

（鏡宇）

蒐集郵票。最有趣味。因其富於美育性質。易動人好。故歐美人士。競喜集之。以作遣興消愁之助。兼收參證觀摩之益。近則此風東漸。我國集郵同志。亦日臻發達。可見審美觀念。盡人所同也。爰述此篇。爲郵學張目。更爲初集諸君一鼓其興趣也。

集郵之趣。人初不知之。殊不知此事爲最文雅最高尙之娛樂。斷不可以兒戲視之。西人對於此舉有專名曰Philately。蓋深表個中有無窮之樂趣也。

集郵之事，與文化史學藝術等。均有密切之關係。故較之好骨董者。更饒興趣。且不必耗巨額之金錢。已可獲得種種學問上之利益。不若古玩之定須重價蒐求。而徒供鑑賞已也。

集郵爲普及之娛樂品。如文學家，法律家。醫學家。科學家等。於神疲思倦之時。將所藏郵票。流連把玩。即可以怡情悅性。解悶消愁。至勞動界人。工作餘暇。倘能偶一展視。亦可以樂此不倦。蓋其圖案色澤。各擅五花八門之妙。殊足引人入勝也。且集郵之舉。無妨正業。吾人於公餘之暇。藉此消遣。不啻與良朋相對。其樂可勝道哉。

英今皇喬治嘗曰。集郵乃生涯中之大樂。德總統興登堡亦曰。郵學無國界。無階級。爲世界和平大同之先導。詎不然歟。且喬治曾以英金一千四百五十鎊。購得一八四七年在英屬毛利求斯發行之二辨士藍色郵票一枚。此票照現在市價。新者每枚可值美金一萬七千元。舊者每枚可値美金一萬五千元。但我人集郵。原爲涵養身心起見。固不必定有如此豪舉。方謂快意。夫外國骨董家每以散佛萊斯 Severes 之盃。斯坦福文希 Staffardshire 之大盤。灰斯脫爾 Whistler 之鏤金版。克利亞益佛Curries & Ives 之石印品。韋特沙Vindsar 之椅。希菲爾特Sheffield之刀鞘。第爾非脫 Delft 之彩色盆。古代之織貨。殖民用之銀鍋。及日本式之刀鞘等。均視爲無上珍品。摩挲把玩。愛不忍釋 輒不吝揮巨金而購得之。但於此中任取一物之價值。已可從事於集郵。又如我國人喜寶藏書畫。尺幅寸楮。珍同拱璧。亦恆斥重金蒐求。什襲裝潢。怡然自得。安知蒐集郵票。祗須費區區之代價。已能小試之哉。

集郵者每喜集古票。及富於趣味之票。然其價値固非定爲昂貴也。如一八四零年英國發行之黑色一辨士郵票。其圖案爲維多利亞女王之像。蓋取材於威廉旺 William Wyon 所作女王初次入京登大寶之紀念章者。此票爲全世界第一次發行之郵票。於歷史上頗有價值。且雍容華貴。古雅莊嚴。故精美特甚。然照今日市價。舊者每枚僅值華銀六元。新者亦祗須二十餘元耳。

上述郵票之圖案。爲宰萊特希爾 Rowland Hill 之臨本。亨喀巴特 HenryCorbould 爲之修正。及添繪花邊。佛萊列克希斯 Frederick Heath 則任雕刻。此數君者。不啻爲製造郵票之鼻祖也。

如上所言。集郵固不必過事消費。如骨董家之蒐集中國古磁東方毛織之定須重價以求也。且郵票本爲微細之物。攜帶極便。雖不若名畫法書之可以裝潢懸掛。然苟聚之成册。偶一展玩。則審其圖案之精美。考其發行之原因。亦幾如山陰道上。應接不暇。悅性怡情。斯樂決非庸俗所能知也。

蒐集古錢。固有圖譜年代可考。無論通都大邑窮鄉僻壤。以及各處拍賣場等。皆能按譜以求。但蒐集郵票。亦莫不相同。除歐美各大公司可以隨意購買外。即我華近年郵商。亦接踵而起。更可於敗簏廢楮中注意蒐求。又如美國司各脫。英國吉本司。法國香檳。每年皆有郵票年鑑發行。約一二千頁之多。內自一八四零年英國發行之黑色一辨士郵票起。迄今各國所發行者。無不詳繪圖形。釐訂價格。吾人可各隨所好。酌量購集也。

蒐集郵票。又可增進史學智識。蓋自十九世紀以降。各國大事。恆可於郵票圖案上窺見一斑。不若古玩之僅供賞鑑。無甚學問上之利益也。苟吾人於郵票圖案。每種詳考其用意。而附記其事實。定能成一巨帙。爲史乘別開生面之著述。開卷有益。其樂何如。

集郵者好尙不同。各如其面。有喜集富於美術思想者。有喜集有關歷史者。有喜集大建築之圖案者。有喜集各處風景者。有喜集名人肖像者。形形色色。各行其是。即如美人梯爾Teall則專喜集大詩人肖像者。嘗著一文曰 Poetson Postage Stamp 投稿於紐約大晤士報。歷敍其所以然之故。彼又曾得一委內瑞拉 Venezuela 於一八九六年發行印有地圖之郵票。此票市價。每枚不滿半元。但所印之地圖。即表明與英屬接壤之處。又有一枚係多明利加共和國 Dominican Repulic 於一九零零年發行者。雖價値每枚僅數角或一元。而其圖案亦爲地圖。惟所繪界址。侵佔其鄰邦海地 Hayti 之國土不少。海地政府。因其蓄意不良。起與交涉。幾釀戰禍。此二種郵票。價俱不巨。然與國際上皆甚有關係也。

本文所論。皆東鱗西爪。隨筆而述。總之蒐集郵票。與蒐集古錢。雖同爲嗜好。然一則僅有把玩鑑賞之樂。一則又可於知識界上獲益不尠。且如各處之風土山川。不能遍歷遊覽。蒐集郵票後。察其所繪之圖案。藉此可當臥遊。洵足樂也。吾願一般人士。略節其飲博嬉遊之費。從事於集郵。不必誇多鬥富。而自然樂在其中。行見全國流行。寖成風俗。東亞郵運。有不日見昌大者。吾不信也。

▲閣下如欲蒐集郵票請先購閱集郵須知▲

每册價洋三角郵費一分掛號另加八分（蘇州五洲郵票社出版）

图 2-98 《五洲邮票社卖品目录》第十二版插页文章《集邮之乐乐如何》

《集邮之乐乐如何》全文分为十一段。第一段认为：“搜集邮票，最有趣味，因其富于美育性质。”第二段说：“集邮之趣，人初不知之，殊不知此事为最文雅最高尚之娱乐……西人对于此举有专名曰 Philately，盖深表个中有无穷之乐趣也。”第三段曰：“集邮之事，与文化史学艺术等，均有密切之关系。”第四段认为：“集邮为普及之娱乐品，如文学家、法律家、医学家、科学家等，于神疲思倦之时，将所藏邮票，流连把玩，即可以怡情悦性，解闷消愁。至劳动界人，工作余暇，倘能偶一展视，亦可以乐此不倦。”第五段介绍英皇乔治、德国总统兴登堡对集邮的看法及“黑便士”的诞生与设计情况。第六段谈到“黑便士”邮票由牢莱特希尔设计，亨咯巴特修正并添绘花边，佛莱列克希斯雕刻。第七段指出云邮票携带方便，虽不像书画可装饰悬挂，但收集成册，欣赏、研究之余所得快乐绝非庸俗之辈能体会。第八段介绍：“美国司各脱、英国吉本司、法国香槟每年皆有邮票年鉴发行……无不详绘图形，厘订价格，吾人可各随所好，酌量购集也。”第九段说：“搜集邮票，又可增进史学智识……各国大事，恒可于邮票图案上窥见一斑。”第十段云：“集邮者好尚不同，各如其面，有喜集富于美术思想者，有喜集有关历史者，有喜集大建筑之图案者，有喜集各处风景者，有喜集名人肖像者，形形色色，各行其是。”最后一段小结道：“略节其饮博嬉游之费，从事于集邮，不必夸多斗富，而自然乐在其中，行见全国流行，浸成风俗，东亚邮运，有不日见昌大者，吾不信也。”

第三章　全面抗战时期和抗战胜利后的集邮活动（1937—1949）

抗战相持阶段及战后重建时期，国内集邮活动蒸蒸日上，苏州也不例外。1941年，苏城出现首个市级集邮组织——大华邮票会，苏州游子也活跃于大后方邮坛。战后苏城的邮票商社如雨后春笋般涌现，集邮组织与活动兴盛，邮学研究引领全局，“区票”宣传与集藏不甘人后。

During the stalemate of the anti-Japanese war and the post-war reconstruction period, domestic philatelic activities flourished, and Suzhou was no exception. In 1941, the first municipal level philatelic organization—the Great China Stamp Society, appeared in Suzhou, and philatelists from Suzhou who moved inland were active in the philatelic cycle in the rear. After the war, stamp shops proliferated like bamboo shoots after rain. Philatelic organizations and activities flourished. Philatelic research led the overall situation. The promotion and collection of liberated areas stamps was also a major highlight.

第一节　全面抗战爆发前后苏州邮人的爱国情怀与扼腕遭遇

一、苏州邮人的爱国情怀

从九一八事变到一·二八淞沪抗战，日本军国主义吞并中国的狼子野心昭然若揭，全国同胞同仇敌忾，苏州邮人亦未置之度外，奔走呼吁“抗日寇，救中国”者有之。抗战时期，他们或抛弃铁路局、邮局的“铁饭碗”，以业邮维持生计；或贴标语，发传单；或参加义演，投笔从戎，奔赴前线抗日。

1. 苏州老邮人诸绶熙热血呼唤：“有钱应该出钱，有力应该出力。”

苏州《斗报》周刊第二卷第十一期（1932）见载《援助东北义军的商榷》（图3-1），文曰：

漱玉先生：我们东北的同胞，已经饱受了九个月的亡国痛苦，但是我们的政府，虽是口口声声说，“收复东北失地，准备长期抵抗”，然而直到现在，还没去收复，还没去抵抗，幸亏东北的同胞，都起来组织义勇军，一致反抗日本。我们内地的人民，自然要去援助他们，有钱应该出钱，有力应该出力，否则对得起国家，和东北的同胞么？现在上海地方，已在积极的慕捐了，我们苏州，也应当要源源的接济他们，假使我们不去援助，那末他们再过几个月，就要弹尽粮绝，被日本帝国主义压倒了。压倒之后，不要说是东北难保，恐怕连内地亦危险了……我素来知道贵报是见义勇为，当仁不让的，现在特地写一封信给贵报，请首先发起，不知道先生以为如何呢？求你指教，祝你抗日到底。诸绶熙谨启。

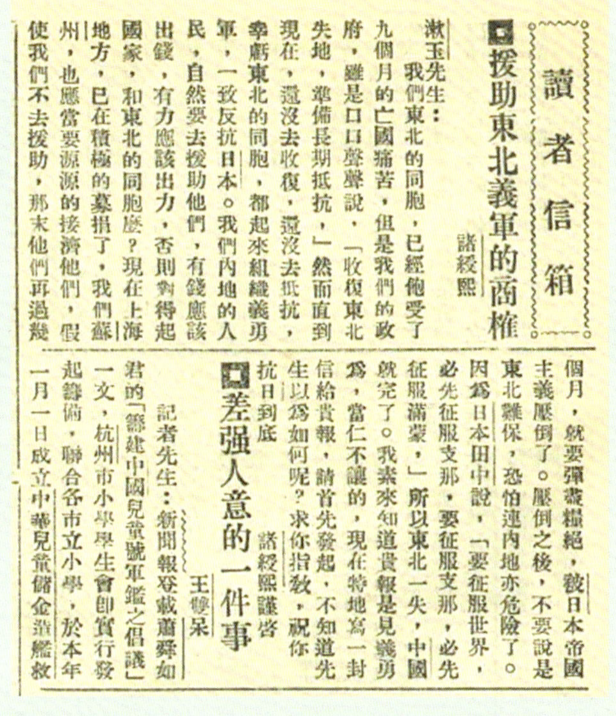
讀者信箱

援助東北義軍的商榷　諸綬熙

漱玉先生：我們東北的同胞，已經飽受了九個月的亡國痛苦，但是我們的政府，雖是口口聲聲說，「收復東北失地，準備長期抵抗，」然而直到現在，還沒去收復，還沒去抵抗，幸虧東北的同胞，都起來組織義勇軍，一致反抗日本。我們內地的人民，自然要去援助他們，有錢應該出錢，有力應該出力，否則對得起國家，和東北的同胞麽？現在上海地方，已在積極的募捐了，我們蘇州，也應當要源源的接濟他們，假使我們不去援助，那末他們再過幾個月，就要彈盡糧絕，被日本帝國主義壓倒了。壓倒之後，不要說是東北難保，恐怕連內地亦危險了。因爲日本田中說，「要征服世界，必先征服支那，要征服支那，必先征服滿蒙，」所以東北一失，中國就完了。我素來知道貴報是見義勇爲，當仁不讓的，現在特地寫一封信給貴報，請首先發起，不知道先生以爲如何呢？求你指教，祝你抗日到底　諸綬熙謹啓

差強人意的一件事　王孌呆

記者先生：新聞報登載蕭舜如君的「籌建中國兒童號軍艦之倡議」一文，杭州市小學學生會即實行發起籌備，聯合各市立小學，於本年一月一日成立中華兒童儲金造艦救

图3-1　诸绶熙《援助东北义军的商榷》

诸绶熙（1914—1996），乳名庆男，又名更生，祖籍无锡，生于苏州，自幼体弱，高度近视，无子嗣。曾师从张景盂多年，并帮助打理五洲邮票社社务，直至1941年秋始辞去该社职务返苏休养。1945年6月，诸绶熙与苏州邮友朱万钟、马珪芳、金德声四人发起筹备苏州邮人联谊会，并曾在其人民路接驾桥口祖屋主持邮会拍卖。是年年末，诸绶熙投奔张包子俊，在清泰第二旅馆当会计，1946年2月14日新光邮票研究会杭州分会成立，诸缓熙被推举为理事兼总务组组长，为新光邮票研究会851号会员，代表性邮文有《关于大龙邮票之疑问数则》《悼张师景盂》。1963年，诸绶熙返回苏州，1969年冬被下放苏北，1975年重返苏州，晚年靠政府救济度日。

2. 苏州邮人“以笔为剑、以墨为锋、以字为刃”

在诸绥熙热血呼唤前，1931 年 12 月 21 日，在杭城读书的苏州籍邮人赵人龙，在杭州市立中学学生自治会编辑发行的《市中学生》上刊发作文《柳》（图 3-2），袒露了抗日爱国的赤子之心。文章构思了“小孩折柳毁鸟巢”的情节，而后便“借题发挥”道：“‘日本’！使我连想起：大风好比水灾，柳好比中国，他们——孩子——好像日本，鸟好像人民——同胞……呜的一声像东省同胞哀号的鸟啼声，把我叫醒了，我回转身来对着呆看着我的一群孩子说道：‘祝你们长大了去打日本！’”

此外，民国旧刊中还见载另一位苏州邮人李铭的回顾文章，揭示其爱国集邮观。《北平邮刊》刊文《集邮与我》（图 3-3），记曰：

我和邮票发生关系，还是革命军到上海的前一年，到今天已经有二十个年头了。

民国二十一年一月二十八日，日本发动淞沪战争，我家居闸北天通庵路，适当沪战的第一条防线，房屋被焚，从家里逃出的当儿，除了一集邮册外，别无长物，从此邮票做了我的家难纪念品。为了纪念一·二八的家难，我开始搜集世界弱小民族的风景邮票，分门别类，每页的集邮册里，都写上一篇每一国民族被压迫的血泪史，我要纪念祖国的国难，开始收集全部的中国邮票，因为邮票是一切环境动荡暴力的宣传工具，东北四省（现已改为东九省）不是为了伪满洲国成立而发行了溥仪登极的纪念票吗？由邮票而见到国难，由国难而想到自己的家难，只有邮票能天天使我念念不忘的要知道为国为家而知耻。一个国家的强弱兴衰，邮票是足能够代表的，换句话说，也是邮票的化身，现在的世界各国，都要用这一方寸的武器来宣传和斗争，所以它的使命，确是我们不可忽视的。

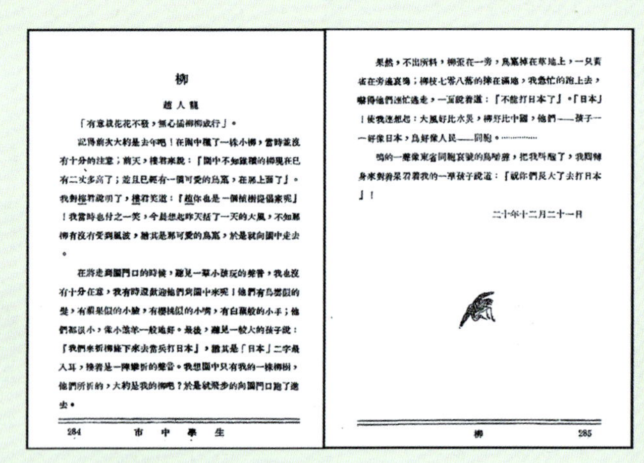
柳

趙人龍

「有意栽花花不發，無心插柳柳成行」。

記得前次大約是去年吧！在園中種了一株小柳，當時並沒有十分的注意；前天，樓君來說：「園中不知誰種的柳現在已有二丈多高了；並且已經有一個可愛的鳥窩，在那上面了」。我對樓君說明了，樓君笑道：「趙你也是一個植樹提倡家呢」！我當時也付之一笑，今晨想起昨天括了一天的大風，不知那柳有沒有受到風波，猶其是那可愛的鳥窩，於是就向園中走去。

在將走到園門口的時候，聽見一羣小孩玩的聲音，我也沒有十分在意，我有時還歡迎他們到園中來呢！他們有烏雲似的髮，有蘋果似的小臉，有櫻桃似的小嘴，有白藕般的小手；他們都很小，像小羔羊一般地好。最後，聽見一較大的孩子說：「我們來折柳條下來去當兵打日本」，猶其是「日本」二字最入耳，接着是一陣攀折的聲音。我想園中只有我的一株柳樹，他們所折的，大約是我的柳吧？於是就飛步的向園門口跑了進去。

284 市中學生

果然，不出所料，柳歪在一旁，鳥窩掉在草地上，一只黃雀在旁邊哀鳴；柳枝七零八落的拋在滿地，我急忙的跑上去，嚇得他們連忙逃走，一面說着道：「不能打日本了」。「日本」！使我連想起：大風好比水災，柳好比中國，他們——孩子——好像日本，鳥好像人民——同胞。……

嗚的一聲像東省同胞哀號的鳥啼聲，把我叫醒了，我回轉身來對着呆看着我的一羣孩子說道：「祝你們長大了去打日本」！

二十年十二月二十一日

柳 285

图 3-2　赵人龙作文《柳》（1931）

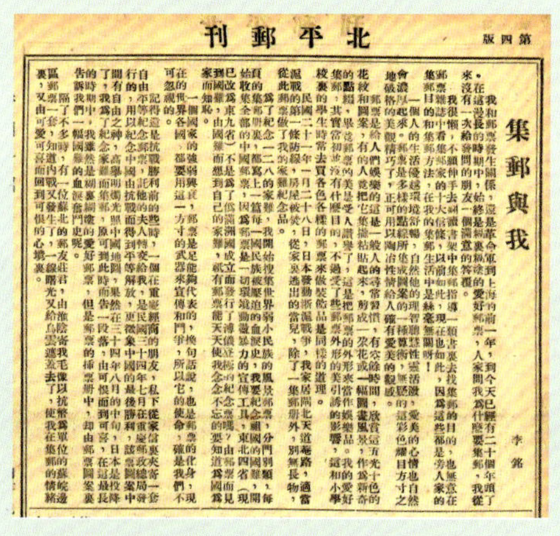
北平郵刊　第四版

集郵與我

李銘

图 3-3　李铭撰写的《集邮与我》（1947）

卢沟桥事变后，日寇发动全面侵华战争。苏州邮人中有“借题发挥”的谴责者，如邮商张景盂在《新光杂志》第七卷第二期（1939）发表《近年被侵略四国之邮话》，影射日寇“弱肉强食、公理消沉”的逆行。更有身体力行的抗争者——

杨德熊，太仓青年。淞沪战役后胡宗南的第一军经杨行血战后撤离上海，奉调皖豫边区整训途中组建学生队，1936 年 7 月加入甲戌邮票会的杨德熊投笔从戎，请缨参军抗击日寇，1938 年春辗转到达西安王曲黄埔军校，翌年自黄埔军校西安第七分校第十五期步科毕业，后留校任教。

1940 年后寓居苏州的马珪芳，全面抗战爆发之初曾参加抗日义演。《燕舞梨园》记载道：从七七卢沟桥事变至武汉沦陷前，“在这段时间，中国标准京剧团先后编演了《宋哲元》《卢沟落日》

《民族忠魂》《克复台儿庄》等一些宣传抗日的时装戏”,“特别是《宋哲元》这出戏，是以宋哲元的真人真事为题材编写的一个剧本”。“在这出戏里，赵筱楼扮演了一个军官，马珪芳扮演的是宋哲元的勤务兵。当时，中国标准京剧团演出的这出戏，使得不少观众受到了抗日爱国的思想教育，在群众中影响颇深。”

苏州邮人顾一尘，全面抗战爆发后随供职单位——江苏省立医院西迁重庆，他身处大后方仍不忘国难，疾呼“集邮勿忘救国”，并建议发行“救济伤兵难民加资邮票”，1939 年在《甲戌邮刊》第六卷第一至第三期撰文曰：“救济伤兵难民加资邮票，可作我们奋斗成功的普遍纪念物，我国此次神圣的抗战与牺牲，非但为争取国家民族的生存，并且为保障人类文明的进化，演成世界历史上最光荣的一页，的确值得纪念，等待我们取得最后的胜利，将来可作纪念的物品，固属必多，但都没有这种应时发行的纪念邮票行得普遍。”全文两千余字。

另有存世邮品揭示，对于日本侵略者的亡我之心，邮人间通信亦不忘同仇敌忾。如“杭州严衙弄二号张包子俊寄同里江震盐栈柴冠群”的信封（图 3-4）上，见有“毋忘国耻”的宣传语。

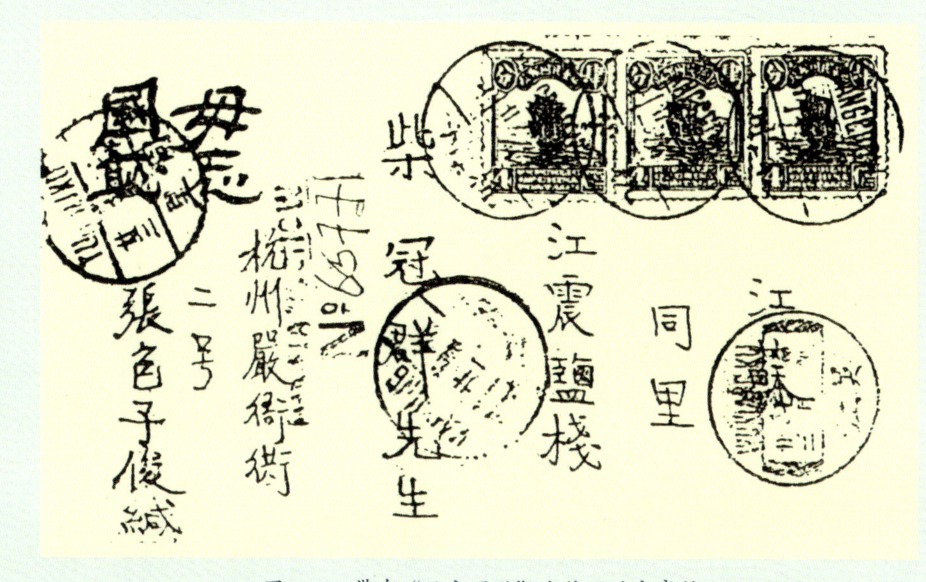

图 3-4　带有“毋忘国耻”宣传语的实寄封

苏城沦陷期间，古城三多巷出现“抗日四少年”。在旧事重提《四少年魔窟蒙难》一文中，当事人回顾道：“1943 年春天，在所谓国府还都三周年纪念日的前夕，一夜之间，出现了不少具名中毅团的抗日标语和传单，有的甚至贴上了体育场庆祝大会的司令台上。这还了得！敌伪立即开始大搜捕，苏州城内顿时紧张起来。果然到了 3 月中旬某夜，有四个少年先后被捕。他们是：陈尔冠，19 岁；潘寅南，18 岁；汪庚源，17 岁；金钟秀，17 岁。”“当时的苏州报上登载了一条新闻：说渝赤分子近来活动嚣张，最近省会警察局（其实是特工站）在苏州破获了一个抗日组织中毅团，该组织在城内多次张贴抗日传单、标语、漫画……四个首犯均是少年，已经落网，现正在进一步追究中。”四少年被捕后关押在祥符寺巷 90 号苏州特工站，刑讯逼供未果，乃得于 6 月上旬交保释放。

四少年之一的金钟秀，原名金德声（1927—2002，图 3-5），获释后仍返回振声中学就读，1946 年考入国立北平铁道管理学院，因参加进步学生活动而更名“金诚”，1990 年在昆山周庄中学校长任上退休。金德声在学生时代迷上集邮，20 世纪 40 年代初即帮助其姐夫丁宗琪打理心爱邮币社，与苏州邮人俞大雄、朱万钟等过从甚密，1945 年 6 月参与发起筹备苏州邮人联谊会（6 号），1948 年 1 月参加北平第一次邮人座谈会、成为北平邮票会的发起人之一（114 号）。

图 3-5　金德声青年时像

历经艰苦卓绝的持久抗战，终于盼来了云开日出之时，苏州籍集邮家郑汝纯的抗战胜利预言概括了广大邮人的心声。《甲戌邮刊》第十一卷第六至第八期（1944 年 9 月 1 日）刊发郑汝纯的《十年前后》，文曰：

> 本会成立十年正在伟大时代之初期。九一八东北烽烟，发生于本会成立一年之前，此为第二次世界大战之前奏，亦为中华民族复兴之首次警钟。继之以卢沟血战，淞沪陈兵，神圣抗战由此开始。七年以来，烽火燎原，虽已遍及世界，而我则愈战愈强，光明在望，同盟携手，胜利可期。本会肇造于国家多事之秋，艰苦维持于漫烽之际，而适于胜利来临之前夕，逢十周纪念之盛举，此意义之重大，不言可知。国家之胜利复兴在望，亦即启示本会前途之无限光明。凡我会众，其为欢欣，曷有其极！

二、苏州邮人的扼腕遭遇

因日军侵华而最早罹难的苏州邮人是赵尊三，他 1929—1931 年活跃于沪上邮坛，翌年突然消失于邮坛。经考证，其乃一·二八事变殉难者，刊登于 1932 年 2 月 18 日《申报》上的《失踪者之访寻》（图 3-6）见列："赵尊三，住横洪桥清华寄宿舍，一月二十九日下午失踪。如有知其下落者，请通知民国路国际电信局徐倬云，电话租界 16579、南市 1388。"

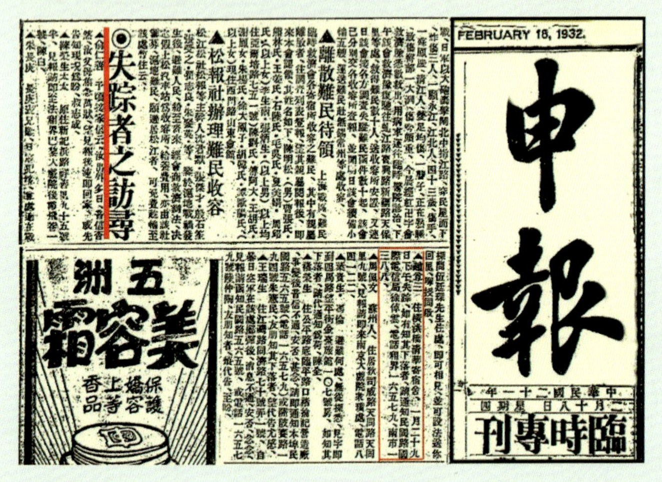
FEBRUARY 18, 1932.
申報
中華民國二十一年二月十八日 星期四
臨時專刊
失踪者之訪尋
松報社辦理難民收容
離散難民待領

图 3-6　刊登于《申报》上的《失踪者之访寻》（1932）

图 3-7　一·二八事变殉难邮人赵尊三像

赵尊三（1908—1932，图 3-7），江苏昆山人，集邮家。1927 年考入光华大学，1931 年被授予沪江大学社会学学士学位。他于 1929 年加入新光邮票研究会（148 号），先后在《邮票新声》与《新光月刊》上发表多篇邮文。他对邮学研究锲而不舍，曾为了解"西北科学考察团"请求发行邮票之经过详情，直接致函邮务总办多福森，并逐页察看《交通部每月工作报告》《中央研究院公报》《交通公报》。1931 年，赵尊三名列新光邮票研究会第六届职员录，担任国外部主任。

苏城沦陷前夕，邮人徐逢生、陶墨耕、柴冠群等纷纷避居乡间。而背井离乡、饱受颠沛流离之苦者亦不在少数，如台湾邮界名家潘安生当时年方 18 岁，孤身一人从江苏吴县老家逃难，一路风餐露宿，沿江辗转，不堪其苦。他在《共饮长江水》中回顾道："日寇侵华，逼迫大批'不愿做亡国奴'的长江下游的父老兄弟姊妹们，逆水溯江而上。我也在人潮中，从南京下关搭上最后一艘江轮，幸能逃过敌人的南京大屠杀。船过芜湖时，日机紧追在后，滥肆轰炸，又幸未遭殃，但尾随不远处有一艘美国军舰却被误炸而沉没江底，可怜船上搭载的许多难民也一并惨遭伤亡。"

潘安生当年逃过一劫，但苏州邮人金德声家庭则没有这般幸运，而是付出了血的代价。据丁蘖《廿年生死两茫茫，慈恩浩荡永难忘——追记母亲金清婉的一生》一文追记："日寇攻打上海前，金德毓回苏，约表弟吕伏生及丁宗琪三家，将近二十多人，决定去丹阳乡下避难。"途中"恰逢日寇进攻南京的先遣部队经过，正遇日寇迎面相撞，三家人同时被害者达五六人之多"，这里包括金德声的母亲、兄长、表弟及随后而去的祖母。

在沦陷区，苏州老邮人王疆松还曾因邮遇祸，1943 年大年初十的一场遭遇令其“至今还有惶惶不安之感”。他在《五十年前因邮遇祸》一文中追记道：“那是在抗日战争时期，我的单位西撤大后方，而老父患病在床，只得留在孤岛上海。虽心系国家之安危，但一介书生无退敌之力，只得以集邮消磨时光，继续和新光邮票会的会友们一起钻研方寸之中的学问。”那日王疆松因无心得罪日本宪兵队军曹樱井，“他借口搜查一种有美国国旗图案的《美国开国 150 周年纪念》邮票为由，先去愚园路会友张某家，威胁张的女儿按新光邮票会会员名录引到我家。我已得罪于他，就传我次日上午去梵皇渡路（今万航渡路）日本宪兵司令部报到”，最终“破财消灾，才了却此事”。

人尚且如此，何况集邮藏品？苏州邮人王疆松、陶墨耕、徐逢生、柴冠群、屠松鉴等则遭遇毁邮灾难，有据可查的损失历数如下。

《甲戌邮刊》第五卷第六期刊发的《会友消息》报道：“本会吴县通讯处主任陶墨耕君，去岁原籍失陷，天堂胜地，顿成荒墟，因不甘在敌人铁蹄下求生活，携邮集出走，艰苦备尝，无所悔避，今正曾一度化装，冒险回苏视察，知本会已经印竣之一部分华邮图集及明片等，皆被盗劫，尚有版模及新省航空等票十余套，原存印刷所中，因驻有敌军，未能探得下落，殊为可惜！”

《甲戌邮刊》第六卷第一至第三期刊发的《会友消息》（图 3-8）报道：“会友徐逢生君，久居吴县，寓中损失殆尽，邮集亦遗散一部分，去岁避居县属之东洞庭山中，年底迁回城中，现在观前街设立中兴纸号营商。会友谢大任君，向寓吴县损失亦重，所幸重要邮集全部携出，未遭浩劫，现在沪上担任教职。会友谢德华君，生平搜藏珍贵邮票颇多，原存于吴县某银行保险箱中，前岁事变，银行仓库洗劫一空，谢君存票亦完全牺牲，同仁闻之，咸为惋惜不置。”

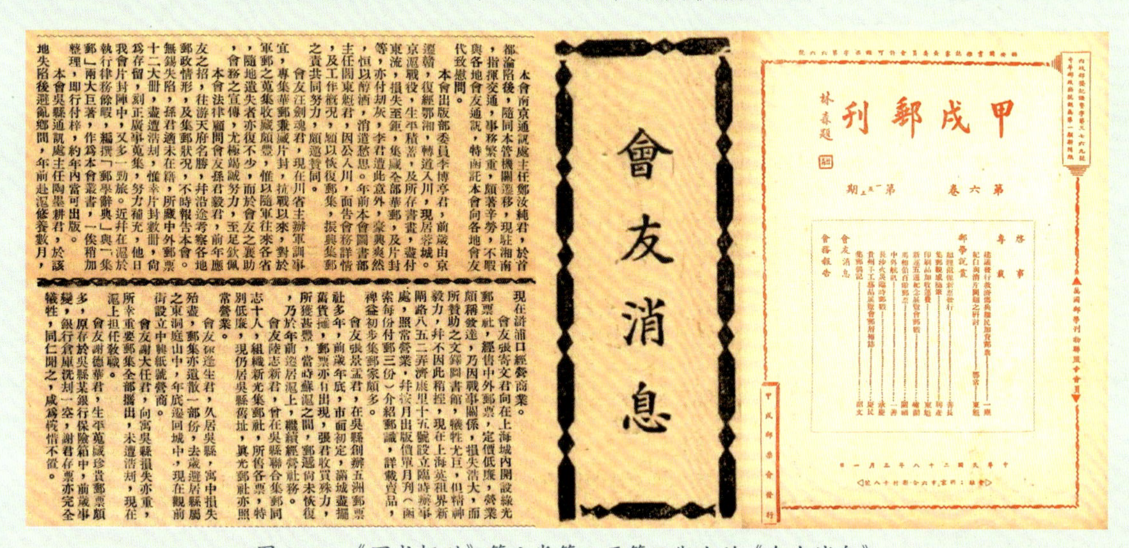
甲戌郵刊

林森題

第六卷

會友消息

本會南京通訊處主任鄭汝純君，於首都淪陷後，隨同本管機關遷移，現駐湘南，指揮交通，事務繁重，頗著辛勞，不暇與各地會友通訊，特函託本會向各地會友代致慰問。

本會出版部委員李博亭君，前歲由京遷贛，復經鄂湘，轉道入川，現居蓉城。京滬戰役，生平積蓄，及所存書畫，盡付東流，損失至鉅，李君集藏全部華郵，及片封等，亦付劫灰，李君遭此意外，豪興爽然，恒以醇酒，消遣愁思。年前本會圖書部主任閻東魁君，因公入川，面告會務詳情，及工作概況，勗以恢復郵集，振興集郵之責，共同努力，頗邀贊同。

會友汪劍魂君，現在川省主辦軍訓事宜，專集華郵兼藏片封，惟抗戰以來，對於軍郵之蒐集收藏頗豐，惟以隨軍往來各省，隨地之遺失者亦復不少，而於會友之襄助，會務之宣傳，尤極竭誠努力，至足欽佩。

本會法律顧問會友孫君毅君，前年應友之招，往游天府名勝，並沿途考察各地郵政情形，及集郵狀況，不時報告本會。無錫失陷，孫君適未在籍，所藏中外郵票十二大冊，盡遭浩劫，惟幸片封數冊，尚為存留，刻正廣事蒐集，努力補充，他日我會片封陣中，又多一勁旅。近並在滬於執行律務餘暇，編撰「郵學辭典」與「集郵」兩大巨著，作為本會叢書，一俟稍加整理，即行付梓，約年內當可出版。

本會吳縣通訊處主任陶墨耕君，於該地失陷後避亂鄉間，年前赴滬修養數月，現在濟浦口經營商業。

會友張寄文君向在上海城內開設綠光郵票社，經售中外郵票，定價低廉，營業頗稱發達，乃因戰事關係，損失浩大，而所贊助之文彝圖書館，犧牲尤巨，但精神毅力，並不因此稍挫，現在上海英租界新閘路八五二弄濟康里十五號設立臨時辦事處，照常營業，並按月出版價單月刊（函索每份付郵三份）介紹郵識，詳載貨品，裨益初步集郵家頗多。

會友張景孟君，在吳縣創辦五洲郵票社多年，前歲年底，市面初定，滿城盡擺舊貨攤，郵票亦日出現，張君收買殊力，所獲甚豐，當時蘇滬之間，郵遞尚未恢復，乃於年前遷居滬上，繼續經營社務。

會友陸志新君，曾在吳縣聯合集郵同志十人，組織新光集郵社，所售各票，特別低廉，現仍居吳縣舊址，與光郵社亦照常營業。

會友徐逢生君，久居吳縣，寓中損失殆盡，郵集亦遺散一部份，去歲避居縣屬之東洞庭山中，年底遷回城中，現在觀前街設立中興紙號營商。

會友謝大任君，向寓吳縣損失亦重，所幸重要郵集全部攜出，未遭浩劫，現在滬上担任教職。

會友謝德華君，生平蒐藏珍貴郵票頗多，原存於吳縣某銀行保險箱中，前歲事變，銀行倉庫洗刦一空，謝君存票亦完全犧牲，同仁聞之，咸為惋惜不置。

图 3-8　《甲戌邮刊》第六卷第一至第三期上的《会友消息》

另据苏州集邮先辈、新光邮票研究会首任会长柴冠群之子柴庆翔提供的资料云：“柴冠群专集华邮，邮品之富，驰誉国内，惜迭经战乱，抗战前夕仓促离苏，藏邮并文物书画，悉为日军掠夺，引为恨事。1945 年 3 月病逝于苏州，年五十六。”

而日军占领苏州后的一次纵火，则使屠松鉴的集邮藏品损失过半。

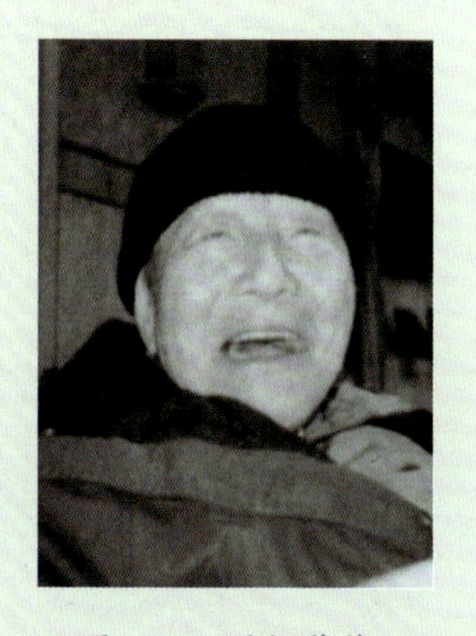
图 3-9　屠松鉴像

屠松鉴（1911—2013，图 3-9），江苏吴县人。他出身书香门第，14 岁就读于苏州草桥中学时开始集邮，1935 年于江苏医科大学毕业后居家开设私人诊所。他的集邮与藏书日渐丰富。收藏生涯中，屠松鉴曾两度损失过半藏品，但他百折不挠，从头再集，终成大家。抗战胜利后，屠松鉴举家搬迁至上海行医，租下山阴路133号石库门楼宅，并起名“万封楼”，此缘于他对实寄封收藏的重视。屠松鉴是位爱国恋家的邮人，他膝下有三子：老大、老二因生于抗日战争时期而得名“多难”与“心危”，老三因抗战胜利而得名“有望”。1949年金秋时，在美国行医的屠松鉴怀揣10万美元毅然回沪报效祖国，并于1952年1月在苏城民治路17号投资开办长江化学制药厂。1978年屠松鉴退休后，集邮热情不减。

此外尚有新光邮票研究会（366号）和甲戌邮票会（244号）会员蒋仲川的祥符寺巷90号寓所藏品之劫。苏城沦陷后，蒋仲川被列为“问题人物”，他所住的别墅也被查封了，后被移交汪伪苏州特工站使用。据原汪伪苏州特工站副支局长黄秉贤回忆：“90号房屋主人蒋仲川，是个收藏家。抗战爆发后，仓卒出走避难，所遗文物古籍，暗藏于一栋密室中。嗣为苏州站成员发现，有的被盗，有的被毁，有的竟作燃料用来烤火取暖，这些文物散佚糟蹋殆尽。”

图3-10　蒋仲川像

蒋仲川（1890—1954，图3-10），苏州士绅。陆军军需学校第一期毕业生，1932年任国民政府军需署总务处处长，1933年回苏创办实业，1936年创办《生报》三日刊，曾与王逸民在观前街农业银行举办稀币展览。全面抗战爆发后，蒋仲川奉召回军，任第三战区兵站总监、少将参议，战后出任吴县参议会秘书。蒋仲川系中国泉币学社社员，在钱币收藏与研究方面颇有建树，著有《华币图说》《中国金银镍币图说》等。

还有辗转后方，途中遭遇不测之例。1943年《陪都邮声》创刊号上刊发的《会友介绍：郑汝纯先生》（图3-11）云：“先生为本会理事长，江苏吴县人，四十岁貌清癯，架精镜，温文儒雅有长者风。弱冠颖异，曾卒业于国立浙江大学，历任铁道交通界要职，服务交部历史最久。早岁集邮，蜚声于时，新光与甲戌两邮会之初创，先生皆参与其事。历载收藏至富，自抗战军兴，举家迁播，由京而汉转湘入黔，有华邮七册及片封一箱，均由其夫人随身携行，先生则在前方调度军运。二十八年贵阳二四之役，敌机袭筑，阖家六人，同罹于难，仅其长公子光华世兄幸免，所藏邮集亦同归浩劫，廿载苦心，旦暮间化为乌有，先生时在衡阳，当国难家亡之际，虽达人能不悲恸于中！”

因“二四空袭”罹难者，还有郑汝纯的胞弟郑允明。

郑允明（1910—1939，图3-12），江苏吴县人，毕业于浙江大学工学院，1932—1933年曾参加西藏巡礼团，离藏后就职于国立北平图书馆研究室，撰有《〈西藏图籍录〉再补》《孙黄合译〈旅藏二十年〉中译名之商榷》。全面抗战爆发后，郑允明因拒任伪职而逃离北京，1938年赴渝经筑时，因“二四空袭”而罹难。为蒉郎邮票会（21号）、新光邮票研究会、甲戌邮票会（65号）早期会员，专集国邮。郑允明考察西藏期间集邮成绩斐然，并成就了胞兄郑汝纯的西藏票专集，曾应甲戌邮票会北平分会之约撰写西藏邮政之书，惜未完篇。

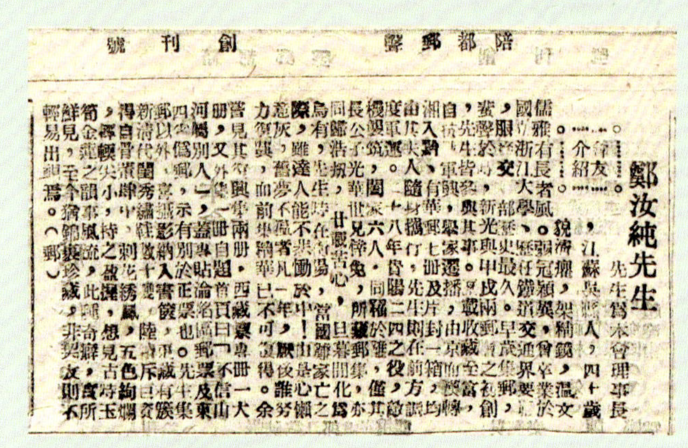
陪都郵聲　創刊號

會友介紹

鄭汝純先生

[illegible]

图3-11　《陪都邮声》上刊登的《会友介绍：郑汝纯先生》一文（1943）

图3-12　郑允明像

第二节　抗战相持阶段前后的苏州邮事

一、抗战相持阶段苏城开办的邮社

苏城沦陷时期，在苏城及其周边开办的邮社有常熟浒浦口兼营邮业的洽生商店、朱万钟的光明邮票社、丁宗琪的心爱邮币社、马珪芳的香港邮票社、周志克的大华邮票社、费昌渊的友谊邮票社、唐嘉澍的文心邮票社等，邮社及其店主简介如下。

1. 洽生商店

洽生商店开办于1939年，位于常熟浒浦口，1945年11月更名为“乐爱邮票公司”（图3-13），店主陶墨耕。图3-14已见1941年洽生商店实寄邮资片。

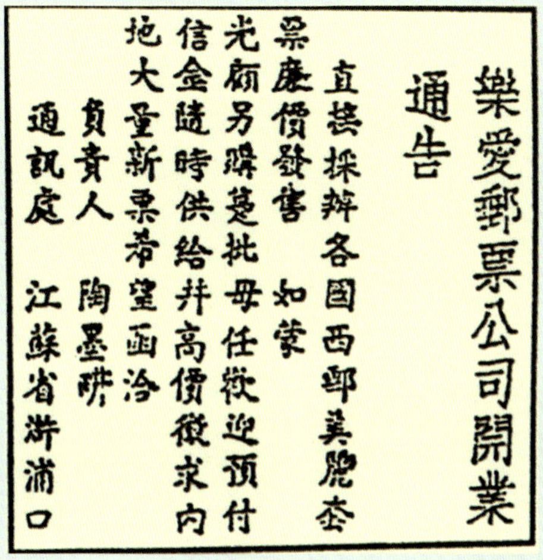

樂爱郵票公司開業

通告

直接採辦各國西郵美麗套票廉價發售　如蒙光顧另闢躉批毋任歡迎預付信金隨時供給并高價徵求內地大量新票希望函洽

負責人　陶墨耕

通訊處　江蘇省滸浦口

图3-13　乐爱邮票公司开业通告（1945）

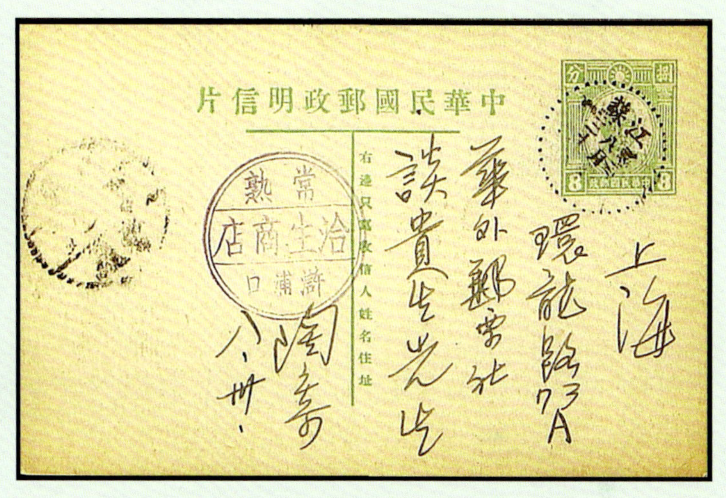

图3-14　常熟浒浦口洽生商店实寄邮资片（1941）

图3-15　朱万钟像

2. 光明邮票社

店主朱万钟（1927—2006，图3-15），江苏吴县人。光明邮票社肇始于其父在阊门内西中市开设的眼镜店内辟出的由朱万钟打理的邮票专柜，时间约在1940年。1946年起方见先后刊登于《近代邮刊》《北平邮刊》《苏州邮刊》上的邮社广告。1945年，朱万钟加入新光邮票研究会（2306号），是年发起成立苏州邮人联谊会，并热心办会，一度身兼数职（常务理事，主管会计部、出版部发行科、广告科）。朱万钟曾以笔名“光明”在《邮友》和《苏州邮刊》的创刊号上发表《趣味变体小志》与《小记》两篇，还先后加入无锡集邮研究会（55号）与成都怡友邮票研究会（131号）。新中国成立后，朱万钟仍专注于集邮，并热衷于培养苏城集邮后辈。

图3-16　丁宗琪像

3. 心爱邮币社

店主丁宗琪（1913—2003，图3-16），祖籍丹阳，生于苏州。他十三四岁时即得王荫嘉、蒋仲川等名家指点，染指收藏，一生都致力于对

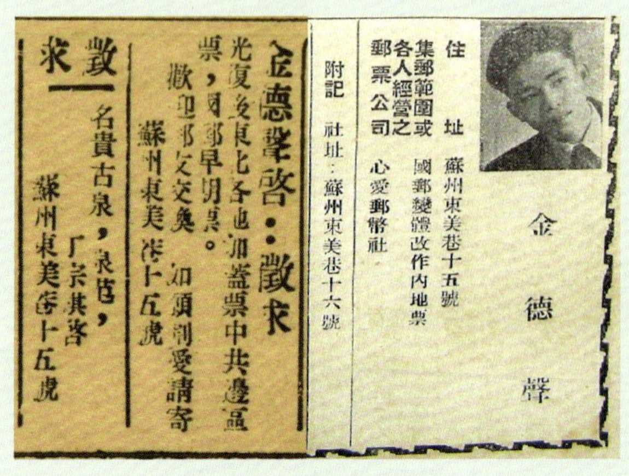

图 3-17 心爱邮币社广告

香烟画片、古泉币及邮票、火花等的收藏和研究。1942 年年末，丁宗琪由戴葆庭介绍加入中国泉币学社。关于心爱邮币社的开办时间，一说 1939 年[①]，合伙人金德声曾于 1944 年在上海《邮话》刊登出售邮品广告，店招广告始见于 1946 年（图 3-17）。

4. 香港邮票社

图 3-18 马珪芳、陈蕙芳夫妇像

图 3-19 马珪芳启事

店主马珪芳（1916—1989），河北保定人。马珪芳出身梨园世家，16 岁学艺出师后到上海随父马福全在大舞台同台进行演出活动，1937 年加盟搭班顾无为、卢翠兰在武汉重组的中国标准平剧团，1938—1939 年随团赴港演出，邂逅了正在香港读书的陈蕙芳，并结下秦晋之好（图 3-18）。1940 年，马珪芳举家迁居苏州，初在阊门外东吴大剧院演出，后受朱万钟的影响而重操旧业，在下塘街 5 号寓所开办香港邮票社，夫唱妇随共同打理。

马珪芳早在学艺时即因偶遇邮花而迷上集邮，他 1938 年已在香港开办邮票商店。旧日《马珪芳郑重启事》（图 3-19）云：“敝人自民国二十七年起，在香港高士打道一二四号（二号差馆隔壁）创办‘香港邮票公司’，开幕后生意繁盛，后因……战争之故，特迁移至苏州阊门内下塘街五号继续营业。又因战局关系缩小范围，起名‘香港邮票社’。”随着邮票社的经营，马珪芳逐渐融入苏州邮人圈，1945 年 9 月马珪芳题名新光邮票研究会（2336 号）。

5. 大华邮票社

图 3-20 周志克像

店主周志克（1912—2001，图 3-20），原名周鑫生，江苏吴县人。在上海复旦大学附中和英语专修学校完成了学业，全面抗战爆发前曾开办大华无线电行，1942 年左右开办大华邮票社，时与朱万钟、马珪芳等邮人过从甚密。大华邮票社社址为苏州护龙街 247 号，1950 年门牌号重新编定为人民路 425 号。大华邮票社以门市为主，经营中国及世界各国邮票，店中常备美国司各脱邮币公司的目录和吉本斯邮票公司的目录供顾客查阅，除邮票外，该邮社还经销多种集邮用品，1943 年一度举办过拍卖活动。

大华邮票社在苏州前后存续了二十年，后期兼营文具。周志克自身亦喜好集邮，曾集齐日本和苏联的全套邮票，1945 年赞助成立苏州邮人联谊会，并先后加入成都怡友邮票研究会（129 号）、北平邮票会（79 号），亦见列名《中国邮友通讯录》、《邮侣》之《邮友介绍》栏。

① 2002 年俞大雄《怀念老友金诚先生》言及：“我们相识是在 1939 年左右，那时他与亲戚合办一个心爱邮票社试营业，地点在本市东美巷 16 号。他亲戚丁宗琪是古泉币收藏家，因我也是集邮兼集泉币和纸币者，故那时我常去他们处。”但经查上海档案馆与苏州档案馆资料，知俞大雄（国强）履历：1939—1942 年在上海中学读高中，1942 年毕业后由沪返苏，任职上海实业银行苏州分行。又金诚（金德声）1940 年方入读苏州振声中学初一，故“试营业”“常相会”似为 1942 年。

6. 友谊邮票社

店主费昌渊为新光邮票研究会 2044 号会员，社址在阊门内三茅观巷敦仁里，信息见载《新光杂志》1943 年秋季号。

7. 文心邮票社

店主唐徵（1928—2010），又名唐嘉澍，后更名唐雨田，江苏吴县人，苏州邮人联谊会 10 号会员，任该会理事兼掌总务部服务科，曾为大丰颜料行职员。20 世纪 40 年代初，文心邮票社附设于老阊门西中市眼镜店内，可买卖中外套票及零票，如 1946 年的邮社广告（图 3-21）落款：通讯部苏州天库前七十一号，门市部苏州西中市七十一号，负责人唐徵。文心邮票社在新中国成立前夕结束营业。

蘇州文心郵票社
唐徵
通訊部蘇州天庫前七十一號
門市部蘇州西中市七十一號

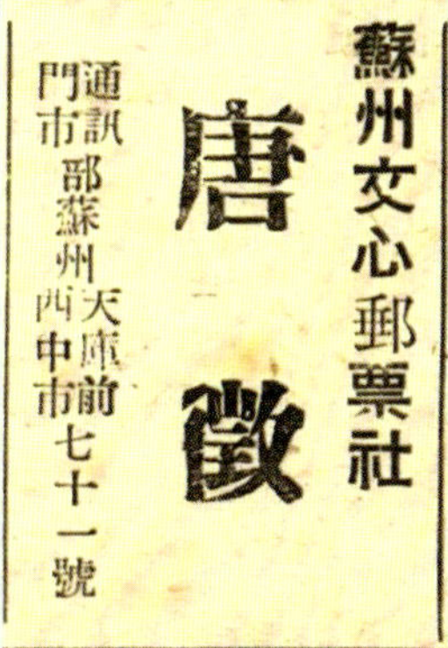

图 3-21 文心邮票社广告 (1946)

1939—1945 年，苏州邮人开办的邮票社多半出于生计，然而客观上不为日寇铁蹄所屈服，坚持集邮经营，为苏州民众提供了一种有益的文化活动。

二、苏城首个集邮组织——大华邮票会

1941 年 4 月 20 日，苏城诞生了首个市级集邮组织——苏州集邮会，它是由徐逢生、谈佐麐（原名谈祖麟）二人发起组建的，次日举办了邮展以志庆贺。《苏州新报》对此进行了专访，新闻报道刊于民国三十年（1941）四月廿一日第五版，题为《集邮会昨成立，今日起举行邮展三天》（图 3-22），全文如下：“苏州集邮会，系本埠集邮家徐逢生、谈佐麐两位发起组织。昨日（二十日）为该会成立之期，该会为提倡高尚娱乐、灌输集邮常识起见，特于今日起至二十三日止，假座旧学前民众教育馆，举行邮票展览三天，欢迎各界参观云。”是年 6 月 10 日，为接纳外地会员，苏州集邮会在沪开会，将组织名改为“大华邮票会”。

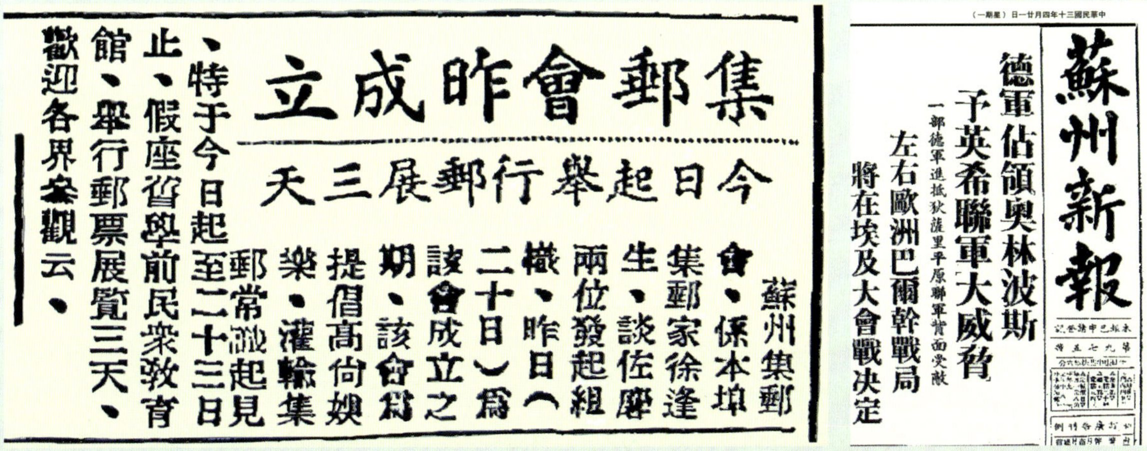

集郵會昨成立
今日起舉行郵展三天

蘇州集郵會、係本埠集郵家徐逢生、談佐麐兩位發起組織、昨日（二十日）爲該會成立之期、該會爲提倡高尚娛樂、灌輸集郵常識起見、特于今日起至二十三日止、假座省學前民衆敎育館、舉行郵票展覽三天、歡迎各界參觀云、

中華民國三十年四月廿一日（星期一）

蘇州新報

德軍佔領奧林波斯
予英希聯軍大威脅
一部德軍進抵狄薩里平原聯軍背面受敵
左右歐洲巴爾幹戰局
將在埃及大會戰決定

图 3-22 《苏州新报》报道的苏州集邮会成立及举行邮展的消息（1941）

对苏州集邮会的成立、更名、首次邮展及其会刊，当时邮刊见有连续报道：

1941 年 5 月 10 日《新光邮票杂志副刊》第二期《各地邮讯》记：“苏州徐逢生、谈祖麟诸君发起之苏州集邮会，业已成立，总务部设观前街二六四号，并有流通部每周拍卖，编辑部将

出版集邮刊物，四月下旬在苏州民教馆举行邮展三天，出品有一百余镜框，参观者甚众，为苏州创举。”

1941年6月版《新光杂志》第九卷第三至第四期所刊《苏州邮票会成立》曰：“苏州集邮同人，近组织一苏州集邮会，由谈祖麟、徐逢生、陶墨耕、陆志新诸君所发起。会所设于苏州井巷九号。该会已于上月成立，并拟发行袖珍本会刊。”

1941年6月10日《新光邮票杂志副刊》第三期头版报道：“苏州邮会在沪出版　苏州邮会原为徐逢生诸君所发起，会员初仅限于苏地，嗣外埠亦有人加入，故由逢生、祖麟二君来沪筹备出版，并将会名改为大华邮票会。”二版《各地邮讯》又记：“苏州邮会于六月十日在沪开会：已将会名改为大华邮票会，下月即将发行杂志，闻该会杂志将在上海发行。”

1941年7月版《大华邮刊》第一期第3页宋志翔《祝苏州集邮会成立》曰：“本年四月，徐君逢生等集邑中同嗜，组织‘苏州集邮会’。”第6页钱塘钟韵玉题词眉批：“徐君逢生于辛巳季春与友在吴门创办苏州集邮会，阐幽发秘探讨邮学。”第20页《总务部志谢》云：“本会于四月二十一日在苏举行邮展。”

1942年3月内地出版的《甲戌邮刊》第九卷第一至第三期《邮会及邮刊之介绍》追记：“大华邮票会：原由苏州集邮同志徐逢生、谈祖麟、陶墨耕诸君组织苏州集邮会，借联情谊，嗣因外埠参加人员日多，遂又改称大华邮票会，发行《大华邮刊》，第一期于上年七月出版，第二期于十一月出版，内容精邃。”

沦陷期间，苏城首个集邮组织的活动状况，可分为三个阶段阐述。

1. 第一阶段

第一阶段即初创阶段，初创阶段会名“苏州集邮会”（图3-23），会长徐逢生1948年“应李铭之询”于《苏州邮刊》第三卷刊登《记大华邮票会》（图3-24），云：“民卅春始渐有归来者，惟受环境之压迫，困苦异常，于是起初筹组了，每星期一次的聚谈会，假各同志的家中举行，一为互相交换邮识，再则闲谈以透胸闷，当时随便定了‘苏州集邮会’的名称，虽则人数不多，票品缺乏，倒也兴趣日浓。是年四月廿一日，假吴县民众教育馆举行了吴县首次的邮票展览会，尽力配到着百余种的全部国邮，西邮亦稍加入了一些，参观的人士居然亦不少……”为确保首次邮展顺利进行，邮会曾添置镜框70只，认购捐赠会员为朱怀庵（10只）、徐逢生（21只）、谈佐麐（29只）和李筱荷（10只）。

建会后为充分宣传，还“在秋天参加一次民众图书馆举行的邮票画片展览会，又在百货公司与油画合展了数次”。会所设于苏城井巷9号，流通部则每周有拍卖。

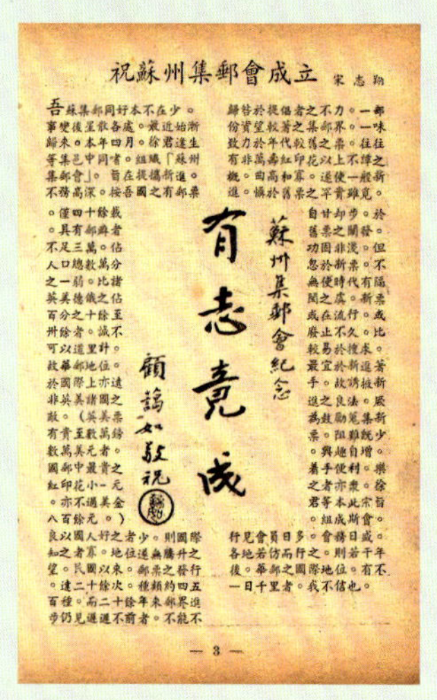
祝蘇州集郵會成立　宋志翔

吾蘇集郵同好本不在少。事變後星散各處。最近始漸歸來。本年四月。徐君逢生等集邑中同嗜。組織「蘇州集郵會」。旨在提攜新進。不務高深。按吾國之有郵票。僅四十餘載。具有郵癖者不足三萬。佔人口總數萬分之一弱。比諸英美德俄之佔百分之十餘至卅餘者。誠不可以道里計。故華郵地位。於國際上亦遠非英美諸國之敵。（英美票有貴至數萬鎊數萬美元者。國郵中最貴之紅印花小一元。亦不過美金八百餘元。）良以國人好之者少。則國際知之者寡。地位遂無騰升之望。民國以來。郵票之發行。達二十餘次。種類約四五百種。而二十餘年來郵界進步仍見遲遲不前者。不能不歸咎於提倡者之不力。一部份資望較著之集郵界。一味致力於年代較舊之票。往往有非萬壽紅印花以上不屑之概。曲高和寡。遂使一般新進。懾於舊票之罕貴難覓。自甘卻步。於舊票之闡發。功固非淺。但忽於新票。不無使時代有隔閡之虞。新票或在流行。或廢止不久。比較易於搜求。最宜於新進著手。故誘掖新進之良法。厥為鼓勵蒐集新票。阻難既少。興趣自增。著手便利。樂之者亦衆。徐君等本此宗旨。組成斯會。行見會員日多。會務日盛。各地若仿而行之。則若干年後。華郵之國際地位。有不一日千里者。我不信也。

蘇州集郵會紀念
有志竟成
顧鶴如敬祝

— 3 —

图3-23　宋志翔《祝苏州集邮会成立》

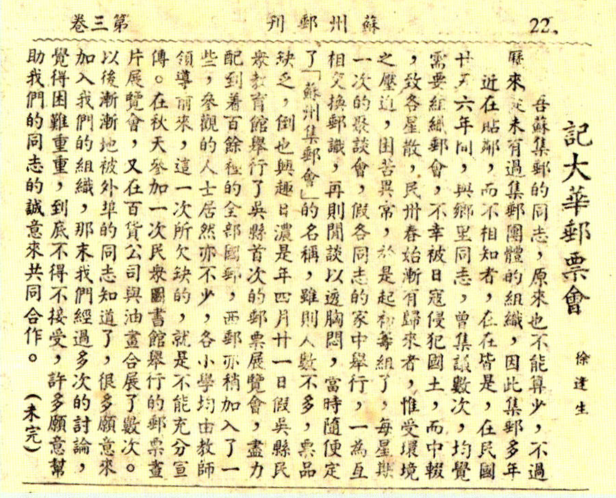

图3-24　徐逢生《记大华邮票会》（1948）

2. 第二阶段

自 1941 年 6 月更名为“大华邮票会”起，主要骨干（除谈佐麐、陶墨耕外）均集中于上海，以租界为基地，开展组织建设工作及创办会刊。

大华邮票会的职员班子：会长徐逢生兼掌总务部、会计部主任谈佐麐、编辑部主任张景盂、发行部主任陆志新、流通部主任陶墨耕、信托部主任钟笑炉、图书部主任谈佐麐（兼）、交际部主任张景盂（兼），并设有上海办事处（主任陆志新）、华北办事处（主任白以坚）、西北代理处（主任阎东魁）、华中代理处（主任任福田）、西南代理处（主任张立保）及华南西南代理处（主任麦钧锡）。

大华邮票会首批公布会员 37 名，其中，沪苏之外的外埠会员过半。因会刊出两期后戛然中止，会员后续情况已不得而知，但《大华邮刊》第一卷第二期之《会员更改通讯处》见列：59 欧阳承庆，改湖南白果岳云中学第二舍。

大华邮票会公布会则十条，明确：本会定名为“大华邮票会”，英文名为 the Great China Stamp Society，简称 G.C.S.S.；以研究邮识、广益集思、引导初桄、提倡高尚娱乐为宗旨；不限国籍及性别，凡赞成本会宗旨、填具入会书、经会员一人介绍或函请本会总务部之审查通过者，均可加入为会员；自民国三十年（1941）七月一日成立日起，至次年六月三十日止为一会年。每星期开常会一次，每月开拍卖会一次，年终开年会一次报告会务，其有特别事务者召开临时会。

会刊为《大华邮刊》，1941 年 7 月 1 日创刊，是年 11 月 1 日第一卷第二期问世。是年年底太平洋战争爆发，日军攻占上海租界，“因着种种的问题，那第三期竟自难产而夭折了”。

两期会刊均在上海印刷发行，主办者徐逢生，编辑者张景盂，特约编辑宋志翔、陆志新、陶墨耕、张包子俊、张伯江、赵善长、阎东魁、钱慕仑、钟笑炉，印刷校对登记诸事蒙钟笑炉、陆志新鼎力相助。

1941 年，新光邮票研究会于 11 月 3 日—7 日在南京路大新公司四楼举行邮票展览，历时五天，会长徐逢生应邀莅临参观。事前，新光邮票展览筹备委员会曾致函大华邮票会，盛邀“慨出珍藏，贲临参加”，大华邮票会专复《贺电》，电文如下：“新光邮票会主办邮票展览会，公鉴盛会开幕迩遐咸钦萃菁英于一堂，琳琅满目，寄研究于娱乐海角蜚声中外，赖以观摩国邮，从此增光，谨电申贺，诸希垂察，大华邮票会叩江。”

3. 第三阶段

太平洋战争爆发后，大华邮票会骨干集聚苏城，这也吸引了众多集邮爱好者。在整个沦陷时期，苏州邮人以“吴苑茶叙”的特殊方式支撑了自身的精神寄托和追求。

“吴苑茶叙”的参加人员先后有徐逢生、谈佐麐、钱亚凡、陆志新、李筱荷、王疆松、李德荣、姚啸秋、钱孟方、陈子久、吴国瑞、吴晓谷、胡宝书、周嘉平等。王疆松《邮林琐记》、钱亚凡《苏州最早有个大华邮票会》与周嘉平《六十多年前的苏州邮事》都对“吴苑茶叙”活动做了生动记述。

《邮林琐记》云：“本夏（1945）因预避空袭，携眷返里，一住三月，得与苏地同志朝夕相见，研讨邮经。每日夕阳西斜，浴罢身爽短装轻扇，安步当车至吴苑深处，不期而集者多十人，少亦六七位。品香茗，进美点，据案围谈议论风生，所言十九涉邮事。”

《苏州最早有个大华邮票会》记：

> 回忆当时情况，本来我由表弟谈佐麐介绍认识了徐逢生，他的藏品多，而且面广，我们约时经常到店（纸张店开在观东）后面一间，就是我们的集会地。后来听说吴苑也有人在品茶，就改在吴苑四面厅里，拼桌面坐，络续来参加的李德荣、陆志新、王疆松、

李啸胡、陈子久、姚啸秋（律师）、钱孟方（医师）、吴国瑞，后来吴晓谷、胡宝书也参加。人多了，我们包了一只桌子，每天下午四壶茶，人多人少终是四壶，按月结算，分担。既经济，又实惠，点心自费。会上展示邮品，互相交流邮讯。当时外地上海、无锡都有人闻名而来茶叙，乐而不疲，直到抗日胜利前各自分散到上海，也就停了。

《六十多年前的苏州邮事》曰：

这是上（20）世纪40年代的事，（全面）抗日战争时苏州为日军占领，在苏州的集邮爱好者——徐逢生、谈佐麐、陆志新、李德荣、吴国粹、钱孟方、钱亚凡、陈子久、李啸胡及笔者等，每天下午四时之后，工作学习结束，聚集到观前街北局吴苑茶社畅谈邮事，互相交换信息，传观邮票。吴苑茶社是苏州最大的茶馆，整天高朋满座无虚席，品茶时数人共用一壶，茶杯则各人分用一盏，随喝随聊。我们人多就用三壶茶，围坐而聊，志趣相投，其乐融融。因为我们是天天到的茶客，茶钱是按月结付，到月底大家分摊，倒也很方便……我们天天都要畅谈到暮色降临，电灯亮了，才各自回家，不管下雨、下雪、刮风，从无间断。

1943年12月，大华邮票会的“茶叙迎宾”活动（图3-25），至今仍不失为邮坛美谈，详见《国粹邮刊》第三卷第三至第五号连载之严西峤《海上邮人在苏州》。是年12月18日—21日，奉苏城名集邮家徐逢生、谈佐麐之召，上海邮人陈志川、郭植芳、杨成一、陈之逵、王纪泽、张包子俊和严西峤七人结伴旅游苏州，大华邮票会诸君与同人茶话联欢于新亚酒家。沪苏邮人可谓心有灵犀、彼此呼应，1945年6月《邮话》第三十八期《苏州来鸿》言及：“又闻苏州邮人每日下午五时后在吴苑深处茶叙，借研邮经，雅集定名为‘苏州邮苑’，以与海上之‘邮星小集’作桴古之应云耳。”

图3-25 大华邮票会的“茶叙迎宾”活动现场（1943）

图3-26 李德荣在吴苑深处款待沪上邮友（1948）

“吴苑茶叙”阶段，苏州邮会活动呈松散状，但直到1946年2月仍有大华邮票会活动信息见诸报端，《邮人》创刊号《邮会消息》刊朱（万钟）报道：“苏州邮人联谊会将于一月下旬举行邮展。苏州大华邮票会则将于二三月间举行邮展。”

抗战胜利后大华邮票会邮人星散，但“茶叙”传统仍得以延续，1948年7月新光邮票研究会于无锡、苏州旅游，李德荣在吴苑深处款待沪上邮友（图3-26）。是年，徐逢生撰文称：“今尚可告者，即在苏同志，参加‘邮苑小叙’的八九位，自民卅起，直到现下，已有六年历史，依然存在，有票品互相交换，有邮闻竞相告知，有邮疑必详讨论研究。”

大华邮票会及“吴苑茶叙”骨干简介：

◆ 徐逢生（1901—？），江苏吴县人。1929 年 7 月自上海私立同德医学院医专正科毕业（图 3-27），1930 年与校友顾履安在苏城五卅路创办慎德医院（抗战初因部分房屋被炸毁而结束），1936 年版《内政年鉴・卫生篇》之《第四章医药管理》的《全国登记医师名录》中见列徐逢生之名。苏城沦陷时期，徐逢生与上海汪伯绳合资在观东开办中兴纸号（徐逢生为经理），新中国成立初在苏州观前街北仓桥吉士药房开设诊所，寓所在凤凰街水仙弄 20 号。后赴上海市总工会杭州屏风山工人疗养院，担任一分院疗区主任。1962 年，其技术职称被定为副主任医师。

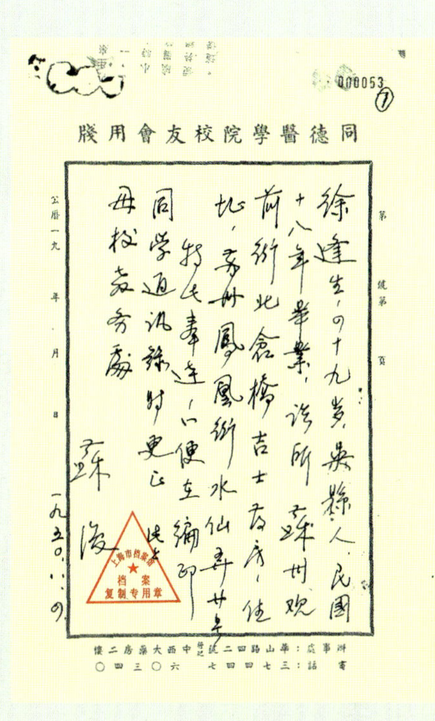
同德醫學院校友會用牋

徐逢生，四十九岁，吴县人，民国十八年毕业，诊所苏州观前街北仓桥吉士药房，住地：苏州凤凰街水仙弄廿号，特此奉达，以便在编印同学通讯录时更正

母校教务处

图 3-27　徐逢生学历证明

大华邮票会会长徐逢生，是苏州集邮界的一位领袖人物。据谈佐麐先生追忆，他们因寻医问诊而相识，又因嗜好相同而深交，继而共同组建了苏州集邮会，策划了苏州有史以来的首次集邮展览。在苏州邮人中，徐逢生素有“老大哥”之称，王疆松《邮林琐记》的评价是“徐逢生领袖群伦，老气并不横秋”。徐逢生本人收藏宏富，对邮票纸张、版式颇有研究。1940 年，《邮典》第一卷第五期刊发其邮文《香港版邮票版式补述》，是年《新光杂志》第八卷第三期所载徐逢生君答《七卷八期悬赏问题答案》，则述及变体票与刷色问题。

徐逢生 1936 年 12 月题名甲戌邮票会（485 号），1939 年 12 月题名新光邮票研究会（1106 号），1945 年题名无锡集邮研究会（441 号），1947 年 12 月题名首都集邮学会（178 号）。徐逢生给予苏州邮坛的突出贡献有三：一是 1941 年春与谈佐麐发起组织苏州集邮会（大华邮票会），并积极开展各项活动。二是牵头“吴苑茶叙”，支撑了苏州邮人在沦陷时期的精神和追求。三是 1946 年春担任新光邮票研究会苏州分会理事长，继续推动苏城邮事活动的积极开展。

◆ 谈佐麐（1919—2013，图 3-28），原名谈祖麟，江苏吴县人。自 12 岁时受五洲邮票社启蒙，集邮至逝时，献身邮坛八十年，辛勤耕耘、流连忘返。青年时期在苏州邮界即小有名气，1936 年分别题名中华邮票会（356 号）、新光邮票研究会（1029 号）、甲戌邮票会（430 号）。

图 3-28　谈佐麐像

谈佐麐对我国早期邮坛的主要贡献：1941 年春与徐逢生等发起组织苏州集邮会；1943 年 12 月促成“中国自有集邮史以来，邮人集团旅行事属邮界创举”（陈志川语）的沪苏邮人联谊活动；1944 年后谈佐麐由苏迁沪寻求发展，经过实践和市场调研，于 1948 年在上海吉祥路 129 号创办全国首家专营集邮书刊文献的中国邮学图书公司，此举得到海上集邮名家陈志川、陈葆藩、王纪泽、陈复祥、严西峤、钟笑炉六人的一致赞许。此六人在《近代邮刊》第三卷第七期联名刊发《创办缘起》，表示“乐于介绍”。谈佐麐 1940 年加入天津邮票会（83 号），1944 年题名日华邮票研究会（281 号），1946 年负责新生邮票会苏州办事处的工作，1947 年加入广州邮票研究会（122 号）。谈佐麐经营的公私合营的亚洲集邮商店于 20 世纪 60 年代初声誉鹊起，嗜好集邮的社会贤达——如文化部副部长夏衍、日本社会活动家中岛

健藏、波兰驻华大使耶日·克诺泰等，都是其邮票商店的座上宾。

◆ 朱怀庵，生卒年不详，江苏吴县人。他是一位长年居于黄埭镇的苏州乡绅，1929 年因捐资建造吴县宝成桥被江苏省政府建设厅授予褒状一纸。其兼集华邮、西邮，1937 年加入甲戌邮票会（831 号），1939 年题名新光邮票研究会（朱梦雁，1374 号），1940 年加入中华邮票会（530 号），1941 年加入大华邮票会（4 号），为苏城首次举办的邮展认购捐赠镜框 10 只。朱怀庵曾赋《集邮有感》诗一首，诗云："烂漫春光花一枝，秾华灼灼袅晴丝。珍邮勤集从头记，留得鸿泥未为痴。此是清高玩意儿，聚财何似集邮奇。缤纷花絮闲摩挲，当作神游万国时。"1947 年，朱怀庵成为广州邮票研究会 135 号会员（图 3-29）。

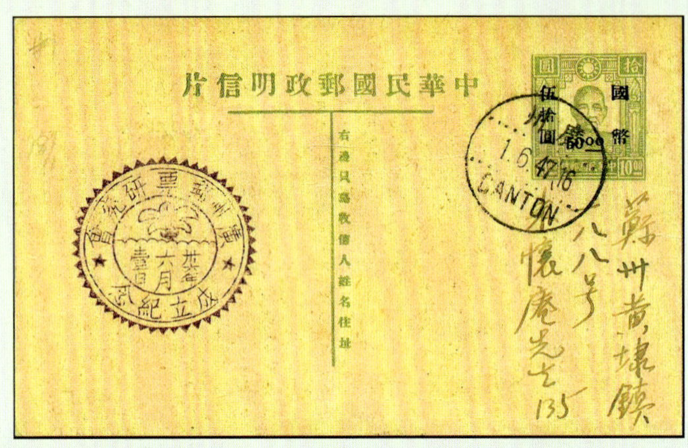

图 3-29　广州邮票研究会实寄朱怀庵邮资片

◆ 钱亚凡（1919—2011），原名钱世豪，江苏吴县人。师范毕业，曾任职于中国银行上海办事处，在中国工商银行上海南市区办事处会计任上退休。钱亚凡年少时就与集邮结缘，主集华邮，兼集日本、中国台湾地区的邮票。1937 年 6 月，钱亚凡题名甲戌邮票会（726 号），1939 年加入新光邮票研究会（1375 号），1941 年加入大华邮票会（9 号），1945 年加入无锡集邮研究会（钱世豪，50 号）。1946 年春，新光邮票研究会苏州分会成立，钱亚凡当选为理事，兼管交换科工作。钱亚凡系谈佐麐之表兄，与苏州集邮名家徐逢生、李德荣等人交情甚笃，他也是大华邮票会的骨干、"吴苑茶叙"的常客，为人忠厚，同道中有"亚凡信义"（王疆松语）之评语。他生前一直珍藏着"大华邮票会会章"与"邮苑将星录"笔记（图 3-30）。

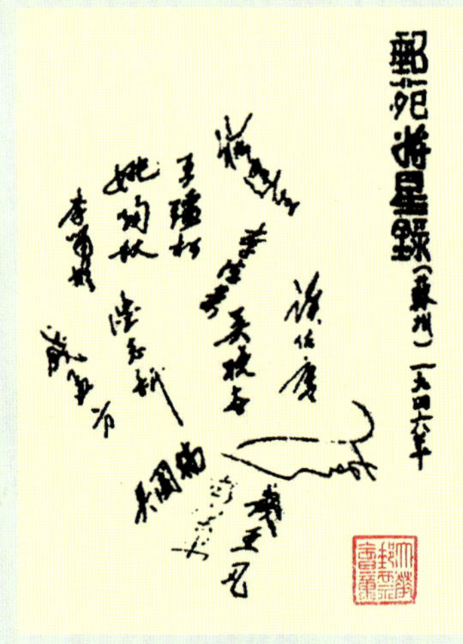

图 3-30　钱亚凡笔记

◆ 潘家沣（1920—2012，图 3-31），江苏吴县人。他高中毕业即参加工作，后任上海第三十一棉纺织厂织部主任。

其父潘竹庵是新光邮票研究会资深会员（84 号）。受父亲影响，潘家沣小学时开始集邮，1941 年加入大华邮票会（7 号），1946 年成为新光邮票研究会 2066 号永久会员，1949 年其撰写的第一篇邮文《清蟠龙图绿二分票之修饰变体》（图 3-32）经钟笑炉先生推荐发表于《近代邮刊》第四卷第一期上。潘家沣退休以后邮兴更浓，对蟠龙及其加盖票、早期邮戳及实寄封的收集与研究情有独钟，先后编组展集《蟠龙票的版式研究》及《干支邮戳及其辛亥后之沿用戳》（张包子俊题写扉页），在《集邮》《上海集邮》及香港的《邮票世界》等刊上发表《我国早期的"邮政信笺"》《大清

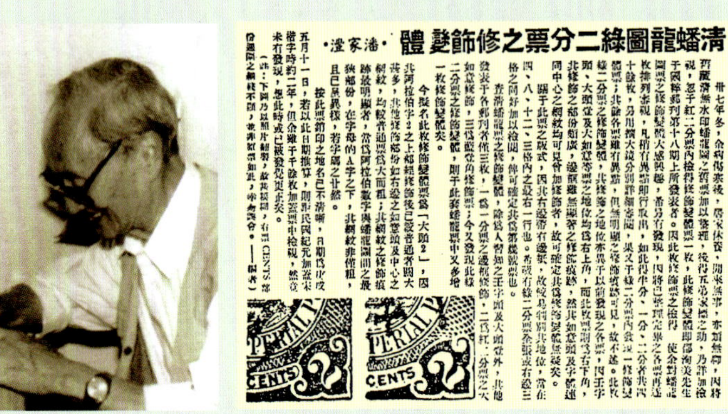
清蟠龍圖綠二分票之修飾變體
·潘家沣·

图 3-31　潘家沣像

图 3-32　潘家沣邮文处女作

蟠龙图修饰变体邮票纪要》《“三元邮戳”趣谈》《清代蟠龙图版模破损票初探》《试析海关及国办邮政时期的实寄封存世量》《辛亥革命后的三枚“加字”元年邮戳》《蟠龙票楷字加盖异体“华”字的发现和研究》《少见的西藏癸丑戳》等邮文多篇。

◆ 李德荣，生卒年不详，江苏吴县人。谈佐麐称：他是位天主教徒，当年住在姑苏区旧学前64号，负责打理大新巷天主堂房产。1940年，李德荣加入中华邮票会（531号）与新光邮票研究会（1592号永久会员），主集航空专题邮票和外邮。他的邮票多从上海邮商柳至川、陈海忠处购得，后期也自行与国外邮商联系，收藏专精。见存其1948年实寄美国Nicolas Sanabrias, Inc［以纽约集邮家N. 萨纳布里亚（N.Sanabria，1889—1945）命名的公司］之航邮封（图3-33）。

图3-33　李德荣集邮实寄封（1948）

李德荣钟情于“吴苑茶叙”，好交邮友，堪称20世纪40年代苏州邮坛的“友好使者”，王疆松赞“李德荣有孟尝君遗风，温文好客”，民国邮刊中见诸其相关邮事：《国粹邮刊》第三卷第四、第五期刊登的严西峤《海上邮人在苏州》记载，1943年冬上海邮人结伴旅游苏州，“翌晨进早点于吴苑，邂逄邮友李德荣、郑定邦二君”，“晚，苏城集邮家李德荣先生宴请于味雅酒楼”；《新光会刊》第十三卷第二期《苏州分会来函》报道，1946年3月20日新光邮票研究会苏州分会成立，会址设立于苏州旧学前64号，李德荣当选为理事，并分管注册科；《新光邮票杂志》第十五卷第三期报道，1948年5月19日—25日新光邮票研究会与交通部邮政总局在上海中国国货公司联合举办邮票展览，李德荣、李筱荷、陈子久、陆志新、周嘉平、钱梦方等抵申莅会参观，23日晚陈复祥等十一人公宴苏州邮友于友声旅行团；《新光邮票杂志》第十五卷第四期刊登的严西峤《我们游了太湖》记载，1948年7月17日—19日新光邮票研究会同人旅游无锡，“归途，我们这一群中又有八人在苏州玩了一整天。早晨在吴苑喝茶，又叨唠苏城集邮家李德荣兄破了钞”。

◆ 钱孟方（1920—1980），江苏吴县人。他出身中医世家，祖父钱益荪、父亲钱伯煊均为吴中名医。钱孟方子承父业，后任苏州市中医医院医师（图3-34为钱孟方所开的中医处方）。20世纪60年代初，他曾为吴中名医整理医案，在《江苏中医》《上海中医药杂志》等刊上发表了《钱伯煊医案》《顾允若医案》《曹沧洲先生医学经验简介》。钱氏父子生前所居悬桥巷“钱宅”，1998年被公布为苏州市文物保护单位。钱孟方为“吴苑茶叙”的常客，以“孟方儒雅”著称。1944年，他成为新光邮票研究会2341号永久会员，1946年春新光邮票研究会苏州分会成立时他当选为理事，并负责文书科工作。

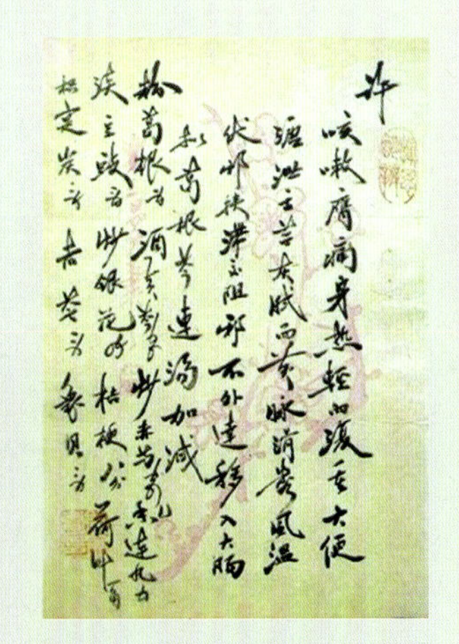
图3-34　钱孟方所开的中医处方

◆ 姚啸秋（1907—1974，图3-35），江苏吴县人。他年轻时多才多艺：1925年主编《苏州明报》之《明晶电影特刊》，1928年

图 3-35　姚啸秋像

与颜益生、梅晴初合资筹办《大光明》，1929 年参与“苏州各报反对党政军联合检查新闻处运动委员会”交际股工作。他担任《苏州明报》记者与上海《时报》驻苏记者时，“因为采访黄慧如、陆根荣的新闻大出其名”（冯英子语）。1927—1929 年，他又与匡亚明、任禹成（于伶）、顾诗灵等在苏州组织黄花剧社和太阳剧社。1931—1934 年，姚啸秋进入上海持志大学法律系深造，1934—1949 年成为苏州挂牌律师。新中国成立后，姚啸秋改行，历任苏州新苏长途汽车公司总经理、苏州公共汽车公司副科长等职，1964 年退休。姚啸秋 1944 年被公布为新光邮票研究会 2197 号永久会员，于是“吴苑茶叙”又多了一位“名律师”（王疆松语）。

图 3-36　吴国瑞像

◆ 吴国瑞（1921—？，图 3-36），江苏吴县人，在苏州桃坞中学完成高中学业。1941 年曾担任校刊社编辑，1945 年考入上海圣约翰大学，1949 年 5 月获文学学士（英文）学位。新中国成立后，他在高校任教，著有《张谷若译〈德伯家的苔丝〉》（载《西方语文》1958 年第二期）、《圣经的故事（节选本）》（外语教学与研究出版社 1980 年版）。他就是王疆松在《邮林琐记》中提及的“邮苑中之小弟弟吴国瑞，系世家子，大学生年廿四，尚未有意中人”。受“吴苑茶叙” 的熏陶，他在上海圣约翰大学读书期间（1946），成为新光邮票研究会 2515 号永久会员。

◆ 陈子久，生卒年不详，江苏吴县人，履历待考。其于 1948—1949 年在沪、宁进步刊物《国讯》《展望》《新中华》上发表的《和谣与美援》《论“儒主政治”》《和平之癌》《司徒声明的反响》《论美国主义》《论东欧集团》《美苏关系论》等多篇政论文章，应验了王疆松之评语：“陈子久若淳于髡在世，滑稽诙谐。”（淳于髡是战国时期齐国著名的政治家和思想家，以博学多才、善于辩论著称）1945 年，陈子久题名新光邮票研究会 2368 号永久会员（时居桃花坞下塘 27 号）。陈子久也是“吴苑茶叙”的常客，1946 年春新光邮票研究会苏州分会成立时被推举负责会计科。

三、活跃在大后方邮坛的苏州游子

还有一批早年背井离乡、国难时颠沛流离的苏州邮人，尽管生活艰辛，但在大后方仍在为战时邮坛“添砖加瓦”，这是苏州集邮史中不可或缺的一部分。代表者有顾一尘、周文钦、刘瑞章、张用宾、徐师亮、屈永浚、杨德熊、黄汝霖等。

1. 顾一尘

顾一尘（1894—？），江苏昆山陈墓（锦溪）人。1930 年就职于江苏省立医院（镇江），全面抗战爆发后随医院西迁重庆（初设渝中区武库街，1939 年年末迁北碚），1945 年年底江苏省立医院回迁镇江，顾一尘则滞留万县。

1937 年《甲戌邮刊》连载顾一尘所撰的《集邮自述》，以道明其集邮经历：在幼年即知人世间有所谓集邮之雅事者；1925—1926 年，有沪友陈君托其在乡间广收旧邮而触发集邮动机；就职于镇江期间，结交汪国瑞、沈克昌（同乡）、陆仲良、汪德荫、孙景闻诸邮友，邮品与邮识渐入佳境，

1936 年 5 月承汪德荫介绍加入甲戌邮票会（368 号）。因自始即主张集邮大众化，故随处宣传，在镇江一隅下层民众间播撒下不少集邮种子。在重庆，他先后加入新光邮票研究会（1468 号）、中华邮票会（553 号）及重庆邮票研究会（352 号），业余时间还与当时供职于中央银行的嵇德英合作开设一德集邮服务社（图 3–37）。《甲戌邮刊》见载其所撰的《建议发行救济伤兵难民加资邮票》《庆祝新约成功纪念邮票将于年内发行》《中华红十字会筹募基金邮票》《读国邮要目之质疑》《论有关战事之邮票》《调查附加已付票实贴行用邮局之建议》等邮文多篇。

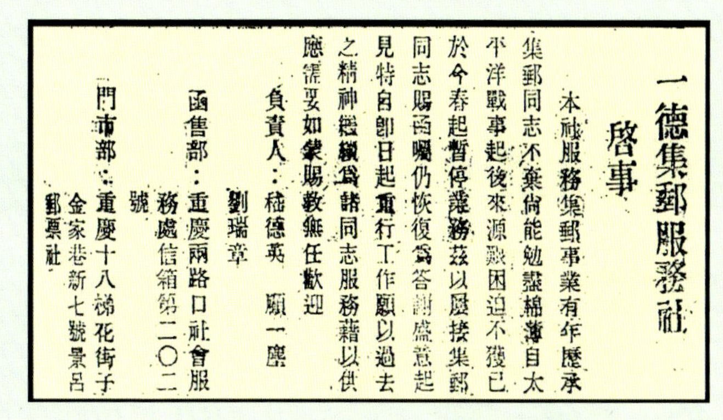
一德集郵服務社

啓事

本社服務集郵事業有年歷承集郵同志不棄尙能勉盡棉薄自太平洋戰事起後來源斷困迫不獲已於今春起暫停業務茲以屢接集郵同志賜函囑仍恢復爲答謝盛意起見特自即日起重行工作願以過去之精神繼續爲諸同志服務藉以供應需要如蒙賜教無任歡迎

負責人：嵇德英　顧一塵　劉瑞章

函售部：重慶兩路口社會服務處信箱第二〇二號

門市部：重慶十八梯花街子金家巷新七號景呂郵票社

图 3–37　《一德集邮服务社启事》

2. 周文钦

周文钦（1903—？，图 3–38），字斌如，江苏吴县人，祖籍浙江江山。1921 年苏州晏成中学毕业后留校任教，1926 年获沪江大学商科学士学位。自沪江大学毕业后，他历任杭州蕙兰中学商科主任、沪江大学城中区商学院教员，后供职于上海九江路伊文思图书公司、河南路商务印书馆。全面抗战爆发后，周文钦奔赴内陆地区，流寓成都和重庆，战后任职重庆交通部、济南津浦铁路局总务处，1948 年寓居上海，1949 年因赴台北探亲而滞留宝岛，后一直在台南成功大学担任附工事务主任。

图 3–38　周文钦像

青年时代的周文钦即多才多艺，求学时酷爱摄影，又迷恋集邮。1931 年，他已加入中华邮票会（210 号），1932 年加入新光邮票研究会（200 号），1935 年题名甲戌邮票会（188 号）。周文钦主集华邮及片笺，热心邮会活动。1942 年，成都邮票会创立，他成为 11 号会员，并负责出版组工作。他还于 1945 年 2 月加入金城邮票会（138 号），1947 年加入无锡集邮研究会（220 号）和广州邮票研究会（212 号）。

3. 刘瑞章

图 3–39　刘瑞章像

刘瑞章（1906—1989，图 3–39），字秉昌，江苏吴县人。他 17 岁自上海湖州旅沪公学肄业，后进英文学校攻读。1928 年，经同学吕文若介绍，供职于南京军事委员会交通处，全面抗战时期举家随军政部迁渝，后因改组裁员赋闲在家，靠摆书报摊兼营邮票以维持生计。新中国成立后，刘瑞章改行，1980 年将“文化大革命”所抄没邮品捐献给重庆博物馆后即告别邮坛。

刘瑞章 7 岁在上海私塾学习期间即爱玩邮票，积久竟成邮迷。1941 年，他成为甲戌邮票会 1290 号永久会员，1944 年题名成都邮票会（141 号），1945 年题名金城邮票会（225 号）并成为新光邮票研究会 2024 号永久会员。1943 年，刘瑞章在重庆开设景吕邮票社，他是山城邮票会首批会员，是重庆邮票研究会第一届候补理事、第二届常务监事和永久会员。1944 年，重庆《邮讯》见刊其小传。1946 年 10 月，刘瑞章又创办《邮侣》月刊，他自韶年离别苏州后虽再未返回，然乡恋犹存，《苏州邮刊》和《邮摘》收载其奉献家乡的邮文《重庆的邮市》《论集邮界的先进和后进》《我理想中的邮联社》。

图 3-40　徐师亮像

4. 徐师亮

徐师亮（1912—1996，图 3-40），江苏昆山人。1930 年于苏城苏州中学毕业，是年 7 月入读上海中华职业学校，1937 年被授予杭州之江大学教育学士学位。全面抗战时期辗转于滇缅铁路段、西康公路段等处，抗战胜利后到上海租用 433 号邮政信箱开设昆山邮票社。新中国成立后，徐师亮一直从事铁路修建工作，在郑州铁路局工程师任上退休。

1929 年，徐师亮尚在苏州中学读书时已加入新光邮票研究会（145 号），20 世纪 40 年代又先后加入中华邮票会（451 号）、天津邮票会（124 号）、甲戌邮票会（1683 号）、重庆邮票研究会（499 号）、金竹邮票会（699 号）、成都邮票会（415 号）、成都怡友邮票研究会（192 号）、广州邮票研究会（309 号）、首都集邮学会（103 号）等。徐师亮对邮会工作非常支持，如捐资助印《邮苑》，从第二十一期闻讯参加至第二十八期会刊停止，从未间断。他主集华邮，兼集西邮，在中国早期邮票的收集方面颇有建树，曾发表《汽车行动邮局》《轮船行动邮局》《邮件收受器》等邮文。退休后，徐师亮集邮热情不减，于每年暑热之季奔赴全国各地拜会邮友、交流邮识。他去东南，必到杭州看望张包子俊和钟韵玉，路过上海和无锡时则拜会马任全和孙君毅，到北京会去看望吴凤岗，到天津会去拜会黎振寰，赴贵阳则去看望郭润康，有人称其为“集邮界的徐霞客”。

5. 屈永浚

图 3-41　屈永浚像

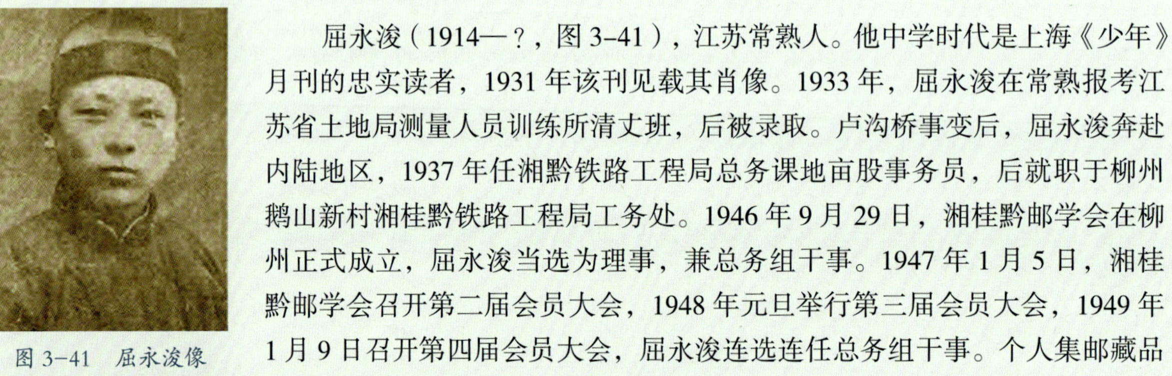

屈永浚（1914—？，图 3-41），江苏常熟人。他中学时代是上海《少年》月刊的忠实读者，1931 年该刊见载其肖像。1933 年，屈永浚在常熟报考江苏省土地局测量人员训练所清丈班，后被录取。卢沟桥事变后，屈永浚奔赴内陆地区，1937 年任湘黔铁路工程局总务课地亩股事务员，后就职于柳州鹅山新村湘桂黔铁路工程局工务处。1946 年 9 月 29 日，湘桂黔邮学会在柳州正式成立，屈永浚当选为理事，兼总务组干事。1947 年 1 月 5 日，湘桂黔邮学会召开第二届会员大会，1948 年元旦举行第三届会员大会，1949 年 1 月 9 日召开第四届会员大会，屈永浚连选连任总务组干事。个人集邮藏品曾亮相于该会 1947 年元旦举行的首届邮展上。

图 3-42　杨德熊像

6. 杨德熊

杨德熊（1916—1989，图 3-42），又名杨渭君，江苏太仓人。淞沪会战后离开家乡辗转到达西安，1939 年于王曲黄埔军校第七分校第十五期步科毕业，后留校任教。据湖南省档案馆校编《黄埔军校同学录》记载，自军校第二十一期至西安督训处期间（1944 年 8 月—1947 年 9 月）担任政治组上尉组员。1949 年年底，他脱离军界，由王曲到达成都，翌年成为成都邮票摊商，1956 年公私合营时其邮摊并入春熙路北段胡开文文具商店。

杨德熊是甲戌邮票会 392 号会员，他离乡蜗居王曲十余年间通信集邮从未间断，并先后加入成都邮票会（79 号）、重庆邮票研究会（438 号）、金竹邮票会（724 号）、金城邮票会（152 号）、广州邮票研究会（260 号）、无锡集邮研究会（501 号）、首都集邮学会（298

号）。定居成都后，他与集邮家李弗如、李世琦、汤德铨、郑德堃、叶季戎等过从甚密，是成都邮友“星四聚会”的积极参加者。1951 年听闻上海邮人酝酿成立全国性的集邮会组织后，他便与李弗如联合签名响应，还为 1959 年版《中华人民共和国纪特戳统计简表》（汤德铨执笔，郑德堃制版）提供了帮助。其所撰邮文见载《蓉锦邮朏》《邮苑》《新光邮票杂志》《广州邮刊》《近代邮刊》等刊。

7. 黄汝霖

图 3-43　黄汝霖像

黄汝霖（1920—2002，图 3-43），毕业于上海暨南大学，曾在天津短暂停留，1942 年后供职于昆明中央银行，1949 年由昆明调回故乡并任职于苏州石油公司，1952 年随苏州石油公司分理处到常熟，后转入中国人民银行常熟支行，1959 年起在唐市中学、杨园中学任教，“文化大革命”前见使用苏州濂溪坊 99 号通讯处。黄汝霖退休后定居常熟。

黄汝霖居昆八年，交邮四方，且乐此不疲。《甲戌邮刊》《邮友》《近代邮刊》《金城邮刊》《中国邮友通讯录》《邮侣》等多刊均见其发布的征集邮品广告。为方便集邮，他长期租用昆明信箱 48 号，还印制了专用信封，其热度可见一斑。民国时期，他主集世界各国纪念票、航空邮票及公园风景票。为增长邮识、广交邮友，黄汝霖先后加入金城邮票会（105 号）、甲戌邮票会（2031 号）、金竹邮票会（706 号）、重庆邮票研究会（533 号）、成都邮票会（855 号）及苏州邮人联谊会（18 号）等，1945 年题名新光邮票研究会（2372 号永久会员）。1947 年，新光邮票研究会昆明分会成立，黄汝霖当选为理事，兼任流通部主任，负责邮品的交换和信托工作。在昆明期间，他经集邮家万灿文介绍加入新西兰 Kivi 邮票会，万灿文在其集邮笔记中盛赞：“黄君为人忠厚，待友诚挚谦和，吾视为知己。”

第三节　战后苏州集邮活动之兴盛

一、“雨后春笋”的涌现

抗战胜利后，全省各地邮票商社的出现，如雨后春笋般涌现。苏州尤为突出。

1946 年 7 月版《中国邮友通讯录》登记的在苏业邮者有朱万钟、李鼎杰、吴玉麟、周志克、金德声、俞大雄、胡宝书、马珪芳、陈蕙芳、陶墨耕、魏建等，而战后新设的邮社有潘儒巷 63 号的苏州工艺书局邮人服务部、齐门外大街 31 号的义大邮票社、宫巷 149 号的业余邮币社、阊门内下塘街 6 号的香港文艺社及望星桥叶家弄 10 号的海风邮票社等。

苏州邮社多数以寓所为门市，兼办函售。摊商不计，自 1946 年以来，邮刊广告及记载的苏城（含周边）新开邮社先后有协利邮票社、两宜邮票寄卖所、香港文艺社、工艺书局邮人服务部、义大邮票社、海风邮票社、苏州业余邮币社、晶晶邮票社、鹤鸣邮票社、古今邮票社、中国邮票公司苏州特约经理处、家庭邮币社、西安真善美集邮社、力挺邮币社、良友邮票社、万国邮票社、文华邮票社、周氏邮票社、绿宝邮票社、文兮邮票社等 20 余家，详见表 3-1。

表 3-1　1946—1949 年苏州地区开办邮社一览表

商社名称	负责人	地　址	广告年	备　注
光明邮票社	朱万钟	串珠巷 51 号	—	续办老邮社
心爱邮币社	金德声	东美巷 15、16 号	—	续办老邮社
香港邮票社	马珪芳	阊门下塘街 5 号	—	续办老邮社
大华邮票社	周志克	中正路 247 号	—	续办老邮社
乐爱邮票公司	陶墨耕	浒浦口治生商店内	—	续办老邮社
文心邮票社	唐　徵	西中市 71 号门市	—	续办老邮社
协利邮票社	—	道前街 37 号半	1946	《苏州邮刊》创刊号
两宜邮票寄卖所	—	养育巷邮局对门	1946	（同上）
香港文艺社	陈蕙芳	阊门内下塘街 6 号	1946	（同上）
工艺书局邮人服务部	李　铭	潘儒巷 63 号	1946	（同上）
义大邮票社	吴玉麟	齐门外大街 31 号	1946	《中国邮友通讯录》
海风邮票社	魏　建	望星桥叶家弄 10 号	1946	（同上）
—	胡宝书	东麒麟巷 21 号	1946	《苏州邮刊》第三期
苏州业余邮币社	俞大雄	宫巷 149 号	1946	（同上）
晶晶邮票社	金永清	花街巷 32 号	1946	（同上）

续表

商社名称	负责人	地　址	广告年	备　注
鹤鸣邮票社	汤鹤鸣	古市巷 57 号	1946	（同上）
古今邮票社	—	悬桥巷 59 号	1946	《苏州邮刊》第五期
—	沈德汉	天库前 100 号	1946	《苏州邮刊》第六期
中国邮票公司苏州特约经理处	俞　洁	干将坊 13 号	1946	（同上）
家庭邮币社	谈祖麟	井巷 9 号	1948	《苏州邮刊》第三卷第四期
西安真善美集邮社	许寿山	沧浪亭后街 1 号	1948	《邮摘》第四十二期
力挺邮币社	矫力挺	浒墅关矫源祥百货店内	1948	《首都邮刊》第十至第十一期
良友邮票社	周伯仁	施林巷 36 号	1949	《中国邮报》第五期
万国邮票社	水佑资	临顿路 275 号	1949	《苏州邮刊》第五卷第三期
文华邮票社	施存知	天赐庄迎枫桥弄 7 号	1949	《邮摘》第五十六期
周氏邮票社	周嘉平	宫巷 91 号门市	1949	《中国邮报》第十期
绿宝邮票社	夏鸣之	金狮巷 8 号	1949	《中国邮报》第十三期
文兮邮票社	戴燮尧	天后宫大街 166 号	1949	《中国邮报》第十四期

但是，苏州邮商的经营状况不容乐观，可谓“盛极一时，好景不长”，短命者如协利邮票社与两宜邮票寄卖所不足三月即关闭。新中国成立前夕更是每况愈下，《邮摘》第三十四期（1948年9月）《邮讯钞息》言及：“苏地邮社，近因票价高涨及主持人改业而受变动者，计有大华、光明（不营门市），心爱（主持人他往），古今（缩短营业时间），家庭（不买国邮），香港（全部存货大拍卖）。”及至新中国成立初，因从业人员重新安排工作，多数邮社停闭，续办者仅有香港邮票社、大华邮票社、乐爱邮票公司、良友邮票社等少数几家。

《苏州集邮》总第二十一期和第五十三期刊文《解放前后的苏州邮票社》（朱万钟）、《续谈解放前后的苏州邮票社》（陆念乔）所忆及资料可供参考与补充，如水佑资的“集邮服务处”专柜始设于新中国成立前三年，新中国成立前夕去上海；文心邮票社于新中国成立前夕结束营业；周嘉平在宫巷米高梅照相馆内设集邮柜，1951 年去杭州。

下面择几邮商着重介绍。

1. 吴玉麟

图 3-44　吴玉麟像

吴玉麟（1903—1989，图 3-44），江苏吴县人。在学校读书时开始集邮，《苏州邮刊》第二卷第四期《集邮回忆录》道明其早在童年即与邮票有了“亲密接触”并产生“爱感”。他曾是义大烟纸店职员，1946 年兼营义大邮票社，并跻身苏州邮坛，是年 11 月接替金德声执掌苏州邮人联谊会交换科。1947 年年初，苏州邮人联谊会改组，吴玉麟进入理监事班子，并负责会员部及流通部，自后即成为李铭的忠实帮手，共同打理苏州邮币会事务。

吴玉麟是《苏州邮刊》的积极撰稿者，其发表的文章有《我的希望》《集邮回忆录》《话一年来的苏州邮币会》及《中央银行纸币的种种》（连载）、《法币与关金券初稿》（连载）等。自《苏州邮刊》第三卷第一期起，他还介入邮刊编辑工作（负责国邮部分）。1949 年《邮摘》第六十期《邮币新闻》云：“苏州邮刊自五卷八期起，特请集钞前辈吴玉麟先生负责主编，并筹出金圆券研究专号，欢迎各地同好惠赐宏文，来稿请寄苏州齐门外大街卅一号吴君收可也。”烟标、纸币都是吴玉麟的收藏之好，其邮票主集国邮，尤喜变体邮票、新票与四方连邮票。他身为邮商亦痛斥邮奸，《邮侣》第五期见刊其稿《邮奸如何消灭》。1946—1948 年，吴玉麟先后题名《中国邮人通讯录》、广州邮票研究会（74 号）、无锡集邮研究会（560 号）、北平邮票会（52 号）。

交換郵鈔
備有大量偽儲備銀行鈔票及吾
國各種近代紀念郵票歡迎郵鈔
同志以各省銀行鈔票交換
江蘇京滬綫滸墅關力挺郵幣社
負責人：矯力挺

图 3-45　矫力挺像及力挺邮币社广告

2. 矫力挺

矫力挺（1917—2011），原名矫毅，字力挺，号斋龛，又号燕瓦楼主，江苏吴县人。14 岁始学书法篆刻，26 岁时考入江苏省立教育学院。毕业后为谋生计，他于老家浒墅关矫源祥百货店内开设力挺邮币社（图 3-45）。因开办邮币社，矫力挺于 1948 年加入无锡集邮研究会（748 号）和首都集邮学会（500 号）并开始刻制肖形印，1984 年加入西泠印社，后被誉为“三吴当代著名篆刻家”。其夫人徐玉方擅长书法，胞妹矫云衣亦擅书画、碑刻艺术，其子矫大羽为国际著名钟表艺术大师。

图 3-46　周嘉平像

3. 周嘉平

周嘉平（1923—？，图 3-46），浙江杭州人。全面抗战爆发后到上海避难，1939 年离沪到苏，1951 年返回杭州，客寓苏州十二载。客寓期间，他酷爱集邮，是“吴苑茶叙”活动的积极参与者。1945 年，他加入苏州邮人联谊会（15 号永久会员）。1947 年年初，苏州邮人联谊会改组，周嘉平进入理监事班子。周嘉平喜集新票，集得多了，乃于 1949 年在宫巷米高梅照相馆内设立周氏邮票社，专营近期国邮新票。作为一个外乡的全程参与者，周嘉平见证了自苏城沦陷至抗战胜利这段时间苏州邮坛的史事，并留下了《六十多年前的苏州邮事》之宝贵资料。

4. 赵士骏

抗战胜利后，苏州邮人于外埠开设的代表性邮票社有两家：一是 1946 年年初徐师亮由昆明东归落脚上海，租用 433 号邮箱开办的昆山邮票社（图 3-47）；二是赵士骏于 1946 年 4 月在上海开办的博士集邮社（图 3-48）。

赵士骏（1930—1985），生于苏州，1945 年举家迁往上海，是年通过其父举办的宴会，结识了在沪各大邮商，从而步入邮坛，并加入新光邮票研究会（2325 号）。翌年，赵士骏开办博士集邮社并加入苏州邮人联谊会（76号），1948年6月还题名成都邮票会（829号）。博士集邮社以通讯买卖为主。赵士骏在20世纪50年代成为国家批准经营邮品出口的两位上海邮商之一，他以认真、细致、诚信、守法著称。赵士骏除业邮外，对邮品的收藏与研究亦有独到之处，对各种邮票的种类及版式如数家珍，对实寄封片也多有集藏和研究。同时，他对集邮活动十分投入，积极支持并参加了自1948年以来至20世纪60年代上海举办的各次邮展。

图 3-47　昆山邮票社广告　图 3-48　赵士骏像及其博士集邮社开幕广告

二、从苏州邮人联谊会到苏州邮币会

1945年3月美国轰炸东京，敲响了日本军国主义之丧钟，也令中国人民看到了胜利的曙光。在此背景下，民国苏州邮坛的“后起之秀”为着自己的精神追求，已跃跃欲试。1946年版《苏州邮刊》创刊号《小记》（光明）追忆道：“去年六月邮友诸绥熙、金德声、马珪芳同吾四人，经数度之商讨，拟筹备一邮人联谊会。因苏地邮人殊少联络，俾以提倡使集邮成为普遍化，斯时各地邮会及邮社正于蓬勃之时，故吾同人竭力从事提倡，以资共同并进，唯其时之变测不可收拾。后蒙苏地集邮前辈及邮友吴晓谷、周志光（克）、邓蒋瑛等赞助，始勉强成立，起名为苏州邮人联谊会。”

吴晓谷（1916—？），江苏吴县人。曾为上海国华银行总行职员，1943年11月联华银行在北局1号设立苏州分行，吴晓谷为经理（图3-49）。1945年10月，该行停业清理，吴晓谷返回东渚，一年后赴申。苏州邮人联谊会组建时，他被聘为理事长，《苏州邮刊》第五期《苏州邮探》当时报道：“（吴晓谷）珍藏德国纪念新票均全部，意大利亦全部矣，俄国亦将告全集。”

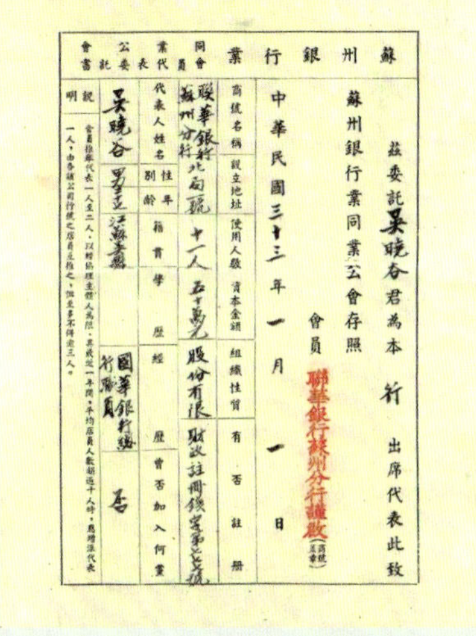
蘇州銀行業同業公會會員代表委託書

茲委託吳曉谷君為本行出席代表此致
蘇州銀行業同業公會存照
會員　聯華銀行蘇州分行謹啟（商號蓋章）
中華民國三十三年一月一日

商號名稱	聯華銀行蘇州分行
設立地址	北局號
使用人數	十一人
資本金額	五十萬元
組織性質	股份有限
有否註冊	財政註冊錢字第[illegible]號
代表人姓名	吳曉谷
性別	男
年齡	[illegible]
籍貫	江蘇吳縣
學歷	
經歷	國華銀行總行職員
曾否加入何黨	否

說明　會員推派代表一人至二人，以經協理主體人為限，其最近一年間，平均店員人數超過十人時，應增派代表一人，由各該公司行號之店員互推之，但至多不得逾三人。

图 3-49　联华银行委托书

苏州邮人联谊会创建于1945年6月，吴晓谷为首任理事长。初期每星期午后的拍卖会十分活跃，然而是年10月，随着理事长吴晓谷因联华银行停业返东渚、诸绥熙因职赴杭，骨干的缺失导致邮会活动变得形式化。后由马珪芳接掌吴晓谷理事长之责，翌年春又有海上名集邮家李鼎杰（李铭）返苏加盟，随着《苏州邮刊》的问世，会务乃呈蒸蒸日上之势。

1946年7月15日，《苏州邮刊》第二期公布《苏州邮人联谊会会则》十一条（带附则）和《会员通讯录（一）》，首批公布永久会员22人、普通会员60人，并公示邮会骨干的分工与通讯处：

总务部服务科（苏州天库前71号唐家澍），总务部会员科（苏州阊门内下塘街5号马珪芳），总务部图书科（苏州阊门内下塘街6号陈蕙芳）；会计部（苏州串珠巷51号朱万钟）；出版部发行科（苏州串珠巷51号朱万钟），出版部编辑科（苏州潘儒巷63号李铭），出版部广告科（苏

图 3-50　苏州邮人联谊会骨干合影（1946）

州串珠巷 51 号朱万钟）；拍卖部（苏州阊门内下塘街 5 号马珪芳），拍卖部流通科（苏州东麒麟巷 21 号胡宝书），拍卖部交换科（苏州东美巷 15 号金德声，11 月份改为齐门外大街 31 号吴玉麟）。

1946 年 7 月 28 日，苏州邮人联谊会举行首次理监事选举大会，马珪芳当选为理事长，朱万钟、李铭为常务理事，吴晓谷为监事长，理事有金德声、唐嘉澍、胡宝书、邓蒋瑛，吴德安、庄年为监事。是年“双十节”，为商讨会务及为金德声赴北平深造践行，金德声、马珪芳、李铭、程侣松、唐嘉澍、吴玉麟、朱万钟等七名邮会骨干聚餐于观前北局青年会食堂部，并留下了宝贵合影（图 3-50）。

1946 年年底，《苏州邮刊》第五、第六两期连续刊登《本会紧要启事》：本会自明年起，为普遍起见，将“苏州邮人联谊会”之名称改为“苏州邮票会”，理监事会议已通过，俟明年元旦会员大会时追认，特此通告。第六期刊载李铭之《关于邮友的通讯》，亦呼应了上述启事：“最后告诉各位邮友一件重要的事件，就是苏州邮人联谊会，自卅六年度起改称‘苏州邮票会’，《苏州邮刊》的名称照旧，仍继续出版，全年共计六期。”

孰料“时过境迁”，1947 年 1 月—3 月，苏州邮坛一度沉寂，外界不明就里，“苏州邮票会”的名号始终未能面世。是年，6 月版《邮友》第九期的相关报道揭示：“苏州邮人联谊会本年改为苏州邮票会宣传已久，顷悉该会四月二十日出版《苏州邮币会刊》第一期，登载理监事会决议五事：一、更动人事，二、征求会员，三、扩大邮刊，四、增加流通部，五、调整会费。”根据《苏州邮币会刊》第一期原件内容可知，原“苏州邮人联谊会”改名“苏州邮票会”之决定有了变更——经 1947 年 4 月 6 日监理事会议决定，改组为“苏州邮币会”，文件落款为：苏州邮币会理监事马珪芳、陈蕙芳、李铭、朱万钟、吴玉麟、吴德安、庄年、周嘉平、胡宝书、唐嘉澍等同启。6 月 1 日，《苏州邮刊》即以“苏州邮币会”的名义继续出版第二卷。

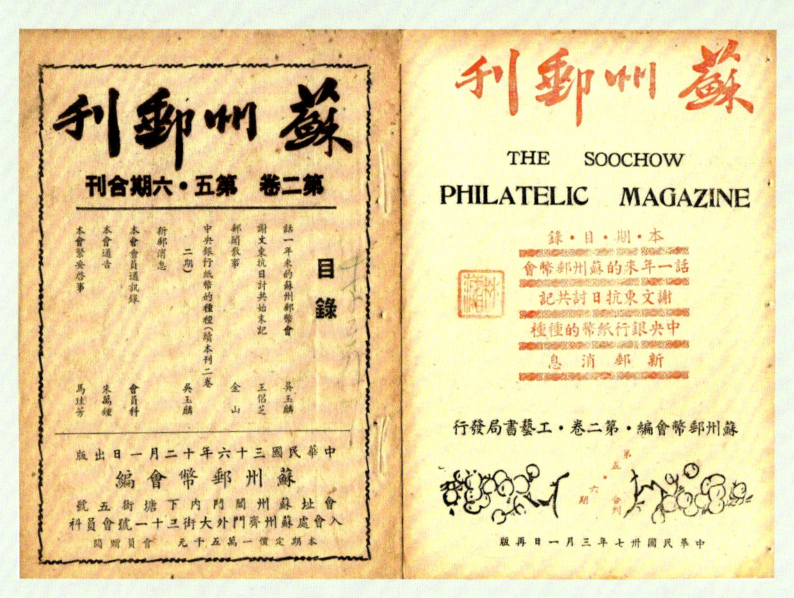
蘇州郵刊
第二卷　第五·六期合刊
目錄
話一年來的蘇州郵幣會　吳玉麟
謝文東抗日討共始末記　王侶芝
郵聞叙事　金山
中央銀行紙幣的種種（續本刊二卷二期）　吳玉麟
新郵消息
本會會員通訊錄　會員科
本會通告　朱萬鍾
本會緊要啓事　馬珪芳
中華民國三十六年十二月一日出版
蘇州郵幣會編
會址　蘇州閶門內下塘街五號
入會處　蘇州齊門外大街三十一號會員科
本期定價一萬五千元　會員贈閱

蘇州郵刊
THE SOOCHOW PHILATELIC MAGAZINE
本·期·目·錄
話一年來的蘇州郵幣會
謝文東抗日討共記
中央銀行紙幣的種種
新郵消息
蘇州郵幣會編·第二卷·工藝書局發行
第五·六期合刊
中華民國卅七年三月一日再版

图 3-51　马编版（左）与李编版（右）刊封

1947 年，苏州邮币会骨干间产生了意见分歧，是年年底马珪芳、朱万钟与李铭的纠葛初显端倪，《苏州邮刊》第二卷第五、第六期合刊出现了马编版与李编版两个版本（图 3-51）。《近代邮刊》第三卷第一期刊载《最近出版的邮刊》云：“苏州邮刊（马编）第二卷第五、六期合刊。该刊本期载有苏州邮票会理事长马珪芳之紧要启事，声明该刊编辑主持人已另调整，今后与前编辑人李铭无关；但据李铭函告各邮友，则称此刊非正式者，渠所编者不日即可出版云。局外人难明真相，使我们写邮刊介绍不得不加上‘X 编’以资区别；不管事实到底是怎样的，总算是集邮界不应该有的不幸事件。”令人遗憾的是，最终当事双方还是分道扬镳了——《苏州邮刊》第三卷第五期（1948 年 5 月）刊登了马珪芳、朱万钟同启《启事》：“敬启者，敝人等因职务繁忙，不克顾及会务与编印刊物，故全部移交李铭君，嗣后一切会务及出版刊物，与鄙人等无涉，特此声明。”《邮摘》第二十九、第三十期（1948 年 8 月 8 日）《告读者书》则见“苏州邮刊每月经费，已蒙李铭会长捐补全数”之语。

客观而论，李铭与马珪芳、朱万钟同为苏州集邮活动的发展做出了贡献，苏州邮币会也延续和光大了苏州邮人联谊会的传统和精神——《苏州邮刊》由 16 开 4 版报纸型改版为 32 开 16 页杂志型，名称未变并续办了三年；邮会活动正常，会员队伍扩大。据《苏州邮刊》公布的资料，苏州邮人联谊会期间登记普通会员 110 人，苏州邮币会普通会员号则自 111 号起续编，截至 1947 年 12 月 1 日共登记会员 184 号。1949 年 6 月 25 日，随着《邮摘周报》总第七十四期的“谢幕”，“苏州邮币会”也完成了它的历史使命。

从苏州邮人联谊会到苏州邮币会前后历时整四年，并且十分活跃，它是苏州民国集邮史上最重要的团体组织，该时段的邮会呈现出四个特点：

会刊编出持续时间长。《苏州邮刊》共计编出 5 卷 31 期，而附刊《邮摘周报》多达 74 期，在极少数终刊于 1949 年后的民国邮币报刊中，其刊期数最多。

邮会成员多。据《苏州邮刊》公布的会员通讯录统计，普通会员编号至 184 号（内有 9 人重复），特别会员 43 号（内有 6 人重复），加上苏州邮币会永久会员江昌年（余 28 人均重复），去重后合计为 213 人，大大超过了大华邮票会时期。

活动内容丰富，尤其是拍卖活动常态化。据朱万钟查证，苏州邮人联谊会仅 1945 年 7 月 8 日至 11 月 25 日间，邮品拍卖就达 22 次，基本上每周一次。

重视邮学研究，亦能在全国占据一席之地。抗战胜利后，在我国邮坛的三场大讨论中，苏州邮人当了两回“主角”：一是关于集邮大众化的讨论，二是有关邮会、邮刊合并的争论。

苏州邮币会“主角”李铭（1915—？，图 3-52），又名李鼎杰，江苏吴县人。毕业于上海雷士德工学院电机科，曾担任交通部上海电台工程师、海光无线电厂厂长等职，还先后于沪苏两地开办工艺书局。

李铭集邮始于 1926 年，具体经历可参阅 1947 年《北平邮刊》所载张宝良《邮人小史·李铭先生》及其自述《集邮与我》。1946 年春，李铭由沪返苏，涉足苏州邮坛，前后不过三年时间，却在集邮界“独树一帜”并留下了鲜明印记：

图 3-52 李铭像

① 主编《苏州邮刊》5 卷 31 期，编出《邮摘周报》3 卷 74 期。《苏州邮刊》评价曰：《苏州邮刊》，李铭先生主编，从未脱期，内容适合大众，短小精悍。

② 重视邮学研究，著书立说。据不完全统计，李铭在《苏州邮刊》《邮友》《红棉邮刊》《近代邮刊》《尚美邮刊》《邮侣》《邮海月刊》《北平邮刊》《中外邮刊》《中外邮学杂志》《武汉邮风》《宓宁邮刊》《丽丽邮声》《伟光邮刊》《辽西邮刊》《艺光邮报》《邮摘》等十余种邮刊上发表邮文 50 余篇，著有《集邮趣味》等书。

③ 李铭既是“集邮大众化”的呐喊者，又是其身体力行者。自《苏州邮刊》创刊号起，李铭有多篇邮文述及“集邮大众化”问题，并由此引发了集邮界长达 8 个月的论战。他还根据“集邮大众化”原则编著《华邮袖珍册》，编出《集邮趣味》普及集邮知识，并为青少年举办集邮讲座等。

在抗战胜利后的苏州邮坛，苏州邮人联谊会（苏州邮币会）俨然成为舞台“主角”。然而苏地新光邮票研究会会员亦不甘寂寞，于 1946 年 3 月 20 日成立了新光邮票研究会苏州分会，徐逢生当选理事长，理事有陆志新、李德荣、钱亚凡、钱孟方，朱万钟为监事。各部职务及负责人：会计科陈子久，文书科钱孟方，庶务科钱亚凡，注册科李德荣，交换科马珪芳、钱亚凡，拍卖科陆志新、朱万钟。成立大会决议，刊登广告于本埠报纸三天。此外，由大华邮票会骨干发起的“吴苑茶叙”活动，仍在继续进行。

三个集邮团体，交叉互动，“不亦乐乎”。以拍卖活动为例，20 世纪 40 年代，苏州邮会建设历经大华邮票会（苏州集邮会）、苏州邮人联谊会（苏州邮币会）、新光邮票研究会苏州分会诸个阶段，再加上“吴苑茶叙”活动，邮票拍卖活动贯穿始终：

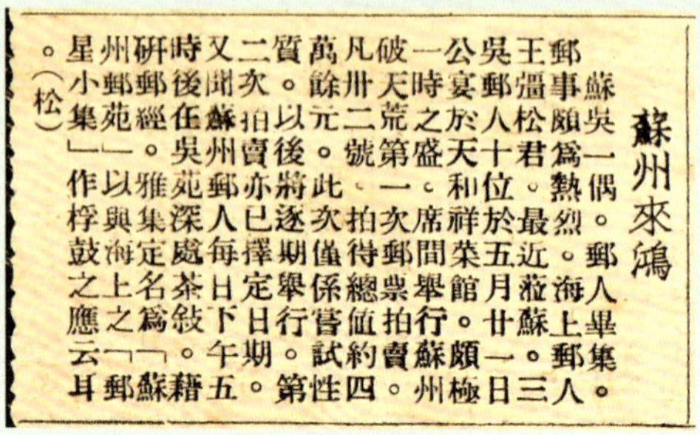
蘇州來鴻

蘇吳一偶。郵人畢集。郵事頗為熱烈。海上郵人王疆松君。最近蒞蘇。三吳郵人十位於五月廿一日公宴於天和祥菜館。頗極一時之盛。席間舉行蘇州破天荒第一次郵票拍賣。凡卅二號、拍得總值約四萬餘元。此次僅係試售性質。以後將逐期舉行。第二次拍賣亦已擇定日期。又聞蘇州郵人每日下午五時後在吳苑深處茶敍。藉研郵經。雅集定名為「蘇州郵苑」以與海上之「郵星小集」作桴鼓之應云耳。（松）

图 3–53　王疆松《苏州来鸿》（1945）

《大华邮票会会则》规定：本会会员有享受拍卖信托流通部一切之权力。

“吴苑茶叙”、雅集活动中，酣畅间亦曾举行邮品拍卖。1945 年，王疆松《苏州来鸿》（图 3–53）记：“苏吴一偶（隅），邮人毕集，邮事颇为热烈。海上邮人王疆松君最近莅苏，三吴邮人十位于五月廿一日公宴于天和祥菜馆，颇极一时之盛。席间举行苏州破天荒第一次邮票拍卖，凡卅二号，拍得总值约四万余元……第二次拍卖亦已择定日期。又闻苏州邮人每日下午五时后在吴苑深处茶叙，借研邮经，雅集定名为‘苏州邮苑’，以与海上之‘邮星小集’作桴鼓之应云耳。”

苏州邮人联谊会时期，邮人参加拍卖活动特别踊跃。苏州邮人联谊会于 1945 年 6 月创立之初即设置拍卖部，基本上每周日举办一次拍卖活动。1946 年后，拍卖活动更臻规范，《苏州邮刊》创刊号公布《本会拍卖简则》，行文如下：“（一）本会外卖员托本会交拍各品请寄拍卖部。（二）凡拍出各品，非会员成半，普通会员一成。（三）外卖拍品由挂号寄本会拍卖部并亦（以）最低限价（卖价未满限价，拍卖超过，则以最大权结奉）。（四）拍卖地点：苏州马医科振声中学内。（五）时间：每星期日下午二时开始。”

苏州邮人联谊会更名“苏州邮币会”后，拍卖活动并未中断。1947 年年底，《苏州邮刊》第二卷第五、第六期合刊《一年来苏州邮币会拍卖部》云：“本会拍卖部设立于阊门内下塘五号本会内，每逢星期日举行一次，一年来从未间断。每次的拍卖品多至三百号，少至二百号，国邮钞币为主，外邮次之。拍品为各会员所供给，佣金壹成，拍价照市价便宜四五成，故此拥挤不堪。本会之拍卖部为苏地之冠，现在普及集邮起见，尽量供给拍品，并征求外埠各会员寄来拍品。来回之寄费会员担任，以资扩大拍卖部分。”1948 年起，苏州邮币会的拍卖改为通讯拍卖，由李铭主办、吴玉麟负责，苏州邮币会的通讯拍卖共举办了 8 期，苏州解放后结束。

新光邮票研究会苏州分会方面，成立日决议，定每星期日下午三时在本会举行拍卖，拍卖完毕后交换，会址设于旧学前 64 号。

“吴苑茶叙”延续至苏州解放。客寓苏州十年的周嘉平先生多年之后撰文，对当年的拍卖活动做了生动描述：“为了使各人的邮品交流方便，我们发起举行小型拍卖会，把自己多余的复品拿出来，在每星期日下午借用吴苑茶社对面一家文玩商店举行拍卖，吸引许多集邮爱好者前来参加。后来参拍人多起来，文玩商店地方小，就迁移到观前街玄妙观附近大楼中举行。我邮集中的民国一版、二版航空邮票和许多外国邮票如美国以林肯像和孙中山像为图的中国抗战五周年纪念邮票、摩纳哥的罗斯福集邮邮票等都是当时拍得的。”当事人钱孟方亦于 1949 年 3 月《中国邮报》第十三期《邮海千秋》报道：“苏州吴苑邮人，近经谈佐麐等发起，试办每周邮票拍卖，假座观前储汇大楼302室，至本月十三日已举行四次，成绩良好。”

此外，还有苏州邮商的介入，苏州邮社中曾开展邮票拍卖业务者，计有周志克的大华邮票社、马珪芳的香港邮票社及夏鸣之的绿宝邮票社等。

三、集邮讲座进校园

苏州邮人联谊会成立伊始，就极力提倡“集邮大众化”并身体力行。《苏州邮刊》创刊号《编辑后记》云：“苏地集邮同志，年来突飞猛进，何止百数，自小朋友起至老伯伯止，无论初集及先进同志，我们都有很密切的联络。”邮会尤其重视集邮讲座进校园活动。

据《辽西邮刊》第二期报道，1946年8月4日李铭在苏州英华女校青年益德会做以《集邮趣味》为题的演讲（图3-54）。此稿娓娓道来、妙趣横生，难得一睹、值得一阅，现全文摘录于下：

遼西郵刊
第二期
（本刊已在申請登記中）
中華民國三十六年三月十一日出版
集郵趣味　李銘

图3-54　李铭《集邮趣味》演讲稿（1946）

美丽的理想——希望数量逐渐增多——一个邮迷的造成——一节外国故事——一切智识全凭兴趣获得的——集邮和邮友——家有悍妇邮集勿置闺房——夫妇集邮家——集邮也有困难——必须有克服困难的毅力，方可造成集邮兴趣化。

（民国）三十五（年）、八（月）、四（日）在苏州英华女校青年益德会演讲稿

诸位，今天讨论的题目就是集邮趣味，要从集邮上发生兴趣，必须对于邮票有一种美丽的理想，有理想然后有希望，有希望然后有趣味，所以第一步先从理想谈起。

初集邮票的同学，总是选择图案的美丽、画图的新奇，他的最后理想，就是数量一天天增加，遇到集邮的亲戚朋友，第一句开口就问，你已收集了多少枚的邮票，假使对方回答的种数多于自己的邮集，脸孔就觉得有些失望，将下面的话就打断了，或将谈话的内容转到别的事情上去，有的时候别人家收藏的数目不及自己，一定自鸣得意，将邮集打开给你的亲友参观，同时讲解这些是什么地方买的，那些是爸爸或赠妈妈送的，这一张是名贵票，要值美金几何？那一枚是罕见品，全世界只有几十张呢？不过这一张已经弄破了，似乎美中不足。

经过不断的努力，理想中数量的增加率，一定会慢慢地进步着，由十而百，由百而千，由千而万，有了一万枚不同的中外邮票，你的原始邮票册，一定是宣告客满了，必定有第二、第三册集邮册子的扩充，到了那时候，你必会感觉到初先方法的错误，随便乱贴的不好，是十二分的懊恼着，就生出了许多新的希望，各位猜猜看，到底希望些什么？

假使你是将一切邮票贴在簿子上的，一定会觉得搬场的不容易，用力撕吧，是会将你的邮票撕破，要分门别类，那么非撕下不可，从前数量少的时候，总不会发觉分类——如分国别、图案种类或票型大小等——的重要，现在邮票收集得多了，就希望要整理、要搬家、要查字典（通称邮票年鉴或邮票目录）、要分国别、要集成套或不成套，对于这些工作，我亲眼目睹有很多的男女同学，日继以夜，夜继以日，抛弃了一切，不断的工作着，看得比读书、吃饭、睡觉还重要，旁的同学看见你这副样子，一定会叫你一声邮迷，为什么会给一张小小的邮票着迷了呢？说得明白一点，就是“趣味”二字在心里做功夫，有了趣味以后，工作也不会吃力了，工作的速率也快了，无形中从趣味中得到了许多的宝

贵新知识。

前天听到一节外国故事，大意如此，有一位英国牛津大学的历史学教授，自然是学问十二分渊博的。有一天牛津与剑桥大学定期赛球，这是轰动全校的新闻，有人以此事问及这位历史教授，这位教授显然无所知，人家觉得奇突了，何以这样轰动全校的新闻，他竟没有听到了？而这位教授呢，也觉得自己太不应该，怎么竟不知有这么一回事。他为这件事当时心境变成十分忧郁，他痛自责备自己的见闻不广，但不久之后，他又忽然宽恕自己了，觉得自己原是历史教授，教历史与赛球无关，赛球这游戏素来不感兴趣，对于一件素无兴趣的事不予注意是无须厚非的。讲这节故事给我听的人是把他当做笑话讲的，我当时听了并没有笑，过后细想也想不出可笑之处，只是想到知识与趣味确实关系甚大，一切知识是全凭兴趣来获得的。

任何事情，要维持性趣的持久，必定要不断的进步，集邮也是这样，一个人案头苦干，起先的几天或几个月，当然是觉得不很吃力，因为有趣味二字作燃料，使这盏集邮的明灯天天发生光明，到日子久了，燃料只用而不添增，那盏油灯也慢慢的熄去了，这就是有许多初集邮的同学，起劲了一阵，什么都完了，集邮册子的封面上已经飞满了灰尘，高搁了多时，甚至到分散赠送或出卖去了。

假使邮字下面，还有友字的话，这些可爱的朋友，一定会在你的这盏集邮的灯油里，加入一点燃料，使你光明起来，邮和友是互相有关的件事，有了邮友就会增加你集邮的趣味，假使朋友间互有博爱的精神，更外可使趣味永久的不灭着，只有博爱的邮友会使你永久的保持着集邮的兴趣。

我有一位外国朋友，我们的认识是一张小小的邮票做媒介的，彼此相识已经有十几年了，他时常送我国外新出的美丽纪念邮票，每次寄给我的时候，必定附有几行小字："这套票品是你的集邮册里还未曾收集的吧！请你好好的保存着，这是我们友谊里的孩子，你将来看到这套邮票时，一定会纪念你这个……祝你健康，× 月 × 日。"

我因着这位朋友的鼓励，开始收集了不少中国纪念邮票，作为礼尚往来的馈赠品，为了朋友的彼此间友谊，将他送我的美丽邮票，更加保藏得十二分小心，十二分爱护，我为了集邮得到了一个好朋友，也因了一个好朋友才能长久的保持着集邮的兴趣。

在不久以前，看到一本邮刊上一篇集邮的三十戒，记得最后一条是家有悍妇，邮集勿置闺房，这就告诉你无知识的泼妇，是你集邮的大罪人，我想这里有许多对集邮有兴趣的女同学，一定不相信夫妇相骂，为使集邮遭难的，只有集过邮票的同学，会回忆到收集邮票的趣味和艰难，下得落毒手将邮集送命吗？向反地为了集邮的关系，使彼此间常保持快乐的心性。我有一对夫妇集邮家的朋友，他们从结婚到现在，三年中间从无淘气的事件，夫倡妇随，自从结婚以后，大家分工合作，一个集华邮，一个集外邮，其进步的迅速，比未结婚前增加三十倍。

最后，讲到集邮的困难，在过程的中间，实在是难免的事情，票品不成套的，分类不清楚的，邮史无从考查拉，多得不胜枚举。有时候，每集一套票品，都会发生阻碍，像最近通用的总理遗像内地版邮票，在集邮者的专用名词叫渝版中信票，因为这些邮票，是重庆中央信托局印刷处承印的，自一角的票面起，到五元的为止，共有十四种不同的票值，除其中一枚一角六分以外，上海四川北路的邮局三楼集邮处都有出售，不过可以买到的只有十三枚。

在初步的集邮者，能够有十三枚的收集，也未始不可，如能设法到邮票社去买一枚一角六分的凑成十四枚，成一套比较完整的渝版中信票，当然更加好了。但是有一天到别人家的邮集里看到有十六枚、廿四枚、卅六枚、四十八枚一套的中信版邮票，就认为是一种希奇的事情，明明只有十四种不同的票面，为什么要分做这样多呢？经讨教之后，才知道同一票值的邮票，还有纸张、刷色——就是印刷油墨颜色、齿孔的大小等几种区别，弄得一全套到底有几枚，实在莫名其妙，参考华邮目录，都没有详细的记载，邮刊上也各执一说，问问邮友，也说随便你的高兴，成套乎或尚未成套？结果还是疑问。

上面讲的是关于中国邮票一方面，外国的邮票，假使不通外国文字，困难当然丛生，就是认识英文或法文的，翻查年鉴目录，初次最好要有人指导，否则自己摸黑弄堂狂费许多宝贵光阴。

要克服困难，必须是有克服困难的毅力，每一桩难题发生，先考查邮学的参考书，无法解决后，再通讯问相好的邮友，张三不知，可以问李四，三个呆皮匠，总会合成一个诸葛亮，有志者事竟成，有了毅力的精神，一切难题总会走到克服的道路上去的。

郵學消息

郵票趣味講座

蘇州教區青年團契於本年七月廿七日起假座蘇州天賜莊東吳大學，舉行夏令會三天，在廿七，廿八，廿九下午三時至四時，特設郵票趣味講座，請本刊編者李銘先生為講師，講題為：集郵目的，郵票發明史，集郵方法等，並在場分送「蘇州郵刊」及最近新郵每人一套，以留紀念云。

图 3-55　《邮票趣味讲座》（1946）

有时候，对人家的集邮看得很感兴趣，直到自己也来试试看，觉得也不过如此，或者绝无趣味可言，这就因为对集邮没有美丽的理想与希望，没有将博爱的精神去轧集邮的朋友，所以不能保持心性上的快乐，没有克服集邮困难的决心和毅力，根本就没有对集邮发生兴趣，只好承认对集邮没有天才的了。（朱熙笔记）

1946 年 8 月，《苏州邮刊》第三期所载的《邮票趣味讲座》（图 3-55）报道："苏州教区青年团契于本年七月廿七日起假座苏州天赐庄东吴大学，举行夏令会三天，在廿七、廿八、廿九下午三时至四时，特设邮票趣味讲座，请本刊编者李铭先生为讲师，讲题为：集邮目的、邮票发明史、集邮方法等，并在场分送《苏州邮刊》及最近新邮每人一套，以留纪念云。"

东吴大学的集邮风气由来已久，在集邮文化的熏陶下，战后亦然继往开来。1946 年，在全校学生中，已知加入集邮组织的爱好者就有柴庆翔、王大中、翟子雄、谢镇、陆克尧、俞大雄等多人。

首先是两位苏州集邮名人之后：一位是新光邮票研究会首任会长柴冠群的次子柴庆翔，另一位是邮坛期颐王疆松的儿子王大中。柴庆翔和王大中都是在抗战胜利后入读东吴大学的，柴庆翔在文学院，学号 A34530；王大中在理学院，学号 S35654。

柴庆翔（1925—？，图 3-56），1925 年正月初五（1 月 28 日）生于吴江同里严家花园，1941 年题名新光邮票研究会（959 号）。柴庆翔素有艺术天分，曾担任《东吴大学文理学院一九四九级毕业纪念刊》编辑部美术设计。1949 年，他自东吴大学英文系毕业后被分配至大连，"阴差阳错"转行美术教学。毕业后 40 年中，他从大连到上海多执教于师范院校，从事美育和美术教育理论研究。1988 年，柴庆翔当选为联合国教科文组织国际艺术教育学会世界理事会亚洲地区理事，1993 年春定居加拿大多伦多渥太华。

图 3-56　柴庆翔像

王大中（1929—？，图 3—57），江苏吴县人。1950 年自东吴大学生物系毕业，1941 年题名新光邮票研究会（1747 号）。邮趣早于其父，

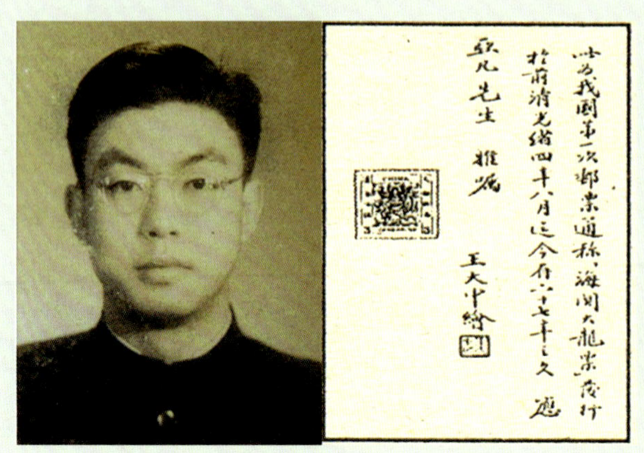

图 3-57　王大中像及其集邮笔记

王疆松曾在《集邮散记》中坦言：“偶与儿辈在邮肆选票，遂引起集邮兴趣。”王大中因自小开始集邮，邮识相当丰富，钱亚凡先生之集邮纪念册中存有其 1945 年的题词和手绘海关大龙票图案，甚为逼真。

此外，《新光邮票会三十五年份会员录》中，署名东吴大学的会员还有 2867 号翟子雄、2872 号谢镇和 2871 号陆克尧。据东吴大学学籍档案知：

翟子雄，医预科，学号 S34568，毕业后曾任教杭州护士学校。其父翟培庆时为浙江吴兴福音医院院长，1947 年 4 月至 1949 年 10 月由教会调任常州武进医院，任代院长，新中国成立后曾任湖州福音医院院长和上海市杨浦区中心医院副院长等职。

谢镇，学号初为 S34574，后转入社会系、学号改为 A34553，父谢鲁玉时居常熟虹桥下塘 12 号。

图 3-58　俞大雄像

俞大雄（1922—2012，图 3-58），原名俞国强，江苏吴县人。1936 年进入吴县县中，全面抗战爆发初期避难沪上，在江苏省立上海中学商科完成了高中学业。1942 年进入上海实业银行苏州分行担任办事员，1946 年春考入东吴大学文学院（学号 A34549），8 个月后因谋得浙江典业银行职位而中途辍学，1948 年圣诞返苏结婚，1951 年 1 月被苏南公学第五届银行系正式录取，是年 7 月结业后被分配到太仓保险公司，1962 年任沙洲县医药公司主办会计，“文化大革命”期间被下放到常熟县杨园人民公社卫生院，1982 年自市卫生系统退休。俞大雄自小学时代便开始集邮，1946 年题名新光邮票研究会（2865 号），并为“欢迎同好、通信交换”而于苏州寓所挂牌“业余邮币社”。1946 年秋，他到杭州后邮事活动更为活跃，1947 年元旦提供展品参加杭州市第一次邮币展览会，1948 年 11 月当选为新光邮票研究会杭州分会理事，并担任总务科主务兼会计组干事及拍卖科干事。新中国成立后，俞大雄在苏州邮坛亦多有建树。

如今，东吴大学旧址依存，“养天地正气，法古今完人”之校训未绝于耳，集邮文化同样在校园得以弘扬。1984 年，苏州大学集邮协会重整旗鼓，1994 年又在全省高校率先开设“集邮学”课程，此为后话。

言及集邮文化，还有必要交代一下民国时期苏州的乡镇集邮。苏州地区历来有“鱼米之乡”之称，商贸较为发达，文化底蕴丰厚，周边乡镇亦受到集邮风尚的熏陶。苏州乡镇的集邮知名人物，全面抗战爆发前有吴江盛泽朱兼百［1936 年 8 月加入甲戌邮票会（402 号）］，沦陷时期有吴县黄埭朱怀庵［1937 年 9 月题名甲戌邮票会（831 号）］与木渎吴顺照［1939 年题名新光邮票研究会（392 号）］、吴江金家埭赵金田［1941 年加入大华邮票会（12 号）］与周庄郑光裕［1940 年加入中华邮票会（478 号）］，抗战胜利后则有昆山茜墩的李铭荣（1948 年《邮侣》第二十三期邮友介绍题名）等，他们都长期身居乡间，但通过集邮与邮会联络四方。乡镇中，尤以“丝绸之乡”盛泽得集邮风气之先，并形成传统，见表 3-2。

表 3-2　吴江盛泽早期集邮信息一览

时　间	集邮信息	通讯处
1922 年之前	陈缄红条封（五洲邮票社查收）	盛泽敦仁里 13 号
1932 年 10 月	钱絜南题名新光邮票研究会（197 号）	盛泽花园街和康钱庄
1936 年 8 月	朱兼百题名甲戌邮票会（402 号）	盛泽后街 35 号
1937 年 7 月	夏奇峰题名甲戌邮票会（743 号）	盛泽广昌成绸行

这些普通的集邮爱好者中，郑光裕堪称楷模，虽生活艰辛，然痴心不改。

图 3-59　郑光裕像

郑光裕（1919—1997，图 3-59），江苏吴江人。郑光裕家境贫寒，著名报人冯英子在《寻找童年的梦》中言及自己六七岁的时候，随母亲到了同里，在同里的二铭小学读书，他仍依稀记得当年同学的名字：顾镜清是西埭对岸一家竹行的小开，郑光裕则在一家绸布店做学徒。

郑光裕少年时即喜好集邮与文字游戏，1931—1932 年，他多次向上海中国奇术研究会《万奇月刊》之《巧对妙联》与《文虎》栏投稿，而荣登“奇榜”并获稿酬，多年后其功力不减，1940 年《新光杂志》第八卷第三期《第二次文虎揭晓》：应征者达百余人之多，全中者三名，陈葆藩、周询彦、郑光裕名列三甲，各获赠十二色印中国纪念票图一张。民国时期，郑光裕辗转于乡镇布行，先后供职于周庄镇戴永茂绸布号、吴江盛家厍萃丰绸布店，1947 年又返回同里。1940 年加入新光邮票研究会（1600 号）与中华邮票会（478 号）。1947 年题名成都邮票会（668 号）与无锡集邮研究会（470 号）。1948 年元旦《中国集邮人名录》第三版见登广告：欢迎邮友通信，郑光裕，江苏同里南埭咏顺布庄。

20 世纪 40 年代后期，在上海的苏州籍名邮人中，除张寄文、叶振伯、叶颂蕃已病逝，朱世杰、陈复祥、朱朴庐、张景盂、王疆松、谢大任、华特生、蒋士洲、沈维经等继续“驰骋”于沪上邮坛外，还有新晋集邮家闪亮登场，代表人物有姚苏凤等。

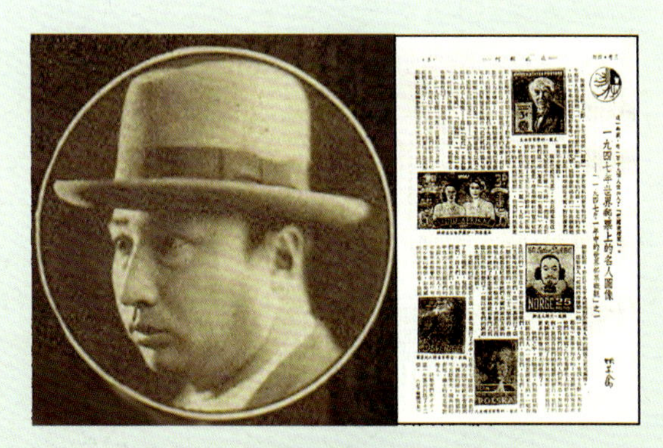
图 3-60　姚苏凤像及其所撰邮文

姚苏凤（1905—1974），原名姚赓夔，江苏吴县人。1926 年毕业于苏州工业专门学校建筑科，曾参与创立苏州文学团体“星社”，1927 年移居上海，为知名报人、电影编导、影剧评论家及评弹作家。姚苏凤一生多才多艺，好摄影、喜集邮，至交中不乏集邮大家，如张若谷、邵洵美、夏衍等。1948 年，他以作品参加上海邮展，并加入新光邮票研究会，《新光邮票杂志》与《近代邮刊》见载其集邮文章《海外邮坛最近大事汇记》《一九四七年世界邮票上的名人图像》（图 3-60）等篇。1959 年曾与赵士骏、钱峰等在上海市青年联合会举办邮展。

第四节　苏州邮人编著的书刊介绍

一、集邮图书

继《中国邮票汇编》《中国集邮图谱》《集邮须知》后，全面抗战时期及抗战胜利后又见以下书籍。

1.《邮苑珍闻》

《邮苑珍闻》由吴县张景盂编译，上海五洲邮票社发行，32开100页，1938年8月发行初版（图3-61），上海人文印书馆印刷。1983年，台湾邮坛月刊杂志社出版《邮苑珍闻》影印本，1998年通用邮票社再度影印100册，2010年王建平集邮图书工作室高清影印再版《邮苑珍闻》。

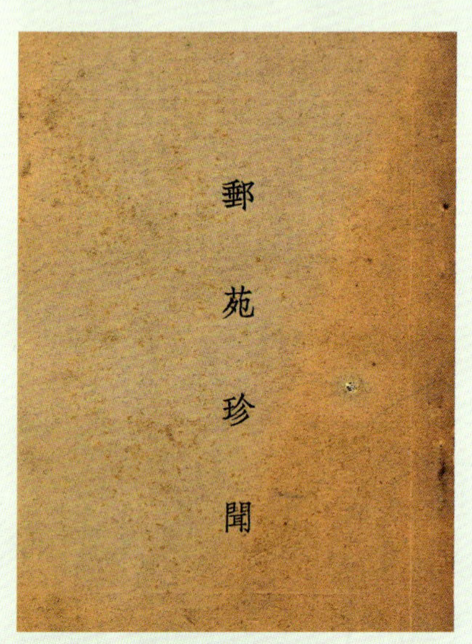

图3-61　《邮苑珍闻》封面（1938）

内容简介：全书共汇编文章54篇，以《如何开始集邮》为首篇，该章节曾于1936—1937年在《甲戌邮刊》上连载。自第二篇《南洋邮史》至末篇《巴拿马邮话》，则是叙述世界邮票珍闻与集邮趣事，其中，"世界邮王"费拉里的邮集拍卖情况、纽约万国邮票展览会细目等均为难得的邮史资料。1938年孟夏，张包子俊为之作序曰："张君以经营邮业之余，尤熟谙邮票故事。《南洋邮史》一篇绵载于新光邮票杂志者半载有余。见之者无不称美。乃者《邮苑珍闻》又告出版。"

书评：书名虽曰"珍闻"，其实还是集邮的"须知"，旨在宣传和推广集邮，壮大集邮消费群体，冀以扩大整个行业的经营规模，采用传播邮识、提供信息、指授方法的形式为客户服务。这一做法即使放到今天，也是先进、睿智、有远见的。由此可见，此书作者邮识丰富，富有远见。此书题材广泛、文笔流畅，作者自署"编译"，内容实际上是他撰写的集邮经验、心得体会，以及阅读外国邮刊的读书笔记，有的更相当于后来《中国集邮百科全书》"世界邮票"分支的条目，因而此书洵可谓集邮史研究者不可不读、邮书邮刊研究者不可不读的经典之一。

（摘引自《影印〈邮苑珍闻〉邵林序》）

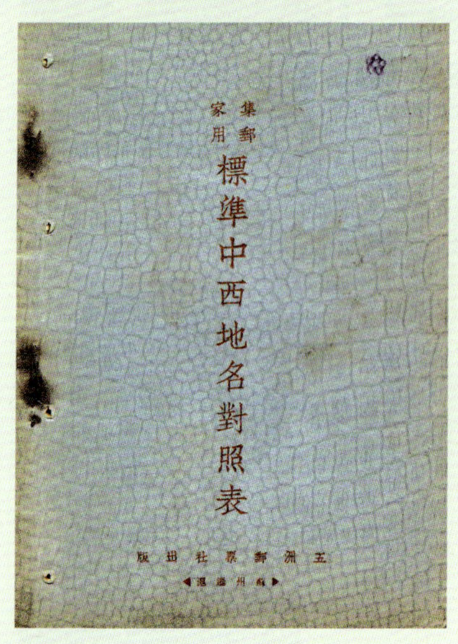

图3-62　《集邮家用标准中西地名对照表》封面（1939）

2.《集邮家用标准中西地名对照表》

《集邮家用标准中西地名对照表》（图3-62）由吴县张景盂编译，上海五洲邮票社1939年6月发行，32开52页。

该书汇编全世界邮票发行国家、地区译名800余处，既可供集邮者参考，也可供一般读者作地理常识书阅读。

3.《1941中国及商埠邮票罗门氏专门目录》与《罗门氏华邮辅刊》

《1941中国及商埠邮票罗门氏专门目录》（图3-63），简称《罗门目录》，1940年9月由罗门氏邮票公司发行初版，32开201页，中英文题封、内页全英文。

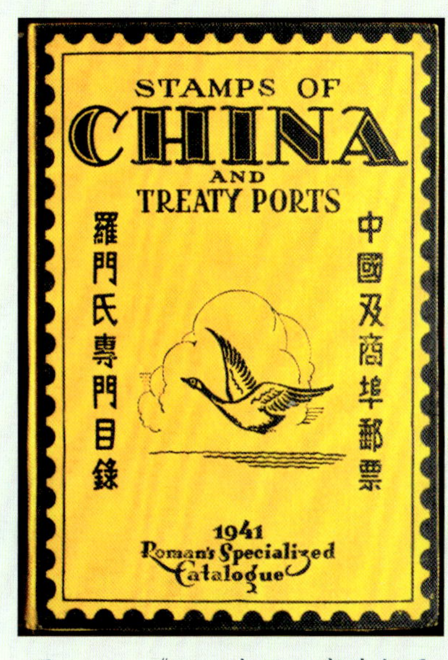

图3-63 《1941中国及商埠邮票罗门氏专门目录》封面（1940）

此目为英文版华邮图录，由上海俄籍邮商罗门编出，陈复祥执笔。1944年3月《国粹邮刊》第二十九期《邮海沧桑录（二十九）》云："至（民国）廿九年，邮票事业，忽又畸形发达。西邮商罗门及休门两人，均先后争出目录。其中以《罗门目录》为最详，全书有二百页之上，图解鲜明，实为空前之作。不过标价方面，或有议其私心太重者。罗门氏为邮界之幸运儿，曾以廉价收得名邮集数部，其中珍品无算。凡罗氏所购入之票，目录上定价或有稍高之处，人言亦不可不尽信也。此书之成，陈君复祥，实为幕后人。故内容方面乃极佳。全书用铜版纸精印，定价虽昂，销路则甚佳。罗门获利无算。其后又有补编及再版发行。"

内容简介：此目首页为中国大龙邮票设计以前的"双龙戏珠"图彩色画稿。正文第一部分为海关试办邮政时期的邮票，包括大龙邮票、小龙邮票、万寿邮票及分版、变异等各种情况。第二部分为大清国家邮政时期的邮票，包括万寿加盖邮票、小龙加盖邮票、红印花加盖邮票、日本版石印蟠龙邮票、伦敦版蟠龙邮票、八国联军加盖邮票、福州和重庆对剖邮票及宣统登极纪念邮票等。其中，将"B.R.A S Five Cents"加盖邮票列入欠妥，因其并非大清邮政当局发行的。第三部分是中华民国时期的邮票，包括加盖"临时中立"邮票（4种）、加盖"中华民国临时中立"邮票（8种）、加盖"中华民国"邮票、民国光复共和纪念邮票、帆船邮票、赈灾邮票，以及1940年香港商务版烈士像邮票等。还有航空邮票（4套）、欠资邮票、快信邮票（1905年大清一次快信邮票，1918年民国六次快信邮票），此外还有"限新省贴用"邮票、新疆木戳加盖航空邮票、"限吉黑贴用"邮票、"限四川贴用"邮票、"滇省贴用"邮票及大清邮政为西藏加盖的邮票。商埠邮票部分，包括厦门、烟台、镇江、重庆、福州、汉口、宜昌、九江、南京、威海卫、芜湖等商埠的邮票，以及中国台湾独虎图邮票、龙马图邮票、"台湾邮票""全台公报票"。这本《罗门目录》总体而言内容相当详尽，给后来的马氏目录提供了不少原始素材，然而编排较混乱，除年代上的混乱外，还将台湾独虎图邮票、龙马图邮票、"全台公报票"和威海卫邮票等临时专差邮票列为商埠邮票。

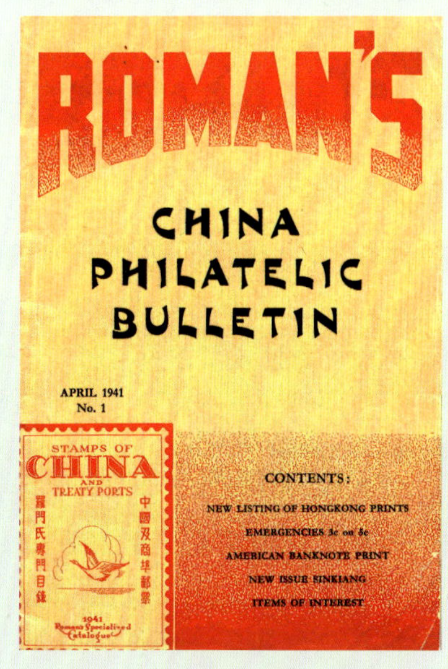

图3-64 《罗门氏华邮辅刊》封面（1941）

1941年4月《罗门氏华邮辅刊》刊出第一号（图3-64），为《1941中国及商埠邮票罗门氏专门目录》之续补。书首陈复祥所撰的《辅刊简言》云：

自罗门氏华邮专门目录出版后，华人购者甚众，皆复信欲购不定期出版之辅刊。此辅刊本拟每三月发行一次，以辅助目录所不及载之新邮，及新发现之变体。最后则将票价之有大变动者，加以订正。惟处此一切皆在非常时期中。新邮层出不穷，其已发行之票，则市价又复激荡不定。致本刊每欲付印而延期。今则为时将逾半年，不能再延。新出之票，凡将发行及已发行者，皆辅列于此。俾集邮家之购有《罗门目录》者，得此刊可以补目录之不足。至于票价，则实因种种关系，不能一一改订，仅将香港版票订定耳。此刊为罗门邮社之私家刊物，为该社《华邮目录》之辅助品。余与该社并无股权或利害关系，营业亦各独立。惟以罗君之私交关系，承谬爱坚嘱，代为写稿。盖主笔亦为西人，不识华文，而此刊则必须为国人集邮家之不识英文而购得目录者，享阅读之权利也。然余拙于文，又兼体弱，不能多用脑力。敷衍交卷，务希读者原谅为荷。

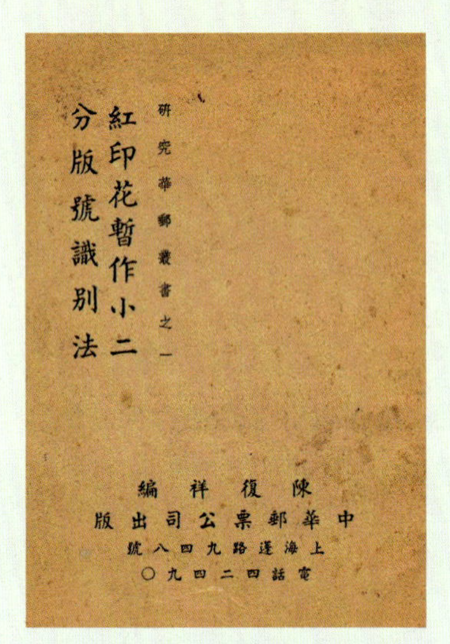

图 3-65　《红印花暂作小二分版号识别法》封面（1942）

4.《红印花暂作小二分版号识别法》

《红印花暂作小二分版号识别法》（图 3-65）是研究华邮的丛书之一，陈复祥编著，1942 年 5 月上海中华邮票公司出版。64 开 16 页，前 4 页为综合论述。郑州市集邮协会学术委员会集邮研究小组先后在 1996 年 8 月和 2000 年 4 月两次翻印，印数共为 500 册。

本书为中国集邮史上最早单独出版的红印花研究专著。1942 年《国粹邮刊》第五期《本年来国人编著邮籍介绍》曰：《红印花暂作小二分版号识别法》，上海陈复祥君编著，文字简洁、立论新颖，附有红印花小二分不同模版铜图 20 种，袖珍装订，为专门研究国邮古票者必读。五月中旬发行，每本定价中储币 7 角 5 分，全国各大邮票公司经售。

陈复祥认为“小二分”是红印花诸票中唯一不是海关造册处加盖的，其版式独特，加盖字模“破损杂乱，且多错印”，与其余面值的红印花加盖票明显不同。他在书中指出，红印花“小二分”加盖字模中，“大、清、作、洋、银、分”这六个字“皆有大小不同之字体”，“杂用于全版二十枚中”，“为辨别版式之主要点”。陈复祥以 10 页的篇幅，图解“小二分”的 20 个加盖子模，详述每个子模中各有几个大字，以及各个子模明显的字模破损与残缺、标点的高低与大小、笔画的长短与曲直。最后，根据每一位号上的大字型个数多少排列，配上一些子模明显的变异，以附表形式列出各子模的变异，以便读者查阅与核对。

本书出版后，陈复祥发现书中第 16 页有 5 处印刷错漏，当时即对印误的第四、八、十一、十二、十五号“大字型字样”亲笔更正（刘广实藏品见示）。赵人龙曾根据其书核对自己的邮集，竟发现了 1 枚“暂”字右移异体票。这一发现使当时上海专集红印花的同好为之一震，此后王纪泽又在国内找到了 2 枚同样的右移异体票。

5.《集邮趣味》与《集邮五部曲》

《集邮趣味》，李铭著，精装本，1948 年 1 月苏州潘儒巷工艺书局发行。《苏州邮刊》第三卷第六期广告曰：本书专为初步集邮同好而写，文字浅显明晓，凡未集邮者可得此而获集邮的门径，已集而欲求集邮进步者，更由此而得丰富的经验，事半功倍，必能增加无限之兴趣。全书 50 余页，增订精装本业已出版。是年 2 月增订初版，6 月增订再版，见存平装本（图 3-66）。

《集邮五部曲》，邮摘社编，1948年9月苏州邮联社总经销。《邮摘》第三十七期广告（图3-67）列全书篇章：第一部《入门》，第二部《恒心》，第三部《目的》，第四部《精与广》，第五部《研究》。《邮摘》第二至第六期分期连载，全篇不足两千字。

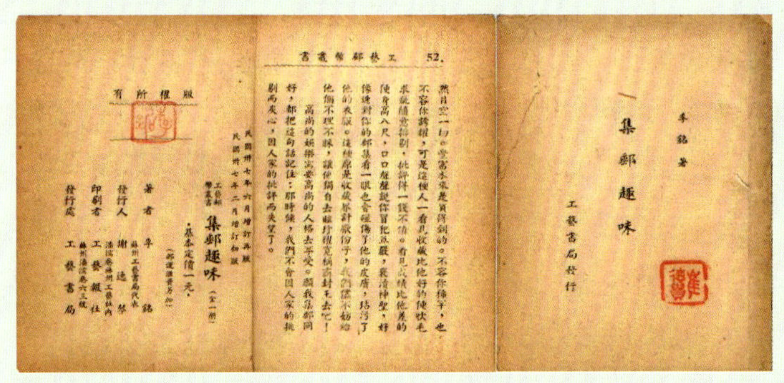

图3-66　《集邮趣味》封面（1948）

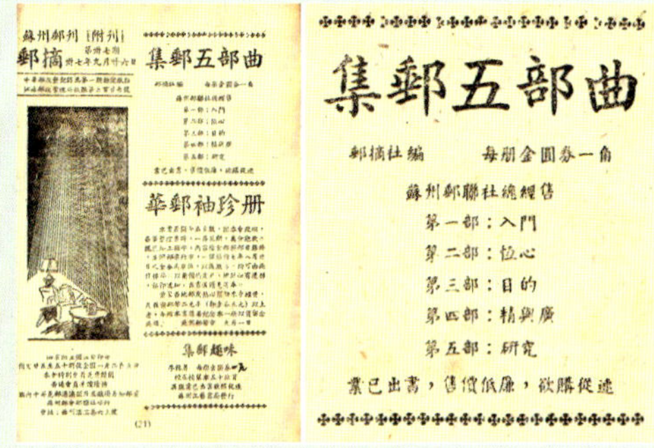

图3-67　《邮摘》第三十七期刊《集邮五部曲》广告

二、集邮刊物

1.《大华邮刊》

大华邮票会会刊，张景盂主编，1941年7月1日创刊，于上海印行。32开铅印，连封24页。因太平洋战争爆发，“第三期竟自难产而夭折”，共出刊2期（图3-68）。

该刊属普及型邮刊，《发刊辞》曰：本刊的内容，都选适合初集者的需要——浅显的序述——是集邮小学的初级教材，程度是由浅而入深，以便初集者，即是不知集邮的人们，阅读过后，都能一步一步地依着大道而进。

图3-68　《大华邮刊》第一、第二期刊封

仅发行了两期的《大华邮刊》中亦不乏集邮先进的邮学研究之作：创刊号刊有张伯江《邮会与会员》、（宋志）翔《谈胶》、（陆）志新《国邮简史》、不息《港版邮票之各版分别法》、（陶）墨耕《港版限新省贴用邮票之检讨》、钟笑炉《各地暂作三分票之发行首日》；第二期的主要篇目为张伯江《新票应否保胶之商榷》、善庐（赵善长）《甘宁青邮区发行之暂作三分票》、（阎）东魁《东川暂作三分票之研究》、凡鸟《港板“限新省贴用”票所加盖字体之质疑》、（陆）志新《国邮简史》（续一）、宋志翔《中华民国创立三十周年纪念邮票》、（钱）慕仑《三十周年纪念票之变体》、雯《欧战与邮票》、逢《世界伟人史（一）》等。

《大华邮刊》还为苏州邮史研究保留了诸多宝贵资料：

①《会员录（一）》，刊于《大华邮刊》第二期，共计登录会员37名，因会刊中辍而未见续篇，但见第19页《会员更改通讯处》列名“59欧阳承庆”，旁证了上述《会员录（一）》尚不完整。

②《大华邮票会会则》，共十条，带附则，刊于创刊号封底。

③《大华邮票会职员录》，由骨干成员徐逢生、谈佐麐、张景盂、陆志新、陶墨耕、钟笑炉六人组成，另设有上海、华北、西北、华中、西南、华南六个办事（代理）处。

④ 创刊号《发刊辞》《祝苏州集邮会成立》及顾蔼如、张景盂、钟韵玉的题词，为大华邮票会系苏州集邮会改称的史实提供了佐证。

⑤ 在《大华邮刊》刊发广告的邮商与邮社有五洲邮票社、真光集邮社、白以坚、徐逢生、慕仑、晶记邮票公司、阎辅臣、甲戌邮票会、大光邮票社、玫瑰园印刷部等，《大华邮刊》第二期还刊有《新光邮票展览会来函》及《本会贺电》等。

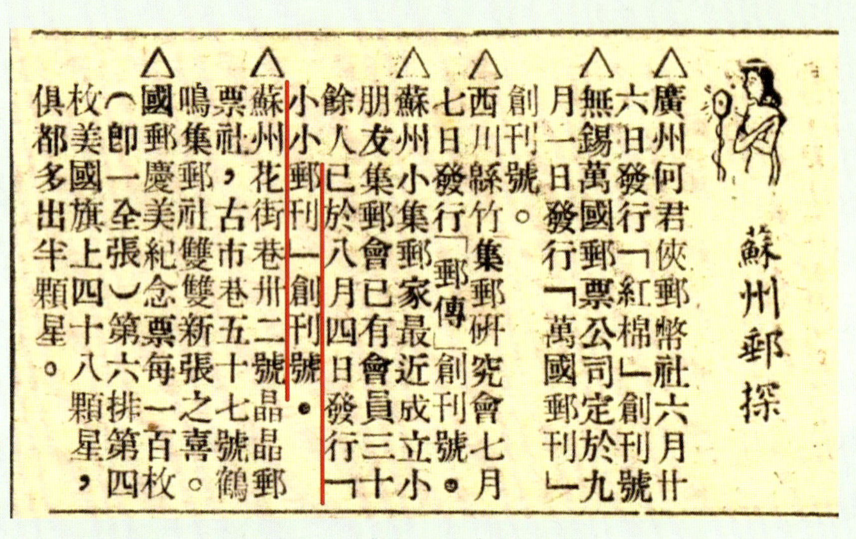

蘇州郵探

△廣州何君俠「郵幣社」六月廿六日發行「紅棉」創刊號

△無錫萬國郵票公司定於九月一日發行「萬國郵刊」創刊號。

△西川縣竹集郵研究會七月七日發行「郵傳」創刊號。

△蘇州小集郵家最近成立小朋友集郵會已有會員三十餘人已於八月四日發行「小小郵刊」創刊號。

△蘇州花街巷州二號晶晶郵票社，古市巷五十七號鶴鳴集郵社，雙雙新張之喜。

△國郵慶美紀念票每一百枚「即一全張」第六排第四枚美國旗上四十八顆星，俱都多出半顆星。

图 3-69 《小小邮刊》创刊报道

2.《小小邮刊》

《苏州邮刊》第三期《苏州邮探》（图 3-69）报道："苏州小集邮家最近成立小朋友集邮会，已有会员三十余人，已于八月四日发行《小小邮刊》创刊号。"

3.《邮侣》

刘瑞章、蔡保德主编，重庆景吕邮票公司发行，1946 年 10 月 20 日创刊，16 开铅印，第一至第三十七期无卷号，从 1949 年 11 月 30 日起编列为第二卷第一期，1951 年 1 月第二卷第七期发行后停刊，累计出版 2 卷 44 期。该刊是 1949 年前重庆出版、发行的一本重要集邮刊物，历时近五年，记录了大后方发生的集邮事件、邮人活动等，尤其是对于邮坛脍炙人口的纽约版孙中山像 2 元中心倒印票的内幕，进行了连续追踪报道，驰名邮界。

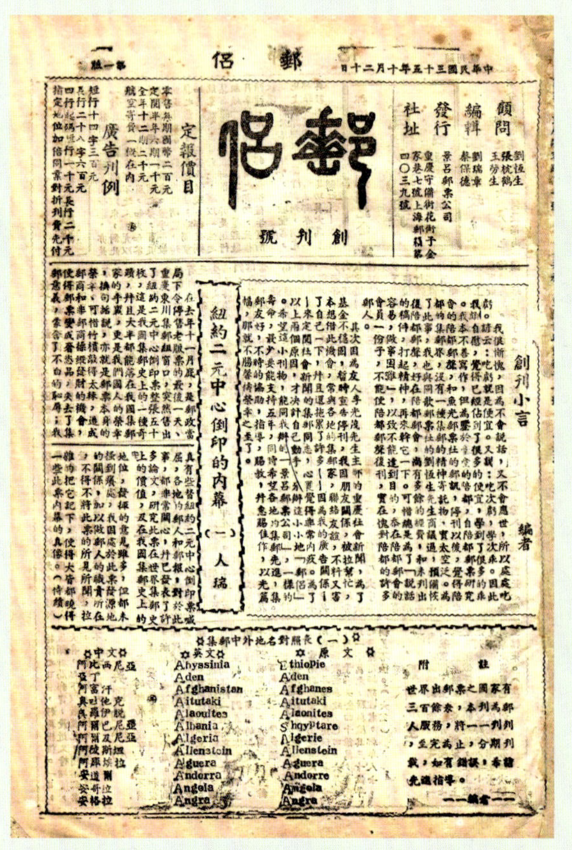

郵侶

創刊號

創刊小言

紐約二元中心倒印的內幕

图 3-70 《邮侣》创刊号（1946）

自创刊号（图 3-70）至第二卷第五期（1950 年 9 月 10 日），各期的发行时间与主要篇目，参见 1996 年版《重庆集邮史：1928—1949》。1950 年《邮侣》第二卷第六期的主要篇目包括《黔区加盖人民票之补充报导》（胡鹏）、《谈西川华南邮资改作票》（宇）、《信不信由你》（志贤）、《邮讯广播》。1951 年《邮侣》第二卷第七期的主要篇目包括《贺新年》、《鸣谢人民邮政》（瑞）、《邮商的德性》（志贤）。

主编刘瑞章为流寓重庆的吴县邮人，故乡之情割舍不断，故本刊采用不少家乡来稿，见有《邮奸如何消灭》（吴玉麟）、《谈再版邮票》、《释“大众化”》（李铭），《邮友介绍》栏收录的苏州邮人则有黄汝霖、朱朴庐、朱兼百、朱万钟、李铭、谈佐麐、蒋伯壎、郑汝纯、冯任之、王炳富、朱耀宗、陶墨耕、周志克、席麟心、陈惠坪、李铭荣、矫力挺等。

4.《苏州邮刊》

苏州邮人联谊会（苏州邮币会）会刊，1946 年 5 月 15 日创刊（图 3-71）。第一卷共六期，由苏州邮人联谊会主编，月刊，16 开 4 版报纸型，苏报社承印部承印；自第二卷第一期（1947 年 6 月 1 日）至第五卷第七期（1949 年 4 月 1 日），苏州邮币会主编，月刊，32 开书本型，工艺书局发行。1949 年 4 月后停刊，累计出刊 31 期，均系李铭编辑。

《苏州邮刊》第一卷保存的重要邮史资料：

① 创刊号刊有追述“苏州邮人联谊会”筹组经过之《小记》（光明），“集邮大众化”专稿——《关于“集邮大众化”的几句话》（李铭）、《谈谈中信百城版》（朱璐）、《编辑后记》，以及署名“钟声”的“区票”介绍文章《中共苏皖边区邮票》等。

② 第二期刊有马珪芳之《为各地邮会》及《苏州邮人联谊会会则》，中缝《会员须知》公布邮会组织机构与各部科通讯处。

③ 第三期刊有《首次理监事选举大会录》（朱万钟）、《邮票趣味讲座》消息及“集邮大众化”专稿续稿。

④ 第四期刊理事长马珪芳邮文两篇：《为各地邮会（二）》与《“集邮之暗礁”在那里？》。

⑤ 第五、第六两期所刊《本会紧要启事》言及：“本会自明年起，为普遍起见，将‘苏州邮人联谊会’之名称改为‘苏州邮票会’。”《双十节聚餐会追记》（朱万钟）则留下邮会骨干之珍贵合影。

蘇州郵刊　一

蘇州郵刊

創刊號

蘇州郵人聯誼會主編（民國卅五年五月十五日）

（每份售國幣一百元）

定閱登載廣告請向本刊出版部函洽　蘇州東美巷十五號

本刊全年六期連郵六百元（航寄另加）永久及特別會員免費贈閱廣告每格法幣二千元會員對折

關於「集郵大衆化」的幾句話　李銘

三月來之滬上郵市

兩宜郵票寄賣所　徵求中外古今新舊郵票　不論成套另星一律歡迎　蘇州養育巷郵局對門

協利郵票社　蘇州道前街卅七號半　徵求古今中外新舊郵票　營業時間：下午四至六時　星期照常

重慶蜀中郵票社　本社備有大批內地票及加蓋票，歡迎華北東北郵友以各種當地票交換並備有西郵定價克己，收價公道。社址：重慶太華樓巷六號附一號　負責人向克修啓

交換　存有各種舊省加蓋票，歡迎交換華北東北各地加蓋票，及內地紀念票。黃文蔚啓：廣州郵箱六十號

重價徵求香港郵票　有意出讓者請通訊蘇州閶門下塘街五號馬粹芳啓

本刊出版部承印　各種郵刊學稿及其他印刷一切業務　排印清晰　取價低廉　交件迅速　請向函洽

图 3-71　《苏州邮刊》创刊号（1946）

⑥ 各期所刊《苏州邮探》《会员通讯录》及邮商广告，蕴含大量苏州邮人的信息。

《苏州邮刊》第二卷最重要的信息与资料是第五、第六两期合刊出现两个版本。1947 年 12 月 1 日首见马珪芳版本，第 67 页刊登《本会通告一》（苏州邮币会广告部朱万钟谨启）与《本会紧要启事》（苏州邮币会理事长马珪芳谨启）；1948 年 3 月 1 日又见李铭再版本，篇幅删减 4 页，未登前述通告与启事。

1949 年 3 月 16 日《苏州邮刊》第五卷第六期第 69—70 页见刊：“本年会刊决定出至五卷十二期止，五卷八期起以月出一期为原则，出版日期随时在《邮摘周报》广告栏公告。”《邮摘》第六十四期《邮币新闻》云：“《苏州邮刊》五卷八期为金圆钞票研究专号，业由吴玉麟先生编制过半，欢迎各地同好供给资料，将于下月末或六月中出版。”然因时局变化终未能印行，《苏州邮刊》戛然中止于第五卷第七期。

5.《苏州邮币会刊》

《苏州邮币会刊》（图 3–72），64 开 4 版，文字部分占据 3 页，封面抬头为“苏州邮币会刊第一期”，落款为“民国卅六年四月廿日出版”，封底为空白页，二至三版为正文，行文如下。

> 苏州邮人联谊会自改组为本会后，于本年四月六日在本会举行三十六年份第一届监理事会，为强化集邮推进会务起见，凡所有普通会员一律重新登记，改发新会证，深信本次会议贡献集邮集钞界前途有伟大能力，兹将讨论事项议决如下：
>
> 一、更动人事。出版部李铭，会员部及流通部吴玉麟。余照旧。
>
> 二、征求会员。请本会老会员每人至少介绍一人入会，并欢迎各地同好，前来入会。
>
> 三、扩大邮刊。改为三十二开书本式六号活体字排印，每期自十六页起至一百二十页。
>
> 四、增加流通部。备有大量复品与各地会员互换。
>
> 五、调整会费。在本年六月底前加入者缴付会费如下：永久国币五万元，老会员补收邮刊费五千元。普通国币一万元。（七月份起另订）
>
> 苏州邮币会理监事：马珪芳、陈蕙芳、李铭、朱万钟、吴玉麟、吴德安、庄年、周嘉平、胡宝书、唐嘉澍等仝启。会员部：齐门外大街三十一号。

该刊“其貌不扬”，然其价值在于它的存在。已故集邮家蓝为汉的这份旧藏，对于填补苏州邮史空白与澄清 1947 年上半年苏州邮事变故提供了重要佐证，弥足珍贵。因 6 月 1 日《苏州邮刊》即以“苏州邮币会”名义继续出版第二卷，故《苏州邮币会刊》再无编出第二期之必要而“寿终正寝”。

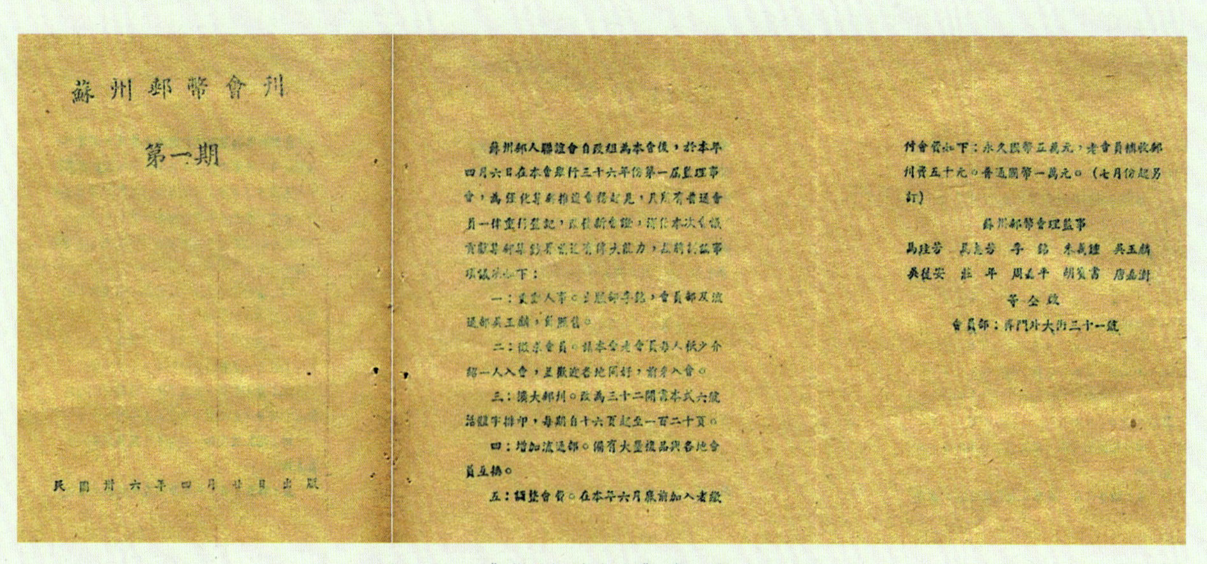

蘇州郵幣會刊

第一期

民國卅六年四月廿日出版

蘇州郵人聯誼會自改組為本會後，於本年四月六日在本會舉行三十六年份第一屆監理事會，為強化集郵推進會務起見，凡所有普通會員一律重行登記，改發新會證，深信本次會議貢獻集郵集鈔界前途有偉大能力，茲將討論事項議決如下：

一：更動人事。出版部李銘，會員部及流通部吳玉麟，餘照舊。

二：徵求會員。請本會老會員每人至少介紹一人入會，並歡迎各地同好，前來入會。

三：擴大郵刊。改為三十二開書本式六號活體字排印，每期自十六頁起至一百二十頁。

四：增加流通部。備有大量複品與各地會員互換。

五：調整會費。在本年六月底前加入者繳付會費如下：永久國幣五萬元，老會員補收郵刊費五千元。普通國幣一萬元。（七月份起另訂）

蘇州郵幣會理監事

馬珪芳 陳蕙芳 李銘 朱萬鍾 吳玉麟 吳德安 莊年 周嘉平 胡寶書 唐嘉澍

等仝啟

會員部：齊門外大街三十一號

图 3–72 《苏州邮币会刊》第一期（1947）

6.《邮摘》

1948 年 1 月 1 日创刊，邮摘社编行，苏州潘儒巷 63 号工艺书局总经销，32 开铅印，每逢星期六出版。至 1949 年 6 月 25 日共出版 74 期，在极少数终刊于 1949 年后的民国邮币报刊中，其刊期数最多（图 3–73）。

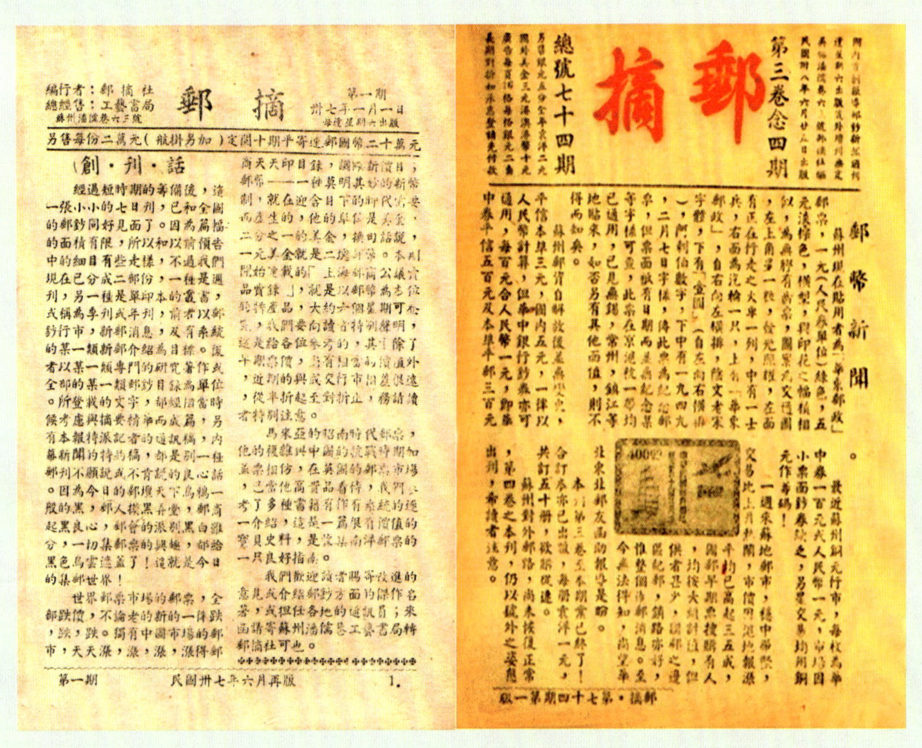

編行者：郵摘社
總經售：工藝書局
蘇州潘儒巷六三號

郵摘

第一期
卅七年一月一日
每逢星期六出版

另售每份二萬元（航掛另加）定閱十期平寄連郵國幣二十萬元

創・刊・話

經過短時期的籌備後，這一張小小的七日刊，已和全國的郵鈔同好見面了。因為篇幅的面積有限，所以和以前預告中的細目有些走樣，不過我們現在已分成二部份，一種是週刊，另一種是單印本的叢書，或稱為季刊或年刊，前者以郵鈔行市，新郵消息，及有系統的某一類新郵介紹為目標。後者以某一類專門的研究著作或全部的某一類郵鈔目錄為單位。所登載的文字，都經相當時候考慮與摘要精華而成篇，另有本報特派記者的通訊稿，內幕新聞的特約稿，都是別一種郵刊不願說或不肯說的良心話。因為今日的郵壇天下烏鴉一般的黑，郵人摸黑弄堂，郵商起黑良心，郵會的派別黑白難分，一切集郵界的興趣，都給黑色烏雲遮蓋了！這就是今日的集郵世界！

世界郵票市場的郵票，全部跌價，不論老的新的一律跌，跌，跌。獨有中國市場的郵市，天天漲，漲，漲，漲得郵商天天印目錄，調整新價目；郵幣——一種莫明其妙的新幣制，就在迎合目下的時代需要而產生的，他的單位是美金二分之一的美金，換句話說，一元美金就是二塊郵幣。本刊開始連載的「上海郵商公議價品價錄」，就是以郵幣為本位較特產品，大約六個星期可登完，我們要向讀者特別聲明，這是給各位參考的，其中除了十期零價，另有相當的價值外，近期的與民交行市相差很遠，從半折起至對折止，務請讀者特別注意。

馬來亞的淪陷時代郵票，他的複雜與中國的抗戰時期加蓋票相仿，在英國的郵票市場，已當他高貴品看待，我們參考了多種書籍有作有系統的逐一介紹，這是一篇很有價值的寶貝史料，是改集南洋郵票的一只良好指南。

我們歡迎讀者賜寄改進的意見或介紹郵鈔方面的傑作名著，或担任各地的通訊員；來函請寄蘇州潘儒巷工藝書局轉郵摘社可也。

第一期　民國卅七年六月再版　1.

郵摘
第三卷念四期
總號七十四期

郵幣新聞

郵摘・第七十四期第一頁

图 3–73　《邮摘》创刊号（左）与终刊号（右）

《创刊话》曰：“这一张小小的七日刊……以邮钞行市、新邮消息，及有系统的某一类新邮介绍为目标。”全刊邮文精华有《马来亚沦陷时代邮票史》（连载十六期）、《国邮早期票讲话》（连载二十二期）等，然均无作者署名。

第一集（第一至第十二期），冠名《邮摘》（第七、第十两期题名《邮摘周报》），邮摘社编行，页码编次为 1—48 页。

第二集（第十三至第二十四期），冠名《邮摘》，邮摘社编行，页码编次为 1—48 页。

第三集（第二十五至第五十期），冠名《苏州邮刊》（附刊）《邮摘》，苏州邮币会、邮联社编行，页码编次为 1—70 页。

第二年（第五十一至第七十四期），冠名《苏州邮刊》周报《邮摘》，随《苏州邮刊》附送，不另取赀。邮摘社编行，第六十七期起改作“号外”增刊，页码编次为 1—74 页。

该刊总第六十八期《邮币新闻》中见报，将卷号予以重新编订，“规定每半年为一全卷，第一卷自创刊至廿四期，第二卷自廿五期至五十期，第三卷自五十一期至本年六月末止，七月份出版者为第四卷。”该刊编行、经销所涉之邮摘社、邮联社、工艺书局、苏州邮币会，实际均由李铭当家，“大本营”设潘儒巷 63 号。

该刊曾拟出英文版，《邮摘》第三十九期《邮讯钞息》曰："本刊应国外会员要求，自五十一期起，添设英文版，将聘请李铭先生负责主持云。" 第四十一期《邮联一周年》云："本刊英文版决另行单独发行。现仍继续征求会员意见中，以作最后决定。" 第五十四期又见《邮摘报社通告》云："《邮摘》自（民国）卅八年二月份起改由本社接办，并恢复每星期六出版一次，并同时筹备出版日报，特先预告。" 惜英文版与日报之设想均未能兑现。

第五节　苏州邮人发起的邮学论争与研究

2002 年版《江苏集邮史》第三章第四节云：“（抗战后）由于集邮的普及和集邮学术研究气氛的浓厚，全国集邮界还进行过几次学术上的大讨论，每次讨论江苏的集邮者都发挥了重要作用。”该节所列举的邮学论争三项中，有两项是以苏州邮人为主角的。以下做详细介绍。

一、苏州邮人发起的邮学论争

1. 集邮大众化之论争

1946 年 5 月《苏州邮刊》创刊号首刊李铭《关于“集邮大众化”的几句话》，针对当时发行不久的中信版、百城凸版孙中山像邮票及“改值五角”“划线五角”“国币”等加盖邮票，在版式、纸质、齿度、刷色等方面产生众多的变异，主张“在集邮大众化的原则下，使分类的种类减少，即有发现，均可作为‘暂售组外票’而论，与普通正票无关”。文章认为：“集邮的意义，无非是一些兴趣，可借此而得到一国的地理、历史及一切其他的宝贵的知识。要使每一套邮票、每一枚邮票，大家都有机会收集，大家都有能力收藏，欲使华邮跟上世界的市场，欲国人有兴趣专集华邮，必须将‘牛角尖’式的研究方法打破，使华邮普遍起来。”李铭的观点得到了朱璐的附议，他在《谈谈中信百城版》（图 3–74）中指出：仅根据工艺版《华邮袖珍册》分类，中信版总理票、中版百印总理票、百城版总理票，“三票相加，共计四十六种，这种总理票，是根据集邮大众化原则而编的，不分纸型、刷色、粗细齿，已经够使集邮者收集为难，假使经上海近代票权威孜孜地漫无止境的发掘起来，将来一百种、二百种，甚至一千种亦可能，到这时候，还有人敢着手收集呢？”

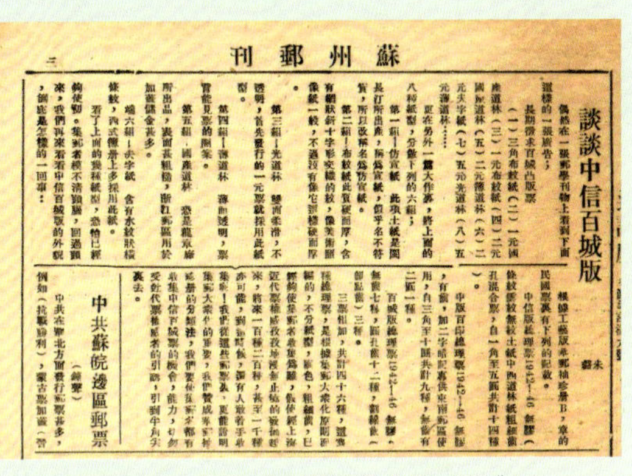
蘇州郵刊

談談中信百城版

图 3–74　朱璐《谈谈中信百城版》

宁波邮人钱希清随即发表了不同看法，在《牛角尖式的研究是什么？提高华邮的国际地位该这样吗？》（图 3–75）与《驳朱璐君所谓的大众化集邮》两文中指名道姓，做了针锋相对的回应。

《牛角尖式的研究是什么？提高华邮的国际地位该这样吗？》云：“我觉得我们的李先生倒是真正‘牛角尖’式的研究家，他漠视现实，不该叫‘掩耳盗铃’，明明‘中信版’有不同的齿孔、不同的纸质，可资分别，但他却把它们丢在九霄云外，仅仅把它分为十四种，这不是引入牛角尖吗？躲在象牙之塔上，大作‘集邮大众化’甜蜜的梦的主人，正是我

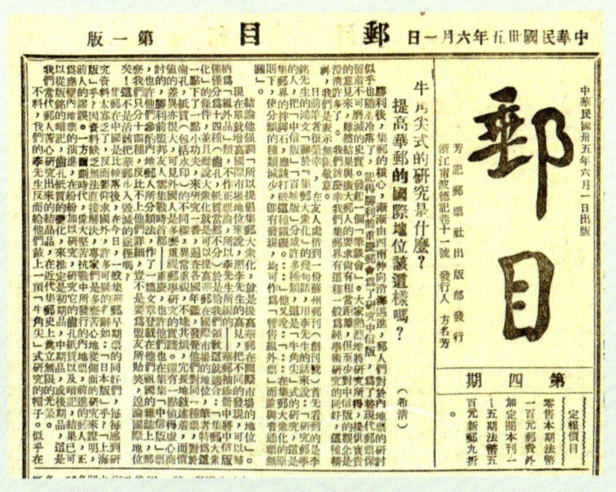
中華民國卅五年六月一日　郵目　第一版

郵目

第四期

牛角尖式的研究是什麼？提高華郵的國際地位該這樣嗎？

图 3–75　钱希清《牛角尖式的研究是什么？提高华邮的国际地位该这样吗？》

们的李先生。但话又要说回来了，笔者对于集邮大众化是很赞同的，但是要有条件的。”

《驳朱璐君所谓的大众化集邮》曰：“作者强调集邮大众化的重要，这一点本人深表赞同，但是集邮大众化必须要有一个限度，我反对今日朱先生所采用集邮大众化的途径，因为朱先生所谓的大众化仅仅将繁复的内地版票，笼统地‘去菁留芜’，不分齿孔，不分纸质，不分刷色。只要票面不同，便生硬地认为是可算为成套了！……这样的大众化，简直可说‘因噎废食’化了！”

由是引发了长达八个月之久、有众多邮刊和邮人参与的一场全国性的邮学论争，参与讨论者有钱希清、李铭、朱璐、朱熙、马珪芳、孙君毅、沈南来、应幼梅、刘任之、何君侠、张筱庵、杨世昌、朱军、钟笑炉等，所撰的邮文主要集中于《苏州邮刊》《邮目》《红棉邮刊》，以及《近代邮刊》。两位论辩主角的代表性邮文篇目如下。

钱希清：《当代几个集邮问题之我见》，载《邮目》第一期（1946 年 3 月）；《牛角尖式的研究是什么？提高华邮的国际地位该这样吗？》，载《邮目》第四期（1946 年 6 月）；《驳朱璐君所谓的大众化集邮》，载《近代邮刊》第七期（1946 年 7 月）；《集邮大众化之错误观念》，载《近代邮刊》第十一期（1946 年 11 月）。

李铭：《关于“集邮大众化”的几句话》，载《苏州邮刊》创刊号（1946 年 5 月）；《再谈中信百城版》，载《苏州邮刊》第二期（1946 年 7 月）；《编印华邮大众目录的七个问题》（“集邮大众化”邮文之三），载《苏州邮刊》第三期（1946 年 8 月）；《再谈中信百城版》，载《苏州邮刊》第三期（1946 年 8 月）；《集邮之暗礁在那里？》，载《红棉邮刊》第三期（1946 年 9 月）；《再谈中信百城版——版名与分类法》，载《苏州邮刊》第四期（1946 年 9 月）；《为“集邮大众化”答客问》，载《苏州邮刊》第五期（1946 年 11 月）；《从大众化到专门化》，载《近代邮刊》第十三期（1947 年 1 月）；《谈再版邮票》，载《邮侣》第五期（1947 年 2 月）；《谈简便集邮法》（“集邮大众化”邮文之十），载《北平邮刊》第十七、第十八期合刊（1947 年 3 月）；《释“大众化”》，载《邮侣》第七期（1947 年 4 月）。

近代郵刊

中華民國三十六年一月三十一日出版

第十三期　本期共一張半

從大衆化到專門化　李銘

图 3-76　李铭《从大众化到专门化》及“笑炉按”（1947）

论辩双方虽都主张“大众化”，但一方提倡大众化，另一方则主张专门化，这场争论的实质就是如何处理普及与提高二者间关系的问题。

1947 年 1 月《近代邮刊》第十三期刊登李铭《从大众化到专门化》（图 3-76），该文结尾云：“总之：从大众到专门化是邮票收藏和邮学研究必经的步序。使初集邮票的邮人，在经济能力薄弱和邮识欠缺的环境下面，有了大众化简明的分类法，那就容易着手了，一套一套都是全套，岂非增加了集邮上的兴趣，对集邮就生了恒心，将来更进一步，就会自动在专门化上下功夫研究的，由大众化的运动，使初级邮人得到一条平直的光明大道，难道这是大众化的一种错误观念吗了？”

文后所附“笑炉按”曰：

> 邮票分类太繁复，一部分集者无法应付，这是事实。提倡一些简便集邮法来对这一部分集者打气，使他不要灰心，这是很需要的，不过这是简便集邮法，决不是大众化。一用大众化三字，似乎叫全体集邮家都要用简便法，这就觉得不妥。集邮是顶好有研究，但并不是必要研究才能集邮。把研究放到大众化三个字里去，似乎叫全体集邮者都要研究，这就把研究看得太轻易了。我觉得钱李二君所主张的都不错，只是大众化三个字从中作祟。因为集邮的资格，就是时间、金钱、兴趣机会、毅力、邮识、信仰所构成。资格较浅的，任你用什么简便法仍不能使他一定有何成就。资格最深的，任你对他说怎样研究结果，他会笑你所见未周。集邮的资格，全由各人的环境自然造成，决不能把各人的集邮资格造成大众化。所以集邮这件事，事实上也就没有大众化可能。如果把大众化三个字抛开了，各就其对象而言——有人提倡简便集邮法，来对集邮资格浅薄的指引一条可进之路；有人提倡集邮应当研究论，来对集邮资格优厚的作共谋精进之图；这都是邮坛上功德无量之事，可以并行而不悖，就不用再有争辩了。不过简便集邮法是从属的、暂时的，因势利导，劝人采用简便集邮法是很好的，劝人只知简单的邮识就不妥了。因为人的欲望无尽，而集邮资格变动不常，不能像学级般划分等第，限年龄以升，如使囿于闻见，未免为将来进步之累了。不知钱李二君以为如何？诸位读者，以为如何？

此外，论题还延伸至“组外品”，撰稿者有李铭、吴楠选、肖伯瑜（无悔）、黄维、钱希清等。钱希清《响应废除“组外品”》云：“最近为了‘组外品’的意见不能协调，作为反映邮人舆论机构的集邮刊物渐次地出现一阵不愉快的论战，这是令人十分遗憾的，其实纠结在于‘组外品’这个文字上。”

1947—1948年，尚见李铭、范怡模、刘瑞章、马从之、郭润康等人阐述“大众化”之作，其中不乏精辟之述，如马从之在《时代邮刊》第一卷第二期《我的集邮见解》中曰：“自从去年某邮刊开始讨论集邮大众化后，各地邮刊亦纷纷提出讨论，但是到了现在，议论纷纭，莫衷一是，集邮与研究邮学都未分清，毫无结果。我认为研究邮学是一回事，集邮又是一回事，不可混为一谈。研究邮学，不妨向牛角尖里去研究，试问爱迪生不是向电的牛角尖里钻，都市夜间那有今日的光明。至于集邮，不妨先从大众化着手，我认为对于伦敦版单圈票，似乎可以先集二分至五元十枚一套，合乎大众化。”再如郭润康于《新光邮票杂志》第十五卷第四期《集邮概论》之“（三）集邮之观念”中云：“在现阶段的邮坛上，有集邮大众化之说，其出发点为简化邮票的收藏而已，意义不免窄狭，在今日应对集邮大众化重下定义。所谓集邮大众化，是要鼓励每一个大众都有集邮的机会，这才是正真的集邮大众化。”继而又曰：“集邮的成功条件，经济其一，自不容讳言，譬如以国邮中的红印花几种罕品来说，非拥有巨资不能问津，实非一般大众集邮家所可染指。但是俗言说得好，牡丹虽好，终须绿叶扶持。为了争誉国际，自需持有巨资之集邮家努力方为功，这好比牡丹；如若站在提倡集邮的立场上来言，又非多多产生大众集邮家不可，这好比绿叶。一朵牡丹，必需多瓣的绿叶陪凑，方可显得牡丹的荣华，而绿叶亦相得益彰。如何培植绿叶的繁茂，必需要打破旧观念，提倡大众集邮。”

1948年9月《邮摘》第三十六期见刊苏州邮币会编《集邮大众化荟谈》发行预告，广告词曰：“这是一九四六年苏州邮会给予中国邮坛的一颗极性炸弹，从《苏州邮刊》创刊号李铭先生的《关于‘集邮大众化’的几句话》起，引起了广大邮友的热烈论战，参加的战士有三十几位，讨论的著名邮学刊物达二十余种，是中国集邮界划时代的一种运动，兹为庆祝本会成立四周纪念，特集合各家意见，汇订成书，以资留念。”1949年《苏州邮刊》第五卷第一期《本会经销邮学书报目录》中亦见列是书，并标示“印刷中”，然最终未见面世。

2. 邮会合并之风波

1945年8月1日《金城邮刊》第七期刊发张用宾、杨世昌《各邮会联合会出版会刊的建议》，认为“联合发行会刊，不但可以减少各自印刷的困难，并可以充实会刊的内容”。是年，《新光会刊》第四期发表姚志远文章《建议合并全国邮会》，首肯张用宾、杨世昌之意见，并进而建议“希望全国邮会合并为‘中国邮票会’，于每省及特别市成立‘分会’，会员逾百人之城市成立‘支会’，二十人之城镇设‘通讯处’”。翌年2月《新光会刊》第一期所刊钟韵玉的《新光邮票会会员科通告》则言及“每城市有会员五十人以上之处可设立分会，廿人以上之处可设立通讯处”，二者似相呼应，于是引发了一场邮会、邮刊是否合并之争议。

郭志远最先发表异议，他在1946年4月《金竹邮刊》总第三十四号所刊《关于合并全国邮会刍议》中认为：

> 持论自有见地，原无庸置喙，惟管见以为各地邮会纷立，如雨后春笋，正表现集邮风气，蓬勃发扬，而邮会林立，邮刊畅行，彼此竞争，互相砥砺，庶以促成会员之发展、会务之完备，暨刊物之充实与进步。吾侪集邮同好，大率系具有充分理智，对于各邮会之孰优孰劣，自有确切认识，谁舍谁从，可加选择。矧一地各邮会，咸经艰难缔造，惨淡支持，拥有大量会众，各具光明卓绝之历史当不能遽而合并，令人灰心。苟纵因邮会日增，力量分散，则优胜劣败，窳者天演淘汰，如合并为一邮会，诚恐无与颉颃，固步自封，徒令吾侪失望。但为免生门户之见，以便集思广益计，似可将邮会间组成协会，俾资密切联系，共谋正常发展。笔者非不同意合并全国邮会，第以吾国集邮知识，尚待广泛灌输，则邮会邮刊之繁复发达，匪特无害，且正难得。爰将一得之愚，公诸同好中先进明哲，非固持成见也。

同时段，该文另在1946年《新光会刊》第二期上刊发。

《金竹邮刊》为郭志远文章配发的“编者按”则云：

> 关于全国邮会之合并与组织联会之倡议，近来风起云涌，就编所见及者，有《金城邮刊》五期元俊君之《怎样发展集邮事业》第三项，及《邮讯》七、八期润康君之《邮人、邮会、邮商》之第五段所述，均对邮会之合作及邮会会刊之联系有一提纲之意见，迨后金城七期用宾、世昌两君《各邮会联合会出版会刊的建议》，登高一呼，极为各方注意，遂有新光姚志远君《建议合并全国邮会》之响应，在《万寿邮刊》第六期复见张全一君之《创邮人节设邮联会》，最近第十期金城的编者，更提出“统一全国邮会”“发行统一会刊”的口号。当编者拜读这许多的宏文后，不胜鼓掌响应，所以在本会五十年纪文参考题中，列上一题“如何组织邮联会”，以期广增各方意见。

然而，苏州邮人联谊会理事长马珪芳并不为“多数派”意见所动摇，相反他言辞激烈地充当了“反方”主角，在1946年7月《苏州邮刊》第二期发表了《为各地邮会》（图3-77），认为“新光会见各地邮会正在摇动之时，他就仗着历史最久、会员最多、实力最广的大会口吻，高喊着合并全国邮会！设立分会来挽救各地邮会”，这样做是完全错误的，同时马珪芳还列举了三条反对理由。继而，广州《红棉邮刊》第二期亦以“兔死狐悲”为题，批评邮刊合并之提议。

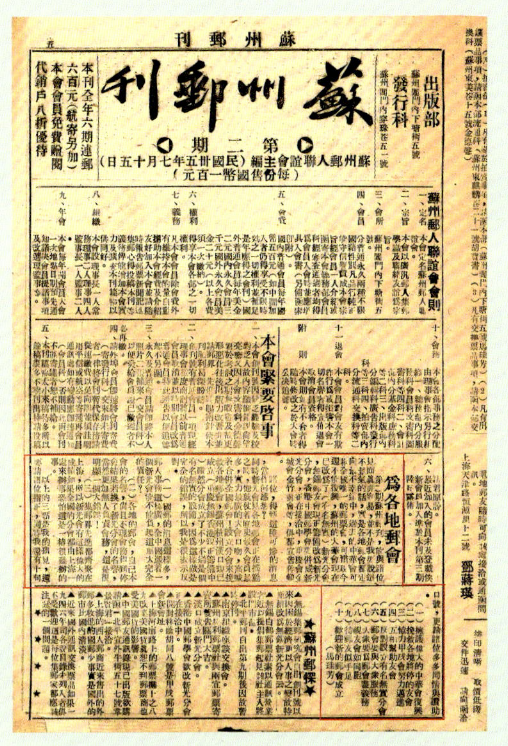
蘇州郵刊

出版部 蘇州閶門內下塘街五號

發行科 蘇州閶門內穿珠巷五一號

本刊全年六期連郵六百元（航寄另加）

本會會員免費贈閱

代銷戶八折優待

◀第二期▶

蘇州郵人聯誼會主編（民國卅五年七月十五日）

（每份售國幣一百元）

蘇州郵人聯誼會會則

一、定名 二、宗旨 三、會所 四、會員 五、會費 六、權利 七、義務 八、組織 九、年會

本會緊要啓事

爲各地郵會

蘇州郵苑

图 3-77 马珪芳《为各地邮会》（1946）

为此，新光邮票研究会理事钟韵玉专函《红棉邮刊》，言明对《为各地邮会》的观点不予认同，钟韵玉认为“邮会互相联合，融洽意见，蠲除门户之见，进而合并力量，成为全国有力之邮会，足以代表国家邮会，向国内外发扬集邮运动，并非坏事”。何君侠则在该刊第四期《答钟韵玉先生》中回应道：“团结，合作，拙见以为尽在精神，不在形式，……目前全国有如许邮会，平均三数日可得会刊一份，此为邮人的精神食粮，勿论内容如何，亦得一睹为快，倘合并一会，能三数日出会刊一次乎？”

1946年8月1日《金城邮刊》第十三期编者（杨世昌）再度发表《团结！合作！！统一！！！》一文，点名批评马珪芳：“马君文内虽然目的是在攻讦新光，但结果实足以引起各邮会的误会，因之更足以使邮会统一不起来，这对私人讲是有失感情，对邮会讲是促成分裂，两方都是万分遗憾的事，所以，我们特别在这里提出团结、合作统一的口号，希望这件事大事化小小事化无，更希望以后像这种不幸的事永远再不要发生。”是年9月，《苏州邮刊》第四期刊登马珪芳《为各地邮会（二）》，专述办刊经费问题，未再顾他而言。

值得一提的是，“新光之母”张包子俊曾有过多次促成中华邮票会、新光邮票研究会、甲戌邮票会三会统一的设想和努力。1948年，他在《新光邮票杂志》第十五卷第三期发表《统一刍议》，此议并复经上海会友18人附议。该文刊出后，编辑部收到大量支持来函，同时各地邮刊亦见响应文章，如《邮侣》第二十四期刊发志圣《三会合一》、《广州邮刊》第十一期刊发叶清余《统一我见》、《武汉邮风》第七期刊发石坚若《统一全国邮会》，均表示要集中力量，三会合一，刻不容缓。

是年，另见有“组织中国邮学刊物联盟会”之议，浙江萧山《邮海月刊》第三、第四期发表《为建议组织中国邮学刊物联盟会 告全国邮会 刊书》云：

> 窃查集邮一道，已被举世公认为最高尚之美德。吾国因邮政创办较晚，嗜此者虽未逮欧美，然在战前即有中华、新光、甲戌三邮会以事宣扬，而胜利以还，邮会邮刊林立，蔚然大盛，来日光扬，方兴未艾。惟因各会、刊散处全国，平素缺少联系，孤芳自赏，每易影响集邮，进而者更因业务上之竞争，分道扬镳，相互间每易发生抵触、摩擦，殊非同道互助之精神。若欲排除亡见，同舟共济，则舍组织“联盟会”莫属。查邮会邮刊原以增进学术为主旨，应视为文化机构，自得依法组织刊物联盟会，且国际间有“万国邮学刊物联盟会”之组织，与法与情，均无不合，本刊爰敢掬愚诚，呼请全国邮会刊从速组织“中国邮学刊物联盟会”，群策群力，以期同声相应，守望相助。

最终，关于邮会、邮刊合并的论争未能取得一致意见，各邮会、邮刊亦未能合并。实际结果是，新中国成立前夕不少邮刊因资金、纸张匮乏而停止出版，会务停顿，邮会自行消散。

二、苏州籍邮人中的邮学研究大家及其贡献

回顾民国邮坛，自卢赋梅、张景盂以来，苏州邮人中不乏邮识高超者，更有承前继后、潜心邮学研究之辈，内尤以郑汝纯、赵人龙、潘安生为杰出代表。

查早期邮文知，乃郑汝纯率先引领，1929年《邮票新声》已见载其邮文《南京通讯》；赵人龙紧随其后，崭露头角，1936年在《新光邮票钱币杂志》第五卷第十二期发表首篇邮文《新邮票应保存胶水反论》，参与邮学研讨；潘安生则蓄势待发，1941年考入恩施邮局、1946年首以“晏星”之笔名在上海《邮话》杂志刊文数篇，此后中国邮史研究领域又多了一位卓有建树的“驰骋者”。

图3-78　郑汝纯像

1. 郑汝纯

郑汝纯（1904—1980，图3-78），本名郑熙，字汝纯。江苏吴县人，原籍江苏仪征。毕业于浙江省立甲种工业学校，初在沪杭铁路工作，1928年年底民国政府增设铁道部后，他奉调南京铁道部内任职。1937年年底首都沦陷后，他随同本管机关迁移，先后在京、汉、湘、滇、筑、渝各线主持铁路及公路运输之调度事宜。抗战胜利之时，郑汝纯以接收人员身份从重庆来到石家庄，任平津区铁路管理局石家庄分区接收委员办事处运输处处长。新中国成立后，郑汝纯在铁道部从事科学情报工作，1965年秋退休，1980年10月病故于北京。郑汝纯一辈子在公路、铁路系统工作，四海为家，闲暇时间则奉献给了他所钟爱的集邮事业。

郑汝纯自青年时代开始集邮，不久即“蜚声于邮”，他的《临城匪票》与诸名家邮集一起参加了1926年新光邮票研究会在杭州基督教青年会举办的邮票陈列会。集邮家郭润康在《我的集邮回忆录（九）》中言及：“在集邮界提起郑汝纯先生，可说大名鼎鼎，无人不晓。”盖因他不仅是个出色的集邮家，更是一位杰出的集邮活动家。郑汝纯对民国邮坛做出的主要贡献：

邮会建设。在“民国三大邮会”中，郑汝纯参与了新光邮票研究会和甲戌邮票会两大组织的初创工作。新光邮票研究会是1925年冬由张包子俊、凌能夏、李弗如、郑汝纯等青年集邮者在杭州发起的。因“开办以后扶助最有力”，新光邮票研究会最初公布的《本会会员录》中郑汝纯位列榜首。郑汝纯1948年在《闲话邮风》中述及：“二十二年前，笔者居杭，曾与子俊共同为新光努力，且忝为第一号会员。”新光邮票研究会会长张包子俊多年后亦行文证实当年还曾发给郑汝纯第一号会员证。对甲戌邮票会的初创情况，1935年元旦，赵善长在回顾甲戌邮票会发刊梗概的《善长芜词》中说：“本会自甲戌三四月间，经南京郑汝纯、阎东魁，开封魏亦亨、李弗如诸同志，鉴于国内邮声之消沉，筹商组织邮票会，以通声气，曾就问于余，鄙以琐务冗繁，诚恐无暇兼顾，郑州方面，幸承周啸湖、吴济民两同志惠允赞助，遂即着手筹备，于五月一日匆匆发刊，此本会发刊梗概。”是故，《甲戌邮刊》第二卷第九期所刊其肖像下直接注明：本会发起人、南京通讯处主任郑汝纯。

对于各地邮会的建设，郑汝纯亦然“四海为家”，热忱参与——1936年，他题名中华邮票会（286号）；在郑汝纯的支持下，1941年7月1日国民政府交通部同人集邮协会在重庆成立；1942年8月23日，金竹邮票会在贵阳成立，郑汝纯被聘为顾问；1943年2月3日，陪都邮票会成立，郑汝纯任理事长，四个月后陪都邮票会奉主管机关核准改称“重庆邮票研究会”，郑汝纯连任两届理事长；1946年9月29日，湘桂黔铁路同仁邮学研究会在柳州成立，郑汝纯亦加盟为第62号会员，其时他已远在北平京汉铁路北段管理处；1947年6月，郑汝纯成为广州邮票研究会首批非粤籍外

省会员（73 号）；1948 年 6 月 6 日，北平邮票会成立，郑汝纯任理事长。

邮刊编撰。邮刊既是邮会的灵魂，也是维系邮会与会员的纽带，郑汝纯深谙此道，因此竭尽全力为之。他任甲戌邮票会南京通讯处主任时期，不仅发展了大批会员，还曾一度负责将邮刊移往南京印发，并亲自编校，使邮刊内容更为充实，篇幅亦见增多，编排印刷尤为精美，实为甲戌邮票会会刊与会务之黄金时代。《甲戌邮刊》第四卷第三至第十一期编印于南京。郑汝纯在担任重庆邮票研究会和北平邮票会的理事长期间，除了积极搞好会务之外，还以极大的精力和时间投身到《陪都邮声》和《北平邮刊》的编辑工作中，有时亲自写稿到深夜。一篇《炉边闲话》道不尽其间甘苦。

邮会活动。在活动组织方面，郑汝纯有其独到之举：在甲戌邮票会南京通讯处主任任内，他首创“会员谈话会”的活动形式，1936 年 10 月 25 日至 1937 年 6 月 20 日间共召集四次，谈话会内容丰富，除了大会报告外，还包括研究邮学、交换邮识、讨论会务、联络感情、参观邮集及交换邮票等；担当重庆邮票研究会理事长后，他月开雅集、周开座谈，主会期间“募集基金行动”取得成功，并吸引了一大批集邮先进加入该会；为推动“文化故都”北平的集邮事业，“郑汝纯因公来平，提倡组织北平邮票会”，建会后尤对宣传推广活动不遗余力。1948 年应北平广播电台邀请，北平邮票会开设“集邮之趣味”讲座，是年 6 月 2 日—11 月 5 日共计播讲 20 次，郑汝纯理事长亲自担纲三讲。为促进集邮风气之盛行，1948 年 9 月 11 日—12 日在东单青年会大楼大礼堂举行了北平邮票展览会，两日内来参观人士一千余人。郑汝纯的《内地版大全套票》亦亮相邮展，框内标题有“八年抗战记艰辛”句，颇引人瞩目。

邮学研究。甲戌邮票会副会长赵善长在《甲戌邮票会会员简传·郑汝纯》中给其评语为：“君对邮学，潜心研究，心得颇多，常撰文披露邮刊，深受集邮界之好评。”郑汝纯在各级邮刊发表邮文 50 余篇。在他所编的邮人“守则”中，开头两条就是“研究为进步之本，邮识为治邮之本”。郑汝纯还是国内引介“集邮学”概念的第一人，1943 年他在《陪都邮声创刊献辞》（图 3-79）中述曰：“然集邮家所感苦闷者，不在求票而在求知，关于邮票之历史、种类、版式、年代、花纹、印刷、纸张、齿度、水印、背胶、色差、变体等，在在均有赖于专门研究，西人名为集邮学（PHILATELY）。”

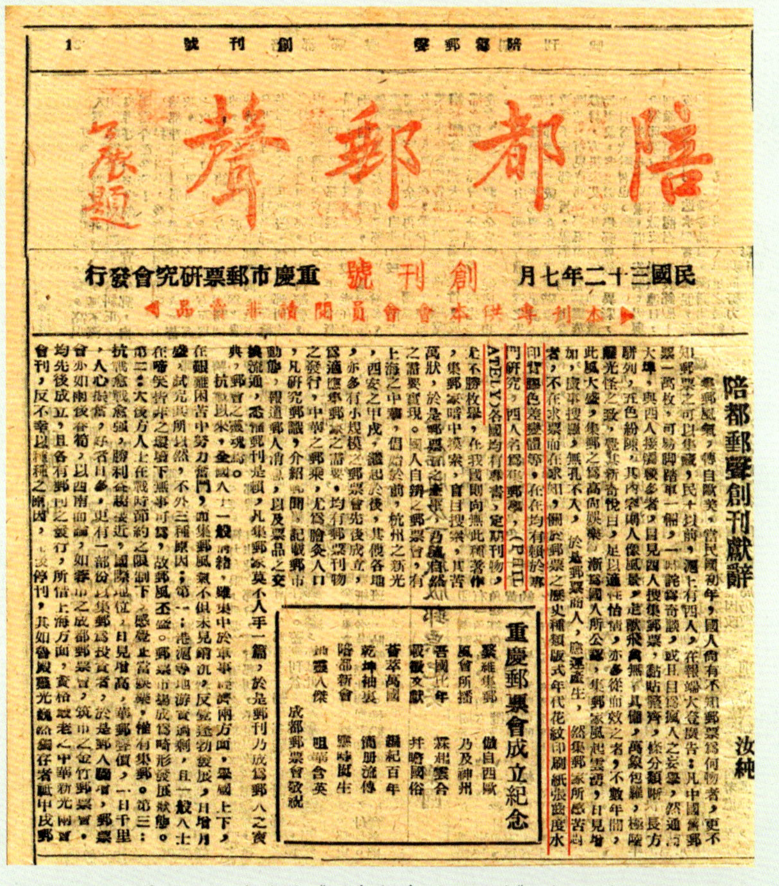
陪都郵聲

民國三十二年七月　創刊號　重慶市郵票研究會發行

本刊專供本會會員閱讀非賣品

陪都郵聲創刊獻辭

汝純

重慶郵票會成立紀念

成都郵票會敬祝

图 3-79　郑汝纯《陪都邮声创刊献辞》（1943）

2. 赵人龙

赵人龙（1918—2014，图 3-80），生于常熟鹿苑乡（今属苏州张家港市）。高级工程师。1940 年毕业于浙江大学土木系，毕业后任职于四川犍为岷江电厂工程处，1945 年到美国垦务局及科罗拉多大学研究院学习水力发电工程专业相关知识，获科学硕士学位。1947 年回国后，他曾任国民政府资源委员会全国水力发电工程总处工程师，1949 年后历任北京（水电）勘测设计院、成都（水电）勘测设计院、水电建设总局、水利电力部基本建设司副总工程师等职。撰有《上犹水电站坝内式厂房的应力分析》《永定河梯级开发》等论文。

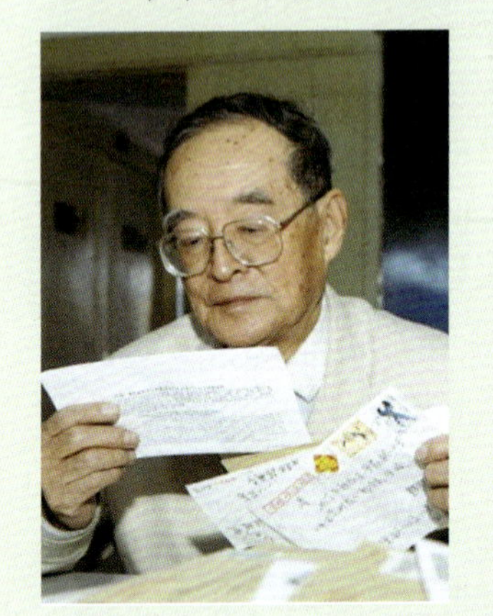

图 3-80　赵人龙像

赵人龙在《集邮九问》中自述：“我是从小时候开始集邮的，那时还不到 10 岁。我在老祖母整理她的一个古老的一个竹箱时，看到有一包前清的邮票。当时她正准备扔掉，我看到邮票很好看就把它留下来了，从那时起就开始集邮。”其时赵人龙尚在吴县县立平江小学读书，张包子俊则是他进入杭州市立中学时的集邮启蒙老师。其所撰的第一篇邮文《新邮票应保存胶水反论》刊发于 1936 年《新光邮票钱币杂志》第五卷第十二期。此前他已于 1935 年 3 月题名新光邮票研究会（293 号），当时他正在浙江大学工学院深造。1940—1944 年，赵人龙在大后方加入中华邮票会（507 号）、甲戌邮票会（1097 号）、金竹邮票会（314 号）及金城邮票会（89 号）。1945—1947 年赵人龙在美深造期间，还加入了美国专题集邮协会与美国中华集邮会。

编者按：

（搞）集邮的人多，做研究工作的人少，这已成为集邮界一个值得重视并且迫切需要解决的大问题。许多同志集邮十几年甚至几十年，仍停留在收藏、欣赏的阶段，要他动笔写点文章，则有心无力，难以下手。究其原因，一是他们对集邮研究在整个集邮过程中的重要性认识不够，二是对研究方法和手段缺乏了解。实际上，集邮研究工作的广泛开展，是一个国家集邮水平最集中最充分的体现。如果忽视了这一点，对于一位集邮者来说，他所得到的充其量只是一半的乐趣而已。

为了改变这一现状，使广大集邮者重视和提高自己研究的水平，更广泛更深入地了解和掌握集邮研究的内容和方法，我们特辟“研究之道”专栏，约请老集邮家赵人龙先生，每期一篇，系统而详尽地论述集邮研究的内容和方法，希望广大读者认真阅读并随时提出见解，和我们一起共同把这个专栏办好。

集邮研究之道

总　论

赵人龙

集邮的完整内容包括收集、整理、研究和出成果四个阶段。收集和整理是基础，是第一步工作，之后便是不同层次的研究。所取得的成果应该公布于众，组编的邮集可参加邮展，写成的论文或专著应参加学术讨论会或发表出版。如此，读者或观者在欣赏完你的成果后，又会提出种种意见，供你参考补充，通过来进一步促进你的收集、整理和研究工作，从而取得更新的成果。如此反复循环，不断演化，才能提高自己的集邮水平，享有恒久的乐趣。

我国已故大龙邮票专家陈湘涛先生曾有“集邮三A”说，孙君毅先生在《集邮》1982年第1期曾介绍过。陈老认为集邮之道可归结为英文字母的三个“A”，即Accumulation（积聚）、Analysis（探究）和Achievement（成果）。他认为，“积聚”不单是收集邮票，还要积累各种有关邮学资料，积聚是为了研究，而研究则应有成果。一个只攒邮票不做研究，在学术上没有成就的人，不能算是一个真正的集邮家或邮学家。陈老不但这样说，也这样做。他花了几十年的功夫，收集了千余枚大龙邮票，参考了世界上各著名大龙邮票专家的研究成果，旁征博引，并付出了辛勤的劳动，终于准确地找出了大龙邮票76个子模（1分银、5分银各25个，3分银26个）的版模特征及全部演变过程，为了解大龙邮票的印制过程和重组各版式全张提供了可靠的根据。陈老的集邮思想和治学态度值得广大集邮者认真学习。

自世界第一枚邮票发行以来，集邮的方式逐渐演变，从古今中外一揽子的收集发展到分国、分时期到分专题的收集，可以大致分为两大类，即传统集邮（包括性质相近的邮政史、邮政用品、航空集邮和印花税票集邮等类）和专题集邮（包括极限集邮等类）。传统集邮的研究主要是对邮票以及邮品本身的研究，而专题集邮则主要是对邮票故事性的研究；而本文侧重讨论传统集邮中的一些问题。

百余年来，传统集邮的方式经历了长期探索和演变的过程。这和邮票的印制方法不断改进，印刷设备从原始作坊的手工操作发展成高度的机械化、自动化，印刷邮票纸张、油墨材料、刷胶、凿孔和裁切技术的很大改进有直接关系。因此，传统集邮的某些研究内容对于古典邮票非常重要，而对近代邮票就不一定适用。比如说，单枚邮票的母模和子模特征研究及复组，对于当年采用原始印刷方式、存世量很小、档案资料残缺不全的古典邮票的研究很必要，但对于采用高度机械化、电子化方式印制的存世量很大、档案齐全的近代邮票则无甚意义。再如，新中国普23民居邮票，其中有一部分由不同的印刷机印刷，印版全张、印刷全张和成品全张、齿孔排列方式和齿孔度数、色标、厂铭、电眼、校正线位置、电子分色制版形成的子模特征等，这些可研究的内容又远远超过了早期邮票。

传统集邮研究的内容极为丰富多彩，就邮票本身而言大致有以下几类：

1. 印刷方法的研究，包括印刷机械、制备邮票母模、子模、子模组、印刷全张及印刷程序等。
2. 邮票刷色研究。
3. 邮票齿孔研究。
4. 邮票纸张、水印、背胶研究。
5. 旧票的邮戳研究。
6. 邮票设计稿、样票、试印票的研究。
7. 变体票研究，包括印刷变体、齿孔变体、加盖变体、纸张变体等。

此外，对于封、片、简、笺的研究而言，大致可分为：

8. 邮政用品类中的邮资明信片、信封、简笺、包封纸的研究。
9. 邮票或邮政用品使用期限、首日、尾日的研究。
10. 使用范围和地点研究。
11. 邮资的研究。
12. 邮路的研究。
13. 邮品真伪鉴别研究。
14. 集邮书刊的收集及研究。

在今后的每期《集邮》上，笔者将详细地予以论述，力争给读者特别是具有中级水平的集邮朋友们以系统的、深入浅出的感受，从中掌握一整套方法和手段，最终为提高个人的水平而增益。

除了研究方法外，还要注意充分利用外部的条件，如利用邮友的藏品、博物馆的陈列品、有关的邮学资料、工具仪器等。再者，要改变单枪匹马的习惯，发挥集体的力量，运用集体的智慧，这样则容易得到正确的结论。近年来，我国早期票和区票研究上所取得的一系列成就，均证明了集体智慧在集邮研究领域中的突出贡献，同时也表明了集邮研究本身对集邮事业的发展起到了巨大的推动作用。

最后需要强调的一点是，要做好集邮研究工作，一定要多读邮刊，充分了解掌握研究的现状，只有这样，才有可能消化已有的成果，更上一层楼。

28

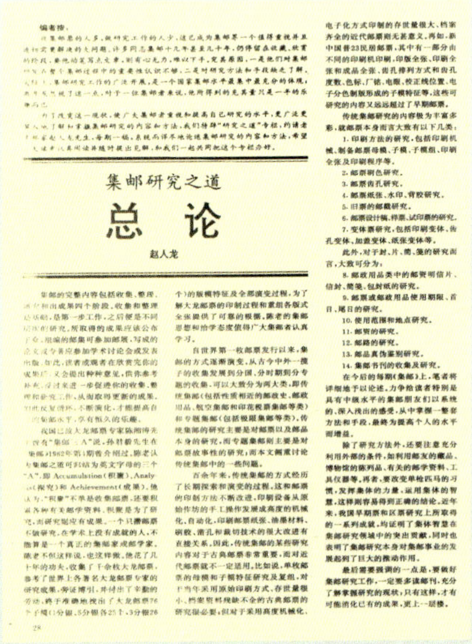

图 3-81　赵人龙《集邮研究之道 · 总论》

退休后，赵人龙更是专注邮学，厚积薄发。代表性著述：《读“红印花邮票”小识》，该文于 1987—1991 年在香港《邮票世界》连载，共分 31 节，每节均有独立篇名。《集邮》杂志从 1994 年第一期开始，连载赵人龙的长篇文章《集邮研究之道》（图 3-81），这是一篇内容丰富、指导性很强的邮学文章，连载 8 期，内容包括：总论、研究对象的确定、邮票的印刷方式和版式研究、邮票刷色的研究、邮票齿孔的研究等。按原计划，还有一半的内容未写，然因其患病，《集邮》不得不将此栏目暂停。2002 年，赵人龙又撰写了《中国邮票及邮票研究》，主要谈了传统性研究与辨伪性研究，此篇也使读者全面了解到 1994 年因病中断的《集邮研究之道》连载的全貌，也算弥补了当年的缺憾。

赵人龙所撰的被选入全国优秀集邮学术论文集及《中国集邮年鉴》中的重要论文有《清代红印花原票张号的研究》《大龙 3 分银邮票子模和版式的讨论》《新中国“欠 1”研究》《第 32 枚小壹元及其他》《百龄芳辰话红花》《蟠龙加盖临时中立加盖张号的初步研究》等。另据中邮网 2006 年发布的“赵人龙先生集邮研究成果邮文资料索引”，1982—2005 年他在内地（大陆）和港台地区，以及新加坡主要邮刊发表邮文 270 余篇。

赵人龙所藏的大龙邮票、小龙邮票、万寿及加盖票、红印花加盖票、蟠龙及加盖票、民国帆船及加盖票，以及中国欠资邮票等邮集，其研究水平都相当高。此外，赵人龙还是快信邮票研究专家，1993 年 10 月，人民邮电出版社出版的常增书著《清代民国快信邮票研究》，是由赵人龙审校和作序的。他还在2003年国际集邮学术研讨会宣读论文《清末民初快信邮票若干问题的研究》，对快信票的邮票属性、印刷处、第1次与第2次快信票之辨别、“千字文”字头研究、阿拉伯数字编号研究、民国1次快信票发行日期、早期快信票（收集）的误区等七个方面做了深入探讨。

赵人龙长期关注并热情支持家乡的集邮活动，自称“邑人”，他不仅为《常熟集邮》题写刊头，继而又在《张家港邮苑》创刊后，于1988年为之题写刊头。2009年12月26日，在苏州市平直实验小学校百年校庆典礼上，赵人龙、赵时铮父子校友赠送“师严道尊”牌匾。

3. 潘安生

潘安生（1919—，图3-82），江苏吴县人，老家位于古城区葑门内多贵桥巷，1931年作为“平江小学第一名毕业生”考入草桥中学。潘安生早年丧父，全面抗战爆发后不得已背井离乡，1941年4月15日考入湖北恩施邮局，并于1945年赴台供职。

图3-82　潘安生像

潘安生作为台湾邮界公认的大佬，其建树包括两个方面：一是在邮政界。他从事邮务工作长达43年又8个月，自1941年入门，至1984年年底退休。潘安生本人曾在《回忆七十年前的草桥中学》一文中自述道：“全靠自己努力自修……因而参加各种考试，皆能出人头地，一直到高等考试获隽而跻身于高级公务员之列，最后升任为邮政总局的‘副总级’，功成身退，而毕生从事是经验，累聚的知识，在邮政界薄负邮学专家的声誉。”二是在集邮界。自20世纪60年代起，潘安生即勤于笔耕，多以“晏星”为笔名，邮学著述等身，达50余种。其中既有邮政业务专著，又有面向青少年的集邮指南书籍，当然也不乏邮学研究精品名篇。潘安生的邮学研究代表作有《中华邮政发展史》（图3-83）、《沙鱼涌邮史研究》《蟠龙邮票诞生之秘辛》《榆关通邮话当年》《军邮邮票之研究》《从邮戳看邮史》等。

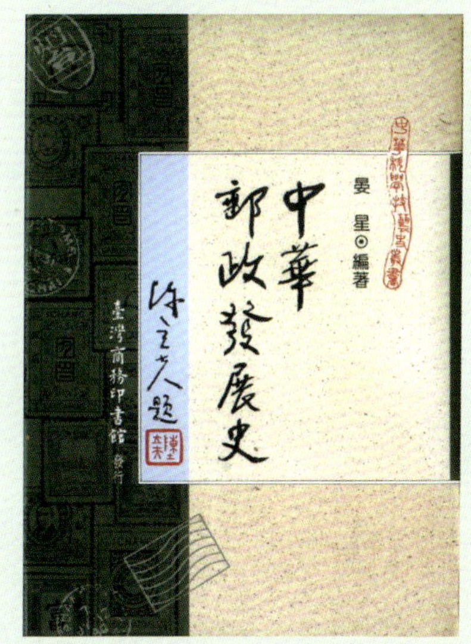

图3-83　署名“晏星”的《中华邮政发展史》

潘安生是海峡两岸公认的邮学家，其邮学研究有两个特点：一是胸有成竹。一枚旧封、一桩往事、一位故人，信手拈来，借题发挥，多能演绎为一段邮史，读之既感趣味又长见识。潘安生曾自言：“我是一个遇事好问之人。”又于苏州《邮史研究》创刊号赐稿中云：“我亦自撰一联语曰，手上邮票未必有，胸中邮识岂可无？”二是不唯上、重考据，能旁征博引，指点迷津。如“红印花原票是印花税票”“加盖小字当壹圆为正票”之说原为定论，然而潘安生经长期研究后于1995年以“封翁”为笔名在《红学研究的另类思考》（图3-84）中提出异议并予以剖析，认为红印花原票只是“海关印花”，加盖“本为银据作嫁，惜以后者（邮政汇兑）姗姗来迟，误了佳期，以至彼此擦肩而过”，加盖小字当壹圆“根本是试印而未奉核准的试样而已”。

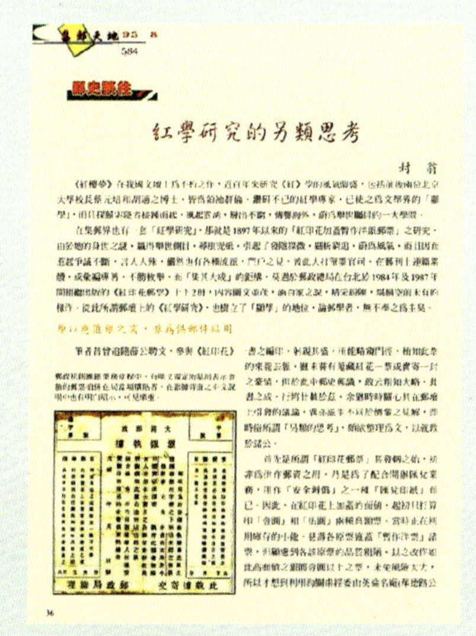

红學研究的另類思考

封翁

图3-84　署名“封翁”的《红学研究的另类思考》（1995）

值得一提的是，潘安生虽未有宏富的集藏，但仍能被视为当今大龙邮票和红印花邮票的研究名家之一。刘肇宁《有关大龙邮票记载的主要资料索引》列举了潘安生相关撰稿 10 篇，邹小亮、徐党秀编著的《红印花邮票文献索引》收录其邮文 34 篇。

潘安生具有博学卓识，对邮史、邮学研究功力精深。在《中国邮政》《今日邮政》《宝岛邮讯》《精粹邮刊》《集邮界》《菲华邮刊》《新瑞集藏》《中国集邮学报》《上海集邮》《江苏集邮》《荆楚邮林》《榕城集邮》等数十种海内外知名邮刊上，都能发现署名“潘安生”“晏星”“封翁”的研究成果。潘安生“有许多笔名轮番使用，曾用晏星、正原、西林、博闻、片羽、田正、鱼雁、艺德、繁星、清议乃至封翁，信手拈来就有一大串”。“晏星”的笔名早在 1946 年已见诸报端，而潘安生在八旬高龄后才始称“封翁”。《今日邮政》总第四百九十六期刊登其自撰稿《晏星自今为“封翁”》，之后又在《凯燕邮讯》《宝岛邮讯》见《封翁念旧》《邮政客卿掌故漫谈》等专题连载，迄今仅冠名“封翁”的邮文即有 300 篇。2018 年，潘安生在新竹寓所度过了他的百岁生日，至今仍笔耕不辍，并恢复了“潘安生”之署名，以示从头来过。

1990 年 6 月，潘安生率先编著专门介绍大陆邮票之图书《大陆邮票寻幽》，之后随着两岸关系的逐步改善，他的故乡情结得以向世人充分展露：1995 年，在上海政协《联合时报》发表对故乡苏州的怀念之作，优美的文笔和清秀的书法给编者、读者都留下了深刻的印象。是年，在《苏州杂志》第六期刊发《苏州邮史掌故》专稿，该文凝聚了潘安生对故乡邮史的研究心血，揭露了“苏州最早的邮局在哪里”“苏州的租界”“邮政官局与客邮、民局之抗衡”“苏州邮局的首任局长”“早期的苏州邮戳”等史实，并在全文结尾不无自豪地写道：“苏州是一座具有二千多年历史的文化古城，其邮史掌故丰盈，可谈者绝非短文可罄。”

1998 年，潘安生在《苏州杂志》第四期发表了《百年邮戳一世情》，他以邮道情，且更为直白：“苏州是我的故乡，每一回看到邮书来自故园，面对邮戳上的苏州二字，就不禁油然而兴桑梓之情。”养育巷邮政分局“老店新张”的历史变迁，令潘安生感触万分：“百年前，它寄宿在一家纸室之内，百年后喜迁现代化的大楼，对于这一前一后的经历，我虽然均未能一睹。但是，已足使我这个隔海思乡的老人魂牵梦萦，苏州变了，愿她更加美丽，这是每一个苏州人的共同心愿！”1996 年，潘安生所撰的《梦回双塔忆童年》发表于《苏州杂志》总第四十七期，他坦陈：“苏州是我的始生之地，但真正在家乡的日子不过十年，所以我这个苏州人，在事实上只不过留着一点点童年的回忆而已。”然而，这童年的回忆是刻骨铭心的，面对客赠以双塔为背景的“苏州水乡”画作，他思绪万千：“那一带是我做学童的年代，每天晨昏相随，再也不能更熟悉的环境哪！一个甲子以上的阔别，古塔的风貌依然如昨，不禁为之神往。”“我真想插翅作归鸿，回去看个究竟，让自己融入画境中，重温童年往事。”“看双塔千百遍也不厌，印象深刻，毕生难忘。”潘安生卜居宝岛七十余年，不仅本人“乡音未改”，且儿孙们的“国民身份证”上皆载明原籍是江苏吴县。潘安生在 2000 年发表的《从乡音说到母语》的文章中，深情地说道：“每一次展读家乡寄来的《苏州杂志》，看到内容的字字句句，总觉得有如聆乡音的感觉。”“母语是一生一世忘不了的。”“因乡音而联想到母语，又看到有些人在梦想将台湾的方言，通过保护母语的手段，逐渐形成一种台湾国语，这真是可怕的恶行，作为苏州人以及所有来自中原的所谓新台湾人，岂能坐视，任令野心家如此步步相逼？感愤之余，旨此以告国人与乡亲，同声谴责之。”2004 年，《苏州集邮》第一期刊登了《潘安生先生致周治华先生函》，信件落款为：“愚潘安生（封翁）手上 流寓台岛的苏州人八五叟。”其故乡情结由此亦可见一斑。2009年年初，九秩老翁潘安生终于圆梦，重返已阔别六十余年的故乡寻根。老家、母校、故人、往事令其触景生情，《回忆七十年前的草桥中学》一文道出了他的感叹：“我的苏州老家，在葑门内甫桥西街多贵桥巷。睽隔六十年，少小离家老大回。”“回首前尘，师友凋零，以我九秩高龄，独能捉笔追忆往事者，恐已无几人矣！”2012年，经其胞弟、苏州大学校友潘骥监理，潘安生捐赠邮学专藏40项入藏家乡百年老校苏州大学图书馆。

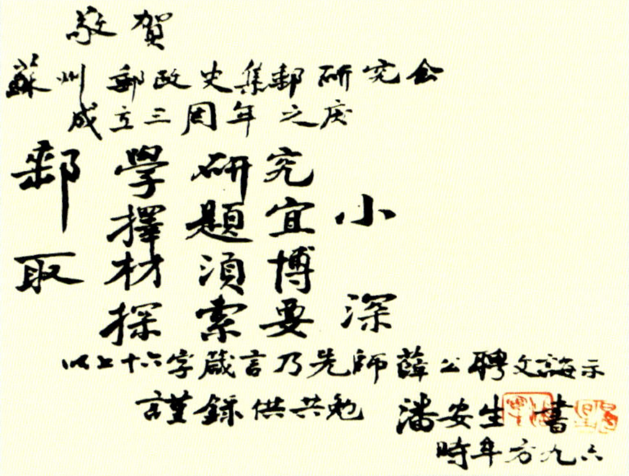

敬賀
蘇州郵政史集郵研究會
成立三周年之慶
郵學研究
擇題宜小
取材須博
探索要深
以上十六字箴言乃先師薛公聘文所示
謹錄供共勉　潘安生書
時年方九六

图3-85　《苏州邮史研究》载潘安生贺词

潘安生与苏州邮人丁蘖、周治华、金问涛、邹子阳、张晓钢等保持有多年的邮学交流，并在《苏州杂志》《苏州集邮》《生肖集邮》《苏州邮史研究》（图3-85）等刊留下了40余篇邮文。

4. 柳无忌

还有一位值得一提的“圈外人士”柳无忌，他是中西比较文学的大家，集邮资历也不浅，或许还称不上邮学家。然而1979年《参考消息》转载其所撰的《集邮六十年琐记》后，柳无忌便一鸣惊人，其作堪与集邮家姜治方的《集邮六十年》相媲美，故《苏州集邮史》当有其一席之地。

图3-86　柳无忌像

柳无忌（1907—2002，图3-86），原名柳锡礽，笔名啸霞、萧亚、无忌，江苏吴江人。1927年于清华大学毕业后公费留美，1931年以论文《英国浪漫主义诗人雪莱》获耶鲁大学英国文学博士学位。1932年回国后相继任教南开大学、国立西南联合大学和国立中央大学，1946年再度赴美并前后执教于劳伦斯大学、耶鲁大学和印第安纳大学，20世纪60年代初在印第安纳大学创办东亚语文系并任系主任。柳无忌对中国文学和西方文学均有深入研究，撰述译编中英文著作三四十种。他在国内讲授西方文学，在美国则讲授中国文学，为中西文学的交流起到了桥梁作用，是饮誉中外的著名学者和作家。

柳无忌是近代著名诗人柳亚子的哲嗣，9岁时即随其父柳亚子参加南社（入社号629号）和新南社活动，青年时代对南社精英苏曼殊做过深入研究，晚年积极推进南社研究事业，1976年退休后筹建国际南社学会，任会长。

柳无忌的集邮事迹，早年鲜为人知。1979年中国港台地区邮坛出现两件盛事：一是香港《文汇报》百花副刊和湖南《湘江文艺》8月份同时连载姜治方的《集邮六十年》；二是台湾《联合报》副刊于7月26日—27日发表柳无忌的《集邮六十年琐记》，国内《参考消息》于翌年4月11日—15日连续五天予以转载（图3-87）。香港《邮票世界》随后分别转载了上述两个回忆录。柳无忌的《集邮六十年琐记》后被收录《柳无忌散文选——古稀话旧》，该书1984年由中国友谊出版公司出版，诚如书序所言：“《集邮六十年琐记》经过转载，为千千万万读者所喜爱。”

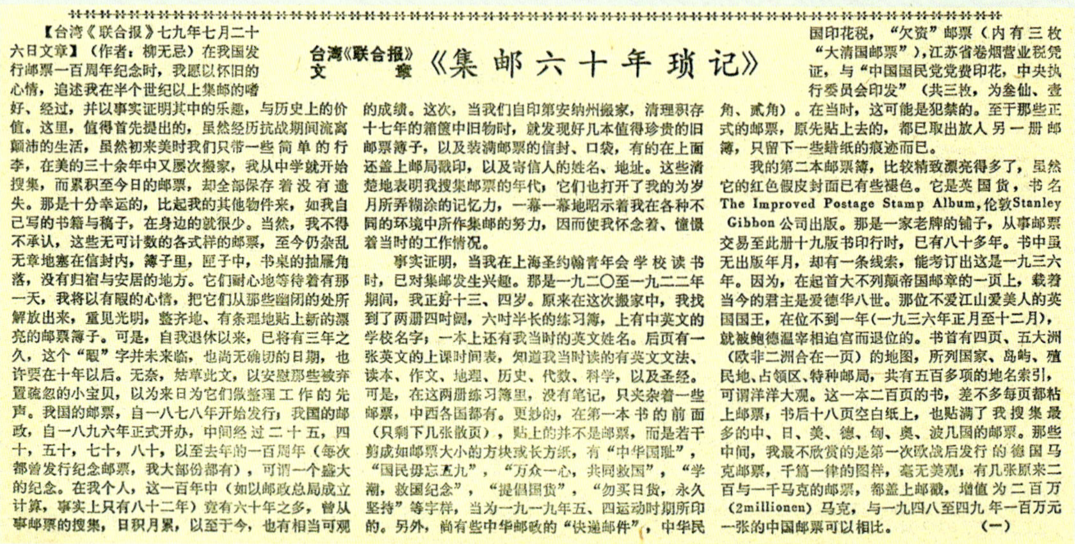

台湾《联合报》文章 《集邮六十年琐记》

【台湾《联合报》七九年七月二十六日文章】（作者：柳无忌）在我国发行邮票一百周年纪念时，我愿以怀旧的心情，追述我在半个世纪以上集邮的嗜好、经过，并以事实证明其中的乐趣，与历史上的价值。这里，值得首先提出的，虽然经历抗战期间流离颠沛的生活，虽然初来美时我们只带一些简单的行李，在美的三十余年中又屡次搬家，我从中学就开始搜集，而累积至今日的邮票，却全部保存着没有遗失。那是十分幸运的，比起我的其他物件来，如我自己写的书籍与稿子，在身边的就很少。当然，我不得不承认，这些无可计数的各式样的邮票，至今仍杂乱无章地塞在信封内，簿子里，匣子中，书桌的抽屉角落，没有归宿与安居的地方。它们耐心地等待着有那一天，我将以有暇的心情，把它们从那些幽闭的处所解放出来，重见光明，整齐地、有条理地贴上新的漂亮的邮票簿子。可是，自我退休以来，已将有三年之久，这个“暇”字并未来临，也尚无确切的日期，也许要在十年以后。无奈，姑草此文，以安慰那些被弃置疏忽的小宝贝，以为来日为它们做整理工作的先声。我国的邮票，自一八七八年开始发行，我国的邮政，自一八九六年正式开办，中间经过二十五，四十，五十，七十，八十，以至去年的一百周年（每次都曾发行纪念邮票，我大部份都有），可谓一个盛大的纪念。在我个人，这一百年中（如以邮政总局成立计算，事实上只有八十二年）竟有六十年之多，曾从事邮票的搜集，日积月累，以至于今，也有相当可观的成绩。这次，当我们自印第安纳州搬家，清理积存十七年的箱箧中旧物时，就发现好几本值得珍贵的旧邮票簿子，以及装满邮票的信封、口袋，有的在上面还盖上邮局戳印，以及寄信人的姓名、地址。这些清楚地表明我搜集邮票的年代，它们也打开了我的为岁月所弄糊涂的记忆力，一幕一幕地昭示着我在各种不同的环境中所作集邮的努力，因而使我怀念着、憧憬着当时的工作情况。

事实证明，当我在上海圣约翰青年会学校读书时，已对集邮发生兴趣。那是一九二〇至一九二二年期间，我正好十三、四岁。原来在这次搬家中，我找到了两册四吋阔，六吋半长的练习簿，上有中英文的学校名字；一本上还有我当时的英文姓名。后页有一张英文的上课时间表，知道我当时读的有英文文法、读本、作文、地理、历史、代数、科学，以及圣经。可是，在这两册练习簿里，没有笔记，只夹杂着一些邮票，中西各国都有。更妙的，在第一本书的前面（只剩下几张散页），贴上的并不是邮票，而是若干剪成如邮票大小的方块或长方纸，有“中华国耻”，“国民毋忘五九”，“万众一心，共同救国”，“学潮，救国纪念”，“提倡国货”，“勿买日货，永久坚持”等字样，当为一九一九年五、四运动时期所印的。另外，尚有些中华邮政的“快递邮件”，中华民国印花税，“欠资”邮票（内有三枚“大清国邮票”），江苏省卷烟营业税凭证，与“中国国民党党费印花，中央执行委员会印发”（共三枚，为叁仙、壹角、贰角）。在当时，这可能是犯禁的。至于那些正式的邮票，原先贴上去的，都已取出放入另一册邮簿，只留下一些蜡纸的痕迹而已。

我的第二本邮票簿，比较精致漂亮得多了，虽然它的红色假皮封面已有些褪色。它是英国货，书名 The Improved Postage Stamp Album，伦敦Stanley Gibbon 公司出版。那是一家老牌的铺子，从事邮票交易至此册十九版书印行时，已有八十多年。书中虽无出版年月，却有一条线索，能考订出这是一九三六年。因为，在起首大不列颠帝国邮章的一页上，载着当今的君主是爱德华八世。那位不爱江山爱美人的英国国王，在位不到一年（一九三六年正月至十二月），就被鲍德温宰相迫宫而退位的。书首有四页、五大洲（欧非二洲合在一页）的地图，所列国家、岛屿、殖民地、占领区、特种邮局，共有五百多项的地名索引，可谓洋洋大观。这一本二百页的书，差不多每页都粘上邮票，书后十八页空白纸上，也贴满了我搜集最多的中、日、美、德、匈、奥、波几国的邮票。那些中间，我最不欣赏的是第一次欧战后发行的德国马克邮票，千篇一律的图样，毫无美观；有几张原来二百与一千马克的邮票，都盖上邮戳，增值为二百万（2millionen）马克，与一九四八至四九年一百万元一张的中国邮票可以相比。 （一）

图 3-87 《参考消息》转载柳无忌的《集邮六十年琐记》（1980）

实际上，柳无忌于十三四岁即已涉邮，其自述“当我在上海圣约翰青年会学校读书时，已对集邮发生兴趣”，最初“父亲是我集邮的同志和支持者。差不多当时我所有的旧邮票，中外一样，都是他给我的”。难能可贵的是，集邮成为柳无忌的终身爱好，从求学时代开始至成为学者，始终不离不弃。即便在抗战的艰难环境中，执教国立西南联合大学与国立中央大学时，仍然乐此不疲，并且感染了身边的亲朋好友。在《集邮六十年琐记》中，柳无忌自述道：“当我于 1932 年自美返国，我的太太也成为我集邮的第二个协助者。”“等到抗战结束，我们预备来美期间，我的女儿也加入了这个集邮集团。”吴江黎里柳亚子纪念馆还藏有柳无忌 1945 年手书于重庆沙坪坝的“集邮乐事也”题赠一幅。

“所藏山积的邮票”与已整理成册的“邮票簿子”，昭示着柳无忌在不同的环境中为集邮所做的努力。邮坛墨客郑启五在《集邮情感·两个“六十年”》一文中对柳无忌的集邮成绩与《集邮六十年琐记》的价值给予了高度评价：“他平铺直叙中倒也一五一十如数家珍，贵重的集邮史料似泉喷涌，源源而来！对《中国集邮史》所呈现的参考价值，虽然难以与姜治方的大作等量齐观，但他谈及的诸多对民国票收集的往事，将有助于丰实这一段集邮史的单薄。”

第六节　“区票”集藏与苏州

一、“区票”宣介在苏州

1946年5月发行的《苏州邮刊》创刊号第三版发表了署名“钟声”的《中共苏皖边区邮票》（图3-88），并刊附毛泽东像票4枚。此文刊发于国民党统治地区（简称“国统区”），颇具胆识，全文内容如下：

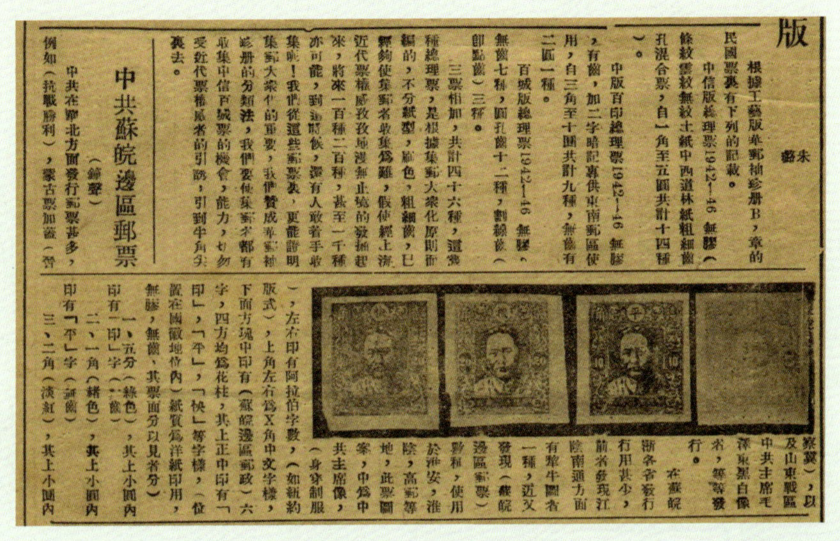

中共蘇皖邊區郵票

（鍾聲）

中共在華北方面發行郵票甚多，例如（抗戰勝利），蒙古票加蓋（晉察冀），以及山東戰區中共主席毛澤東黑白像者，等等發行。

一，左右印有阿拉伯字數，（如紐約版式），上角左右為X角中文字樣，下面方塊中印有（蘇皖邊區郵政）六字，四方均為花柱，其上正中印有「印」，「平」，「快」等字樣，（位置在國徽地位內）紙質為洋紙印用，無膠，無齒、其票面分（以見者分）一、五分（綠色），其上小圓內印有「印」字（無齒）二、一角（赭色），其上小圓內印有「平」字（無齒）三、二角（淡紅），其上小圓內

图3-88　钟声《中共苏皖边区邮票》（1946）

中共在华北方面发行邮票甚多，例如（抗战胜利），蒙古票加盖（晋察冀），以及山东战区中共主席毛泽东黑白像者，等等发行。在苏皖浙各省发行行用甚少，前者发现江阴南通方面有犁牛图者一种，近又发现（苏皖边区邮票）数枚，使用于淮安、淮阴、高邮等地，此票图案，中为中共主席像（身穿制服），左右印有阿拉伯数字（如纽约版式），上角左右为×角中文字样，下面方块中印有（苏皖边区邮政）六字，四方均为花柱，其上正中印有“印”“平”“快”等字样（位置在国徽地位内），纸质为洋纸印用，无胶，无齿，其票面分（以见者分）：一、五分（绿色），其上小圆内印有“印”字（无齿）。二、一角（赭色），其上小圆内印有“平”字（无齿）。三、二角（淡红），其上小圆内印有“快”字（无齿）。四、五分（蓝色），其上小圆内印有“便”字（无齿）。五、二角（蓝色）……有“机”字（无齿）。

1946年6月26日，国民党以30万军队围攻中原解放区，全国解放战争由此正式开始。然而，《苏州邮刊》对“区票”的宣介并未中止。

《苏州邮刊》第三期（1946年8月15日）中缝又见《中共苏皖边区票》后续报道，署名“方才”，文曰：“中共苏皖票，除本刊第一期报道外，尚有灰蓝色二角机字（有齿）、淡青色五分便字（无齿），及深红色五分便字（无齿），加盖暂售七角五分黑字三种（未加盖原邮未曾见用）。再近又发行交通图新邮一套，全三枚，分二角半浅蓝，五角青蓝，一圆棕红色。图案中为一正在行驶之火车，两旁花柱。上排为‘中华民国’及中文数值，下排为‘苏皖边区邮政局’及阿拉伯文数字。”

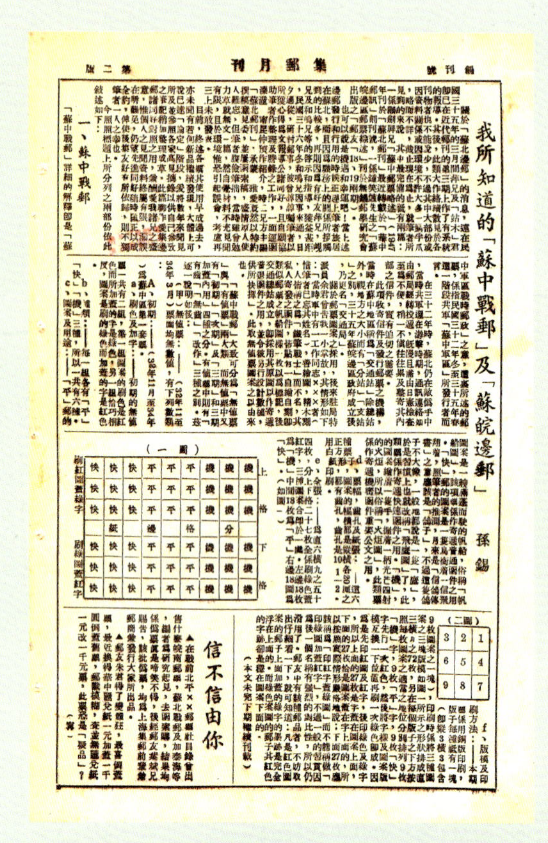

集郵月刊

我所知道的「蘇中戰郵」及「蘇皖邊郵」 孫錫

图 3-89　孙锡《我所知道的“苏中战邮”及“苏皖边邮”》

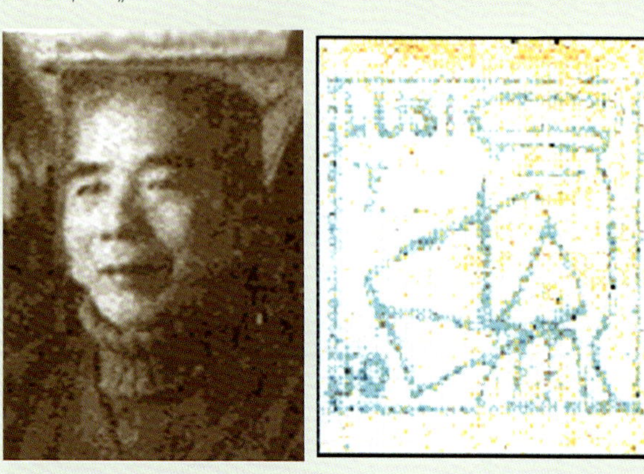

图 3-90　杨雪林像及其珍藏的 1943 年淮南津浦路西区绿色邮票

图 3-91　沈曾华像与稀世珍邮“‘稿’字四方联”藏品

是刊第五期（1946 年 11 月 15 日）《新邮消息》报道“八面城边区票”，第六期（1946 年 12 月 15 日）第四版所刊毅《谈谈邮票》也介绍了苏皖边区票。

在《苏州邮刊》之姊妹刊《邮摘》刊登的解放区邮票宣介文章有《边区新邮》《邮摘社讯》（第十二期），《共区的邮政》（第五十六至第五十七期），《集共区邮钞同好须知》（第六十期），《共区的邮资与邮票》（第六十三期）等。其中，第六十期刊文《什么叫做解放区？》为苏州邮人普及了解放区知识。

此外还有寓苏邮人孙锡，1949 年起在《集邮月刊》第六期连载解放区邮票宣介文章《我所知道的“苏中战邮”及“苏皖边邮”》（图 3-89），合计篇幅整 6 页，内含图表 16 幅。

二、苏州邮人与“区票”集藏

1. 与苏州颇有渊源的新四军“区票”收藏家——杨雪林、沈曾华

◆ 杨雪林（1915—？），江苏吴江人。全面抗战爆发前为上海一家绸厂的工人，1938 年年底参加新四军。皖南事变后担任连指导员、营教导员等职，战斗在淮南的路东和路西两大区域。1945 年由军队调地方，活动于苏皖、山东及华中地区，上海解放后一直在中共上海市委组织部工作，直至 1982 年离休。杨雪林 1942 年前后开始集邮，他在戎马生涯中收集到的“区票”，一直随其辗转南北，视同文物。他离休后方有时间整理、研究，1986 年经集邮家刘广实发掘，杨雪林珍藏“区票”——淮南区无面值邮票上加盖“暂作”有面值邮票、淮南津浦路西区绿色邮票（10 分）（图 3-90）、盐阜区的“改新抗”邮票、苏中区的“暂作平邮”邮票等公布于世（参见刘广实《“区票”又一重大发现》），为深入研究解放区邮政史做出了重要贡献，有关研究成果已被收入《中国邮票史（第五卷）》。

◆ 沈曾华（1922—2006），是以“‘稿’字四方连”藏品（图 3-91）著称的新四军集邮家。他虽生于江苏淮安，但与苏州渊源匪浅。1932 年淞沪抗战后，其父任中孚银行苏州分行经理，举家迁居苏州。沈曾华，初一考进东吴大学附中，1937 年卢沟桥事变后才返回上海避难。沈曾华寓苏六年。2000 年 5 月，他重返苏州，祭扫了东山的双亲墓，并与九妹沈曾苏伉俪作为校友受邀参加了母校苏州大学的百年校庆活动。沈曾华 1942 年离沪赴苏北参加新四军，在艰苦的战争环境中，他收集和保存了一批华中、淮南、盐阜、苏中解放区的邮票和实寄封，正是这些邮品日后成就了他的《华东人民邮政》邮集。沈曾华是进入“世界集邮大奖俱乐部”的第一位中国人，其《华东人民邮政》邮集曾获伦敦 1990 世界邮展金奖、曼谷 1993 世界邮展金奖加特别奖、汉城 1994 世界邮展金奖加特别奖、北京 1996 亚洲邮展大金奖和国家大奖、中国 1999 世界邮展大金奖加特别奖和国家大奖。沈曾华编撰出版有《洪流邮趣》和《洪流集藏》专著，2005 年他将珍藏了六十二年的“‘稿’字四方连”邮票拍卖所得捐出，作为第一汽车制造厂设立自主品牌的创新奖。

2. 新中国成立前已有“区票”集藏的苏州籍邮人——张用宾、刘瑞章、陆念乔、叶顺庆、杨德熊等

◆ 张用宾（1906—？），笔名冰，江苏常熟人。1937 年在香港工作时开始集邮，后奔赴内地，先后入职于重庆牛角沱复兴公司、甘肃水利林牧公司，1946 年 1 月离开兰州赴上海。1944 年 4 月，张用宾与陈明述、丁宝铨、杨世昌、马鸿宾等人在兰州发起成立金城邮票会，历任常务理事、总干事及《金城邮刊》主编，为甲戌邮票会（1028 号）、重庆邮票研究会（91 号）、金竹邮票会（665 号）、成都怡友邮票研究会（77 号）会员。

张用宾 1981 年在《抗战胜利纪念邮票盖销封》一文中自述：1947 年 7 月，他的朋友戴礼轩从胶东返沪，知道他爱好集邮，就赠给他一个贴有《抗日民族战争胜利纪念》邮票的盖销封（图 3-92）。这个盖销封已保存了三十多年。那年戴礼轩由西北来沪，在善后救济总署工作。当时，该署有一批救济物资要运往山东烟台，他临时被雇押运这批物资。到烟台后，他在当地邮局买到《抗日民族战争胜利纪念》邮票及其他山东解放区邮票多套。原拟用挂号邮寄，不料烟台邮局以“邮路不通”拒绝挂号寄往上海，因而就用了该署公用信封，将《抗日民族战争胜利纪念》邮票全套 4 枚贴在了信封上，盖了烟台邮戳，日期为“（民国）36 年 7 月 17 日”，即 1947 年7月17 日。4 枚邮票图案相同，但 1 元票橘黄色，5 元票咖啡色，10 元票青莲色，20 元票绿、红、蓝三色套印。图案内容是毛主席指引人民群众奔向光明的前程。

图 3-92　《抗日民族战争胜利纪念》邮票盖销封

蔡绍忠在《重庆市邮票研究会和陪都邮声》中言及：“刘恒生、刘瑞章、吴乐园还组织到一批解放区邮票，如晋察冀边区‘抗战军人’和‘大抗’邮票、‘交通徽地球图’邮票。当时在渝的会员、苏州集邮家陆念乔和重庆集邮家曾宏宽就是从那时开始收集解放区邮票的。”1949 年 1 月《邮侣》第二十八期《邮侣十次拍品揭晓》（图 3-93）见列：“十一号边区五四运动新全六元。”是为旁证。

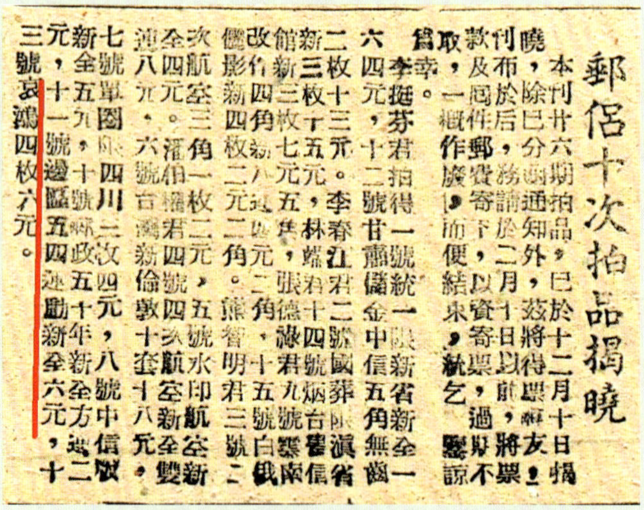

郵侶十次拍品揭曉

图 3-93 《邮侣》竞拍“区票”之记载（1949）

陆念乔在《收集区票的一点回忆》中云：

> （全面）抗战爆发后，我去重庆乡间工作，工余仍以集邮为乐。并参加了金竹、甲戌邮票会。在重庆乡下以通信函购为主。我发现重庆吴乐园先生的目录中有两项晋察冀抗战军人和全白日徽三全新票。当时我在杂志上已看到介绍革命圣地延安的文章，工作单位亦有人奔赴延安参加革命的，因此我对解放区已有敬仰的心情。从集邮角度来考虑，这两套邮票虽非我收集的范围，但从历史的意义上说，我还是买了这两套邮票留作纪念。抗战胜利后的次年，我回上海工作，仍继续集邮。我在河南路邮摊上见到一包五百多枚的袋票，其中以民国票为主，还有两枚苏维埃邮政一分、三分的无齿票和三套东北解放区邮票。我知道苏维埃时期的邮票，比抗日战争时期的邮票更早，更有历史意义，因此我也买了下来。

◆ 陆念乔（1919—2003），江苏苏州人。全面抗战时期就职于东川长寿定慧水电厂，新中国成立后返回故乡。1944—1945 年，他先后加入甲戌邮票会（2040 号永久会员）、重庆邮票研究会（199 号）、金竹邮票会（555 号）、成都邮票会（303 号）等。他在渝期间已触及“区票”集藏，新中国成立初主集外邮，与国外通邮频繁。1958 年参与筹建苏州市工人文化宫集邮小组并任组长，后担任苏州市集邮协会首届副会长和第二、第三届顾问及《苏州集邮》首任主编。

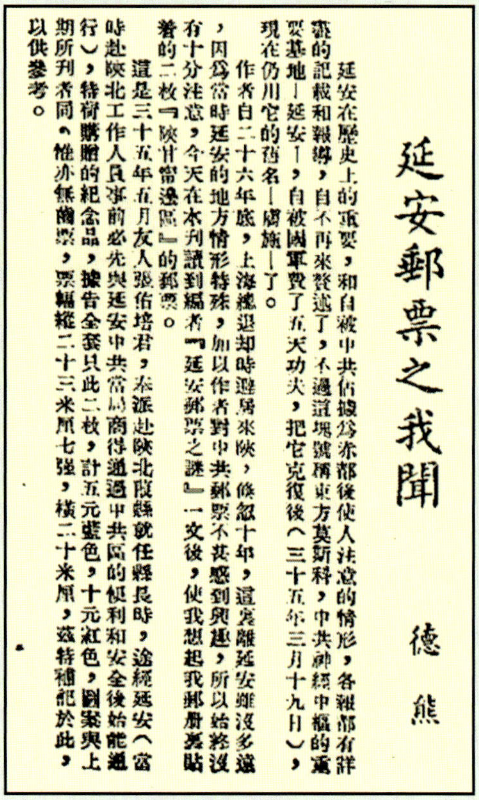

延安郵票之我聞　德熊

延安在歷史上的重要，和自被中共佔據爲赤都後使人注意的情形，各報都有詳盡的記載和報導，自不再來贅述了，不過這塊號稱東方莫斯科，中共神經中樞的重要基地—延安—，自被國軍費了五天功夫，把它克復後（三十五年三月十九日），現在仍用它的舊名—膚施—了。

作者自二十六年底，上海總退却時避居來陝，倏忽十年，這裏離延安雖沒多遠，因爲當時延安的地方情形特殊，加以作者對中共郵票不甚感到興趣，所以始終沒有十分注意，今天在本刊讀到編者『延安郵票之謎』一文後，使我想起我郵册裏貼着的二枚『陝甘甯邊區』的郵票。

這是三十五年五月友人張佑培君，奉派赴陝北[illegible]縣就任縣長時，途經延安（當時赴陝北工作人員事前必先與延安中共當局商得通過中共區的便利和安全後始能通行），特别購贈的紀念品，據告全套只此二枚，計五元藍色，十元紅色，圖案與上期所刊者同，惟亦無齒票，票幅縱二十三米厘七强，橫二十米厘，茲特補記於此，以供參考。

图 3-94 杨德熊《延安邮票之我闻》（1947）

◆ 叶顺庆（1912—？），又名叶斌，苏州东山人。1929 年，国民党元老李根源由东山槎湾村登玉笋峰题字，叶顺庆曾参与接待。叶顺庆初在川沙叶永丰酱园就职，全面抗战爆发后一度避居东山槎湾老家，后赴沪于新兴漆号、佩诚庄等处经商。叶顺庆 1934 年 9 月题名甲戌邮票会（91 号），1935 年 1 月题名新光邮票研究会（259 号）。《甲戌邮刊》第二卷第四期见刊其邮文《台湾民主国独虎票之考略》。

1947 年《新光邮票杂志》第十四卷第二期所刊（杨）德熊《延安邮票之我闻》（图 3-94）云：“作者自二十六年底，上海总退却时避居来陕，倏忽十年，这里离延安虽没多远，因为当时延安的地方情形特殊，加以作者对中共邮票不甚感到兴趣，所以始终没有十分注意，今天在本刊读到编者《延安邮票之谜》一文后，使我想起我邮册里贴着的二枚‘陕甘宁边区’的邮票。这是三十五年五月友人张佑培君，奉派赴陕北佳县就任县长时，途经延安（当时赴陕北工作人员事前必先与延安中共当局商得通过中共区的便利和安全后始能通行），特荷购赠的纪念品，据告全套只此二枚，计五元蓝色，十元红色，图案与上期所刊者同，惟亦无齿票，票幅纵二十三厘米七强，横二十厘米，兹特补记于此，以供参考。”

居洽群、刘广实的《也谈陕甘宁边区早期票》一文提到，叶顺庆生前忆及，他曾于1940—1941年在沪期间，给时在肤施（延安）邮政局任职的新光邮票研究会会员徐敏去信，询问彼处有无特殊邮品，回信附有“中华邮政”演讲图半分邮票（1937年陕甘宁边区早期票）1枚。当事人徐敏在《引起了我的回忆》（图3-95）中予以确认。

1946年上半年，解放区和国统区间出现了短时间的通邮，苏城邮商马珪芳、金德声、朱万钟等均抓住时机进销“区票”。1946年5月发行的《苏州邮刊》创刊号第一、第四版中缝刊登香港邮票社、心爱邮币社、光明邮票社同启《联合售品一斑》：“十、晋察冀抗战胜利八枚全，十一、苏皖边区邮票毛泽东像（二枚）。”第二版另见金德声启“征求光复后东北各地加盖票、中共边区票、国邮早期票”之广告。

抗战胜利后，苏城虽不乏“区票”爱好者，然集藏终未形成气候。直到新中国成立初情况才有了变化，有赖于近代邮票研究的“通天教主”钟笑炉及苏州邮商柯斌等的引导和搭桥，将一位姑苏“新人”周祥林带上了“区票”集藏与研究之路，此乃后话。

引起了我的回忆

徐敏

今年《集邮》第二期刊登了居洽群、刘广实二同志的《也谈陕甘宁边区早期票》一文，提到叶顺庆（叶斌）在世时，曾回忆说徐敏在1940年或1941年从旧中华邮政的肤施（延安）邮局寄出陕甘宁边区早期票的半分票一枚。文中所提的徐敏即是我本人。

解放前，我在旧中华邮政工作。1940年1月我调到肤施（延安）邮局。到延安不久，我遇到了原在陕西三原邮局工作的一位同事（后到延安抗大）。受我之托，他给我找到7、8枚陕甘宁边区邮票。邮票的面值都是半分和1分的（只记得这两种），图案及刷色与上述文中的图⑤和图⑥相同。这位同事不集邮，问他全套有几枚，什么时间发行的，他均不知，只说是陕甘宁边区邮票。邮票是用新闻纸印制的，石印版。

1940年5月至1941年5月我在延安期间，曾有集邮爱好者和旧邮局同事来信询问或索取边区邮票。我在回信时，仅附给一枚（半分的或1分的），这是因为我所存不多。1941年我到西安，曾访问阎东魁（甲戌邮票会创始人之一），也赠给他半分票和1分票各一枚。

现在我所存的陕甘宁边区早期票，也仅有1分票一枚了。

谨防伪品

亦鸣

1981年，北京鼓楼集邮研究会以邮刊创刊一周年和举办中国共产党成立六十周年邮展等名义，翻印一批我国解放区的珍贵

图3-95　徐敏邮文及1937年陕甘宁边区早期票配图

第四章　新中国成立后苏州集邮的起伏历程（1949—1983）

自1949年至1983年苏州市集邮协会建立前，是个一波三折的特殊历史时段，苏州集邮历经“三伏三起”：新中国成立初期，原处国统区的人们对新政权和新生活面临适应的过程，故邮事波澜不惊、趋于平淡。20世纪50年代后期，随着苏州市工人文化宫建设的兴起，集邮组织及其活动复兴；受“三年困难时期”的影响，邮事乏善可陈。风雨过后见彩虹，20世纪60年代，苏州在邮戳集藏研究方面形成了一道亮丽的风景线；此后受“文化大革命”的冲击，集邮活动再度低迷。改革开放后，民间集邮迎来了重整旗鼓的曙光。1981年元旦，苏州市工人文化宫集邮研究会宣告成立。伴随着集邮活动的展开与深入，截至1983年9月，吴江、昆山、常熟的集邮协会均宣告成立，苏州市集邮协会的组建已蓄势待发。

Before the establishment of the Suzhou Philatelic Association, there was a special historical period of vicissitudes from 1949 to 1983, experiencing three ups-and-downs. In the early days of liberation, people who were originally in the Kuomintang-controlled areas faced a process of adapting to the new regime and new life, so philatelic activities remained calm and tended to be dull. In the late 1950s, with the rise of the Municipal Workers' Cultural Palace, philatelic organizations and their activities revived. Due to the impact of three years of natural disasters, the philatelic activities had a poor record. In the 1960s, Suzhou formed a beautiful scenery in the field of postmark collection research. Then, impacted by the Cultural Revolution, philatelic activities once again declined. After that, the rectification of chaos and the implementation of the Reform and Opening-up Policy have ushered in the dawn of folk philatelic revitalization. On New Year's Day in 1981, the Philatelic Research Association of Suzhou Workers' Cultural Palace was established. With the development and deepening of philatelic activities, as of September 1983, the philatelic associations in Wujiang, Kunshan, and Changshu were all established. At last, the establishment of a unified association—the Suzhou Philatelic Association was on the agenda.

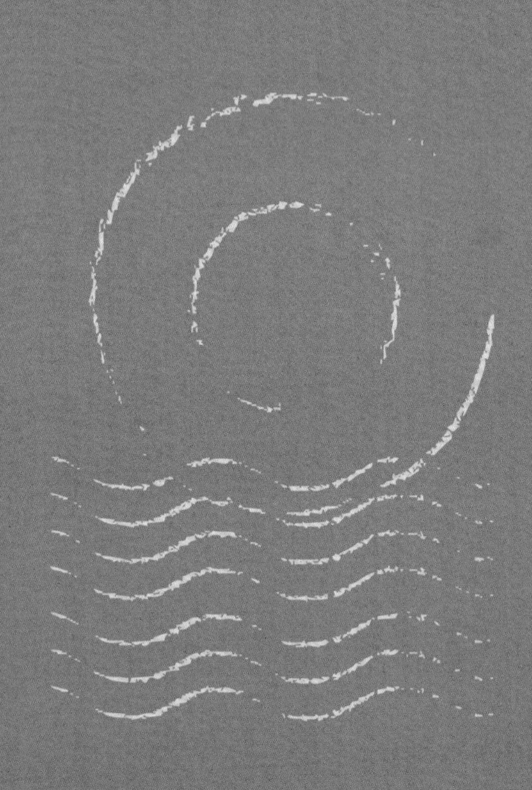

第一节　新中国成立初期苏州邮商的经营情况

一、邮商概况

至 1950 年，苏城中如雨后春笋般涌现的集邮商社大多已偃旗息鼓，或改弦更张。如 1950 年孙锡《天堂邮况》（图 4-1）云："苏州的邮市，一般地讲来，目前可以说是沉闷极了……邮票商店过去很多，阵容比较坚强的有绿宝、香港、光明、礼和、大华等，其中香港、绿宝、大华均兼营拍卖……而目前，绿宝迁平、大华改业，硕果仅存者，仅香港一家而已，虽已今非昔比，然其独力支撑，使此间枯寂之邮坛尚留得一丝温暖，其功殊不可没，尤可贵者，自苏州邮人联谊会停顿后开始，迄今百余期，风雨无阻，从未间断中辍。"1950 年，马珪芳的自述也证实："五月一日——劳动节那天，适逢是星期日，我正在社中举行第 297 期邮票拍卖会。"

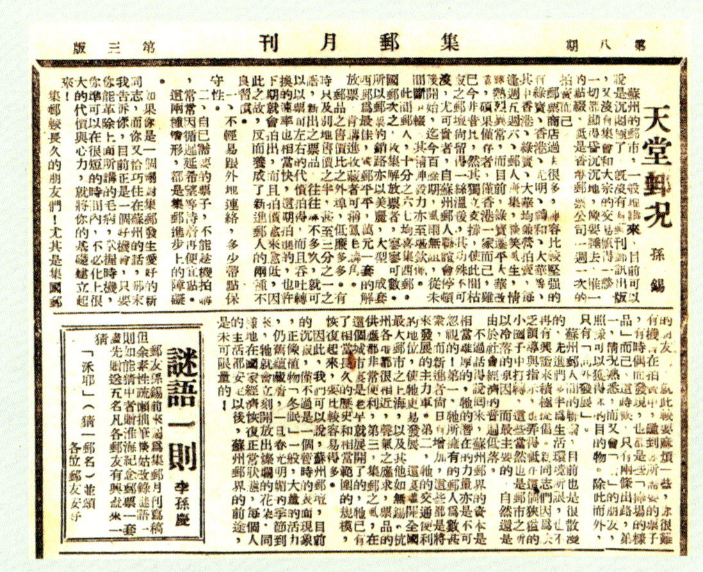

第八期　集郵月刊　第三版

天堂郵況　孫錫

謎語一則

图 4-1　孙锡《天堂邮况》（1950）

实际上，当时苏城并非仅存香港邮票社一家。老邮商谈佐麐仍在井巷寓所经营他的邮学书刊，期间还成为《集邮月刊》的苏州代销户，直到 1951 年 10 月其赴沪主持大伟行邮票部。施林巷良友邮票社的周伯仁还与国外进行邮票交易（图 4-2），并于 1950 年 9 月至 1951 年 1 月编出《良友邮息》，共 7 期。另有新中国成立初任职苏州邮政局（1949 年 9 月—1951 年 9 月）的邮电职工孙锡，业余兼营邮业，经销"区票"，1950 年 3 月《近代邮刊》总第五十一期见载《孙锡让品简目》（图 4-3）。原苏州邮人联谊会拍卖部流通科干事胡宝书在任期间主持邮票引进、批发、交换工作，1946 年年底他调职吴江邮局后集邮通信未曾间断，1950 年前后尚见编印业余集邮复品目录。

图 4-2　良友邮票社邮票交易封（1951）

孫錫讓品簡目

蘇州市養育巷桂和坊二一號半

1 蘇戰首期紅平 每枚八元
2 蘇戰首期綠機 每枚四元
3 蘇戰三期平 每枚二元
4 蘇戰內用五全 每套十元
5 毛像薄紙五全各一全張 貳拾伍元
6 毛像簡郵一全 每枚五角
7 同上全張 貳拾元
8 毛像改作一全 每枚四角
9 同上全張 拾陸元
10 毛像厚紙二全 每枚一元五角
11 南通版雙面印票 四方連七角
12 火車一元改200元倒蓋 每枚四元
13 南通版黑樣票 每枚貳拾伍元
14 蘇北邊郵集壹冊（詳目備索） 壹百元

每元折台上海市折實單位一個。購票請附掛號資否則平寄遺失概不負責。讓品概依來函先後分別寄發讓完即止。共餘各票詳目附郵即寄。

图 4-3　《近代邮刊》载《孙锡让品简目》（1950）

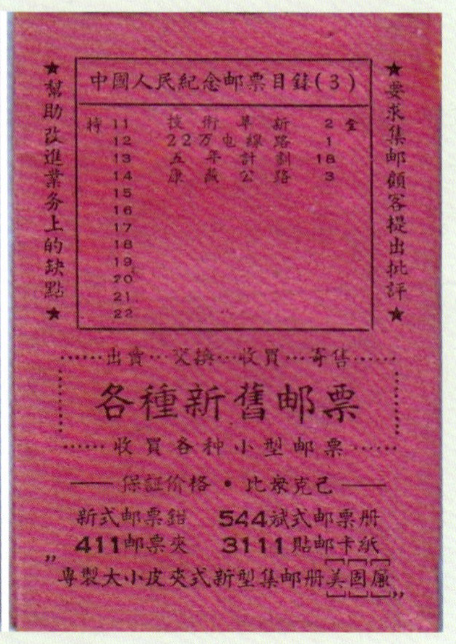

图 4–4 苏一集邮社特制邮票夹（1956）

1951 年，一家新的邮票店“苏一集邮社”在西美巷 80 号悄然开张，店主 1953 年为集邮服务特制邮票夹（图 4–4，1956 年第七版），附印“中国人民纪念邮票目录”和集邮社广告，折页式，硬纸制成，内页类似钱夹，两个纸袋可存放邮票。至 1958 年迁址人民路 294 号并更名为“公私合营苏一集邮店”（以下简称“苏一集邮店”）后，转业，以函购与寄拍卖为主业，由于经营得法而日臻兴旺。

见存 1959 年 10 月 11 日辽宁邮友吕延臣寄发苏一集邮店柯斌之邮购明信片（图 4-5），为感悟些许当年之气息，现予解读，信文如下。

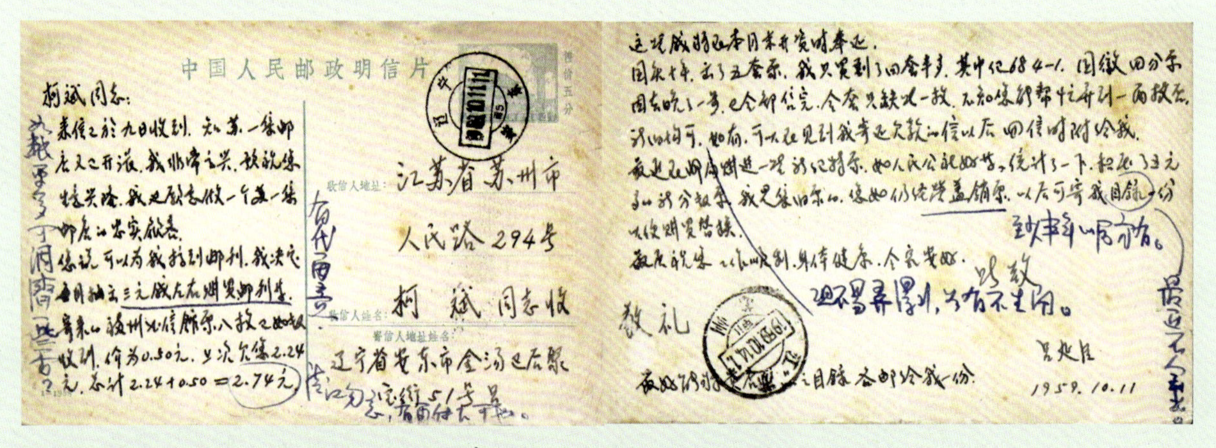

图 4–5 吕延臣寄发苏一集邮店柯斌之邮购明信片（1959）

柯斌同志：来信已于九日收到，知苏一集邮店又已开张，我非常高兴，预祝您生意兴隆，我也愿意做一个苏一集邮店的忠实顾客。您说可以为我搞到邮刊，我决定每月抽出三元钱左右购买邮刊等［柯批：如粮票多可调剂一些否？有代（待）留意，请切勿忘，有再付可也］。寄来的福州书信馆票八枚已如数收到，价为 0.50 元，上次欠您 2.24 元，总计 2.24+0.50=2.74 元，这些钱将在本月末开资时奉还。国庆十年，出了五套票，我只买到了四套半多，其中纪 68.4–1 国徽四分票因去晚了一步，已全部售完，全套只缺此一枚，不知您能帮忙弄到一两枚否，新旧均可（柯批：现不易弄得到，如有不是问题），如有，可以在见到我寄还欠款的信以后回信时附给我。最近在邮局购进一些新纪特票，如人民公社好等，统计了一下，积压了五元多的新分数票，我是集旧票的，您如仍经营盖销票，以后可寄我目录（柯批：最近不会出，至少半年以后方有）一份，以便购买替换。最好能将贵店售品之目录，各邮给我一份。最后祝您工作顺利，身体健康，全家安好。此致敬礼。吕延臣 1959 年 10 月 11 日。

二、售品目录

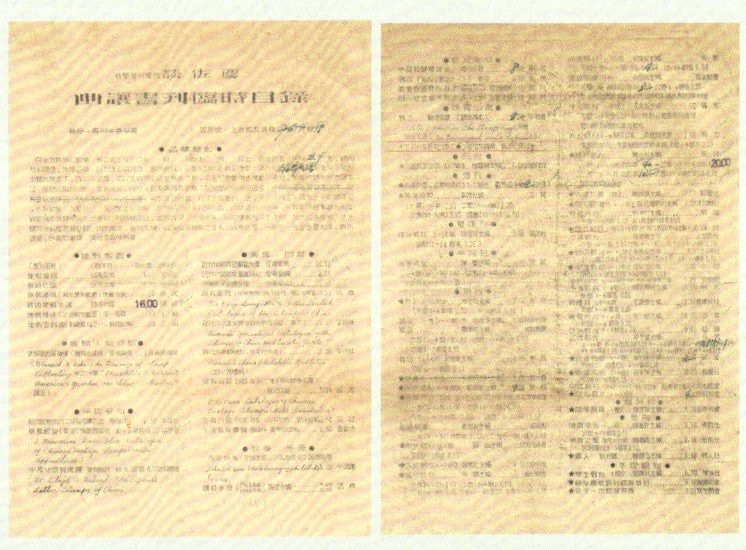

图 4-6　《出让书刊临时目录》

◆《出让书刊临时目录》（图 4-6），苏州井巷 9 号谈佐麐 1950 年编印，16 开 2 页油印。首列“函购简则”，售品分为：集邮常识、集邮人物介绍、研究资料、图鉴目录、词典手册、邮政史料、集邮小说、日刊、周刊、双周刊、半月刊、月刊、双月刊、季刊、不定期刊等十余个门类，琳琅满目，其中不乏稀缺集邮书刊。

◆《胡宝书业余集邮复品目录》（图 4-7），吴江胡宝书编印，已见 1950 年第三期，为 32 开单页油印邮品售单。

◆《良友邮息》（图 4-8），苏州良友邮票社周伯仁编印，1950 年 9 月至 1951 年 1 月编出 7 期，为 16 开 4 页油印邮刊，附有《通讯拍卖目录》。

◆《苏一寄拍卖目录》，苏一集邮店编印，1958 年 2 月至 7 月共出版 6 期，每期售品 500—600 项；8 月出版《转业拍卖目录》1 期。两份售品目录均为 16 开 8 页油印。

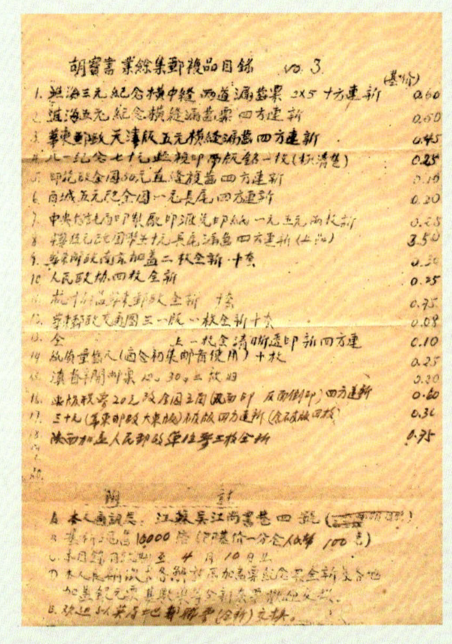

图 4-7　《胡宝书业余集邮复品目录》

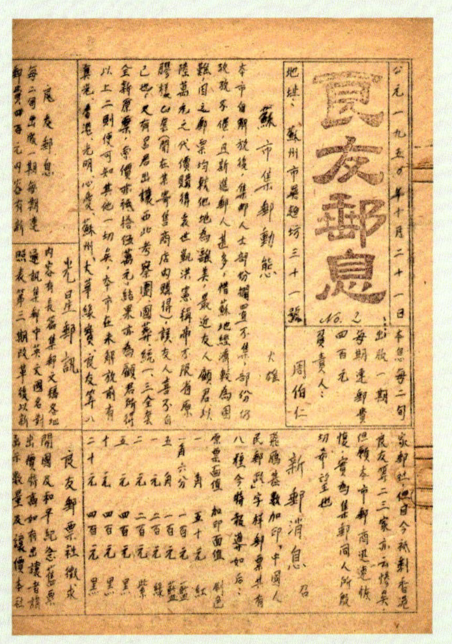

图 4-8　《良友邮息》

第二节　20 世纪 50 年代的集邮活动与纪念邮戳

一、苏城邮人状况

新中国成立之初，由于大华邮票会、苏州邮人联谊会（苏州邮币会）、新光邮票研究会苏州分会均已星散，本埠老邮人间的联系和活动趋于散漫。当然也有新的爱好者亮相邮坛，如见存 1949 年 5 月苏州枣市街 61 号收转陆仁川之集邮封（图 4-9），以及娄门外大街 107 号的顾文煜见刊 1951 年 2 月《集邮月刊》之“邮友介绍”等。该时期邮事活跃的，倒是几位由外埠来苏者，包括调职苏州邮局的孙锡，由外地返乡的老集邮家俞大雄、陆念乔、黄汝霖等。

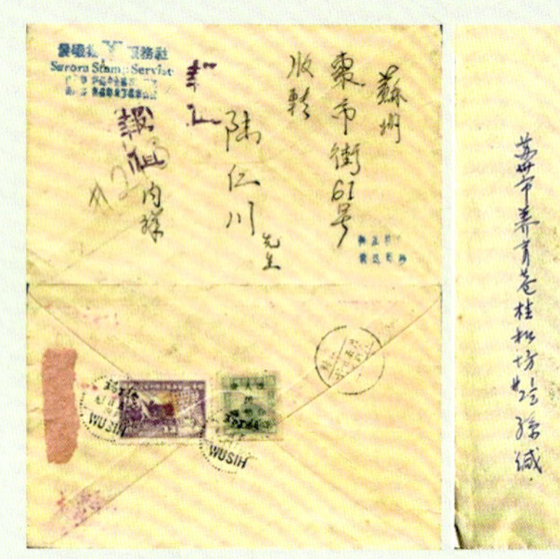

图 4-9　枣市街 61 号收转陆仁川之集邮封（1949）

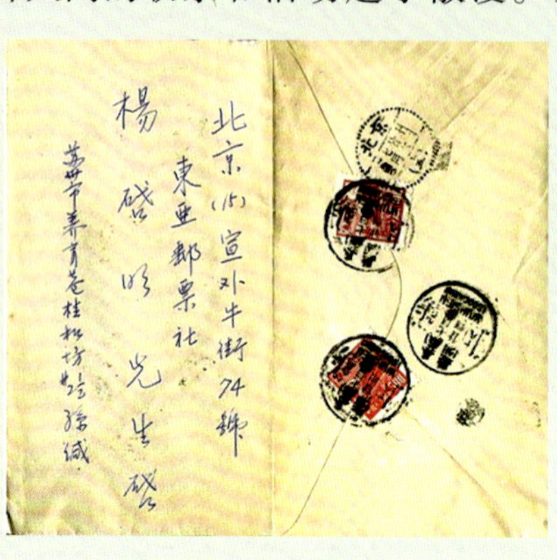

图 4-10　孙锡集邮封（1950）

孙锡在苏期间兼营邮业，与各方交邮自然频繁，见存其 1950 年 7 月 24 日自苏州养育巷桂和坊 2 号半寄北京东亚邮票社杨启明之封（图 4-10）。

图 4-11　俞大雄集邮封（1950）

新光邮票研究会杭州分会骨干俞大雄 1948 年 12 月底辞职离杭返苏结婚后滞留家乡，但其集邮直至新中国成立后也未曾中辍，见存其 1950 年 11 月 15 日自苏州宫巷 4 号寄上海邮商史济人之挂号封（图 4-11）。

抗战胜利后从东川返沪的甲戌邮票会永久会员陆念乔，新中国成立初寓居蒋庙前 6 号，其时他与国外邮友通邮正兴致勃发，见存其 1951 年发美国邮友的实寄外文信函（图 4-12）。不久，他又顺应潮流，开启了集藏苏联及东欧国家邮票之道（图 4-13）。

图 4-12　陆念乔寄美国邮友集邮信函（1951）

图 4-13　陆念乔寄东欧集邮封

新光邮票研究会昆明分会理事黄汝霖，1949年返回苏州寓居濂溪坊后邮兴不减，依然与国内外邮友保持通信、互寄邮品（图4–14为黄汝霖1951年自苏州濂溪坊实寄意大利邮友封），并于1952年编出《1952年司各脱年鉴中国邮票简表》。1953年，黄汝霖调职常熟后继续与国外邮友频繁互动，通邮范围进一步扩大至美国、日本、荷兰、埃塞俄比亚等十余国，并与香港石少东保持着长期的联系［图4–15为黄汝霖自常熟唐市中学实寄香港石少东（也叫“范同”）集邮封］。

图4–14　黄汝霖寄意大利邮友集邮封（1951）

图4–15　黄汝霖寄香港石少东集邮封

鲜为人知的是，1950年年底，苏州邮人曾有“苏州市邮人联谊座谈会”活动之举，1951年1月25日《邮钞园地》[①]第三期为我们留存了这段珍贵史料，《苏州邮坛呈现新气象　苏州邮人空前大团结》（图4–16）记详：

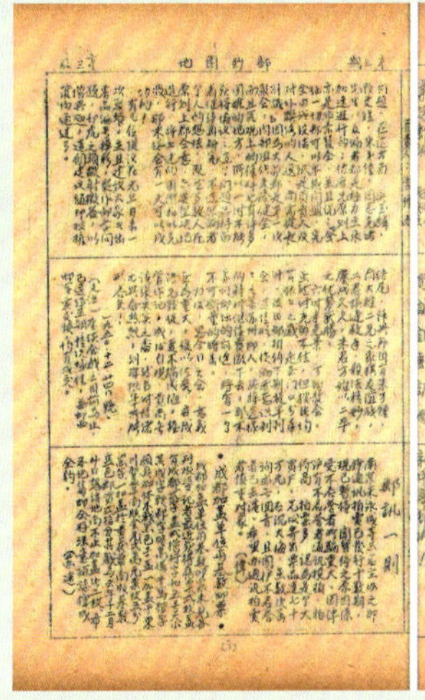

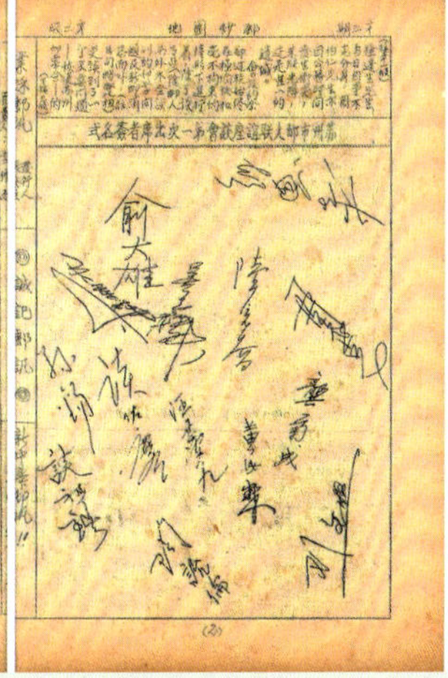

图4–16　《邮钞园地》载文《苏州邮坛呈现新气象　苏州邮人空前大团结》（1951）

一九五〇年十二月廿四日——这一个值得纪念的日子，它在苏州邮坛史上，将留下永远不可磨灭的、辉煌灿烂的一页。

在这一天，几乎枯萎了的苏州邮坛，从（重）新显出生机，散漫了的邮人，开始趋向团结。

以往，“提倡集邮”的呼声，虽也曾由每个邮友口中不止一次地喊出“苏州邮友应该加强联系”的迫切的要求，也此起彼落不时地反映出来。然而，因为缺乏组织，终是引不起注意而被迫着会淡下去。

谈佐麐兄的意思，认为不妨邀约大家先碰碰头，谈谈，随后再根据实际情况逐步开展。这自然是一个比较妥善的好办法，于是由佐麐负责柬邀面约，约定廿四日……午后二时左右，我怀着满腔愉悦的心情，应约前往。

---

①《邮钞园地》，苏州孙锡编印，1950年11月至1951年1月编出3期，为16开10—16页油印邮刊。该时期苏州编出的集邮书刊寥寥无几，除《邮钞园地》之外，仅见1952年苏州黄汝霖编印的《1952年司各脱年鉴中国邮票简表》。

谈佐廖、龚菊成等都已先我而至，在座熟识的尚有志克、万钟、贻伦诸兄，见过一面的有黄汝霖先生，初次见面的有顾文煜先生，经友人介绍后，自不免寒暄一番，不在话下。

其后陆续到来的有李啸胡、吴玉麟、陆念乔诸先生。四点模样，俞大雄到，此公善词令，生张熟魏均能面面俱到，应付裕如，出言吐语，多幽默感，全场空气为之一轻松。

汪梦九先生亦于百忙之中抽暇赶来，并带来解放票一巨册，彼此传观，琳琅满目，美不胜收。

徐逢生先生当日因事不克分身，周伯仁亦因公务时间发生冲突，未能光降，这是唯一的遗憾。

会谈的全部过程始终在极愉快和毫不拘束的情形下进行着，除了谈了些除邮人而外不会谈到的邮学问题及新邮消息而外，更谈到了一个主要问题——恢复苏州邮票会——的问题。在这方面，吴玉麟、顾文煜、朱万钟、周志克诸先生以及编者都是极力主张加速进行的，佐廖兄原则上亦是非常赞同，并且说："会址一切都可以不成问题，完全由我设法，只是负责人及对外联络的人选，尚需从长计议。"因为大家都是第一次聚会，内部组织未臻健全，而且客观上的条件也有许多困难的地方，所以一时不能获得协议，这个问题只好留着继续在研究。不过照编者个人的想法，既然多数人在原则上都同意，只要坚决地进行，将上述的困难加以克服，那末总会有一天可以成功的！

有几位提议在元旦日来一次聚餐。并且建议大家各出票品编号摸彩，制作邮学问题、印虎之类征射征答，以增兴趣，这个建议随即被拥护而通过了。

结尾，余兴节目有朱万钟、俞大雄二兄之象棋友谊战，二君棋逢敌手，杀法精妙，鏖战久久，朱君方始以二卒之优势获胜。

六时半光景，方始散会，虽然时光留不住，但彼此均有依依之感，走至门口分手时，彼此都相约下期提早到会，这情形，使编者意识到：如果苏州邮人，能将这样的精神继续贯彻下去，那末，苏州邮坛的前途，将有一个不可衡量的将来。

归后，思今日之会，意义至为重大，复以佐廖、菊成诸兄敦促，爰不揣浅陋，握管作记，成后自观，觉尚无夸张失实之处，然当时情绪之兴奋热烈，则非拙笔所能形容矣！

一九五〇 十二 廿四日晚

（又注）座谈会截至目前，已连续五期，情况极佳，华邮西邮买卖交换，均有成交。

孙锡（1925—？），江苏无锡人。高中文化，抗战胜利后入职南通邮政局。新中国成立初期，他先后任职苏州、无锡、南京等地的邮局，在江苏省邮电管理局劳动工资处干部任上退休。13岁时，孙锡受父亲影响开始集邮，1941年在上海读高中时常到邮商钟笑炉和袁必成处购买邮票、求教邮识。1945年秋新四军进驻南通金沙镇，使其得以收藏苏中区发行的多种邮票。1947年6月，孙锡加入无锡集邮研究会（394号）。新中国成立初期，他一度滞留苏州，业余经销"区票"，曾于1950年编出《邮钞园地》（共3期），其所载《苏州邮坛呈现新气象 苏州邮人空前大团结》及《集邮月刊》所刊《天堂邮况》两稿成为研究新中国成立初苏城邮坛的重要史料。邮文另见《关于国邮命名的讨论专辑（十）》《南通版毛主席像票之资料》《南通版票印制之数量》《我所知道的"苏中战邮"及"苏皖边邮"》（连载6期）等。

统观全局，20世纪50年代早中期，苏州邮人多顾及生计与政治运动，集邮热情总体不振，同时集邮渠道不畅，也缺乏邮刊指导，更无组织活动，故邮事趋于平淡。但可喜的是有集邮新人加入，并且对"区票"已开始出现系统的集藏研究者。

二、苏州市工人文化宫集邮研究组创立，引领全市的集邮活动

20世纪50年代初，上海市工人文化宫在沪成立，陈毅市长亲笔题写“工人的学校和乐园”之横匾。苏州市工人文化宫筹建于1956年3月，1958年5月1日正式对外开放。文化宫自开办以来即坚持了“工人的学校和乐园”的办宫宗旨，充分发挥了工会文化建设主阵地的功能与作用。

在此背景下，苏州市工人文化宫集邮研究组应运而生。1958年年初，苏州市部分集邮爱好者想方设法征得北局青年会同意出让一室于每周六下午作为集邮者的活动场所，但好景不长被借故回辞。幸而是年8月正值苏州市工人文化宫成立各项兴趣小组，集邮亦在其中，乃由文化宫宣传科张国义负责其事，邀请陆念乔、陆志新共同筹办，苏州市工人文化宫通过海报刊出集邮小组成立、欢迎参加的宣传公告，公布联络地点在玄妙观中山堂、时间为周日下午。王柏生是首位携带大龙邮集到中山堂报名参加者，后又有奚伯康、张惠生、俞瑞元等陆续参加，经讨论确定成立苏州市工人文化宫集邮研究组，并于1958年10月1日在苏州市工人文化宫知识大楼二楼小会议室举办了苏州解放后的首次邮票展览会，展出的中国邮集以纪特邮票为主，外邮有世界上第一枚邮票“黑便士”等，展期7天，首日在展室内设立临时邮局，收寄本市及外地的多封信件。当时有小组成员张国义、严瑞源、张惠生、俞大雄、郑光裕、陆念乔、陆志新、王柏生等十余人，印有通讯录，陆念乔、陆志新、张惠生先后担任组长，正常活动延续到1960年。

1958年10月5日，苏州市工人文化宫集邮研究组编出会刊《集邮通讯》，创刊词《我们的话》云：

> 苏州市工人文化宫集邮研究组，在党和上级工会的关怀下，已于九月廿日正式成立。她今后将在党的关怀下，在职工群众中广泛的开展业余集邮活动，丰富职工群众的生活，进一步达到为当目（前）的政治斗争服务、为生产服务、为广大群众服务。集邮活动能丰富科学知识，能作研究劳动人民斗争历史的资料，能了解各个国家的艺术风格，还能了解每个国家的社会背景、文化和经济状况，交流人民之间的友谊。而邮票本身又是一种政治宣传的有力武器，并反映着两大阵营东风压倒西风斗争面貌，因此邮票在今天是党向人民群众进行政治经济和共产主义教育的武器之一。但是在过去这些好处只有少数人知道，广大劳动人民由于过去被（备）受着压迫造成在文化上的落后，对邮票除了寄信外，再也想不到邮票能对人们的精神生活上起着如此大的作用，因而削弱了邮票的政治和教育意义。这种现象除了一定的客观原因外，集邮者的只着重个人欣尝（赏）的保守思想、忽视推广介绍和没有树立起为群众服务的观点，也应该负一部分的责任。苏州市工人文化宫集邮研究组正式成立了，今后在党和工会的领导下将配合政治运动和国内外形势作专题展览及开展多种多样的活动来为政治、为生产、为广大劳动人民服务，同时向那种资产阶级的营利思想作斗争，使集邮活动服从于阶级斗争的需要。这就是我们集邮研究组成立和今天创刊《集刊（邮）通讯》的目的，并要求大家一起来爱护它，多提意见，多批评，让集邮研究组在党的总路线红旗光辉照跃下不断的成长、发达。

1959年7月15日，《集邮通讯》（苏州钢铁厂集邮小组编印）第五期“枫叶”报道：“本市集邮小组已在工人文化宫直接领导下，于本月12日选出了正副组员（长），工作组等，并决定每星期日为活动日，内容包括集邮知识问答、打擂台、知识讲座等。”

图 4-17　苏州市工人文化宫知识大楼

在两年多的时间里，苏州市工人文化宫集邮研究组的活动相当丰富，聚会地点在文化宫的知识大楼（图 4-17）。为配合形势教育，曾举办邮展五次，展品由组员提供，不限框数，由出展人亲手装框布置。展出获得社会好评，为宣传当时的形势起到了寓教于乐的积极作用。

五次邮展的主题和举办时间、地点如下。

①“台湾是中国的领土”邮票展览会，1958 年 10 月 15 日—22 日，苏州市工人文化宫，刻有纪念戳、可销票。

②“钢铁就是力量”小型流动邮展，1958 年 10 月—11 月，流动邮展（除在苏州市工人文化宫集邮研究室展出外，还在晚上九时半后到小高炉工地上做流动展览），刻有纪念戳、可销票。

③“帝国主义是纸老虎”邮票展览会，1959 年 1 月 21 日—31 日，苏州市工人文化宫，刻有纪念戳、可销票。

④“劳动创造世界”邮票展览会，1959 年 4 月 27 日—5 月 11 日，苏州市工人文化宫，刻有纪念戳、可销票。

苏州举办「祖国万岁」邮展

展覽受到观众热烈的欢迎。在展覽会上，还宣傳了集邮常識，帮助邮电局办理收訂了“集邮”杂志 53 份。

苏州市工人文化宫集邮小組，从10月1日到15日，举办了一次“祖国万岁”邮票展覽会。展品是向全市集邮者广泛征集的。整个展品宣傳了新中国建国十年来在中国共产党和毛主席英明領导下，所取得的偉大成就。

展覽期間，备有“祖国万岁”邮票展覽会紀念戳，供集邮者盖用。

（張国义）

· 23 ·

图 4-18　《集邮》报道的《苏州举办“祖国万岁”邮展》（1959）

⑤“祖国万岁”邮票展览会，1959 年 10 月 1 日—15 日，苏州市工人文化宫，刻有纪念戳、不销票。

1959 年《集邮》第十一期刊载张国义《苏州举办“祖国万岁”邮展》（图 4-18），报道云：“苏州市工人文化宫集邮小组，从 10 月 1 日到 15 日，举办了一次‘祖国万岁’邮票展览会。展品是向全市集邮者广泛征集的。整个展品宣传了新中国建国十年来在中国共产党和毛主席英明领导下，所取得的伟大成就。展览期间，备有‘祖国万岁’邮票展览会纪念戳，供集邮者盖用。”随文附刊“祖国万岁”邮展纪念戳图案。

此外，1958 年秋，受苏州市工人文化宫、苏州邮电局邀请，由中国集邮公司上海市分公司、上海市青年宫组织的拥有 4 000 余枚的“中国革命的道路”邮票展览会移师苏州，10 月 1 日起在苏州市工人文化宫展出 10 天，刻有纪念戳、可销票。

伴随着苏州市工人文化宫集邮研究组的成立，翌年全市第一个工矿基层集邮组织——地方国营苏州钢铁厂集邮小组，在厂工会的领导和支持下，于 1959 年 3 月初正式成立。按当年体制，接受苏州市工人文化宫的领导及苏州市工人文化宫集邮研究组的业务指导。苏州钢铁厂集邮小组先后编印了《集邮快报》《集邮》《集邮通讯》，1959 年 7 月 15 日编印《集邮通讯》第五期启事：“本刊从这期起为了贯彻省里的指示，解决目前纸张困难的问题，同时本市文化宫对我们的要求，本刊决定停刊了，等纸张恢复后再同亲爱的邮友们见面。本刊停刊时，本小组还是照常活动。”

被人忽略的是，该时期的集邮活动也曾波及市区中学的青年学子。北京文献集邮研究会会长王世龙珍藏了一份 1959 年邮展“前言”（图 4-19）及当年他在江苏师范学院附属中学（今江苏省苏州第十中学校）试点班一年级（2）班举办“强大的东风”邮票展览之宝贵纪事。其当年同学陈奎麟转述："1959 年我们从不同的学校考入了江苏师范学院附中（现苏州十中），分配到试点班一年级（2）班。当时国内正是建设社会主义大跃进年代，国际上形成两大社会阵营，即以苏联为首的社会主义阵营和以美国为首的资本主义阵营，两大阵营对垒，形势十分严峻。中国共产党提出了'东风压倒西风'的口号。为配合国内外错综复杂的形势，学校展开了多种教育形式来丰富同学的课余文化生活。时任中队辅导员、班主任老师的崔承衔，以中队集邮小组名义，组织班内举办一次名为'强大的东风'的邮票展览。当时班里的同学没有几个人集邮，但都知道王世龙同学从小就集邮，邮票比较多，因此就让他把邮票全部拿出来展览。这样，结合地理课上的知识，成功地办了一次班级里的邮票展览。这个小规模的邮展在学校反响很大，其他几个班的同学都纷纷前来参观，同时带动不少同学加入了集邮小组。"

图 4-19　江苏师范学院附中邮展"前言"（1959）

同期，在苏州周边的县城也出现了集邮组织。

一是在昆山县，1959 年《集邮》第二期载沈盈庭《首届邮展在昆山》（图 4-20）："江苏昆山县首届邮票展览会在 1959 年元旦上午八时开幕。这次展览会是由本县'红旗'集邮小组、劳动人民文化宫、邮电局联合举办的。内容有解放以来发行的纪念邮票、特种邮票、小全张、纪念邮戳以及集邮杂志。并设有服务台出售最近发行的三种邮票（原子反应堆、航空体育、志愿军归国），还刻有纪念邮戳一枚供观众使用。"

首届邮展在昆山

江苏昆山县首届邮票展覽会在1959年元旦上午八时开幕。这次展覽会是由本县"紅旗"集邮小組、劳动人民文化宫、邮电局联合举办的。内容有解放以来發行的紀念邮票、特种邮票、小全張、紀念邮戳以及集邮杂誌。並設有服务台出售最近發行的三种邮票（原子反应堆、航空体育、志願軍归国），还刻有紀念邮戳一枚供观众使用。

昆山　沈盈庭

图 4-20　《集邮》报道《首届邮展在昆山》（1959）

昆山红旗集邮小组由周龚梁于 1958 年六七月间发起成立，参加活动的成员有周龚梁、陈钰昌、金德仁、郇良峰、曹昌荣。1959 年 1 月 1 日—2 日在城区西街劳动人民文化宫举办昆山首次邮展，展出周龚梁、陈钰昌、金德仁三人的藏品，有"区票"、纪特邮票、普通邮票、改值邮票及民主德国邮票等约 500 枚，参观者达五六百人次。

1959 年 3 月 7 日，江苏省昆山中学高二（3）班沈盈庭等 12 位同学在校团委和学生会的支持下成立晨钟集邮小组，并在校内举办了五四邮展。是年 5 月，江苏省昆山中学高二（2）班学生也相继成立拓荒集邮小组。

图 4-21　"虞山人民公社文化宫集邮组"名章

二是在常熟县，1959 年常熟县工人文化宫决定，将有组织地开展集邮活动纳入文化宫的工作范围，并于当年 5 月贴出海报、宣传发动，感兴趣者可凭单位介绍信报名参加。6 月 13 日晚，在常熟县工人文化宫活动室举行了集邮组成立会议。会议由常熟县工人文化宫负责人黄宝林主持，会议明确了集邮组的指导思想、组织原则、活动范围和要求，并推举常熟县工人文化宫干部陈浩兴任组长，工会干部严骏、邮电局职工曾昭启任副组长，主持开展日常工作，首批会员有陈浩兴、严骏、曾昭启、徐福增、祁介东、孙祖涛等十余人。

因当时常熟县正推行人民公社化，县治所在地虞山镇已成立虞山人民公社，故集邮组全名“虞山人民公社文化宫集邮组”（图 4-21），后按习称“虞山镇工人文化宫集邮组”。集邮组成立后，最初规定每周交流一次，后即将每周六晚作为固定活动时间。集邮范围大多以新中国纪特邮票为主，当年还举办过“庆祝建国[1] 十周年邮票展览会”（1959 年 10 月 1 日）、“庆祝十月社会主义革命 42 周年邮票展览”（1959 年 11 月 7 日—15 日）两次邮展。

三、丰富多彩的纪念邮戳

新中国成立之初，邮政部门即十分重视纪念邮戳的使用与管理，从邮电部到各地方邮局均对纪念日戳的刻制、样式、销票诸方面多次行文做出规定，并及时通报使用详情。与苏州有关的通知函件列举如下。

◆《邮电部关于各一等以上邮局本年国庆日使用纪念日戳盖销邮票的通知》（邮业通字第二六〇号）（图 4-22 之左图）。

> 各级邮局：为庆祝本年 10 月 1 日我国开国二周年纪念大典，届期由各一等以上邮局使用“中华人民共和国开国二周年纪念”邮戳。10 月 1 日用以收寄邮件，盖销邮票；10 月 2 日起至 10 月底，专供集邮盖用。除另通知各大行政区邮电管理局统一筹刻，分发有关各局外，希各知照。（附戳样）

◆《盖销邮票用纪念日戳使用详情及式样》（图 4-22 之中图），原载邮电部华东邮电管理局《公报》第二卷第三期第二十六号。通知事项：

> 江苏区　苏州局，二月二十三日起展览结束止，苏州市抗美援朝保家卫国工业生产展览会设立临时邮局使用。（附印模式样）

◆《盖销邮票用纪念日戳使用详情及式样》（图 4-22 之右图），原载邮电部华东邮电管理局《公报》第二卷第三期第二十九号。通知事项：

邮电部关于各一等以上邮局本年
国庆日使用纪念日戳盖销邮票的通知

邮业通字第二六〇号

各级邮局：

为庆祝本年 10 月 1 日我国开国二周年纪念大典，届期由各一等以上邮局使用“中华人民共和国开国二周年纪念”邮戳。10 月 1 日用以收寄邮件，盖销邮票；10 月 2 日起至 10 月底，专供集邮盖用。除另通知各大行政区邮电管理局统一筹刻，分发有关各局外，希各知照。

（附戳样）

（原载 1951 年 9 月 15 日《邮电部公报》第二卷 60 期）

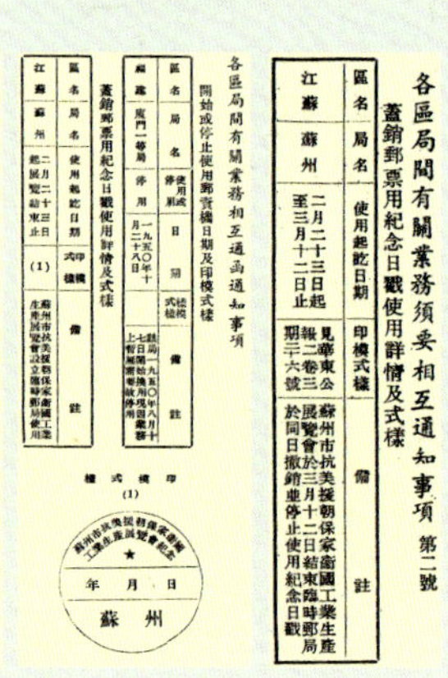

各區局間有關業務相互通函通知事項

開始或停止使用郵資機日期及印模式樣

區名	局名	使用或停用	日期	印模式樣	備註
福建	廈門一等局	停用	一九五〇年十月二十八日		

蓋銷郵票用紀念日戳使用詳情及式樣

區名	局名	使用起訖日期	印模式樣	備註
江蘇	蘇州	二月二十三日起展覽結束止	(1)	蘇州市抗美援朝保家衛國工業生產展覽會設立臨時郵局使用

印模式樣
(1)

各區局間有關業務須要相互通知事項 第二號

蓋銷郵票用紀念日戳使用詳情及式樣

區名	局名	使用起訖日期	印模式樣	備註
江蘇	蘇州	二月二十三日起至三月十二日止	見華東公報二卷三期二十六號	蘇州市抗美援朝保家衛國工業生產展覽會於三月十二日結束臨時郵局於同日撤銷並停止使用紀念日戳

图 4-22　有关苏州纪念日戳使用的邮电部通知

① 此处“建国”，特指新中国成立。为保持原展览会名不变，不做修改。后文同。

江苏区　苏州局，二月二十三日起至三月十二日止，印模式样见华东公报二卷三期二十六号，苏州市抗美援朝保家卫国工业生产展览会于三月十二日结束，临时邮局于同日撤销并停止使用纪念日戳。

由此可知：20世纪50年代纪念邮戳的行用，都师出有名、主题鲜明、范围清晰、规定具体、行用规范。1950—1959年，仅苏州（含常熟、昆山）就刻用纪念邮戳40余种，丰富多彩（图4-23），列举如下。

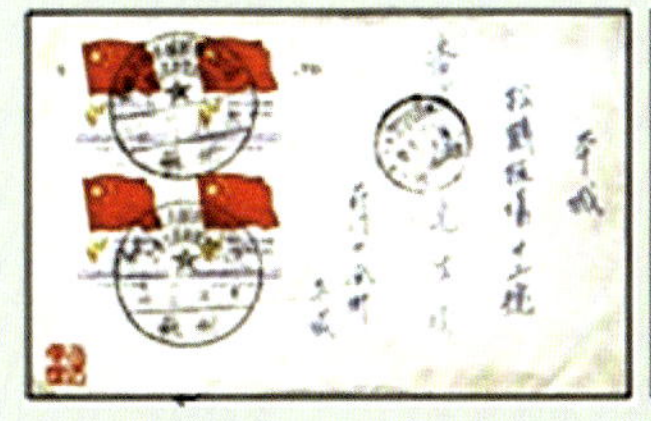

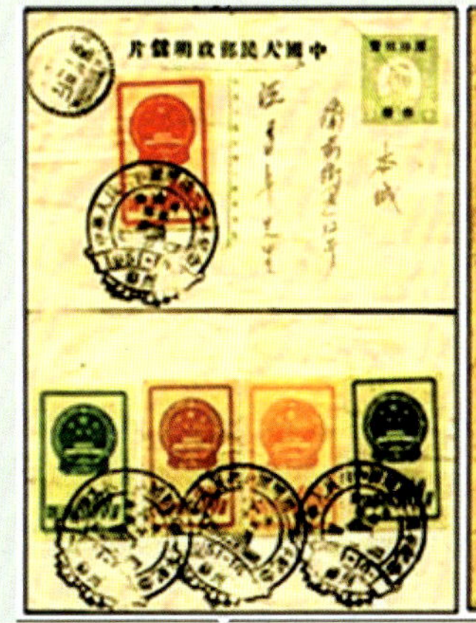

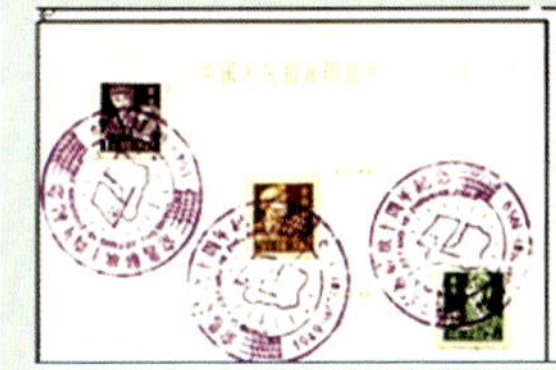

图4-23　苏州地区20世纪50年代纪念邮戳销票封片集锦

1950年10月1日　中华人民共和国开国周年纪念·苏州

1951年3月12日　苏州市抗美援朝保家卫国工业生产展览会纪念·苏州(存销票实寄封)

1951年6月30日　（手填）中国共产党卅周年纪念·苏州（存销票实寄封）

1951年10月1日　中华人民共和国开国二周年纪念·苏州（存销票实寄封）

1952年4月12日　国际保卫儿童会议纪念·苏州（存销票实寄封）

1952年5月1日　五一国际劳动节纪念·苏州

1952年7月7日　抗日战争十五周年纪念·苏州（存销票实寄封）

1952年7月　常熟市县第二次城乡物资交流大会纪念戳·常熟邮电

1952年10月1日　中华人民共和国开国三周年纪念·苏州（存销票实寄封）

1952年10月2日　亚洲及太平洋区域和平会议纪念·苏州（存销票实寄封）

1952年10月3日　苏南区第三次城乡物资交流大会纪念·苏州

1952年10月25日　中国人民志愿军出国作战二周年纪念（1950—1952）·苏州（存销票实寄封）

1953年5月1日　五一国际劳动节纪念·苏州

1955年10月1日　庆祝中华人民共和国成立六周年·苏州

1956年10月1日　庆祝中华人民共和国成立七周年·苏州（存销票实寄封）

1957年11月7日　伟大的十月社会主义革命四十周年·常熟

1957 年 11 月 7 日　伟大的十月社会主义革命四十周年（1917—1957）·苏州（存销票实寄封）

1958 年 7 月 25 日　江苏省第一届中学生运动会纪念·苏州

1958 年 7 月 28 日　苏州市技术革新交流大会

1958 年 10 月 1 日—10 日　“中国革命的道路”邮票展览会纪念·苏州

1958 年 10 月 15 日—22 日　“台湾是中国的领土”邮票展览会·苏州

1958 年 10 月—11 月　“钢铁就是力量”小型流动邮展·苏州

1958 年　苏州市技术革新交流大会纪念邮戳

1959 年 1 月 1 日—2 日　昆山县首届集邮展览会

1959 年 1 月 21 日—31 日　“帝国主义是纸老虎”邮票展览会·苏州

1959 年 4 月 25 日　常熟解放十周年纪念（1949—1959）

1959 年 4 月 27 日　庆祝解放十周年纪念（1949—1959）·吴县

1959 年 4 月 27 日　庆祝解放十周年纪念（1949—1959）·苏州

1959 年 4 月 27 日—5 月 11 日　“劳动创造世界”邮票展览会·苏州

1959 年 5 月 4 日　五四运动四十周年（1919—1959）·昆山邮局

1959 年 5 月 13 日　庆祝昆山县解放十周年（存销票实寄封）

1959 年 10 月 1 日　中华人民共和国成立十周年（1949—1959）·苏州（存销票实寄封）

1959 年 10 月 1 日　中华人民共和国成立十周年（1949—1959）·常熟

1959 年 10 月 1 日　庆祝建国十周年邮票展览会（1949—1959）·常熟

1959 年 10 月 1 日　庆祝建国十周年（1949—1959）·昆山

1959 年 10 月 1 日　中华人民共和国成立十周年（1949—1959）·昆山

1959 年 10 月 1 日—15 日　“祖国万岁”邮票展览会·苏州

1959 年 11 月 7 日—15 日　庆祝十月社会主义革命 42 周年邮票展览（1917—1959）·常熟

除邮政用戳外，还有集邮者及部分单位自行刻制的纪念印章，如 1959 年为庆祝新中国成立十周年，常熟新华书店刻制的购书纪念印章，以及加盖于 1959 年版普 9 天安门图 4 分邮资明信片上的“苏州平江区日用百货区店职工运动会”纪念戳等，因与集邮关联不大而不再展开。

纪念邮戳在苏州的行用，民国时期数量有限，但 20 世纪 50 年代可谓突飞猛进，吸引了众多集邮爱好者的眼球，更是推动了 20 世纪 60 年代长三角地区的邮戳研究及邮刊创编的热潮。

第三节　20世纪60年代前后的苏州邮刊“创编热”

一、文化宫集邮组织引领邮刊创编

1958年9月20日，苏州市工人文化宫集邮研究组正式成立，为苏城邮人提供了难得的活动平台。研究组成立刚满半个月，即出版了会刊《集邮通讯》（图4–24），16开8页红色油墨油印，出版100份。1958年10月5日《集邮通讯》第一期的主要内容：《我们的话》《热烈欢迎上海市的“中国革命的道路”邮票展览会来苏展出》《几个“第一”》《1958年布鲁塞尔世界博览会》《1958年世界博览会邮票录》《游阿尔及利亚》等，第8页盖有“‘中国革命的道路’邮票展览会”苏州纪念戳。

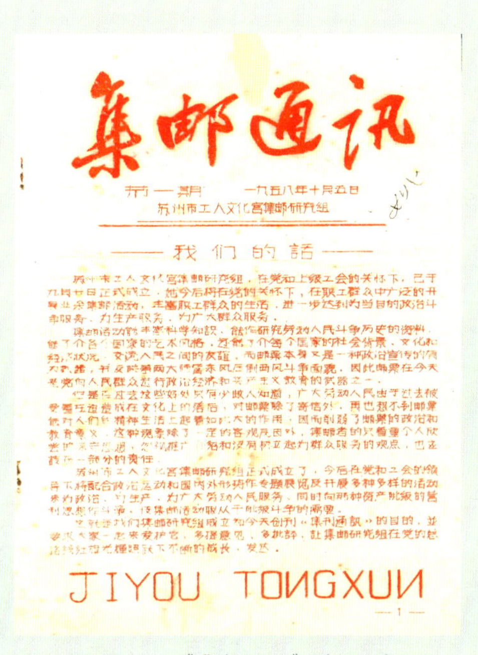
集邮通讯

第一期　一九五八年十月五日

苏州市工人文化宫集邮研究组

——我们的话——

JIYOU TONGXUN

—1—

图4–24　《集邮通讯》（1958）

《集邮通讯》虽仅出版一期即“偃旗息鼓”，然它是苏城时隔六年后出版的第一种集邮刊物，也带动了随后数年间苏州的邮刊创编热潮。

1959年3月初，苏州钢铁厂集邮小组的成立，进一步活跃了苏城的集邮氛围。是月10日，出版组刊《集邮快报》（图4–25），16开1页油印。第二期更名为《集邮》，16开6页油印，第三至第五期又更名为《集邮通讯》，8开1页油印。由于苏州钢铁厂集邮小组接受苏州市工人文化宫的领导及其集邮研究组的指导，因此双方的交流较为频繁。苏州钢铁厂集邮小组组刊的出版，一定程度上也弥补了《集邮通讯》未能继续出版的缺憾。

集邮快报

苏钢集邮小组编印　第一期　一九五九年三月十日

“三八”妇女节

新集消息

“三八”的来由

小资料

图4–25　《集邮快报》（1959）

1960年元月，苏州市工人文化宫集邮研究组组长张惠生还主编出版了苏州钢铁厂集邮小组新的出版物《戳邮研究》（4期），内容也多为张惠生所擅长的纪念邮戳。更有趣的是，该刊征订启事中列出了三个预订处：苏州市工人文化宫集邮研究组；苏州江苏师范学院张惠生信箱；苏州钢铁厂5号信箱叶慎智。显然，《戳邮研究》已不是纯粹的苏州钢铁厂集邮小组的组刊，而是一份以苏州市工人文化宫集邮研究组及张惠生为主导，挂名苏州钢铁厂集邮小组的刊物。该刊第四期尚预告第五期即将出版，不料却突然“销声匿迹”，再无新刊问世。很大可能是由于当时苏州市工人文化宫集邮研究组活动已逐步停止。

1961年10月，虞山镇工人文化宫集邮组组刊《虞山邮讯》（图4–26）的创办，一定程度上丰富了苏州的集邮活动。其时正值苏州市工人文化宫集邮研究组活动的停滞期，苏城并无其他集邮刊物出版。1962年4月《虞山邮讯》总第七期留存了张

虞山邮訊

常熟县虞山鎮工人文化宫

集邮组编

1961年10月创刊

①

给集邮爱好者的一封信

——代发刊词——

虞山镇工人文化宫集邮小组是一个还比较年轻的集邮组织，大部分组员对集邮知识还很浅薄，更缺乏经验，平时能够在一起研究知识、交流经验的机会又不多，因此，就酝酿出版这样一份小刊物。经过短时期的准备工作，小刊物——“虞山邮讯”终于在今天诞生了。

我们编印这个小刊物的目的是：通过它对我们集邮爱好者之间起如下的作用：1. 加强联系；2. 增进知识；3. 推动集邮活动更好地开展，使之为政治服务。

我们初步打算，今后“虞山邮讯”主要刊登如下的内容：1. 集邮活动情况报导；2. 集邮知识与经验交流；3. 新邮新戳介绍；4. 配合各项政治运动发表各种专题邮票、纪戳的论述。我们知道，要办好这份刊物，并使不断丰富内容和发挥作用，单靠少数几个人是不行的，还必须取得全体集邮爱好者的支持。为此要求同志们积极为本刊写稿，并及时的本刊报导新邮、新戳消息，经常对本刊提出批评和建议，使我们不断改进出版工作。

我们深信，在党的正确领导和大家的努力支持下，这份小刊物，今后一定会办得更好。由于目前条件有限，本刊暂定每月印发一期，以赠阅本组组员为主，外埠兄弟集邮组适当赠阅，其他集邮爱好者恕不一一分发，希原谅！

编者

在庆祝建国十二周年的時候

常熟邮展简介

——陈浩兴——

为庆祝中华人民共和国成立十二周年，常熟县虞山镇工人文化宫集邮组特举办了小型邮展。这次邮展内容以纪念邮戳、纪念章为主。展品共分：祖国建设、技术革新、大跃进十周年、体育运动、首日戳等八个专题，反映出建国十二年来全国各地各部门所使用的各种有关反映政治、经济、文化和保卫世界和平等方面的部分邮戳及纪念章。由于展品具有图文并茂、式样各异的特点，且内容丰富广泛，富有现实教育意义，因此甚受参观者的欢迎。

邮展自10月1日起至10月底止。为纪念这次邮展，展出期间备有纪念章（图一）供参观者和本外埠集邮爱好者盖用。纪章係由本镇职工业余美术工作者沈虹同志所设计，图案突出以“大办农业、大办粮食”为主题。

江苏常熟 1961.10. 庆祝中华人民共和国成立十二周年邮展

图为邮展纪念章，供集邮爱好者盖用留念。

（图一）

图 4-26 《虞山邮讯》（1961）

惠生报道的是年“原苏州市工人文化宫集邮小组”改组的重要“苏州邮讯”。

《虞山邮讯》为月刊，16 开，每期 2—6 页，油印，由祁介东负责组稿，吴学文负责编辑排版，陈浩兴负责邮寄。刊物图文并茂、内容丰富，在“三年困难时期”，仍能坚持长年按月出刊，实属难能可贵。它在全国 20 个城市还聘有通讯员，如苏州奚伯康、哈尔滨李登汉、上海鲍连奎、陕西富平南志秀、大连王金周、昆明华熹等，帮助这份地方邮刊在集邮圈扩大了影响，受到了各地邮友的青睐，索刊者众多。

1963 年 8 月，该刊接“上级通知”要求停刊。至此，《虞山邮讯》在出版了 23 期后停刊，它是新中国成立后至“文化大革命”发动前，苏州地区连续出版时间最长、出版期数最多的集邮刊物。1964 年 8 月，该刊编者还将存稿自行编印了《虞山邮讯存稿汇编》（共 11 页），分发给老读者。《虞山邮讯》的精彩邮文不少，如《我国最早的航邮》、《封片谈》（刘广实）、《有趣的动物邮戳》、《我国的“小全张”和“小型张”邮票》（郭润康）、《东北解放区发行的邮票及其他》（刘原）、《苏联邮票介绍》（沙庆禄节译）、《你知道吗？》（华熹）、《同种戳研究》（介东）等。

二、苏州集邮者对邮学的研究和创编邮刊

苏州集邮研究风气盛行，早在民国时期就涌现了不少知名的集邮家、邮学家。新中国成立后，尽管苏州地区已无集邮组织存在，也有很长时间没有出版集邮刊物，但苏州的集邮活动从未中断，从 20 世纪 50 年代苏州启用的一批纪念邮戳就可了解一二。

苏州市工人文化宫集邮研究组《集邮通讯》的创刊，开启了 20 世纪 60 年代前后苏州集邮刊物的出版热潮，客观上也大大促进了苏州集邮者的邮学研究。这一时期的邮刊以邮戳收集与研究为热点，张惠生与祁介东是当时两位集邮干将。

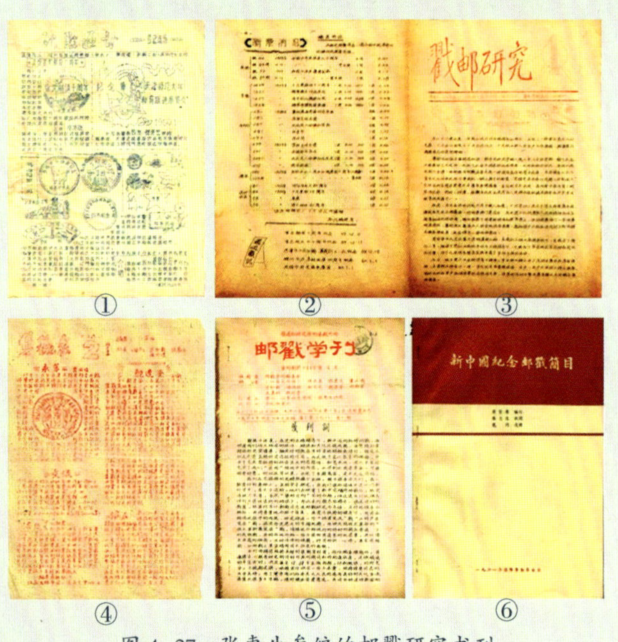

图 4-27 张惠生参编的邮戳研究书刊

1. 张惠生

张惠生显身苏州邮坛不过短短四年（1958—1962），然而十分活跃，尤其在邮戳研究方面颇有建树。当时正值国内集戳热，据刘广实主编的《中国集邮书刊简目》记载，其间创办的邮戳专刊有《纪戳通讯》《集戳》《集戳家》《戳邮研究》《邮戳学刊》等五种，均出自江苏、浙江，而张惠生参编（图 4-27）其四：

① 1959 年 6 月创刊的《纪戳通讯》，

由糜凤鸣以“扬州市五台山疗养院集邮组”名义编印，至1960年2月共出版25期。为该刊报道纪念邮戳刻用信息和提供戳样的苏州邮人有张惠生、祁介东、于继祖等。

② 1960年1月5日创刊的《戳邮研究》，共发行4期。第一期刊楣处署“苏州苏钢集邮小组编印”。该刊实由张惠生主编，其发表的文章有《谈谈同种早期戳》《同种戳的研究》等。

③ 1960年1月创刊的《集戳家》，共出版4期，由无锡吴慕伯主编，张惠生是编委之一。

④ 1960年4月15日创刊的《邮戳学刊》，共出版4期，16开8页油印，风格与《戳邮研究》如出一辙。编委达十人之多，多为当时的邮戳专家。创刊号之《广播室并刊启事》云：“本刊经原来扬州之《纪戳通讯》、浙江平阳金乡陈定盖主编的《集戳》和苏州的《戳邮研究》发刊的全体人员的同意，现改名为《邮戳学刊》半月刊。”但实际是月刊，至7月出版4期后停刊。编务工作由张惠生负责，其发表的邮文有《全世界劳动人民团结起来的节日“五一”国际劳动节纪戳介绍》（第二期）、《新中国第一部彩色影片诞生纪念戳》（第三期）、《物资交流会专题戳（二）》（第四期）。

此外，张惠生还参与了《新中国纪念邮戳简目》的编辑工作，该简目于1961年由广东罗家声编订、出版，张惠生负责校阅，香港石少东复校。

张惠生（1933—？），江苏苏州人。生前为江苏师范学院印刷厂工人，“文化大革命”中病故。1958—1961年活跃于苏州邮坛，曾任苏州市工人文化宫集邮研究组组长，与香港范同、广东罗家英、扬州糜凤鸣、内蒙古白歌乐、上海赵士骏等交往密切。其集藏的纪念邮戳、蒙古邮票、解放区邮票（图4–28）成绩都不俗，蒙古邮票尤获白歌乐称赞。张惠生在邮戳研究方面颇有建树，曾参编《纪戳通讯》，为《集戳家》的编委和《戳邮研究》《邮戳学刊》的主编。1961年5月，由广东罗家声编订、苏州张惠生校阅、香港范同复校的《新中国纪念邮戳简目》在香港出版。

图4–28　张惠生集邮预印封

2. 祁介东

另一位编刊达人非常熟的祁介东莫属。1961—1965年，他或自编自印，或参与编辑的邮戳研究专刊达四种之多，还曾为上海鲍连奎刻印过《上海解放后历年使用纪戳章简目》。在当时，创办多种刊物的集邮者并不多见。

1961年8月，祁介东自编自印《集邮者论坛》（图4–29），从第二期开始更名为《邮坛》，至第四期停刊。该刊每期2—3页，第一、第二期云集了宋知新、李伯鲲、张筱庵、吴慕伯、郭润康、孙君毅、鲍连奎、刘希彬、丁锡良、仃介、苏健人、惠芳、牛天佑、方汝珍、赵永赏、吴佩璜、万祚新、马烈扬、马如associated、沙庆禄等二十余位集邮家的邮文，第三、第四期分别介绍了常熟纪念戳情况和关于集戳的讨论文章。因祁介东筹编虞山镇工人文化宫集邮组组刊，《邮坛》停刊后，其将余稿转入《虞山邮讯》。

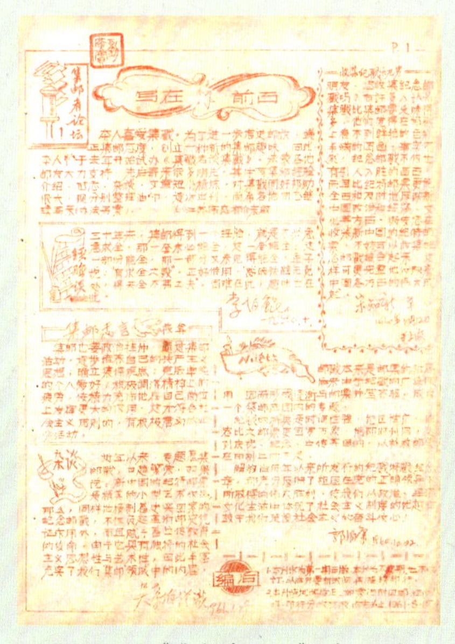
图4–29　《集邮者论坛》（1961）

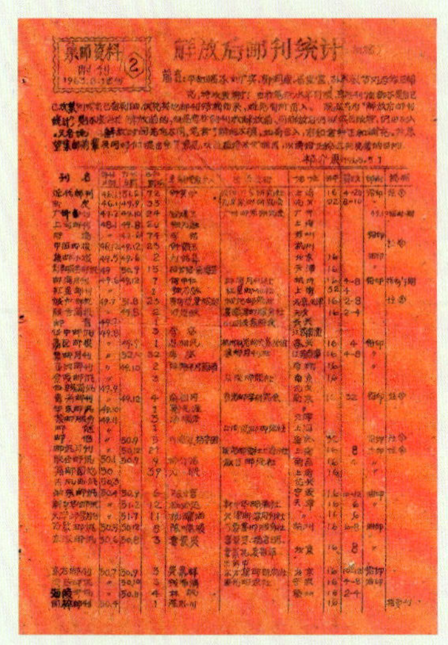
图 4-30 《解放后邮刊统计（初稿）》（1963）

1963年，由祁介东整理编辑的《解放后邮刊统计（初稿）》（图4-30），为陕西富平南志秀主编的《集邮资料》之“附刊2”所收录，16开2页。“前言”云：“本初稿承刘广实、郭润康、崔显堂、孙君毅等同志修正补充，特此致谢！由于笔者水平有限，有些刊物都不是自己已收集到或者已看到的，仅凭其他邮刊转摘而来，难免有所出入。既定名为‘解放后邮刊统计’则不应包括解放前的，但是有些创刊于解放前，而解放后仍继续出版者，仍旧列入。又各地解放时间先后不同，笔者了解的不够，如有出入，希知者纠正和补充。并恳望集邮前辈及同好们提出宝贵意见，欢迎直接来信指出，以便修正稿达到完美的目的。”这份统计资料采用表格形式，共列刊89种，分创刊日期、停刊日期、已知期数、主编或联系人、出版发行地址、开本、页数、印刷说明等项。在当时来说，其可算一份较详细的资料。

《虞山邮讯》停刊后，祁介东的办刊热情不减，1964年1月创办《图案集》（图4-31），季刊，16开，每期1—2页，油印，1964年12月第四期更名为《戳图集》（图4-32），至1965年，出版到第七期后停刊。用编者的话说，是刊为“个人的集戳记录”，内容以邮戳图案为主。该刊也是苏州地区“文化大革命”前停刊最晚的集邮刊物。

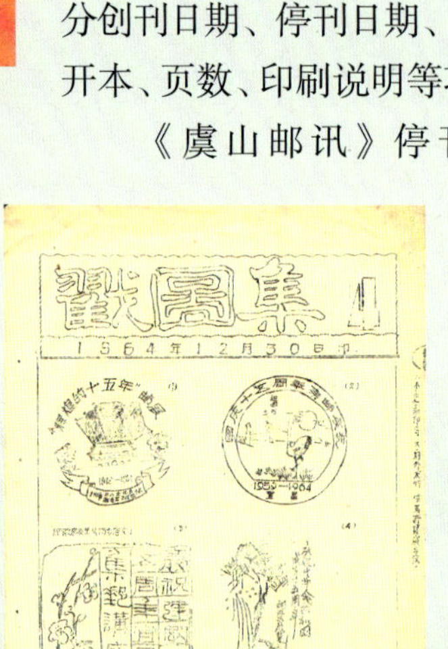
图 4-31 《图案集》（1964） 图 4-32 《戳图集》（1964）

限于当时油印的条件，祁介东编印的刊物印量都很少，像《集邮者论坛》第一期和《邮坛》第二期都只印了30份，《邮坛》第三、第四期各印了50份。后来的《图案集》《戳图集》各印了50份。即使像《虞山邮讯》，每期也只印80—120份。时至今日，这些刊物的原件已非常少见。这些刊物虽然“外表”简陋，但却内涵丰富。上述邮戳研究类刊物，必然需要刊附不少戳图，均须手工仿刻，好在祁介东有篆刻之功底，并乐此不疲。其仿刻戳图还见载成都《邮志》1961年总第五期、《南明邮刊》1963年总第三期等省外邮刊上，1961年无锡《星火活页文选》第四号上还见载其研究文章。

祁介东（1932—2010，图4-33），江苏江阴人。中学毕业后即进入税务局，不久被下放到农村当小学教师，后归队直到在常熟市税务局虞山税务分局二所业务主办任上退休。祁介东业余爱好集邮、书法、篆刻，为苏州市、常熟市书法家协会会员，“虞山印社”理事。他在新中国成立初期热衷于集邮，主集新中国邮票及封片，对邮戳的集藏研究及编刊情有独钟。除曾任《虞山邮讯》《常熟集邮》的主编外，他还于1961年自编《集邮者论坛》、1963年整理编出《解放后邮刊统计（初稿）》、1964—1965年自编《图案集》，其送展的《邮苑文趣》在2004年无锡首届全国民间集邮文献展览中获二等奖。祁介东是1959年常熟县工人文化宫集邮组创建、1983年常熟县工人文化宫集邮组重建及常熟市集邮协会创建的发起人之一，曾任常熟市集邮协会第2—4届副会长。

图 4-33 祁介东像

三、苏一集邮店及其《寄拍卖目录》

20 世纪五六十年代，苏一集邮店可谓是当时苏州集邮界的一张名片，它是苏城闹市区内唯一的集邮店，在全国都有不小的知名度。

1951 年，苏一集邮社初设于西美巷 80 号，培德小学（况公祠）斜对面。1958 年年初迁至人民路 294 号（今人民路 1296 号中国电信苏州人民路营业厅），并更名为“苏一集邮店”，曾一度归并东来仪公司。

苏州的老集邮者都把苏一集邮店简称为“苏一社”，其在人民路的新址位置优越，南侧是慕园，北侧紧靠苏城仅有的一家飞机模型店。店铺设在一座低矮的香山帮传统风格的平房内，店面临街，设置一排狭长的传统塞板门。店门口安有一个带有“集邮”二字的灯箱，到了晚上能吸引不少市民的注意。店面两侧，还有一副店主自拟的对联：“集一流邮票，交四方朋友。”

临街偌大的玻璃橱窗内，陈列着各种新发行的邮资票品、集邮刊物。店内一排磨出包浆的榉木柜台，古色古香。镶嵌着玻璃的墙壁上，展示了新中国发行的较有代表性的纪特邮票、普通邮票等，大多是盖销票。此外，还有少量外国邮票，以社会主义国家，如苏联、匈牙利、罗马尼亚等国的邮票为多，而资本主义国家的邮票在当时是不允许被公开展示、销售的。另外，还有一些精美的火花（火柴盒贴画）。很多市民和集邮爱好者都喜欢驻足欣赏。

苏一集邮店的店主柯斌，人称“柯老板”，他写得一手好字，“苏一”的店名即由他自起自题，寓意“苏州一流”“苏州唯一”。他做生意很有一套，一句“觅邮票，要寻苏州柯老板”的广告语，让“苏一社”很快在全国打出了名气，引得外地集邮者都慕名而来。

柯斌（1914—1972，图 4-34），又名知坚、家骥，祖籍福建长乐，1914 年生于河南开封。1927 年于上海民智公学小学毕业，1930 年被大夏大学高中部录取，他在校期间痴迷邮票，于沪江大学肄业后，一度在父亲开办的公司工作。其父柯菊初为民国时期上海工商界名人。柯斌 1935 年娶妻刘孝龄，1945 年 6 月携妻及子女邦正、邦兴、邦媛自南京沈举人巷 62 号迁到古城苏州，其后邦彦、邦娟、邦荣、邦娇、邦平先后出生。为谋生，柯斌于 1951 年起经营邮业，1966 年 8 月苏一集邮店遭抄没停业。1969 年，柯斌携未成年子女全家被下放大丰县上塘人民公社。柯斌于 1972 年病逝于苏北，1979 年遗孀刘孝龄携子女返回苏城。

图 4-34　柯斌像

20 世纪五六十年代的集邮者几乎全为男性，他们大多是工薪阶层，也有一些是中小学生，星期天光顾者不少。每当老顾客或资深集邮者光临，柯斌都会亲自接待，引领他们到店后的会客室，沏上一杯茶，双方互通有无，谈妥价格后拍板成交。苏州老集邮家、其时还是学生的丁蘖回忆道：“当时柯斌经手了不少精品，如大龙、小龙、红印花、纪 20 错版、学联错版、难民未加盖小全张、新疆木戳航空票封、盐阜山东解放区票等高档邮票 。”

苏一集邮店能在当时的集邮界一炮而红，除了仰赖于店主“诚信待人，老少无欺”的经商理念外，还与他经营有方有关。其子柯邦彦回忆说：“父亲十分重视推广工作，亲自设计了许多宣传品，如邮票牌价表、年历等，刻印的《寄拍卖目录》也美轮美奂，邮票经营的有声有色，成为全国小有名气的邮商。”

1958 年 2 月，《苏一寄拍卖目录》（图 4-35）创刊，16 开 8 页油印，月刊，每期售品 500—600 项，包括中外邮品、集邮刊物等，到是年 7 月共出版 6 期。是年 8 月，为加快转业速度，特印 16 开 8 页《转业拍卖目录》（图 4-36）1 期。之后，苏一集邮店不再独立经营，改到东来仪公司继续营业。除了让品目录外，苏一集邮店也编印过征求目录。

不久，苏一集邮店又重新回到人民路原址继续经营。1962 年 9 月，苏一集邮店另起炉灶出版《寄拍卖目录》第 1 期（图 4-37），月刊，至 1964 年 2 月均为 64 开书本型，后改为 32 开，至 1965 年 1 月停刊。其中，1962 年发行 4 期，1963—1964 年各发行 12 期，1964 年另发行补充目录 4 期（16 开），1965 年仅发行 1 期，全份共计发行 33 期。

图 4-35 《苏一寄拍卖目录》（1958）

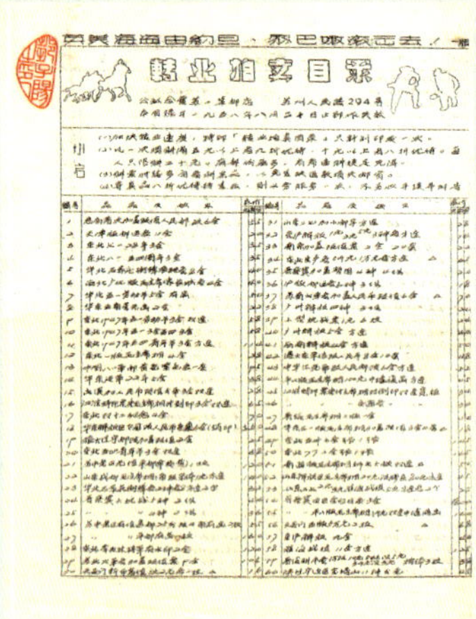

图 4-36 《转业拍卖目录》（1958）

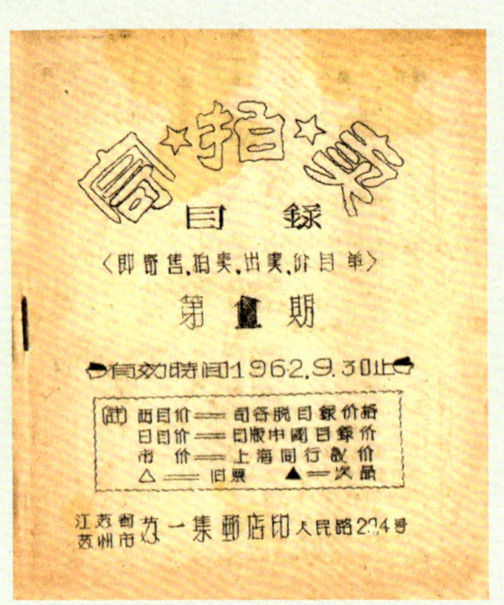

图 4-37 《寄拍卖目录》（1962）

苏一集邮店《寄拍卖目录》具有如下鲜明特点。

出版密度大，从不拖期。柯斌编辑《寄拍卖目录》非常认真、用心。从第 1 期至停刊，每月一期，从不拖期。用柯斌自己的话说，“每天一早睁眼到夜晚闭眼，足足工作十六小时只多不少”。出版目录一年，柯斌经常顶着严重的胃病坚持工作，体重减轻了约 18 斤。亲友们好意规劝其暂停出版几期，不要把身体搞垮了。为此，柯斌坚决不同意，他还特意把 1951 年自题的“为社会主义集邮界服务到底死而后已”刻成印章（图 4-38）以作鞭策，并刊于目录中，请邮友们监督。

图 4-38 柯斌誓词印章

1964 年 3 月起，柯斌因胃出血住院治疗，目录不得不改版为 32 开 8 页（图 4-39），取消了封面，邮品数也从 500 多项缩减到 220 多项，《小邮识》栏目也因此取消。尽管如此，《寄拍卖目录》仍每期按时出版。1965 年 1 月后未再出版。

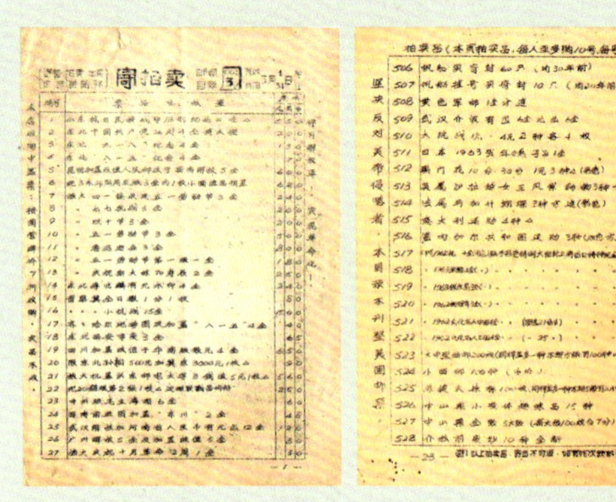

图 4-39 《寄拍卖目录》改版（1964）

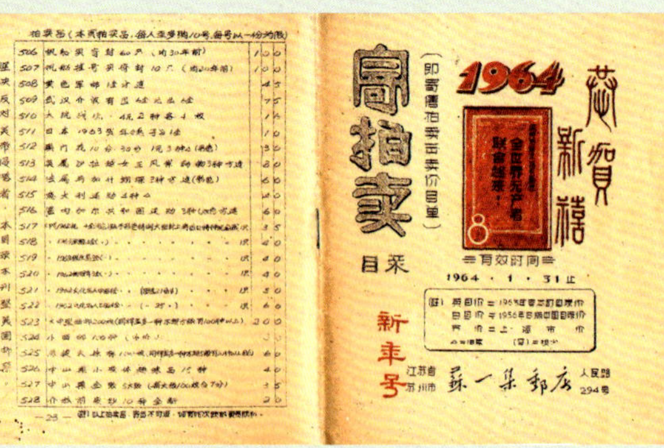

图 4-40 《寄拍卖目录》1964 年新春号

集邮不忘政治宣传，与时俱进，与党的口径保持一致。从 1964 年《寄拍卖目录》新春号（图 4-40）刻印“金句”即可见一二：

全国人民奋发图强，自力更生，建设祖国。

反对现代修正主义，捍卫马克思、列宁主义。

提高警惕，保卫祖国，保卫和平。

坚决支持美国黑人反对种族歧视的斗争。

集邮是储蓄方法之一——保加利亚集邮家瓦西利·璋科夫。

集邮可使您生活更加丰富多彩。

虚心学、恒心集，是集邮成功的一大关键。

热爱祖国邮票，勿忘保卫祖国！

坚决支持古巴人民反对美帝国主义的斗争。

坚决反对美帝侵略者，本目录不刊登美国邮票。

互相尊敬、互相学习、互相支持，丰富邮集，共同提高。

集邮通讯快复信，是好信用的先声。

集邮通讯不守信用，是自毁集邮的寿命。

丰富邮识也要从“勤学苦练”而来。

党办的《集邮月刊》是集邮者的良师益友。

把方便送给别人，是共产主义风格。

以经常真诚的态度对待邮友，集邮上可得到不可思议的帮助。

…………

以农为业，以农为家，以农为乐，以农为荣。

集邮家是从多年辛劳中才能获得这样光荣的称号。

没有毛泽东思想武装自己的头脑，也不会获得集邮大丰收。

授人以鱼，不如授人以渔。秉承不仅售邮而且推广邮识的宗旨，为更好地服务读者，《寄拍卖目录》还开设了《简答与小启》（图 4-41）栏目，为集邮者答疑解惑，述说编目经历。后来还增设了《小邮识》栏目，推广集邮知识。文章短小精悍，多出自柯斌之手，郭润康、张包子俊等也为其投稿。《寄拍卖目录》刊发的主要文章有《祖国邮票的世界第一》《福州飓风剖半封真假辨别图》《我国发行的小全张和小型张》《宽窄版与宽窄票》《纪特票原版与再版区别简图》《大龙书信馆票之真伪辨识》《海关大龙票版式及各种变异简图》《毛主席邮票究竟有多少种？》《山东战邮》《毛主席像邮票专集资料》（图 4-42）等。

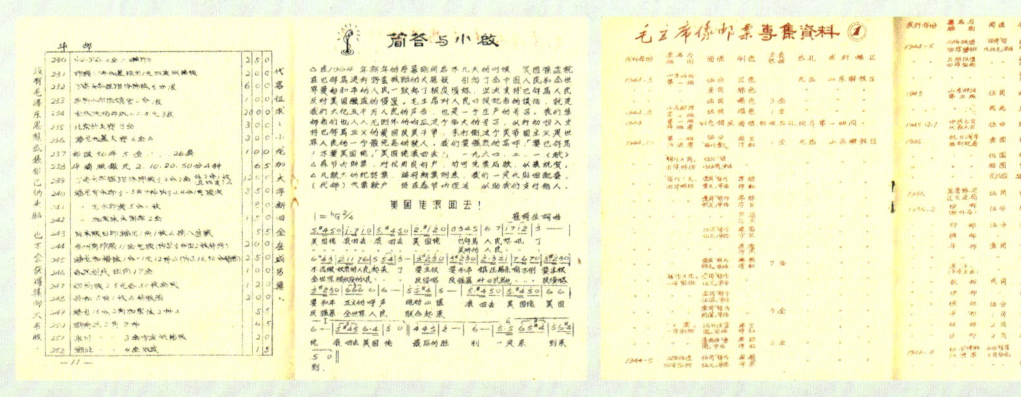
简答与小启

毛主席像邮票专集资料 ①

图 4-41　《简答与小启》栏目　　　　图 4-42　《毛主席像邮票专集资料》

售品丰富，营销模式多样。苏一集邮店除了经销新中国邮票、社会主义国家的邮票外，还经销邮刊、钱币、火花、烟标（俗称“烟盒”）等，自产自销各式集邮册，代售邮票钳等各类集邮用品。柯斌也会刊发广告，征求各类所需的邮品，以及代客征求（图 4-43）：老解放区邮票，小龙加大字新全套票、旧全套票或零票，纪 20 错版新票、旧票、另票、套票，纪特旧票 22 分及

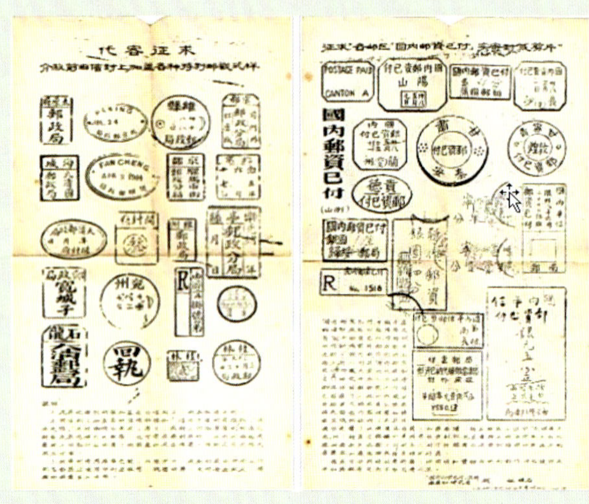

图 4-43　柯斌刊发的代客征求广告

22 分以上面值旧票，各国早期动物、花卉、运动的新票、旧票、套票、另票，以及中西集邮书籍、加盖邮戳邮品等。

1961—1964 年，苏一集邮店每年出版《国营中国集邮公司纪念特种邮票牌价表》，油印，除刊有邮票志号、发行年份、票名、新票和盖销票售价外，1961—1962 年的版本上还列出了各种邮票的面值等信息，表后还设《集邮二三事》栏目以推广集邮知识。1963—1964 年虽略有简化，但增加了收集统计表，集邮者可根据藏品，在“○”内画“√”或“×”，即表示对应邮票是否已收集到，方便集邮者的统计。

为了扩大生意，苏一集邮店与中国集邮公司及各地集邮者广泛交流，为他们提供收购、代售、代寻等调剂余缺的服务。柯邦彦回忆道，当时连中国集邮公司为征求普票封出口，也请苏一集邮店以每斤 1 角 6 分代为收购，为此柯斌印了广告在苏城内张贴。当时倪远甫[①]家人看到广告后叫柯斌去家里收购，倪家将多年积存的信封放在一个房间内，一共拉了几黄鱼车才拉完，内有大批清代封、民国封、民信局封等。

《寄拍卖目录》由专业誊印社印刷，字体隽秀，版面清晰。封面设计别具一格，不仅有节日的喜庆主题，也有反映时代特征的主席语录，配以邮票图案，令人赏心悦目。每逢新年的月份，还不惜工本，采用多色套印技法，将封面印刷得异常精美（图 4-44），与同时期出版的各类目录相比，绝对属于“高大上”之品。此外，苏一集邮店还印制了不同年份的《年历》（图 4-45）、宣传画《向雷锋同志学习》（图 4-46）等分赠读者。

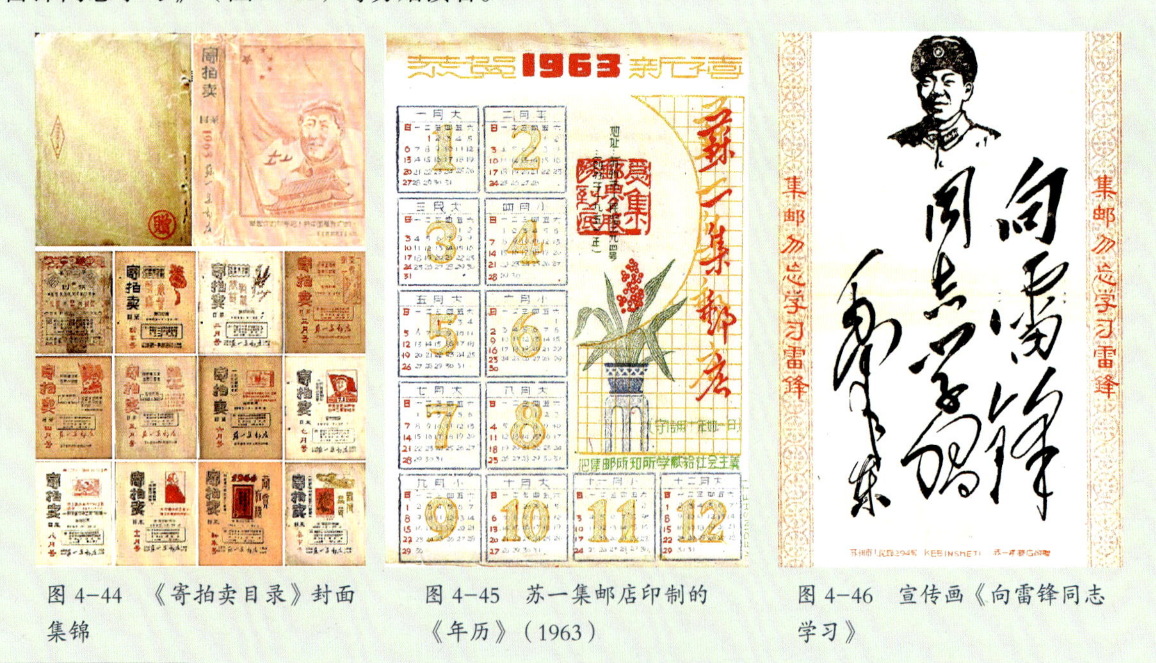

图 4-44　《寄拍卖目录》封面集锦

图 4-45　苏一集邮店印制的《年历》（1963）

图 4-46　宣传画《向雷锋同志学习》

① 倪远甫（1861—1936），名思宏，江苏镇江人。大清银行天津分行首任经理，民国初年盐业银行上海分行经理，晚年在苏州买下名医叶天士故居，倪远甫长孙倪慎武生于此宅，重孙倪乃鸣辈现仍居住于该宅第六进。长期的银行从业履历令倪远甫积攒了大量精美的红条、红框实寄封，早已为集邮藏家、邮商所青睐，自 21 世纪初更成为名家与拍卖行关注的热门邮品，已先后亮相百余件。

一些集邮家的文章中也都曾提到过与“苏一社”、苏一集邮店、柯斌交往的经历。吴廷琦在《集邮博览》之《集邮九问》栏目提到：“西安解放前夕，我将所收集的中华邮政发行的邮票全部付之一炬，仅留下一枚赈济难民附捐邮票《共拯饥溺》小全张。以后赠送江苏苏州柯斌，蒙回赠紫军邮横双联一个，称心如意。”周祥林的《缅怀中国近代票权威钟笑炉先生》记录：“1960年五六月间，据苏州苏一邮社柯斌先生提供的讯息，我得知钟先生处还有湘赣边省赤色邮票1分票2枚，便立即去信向先生求援1枚，很快收到先生的回信，说此1分票原是一个四方连，被苏州柯斌要去上边2枚，尚余下边横双连2枚……”后周祥林如愿购得该票，喜出望外。在刘肇宁所著的《邮海漫谈》中的《回忆集邮家周贻白教授》及其刊载在《集邮博览》上的《怀念集邮家张珩》，姚文祥发表在《中国集邮报》上的《华人要集华邮》，刘佳维所著的《邮苑情缘》中的《集邮老人易富顺》，及《中国集邮人物风采录（珍藏版）》刊载的内蒙古集邮家白歌乐事迹等中，均曾提到过苏一集邮店和柯斌。

还有一件事，让苏一集邮店的名气大增。新中国成立后的一天，一位妇女经人介绍，带了一批日本大象火花到苏一集邮店。这批火花原属一位在苏的日本商人，妇女曾为日商做佣人。为感谢这位妇女的照顾，临终前日本商人将这批精美的火花作为纪念品相赠。新中国成立后，因该妇女家急需用钱，故向苏一集邮店求售。柯斌得知火花的来历后，非常喜欢，毫不犹豫地悉数买下。20世纪60年代初，扬州举办邮展，柯斌送展的大象火花引发全场轰动。

第四节　“文化大革命”前后苏州集邮活动的起落

一、“文化大革命”前的全市集邮状况

即将发行的

苏州邮讯

原苏州市工人文化宫集邮小组，自3月25日起改由青年俱乐部领导，于4月8日召开了新小组的成立大会，并决定于4月15日起举办首届邮展，同时讨论了今后工作计划等重要事项。（张惠生）

4.本刊所登……他刊物转载……

5.本刊欢迎……本组目前正处……虑，希热忱于本……

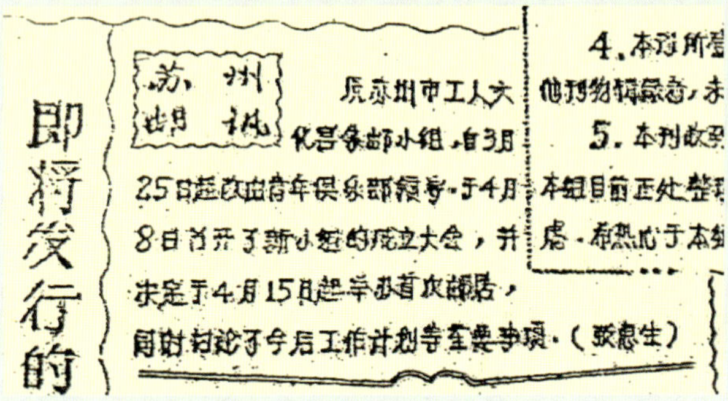

图 4-47　《虞山邮讯》载《苏州邮讯》（1962）

苏州市工人文化宫集邮研究组在1960年后活动渐行式微，但仍有“不甘寂寞”者。据1962年《虞山邮讯》第四期载张惠生《苏州邮讯》报道（图 4-47）：“原苏州市工人文化宫集邮小组，自3月25日起改由青年俱乐部领导，于4月8日召开了新小组的成立大会，并决定于4月15日起举办首届邮展，同时讨论了今后工作计划等重要事项。”

之后集邮者呈分散活动状态，该时期的活跃者有老集邮家陆念乔、黄汝霖、王柏生等。20世纪60年代中期，苏一集邮店却办得风生水起，吸引了诸多的集邮家光顾，近有南京杨勇伟（图 4-48），远有昆明叶于构（图 4-49），等等。

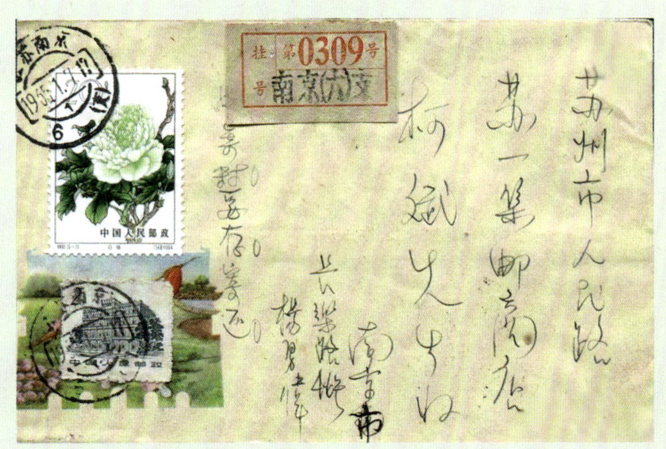

图 4-48　南京杨勇伟寄苏一集邮店封（1965）

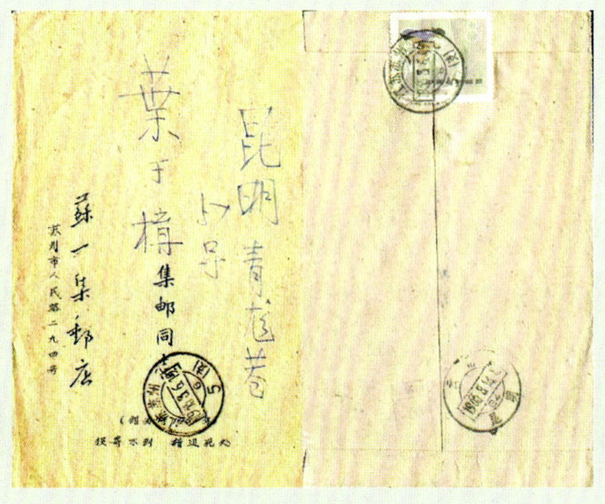

图 4-49　苏一集邮店寄昆明叶于构封（1965）

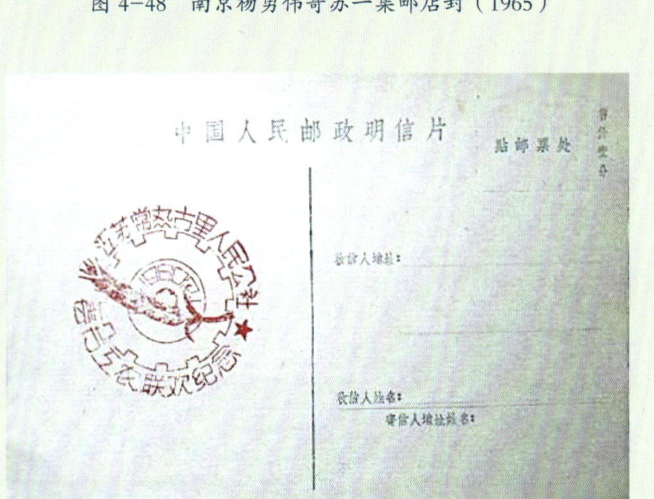

图 4-50　“江苏常熟古里人民公社春节工农联欢纪念”戳（1960）

20世纪50年代末由常熟古里人民公社机关发起、公社银行和商业系统中的集邮爱好者参与的古里人民公社集邮小组，在1960年春节期间配合公社党委为发展社队办工业而举办的春节座谈会，特与古里邮局联系后刻制了1枚“江苏常熟古里人民公社春节工农联欢纪念”戳（图 4-50），供受邀参会的上海、无锡、苏州、常熟等地的工厂或企业的来宾及当地集邮爱好者在邮件、明信片、信封上加盖留念，纪念戳共使用10天

（2月1日—10日）。古里人民公社集邮小组创始成员有倪忠显、王玉麟、章晓兴、顾为民、陆坤祥、邵金娣、马兆俊、丁秉君等，倪忠显、王玉麟为召集人。由古里人民公社订阅一份《集邮》杂志，每当月刊来时或邮电所有新邮到达，大家互相转告并集中活动，购买新邮或交换邮票。古里人民公社集邮小组在“文化大革命”中自行解散。

常熟的虞山人民公社文化宫集邮组于1961年进行了调整，由陈浩兴任组长，并创办会刊《虞山邮讯》，吴学文负责编印会刊，祁介东负责对外联络和组稿，孙祖涛负责邮展活动。《虞山邮讯》创办于1961年10月，每月一期，共出刊23期，停刊后的存稿于1964年8月结集为《虞山邮讯存稿汇编》，分发给老读者。邮展方面，1960—1963年，虞山人民公社文化宫集邮组共举办了11次邮展和1次火花展览，各次邮展展品大多为新中国邮票及部分东欧国家邮票，兼有少量“区票”，由集邮组成员提供和组集展品，由文化宫供给场地和展框，均刻制纪念戳（图4-51）。虞山人民公社文化宫集邮组活动一直坚持到1963年。

图4-51　盖常熟邮展纪念戳之实寄封（1962）

1964年3月，江苏省昆山中学学生吴德伟编组《音乐舞蹈史诗——东方红》邮集，并将邮集贴在班级里的墙报上展出，之后还撰写了《我的〈东方红〉邮集》，发表于1965年《集邮》第三期上（图4-52），署名：“江苏昆山中学高二二班　吴蔚蓝。”

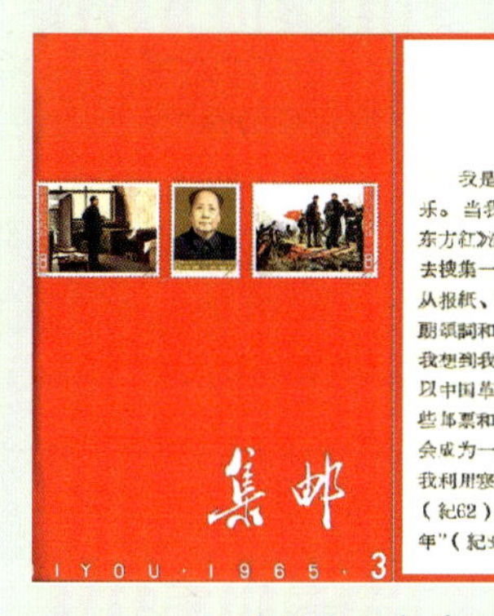

我的《东方紅》邮集

江苏崑山中学高二二班　吴蔚蓝

我是一个集邮爱好者，也喜爱音乐。当我听到《大型音乐舞蹈史詩——东方紅》演出的消息以后，很高兴，就去搜集一些关于《东方紅》的資料。我从报紙、刊物上剪下許多《东方紅》的朗頌詞和演出实况照片。在整理时，我想到我国发行的邮票中，有不少是以中国革命历史为題材的，如果把这些邮票和朗頌詞、照片搭配起来，就会成为一冊很有意义的邮集。于是，我利用寒假，把“五四运动四十周年”（紀62）、“中国共产党成立四十周年”（紀38）、“中国工农紅軍胜利完成二万五千里长征二十周年”（紀36）、“中国人民解放軍建軍三十周年”（紀41）、“遵义会議二十五周年”（紀74）、“中华人民共和国开国紀念”（紀4）等等邮票都整理出来，分别和《东方紅》中的每一場的朗頌詞和照片搭配在一起，然后把它們貼在白紙上，集成一冊，題为《音乐舞蹈史詩——东方紅邮集》。我从头至尾地欣賞了一遍，就象上了一堂生动的革命历史課，使我更加憎恨旧社会、热爱新社会。我的同学看到这本小冊子，都說做得好，覺得象这样集邮才有意思呢！

图4-52　江苏省昆山中学吴德伟在《集邮》第三期发表邮文（1965）

20世纪60年代，太仓虽尚无集邮组织，然不乏集邮者。如任职太仓县红旗运输社的项志群（1927—？），时已紧跟潮流开始集藏东欧社会主义国家的邮票，见存其1960年3月31日发往布加勒斯特罗马尼亚集邮协会之实寄封（图4-53）。

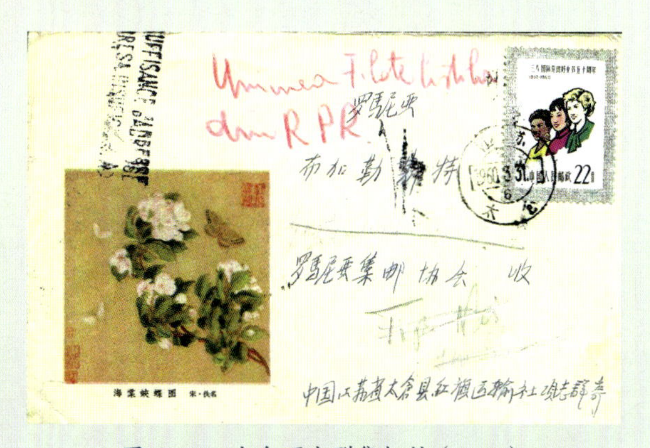

图4-53　太仓项志群集邮封（1960）

1964年国庆，由中共苏州地委抽调在沙洲县医药公司任职的老新光邮票研究会会员俞大雄，鼓励其以个人之力，在杨舍镇东街沙洲县文化馆内举办该县有史以来的首次邮票和钱币展览。展品分三间展出，一间为邮票展览，另两间为纸币展览。展出的邮票均为新中国发行的新邮票，有单枚票、横双连票、四方连票及部分明信片、实寄封等。每张贴片上的邮票、纸币名称及内容，都由俞大雄亲自书写，所展出的邮票和钱币主题突出，歌颂了新中国的伟大成就。展览开放后，干部、学生及居民、农民、工人、商人、军人等都前去观赏。许多人都是第一次参观这样的邮票和钱币展览。

吴江县文化馆也曾在“文化大革命”前组织过多次集邮展览。如在 1963 年五一劳动节、五四青年节之际，吴江县文化馆为配合党的政治宣传工作，在松陵公园原中山纪念堂内举办了一次集邮展览会，集邮爱好者方明德提供所集邮票 200 余枚用于展出。

二、“文化大革命”期间的集邮状态

“文化大革命”爆发前夕，集邮氛围已有微妙变化。常熟工人文化宫集邮组在“四清”（清政治、清经济、清组织、清思想）运动时停止了活动；1966 年春，苏一集邮店因受公安局调查案件牵连而遭工商局查封，全部邮票、封片及邮刊装了几车被抄走。

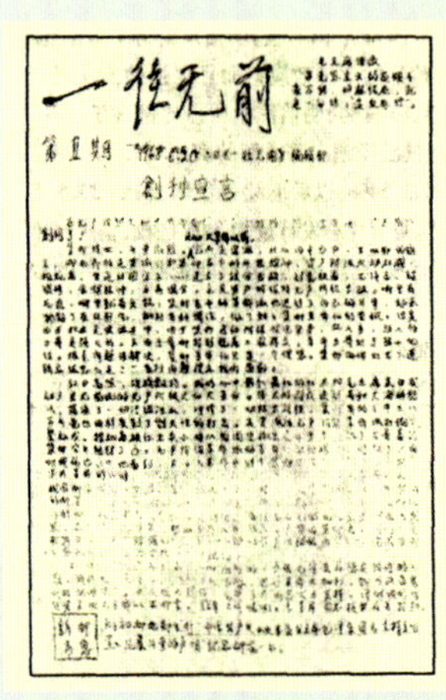

一往无前

创刊宣言

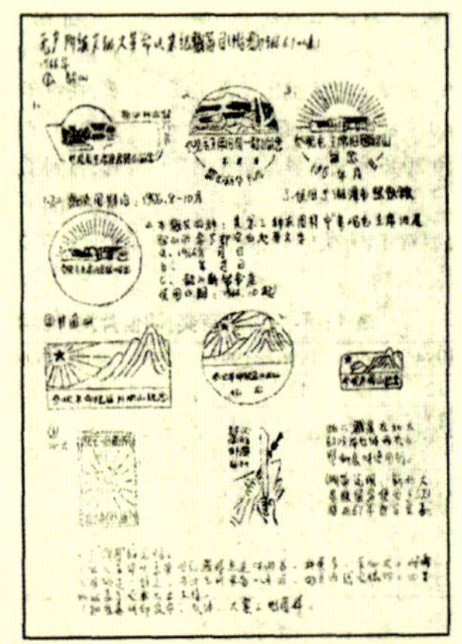

图 4-54　集邮小报《一往无前》（1966 年 6 月创刊）

随着“文化大革命”序幕的揭开，不少集邮迷继续集邮活动。北大毕业生田健行还编印了一份集邮小报《一往无前》（图 4-54），以表达对集邮的坚持和信念。1966 年 6 月 18 日—7 月 10 日，共编出 3 期，各油印 20 份分发给邮友。常熟祁介东就是当时有限的知情者和藏阅者。

“文化大革命”开始后，集邮被视为资产阶级的封建玩物，被当作“封资修”产物和“四旧”之一来批判。集邮活动被明令禁止，邮票公司、个体邮商、邮票交换场所也统统消失。1969 年，苏一集邮店的老板柯斌全家被下放到大丰县上塘人民公社。“文化大革命”期间，苏城再无邮票经营活动。

怕“惹是生非”而将民国邮票付之一炬者有之，割舍不下、将邮品转移他处者亦有之。老新光邮票研究会会员俞大雄曾撰文自述亲身经历：“在一片‘破四旧’声中，很多老集邮者，有的遭受冲击查抄，有的把收藏的有价值票品付之一炬。笔者把新光、近代、国粹、金竹等早期邮刊，成捆当作废纸送往收购站。平生收集之邮学资料，毁于一旦，能不惋惜？”

“文化大革命”中，昆山名医、资深集邮家周适和吴江周一非的大量藏品被烧毁、没收，其中不乏清代邮票、早期外邮及“区票”等珍品。

◆ 周适（1912—1998，图 4-55），字叔宜，号君谋，昆山蓬朗人。1924 年自高级小学毕业后考入江苏省立第四中学，1929 年秋考入苏州美术专科学校艺术教育系四年制本科并于 1933 年毕业，一度执教蓬朗农民夜校、巴城小学。1938 年，他入读上海同德医学院，6 年后毕业并获医学学士学位，1944 年年底回昆山设诊开业。新中国成立后，他被选为昆山县新医事工作者协会主任委员，先后担任多家医院院长，是昆山县第 1—6 届人大代表、昆山县第 6—7 届政协副主席。

图 4-55　周适像

周适因早年学过艺术，故喜爱收藏，特别是医名鼎隆、收入日丰后，更是痴迷于书画、钱币、邮票、古籍的集藏，其中不乏精品、珍品。1983 年，昆山县集邮协会成立，周适被聘为首届名誉会长。其编组的《解放区邮票》《商埠邮票》邮集，在昆山县集邮协会成立的邮展上获特别奖。

图 4-56　周一非像

◆ 周一非（1926—2002，图 4-56），吴江横扇人。早年在沪就读东南中学、育英中学（初中），后继承医师世家衣钵从医。1947 年在平望溪港开业行医期间加入中共地下党；1949 年苏南解放后公开身份，受委派任横扇镇镇长；1957 年调至盛泽镇医院工作。“文化大革命”后，周一非担任吴江县传染病医院院长、吴江县党史办副主任、吴江卫生学校校长等职，1987 年离休。周一非的集邮活动始于 1940 年在上海东南中学初二读书时，他在全面抗战爆发时期曾订阅《国粹邮刊》，并通过广告多次购买成套国邮，还写信联系赵善长、张赓伯、张包子俊而获赠阅《甲戌邮刊》《新光邮票杂志》《邮话》，从而提高了集邮的兴趣与劲头。新中国成立初期，周一非因公务繁忙，集邮一度中辍，1957 年后方才恢复。1981 年，周一非发起筹建吴江县集邮协会，并担任副会长，为苏州市集邮协会第一、第二届常务理事和江苏省集邮协会第二届理事。自后与国内集邮名家与国外邮友广泛交往，20 世纪 80 年代中期专注于集藏鸟类专题邮票，4 年间集得 164 个国家的 400 多套、2 000 余枚、864 种精美鸟类邮票，并加入英国皇家鸟类专题集邮协会（156 号）。1989 年，其组集《鸟——人类的朋友》参加江苏省集邮展览，获一等奖。

痴迷集邮者在“文化大革命”时期基本转入“地下”，但是在苏州地区仍有坚持集邮者的蛛丝马迹可寻：

图 4-57　乌干达寄苏州集邮封（1967）　图 4-58　昆山寄苏州集邮封（1968）

◆ “文化大革命”初期，苏城内仍有集邮者接收国外邮票社的来信，如见存 1967 年 10 月 26 日自乌干达首都坎帕拉寄发苏州集邮者的首日封（图 4-57），背盖坎帕拉邮政局局长公章。

◆ 1967 年 4 月—1970 年 1 月，发行“文”字邮票；1970 年 8 月—1973 年 10 月，发行编号邮票；1974 年，又开始发行纪念邮票和特种邮票。该时期邮票的思想性和艺术性都十分鲜明，且是唯一被允许公开藏用和出口的邮品，故深受中外集邮者的青睐。苏城邮迷杨绍仪当时曾在位于观西两开间五金店左侧的观前邮局排队购买《毛主席去安源》邮票，其情景至今记忆犹新。无独有偶，1968 年 9 月 11 日自昆山寄发苏州的一件毛主席语录封（图 4-58），背贴免盖销文 12《毛主席去安源》邮票 1 枚。值得关注的是，该语录封的收发者都是苏州著名的集邮者，发件者“昆山城茂中学金”即苏州邮人联谊会及北平邮票会发起人之一的金德声，收件者丁宗琪为中国泉币学社社员及苏城心爱邮币社开办人。

1962 年从武汉返乡后即参加常熟工人文化宫集邮组的徐宝煌，“文化大革命”插队期间仍潜心集邮、钻研邮识。后任望亭发电厂集邮协会副会长的常熟后生黄水明，1966 年甫从南京电力高等专科学校毕业，就职望亭发电厂，竟“逆流而上”开始集邮。昆山吴德伟从1965年在《集邮》第三期发表《我的〈东方红〉邮集》起，自述：“更热爱集邮了，此后不管是自己到农村去插队务农，还是上调到供销社当营业员，再到职业中学里为人师表，方寸邮票，一直陪伴着我，特别是那本简陋而又珍贵的《东方红》邮集更是从来没有离开过我。”

三、十一届三中全会后集邮活动逐步恢复

1978年开始，集邮者“释放天性”、冲破禁锢，公开在国内外开展集邮活动。王柏生率先于1978年四五月间与日本集邮家山崎修之亮恢复通邮；郑光裕、郑坚父子紧随其后；陶梦菊于1978年年底从黑龙江勃利县第二中学退休返苏后亦重返邮坛；黄汝霖1979年退休后恢复国外通邮，1980年起又热衷于集藏内蒙古、西藏、新疆双文字戳；还有徐宝煌等一批20世纪60年代崭露头角的集邮迷加入通邮活动。

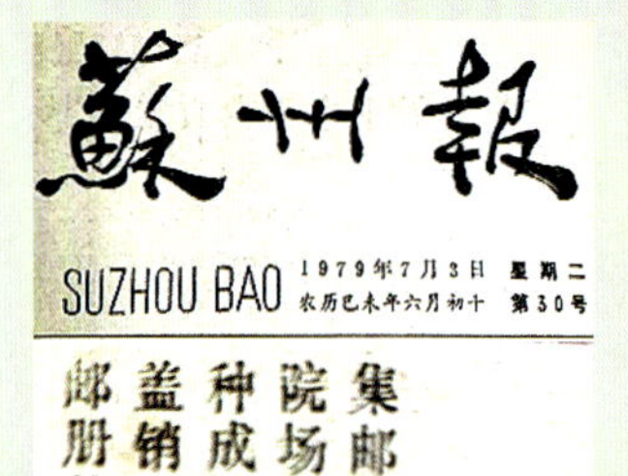

蘇州報

SUZHOU BAO 1979年7月3日 星期二 农历己未年六月初十 第30号

本市开设集邮门市部

代笔

苏州邮电局最近恢复了国内集邮业务，集邮门市部暂设在察院场苏州邮政营业处内。出售各种成套的纪念邮票、特种邮票、盖销纪念邮票，还备有精美的集邮册等供选购。（坤杰、瑾玉）

图4-59 《苏州报》短讯（1979）

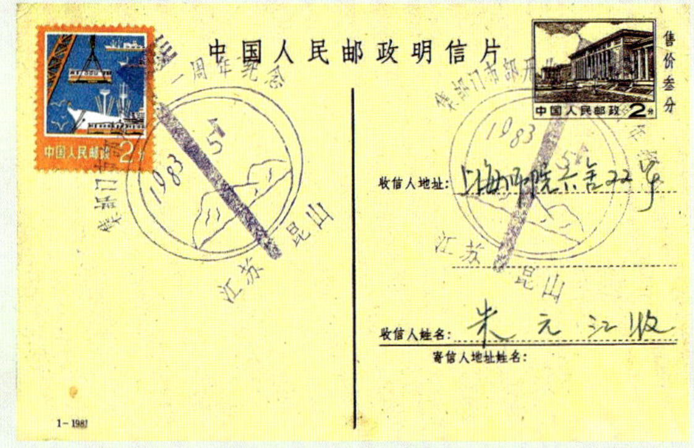

图4-60 昆山集邮门市部开业一周年纪念戳

1979年6月，苏州邮电局增设集邮门市部，恢复集邮业务，7月3日《苏州报》见载短消息《本市开设集邮门市部》（图4-59），报道称：“苏州邮电局最近恢复了国内集邮业务，集邮门市部暂设在察院场苏州邮政营业处内。出售各种成套的纪念邮票、特种邮票、盖销纪念邮票，还备有精美的集邮册等供选购（坤杰、瑾玉）。”是年，太仓邮电局也增办集邮业务。1980年2月，常熟邮电局恢复集邮台业务。1982年4月1日，吴江县邮电局集邮门市部开业，邮票直接供应到乡镇邮电支局（所）。是年5月1日，昆山集邮门市部开业（图4-60）。6月，苏州市阊门邮政支局设立集邮门市部，并在木渎、光福、东山三个邮政支局设置集邮专柜。7月1日，太仓邮政局专门设立集邮专柜，供应邮票和邮品。12月11日，苏州市邮票公司成立，由《苏州报》报刊发行科科长孙宝明兼任经理，邮票公司下设两个门市部：一个在人民路378号，另一个在石路阊门支局内。为方便集邮者购票，20世纪80年代初开始实行“新邮预定”制度，而集邮门市前则呈现集邮者自发交换邮票的情景。

十一届三中全会后，苏城的集邮活动总体态势向好，集邮者盼望集体活动的呼声日高，集邮迷纷纷付诸行动。

1. 苏州市工人文化宫集邮研究会复建

1980年夏秋，原苏州邮币会、苏州市工人文化宫集邮研究组成员王柏生等人带着广大邮迷要求建立组织的迫切愿望，往来穿梭于苏州市群艺馆和苏州市工人文化宫，最终经苏州总工会同意，由苏州市工人文化宫负责筹建全市职工集邮组织。1981年元旦，苏州市工人文化宫集邮研究会宣告成立，167名会员来自全市各条战线，内含7名原苏州市工人文化宫集邮研究组成员。著名书法篆刻家、金石学家、东吴印社名誉社长沙曼翁亲自操刀，特治印“苏州市工人文

化宫集邮研究会成立纪念　一九八一年元旦”（图 4-61）一方（原件后因汪日荣调离苏州市工人文化宫散失）。

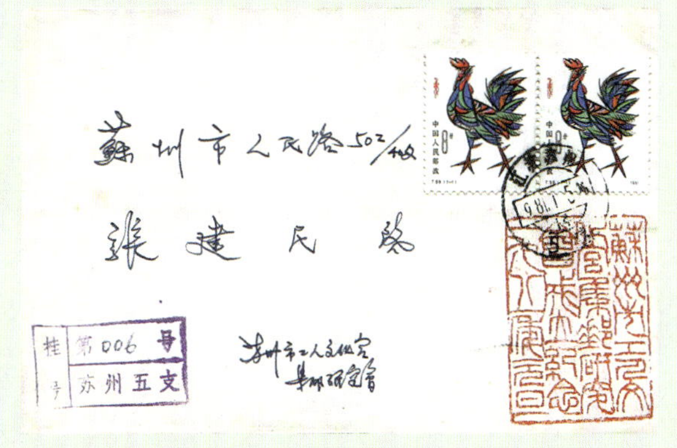
图 4-61　苏州市工人文化宫集邮研究会成立纪念戳

王柏生（1921—2002，图 4-62），一名王伯森，字望德，江苏吴县人。年轻时子承父业，在上海东汉阳路经商，后返回苏州山塘街开设分号，为苏州中医工作者协会会员。王柏生自懂事起即喜好邮票，工作之余以集邮为趣，1946 年《胜利》第十七期见载其作《赈济难民附捐邮票》，1947 年年底加入苏州邮币会，1948 年《近代邮刊》第三卷第六期登载王柏生“长期征求、廉价出售”邮品之广告，通讯地址为苏州山塘街 810 号或上海广西南路一弄 69 号。十一届三中全会召开后，其经奔走努力，终促成苏州市工人文化宫集邮研究会于 1981 年元旦复建。王柏生于 1990 年组集《现代奥运 100 年》参加第十一届亚洲运动会国际体育集邮展览，为苏州赢得了首枚国际奖牌（铜奖）。

图 4-62　王柏生像

1981 年 7 月 1 日，苏州钢铁厂职工业余集邮小组也宣告成立（图 4-63 为该集邮小组成立纪念戳）。苏州市工人文化宫集邮研究会特派代表出席成立大会并致贺词。成立大会上还收到了内蒙古、福建、四川、安徽、湖南等地兄弟组织的贺信。

苏州市工人文化宫集邮研究会复建后，积极带领会员开展多样化的集邮活动：举办学术讲座和邮展，1981 年 2 月 5 日—19 日的“姑苏新春邮展”（图 4-64 的实寄封上盖有“姑苏新春邮展”纪念戳）和 1982 年 1 月 25 日—30 日的“新春百花邮展”深受广大邮迷的欢迎；1981 年 4 月创办会报《研究与交流》；下工矿企业宣讲、辅导集邮知识，推动基层集邮组织建设，继苏州钢铁厂职工业余集邮小组于 1981 年率先成立后，1982 年起基层集邮组织的建设持续跟进，如 3 月常熟电讯器材厂工会成立集邮兴趣小组，12 月苏州长风机械总厂集邮研究小组成立。

图 4-63　苏州钢铁厂职工业余集邮小组成立纪念戳

1981 年起，江苏省邮票公司与地方集邮组织、文化馆联合组织的“江苏省邮票巡回展览”在苏州（1981 年 6 月 1 日）及常熟（1981 年 6 月 16 日）、吴江（1982 年 4 月 28 日—5 月 3 日）的举办（图 4-65 为“江苏省邮票巡回展览”在苏州、常熟、吴江举行的纪念戳），也对当时集邮活动的复苏发挥了积极作用。

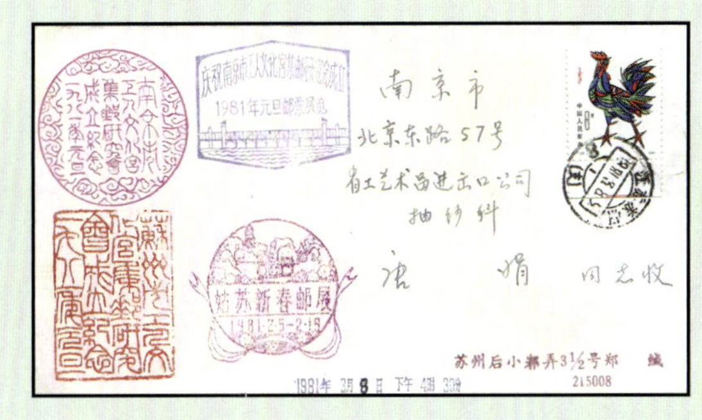
图 4-64　“姑苏新春邮展”纪念戳

图 4-65　“江苏省邮票巡回展览”纪念戳

前排自左至右：马任全、赵善长、张包子俊、孙君毅，
后排自左至右：陈朗昌、王柏生、杨勇伟、陶梦菊

图 4-66　长三角集邮家会聚无锡（1982）

1982 年 4 月 21 日，杭、沪、宁、常、锡、苏六市的集邮家假座无锡梁溪饭店二楼共话邮事，并就如何提高集邮水平、发展集邮活动、加强邮德诸问题提出精辟见解，张包子俊、马任全、唐无忌、刘广实、杨勇伟、赵善长、孙君毅等与苏州市的郑光裕、王柏生、陶梦菊、唐雨田参加了座谈会（图 4-66）。

2. 吴江县集邮协会创建

在苏州大市范围内，1981 年，首个县级集邮组织在吴江出现。是年，吴江集邮者在周一非的努力和联络下，于 7 月 8 日由吴江周一非、芦墟唐惠亭、莘塔石志民、黎里唐卯生、盛泽周祥林、八坼朱耀星六人发起，向全县预订《集邮》杂志的邮人发起成立集邮协会的倡议书（图 4-67）。在中共吴江县委的关心下，中共吴江县委宣传部签发《关于同意成立吴江县集邮协会的批复》（图 4-68），吴江县集邮协会于 1981 年 10 月 1 日正式成立，成为十一届三中全会以来江苏省最早成立的县级集邮组织。首届常务理事会组成人员：名誉会长潘善之，会长吴大伟，副会长缪根发、周一非；常务理事吴大伟、缪根发、周一非、杨兴华（兼秘书长）、钟浬；顾问王柏生、陶梦菊。首批公布会员 58 名，1981 年 10 月 25 日创编会刊《吴江邮讯》，主编杨兴华。

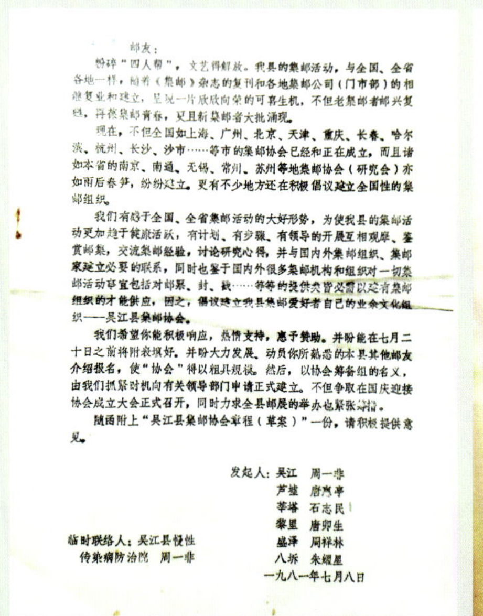

邮友：

粉碎“四人帮”，文艺得解放。我县的集邮活动，与全国、全省各地一样，随着《集邮》杂志的复刊和各地集邮公司（门市部）的相继复业和建立，呈现一片欣欣向荣的可喜生机，不但老集邮者邮兴复甦，再葆集邮青春，更且新集邮者大批涌现。

现在，不但全国如上海、广州、北京、天津、重庆、长春、哈尔滨、杭州、长沙、沙市……等市的集邮协会已经和正在成立，而且诸如本省的南京、南通、无锡、常州、苏州等地集邮协会（研究会）亦如雨后春笋，纷纷建立。更有不少地方还在积极倡议建立全国性的集邮组织。

我们有感于全国、全省集邮活动的大好形势，为使我县的集邮活动更加趋于健康活跃，有计划、有步骤、有领导的开展互相观摩、鉴赏邮集，交流集邮经验，讨论研究心得，并与国内外集邮组织、集邮家建立必要的联系，同时也鉴于国内外很多集邮机构和组织对一切集邮活动事宜包括对邮票、封、戳……等等的提供类皆必需以定有集邮组织的才能供应，因之，倡议建立我县集邮爱好者自己的业余文化组织——吴江县集邮协会。

我们希望你能积极响应，热情支持，惠予赞助。并盼能在七月二十日之前将附表填好。并盼大力发展、动员你所熟悉的本县其他邮友介绍报名，使“协会”得以粗具规模。然后，以协会筹备组的名义，由我们抓紧时机向有关领导部门申请正式建立。不但争取在国庆迎接协会成立大会正式召开，同时力求全县邮展的举办也紧张筹措。

随函附上“吴江县集邮协会章程（草案）”一份，请积极提供意见。

发起人：吴江　周一非
芦墟　唐惠亭
莘塔　石志民
黎里　唐卯生
盛泽　周祥林
八坼　朱耀星
一九八一年七月八日

临时联络人：吴江县慢性
传染病防治院　周一非

图 4-67　吴江县集邮协会成立倡议书（1981）

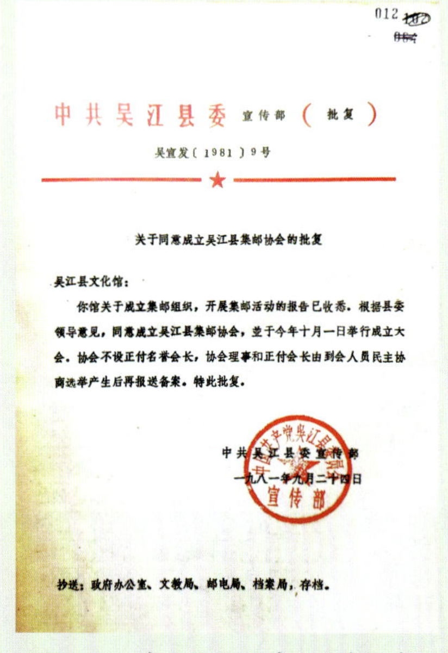

012

中共吴江县委宣传部（批复）

吴宣发〔1981〕9号

关于同意成立吴江县集邮协会的批复

吴江县文化馆：

你馆关于成立集邮组织，开展集邮活动的报告已收悉。根据县委领导意见，同意成立吴江县集邮协会，並于今年十月一日举行成立大会。协会不设正付名誉会长，协会理事和正付会长由到会人员民主协商选举产生后再报送备案。特此批复。

中共吴江县委宣传部
一九八一年九月二十四日

抄送：政府办公室、文教局、邮电局、档案局，存档。

图 4-68　中共吴江县委宣传部批复文件（1981）

自创会至 1982 年年底，吴江县集邮协会共举办五届邮展：

① 1981 年 10 月 1 日—5 日于吴江县文化馆举行首届邮展（成立展），提供展品者有周一非、杨兴华、钟浬，并特邀苏州王柏生、郑光裕携部分邮集参展。

② 1982 年 1 月 25 日—27 日于黎里镇举行“迎春邮展”，展出杨兴华的部分邮集。

③ 1982 年 2 月 18 日—25 日于同里镇工会举行“迎春邮展”（图 4-69），钟鼎、徐承中、顾久亨、杨兴华、何家雄、殷继忠、胡奇伟、钟浬、周一非、张邮、方煜新等十一人提供展集 17 部。

图 4-69　同里镇“迎春邮展”活动现场（1982）

④ 1982年4月28日—5月3日于盛泽镇新生厂举行“江苏省邮票巡回展览”，由江苏省邮票公司、吴江县邮电局、吴江县文化馆、吴江县集邮协会联合举办，展品除江苏省邮票公司提供的新中国成立以来的纪特邮票外，还有周一非送展的“区票”、钟浬送展的“蝴蝶”邮票、杨兴华送展的“锦绣山河”邮票。

⑤ 1982 年 10 月 1 日—3 日于松陵镇文化站举行“祖国啊，母亲”专题邮票展览，展出了有关中国革命史，辉煌的建设成就，伟大祖国、锦绣河山，体育，动物，自然风貌等的专题邮票。

3. 常熟工人文化宫集邮组的筹组及常熟市集邮协会成立

1981 年，上海市集邮协会成立。虞山镇工人文化宫集邮组成员徐宝煌闻讯后，萌生了重组常熟集邮组织的念头，并向常熟县工人文化宫的有关同志提出建议，然未被采纳，徐宝煌并未灰心，仍致力于在邮友中联络鼓动，直到 1982 年年底获接手常熟县工人文化宫阵地活动组的陈俊林的赞同，陈俊林委托其着手筹组。徐宝煌随即找到祁介东、张书儒等十余人商议，并分头联络。文化宫的陈俊林则积极请示相关领导，获准组建。徐宝煌又找到常熟县邮电局邮政股长王成立，获取了许多具体意见和要求。1983 年 1 月 15 日，常熟县工人文化宫召开筹组常熟工人文化宫集邮组第一次筹备会议，是年 2 月 22 日在工人文化宫茶室召开大会，宣告常熟工人文化宫集邮组成立，并发行手绘纪念封 1 件及刻制纪念戳（图 4-70）1 枚。集邮组班子成员为组长张书儒，副组长徐宝煌、祁介东、汪建新，组委俞大雄、任为春、余兴中，顾问黄汝霖，首批成员有 20 余人。

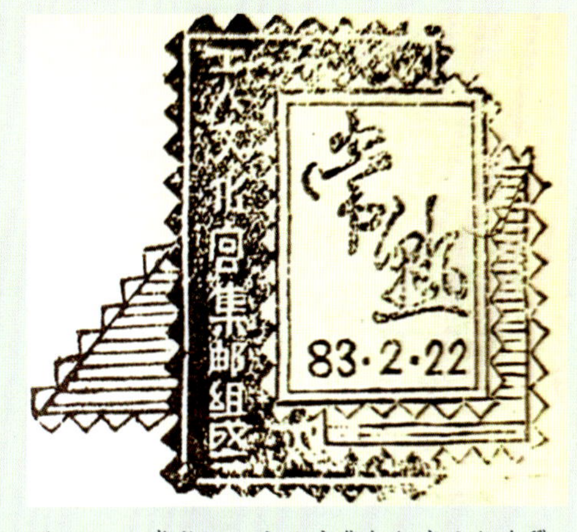

图 4-70　常熟工人文化宫集邮组成立纪念戳

常熟工人文化宫集邮组成立后，即将文化宫茶室辟为集邮活动的固定场所，每周四晚对外开放，1983 年 3 月创编内部交流邮刊《常熟集邮》（图 4-71）。是年 5 月举办首次邮展（图 4-72），

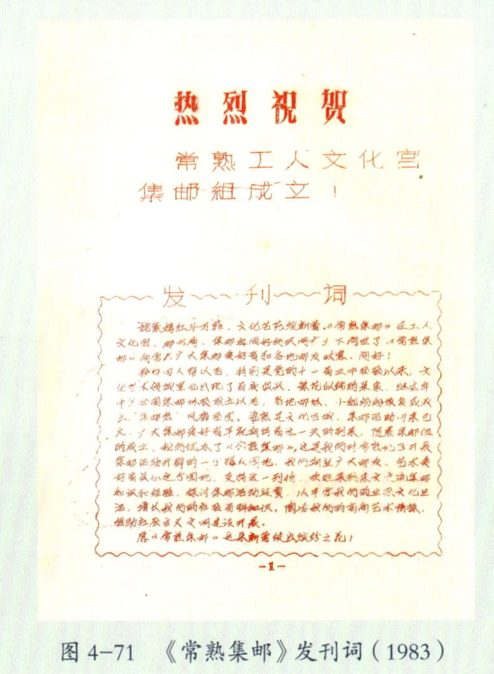

热烈祝贺

常熟工人文化宫
集邮組成立！

发刊词

姹紫嫣红斗芳菲，文化艺苑绽新蕾。《常熟集邮》在工人文化宫、邮电局、集邮爱好者的关怀下问世了。《常熟集邮》向常熟广大集邮爱好者和各地邮友致意、问好！

粉碎四人帮以来，特别是党的十一届三中全会以来，文化艺术领域里也出现了百花盛开、繁花似锦的景象。从去年中华全国集邮协会成立以来，各地邮协、小组纷纷恢复或成立，“集邮热”风靡全国。常熟是文化古城，集邮活动由来已久，广大集邮爱好者早就期待着这一天的到来。随着集邮组的成立，我们试办了《常熟集邮》，这是我们对常熟地区开展集邮活动开辟的一个试验园地。我们期望广大邮友、艺术爱好者关心这个园地，支持这一刊物，欢迎来稿交流集邮知识和经验，探讨集邮活动经验，以丰富我们的业余文化生活，增长我们的社会科学知识，陶冶我们的高尚艺术情操，推动社会主义文明建设开展。

愿《常熟集邮》这朵新蕾绽出缤纷之花！

-1-

图 4-71　《常熟集邮》发刊词（1983）

图 4-72　常熟市工人文化宫集邮组首届邮展宣传广告（1983）

展品均由常熟工人文化宫集邮组成员提供，以纪念五一国际劳动节的新中国邮票及部分相关外邮为主题，辅以部分纪念邮戳。建组后的七个多月中，常熟工人文化宫集邮组吸引并凝聚了以往处于松散状态的集邮爱好者，为日后成立常熟市集邮协会完成了前期的人员集结和发动工作。

1983 年 6 月，常熟市邮电局副局长董耀成和常熟工人文化宫集邮组副组长徐宝煌参加江苏省集邮协会成立大会后，经三个月的紧张筹备，最终于是年 9 月 9 日在常熟市邮电局大会议室召开大会，宣告常熟市集邮协会成立，首届理事会成员：名誉会长茅柏生，顾问苏永德，会长田玉其，副会长董耀成、姚慰慈、张书儒、徐宝煌，秘书长王成立，理事陈云生、陶文渠、祁介东、汪建新、陆明泉、孙祖涛、张家钰。

4. 太仓县工人文化宫集邮小组成立

1983 年 2 月 7 日，太仓县工人文化宫集邮小组成立，成立大会通过了章程，选举张池奎为组长，张式原、马宁、严厚人为副组长，会员有 31 人。是月 13 日—21 日，集邮小组在太仓县工人文化宫举办首届邮展，3 月 26 日举办第一次集邮知识讲座，5 月 1 日—10 日举行第 2 届邮展（图 4–73 为第 2 届邮展纪念封）。是年 8 月，创办会刊《娄东邮讯》，创刊号篇目有《发刊词》《太仓集邮小组章程》《邮讯二则》《邮展预告》《本宫集邮组成立邮戳》《转载我国邮政史》及《新中国邮票志号》（郭松林）、《面值与邮资》（马宁）、《家长要支持孩子集邮》（严厚人）、《谈邮票的作用》（张式原）、《太仓集邮史略》（张池奎）。16 开 10 余页，打字油印，共刊出 6 期。该集邮小组的建立及其活动，为太仓县集邮协会的成立奠定了基础。

图 4–73　太仓县工人文化宫第 2 届邮展纪念封（1983）

5. 昆山县集邮协会成立

1983 年年初，昆山县邮电局、昆山县总工会、共青团昆山县委和昆山县文化馆等部门积极筹备成立昆山县集邮协会，参与筹备的人员有陈振刚、陈雪敏、王培祖、魏贤德、李晞、陈洪、蒋正龙、严福洪等。经多次协商、筹组，于 1983 年 5 月 27 日在昆山县工人文化宫举行昆山县集邮协会成立大会。大会汇报了昆山县集邮协会的筹备情况，宣读了江苏省集邮协会、江苏省邮票公司、江阴县集邮协会的贺电，通过昆山县集邮协会的章程及会员守则，选举产生了第一届理事会，理事有李平凡、范学良、任雪荣、顾鹤冲、陈振刚、奚剑华、金诚、李晞、魏贤德、王培祖、唐振中、吴德伟等十二人。理事会选举李平凡为会长，范学良、任雪荣、顾鹤冲为副会长，陈振刚、奚剑华分别为秘书长、副秘书长，聘请昆山县政协副主席周适担任名誉会长，聘请顾厚德和胡愈平为顾问，大会还宣读了昆山县集邮协会首批 106 名会员名单。是日，昆山县集邮协会首届邮票展览揭幕（图 4–74），展期一周（5 月 27 日—6 月 1 日）。

截至 1983 年 9 月，吴江、昆山、常熟三个县级市的集邮协会均宣告成立，组建苏州市集邮协会已水到渠成。

图 4–74　昆山县集邮协会首届邮票展览上部分会员签名

第五章　改革开放大时代苏州集邮迎来发展高潮（1983—2023）

苏州市集邮协会创建已有40年，经历了改革开放全面展开、创建社会主义市场经济体制、全面建设小康社会等过程。40年来，苏州市集邮协会与时俱进、不断发展、高潮迭起，在集邮经营、组织建设、集邮展览、集邮活动、学术建设等方面取得了一定的成效，创建了苏州生肖邮票博物馆等多个城市特色项目，并开展了苏州题材的邮品首发活动。苏州因此被评为首批全国集邮文化先进城市。

The Suzhou Philatelic Association has been in existence for 40 years. It has gone through several stages, including the comprehensive implementation of the Reform and Opening-up Policy, the establishment of a socialist market economy system, the comprehensive construction of a moderately prosperous society. Over the past 40 years, the Suzhou Philatelic Association has kept pace with times, continuously developed, and achieved certain results in stamp management, organizational construction, stamp exhibitions, philatelic activities, academic promotion, and cultural construction. It has also formed multiple city cultrual brands, including the issuance of the Suzhou themed stamps, the setting up of the Suzhou Shengxiao Stamp Museum, making Suzhou the first batch of national advanced philatelic culture cities.

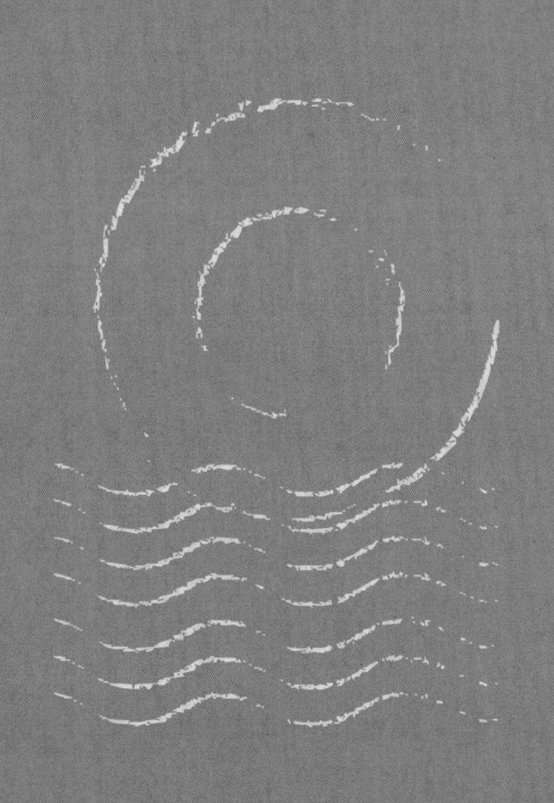

第一节　集邮经营与集邮市场的发展

一、邮票公司经营活动与发展

经江苏省邮电管理局批准，苏州邮电局于1982年12月11日正式成立苏州市邮票公司，由苏州邮电局报刊发行科科长孙宝明兼任经理。苏州市邮票公司下设人民路、阊门两个邮电支局门市部，并先后在吴县浒关、木渎、东山、西山、湘城、望亭、陆墓、光福、外跨塘邮电支局开设集邮台。1991年8月—1994年3月，苏州大市范围内的常熟市、昆山市、吴江市、张家港市、太仓市相继成立邮票公司。

1992年，苏州市邮票公司的年营业额达263万元。因坚持“两个文明一起抓”，且经营思想端正、规章制度健全、经营措施得力、人员素质较高、经济效益显著，经江苏省邮票公司推荐，苏州市邮票公司在10月12日第五次全国邮票工作会议上被中国邮票总公司授予“集邮业务先进集体”称号。

1993年3月，中国邮票总公司（今中国集邮总公司）组织全国六个大区检查组开展检查工作。江苏被检查的是苏州、无锡、吴江三市的邮票公司，检查组查阅了邮票公司的分配计划和新邮预订、原始资料，核对了邮票账务，查看了现场管理情况，苏州市邮票公司的各项指标均达到中国邮票总公司要求，获得满分。

1994年8月9日，江苏省邮票公司更名为江苏省集邮公司，苏州下辖的六县（市）邮电局邮票公司也相应更名为集邮公司。1997年，邮政与电信分营后，改名为集邮分公司。

2005年1月底—2013年6月底，余敏担任苏州市集邮公司经理期间，公司各项集邮业务在行业内做到领先，连续多年在中国集邮总公司、江苏省集邮公司的各项专业评比中荣获奖励。公司全年营收从2005年的3 100余万元递增到2012年的5 800余万元，每年的完成率均超过100%。2013年1月—6月，苏州市集邮公司收入为5 670余万元，完成年度目标的90.92%；收支差额为1 400余万元，完成年度目标的117.64%。

中国邮政文化传媒部是中国邮政集团有限公司根据中共中央、国务院有关加快文化传媒产业发展的指示精神，整合自身的产品资源而成立的一个集户外媒体、纸质媒体、电子媒体于一体，融合文化创新产业的部门。中国邮政集团有限公司苏州市分公司集邮与文化传媒部秉承“持续创新、丰富文创品类，服务政府、做大党建增辉，项目引领、探索营销路径，爱邮梦想、打响邮政品牌”理念，努力奋进，制定了《2021年工作总结与2022年工作计划》。2021年，苏州集邮业务收入累计达到6 533万元。

新邮预订、信托调剂、市场开发是苏州市集邮协会自成立以来积极配合邮政拓展集邮业务的“三大抓手”。苏州市集邮协会不断与时俱进，在新时代、新征程中取得了一定的成效。

1. 新邮预订

从1982年开始，全国选择几个城市开展邮票预订试点工作。1984年以后，邮票预订在全国范围内展开。初期，由于实行预订证制度，会员无须提前交付预订款。到1993年，苏州市区预订新邮总量达9万余套，会员买邮票难的问题基本得到解决。对于邮资信封、邮资明信片等限额紧俏的邮品，邮票公司根据基层组织会员人数实行按比例分配发售的办法，这一首倡性的做法，最大限度地保障了集邮爱好者的利益，深受他们的欢迎。苏州的新邮预订不断与时俱进，经历了预订证、预

图 5-1　2011 年新邮预订竞赛活动表彰大会

订磁卡、预订折、网厅集邮联名卡等阶段。

有计划地进行一年一度的新邮预订，以及邮票发行日在邮政柜台零售邮票，已经成为邮票发行和营销的重要方式。苏州市集邮公司的创新举动之一就是与苏州市集邮协会紧密合作，大力推动新邮预订工作，前期形式为新邮预订座谈会、邮资票品预订通气会。自 2010 年起，苏州市集邮协会发布《关于开展邮资票品预订竞赛活动的通知》，并在预订工作结束后召开表彰大会（图 5-1）。在 2011 年新邮预订竞赛活动表彰大会上，共有 23 个基层集邮协会分获一、二、三等奖，6 家分会获优秀组织奖。此项活动在开始后的 10 年间未曾中断，一直延续至今，成效显著。

2. 信托调剂

为了活跃集邮市场，促进邮品流通，调剂邮品余缺，更好地为集邮爱好者提供多样化的服务，苏州市邮票公司于 1988 年 10 月下旬开办信托业务，并发布公告（图 5-2）。该公告称：“为活跃集邮市场，促进邮品流通，调剂邮品余缺，更好地为集邮爱好者提供多样化服务，市邮票公司已于十月下旬开办信托部，接受委托。凡需委托者，请携带本人证件（身份证、工作证、户口簿等），至察院场邮政大楼 506 室信托部商谈。办公时间：每星期三、六、日下午 1：30—4：30。经理：孙宝明。邮品鉴别、估计（价）人：陆志新、朱万钟。电话：775755。”

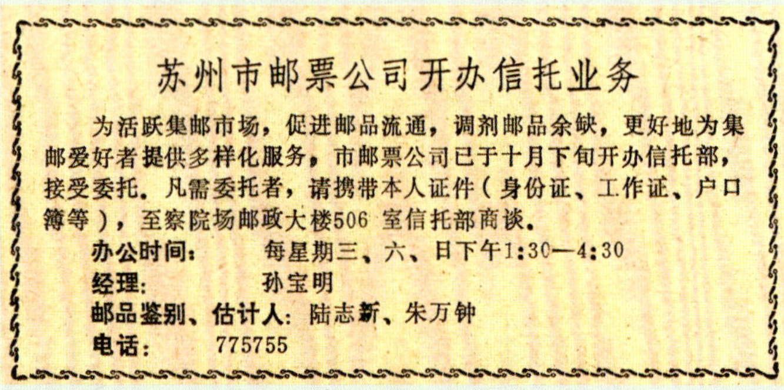

苏州市邮票公司开办信托业务

为活跃集邮市场，促进邮品流通，调剂邮品余缺，更好地为集邮爱好者提供多样化服务，市邮票公司已于十月下旬开办信托部，接受委托。凡需委托者，请携带本人证件（身份证、工作证、户口簿等），至察院场邮政大楼506 室信托部商谈。

办公时间：　每星期三、六、日下午1:30—4:30

经理：　孙宝明

邮品鉴别、估计人：陆志新、朱万钟

电话：　775755

图 5-2　苏州市邮票公司开办信托业务公告

1991 年，中华全国集邮联合会发布通知，要求加强集邮的正确舆论引导，不参与集邮市场倒卖邮票。作为邮票经营主体的苏州市邮票公司，积极配合政府对邮票市场的整治工作，发挥了重要的疏导作用。1992 年，经上级批准，苏州市姑苏邮票社正式成立，以公平、合理的价格让集邮爱好者互通有无，该社的法人是黄一芳。1997 年年底，在人民路富仁坊巷口设立中国邮政集团公司苏州市慕园报刊门市部。该门市部除零售书刊、文化用品之外，还经销集邮票品，其法人是许川。

图 5-3　“春之声”邮品调剂展销会

1999 年 3 月 20 日—21 日，苏州市集邮协会与苏州市集邮公司在苏州邮政局二楼苏州市集邮活动中心联合举办“春之声”邮品调剂展销会（图 5-3）。

江苏省20家集邮公司与苏州市区13家基层集邮协会分别在2个厅设64个摊位进行邮品调剂。苏州市集邮公司推出的高、中、低档邮品颇受集邮爱好者青睐，《三国演义》《长江三峡》邮折成为抢手货。苏州市区基层集邮协会推出的摊位上货品足、种类多，琳琅满目。苏州市职工集邮研究会摆出的早期票品成为拾遗补阙的热点窗口，苏州市风景戳集邮研究会摆出的实寄封片给集邮爱好者提供了“淘金天地”，机械、轻工、工艺、纺织、丝绸等系统集邮协会摆出的大量中外邮票、邮封、邮片等也吸引了大批集邮爱好者。在开放类集邮展览专栏、邮品辨伪专栏、珍邮专栏前，时常可见有人凝神做笔记。在专家咨询室内，大家齐聚一堂，不时有人拿出不常见的早期中外票品请教。

2011年3月11日，苏州市集邮公司和苏州市集邮协会再度推出集邮信托业务，提供票品转让平台。集邮信托业务寄售范围包括邮票、邮封、邮片、邮折、邮卡等。集邮票品不拆零，由寄售者报价，苏州市集邮协会评估师对其进行鉴定评估，并提出建议价格。定价之后，双方签订合同或协议。寄售票品期限为1月—2月，到期未售出者，由寄售人持身份证和寄售单取回邮品或部分结算款额；售出者则缴纳10%的手续费。集邮信托业务办理时间为每周四下午2:00—4:00，地点在人民路1429号苏州市集邮协会办公室，评估师是陆树笙。信托邮品寄售在苏州市集邮公司察院场门市部，经办人是李方，2017年该业务迁至闾胥路门市部。

2014年5月10日，为庆贺《鸿雁传书》特种邮票首发，苏州市集邮协会与苏州市集邮公司在苏州大学图书馆举办“夏之韵——邮品调剂会”活动。苏州市少年邮局、苏州市职工集邮研究会、风景戳研究会、苏州大学集邮协会、吴中区集邮协会及苏州市机械系统集邮协会、苏州市轻工系统集邮协会等开设14个席位进行邮品调剂。苏州市集邮公司也设6个席位，精心推出大批高、中、低档以“鸿雁传书”为题材的邮品及零售票，并启用纪念戳2枚，还邀请苏州市集邮协会常务理事陆树笙莅临现场监督集邮咨询服务。

3. 市场开发

为了满足不同层次集邮爱好者的需要，从20世纪80年代中期开始，苏州市邮票公司发行了多种明信片、纪念封，申请、批准、刻制、启用了多枚纪念邮戳和风景戳。2003年年底，《苏州集邮》刊物改版为16开后，封底依旧宣传与推广“苏州开发邮品”，2016年在中国集邮网上营业厅（以下简称“中国集邮网厅”）开办店铺，邮品以苏州地方开发的特色产品为主。自2021年以来，中国集邮总公司持续创新，进行跨界合作，顺应“潮玩经济”，丰富文创类邮品，如：先后与苏州工业园区若态科技有限公司合作开发“辛丑年生肖盲盒”；与自媒体“小林漫画”合作开发杯垫邮品；与中国国家图书馆进行联名合作，选取《食物本草》《庆赏升平》等馆内藏品进行项目策划；等等。

苏州市集邮公司以多种举措应对市场变化。一是大力开发具有鲜明地方特色的邮品来获取市场青睐，依托社会热点和各种庆典活动，不断推出各类高水准邮品，树立苏州集邮品牌。二是以活动推动业务发展，借助第三轮生肖邮票首发，以及相关题材邮票首发活动，积聚人气，不断调动集邮爱好者的热情。三是紧紧依靠苏州市集邮协会，不断壮大集邮爱好者队伍，将社会上因单位转制下岗、与集邮组织失去联系的集邮爱好者，通过各种渠道吸收到苏州市集邮协会各分会，每年会员人数稳步增长。2011年，苏州被评为首批全国集邮文化先进城市，苏州市集邮协会各分会数量、邮集水平均名列全国前茅。四是不断推动青少年集邮队伍的建设，连续多年开展集邮进校园活动，在苏州市各大高校开设集邮选修课，在各个中小学举办集邮知识科普讲座活动，先后有3所学校被中华全国集邮联合会评为全国青少年集邮活动示范基地。苏州大市范围内已建成少年邮局10余所。2011年，在苏州市景范中学校成功举办了江苏省青少年集邮现场交流会，少年邮局和老年邮局成为苏州集邮的品牌之一。2012年，在苏州市景范中学校成功举办了第二届全国少年邮局工作会议。五是不断寻求新的邮票资源，深入研究苏州的历史文化，不断宣传邮票这一国家名片。

二、苏州题材邮品的申报与首发活动的品牌效应

在邮品上展现苏州题材的历史可追溯至民国中期。1925 年，第一批中华邮政汇兑印纸陆续交付至各邮区邮局，邮票面值从 1 分到 100 元，全套共 13 枚，图案均为九层宝塔图。《中国汇兑印纸目录》编者核查了汇兑印纸手绘印样的设计者威廉·格兰特于 1924 年在国民政府财政部印刷局工作时记录的细节和图书馆提供的相关资料，证实设计原型为苏州的北寺塔。（图 5–4）

1949 年 1 月 27 日，华北邮电总局（天津市军管委员会交通接管处邮政管理局）发行铅字机盖 J.HB–58 加盖“华北邮电暂作邮票”加字改值邮票，加盖原票为《中华邮政中信版宝塔图汇兑印纸》，全套共 5 枚（图 5–5）。

图 5–4 《中国汇兑印纸目录》及其展示的汇兑印纸手绘印样与北寺塔参照相片

1951 年，中国人民邮政又在该汇兑印纸上加字改值，全套共 6 枚（图 5–6），以应邮政急用。直到 1953 年中国人民邮政发行《工农图无面值汇兑印纸》前，在 20 多年里共印制了多个版别，但宝塔图一直没有变更。

图 5–5 宝塔图“华北邮电暂作邮票”加字改值邮票

图 5–6 宝塔图“中国人民邮政”加字改值邮票

在中国人民邮政发行的邮票中，第一套苏州题材的邮票为特 50《中国古代建筑——桥》，发行时间为 1962 年 5 月，其中第二枚邮票为《苏州宝带桥》（图 5–7）。此后，尚有文 5《毛主席的革命文艺路线胜利万岁》，发行时间为 1968 年 1 月和 5 月，其中的第五、第九枚邮票分别为京剧《沙家浜》与交响乐《沙家浜》；T.34《水乡新貌》，发行时间为 1978 年 11 月；T.56《苏州园林——留园》，发行时间为 1980 年 10 月；J.60《联合国教科文组织中国绘画艺术展览纪念》，发行时间为 1980 年 10 月，其中的第三枚邮票为吴作人所绘《牧驼图》；T.77《明、清扇面画》，发行时间

为1982年7月，其中的第1—第3枚邮票分别为沈周、唐寅、周之冕绘扇；普21《祖国风光》（17-6）《苏州虎丘》，发行时间为1983年9月，但邮票数量有限，截至1983年年底数量不足10种。

图5-7　《苏州宝带桥》

改革开放以来，邮票选题备受邮票发行主管部门的重视，尤其在进入21世纪后，中国人民邮政在邮票发行方面做出了一些调整和尝试。2007年6月，国家邮政局邮票选题咨询委员会在北京成立。自当年起，中华全国集邮联合会介入指导各地参与邮票选题申报工作，江苏省、苏州市各级集邮协会积极配合做好邮票选题征集研究工作（图5-8）。自2010年以来，中国人民邮政又进行了多方面改进，诸如采取调查研究、专家论证等方式，征集和确定邮票选题等。苏州是上述改革措施的受益者，更多地以苏州为题材的绘画跃然于方寸之上。据郑炜的《邮票上的苏州》汇录，以苏州为题材的邮票至少有193套，共518枚（含海外邮票，以中国人民邮政发行的为主），这些成果有赖于苏州深厚的历史文化底蕴和社会经济发展现状，自然受到邮票发行部门的重视及设计专家的青睐。加之，苏州从政府到民间的大力推动，在天时、地利、人和下共同打造出苏州耀眼的名片，以下真实的案例足以说明一切。

江苏省集邮协会

苏邮协[2022]7号

关于填报2022年研究课题调查问卷的通知

各市集邮协会：

根据集邮联《2023、2024年纪念邮票选题征集研究》课题的工作安排，为确保研究课题所采集的信息覆盖面广，数据真实，参考价值大，课题研究组拟定出课题调查问卷。请各市邮协接到本通知后，及时传达到省邮协在各地的理事、本地邮协理事、邮协骨干和会员以及基层邮协，做好调查问卷填报的组织工作。具体要求如下：

一、每个市邮协请报回合格的调查问卷不少于10份，请按下列指定邮箱或地址报（寄）回，多报不限。

二、调查问卷以个人身份填写，每人只限填写一份。

三、纸质调查问卷复印有效，调查问卷电子版复制有效。

四、请各市邮协汇总本地区的调查问卷于2022年6月20日前将纸质版调查问卷寄至：北京市海淀区知春路1号学院国际大厦中华全国集邮联合会学术研究部；电子版发送至电子邮箱：xueshugongzuo@qq.com（请注明课题调查问卷）。

五、纸质、电子版调查问卷不必再寄（发）给省邮协，但是需在2022年6月20日将本地区参与有效调查的人员数量、姓名报送省邮协秘书处，联系人：夏斌。

附件：中华全国集邮联合会《2023、2024年纪念邮票选题征集研究》课题组调查问卷

图5-8　江苏省集邮协会发布《关于填报2022年研究课题调查问卷的通知》

案例一： 1986年，苏州市领导要求有关部门落实发行JP9《苏州建城二千五百年》纪念邮资明信片，但因申请太迟而受阻。然而苏州邮电局副局长、苏州市集邮协会首任会长田德明锲而不舍，两度亲赴北京游说，终获邮电部同意，于当年11月1日发行《苏州建城二千五百年》纪念邮资明信片，为历史文化名城苏州留下了一份宝贵的历史证物。

案例二： 1994年，邮电部邮票印制局成立不久，该局编辑陈晓聪到无锡考察，之后与无锡邮政达成发行一套太湖主题邮票的共识，后由无锡市政府向邮电部申请获批。无锡市委、市政府对这套邮票的设计工作十分重视，带着图稿创作部一行人到相关景点采风，并组织专家进行研讨。2天后，设计制作4枚邮票、1枚小型张的方案基本确定。苏州方面闻讯后立即对此方案表示疑义。在苏州市政府的邀请下，图稿创作部成员赶赴苏州，经实地考察后返京汇报，邮电部经认真研究，最终决定在1995-12《太湖》邮票中增加一枚《太湖·洞庭山色》邮票（图5-9）。该邮票主要展现了苏州辖区内太湖边盛产名茶碧螺春的洞庭美景。

图5-9　《太湖·洞庭山色》邮票

图 5-10　JP163《苏州大学建校 110 周年》纪念邮资明信片设计图稿

案例三：2010 年 5 月 18 日，苏州大学迎来建校 110 周年庆典。在这一重要时间节点发行纪念邮品是众望所归，然而直到 3 月校方才确定定制邮品，这时发行邮票已绝无可能，即便发行纪念邮资明信片通常也需要提前 1 年。苏州大学集邮协会会长盛惠良迎难而上，多方联络，四处奔走，从而获得苏州邮政局及苏州市集邮协会的全力支持。苏州邮政局副局长荣建国亲自挂帅，赴京申报。江苏省集邮公司开发部主任仇敏达及苏州市集邮公司经理余敏为赶设计稿两赴广州，最终此事得以“特事特办”。从 4 月 30 日中国邮政集团公司批准到 5 月 18 日正式发行相隔仅 20 天，其间历经专业邮票设计师设计图稿、国家邮票图稿评审委员会评议、中国邮政集团公司党组会议讨论通过、印刷厂打样印刷等多个环节，JP163《苏州大学建校 110 周年》纪念邮资明信片（图 5-10）终于赶在苏州大学校庆日首发。

案例四：1999 年年底，苏州邮政局由黄一芳担纲，启动了《苏州园林—— 网师园》邮票的申报工作，苏州市网师园管理处党支部书记贺萍负责实施具体工作。贺萍邀苏州石油公司集邮协会会长时永良协助其起草文字报告，制作邮票建议图稿。根据“精品园要出精品票”的总体思路，承办人员在 1 个月内完成了 3 000 字的文字报告，以网师园为主景，配以鲜明的物候特征，制作出了《殿春簃》《月到风来亭》《竹外一枝轩》《万卷堂》4 枚邮票的彩色建议图稿。2002 年 4 月 25 日，国家邮政局邮票印制局、苏州邮政局在网师园召开了《苏州园林——网师园》邮票图稿研讨会（图 5-11），苏州市园林局、苏州市网师园管理处、苏州市摄影家协会代表及邮票图稿策划人员参加了会议。会上确定以苏州画家张天寿（艺名为劳思）的《网师逸韵》为蓝本，以横向四联票的形式着手《苏州园林——网师园》邮票的设计。2002 年 8 月，邮票图稿基本确定。2003 年 6 月 29 日，2003-11《苏州园林——网师园》邮票正式发行。

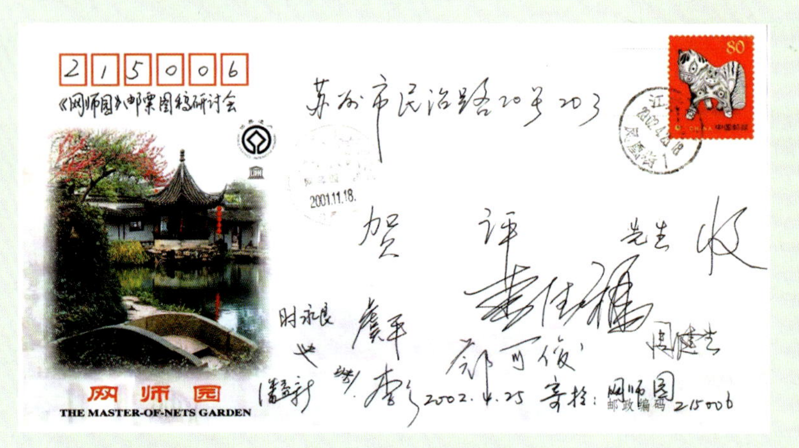

图 5-11　《苏州园林——网师园》邮票图稿研讨会参会嘉宾签名实寄封

案例五：《顾炎武诞生 400 周年》邮资明信片的申报与发行历时 2 年，其过程无异于一场持久战。2011 年 6 月，昆山市邮政局局长兼昆山市集邮协会会长钟健向昆山市委书记汇报，建议申报发行顾炎武纪念邮票，并获得支持。此后，便开启了漫长的申报征程：同年 9 月和翌年 2 月，分别以昆山市邮政局和昆山市集邮协会的名义完成两种途径的申报方案，随后由昆山市政府向中国邮政集团公司提交申请，并送至北京。其后，昆山市集邮公司经理兼昆山市集邮协会秘书长毛琼多次拜访江苏省、苏州市集邮公司及中国集邮总公司进行取经和宣传，但在 2012 年年底公布的新邮计划中，该方案未见踪影。不料，2013 年春节后峰回路转，中国集邮总公司正式发文通知，决定发行 JP175《顾炎武诞生

400 周年》纪念邮资明信片（图 5-12）。自 2013 年 3 月起，毛琼又开始了积极的筹备工作：先和中国邮政集团公司邮票印制局邮票设计师董妍及昆山市千灯镇党委宣传委员董梁建在 1 个多月的时间内进行实时沟通和在线互动，发送、修改、补充多种文字材料和照片，完成中英文文稿及各项资料签名授权书、鉴定函、发行日期建议函等 6 个文件；然后协助邮票设计师邢文伟完成 3 个版本的设计稿；最后确定首发日，这个过程也是一波三折，为兼顾宣传口径、首发式事宜、中国集邮总公司档期诸环节，首发日曾三易日期，2013 年 6 月 25 日《顾炎武诞生 400 周年》纪念邮资明信片终于得以首发。

图 5-12　JP175《顾炎武诞生 400 周年》纪念邮资明信片

案例六：JP194《中国新加坡合作——苏州工业园区成立 20 周年》纪念邮资明信片的发行，有一段别样的插曲。2014 年是苏州工业园区成立 20 周年，为了充分展示中国与新加坡两国政府的合作成果和发展成就，早在 2013 年 7 月，苏州工业园区管委会就向苏州邮政局函请发行纪念邮资明信片。新加坡政府对苏州工业园区成立 20 周年活动也非常重视，提出了与中国邮政同时发行同题材纪念邮资明信片的建议。2014 年 3 月 24 日，江苏省邮政集团公司苏州市分公司向江苏省邮政集团公司发函，特别说明，《中国新加坡合作——苏州工业园区成立 20 周年》纪念邮资明信片初定于 2014 年 5 月正式发行，并确定为中国与新加坡联合发行。中国与新加坡双方邮政对此项工作都非常重视，新加坡方面提出能否双面印刷，一面是中国邮政设计的图案，另一面是新加坡邮政设计的图案，以达到联合发行的效果。考虑到时间紧迫，新加坡方面还希望江苏省邮政集团公司就纪念邮资明信片设计及能否双面印刷事宜进行沟通与协调。4 月 21 日，中国邮政集团公司邮票发行部回函新加坡邮政（图 5-13）：“关于联合发行邮资票品的具体形式，双方可能还需要进行再次沟通。一、中国邮政自上世纪（20 世纪）80 年代开始发行纪念邮资明信片，一直采用单面印刷的形式。对于新加坡邮政提出采用双面印刷的建议，考虑到我们邮资票品发行的惯例，较难进行调整，希望您能给予理解。二、考虑到双方邮政关于邮资明信片产品形式存在的差异性，如不能采取联合发行邮资信封的形式，我们建议此次联合发行邮资明信片可采取共同的主题，同一发行日期，使用各自图稿的产品形式进行发行。”面对图稿选材的不同、首发时间的变更、单面与双面印刷的协同等问题，为使纪念邮资明信片的设计顺利通过，

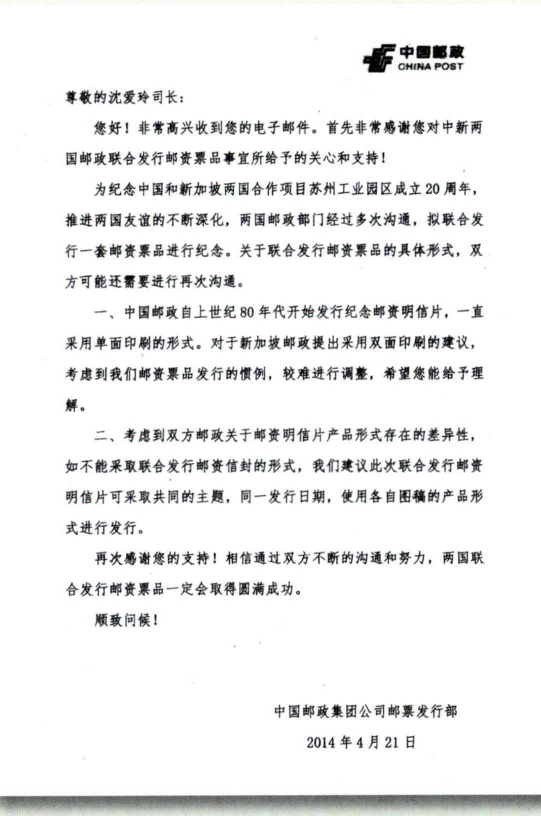

中国邮政 CHINA POST

尊敬的沈爱玲司长：

您好！非常高兴收到您的电子邮件。首先非常感谢您对中新两国邮政联合发行邮资票品事宜所给予的关心和支持！

为纪念中国和新加坡两国合作项目苏州工业园区成立 20 周年，推进两国友谊的不断深化，两国邮政部门经过多次沟通，拟联合发行一套邮资票品进行纪念。关于联合发行邮资票品的具体形式，双方可能还需要进行再次沟通。

一、中国邮政自上世纪 80 年代开始发行纪念邮资明信片，一直采用单面印刷的形式。对于新加坡邮政提出采用双面印刷的建议，考虑到我们邮资票品发行的惯例，较难进行调整，希望您能给予理解。

二、考虑到双方邮政关于邮资明信片产品形式存在的差异性，如不能采取联合发行邮资信封的形式，我们建议此次联合发行邮资明信片可采取共同的主题，同一发行日期，使用各自图稿的产品形式进行发行。

再次感谢您的支持！相信通过双方不断的沟通和努力，两国联合发行邮资票品一定会取得圆满成功。

顺致问候！

中国邮政集团公司邮票发行部

2014 年 4 月 21 日

图 5-13　中国邮政集团公司邮票发行部回函新加坡邮政

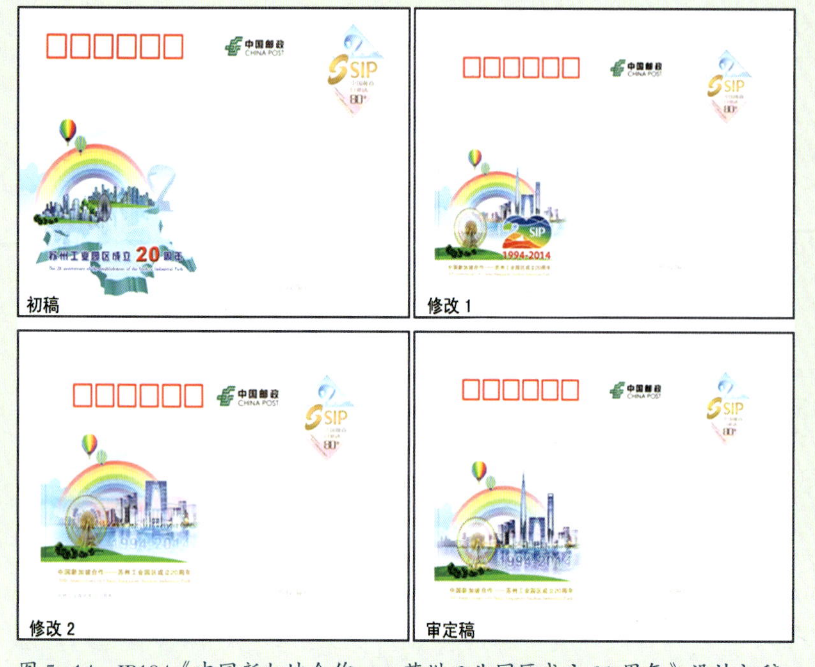

图 5-14　JP194《中国新加坡合作——苏州工业园区成立 20 周年》设计初稿、修订稿、审定稿

中国邮政集团公司责任编辑董妍和苏州市集邮公司经理王丽玉于 2013 年 12 月—2014 年 8 月进行了长达 9 个月的沟通与协调，设计图几易其稿，终于在 2014 年 9 月敲定了最终的设计稿（图 5-14），同时苏州工业园区管委会也出具了鉴定函和授权书。2014 年 10 月 18 日，《中国新加坡合作——苏州工业园区成立 20 周年》纪念邮资明信片在苏州工业园区首发，加上此前发行的《中国新加坡合作——苏州工业园区成立十周年》纪念邮票、《中国和新加坡建交 20 周年》纪念邮资信封，实现了国家邮资凭证（票、封、片）大满贯，彰显了苏州题材邮品的魅力。

案例七：苏州市集邮公司经理余敏在离任述职报告中称："8 年来（2005—2013），在苏州各界和集邮人士的共同努力下，本人有幸经手推介发行邮资票品 24 套（不含生肖邮票），使苏州题材的邮资票品总数达到 60 套，在国内各省、市中名列前茅，自己拍摄的 8 幅摄影作品入选苏州题材的邮票。"

苏州题材邮品申报中的"攻坚战""争夺战""速决战""持久战""协同战"由此可见一斑，无不渗透了苏州市政府、苏州邮政局、苏州市集邮协会及邮迷的心血与努力。

改革开放以来，在苏州邮品的选题范围上，由名胜古迹延伸至古镇及运河景观，题材更是拓展至文化传承、艺术精品、百年名校、体育强市、杰出人物、改革成果等领域。如：文化传承题材的有 2010-28《中医药堂》（4-3）T.《雷允上》、T.69《红楼梦——金陵十二钗》（12-1）T.《黛玉葬花》与（12-2）T.《妙玉奉茶》、2004-2《桃花坞木版年画》、2006-22《古琴与钢琴》、2010-14《昆曲》等邮票；艺术精品题材的有 T.77《明、清扇面画》、T.98《吴昌硕作品选》、2022-8《姑苏繁华图》等邮票；百年名校题材的有 JP163《苏州大学建校 110 周年》纪念邮资明信片及 JF134《苏州大学建校 120 周年》纪念邮资信封；体育强市题材的有 JP216《2016 年汤姆斯杯暨尤伯杯赛》纪念邮资明信片；杰出人物题材的有 JP175《顾炎武诞生 400 周年》纪念邮资明信片及 2014-25《中国现代科学家（六）》（6-1）《核物理学家・王淦昌》、《中国现代科学家（八）》（4-1）《应用光学家・王大珩》和 2022-20《中国现代科学家（九）》（4-2）《物理学家・程开甲》纪念邮票；改革成果题材的有 2008-8《苏通长江公路大桥》、PF239《苏州轨道交通》、2004-12《中国新加坡合作——苏州工业园区成立十周年》、JP194《中国新加坡合作——苏州工业园区成立 20 周年》等邮品。

尤其令人瞩目的是 PF245《苏州精神》普通邮资封的发行，它使苏州成为全国首个以邮资封展示城市精神的地级市。自 2013 年 2 月起，苏州专门成立"苏州精神"征集工作领导小组和专家评审组。经社会征集、意见听取和专家论证，最终在上万条建议中将"崇文睿智，开放包容，争先创优，和谐致远”作为“苏州精神”的表述，并于5月6日正式发布。苏州邮政局用发行邮资封的形式宣传“苏州精神”，为“苏州精神”的传播提供了一个良好的平台。苏州邮政局表示，推广使用《苏州精神》普通邮资封，能统一形象，对外宣传“苏州精神”，展示城市经济发展成就，打造城市品牌与文化内涵。2013年11月14日，苏州市政府新闻办公室召开《苏州精神》邮资封首发新闻发布会（图5-15），会上亮相的中国邮政集团公司发行的《苏州精神》专用邮资封有6号、7号两个型号，以虎丘、苏州博物馆、李公堤、金鸡湖等有代表性的建筑和风景组合呈现的形式，彰显了苏州古典与现代不同的城市风貌和文化底蕴。

图5-15　《苏州精神》邮资封首发新闻发布会

与邮票选题申报双管齐下的系列活动还有苏州邮品首发式。为了促进新邮销售及推广集邮文化，多年来，苏州邮政在苏州市政府、上级主管部门的支持下及苏州市集邮协会的协助下，精心组织苏州题材新邮首发活动，并且延续至今。

蘇州集郵

苏州市集邮协会编
1996年6月　第3期（总第67期）　内部刊物
准印证号（92）073　苏州日报社承印

《苏州园林》小型张首发式在留园举行

今年五月十五日，对苏州集邮界来说是个不平凡的日子。太平洋岛国密克罗尼西亚联邦为参加“中国’96——第九届亚洲国际集邮展览”而发行的《苏州园林》小型张首发式上午九时在苏州全国重点文物保护单位留园楠木厅隆重举行。苏州邮电局副局长、市集邮协会副会长张荣林主持首发式。苏州邮电局局长王继荣首先致欢迎词，对远道赶来参加本次首发式的密克罗尼西亚邮政总局局长贝斯威尔·亨利先生、集邮局长伊兹拉先生和海外服务局长梅尔泽先生表示热烈欢迎。贝斯威尔·亨利先生代表密克罗尼西邮政当局向各位来宾介绍了这枚小型张的发行背景，并对中国邮政部门的配合和苏州有关方面作出的安排表示感谢。苏州市政府陈浩副市长和中国集邮总公司进出口公司沈晓中副经理也先后发表讲话，赞扬密克罗尼西亚联邦选择中国四大名园之一的留园为主图案发行纪念邮票小型张，为“让世界了解苏州，让苏州走向世界”和增进密中两国人民之间的交往和友谊作出了积极贡献。随后，在热烈的掌声中，贝斯威尔·亨利先生和中共苏州市委副书记黄俊度为邮票首发揭幕。最后，邮票设计者阎炳武在仪式上为百余名嘉宾简要介绍了《苏州园林》小型张的设计构思。精心绘制的邮票图稿经过美国万国首日封公司的精美印制，把集宋元明清古典园林艺术之大成的留园春意盎然的秀美景色表现得淋漓尽致（见附图），深受邮人喜爱。

出席首发式的领导还有江苏省邮电管理局副局长赵家骅、市人大常委会副主任毕兆昌、市政协副主席周治华、市政府秘书长许树东、省邮电局邮政处处长顾政及市政府外事办公室、市公安局、市园林局负责人。

（汪日荣）

图5-16　《苏州园林》小型张首发式在留园举行的报道

《苏州集邮》首次报道的苏州题材新邮首发活动为1996年5月15日在留园举行的《苏州园林》小型张首发式（图5-16），此邮品是太平洋岛国密克罗尼西亚联邦为参加1996年中国第九届亚洲国际集邮展览而发行，以苏州留园为主图，设计者为阎炳武。同年10月9日，中国和新加坡联合发行的《城市风光》邮票首发式暨中国、新加坡联合发行邮票展览开幕式，于第27届世界邮政日在苏州国际贸易中心隆重举行。该邮票全套共2枚，第二枚主图为“苏州盘门”。

2001年，国家邮政局发行的2001-5《水乡古镇》特种邮票首发式在苏州国际贸易中心隆重举行。首发式由时任苏州邮政局局长的季心田主持，国家邮政局邮资票品处处长邓慧国宣读了《水乡古镇》特种邮票发行通知。邮票全套共6枚，与苏州有关的3枚分别为《昆山周庄》《吴江同里》《吴县甪直》。

2001年4月，国家邮政局邮票印制局等单位组织在苏州召开中国第三轮生肖邮票设计研讨会，并自2004年起连续在苏州举行生肖邮票首发式。2005年1月5日，2005-1《乙酉年》生肖邮票首发式顺利举行。下午，香港实业家周文轩向生肖集邮研究会捐款50万元筹建苏州生肖邮票博物馆，苏州市政府为此专门划拨一幢300余平方米的楼房予以支持，并下决心将苏州打造成生肖集邮文化基地。如今，生肖集邮已成为苏州又一个具有地域特色和城市个性的文化品牌。

自2001年以来的20多年时间里，苏州地区举办的邮票首发式已逾百场，由中国邮政集团公司及江苏省分公司主办的达六成以上，且覆盖整个区域。

2004年3月1日，由国家邮政局主办的《中国新加坡合作——苏州工业园区成立十周年》纪念邮票首发典礼在苏州工业园区隆重举行。

2005年6月28日，国家邮政局、江苏省邮政局、太仓市政府联合在郑和下西洋起锚地——太仓隆重举行《郑和下西洋600周年》纪念邮票首发式，国家邮政局副局长冯新生、江苏省副省长何权、国际集邮联合会理事郑炳贤、江苏省邮政局副局长董耀，以及新加坡、马来西亚、泰国驻华总领事出席首发活动，并参观集邮展览。

2006 年 9 月 26 日，由国家邮政局主办、常熟市政府承办的中国、奥地利联合发行的《古琴与钢琴》特种邮票首发式在“古琴之乡”——常熟市的石梅广场隆重举行。

2009 年 1 月 5 日，经中国邮政集团公司批准，由苏州市政府、江苏省邮政公司承办的 T.102《乙丑年》邮票首发式在苏州图书馆南广场隆重举行，中华全国集邮联合会副会长刘广实、王新中参加活动，刘广实向苏州市副市长朱建胜赠送巡回邮展会旗模型。

2012 年 5 月 12 日，由中国邮政集团公司主办、吴江市政府承办的《国际护士节一百周年》邮票首发式在吴江图书馆隆重举行。

图 5-17　副会长李近朱出席《长江》特种邮票首发式

图 5-18　《姑苏繁华图》特种邮票首发式

2014 年 9 月 13 日，经中国集邮总公司批准，2014-20《长江》特种邮票首发式暨江苏省专题类获奖邮集展览在张家港博物馆隆重举行，江苏省邮政公司、江苏省集邮公司、张家港市领导及中华全国集邮联合会第六届副会长李近朱等人出席首发式（图 5-17），副会长李近朱于当日下午在张家港市文化中心星海剧场举行“从‘话说’长江到‘邮说’长江”的专题讲座。

2016 年 5 月 15 日，由中国邮政集团公司江苏省分公司主办、昆山市政府承办的《2016 年汤姆斯杯暨尤伯杯赛》纪念邮资明信片首发式在昆山市体育中心举行。

2022 年 5 月 18 日，苏州国家历史文化名城保护区管理委员会牵手中国邮政集团有限公司江苏省分公司在姑苏区阊门寻根纪念地举行《姑苏繁华图》特种邮票首发式（图 5-18）。该组邮票采用 6 色胶印工艺印制，全套共 6 枚，由邢文伟设计，他将原画中的灵岩山，木渎镇，狮、何二山，万年桥，阊门，虎丘 6 处精华浓缩于方寸之间。该套邮票历经 10 年申报才得以正式发行，它的发行对于讲好古城故事、赓续历史文脉、不断打造“江南文化”品牌起到积极的作用。

新邮首发活动并不局限于苏州题材的邮品。在国家邮政局的关照下，自 2004 年《甲申年》特种邮票发行之日起，生肖邮票首发式至今已连续举办 19 届，成为苏州又一独具特色的文化创新。苏州邮政局曾多次举办个性化的邮票首发活动，诸如 2006—2008 年的《天堂苏州》《昆曲 600 年》《2008 年北京奥运会火炬苏州传递》等个性化邮票首发式等。2015 年 8 月 20 日，苏州邮政局在吴中区木渎镇香溪岸旅游街区举办《鸳鸯》特种邮票首发暨《姑苏十二娘》个性化邮票首发式。此外，苏州市区还与邮票原产地同时举办新邮首发式。如：2010 年 6 月 12 日，由中国邮政集团公司主办的《昆曲》特种邮票首发式在苏州市会议中心丰乐宫演艺中心及昆曲发源地昆山千灯古镇同时举行，承办单位分别是江苏省邮政公司及苏州市政府、江苏省邮政公司及昆山市政府；2015 年 9 月 3 日，《中国人民抗日战争暨世界反法西斯战争胜利七十周年》纪念邮票首发活动顺利举行，举办地有苏州市姑苏区抗倭关楼遗迹——铁铃关、常熟市沙家浜革命历史纪念馆、张家港沙洲县抗日民主政府纪念馆、昆山图书馆、吴江图书馆等。

自1996年以来，苏州市集邮协会历任会长对新邮的推广和首发活动都十分重视，曹玠如、季心田、黄一芳、荣建国、马小群、强斌、陈力烈等人均多次为苏州题材的新邮首发式站台。

三、苏州邮市的兴盛与变化

1. 乐桥头马路邮市

1982年，苏州邮电局在人民路富仁坊巷北约40米处开设集邮门市部，集邮爱好者称之为“乐桥头”。之前，已有一些集邮爱好者自发聚集，陆续出现在此地。每逢周末与节假日，这里便十分热闹，至今仍是一些老年集邮爱好者津津乐道的一处旧地。该邮市由于临近马路，其管理不严，集邮爱好者的活动在一定程度上影响到城市治安、市容市貌、交通秩序。一直到1993年，随着干将路拓宽改造工程的启动，这些集邮爱好者在寻觅到新的活动场所后，便转移到苏州邮电局门口西侧附近聚集。

乐桥头马路邮市在存在的10余年时间里呈现出以下特征。

开风气之先。乐桥头马路邮市是“文化大革命”结束、集邮活动复苏后，苏州邮市中经营最灵活、邮品最丰富、诚信度最高的邮品交换场所，对后续出现的邮市起到了承上启下的作用，为后来集邮爱好者编组邮集提供了丰富的素材。

自发市场化。20世纪80年代初期，苏州形成邮市后，地摊式的个体邮商逐渐登上历史舞台。随着市场经济的发展与集邮需求的产生，在邮品买卖和交换中也掺杂了差额的货币补偿。在市场中，除邮品之外，还出现了钱币、电话磁卡，它们被称为“邮、币、卡”，还有各类瓷器、古玩杂件等，品种多样、琳琅满目。

并非一帆风顺。苏州邮市在无政府主管部门维持秩序的状态下，不可避免地存在着一些不足。在市场管理政策法规尚未完善时，工商管理部门做出了“一刀切”的举措，这也给真正的集邮爱好者带来不便。

票品丰富、多姿多彩。在经历了中华人民共和国成立后的历次政治运动以后，国内绝大多数集邮爱好者原来的藏品已所剩无几，有些下落不明，有些被付诸一炬，所以在集邮活动复苏初期的乐桥头马路邮市，能见到的仅是当时发行的一些“J”“T”开头的邮票及“文化大革命”前发行的部分老、纪、特邮票，以及“文”、编、普、改等邮票。随着人气渐旺，新的邮资票品崭露头角，并逐渐丰富起来。这些邮品的来源渠道有哪些呢？一是早期集邮家被抄家，“文化大革命”后落实政策，政府陆续归还的票品。二是改革开放之后，一些集邮爱好者从国外邮购回来的票品。当时从日本、法国邮购票品的数量较多，一些新的品种特别引人注目。不仅有日本的《邮趣周》《近代美术》邮票，法国艺术系列邮票等，还有吸引集邮爱好者的《体育》《花卉》《动物》《地图》等邮票。同时，市面上也流行着一批前所未闻的新品种，比如俗称“花纸头”者，亦称“公仔纸”，其印刷粗糙，有些盖销的邮戳也是一起印上去的，有些是连国家名称皆为臆造的假邮票，这些都不是集邮爱好者真正需要的邮品，其泛滥成灾，遗祸不浅。三是集邮爱好者在国内一些集邮复苏较早、文化发达、票品丰富的大城市，通过邮寄的方式，将邮品输入苏州。比较有代表性的城市有北京、上海、广州，这3个城市的邮品数量较大，有老、纪、特邮票的原版邮票，《梅兰芳》《黄山风景》等珍贵的套票及错票、筋票等，以及珍贵的高档邮票。上海集邮爱好者则带来了清代大龙、小龙、红印花等早期邮票，还有批量的民国邮票。当时红印花1分旧票开价每枚18元，观望者甚众，但是没有实际交易。四是民间的一些老集邮爱好者从旧藏中收购过来不少票品，但有的已年老辞世，子女不集邮而将之售卖，从而流入市场；有的或受家庭收入的影响而拿出来变卖，这部分票品中有许多档次较高。

交友、益智、怡情。乐桥头马路邮市聚集的人群中以企业职工居多，大家有共同的话题、经历和背景，所以一拍即合。交易双方关注的是邮品的需求和价格，很少去了解对方的个人情况。多年以来，交易双方主要以对方的姓氏互称，只知其姓，不知其名，有的甚至连姓氏都不知道，就按其形象特征直接称呼对方“大个子”“小眼睛”等。久而久之，习惯就成了自然，交易双方也绝不会生气。当交易双方谈到交换需求时，会留下各自的联系方式。1985 年秋，家住苏州西中市的“薄夹里”（苏州人称某人为“夹里”）在乐桥头马路邮市上转悠，一旦见到自认为比较可靠、合适的人，就会从内衣口袋中掏出一本邮票小册子，内藏数十枚中等品相的“J”“T”开头的信销票，时而会显露一下，插在一枚旧票背后，其中就隐藏着著名的邮票——《全国山河一片红》（又称“小一片红”），交易双方几经交涉，“薄夹里”最终报价 800 元，且 1 分钱也不能少。要知道当时苏州邮市上知道此邮票的人可不多，更不要说“大一片红”等邮票了，这是在苏州邮市上最早亮相的“文化大革命”珍邮之一。通过以上交流方式，交易双方不仅获得了珍贵邮品，丰富了集邮知识，诸如邮品分类、版式研究等，还了解了外地集邮的动态、市场交换的行情等。乐桥头马路邮市是一个信息交流平台，大家在这里结识了许多真诚的邮友。在这里，一些铁杆的邮迷一般素质较高，后来他们也成为所在单位集邮组织的中坚力量或领导者，诸如苏州市景范中学校的郑老师、江苏苏钢集团有限公司的小金等。

当时在以邮票为主体的市场上，实寄封片等邮政历史类邮品很少出现，也乏人问津。由于人们对此类邮品知之甚少，甚至认为这不算集邮，因而曾有人出售一堆从造纸厂清理出来的徽商家书实寄封，共计 80 余件，开价 120 元，多人只是观望，最后这些实寄封以 80 元成交。20 世纪 80 年代中后期，由于各地各类集邮展览的举办，并逐步与国际集邮展览接轨，人们才知其中奥妙，这类实寄封的价格遂一路飙升。

在乐桥头马路邮市初期聚集的集邮爱好者对邮品交换或调剂的价格基本上知之甚少，只要交易双方同意，便可各取所需。那时，由于集邮已中断多年，就连资深的老集邮爱好者也只知邮品有“珍、罕、贵、稀”之分，并按此估一个大概的参考价值（不是价格）。1982 年中期，邮市上出现了一本由香港传入内地的图书，即《中华人民共和国邮票图鉴》。从此，邮市才有了一个比较明确的价格作为参考。此后，中国集邮出版社又出了一本《中华人民共和国邮票价格手册》。

2. 苏州邮市的三次高潮

随着集邮爱好者热情的不断高涨，邮票价格一路攀升，以 T.46《庚申年》邮票为风向标的新票尤为明显，至 1984 年，该邮票市价已达每方联 6 元。第一次炒邮热浪从广州发端，邮迷抢购邮票的风潮迅速波及全国。1985 年 1 月 5 日，T.102《乙丑年》邮票发行时，邮政部门将发行量扩大至近亿枚，邮电部、公安部、国家工商管理局等部门于次年 1 月 30 日发布《关于加强集邮管理取缔非法倒卖邮票活动的公告》，把不正常上升的市价压了下去。这就是中国邮市历史上的第一次高潮。苏州受其影响，乐桥头马路邮市人数骤增，投资者、投机者、炒作者皆聚集于此。

1991 年 4 月，在相似的背景和历史条件下，邮市掀起了第二次高潮。与前一次高潮不同的是，此次范围有所扩大，几乎涉及所有新发行的邮品。此时的邮品已从单枚、单件论价发展到整版、整封、整包批发，并以 1985 年发行的 T.106《熊猫》小型张为主要售卖品种。因其发行量高达 1 266 万枚，货源充足，便于牟利（其他“J”“T”开头的新票也相应扩量），所以不少投机者便趁机抬价。但真正的集邮爱好者甚少参与其中，一直坚持寻觅自己心仪的邮品，但是他们也做了少量投资，作为今后以邮养邮之计。由于受到经济利益的驱动，一部分集邮爱好者（主要为企业转制及退休人员）转变为职业邮商，以上海、北京等大城市为主要活动地，售卖邮品。

乐桥头马路邮市见证了“文化大革命”后苏州邮市的复苏、兴起、发展及两次高潮，是苏州早期集邮史唯一的露天邮市，其中交织着苏州集邮爱好者的喜怒哀乐。1992年后，乐桥头马路邮市转移至石路邮电局西侧。这一时期邮市的价格虽仍居高不下，但历经两次邮市高潮之后，总体上平稳下来，此现象一直维持到1996年。

第三次邮市高潮是在1997年，当时从北京、上海、广州等大城市开始掀起了规模更大的全民炒邮运动，其范围除大宗邮品之外，还扩大至流通纪念币、电话磁卡等。在当时通信技术水平不断提升的条件下，这一运动迅速蔓延至苏州。此时，苏州邮市多集中在文庙老建筑群中。人们聚集在文庙南侧的大殿中交易金银币、流通纪念币、电话磁卡，其他区域多为邮品交易，高峰时人流量过万。同一时期，有人似乎从中看到了商机，就在苏州市区先后开了多家室内邮市，高峰时多达10余家。仅1997年，苏州营业中的邮市就有石路邮市、文庙古玩城邮市、金洲邮市、威尼斯邮市、竹辉路邮市、文化宫邮市（图5-19）等，合计摊位、包厢超过300个。如今，这些邮市变化较大，有的搬迁转场，有的关门停业，大多只是昙花一现，现存的邮市已所剩无几（表5-1）。

石路邮市 文庙古玩城邮市 金洲邮市
威尼斯邮市 竹辉路邮市 文化宫邮市

图5-19 1997年苏州兴盛的“六大”邮市

表5-1 苏州邮市一览表（1978—2022年）

邮市名称	所处位置	存续时间	高峰规模	备 注
察院场露天邮市	苏州邮电大楼原五支局门口	1978—1980年	自发聚集，日均人流量不足百人次	—
乐桥头马路邮市	苏州市集邮公司原门市部门口	1980—1991年	自发聚集，日均人流量达数百人次	因乐桥改造而停办
鸭蛋桥邮市	原石路邮电局门口西大棚	1991—1993年	自发聚集，摊位20余个	因苏州邮电局拆建而停办
文庙临时邮市	沧浪亭街沿河石条凳	1995—1997年	自发聚集，日均人流量达数百人次	—
石路邮市	苏州服装六厂南、北楼底层	1996—2012年	摊位、包厢60余个	—

续表

邮市名称	所处位置	存续时间	高峰规模	备 注
文化宫邮市	苏州市工人文化宫文化楼 1 楼	1996—2003 年	摊位、包厢 80 余个	因改造苏州市工人文化宫而停办
文庙古玩城邮市	人民路与新市路交叉口	1997 年至今	摊位、包厢百余个	—
金洲邮市	阊胥路金洲大厦 4 楼	1997—1998 年	摊位、包厢 50 余个	—
竹辉路邮市	竹辉路电信营业厅	1997—1998 年	摊位、包厢 80 余个	—
威尼斯邮市	苏州威尼斯商厦 4 楼	1997—1999 年	摊位、包厢 70 余个	—
观前邮市	大成坊古玩玉器城	2002—2007 年	摊位、包厢 40 余个	—
观凤邮市	原观凤商厦 5 楼	2003—2007 年	摊位、包厢 30 余个	因建造观凤数码广场而停办
拙政园邮市	拙政园东园外苑	2004—2014 年	包厢 20 余个	—
北寺塔邮市	苏州丝绸博物馆右侧	2005—2007 年	摊位、包厢 12 个	—
“苏作”邮市	苏州市工人文化宫大门北“苏作”处	2008—2010 年	包厢 40 余个	—
粤海邮市	观前文化市场	2010 年至今	—	—
郭巷邮市	郭巷街道苏州古玩城	2016 年至今	—	—
艺都邮市	苏州艺都古玩花鸟市场负 1 楼	2018 年至今	—	—

一部分职业邮商是在工商行政管理部门领取了营业执照，成为正式的经营者，并承租市场方的柜台或包厢。邮市上，很多邮商原本是集邮爱好者或资深集邮者。另一部分职业邮商则是未领取营业执照而在寓所经办，通过上门或通信邮寄的方式进行邮品交易，此状不可小觑，范围涉及全国甚至海外，影响较大。职业邮商的存在利国利民，为一部分人带来了就业机会，增加了居民收入，拉动了消费，促进了邮识的传播与交流、邮品的流通与品鉴。

1997—1998 年是苏州邮市的鼎盛期。如今还坚守在文庙古玩城邮市的侯老板说，20 世纪 90 年代苏州玩邮票的人颇多，最辉煌时文庙古玩城邮市的经营面积是 2018 年搬迁前的 3~4 倍，当时该邮市内有 100 多个摊位。尤其是 1997 年，中国几乎是全民集邮，每天来邮市的人多到排队，而且邮市的行情也好，买家上午入手，下午邮品就能涨价出手。在邮市大潮中，还有不少外地集邮者涌入苏州。

3.21世纪苏州邮市与集邮者收集趋向的变化

1998 年后，苏州邮市经历了第三次高潮后迅速呈现出衰落的趋势，邮市成交量萎缩，邮品价格下滑，但邮市乱象依然存在。

2000 年 5 月 24 日，由国家邮政局局长刘立清和国家工商行政管理局局长王众孚共同签发的第 1 号令《集邮市场管理办法》正式施行（图 5-20）。该办法明确了集邮票品经营的含义，指出它是以营利为目的，从事批销、零售、拍卖、预订、邮购等经营集邮票品的活动，以及集邮品的制作活动。该办法还规范了经营主体的管理，即申请开办集邮票品集中交易市场的单位必须经所在地省级邮政行业管理部门审查批准，办理《集邮票品集中交易市场开办许可证》，并持此证到当地工商行政管理部门申请办理登记后方准开业。

2000 年后，苏州新增的邮市有观前邮市、观凤邮市、拙政园邮市、北寺塔邮市、“苏作”邮市，以及由苏州市观前文化市场有限公司主办的粤海邮市、由苏州古玩城有限公司主办的郭巷邮市、由苏州艺都古玩花鸟市场管理有限公司主办的艺都邮市。

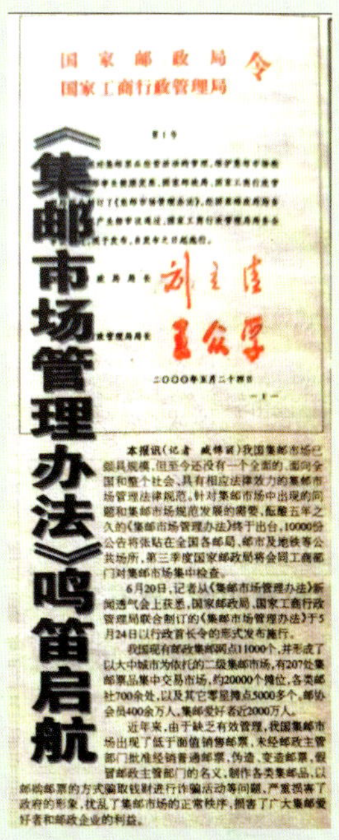
国家邮政局
国家工商行政管理局
令

第1号

《集邮市场管理办法》鸣笛启航

2000年五月二十四日

本报讯（记者 [illegible]）我国集邮市场已颇具规模，但至今还没有一个全面的、面向全国和整个社会、具有相应法律效力的集邮市场管理法律规范。针对集邮市场中出现的问题和集邮市场规范发展的需要，酝酿五年之久的《集邮市场管理办法》终于出台，10000份公告将张贴在全国各邮局、邮市及地铁等公共场所，第三季度国家邮政局将会同工商部门对集邮市场集中检查。

6月20日，记者从《集邮市场管理办法》新闻透气会上获悉，国家邮政局、国家工商行政管理局联合制订的《集邮市场管理办法》于5月24日以行政首长令的形式发布施行。

我国现有邮政集邮网点11000个，并形成了以大中城市为依托的二级集邮市场，有207处集邮票品集中交易市场，约20000个摊位，各类邮社700余处，以及其它零星摊点5000多个，邮协会员400余万人，集邮爱好者近2000万人。

近年来，由于缺乏有效管理，我国集邮市场出现了低于面值销售邮票、未经邮政主管部门批准经销普通邮票、伪造、变造邮票、假冒邮政主管部门的名义、制作各类集邮品、以邮局邮票的方式骗取钱财进行诈骗活动等问题，严重损害了政府的形象，扰乱了集邮市场的正常秩序，损害了广大集邮爱好者和邮政企业的利益。

图 5-20 关于《集邮市场管理办法》正式施行的报道

除位于苏州服装六厂的石路邮市于 2012 年停办外，截至 2022 年仍在运行的尚有文庙古玩城邮市、粤海邮市、郭巷邮市、艺都邮市 4 处，但昔日的邮市辉煌已不再延续。

文庙古玩城作为苏州古城区内唯一获得江苏省文化厅（今江苏省文化和旅游厅）授予的“江苏省文化产业基地”称号的苏州市文化产业重点项目，现在依旧热闹。但邮事不兴，集邮市场偏居一隅，占地 100 多平方米，“邮币卡交易大厅”的门匾还在，但大多数摊位上只有老板一人值守（图 5-21），或是和隔壁摊位的老板打牌消磨时光。如今还坚守在文庙古玩城邮市的邮品摊位不足 10 个。

观前文化市场原地下一层为邮票、钱币、木雕、瓷器、杂件和老票证交易中心，目前交易中心是瓷器、杂件和老票证等在唱“主角”。原来经营邮票的摊位有 40 多个，如今包厢加摊位只剩下 10 余个，偌大的交易厅内前来淘宝者屈指可数，邮商们大多在摊位里摆放新邮进行售卖。

郭巷街道苏州古玩城是根据苏州市委、市政府的文化部署和要求重点打造的文化产业项目，现入驻的商销主要是从姑苏区相王弄玉器城迁来的。

苏州艺都古玩花鸟市场负 1 楼设有邮币卡摊位。2018 年开启邮市之初，文庙古玩城邮市有部分邮商迁入，而一同入驻的苏州市邮政史集邮研究会现已退租离室。

图 5-21 文庙古玩城邮市现状

进入 21 世纪后，苏州邮市上集邮爱好者的收集重点趋向多元化，并归向各自感兴趣的对口集邮组织，主要表现为以下几个方面。

① 以“全”为目标的《新中国纸币大全套》及以区票、税票为主的传统型。

② 以清代、民国及老、纪、特等邮票为主的收藏型。

③ 以实寄封、片、简等素材为主的邮政史研究型。

④ 以邮政档案、史料、集邮文献为主的资料型。

⑤ 符合大众化集邮方向的、以生肖邮品为代表的专题型。

⑥ 以外票为主的兴趣型。

⑦ 与“邮”有关，随心所欲、自娱自乐的“OK”型。

⑧ 从业务集邮转向专门收集邮币、邮卡、杂件的专业型。

⑨ 多种类型兼而有之的综合型。

邮市经历了一个与时俱进的过程，按市场经济运行规律，从邮票交换、钱票交易到邮币、邮卡参与其中，现在邮商的经营品种已涉及各类收藏品。进入21世纪后，邮市多半附设在各类文玩市场中，名义上的邮市仅存于个别大城市，邮市上专营邮票的邮商已逐渐消失，其经营的公司在经营品种上也有些许变更。

随着投机者的退市、集邮队伍的净化、集邮爱好者收集邮品的多元化，趋于平淡的邮市已不能满足集邮爱好者多样化的需求。当下一级市场仍是集邮的主渠道，购邮者热情不减（图5-22），而苏州市集邮协会成员之间的互相调剂、网上邮票商店的挑选、拍卖行的竞拍则更接地气。自2000年以来，邮票的一级市场与二级市场一直处于改革和调整阶段，集邮品拍卖则处于相对平稳发展的时期，并形成了以北京和上海为中心的邮品拍卖市场，邮品拍卖至今在赵涌在线、华宇拍卖及上海拍卖行等平台仍十分活跃。苏州因邻近上海，集邮渠道较多，许多苏州资深集邮者为获取高档邮品经常出入上海的邮品拍卖会。例如，2000年，苏州邮友朱万钟、陆树笙就曾与寓沪苏州的老邮商谈佐麐夫妇相会于上海拍卖行，参加邮品竞拍活动，并留下珍贵的合影（图5-23）。

图5-22　2022年购邮者在邮票发售现场选购

图5-23　苏州邮友与邮商参加上海拍卖会活动

第二节　集邮组织的建立与发展

一、苏州市集邮协会的创建与沿革

“文化大革命”结束以后，集邮活动逐渐复苏，党和政府把集邮文化作为精神文明建设的一个重要方面予以高度重视。1982 年，国务院决定将全国各级集邮组织统一安排由邮电部管理。1 月 30 日，全国各省、自治区、直辖市集邮协会和全国行业性集邮组织自愿结成全国性社会组织——中华全国集邮联合会，并经国务院批准，正式在北京成立。1983 年 7 月，中华全国集邮联合会加入国际集邮联合会，于同年 8 月加入亚洲集邮联合会，成为国际集邮联合会和亚洲集邮联合会的成员组织。至此，一个自上而下的以国家、省（区、市）、市邮政局为业务主管单位，并接受同级民政部门指导、监督的全国三级集邮组织架构和管理模式基本定型。

1982 年 7 月 22 日，邮电部发布《关于贯彻国务院批准建立集邮组织问题的通知》，要求年内抓紧建立省级集邮组织。8 月 25 日，中华全国集邮联合会第一次全国代表大会在北京召开。大会提出了为建立和健全各级集邮组织，首先建立和健全各省、自治区、直辖市集邮协会的任务。

1983 年 6 月 7 日，江苏省集邮协会在南京成立。来自 13 个市的邮电局和集邮者代表共 225 人（含苏州市代表 15 人）出席了江苏省集邮协会第一次代表大会。会后，为贯彻落实会议的主要精神和目标任务，加快创建苏州市集邮协会被提上议事日程。

1. 苏州市集邮协会第一次代表大会的召开

1983 年 8 月中旬，苏州邮电局就“筹备成立集邮协会和举办苏州市首届集邮展览”事宜向苏州市委做了报告（图 5-24）。9 月 6 日，由苏州市委宣传部、苏州市总工会、苏州市经委、共青团苏州市委员会、苏州市妇女联合会的代表，以及苏州邮电局领导与相关科室负责人、各县（市）集邮协会代表、江苏省集邮协会在苏州的理事及苏州市集邮界知名人士等 20 人组成的筹备委员会召开第一次会议，传达江苏省集邮协会的有关文件精神。会上，大家一致认为：自党的十一届三中全会以来，苏州市各地群众性自发集邮组织相继建立，集邮活动方兴未艾，集邮爱好者已近万人；1982 年，苏州邮票公司在市区及五县一市陆续开办集邮门市部或设立集邮专柜，为广大集邮爱好者提供专业服务。据此，创建全市性集邮组织的条件已经成熟。为了加快筹备进度，做好成立大会和首届集邮展览的各项准备工作，会上成立了由筹备委员会领导的秘书组、集邮展览组、会务组、宣传组、保卫组 5 个办事机构。

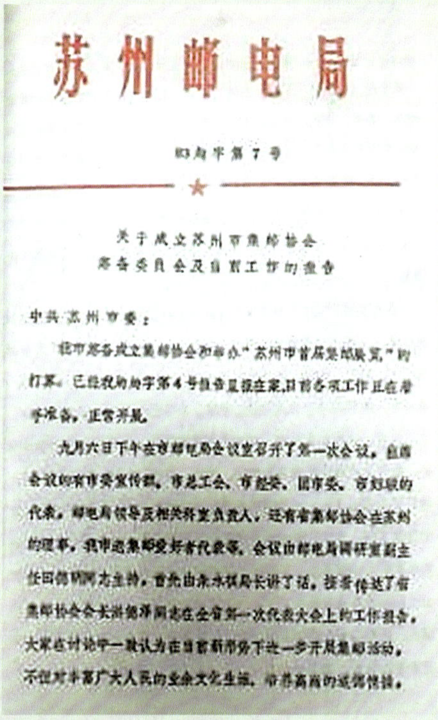

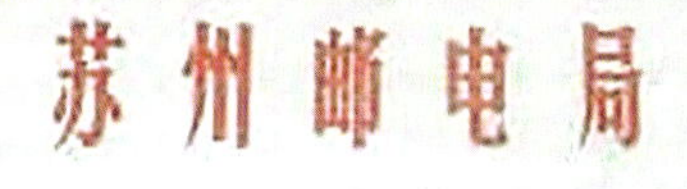

苏州邮电局

83局字第7号

关于成立苏州市集邮协会
筹备委员会及当前工作的报告

中共苏州市委：

我市筹备成立集邮协会和举办“苏州市首届集邮展览”的打算，已经我局局字第4号报告呈报在案，目前各项工作正在着手准备，正常开展。

九月六日下午在市邮电局会议室召开了第一次会议。出席会议的有市委宣传部、市总工会、市经委、团市委、市妇联的代表，邮电局领导及相关科室负责人，还有省集邮协会在苏州的理事，我市老集邮爱好者代表等。会议由邮电局调研室副主任[illegible]同志主持，首先由[illegible]局长讲了话，接着传达了省集邮协会会长[illegible]同志在全省第一次代表大会上的工作报告。大家在讨论中一致认为在当前新形势下进一步开展集邮活动，不仅对丰富广大人民的业余文化生活，培养高尚的道德情操，

图 5-24　苏州邮电局请示报告

在 1 个多月筹备的时间里，苏州市委副书记周治华、苏州市人大常委会副主任毛育人等领导十分关心这次会议，不仅听取了汇报，还做出了具体指示。苏州市总工会、苏州市委宣传部对筹备工作给予了支持和帮

助。9 月 18 日、10 月 10 日，苏州邮电局和苏州市总工会先后向各县（市）邮电局、总工会发出《关于举办苏州市首届集邮展览的联合通知》《关于推荐出席市首届集邮协会代表大会代表的通知》。至 10 月 18 日，筹备委员会召开第二次会议时，大会与集邮展览的准备工作已基本就绪，会议根据筹备进程，除最后确定代表大会和首届集邮展览的举行日期之外，还讨论与拟就了《苏州市集邮协会章程（草案）》。

1983 年 10 月 23 日，苏州市集邮协会第一次代表大会（图 5-25）在苏州邮电局大会堂隆重举行。出席这次代表大会的正式代表有 112 人，特邀代表有 42 人。在这些代表中，有一直关心和支持苏州市集邮事业发展的领导与同志；有几十年如一日，长期坚持集邮，开展交流活动，为苏州市集邮文化繁荣做出贡献的集邮家、邮学研究者；还有近几年涌现出来的中青年集邮爱好者。他们来自城乡的各行各业，有工人、教师、政府工作人员等，这充分体现了代表的广泛性。

应邀出席这次大会的有中华全国集邮联合会副会长、著名集邮家马任全（图 5-26），常务理事、著名集邮家张包子俊与赵善长，上海市集邮协会会长胡辛人，苏州市委副书记周治华，苏州市副市长石高才，苏州市委宣传部副部长范廷枢，苏州市总工会副主席周仲芳，苏州市经委副主任张其龙及苏州市妇联、苏州团市委、驻苏部队、中国人民解放军江苏省苏州军分区（以下简称“苏州军分区”）的领导；江苏省邮电管理局、江苏省集邮协会、江苏省邮票公司的领导；南京、镇江、常州、无锡、南通、扬州等地兄弟单位的领导与代表；苏州市各产业工会和市属六个县（市）工会的代表与苏州市新闻单位的代表；苏州邮电局的全体领导；等等。

大会由苏州邮电局局长朱永祺主持。苏州邮电局副局长龚智渊致开幕词，他提出这次大会的

图 5-25　苏州市集邮协会第一次代表大会

图 5-26　中华全国集邮联合会副会长、著名集邮家马任全

主要任务是认真落实江苏省集邮协会第一次代表大会精神，进一步明确集邮事业在新的历史时期所担负的任务。会议将听取和审议大会工作报告，讨论和通过《苏州市集邮协会章程》，选举产生苏州市集邮协会领导班子，还将举办一次规模较大的集邮展览，通过这次大会进一步激励全市（县）广大集邮爱好者、邮学研究者更好地推动苏州市集邮队伍不断发展壮大，为进一步繁荣和发展集邮事业，建设社会主义精神文明做出新的贡献。

苏州市副市长石高才在讲话中对苏州市集邮协会的工作提出了三点希望：一是集邮活动一定要坚持四项基本原则，大力宣传和提倡文明集邮，寓爱国主义教育于集邮活动之中，丰富科学文化知识，培养美的心灵和高尚的情操；二是关心和引导青少年参加健康的集邮活动，中老年集邮家有责任帮助他们形成科学的集邮思想，让青少年通过集邮活动了解中国的过去和现在，促进他们健康成长；三是要注重开展邮学研究，加强国内外学术交流，力争在近几年内把苏州市邮学研

究提高到一个新的水平。

范廷枢、周仲芳、张其龙分别代表苏州市委宣传部、苏州市总工会、苏州市经委先后致辞，祝贺苏州市集邮协会的成立。会议要求各级宣传文化部门和广播、电视等单位积极配合做好集邮的宣传工作；全市各级工会组织应当积极开展健康的集邮活动；在工业与交通行业，要积极倡导广大职工踊跃参加这项有益于社会主义精神文明建设的业余文化活动。

在大会开幕式后，苏州邮电局调研室副主任田德明代表苏州市集邮协会筹备委员会向大会做了题为《发展集邮事业，建设社会主义精神文明》的工作报告。该报告首先回顾了苏州市集邮的历史，总结了当时苏州集邮的现状：随着我国对外坚持开放、对内搞活经济政策的落实，人民生活显著改善，广大群众迫切要求进一步丰富业余文化生活，在这样的大好形势下，集邮活动空前活跃，一批工矿企业、大专院校纷纷成立集邮组织，带领集邮爱好者利用业余时间开展交流和展览活动；与此同时，集邮业务迅猛发展，苏州邮电局的集邮业务收入3年间增长了近25倍；集邮服务范围的进一步扩大，不仅方便了广大集邮爱好者，也助推了苏州市集邮活动的蓬勃开展。接着，该报告分析了集邮活动在社会生活中的作用和意义并指出，要把集邮活动引向正确方向，必须做好三点：一是要讲究邮德，明确科学的集邮目的，掌握科学的集邮方法，培养良好的集邮风气；二是要使集邮成为一项有利于本职工作，有益于身心健康的业余文化活动；三是要关心青少年集邮活动，针对其特点认真给予指导，帮助青少年集邮爱好者协调好学业与集邮的关系，使集邮成为一项有益的课外活动。

关于日后工作，该报告提出了建立与健全集邮协会组织，加强集邮队伍的思想建设，认真办好集邮展览，做好提高集邮水平、组织学术活动、开展邮学研究、做好集邮服务、满足会员需要五项任务。

在听取了孙宝明代表筹备委员会所做的《关于苏州市集邮协会章程（草案）的说明》，并根据代表们的意见进行了修改后，大会一致通过了这个章程。

大会主席团经过充分协商，向大会推荐了理事会成员人选，通过民主选举产生了由41人组成的理事会。经首届理事会会议选举，确定了由田德明等12人组成的常务理事会，并聘请了名誉会长、顾问。

图5-27　田德明像

田德明（1924—2011）（图5-27），江苏海安人。自1956年起，田德明历任苏州邮电局副局长等职，于1984年离休。1983年7月，田德明接手筹组苏州市集邮协会任务，冒着酷暑，亲赴北京，最终带着全国人大常委会副委员长兼中华全国集邮联合会首届名誉会长朱学范、全国政协副主席叶圣陶、中华全国集邮联合会会长成安玉的3幅题词（图5-28）而归。接着，他又邀请马任全、胡辛人、赵善长、杨勇伟等集邮界名人来苏州指导，并主持召开苏州市集邮协会成立大会，举办首届集邮展览，特制《苏州宝带桥》纪念封、《姑苏驿》纪念片、《苏州虎丘》纪念张等。田德明是苏

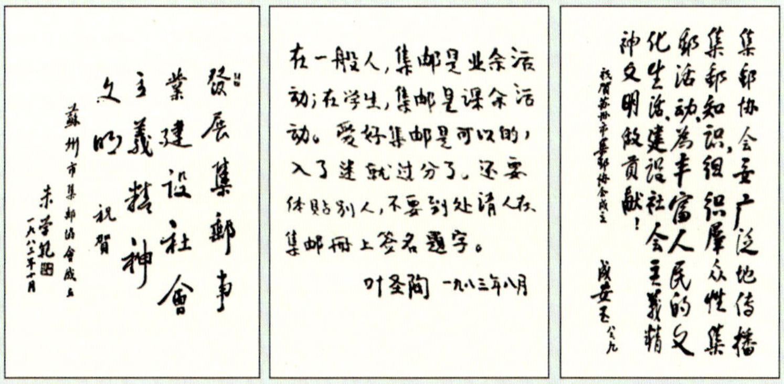

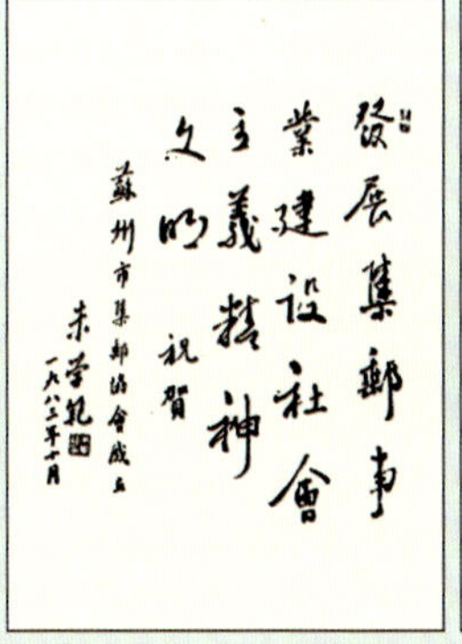

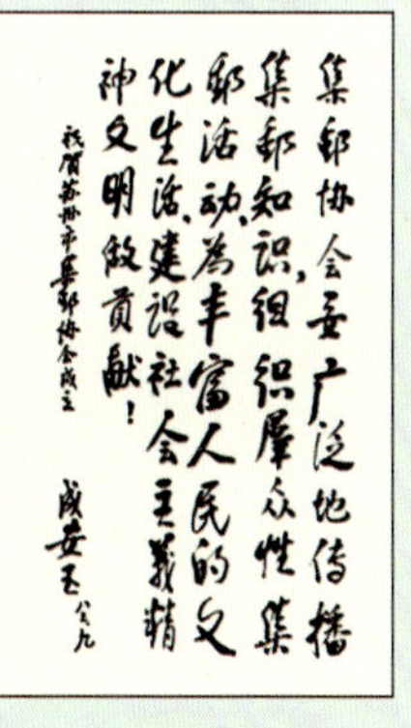

图5-28　朱学范、叶圣陶、成安玉为苏州市集邮协会的成立题词

州集邮工作的奠基人与推动者，他在任期内倡导“专业社团行家办，群众文化群众推”的理念，确立“上靠领导，下靠基层骨干”的办会方针，推出聘请苏州市四套班子领导担任名誉会长，由工会、共青团、妇联领导参与活动决策，“三顾茅庐”邀请集邮前辈当顾问，重用中青年骨干进理事会等一系列举措。他为苏州市集邮事业的发展呕心沥血。例如，1986 年，他为《苏州建城二千五百年》纪念邮资明信片的发行两度赴京游说，终获邮电部的同意。又如，同年，他还亲自接待来苏州参加活动的中华全国集邮联合会副会长张包子俊和邮票设计家黄里。

会议期间，代表们听取甲戌邮票会创始人赵善长做的题为“我国集邮发展史略”的学术报告，参观了为配合大会而举办的苏州集邮史上规模空前的集邮展览。

苏州市集邮协会的成立，掀开了苏州市集邮史的崭新一页。

苏州市集邮协会第一届理事会成员名单

名誉会长：毛育人（苏州市人大常委会副主任）

顾　　问：路　云

会　　长：田德明

副 会 长：陆念乔　汪日荣　杜子威

秘 书 长：孙宝明

副秘书长：沈　鹰

常务理事：田德明　孙宝明　李景林　汪日荣　杜子威　陆念乔　周一非　俞见芳　施培厚　章汝熙　龚智渊　曹玠如

理　　事：（以姓氏笔画为序）

于卫东　马寿南　王柏生　王继昌　王维民　韦　刚　田玉琪　田德明　冯树森　朱　奕　朱源泰　孙宝明　杜子威　李平凡　李定伟　李景林　李裕生　吴孝敏　何　尧　汪日荣　张行高　张池奎　陆志新　陆念乔　陈　军　周　适　周一非　周金寿　周培基　郑学弢　俞见芳　施培厚　姚蔚慈　顾公达　顾文煜　顾尧封　徐宝煌　曹玠如　龚智渊　章汝熙　颜尔达

图 5-29　苏州市集邮协会第二次代表大会部分代表合影

2. 苏州市集邮协会第二次代表大会

1987 年 12 月 19 日，苏州市集邮协会第二次代表大会在苏州邮电局隆重举行，来自全市各县（市）和市区基层集邮组织的 125 名正式代表参加大会（图 5-29），苏州市委、市政府领导出席会议，并发表重要讲话。

苏州市集邮协会会长田德明在会上做了题为《积极发展集邮事业，促进社会主义精神文明建设》的工作报告，回顾和总结了第一个四年集邮工作的成绩与收获。

活动——契合时政。苏州市集邮协会于1984年国庆期间举办了《可爱的祖国》集邮展览，从多个角度反映中华人民共和国成立三十五年来的伟大成就。1985年8月，苏州开关厂等单位的六个基层集邮组织举办了纪念抗日战争和世界反法西斯战争胜利四十周年集邮展览。1987年5月，苏州大学第三届集邮展览被列为该校纪念五四运动开展的首届文化艺术节的主要内容之一。为庆祝党的十三大召开，苏州电工仪器厂集邮协会举办了“祖国在我心中”专题集邮展览。1986年11月，为配合由苏州市政府部署、经江苏省政府批准所开展的“苏州建城二千五百年”纪念活动，苏州市集邮协会同苏州市邮票公司做了大量工作，终于获得邮电部的支持，决定发行纪念邮资明信片。苏州市政府将主题集邮展览、发行《苏州建城二千五百年》纪念邮资明信片、启用名胜风景戳系列集邮活动作为苏州市纪念活动的重要项目。在纪念邮资明信片的发行首日，一天就售出6万枚，创造了历史最高纪录，形成了苏州市纪念活动的第一次高潮。

集邮展览——遍地开花。自苏州市集邮协会第一次代表大会召开以来，苏州市集邮协会先后举办第一届集邮展览（1983年）、国庆主题集邮展览（1984年）、邮票设计者作品展览（1985年）、邮票设计家孙传哲作品展览（1986年）。4年间，各县（市）及市区各局（公司）、直属单位集邮协会也紧密结合本地区、本系统的重大纪念活动和中心工作，共举办各类中小型集邮展览130多次，参观人数超过10万人次。

讲座——以大带小。为使一周年庆祝活动更富有意义，苏州市集邮协会特邀上海著名邮学家乐锦祥、唐无忌、邵林、刘广实举办了一场大型学术讲座，这些邮学家分别就集邮历史、普票研究、外邮收集、集邮展览动态做了学术报告，听讲者从中获益匪浅。基层集邮协会则在组织成立、集邮展览开幕、迎春茶话会开展之际，请邮识丰富的老集邮家讲课，并做现场邮识辅导。1986年，苏州市共举办集邮讲座49次，听讲者为919人。

竞赛——上下联动。1987年5月—6月底，苏州市集邮协会与医药公司集邮协会联合举办了“集邮与知识”大奖赛，得到广大集邮爱好者的热烈响应。该比赛共有19个团体、400人参加。他们把查找答案、核实资料的过程当作学习知识、丰富邮识的过程。大奖赛起到了寓教于乐的积极作用。随后，苏州林业机械厂、望亭发电厂、苏州长风机械总厂等企业的集邮组织也都举办了以会员和本厂职工为主要对象的小型知识竞赛。

邮刊——日趋成熟。1985年4月，《苏州集邮》创刊，共录用各类稿件共284篇，其中除通讯报道之外，邮品介绍与学术文章各占一半，发挥了普及集邮知识与促进研究水平的作用。1986年5月，《苏州集邮》编委会代表应邀在常州召开的十一市创办邮刊经验交流座谈会上做了交流发言。创刊最早的《吴江邮讯》在集邮界影响甚广，于1985年被评为苏浙沪“十大民间优良邮刊”之一。

交换——逐步展开。在做好开辟全市交换场所规划工作的同时，苏州市集邮协会积极引导和敦促有条件的基层集邮组织开展邮票交换活动。望亭发电厂集邮协会等基层协会开始举办“邮票交换日”活动；常熟市集邮协会率先在常熟市工人文化宫开辟集邮活动室，供会员和集邮爱好者交流心得和交换邮票；太仓县、吴江县和苏州市工人文化宫等县（市）或单位的集邮协会不定期举办内部调剂活动，以促进邮品流通，满足会员需求。

大会一致通过了工作报告和修改章程的说明；选举产生了由43人组成的苏州市集邮协会第二届理事会。当天下午，在该理事会第一次会议上，选出由11人组成的常务理事会，并确定了分工；聘请了名誉会长、顾问；通过了《关于表彰苏州集邮工作先进集体（个人）的决定》；对苏州市机械系统集邮协会、吴江县集邮协会等21个先进集体，以及王柏生、陆志新等119名先进个人进行了表彰。

苏州市集邮协会第二届理事会成员名单

名誉会长： 周治华（苏州市委副书记）
周大炎（苏州市副市长）
毛育人（苏州市人大常委会原副主任）

顾　　问： 路　云　田德明　陆念乔

会　　长： 曹玠如

副 会 长： 杜子威　龚智渊　陆志新　汪日荣

秘 书 长： 孙宝明

常务理事： 邓树镛　孙宝明　冯逸庭　杜子威　汪日荣　陆志新　宋顺馥　周一非
俞大雄　曹玠如　龚智渊

理　　事：（以姓氏笔画为序）
于卫东　王柏生　毛仁生　毛跃建　邓树镛　田玉琪　冯逸庭　吕林根
朱　奕　朱万钟　朱兆华　朱源泰　孙宝明　杜子威　李景林　李裕生
吴锦儒　汪日荣　宋顺馥　张池奎　陆志新　陈　军　周　适　周一非
周文才　周金寿　周培基　钮维浩　俞大雄　俞见芳　俞自华　姚慰慈
顾　翔　顾文煜　顾尧封　徐宝煌　徐泉林　曹玠如　龚智渊　章汝熙
董柏年　裴德川　颜尔达

3. 苏州市集邮协会第三次代表大会

1991 年 5 月 26 日上午，苏州市集邮协会第三次代表大会在苏州邮电局 4 楼会场隆重开幕（图 5-30）。苏州市委副书记周治华，苏州市副市长周大炎，苏州军分区司令员张志群，苏州市集邮协会第二届理事会名誉会长、苏州市人大常委会原副主任毛育人，苏州市委宣传部副部长许洪祥，江苏省集邮协会秘书长鲍军禾，苏州邮电局党委书记李传友，副局长王继荣等出席了开幕式，并发表了热情洋溢的讲话。他们在祝贺之余表示，希望苏州市集邮事业在上万名会员及广大集邮爱好者的共同努力下得到进一步的繁荣和发展。开幕式后，全体代表认真听取会长曹玠如代表第二届理事会做的题为《朝着发展我市集邮事业的新目标开拓前进》的工作报告。会长曹玠如回顾了 4 年来苏州市集邮工作取得以下进步。

图 5-30　苏州市集邮协会第三次代表大会部分代表合影

集邮队伍不断壮大。自苏州市集邮协会第二次代表大会召开以来，苏州市新增团体会员以每年平均 23% 的幅度递增。截至 2023 年年底，苏州市共有基层协会 390 个，注册会员 10 257 人，市区与县（市）会员数之比为 1.73∶1［市区占 63.4%，县（市）占 36.6%］。此外，老干部、青少年、政府机关、主管部门及乡镇组织集邮协会的相继成立，为集邮队伍增添了新的血液。

创建“集邮者之家”首战告捷。吴江县和苏州阀门厂（俗称“苏州五二六厂”）创建“集邮者之家”工作顺利通过省、市级验收。吴江县集邮协会作为江苏省首批四个创建单位之一，出席全国创建工作经验交流会，并做书面经验介绍。1991 年 2 月—3 月，苏州市、常熟市、张家港市等地集邮协会先后通过创建验收工作，被江苏省集邮协会正式命名为“集邮者之家”。至此，苏州市参与创建的单位已占应验收总数的 57%，超过江苏省集邮协会下达的 25% 的创建任务。

创新活动，增强了吸引力。苏州市基层集邮活动新形式大量涌现：苏州阀门厂为会员当日寄发生日卡和贺寿封；苏州市第十二中学校将集邮纳入“第二课堂”，以邮促教；苏州面粉厂与邻近小学确立集邮共建关系；苏州长风机械总厂、苏州阀门厂、苏州林业机械厂联合举办拍卖会；张家港与保险公司联合举办“保险杯”集邮展览，既宣传保险知识，又普及邮识；吴县甪直以专栏形式举办集邮展览，常换常新；望亭发电厂举办“邮票交换日”活动；苏州第四制药厂发动会员进行义务劳动，以解决活动经费不足的问题；苏州市丝绸有限公司采取基层“轮流执政”的形式举办集邮展览，取得事半功倍的效果；苏州市青少年集邮协会与辛庄镇五厂一校合办集邮活动，开展师生与职工挂钩联谊；等等。

搞活宣传，扩大了知名度。苏州市集邮协会在不间断出版 36 期《苏州集邮》的前提下，自 1990 年 3 月起增办《苏州集邮简报》，每月 1 期，年总印量为 3 000 份，其内容精炼、篇幅灵活、打印方便、出版及时，受到基层集邮协会的欢迎。目前，各县（市）都有了自己的会刊，质量也在逐步提高。苏州市基层集邮协会编印的邮刊多达 30 余种。与此同时，各级集邮协会通过配合本地区（本系统）的中心工作或重大事件举办各类集邮活动，做好宣传工作。

学术研究，取得了新成果。1989 年 6 月，苏州市选送的 7 部邮集在 1989 年江苏省集邮展览中全部获奖，且包揽江苏省集邮展览 2 个一等奖。其中，常熟徐宝煌的《普改及实寄封》邮集经调整补充后又在 10 月的全国集邮展览中夺得金奖。1990 年 5 月，苏州市集邮协会组建由苏州市区和各县（市）13 人组成的学术委员会，就如何指导、发展乡镇集邮活动提出意见，并决定先做调查研究，而后集中研讨，撰写论文。

会上，与会者还提交了工作报告。其中，第二部分提出了未来 4 年苏州市集邮工作总的指导思想和 4 项具体目标。随后，秘书长孙宝明就修改章程做了说明。下午，大会一致通过工作报告和章程修改草案；选举产生苏州市集邮协会第三届理事会。在接着举行的三届一次理事会上，与会者一致推选曹玠如等 11 人为常务理事。此外，鉴于杜子威、冯逸庭、周一非、顾翔、俞见芳、朱奕、陈军、裴德川、田玉琪、姚蔚慈、毛跃建、周适、毛仁生 13 位同志在担任二届理事会理事期间对苏州市集邮工作做出的重要贡献，大会向他们表示崇高的敬意，并向他们授予“荣誉会员”称号。会长曹玠如宣读了关于表彰集邮活动先进集体与积极分子的决定和名单。最后，新任副会长许洪祥宣布大会在完成各项议程后胜利闭幕。

苏州市集邮协会第三届理事会成员名单

名誉会长：周治华（苏州市委副书记）
周大炎（苏州市副市长）
毛育人（苏州市人大常委会原副主任）

顾　　问：路　云　田德明　陆念乔　陆志新　龚智渊

会　　长：曹玠如

副 会 长：汪日荣　许洪祥　孙宝明　邓树镛

秘 书 长：孙宝明（兼）

常务理事：王柏生　邓树镛　朱万钟　孙宝明　许洪祥　汪日荣　宋顺馥　钟　浬
俞大雄　徐宝煌　曹玠如

理　　事：（以姓氏笔画为序）

于卫东　马钰芳　王力行　王柏生　王雷强　吕林根　朱兆华　朱源泰
仲　跃　许洪祥　孙宝明　孙常琰　李景林　李裕生　时敬平　汪日荣
宋顺馥　张池奎　陈　敏　陈三龙　金　诚　周文才　周金寿　周培基
钟　浬　钮维浩　俞大雄　俞自华　洪祥生　顾尧封　徐宝煌　徐泉林
高祥宝　陶蔚微　章汝熙　阎　腾　董柏年　颜尔达　潘天冲　戴咏梅

4. 苏州市集邮协会第四次代表大会

1995 年 4 月 14 日，苏州市集邮协会第四次代表大会在苏州市会议中心隆重召开，全市各级集邮组织的 134 名代表出席了大会（图 5-31）。

图 5-31　苏州市集邮协会第四次代表大会部分代表合影

大会由副会长汪日荣主持，苏州邮电局局长王继荣致开幕词，在主席台就座的苏州市人大常委会副主任府培生、副市长陈浩、苏州市政协副主席周治华、苏州军分区副司令员吴绍球、苏州市委宣传部副部长缪仁生、苏州市总工会副主席吴金龙、江苏省集邮协会秘书长鲍军禾等领导为 8 个受表彰的先进集体颁奖。秘书长鲍军禾代表江苏省集邮协会致贺词，他对苏州市集邮工作取得的丰硕成果表示祝贺，对地方党、政、军领导和社会各界给予集邮事业的关注与支持表示衷心感谢。

开幕式后，会长曹玠如代表第三届理事会向大会做题为《奠定集邮事业发展基础，迎接跨世纪的挑战》的工作报告，并总结了以下四个方面的工作进展。

队伍建设稳步发展。近几年来，苏州市集邮爱好者的自然增长率保持在 3‰～5‰，新会员以每年 20% 的幅度递增。截至 1994 年年底，苏州市基层集邮协会已达 385 个，其中一半以上单位已实行行业归口，形成三级网络；全市现有注册会员 17 082 人，比苏州市集邮协会第三次代表大会时净增 6 825 人。

“建家”工作由点及面。继吴江县集邮协会、苏州市集邮协会、常熟市集邮协会、张家港市集邮协会被江苏省集邮协会命名为“集邮者之家”后，昆山与吴县的集邮协会于次年通过省级验收，太仓市于 1993 年成功创建“集邮者之家”，实现了县（市）创建“集邮者之家”工作“满堂红”；苏州市区以苏州阀门厂为主体，以机械系统和望亭发电厂为两翼，逐步开展创建“集邮者之家”工作。

活动形式不断创新。1991 年，为庆祝中国共产党成立 70 周年，苏州市集邮协会举办“集邮与党的知识”大奖赛。数千名参赛者来自五省（市）各个阶层，影响广泛；苏州市区 40 多个基层集邮协会纷纷举办纪念集邮展览、发行“七一”纪念封、寄发原地封、开展专题邮集欣赏会、观摩全国“七一”集邮展览、举办知识竞赛等活动；1994 年，新华书店在书市活动中开展邮友座谈会；苏州阀门厂开展 4 次中外联谊交流活动，扩大了企业知名度；昆山设计发行的 10 万枚教师节有奖明信片在本市反响热烈；苏州大学开设集邮学基础选修课，填补了江苏省内高校集邮课程的空白；张家港市集邮协会与常熟市集邮协会建立友好协会，可谓领风气之先；苏州市轻工集邮协会的“双月理事会议”为会员称道；吴县集邮协会与吴县图书馆联合举办纪念毛泽东诞生100周年知识竞赛，取得圆满成功。

集邮成果频传捷报。1993年春，由苏州市集邮协会选送的12部代表苏州市集邮最高水平的新作在江苏省第四届集邮展览上再次夺魁。其中，太仓集邮后起之秀道文进在随后的中华全国集邮展览中勇夺金牌。同年10月，常熟徐宝煌的普票专集在曼谷世界集邮展览上荣获大银奖，创造了江苏省在国际集邮展览上的最好成绩。在江苏省第13届体育集邮展览上，苏州市选送的14部邮集全部获奖，团体总分名列第一。

下午，苏州市集邮协会常务理事黄一芳向与会代表做关于苏州市集邮协会章程的修改说明，苏州市邮票公司经理周国荣向与会代表介绍苏州市集邮协会第四届理事会候选人情况，大会就上述两项议程进行表决，并获得全票通过。在之后召开的四届一次理事会上，选举产生了由12人组成的常务理事会及会长、副会长、秘书长，并一致通过了关于聘请名誉会长、顾问和授予荣誉会员、荣誉理事称号的决定。最后，苏州市集邮协会副会长、苏州市委宣传部副部长缪仁生做总结发言，宣布大会闭幕。

苏州市集邮协会第四届理事会成员名单

名誉会长：黄俊度（苏州市委副书记）
府培生（苏州市人大常委会副主任）
陈　浩（苏州市副市长）
周治华（苏州市政协副主席）

顾　　问：路　云　田德明　陆念乔　孙宝明

荣誉理事：俞大雄　王柏生

会　　长：曹玠如

副 会 长：缪仁生　汪日荣　邓树镛　周国荣

秘 书 长：黄一芳（女）

常务理事：（以姓氏笔画为序）
邓树镛　叶正亭　朱万钟　汪日荣　宋顺馥　金　诚　周国荣　钟　浬
徐宝煌　黄一芳　曹玠如　缪仁生

理　　事：（以姓氏笔画为序）
丁冬根　王力行　王金根　王雷强　邓树镛　叶正亭　邢　军　吕林根
朱万钟　朱兆华　仲　跃　李春江　李裕生　吴德伟　时敬平　汪日荣
沈　宇　宋顺馥　张池奎　陆汉卿　陈　功　陈　敏　陈三龙　陈荣官
金　诚　周文才　周国荣　周金寿　钟　浬　洪祥生　钱志明　徐　娟
徐宝煌　徐泉林　殷惠红　黄一芳　曹玠如　常建雄　阎　腾　屠焕生
韩子红　缪仁生　颜尔达　戴咏梅

荣誉会员：俞大雄　王柏生　俞自华　纽维浩　顾尧封　马钰芳　高祥宝　周培基
潘天冲　陶蔚薇　章汝熙　董柏年　李景林　朱源泰　于卫东

5. 苏州市集邮协会第五次代表大会

1999 年 2 月 9 日，苏州市集邮协会在苏州新世纪大酒店召开第五次代表大会，全市各级集邮组织的 139 名代表出席了大会（图 5-32）。

图 5-32　苏州市集邮协会第五次代表大会部分代表合影

大会由苏州市集邮协会秘书长黄一芳主持。邮政与电信分营后，新组建的苏州邮政局党委书记、局长季心田致开幕词，苏州市集邮协会副会长缪仁生宣读关于表彰 9 家先进集体、95 名先进个人及 13 名《苏州集邮》优秀通讯员，表彰 1997 年中华全国集邮展览获奖作者周祥林、徐宝煌、周治华，表彰《苏州集邮》优秀通讯员，以及同意 3 家基层集邮协会创建"集邮者之家"的决定。江苏省集邮协会秘书长鲍军禾到会致辞，预祝本届大会取得圆满成功；苏州市人大常委会负责人做重要讲话，他对苏州市集邮工作前 4 年的成绩给予充分肯定，并对日后的集邮活动提出三点希望：一是着眼于青少年；二是发展集邮组织网络；三是以积极的态度培育集邮市场。

开幕式后，会长曹玠如代表第四届理事会向大会做了题为《迎新世纪，创新局面，为繁荣集邮文化、促进邮政事业而团结奋斗》的工作报告，并回顾了苏州市集邮协会工作取得的主要成果，具体如下。

服务更优化。苏州市集邮协会在规范组织建设，建立工作机构，完善协会团体、个人档案资料，更换全国统一的会员证的基础上，以服务促建设，积极为会员办实事。近 4 年，坚持为会员提供集邮工具书和无齿小型张《宝鼎》、金箔小型张《香港回归》及贺年封、纪念邮资封片等，积极组织会员参观中国第九届亚洲国际集邮展览、江苏省第五届集邮展览，主办苏州市第七届集邮展览等活动；苏州市区会员人数从近万名发展到 19 000 余名；基层协会（小组）由 374 个发展到 503 个，其中苏州市四套班子及公检法司机关均成立了集邮组织。

活动更丰富。1996 年是苏州市集邮协会成立以来举办活动形式最多、规模最大的一年。1996 年 5 月 15 日，太平洋岛国密克罗尼西亚联邦发行小型张《留园》，并在苏州留园举行首发式；10 月 9 日—13 日，中新联合发行邮票展览暨中外集邮票品营销交易活动在苏州市国际贸易中心隆重举行，现场人流如织，气氛热烈。穿插其间的中新集邮文化交流、集邮知识讲座、首届大型邮品拍卖会、青少年集邮活动日 4 项形式各异的主题活动，吸引了近 2 万名全国各地的集邮爱好者。1997 年，在庆祝香港回归祖国这一特殊的历史时刻，苏州市集邮协会组织苏州市区 460 余个基层协会（小组）及各县（市）集邮协会 2 万余名会员举行"集邮与香港"知识竞赛和"迎'七一'，庆回归"集邮展览，并开展邮识讲座、制作纪念邮品等活动。

"建家"更有序。4 年中，苏州市集邮协会对苏州市区 29 家基层协会（小组）进行了创建"集邮者之家"验收工作，其中有 28 家验收合格；各县（市）集邮协会创建"集邮者之家"工作同样取得了长足的进步。常熟、太仓两市在首批基层创建工作完成后，又有 4 家集邮协会验收合格。吴江市集邮协会基层创建"集邮者之家"数量已达 7 家，吴县市也有 3 家基层集邮协会跨入该行列。

成果更喜人。1997 年，从苏州市第七届集邮展览中选拔的 15 部邮集，在江苏省第五届集邮展览上以2金、2镀金、5银、2镀银、3铜的好成绩第三次蝉联团体总分冠军。其中，2部金奖邮集于10月在重庆市举行的中华全国集邮展览上再获金奖、大镀金奖。苏州集邮的理论研究成果同样喜人，苏州市集邮协会学术委员参加的1998年首次论文笔会成功举办；张家港市集邮协会、吴江市集邮协会先后编印《张家港市集邮协会成立十周年纪念》和《吴江集邮十五年》纪念册；《常熟集邮史》几经易稿，于1995年问世；苏州阀门厂集邮协会的《集邮征文选》、望亭发电厂集邮协会的集邮专著《寸金集》也相继出版。

下午，全体代表审议通过会长曹玠如的工作报告和副会长邓树镛就修改章程所做的说明。随后，大会选举产生由53人组成的第五届理事会。在接着进行的五届一次理事会上，选举产生常务理事会，确定领导分工，聘请名誉会长，拟定顾问的建议名单。新任顾问周治华在讲话中要求各级集邮协会抓住机遇，满怀信心，多搞活动，多出成果，为苏州市“两个文明”建设再做贡献。最后，新任会长季心田号召全市会员在落实苏州市集邮协会第五次代表大会提出的各项任务中，把工作重点放到“传邮德，搞活动，扶骨干，促‘建家’”上，以集邮文化和邮政事业共同发展的佳绩，迎接21世纪，谱写新篇章。

苏州市集邮协会第五届理事会成员名单

名誉会长： 冯瑞渡（苏州市委副书记）
沈长全（苏州市副市长）
黄铭杰（苏州市政协副主席）

顾　　问： 周治华　陆念乔

会　　长： 季心田

副 会 长： 潘裕宁　曹玠如　缪仁生　汪日荣　邓树镛

秘 书 长： 黄一芳

副秘书长： 徐根源

常务理事： 邓树镛　叶正亭　朱万钟　谷公胜　汪日荣　宋顺馥　季心田　金　诚
徐宝煌　钟　浬　徐根源　曹玠如　黄一芳　缪仁生　潘裕宁

理　　事：（以姓氏笔画为序）
丁　红　丁冬根　王伟峰　王炳坤　王雷强　毛跃建　邓树镛　叶正亭
邢　军　吕林根　朱万钟　朱兆华　任协成　刘晓峰　刘虞生　李洪峰
肖建法　吴根生　吴德伟　时敬平　谷公胜　汪日荣　沃卫东　宋顺馥
张池奎　陈　功　陈三龙　陈国贤　陈荣官　季心田　金　诚　周文才
荣建国　钟　浬　俞兴通　洪祥生　秦士钧　袁　迪　徐　娟　徐宝煌
徐根源　殷惠红　郭云际　黄一芳　曹玠如　常建雄　阎　腾　屠焕生
韩子红　腾森康　缪仁生　樊　斌　潘裕宁

6. 苏州市集邮协会第六次代表大会

2003年12月13日，苏州市集邮协会第六次代表大会在苏州新世纪际大酒店隆重召开。苏州市委副书记杜国玲、原副书记周治华及苏州市政协副主席黄铭杰，以及江苏省集邮协会副会长马佑璋、秘书长鲍军禾等，应邀苏州市区及各县（市）76个基层分会的169名代表一同出席了大会。

开幕式由苏州市集邮协会秘书长王怡主持。苏州邮政局党委书记、局长潘裕宁致开幕词，副会长缪仁生宣读表彰决定，对 11 家集邮先进集体和 107 名集邮先进个人及 16 名《苏州集邮》优秀通讯员进行表彰；秘书长鲍军禾致贺词。随后，第五届理事会会长季心田做了题为《承前启后，开拓创新，全面推进苏州集邮事业新发展》的工作报告，并回顾了苏州市集邮协会 4 年来做出的工作成果，具体如下。

加大服务力度，稳定集邮队伍。苏州市集邮协会在苏州邮政局领导的关心下，重建了 120 平方米的活动中心，作为基层集邮协会举办讲座、拍卖会、小型集邮展览、例会、交流会等的活动场所。4 年来，苏州市集邮协会为基层会员优供了价值百万余元的各类邮品，支持新建集邮协会的集邮工作，制发邮票预订卡 3 000 余张；免费为基层集邮协会提供集邮展览框 10 余次；等等。苏州高新区集邮协会依托工会网络优势，将集邮工作与外商、民企组建的工会衔接起来，取得了不俗的成绩。该协会从初期的几十人迅速壮大到 400 余人，全市会员总数稳定在 3 万人以上。

创新活动形式，展现集邮魅力。2001 年 4 月 7 日，国家邮政局发行《水乡古镇》特种邮票，其首发式令观者耳目一新；同月，中国第三轮生肖邮票设计研讨会的开展，使基层会员和论文作者有机会与国家邮票设计印制部门领导和著名邮票设计家促膝谈心，讨论邮品；以《2002 年世界杯足球赛》纪念邮票发行仪式为序幕，以邮品调剂会为尾声，历时 1 个月的苏州市首届集邮文化节顺利举办，该活动作为一种尝试为今后邮品系列活动形式的创新积累了有益的经验；吴江市集邮协会抓住与吴江博物馆联合举办的纪念中国共产党成立 80 周年集邮展览大获好评的时机，又请吴江博物馆辟出专厅，让更多不同类型的邮集轮流进入展厅，作为一种另类的“文物”长期陈列于馆中。从全国范围来看，这在当时也是一项创举。

把握舆论导向，注重立体宣传。苏州市集邮协会面对暂时出现的集邮低潮，加大了集邮知识的宣传力度。该协会在《苏州集邮》上发起关于“集邮的文化属性及其经济价值”的讨论，并及时刊发《重新认识集邮的本来目的》一文，以事实为依据，纠正了集邮的唯一目的是“储财增值”的落后观念。此后，《苏州集邮》相继发表多篇文章，引导会员树立正确的集邮观。

吴江市集邮协会近 2 年策划组织的庆祝中国共产党建党 80 周年集邮展览、庆祝党的十六大召开集藏展、吴江市经贸洽谈会集邮展览、2002 年中国盛泽丝绸文化节、“同里杯”中国围棋天元赛等活动，启用邮政宣传戳，发行《吴江撤县设市 10 周年》《吴江解放 50 周年》《张应春烈士诞生 100 周年》纪念封等，使其成为立体化宣传集邮工作的最大赢家。

普及提高并举，著书组集共赢。4 年来，苏州市集邮协会学术研究与组集参展获得双丰收：在《中国集邮研究文选（2000—2001）》中，苏州市区苏荣福的论文《抓住基本点，排出困惑点，找准切入点——当前基层邮协活动的三点思考》，吴江周祥林、张志远的论文《冀鲁豫边区毛主席像邮票发行日期及其实寄封研究》入选。

在江苏省有史以来规模最大、水平最高的第六届集邮展览上，苏州市选送的 22 部邮集以 2 金、2 镀金、7 银、5 镀银、6 铜的优异成绩位列金牌榜和奖牌榜第一。在南京市举办的 2001 年中华全国集邮展览上，苏州参展的 5 部邮集不仅创下送展数和获奖率 2 项历史之最，陆树笙的《清代邮资明信片（1897—1911）》更是夺得江苏省唯一的大金奖。2 年后，在绵阳举办的亚洲国际集邮展览上，陆树笙再夺镀金奖，这是苏州市邮集者在国际（世界）集邮展览上获得的最好成绩。

下午，副会长邓树镛做章程修改说明。大会审议通过工作报告，审议通过修改后的《苏州市集邮协会章程》，选举产生由57名理事组成的苏州市集邮协会第六届理事会。在随后召开的六届一次理事会议上，经民主协商产生由15人组成的新一届常务理事会。大会聘请名誉会长、顾问。新当选的会长黄一芳致闭幕词。

图5-33　苏州市集邮协会副会长汪日荣授予朱万钟荣誉理事证书

为庆祝大会召开，苏州市集邮协会发行纪念封，刻制纪念戳。会后，苏州市集邮协会副会长汪日荣受六届一次理事会委托，向原新光邮票的研究会员、苏州市集邮协会一届理事及第二、第三、第四、第五届常务理事朱万钟授予荣誉理事证书（图5-33）。

苏州市集邮协会第六届理事会成员名单

名誉会长： 杜国玲（苏州市委副书记）
周福元（苏州市人大常委会主任）
冯瑞渡（苏州市政协主席）

顾　　问： 周治华　季心田

荣誉理事： 朱万钟

会　　长： 黄一芳

副 会 长： 缪学为　高福民　陶孙贤　韩　电　汪日荣　邓树镛

秘 书 长： 李　岑

常务理事： 黄一芳　缪学为　高福民　陶孙贤　韩　电　汪日荣　邓树镛　李　岑
王　怡　谷公胜　宋顺馥　徐宝煌　钟　浬　陆树笙　吴根生

理　　事：（以姓氏笔画为序）
王　怡　王伟峰　王炳坤　卞祖荣　邓树镛　厉永喜　石　英　朱文学
朱炳南　邬　军　刘虞生　许裕生　李　岑　李洪峰　肖建法　吴根生
吴德伟　吴燕菁　谷公胜　汪日荣　沈　晴　宋顺馥　陆树笙　陈　进
陈　功　陈伟礼　陈传家　陈荣官　金云达　周文才　钟　浬　俞自华
俞兴通　俞培生　洪祥生　秦士钧　秦小鹏　袁　迪　顾海鹂　徐宝煌
殷惠红　高福民　唐荣忠　陶孙贤　黄一芳　黄金伟　曹兴龙　盛惠良
常建雄　崔乃利　阎　腾　韩　电　腾森康　翟　瀚　缪学为　颜尔达
潘玉川

7. 苏州市集邮协会第七次代表大会

2008 年 7 月 3 日，苏州市集邮协会第七次代表大会在苏州邮政局十三楼会议室召开。苏州市政协副主席周人言，中华全国集邮联合会会士、江苏省集邮协会副会长周治华，苏州市集邮协会第六届理事会顾问季心田，苏州邮政局局长潘裕宁，副局长荣建国，以及来自苏州市区、各县（市）集邮协会的有关领导与代表 175 人出席大会。潘裕宁局长致开幕词，苏州市政协副主席周人言发表讲话。

大会表彰了一批 2007 年苏州在全国各级集邮展览上获奖的展品、11 名《苏州集邮》优秀通讯员、29 家集邮先进集体和 136 名先进个人，并将苏州市老年集邮协会命名为“集邮者之家”。大会审议通过修改后的《苏州市集邮协会章程》，审议通过由 64 名理事组成的第七届理事会。大会期间召开七届一次理事会，产生第七届常务理事会，并由会长荣建国，副会长陶孙贤、高福民、高志罡、汪日荣、邓树镛，秘书长余敏组成新一届领导班子。新组成的第七届理事会聘请苏州市委副书记徐建明、苏州市人大常委会主任杜国玲、苏州市副市长朱建胜、苏州市政协副主席周人言为名誉会长；聘请周福元、冯瑞渡、周治华、季心田为顾问；授予宋顺馥荣誉理事证书。

图 5-34　第六届理事会会长荣建国在苏州市集邮协会第七次代表大会上做工作报告

第六届理事会会长荣建国做题为《以人为本，开拓创新，全面推进集邮文化可持续发展》的工作报告（图 5-34），并对第六届理事会的工作进行总结，具体如下。

以新补缺，稳定基本队伍。面对邮市低迷、国企改制带来的冲击，苏州市集邮协会推出了一系列措施，诸如拓展新领域、发展新组织、稳定基本队伍等。具体而言，主要表现在以下三点：一是在江苏省率先成立苏州市老年集邮协会，解决离岗（退岗）人员会籍无着落的难题，当时该协会会员人数已达 1 800 余人，是当时苏州市规模最大的集邮分会；二是苏州工业园区集邮协会、明基电脑集邮分会的相继成立，为苏州市东西两翼集邮梯队的建设拓展了发展空间，苏州高新区集邮协会于 2007 年重点发展世界 500 强企业佳能、松下公司等 5 家企业的集邮小组；三是先后组（批）建极限集邮、专题集邮、新中国邮资明信片等单项门类研究会，吸收了一些新会员。这些举措有效遏止了会员流失，稳定了集邮队伍。截至 2007 年年底，苏州市区共有基层组织 423 个，全市注册会员［含苏州市区及各县（市）］逾 25 000 人。

创新发展，品牌活动效应初见。自 2004 年起，国家邮政局已连续 5 年在苏州举办生肖邮票首发式，苏州市集邮协会与生肖集邮研究会每年借此契机联合举办内容丰富、形式多样的系列活动，其轰动效应和深远影响令全国集邮界为之赞叹，生肖集邮也因此成为江苏集邮的品牌与苏州文化的品牌；“2006 极限集邮（苏州）展览暨学术论坛”因创下“六个之最”受到全国极限集邮界的一致好评，成为苏州集邮活动的范例。此外，太仓《郑和下西洋 600 周年纪念》纪念邮票首发和“‘扬帆高张 600 年’——中新马泰联合集邮展览”的成功举办为苏州集邮锦上添花；苏州市景范中学校与苏州市老干部集邮协会联合举办“老少联展”；苏州市审计局集邮协会举办“长三角 9 市（区）审计局联合邮展”，开创“集邮忘年交”和区域联谊合作的先例。

以邮促学，校园集邮开新局面。全国青少年集邮活动示范基地——苏州市景范中学校和太仓市双凤中学开办的少年邮局让学生参加社会实践，受到各级教育主管部门的重视和关心；苏州市教育局组织开展个性化邮票（附票）青少年设计大赛苏州赛区比赛，取得圆满成功；苏州市区及常熟市、张家港市每年组织贯穿爱国主义教育的集邮夏令营活动；昆山市集邮协会为国际学校建校 10 周年举办青少年集邮特色活动；吴江同里东溪社区连续 4 年开办暑期少年集邮兴趣班；吴中区集邮协会开展专供学生参观的 8 校巡展，广受学生欢迎。当时，集邮基础辅导（选修）课已走进苏州市 30 多所中小学和大专院校的课堂。

双管齐下，研究成果有新进展。在江苏省集邮协会编印的《江苏集邮文选（2000—2007）》中，苏州市共有 12 篇论文入选；5 年间，周治华的《邮票上的故事——甲申年》《苏州邮缘》、时永良的《苏州百年明信片图录》、屠富强的《新中国风景日戳图谱》相继出版，为生肖集邮、极限集邮、风景戳爱好者提供了研究的参考资料。5 年来，苏州市在全国性综合和单项集邮展览上共获奖牌 37 枚。其中，太仓唐中杰的《华北军邮》荣获在迪拜举办的第 19 届亚洲国际集邮展览大镀金奖，苏州市区邹子阳的《早期蝴蝶邮戳》荣获在比利时举办的世界集邮展览一框类镀金奖，这 2 个奖项均为苏州市赢得的同级别最高荣誉；2007 年 6 月，苏州市极限集邮新秀郑炜的《自然之石与人文建筑》一举摘得在武汉举办的 2006 年中华全国网络集邮展览大镀金奖加特别奖。

苏州市集邮协会第七届理事会成员名单

名誉会长：徐建明（苏州市委副书记）
杜国玲（苏州市人大常委会主任）
朱建胜（苏州市副市长）
周人言（苏州市政协副主席）

顾　　问：周福元　冯瑞渡　周治华　季心田

荣誉理事：宋顺馥

会　　长：荣建国

副 会 长：陶孙贤　高福民　高志罡　汪日荣　邓树镛

秘 书 长：余　敏

常务理事：荣建国　陶孙贤　高福民　高志罡　汪日荣　邓树镛　余　敏　袁　迪　谈小汶　朱明华　陆树笙　徐宝煌　钟　浬　孙宝明　吴根生　郑　炜　盛惠良

理　　事：（以姓氏笔画为序）
丁冬根　王　俊　王伟峰　王丽玉　王春静　王炳坤　卞祖荣　邓树镛
厉永喜　朱明华　朱炳南　邬　军　江　挺　祁　伟　许裕生　孙宝明
李洪峰　吴根生　吴德伟　吴燕菁　余　敏　汪日荣　沈　云　沈　晴
陆树笙　陆翠琏　陈　进　陈龙官　陈伟礼　陈传家　陈建政　陈荣官
金问涛　周文才　周健生　郑　炜　赵正匡　荣建国　柯菊明　钟　浬
钟　健　洪祥生　秦士钧　袁　迪　顾苏云　顾建刚　钱中纬　钱进华
徐宝煌　徐根源　殷丁元　高志罡　高旻峰　高福民　唐荣忠　谈小汶
陶孙贤　曹兴龙　盛惠良　阎　腾　屠富强　游树明　翟　瀚　瞿慰祖

图 5-35　苏州市集邮协会第八次代表大会

8. 苏州市集邮协会第八次代表大会

2013 年 8 月 27 日，苏州市集邮协会第八次代表大会（图 5-35）在苏州冠云大酒店隆重召开。苏州市副市长徐惠民，中华全国集邮联合会会士周治华，江苏省委巡视组原组长沈荣法，苏州邮政局局长马小群、副局长刘晓泉，苏州市旅游局局长朱国强，苏州市邮政管理局局长蒋波，苏州邮政局副局长朱明华，苏州市集邮协会副会长汪日荣，苏州市集邮协会秘书长王丽玉，以及苏州市 171 名代表出席大会。苏州邮政局副局长刘晓泉致开幕词，苏州市副市长徐惠民做重要讲话。大会表彰了 38 家集邮先进集体、143 名先进个人和 12 名《苏州集邮》优秀通讯员。开幕式后，第七届理事会会长马小群做题为《凝心聚力，开拓进取，努力实现苏州集邮文化创新发展》的工作报告。该报告的第一部分回顾了苏州市集邮协会等七次代表大会以来的工作成果，具体如下。

协会凝聚力持续增强。第一，领导班子建设进一步加强。自 2009 年下半年起，常务理事会议实行季会制度，并邀请各县（市）秘书长列席会议，形成了工作集中部署、分步实施、灵活调整的新格局，对此后“集邮进百校”及“集邮文化先进城市创建活动”的成功举办起到了至关重要的作用。第二，集邮队伍进一步壮大。苏州市集邮协会持续开展新邮预订竞赛活动，激励基层分会扩大预订面，发展新会员。截至 2012 年年底，苏州市注册会员近 3.5 万人，比 2008 年增长了 24.5%，特别是生肖集邮研究会会员已超过 5 000 人，是 2008 年的 2.8 倍。

活动吸引力日益提升。2011 年，“中国・苏州生肖文化节”先后引入的生肖画信展、邮品专场拍卖会、生肖艺术品展销、工艺大师技艺表演、生肖文化礼仪精品展等新项目，扩大了生肖集邮的影响力，吸引了众多“圈外”的生肖文化爱好者；2010 年，苏州市集邮协会携手常熟市、昆山市、太仓市等地集邮协会，抓住当年连发 7 套苏州题材新邮这一千载难逢的机会，成功举办了 6 场规模大、人气旺的首发系列活动；在周治华的奔走呼吁、慷慨捐邮，在和苏州市政府主要领导的关心下，苏州生肖邮票博物馆正式落成并成功开馆，同时该馆还是中国邮政邮票博物馆唯一的分馆。

社会影响力不断扩大。苏州市集邮协会会刊《苏州集邮》累计发表了反映苏州邮政史、集邮史及苏州题材邮资票品研究成果的学术性集邮论文 80 余篇，并增设了《文化论坛》《创建动态》栏目，刊发了多篇相关宣传文章，发挥了舆论导向作用。2011 年 8 月创刊的《个性化邮票研究》从一问世就成为全国第一份个性鲜明的同类会刊。《生肖集邮》已成为倡导生肖集邮、弘扬生肖文化的全国性宣传刊物，为提升集邮文化的社会影响力提供了正能量。苏州市为配合 2008 年北京奥运会、2009 年世界集邮展览、2010 年上海世博会、2010 年杭州中华全国集邮展览、2011 年无锡亚洲国际集邮展览、中国共产党建党 90 周年、党的十八大胜利召开而举办的规模不等的集邮活动多达百余次。苏州市上下为 5・12 汶川大地震捐款献邮，总金额达 58 454.40 元。

学术竞争力稳步提高。在由中华全国集邮联合会学术委员会主办的首届生肖集邮学术研讨会上，苏州市区蒋宇冰的论文《生肖邮集同质化倾向刍议》、常熟徐宝煌的论文《提高生肖邮集的珍罕性》分获一等奖和三等奖；太仓唐中杰的论文《晋冀鲁豫光荣封使用史实》、吴江唐孝飞的论文《为洛阳世界邮展文字解说献策》分获 2009 年世界集邮展览征文比赛二等奖和纪念奖；袁农基的论文《普 18-11 纺织图案考证》获得 2011 年全国首届普通邮票学术研讨会征文纪念奖。周治华的论文《论“生肖邮票”定义》入选《全国优秀集邮学术论文集（2002—2011）》。

在 2009 年世界集邮展览上，郑炜的《石质建筑》获大镀金奖，创下我国极限类邮集在世界集邮展览上的最好成绩。2010 年年底，苏州选送的邮集在杭州全国集邮展览上获 3 个大镀金奖；太仓唐中杰的《华北军邮》荣获葡萄牙世界集邮展览邮政历史类镀金奖；唐孝飞的《狮子》摘得南非国际集邮展览专题类镀金奖。在第 15 届中华全国集邮展览上，苏州选送的 9 部邮集全部获奖，创下苏州市参展总数与获奖总数的历史“双高”。

在“以创建全国集邮文化先进城市为新起点，以融入和推进苏州市文化建设为新目标”的总体框架下，该报告的第二部分提出了五个方面的工作任务。全体代表一致通过了这个报告。

大会还审议通过了修改后的《苏州市集邮协会章程》和《苏州市集邮协会会费收支管理办法》，选举产生了由 69 名理事组成的第八届理事会。随后，八届一次理事会议召开，会议推选出由 20 人组成的第八届常务理事会及新一届的领导班子，聘请名誉会长、名誉副会长、顾问，授予邓树镛等 5 人荣誉理事证书。最后，新任常务副会长朱明华致闭幕词。

苏州市集邮协会第八届理事会成员名单

名誉会长： 杜国玲（苏州市人大常委会主任）
蔡丽新（苏州市委宣传部部长）
徐惠民（苏州市副市长）
王跃山（苏州市政协副主席）

顾问： 周福元　周治华　沈荣法　朱建胜

名誉副会长： 刘晓泉

荣誉理事： 邓树镛　孙宝明　袁　迪　钟　浬　吴根生

会长： 马小群

常务副会长： 朱明华

副会长： 陈　嵘　缪学为　朱国强　方文浜　蒋　波　汪日荣　郑　炜

秘书长： 王丽玉

常务理事： 马小群　王丽玉　方文浜　朱明华　朱国强　刘　涛　李洪峰　陈　嵘
陆树笙　汪日荣　周春良　郑　炜　赵正匡　徐宝煌　顾苏云　唐孝飞
谈小汶　盛惠良　蒋　波　缪学为

理事：（以姓氏笔画为序）
丁冬根　马　玎　马小群　王　俊　王伟峰　王丽玉　王春静　王炳坤
方文浜　朱国强　朱明华　朱炳南　邬　军　刘　涛　刘惕民　祁　伟
许爱红　孙云激　严文华　苏伦礼　李洪峰　吴全福　吴菊萍　吴燕菁
汪日荣　沈　云　沈　韵　沈　黎　张　坚　张子初　张苏萌　陆树笙
陆翠琏　陈　嵘　陈龙官　陈伟礼　陈传家　陈建政　陈荣官　金　明
金问涛　周文才　周国和　周春良　周铭刚　郑　炜　单宪年　赵正匡
钟　健　俞　莉　顾苏云　顾建刚　钱万里　钱中纬　徐宝煌　徐根元
殷丁元　高旻峰　唐　皓　唐孝飞　谈小汶　曹兴龙　盛惠良　阎　腾
蒋　波　游树明　翟　瀚　缪学为　瞿慰祖

9. 苏州市集邮协会第九次代表大会

2022 年 1 月 15 日，苏州市集邮协会第九次代表大会在苏州市邮政大楼隆重召开。按照新冠疫情防控要求，大会在 13 楼设主会场，在 4 楼和 2 楼设分会场（图 5-36）。苏州市邮政管理局副局长徐路、江苏省集邮协会副秘书长夏斌、中国邮政集团有限公司苏州市分公司总经理陈力烈及苏州市 132 名代表出席大会。徐路副局长致开幕词，夏斌副秘书长发表重要讲话。大会表彰了 47 家集邮先进集体、96 名先进个人和 9 名《苏州集邮》优秀通讯员（图 5-37）。第八届理事会会长陈力烈做题为《不忘初心，为苏州集邮文化高质量发展砥砺奋进》的工作报告，他在报告中总结了苏州市集邮协会第八次代表大会以来全市集邮工作的主要进展，具体如下。

图 5-36　苏州市集邮协会第九次代表大会主会场和分会场

图 5-37　苏州市集邮协会第九次代表大会表彰先进仪式

（1）三位一体，完善组织建设

首先，健全领导班子。根据邮政人事变动与工作需要，及时调整会长、常务副会长和常务理事人选，保证协会决策程序的连贯性；吴中区集邮协会、太仓市集邮协会、苏州市职工集邮研究会及专题、邮政史等单项组织顺利完成了班子的新老交替，一批“70 后”集邮爱好者被推上领导岗位。2013 年 12 月 20 日，姑苏区集邮协会正式成立，苏州市区划调整后的四市六区实现了集邮组织全覆盖。

其次，改进管理服务。苏州市集邮协会先后斥资 30 万元，购置 150 个标准展框，辟出 200 平方米集邮活动中心和协会办公用房，并配备计算机终端，开通无线网络，为 10 多家基层分会举行小型集邮展览或会议，无偿提供活动场地和展框，方便会员上网浏览、预订和购买邮品。凭借这些服务优势，苏州市集邮协会被江苏省集邮协会评为“五星集邮者之家”。

最后，加强队伍建设。苏州市集邮协会积极推进集邮“五进”（进校园、进家庭、进社区、进企事业单位、进网络）工程，通过发展苏州工业园区、苏州高新区企业新建组织与创建跨行业的“邮迷俱乐部”，聚拢和吸纳零散在职中青年集邮爱好者，鼓励集邮骨干参与属地社区文化活动、筹建分会新组织、促建学生集邮社团、发展青少年会员等举措，为协会注入新鲜血液，有效稳住集邮队伍基本盘。截至 2020 年年底，苏州市注册会员有 24 471 人，其中市区有 16 316 人。

（2）双创引路，增强活动效应

为扩大集邮工作的社会影响力，按照“内容有创意，形式有创新”的要求，苏州市集邮协会将“驿路 · 丝路 · 复兴路”——2017 全国集邮巡展（苏州站）选在“一带一路国际合作高峰论坛”举办次日和“世界城市峰会”举办首日于苏州凤凰国际书城举行，并为在中国西安举办的第 17 届中华全国集邮展览、在南宁举办的亚洲国际集邮展览及在美国纽约举办的世界集邮展览苏州获奖者颁奖。其中，2017 年邮资票品预订竞赛表彰环节为非集邮爱好者触摸集邮、了解集邮提供了机会；在集邮“五进”活动中，苏州市老干部集邮协会、苏州市职工集邮研究会、风景日戳研究会强强联手、抱团聚能，带着邮集和讲稿进校园、进社区、进企事业单位，发挥了明显的协同效应。

（3）动静结合，扩大内外影响

自苏州市集邮协会第八次代表大会召开以来，苏州市集邮协会会刊《苏州集邮》累计发表反映苏州邮政史、集邮史及苏州题材邮资票品研究成果的学术文章 90 余篇，其中，《苏城邮事》专栏已成为外界了解苏州集邮发展动态的窗口，《苏州邮史》《邮品与苏州》《沧浪邮谭》等栏目因彰显苏州集邮历史传统和地方特色而广受好评，并连续两届荣获江苏省集邮展览镀金奖。苏州 4 个县级市及吴江区、吴中区集邮协会会刊通过开设专版，加大了当地青少年集邮工作的宣传力度；太仓市集邮协会会刊《太仓集邮》在苏州市先行一步推出了电子版。

（4）活动强效应，义举见真情

自苏州市集邮协会第八次代表大会召开以来，苏州市各级组织为纪念抗日战争胜利 70 周年、红军长征胜利 80 周年，以及庆祝中国人民解放军建军 90 周年、党的十九大胜利召开、改革开放 40 周年、中华人民共和国成立 70 周年而举办的规模不等的主题集邮活动多达百余次。特别是在庆祝中国共产党成立 100 周年期间，苏州市集邮界上下联动，以“邮票上的党史”为主题，办邮展、设讲座、开党课，与数以万计的机关、企业、社区、乡镇、警营的党员干部和市民一道，重温党的百年历史，颂扬祖国世纪巨变，影响深远。

2020 年，面对突如其来的新冠疫情，各级集邮协会主动应对：苏州市区 25 个基层集邮协会和 200 多位会员积极响应苏州市文明办发起的“圆梦 2014”爱心包裹捐赠活动，总共认捐 300 个爱心包裹，折合人民币 30 000 元。当新冠疫情袭来时，广大会员按照防控要求，不出门，少聚集，或立足小区，加入防控一线志愿者队伍；或宅在家中整理邮品，搜集素材，编组邮集；或见缝插针举办“集邮与抗疫”沙龙活动，增强抗疫信心；或组织向武汉抗疫一线义捐、义拍邮品献爱心活动，展现集邮人的高尚品格和奉献精神。

（5）齐头并进，理论组集双赢

近几年，苏州市集邮出版物屡获嘉奖：周治华、徐星瑛、黄秉泽合编的《世界生肖邮票目录》获江苏省集邮展览大镀金奖，第 18 届中华全国集邮展览大银奖；金晓宏继编著的《大龙邮票集邮文献概览》获 2019 年世界集邮展览镀金奖后，其新作《中国邮刊史（1918—2018）》先后荣获苏州市政府颁发的第 15 届哲学社会科学优秀成果二等奖、2020 年文献集邮研究会主办的“全国十佳集邮图书”、第 12 届江苏省集邮展览金奖加特别奖。

苏州选送的参展邮集在各级集邮展览上屡传佳绩：在第 9—第 12 届江苏省集邮展览上，苏州市选送的参展的邮集共有 102 部获奖，其中，获镀金奖以上的作品达到 49 部。在第 17 届中华全国集邮展览上，道文进的《中国人民邮政史（1949—1955）》和范利清的《苏州邮政史（1865—1949）》双双夺得大镀金奖；特别是道文进扩展后的 8 框邮集《中国人民邮政史（1946—1956）》荣获第 18 届中华全国集邮展览金奖加特别奖和 2019 年世界集邮展览大镀金奖，创造了苏州集邮成果的新高度。

该报告在回顾了苏州市集邮协会 8 年的工作后，就应对当前集邮内外环境的新变化提出了今后 5 年推进苏州集邮文化高质量发展的 5 点意见。大会先后审议通过了这个报告和修改后的《苏州市集邮协会章程》，并选举产生了 48 名理事组成的第九届理事会。紧接着召开的九届一次理事会议推选产生了由 17 人组成的第九届常务理事会和新的领导班子（图 5-38）。随后，会议一致决定聘请苏州市委常委、姑苏区委书记方文浜，苏州市委组织部副部长、苏州市委党建办主任周春良，苏州市集邮协会第八届理事会副会长汪日荣为顾问。大会授予徐宝煌、陆树笙荣誉理事证书，并一致通过张苏萌、樊志明、余雷成为苏州市集邮协会第九届监事会成员，继任会长陈力烈为其颁发荣誉聘书（图 5-39）。最后，新任常务副会长毛勇致闭幕词。

图 5-38　新老副会长在会场合影

图 5-39　继任会长陈力烈为苏州市集邮协会第九届监事会成员颁发荣誉聘书

苏州市集邮协会第九届理事会成员名单

顾　　　问：方文浜　周春良　汪日荣

荣 誉 理 事：徐宝煌　陆树笙

会　　　长：陈力烈

常务副会长：毛　勇

副　会　长：郑　炜　盛惠良　张晓钢　唐孝飞

秘　书　长：张　杰

常 务 理 事：陈力烈　毛　勇　张　杰　钟　健　李　骏　郑　炜　盛惠良　张晓钢　唐孝飞　唐　皓　沈宗健　王伟峰　单宪年　曹企新　道文进　赵正匡　金问涛

理　　　事：（以姓氏笔画为序）

王　昊　王伟峰　毛　勇　朱炳南　孙晓苏　严文华　李　骏　吴雪伟　余承豫　沈宗健　宋玉林　张　杰　张子初　张永伟　张晓钢　陆建明　陈力烈　陈传家　陈建政　范利清　林振峰　金问涛　周国和　周铭刚　郑　炜　单宪年　赵正匡　胡勇刚　钟　健　俞　莉　胥海铭　袁农基　袁建江　钱毅斌　殷丁元　高陆军　席林仙　唐　皓　唐孝飞　黄惟康　曹企新　盛惠良　屠富强　道文进

监　　　事：张苏萌　樊志明　余　雷

二、六市（县、区）集邮协会的创建

在苏州市集邮协会成立之前，苏州市已有吴江县、昆山县、常熟市组建的本地集邮组织。苏州市集邮协会第一次代表大会召开后，尚未建立集邮协会的县（市）加快了创建步伐。太仓县在不到 2 个月的时间内就迅速建会，沙洲县也在撤县建市的前一年成立了集邮协会，特别是情况特殊（无主管邮电局）的吴县克服筹建工作中的困难，在县总工会和县级机关党委的大力支持下成功建会。六市（县、区）集邮组织的全覆盖，为苏州市群众性集邮活动广泛而持久的开展奠定了坚实的基础。

1. 吴江区（县、市）集邮协会

1981 年 6 月，吴江县的集邮爱好者在周一非的发起和联络下，向全县预订《集邮》杂志的集邮爱好者发出筹建集邮协会的倡议书。在吴江县委的关心下，经县委宣传部批准，吴江县集邮协会于 1981 年 10 月 1 日正式成立（图 5-40），成为江苏省最早成立的县级集邮组织。

图 5-40　吴江县集邮协会成立纪念封

吴江县集邮协会成立大会在吴江县防疫站会议室举行，首批会员有 46 人出席会议。到会祝贺的有吴江县委副书记潘善之、吴江县委宣传部副部长杨永耕、吴江县文教局副局长吴根荣、吴江县邮电局副局长缪根法、吴江县文化馆副馆长吴大伟等。苏州市工人文化宫集邮研究会派代表专程到会祝贺。大会通过了《吴江县集邮协会章程》，选举产生了第一届理事会。吴大伟担任首任会长，缪根法、周一非担任副会长，杨兴华担任秘书长。理事会还聘请潘善之为名誉会长，王柏生、陶梦菊为顾问。同日，吴江县首届邮票巡回展览在吴江县文化馆与观众见面，为此特印制纪念封 1 枚（由顾久亨设计），发行量为 1 000 枚，启用纪念戳 2 枚（由徐可曼设计）。10 月 25 日，《吴江邮讯》创刊号诞生，该刊物由杨兴华担任主编，编委有周一非、黄桂林、钟浬、仓公鼎。

40 多年来，吴江区（县、市）集邮协会坚持普及与提高相结合的方针，从集邮展览到“集邮者之家”的创建，从培训参观到友协联谊，从集邮“沙龙”到进校园、进社区等，开展了一系列富有地方特色的集邮活动。

（1）集邮活动主动纳入当地精神文明建设服务的轨道

为配合党的十二大文件学习热潮和喜迎国庆佳节，1982 年 10 月 1 日—3 日，吴江县集邮协会在吴江县文化馆举办“祖国啊，母亲”专题邮票展览。

1984 年 4 月 15 日，吴江县集邮协会发行《抢救珍稀动物熊猫义卖封》，通过组织会员购买，获得款项 133.5 元，并将其全额捐赠给中国野生动物基金会抢救熊猫办公室。

1990 年 1 月 5 日，作为吴江县集邮活动蓬勃开展 8 年多的产物，吴江县“集邮者之家”

正式成立。5 月 29 日，江苏省集邮协会正式命名吴江县集邮协会为首批验收合格的“集邮者之家”，并授予其铜匾和证书。

1995 年 9 月 30 日，吴江市第 15 届集邮展览在吴江市委老干部局展出 4 天。

2000 年 10 月 21 日，为配合吴江金秋经贸洽谈会，吴江市集邮协会启用“同里镇”“罗星洲”“陈去病故居”等 8 枚风景戳。

2010 年 9 月 17 日，吴江市集邮协会积极参与吴江市第 5 届社会科学普及宣传周活动，在开幕式现场向市民发放盖有“费孝通诞辰百年纪念（1910—2010）”邮政宣传戳的邮资明信片、《集邮基础知识》和《吴江邮讯》等集邮资料，并专门设置集邮咨询服务台，为市民免费提供邮票辨伪鉴定服务。

2015 年 8 月，吴江区集邮协会瞄准当前宣传热点，在吴江区人民检察院与吴江区邮政共同举行的“预防邮路”活动启动仪式上，及时推出预防职务犯罪“普法教育”集邮展览。其中，《话廉史春秋，做廉洁使者》和《社会主义核心价值观》2 部邮集得到吴江区检察院领导的高度赞赏，并作为“活的教科书”到各乡镇巡展 1 个月，而后又应邀至吴中区和苏州市区展出，扩大了影响面。

为助力打赢新冠疫情防控阻击战，在 2020 年 3 月 5 日学雷锋纪念日，吴江区集邮协会常务理事钱延林在“东吴集邮沙龙”微信群带头发起“疫情无情人有情”义捐、义拍邮品献爱心活动，共收到 4 140 元爱心捐款，经吴江区红十字会定向用于支援武汉疫情防控工作。

（2）以邮促教，以邮促学，以邮育人，青少年集邮活动成果丰硕

1984 年 10 月 6 日，吴江县同里中学集邮兴趣小组成立。作为全县第一家学校集邮组织，其创办的《同中邮讯》成为吴江县第一份校园邮刊。在吴江县集邮协会理事、同里中学教师洪承熙的指导下，在该校举办的 1985 年、1989 年两届集邮展览中，就有初中、高中学生用中外邮票编组的地图、国旗、体育、人物、名画、花卉、鸟类等专题邮集亮相，这是历届集邮展览上第一次出现青少年类专题邮集。

1997 年 5 月，由吴江市教委、吴江日报社、吴江市邮电局、吴江市集邮协会联合举办的“庆香港回归——中学生书信比赛、小学生明信片设计大赛”正式启动，此次活动共收到参赛书信 13 092 封、明信片图稿 8 053 件。

1998 年 7 月 18 日，吴江市首届青少年集邮夏令营开营。当天上午，80 余名来自各校的夏令营营员参加了开营仪式，并参观了邮运中心等；当天下午，营员们听取了集邮知识讲座。

1999 年 5 月—7 月，吴江市教委等 4 个部门联手举办“吴江市青少年学生‘集邮与澳门’知识竞赛”，《吴江日报》刊出 20 道集邮知识题和 4 道思考题，该竞赛以通信竞答的形式进行。吴江市 11 所中学的百余名学生参与竞答，其中有 10 人被评为优胜者。

图 5-41　吴江市《鲈乡大讲坛》节目讲师钟浬进校园开展集邮宣讲活动

2001 年 6 月 10 日，为庆祝中国共产党成立 80 周年，吴江市集邮协会、吴江市教委、吴江团市委、吴江市关心下一代工作委员会联合举办“我心中的歌”集邮征文比赛，全市共有千余名中小学生参赛。这次比赛共评选出一等奖、二等奖各 10 名。经选拔，吴江市北厍小学顾晨芸的《收藏邮票，收藏历史》和吴江市中学黄雅婷的《国歌所带给我的》获三等奖，吴江市青云中学姚秋英等人的14篇征文获纪念奖。

2005年3月—6月，吴江市中学开讲集邮课，由学术组6位成员讲授集邮的意义、品种、工具、门类等系列课程。

自2006年起，吴江市集邮协会副会长钟浬担任吴江市《鲈乡大讲坛》节目讲师，连续多年进学校开展集邮宣讲活动（图5-41）。

◆ 钟浬（1943—2021），吴江市集邮协会的奠基人之一，历任第1—第3届（1981—1989年）吴江市集邮协会常务理事、第4—第9届（1989—2016年）吴江市集邮协会副会长、2016年换届受聘为顾问。钟浬常年肩负集邮协会日常事务，呕心沥血地组织和指导集邮协会的各项工作。在他的带领下，吴江的集邮工作保持常态化可持续发展，吴江市集邮协会多次获得全国、江苏省、苏州市集邮先进集体称号，他也两度被评为“全国集邮先进个人”。

2009年9月—12月，从江苏省青少年集邮辅导员培训班学成归来的沈桐葆理事先后到吴江经济技术开发区实验初级中学、吴江市松陵镇中心小学、吴江市松陵镇第二中心小学、吴江市鲈乡实验小学、吴江经济技术开发区山湖花园小学等中小学开办集邮知识讲座，集邮进校园活动呈铺开之势。

2010年2月1日，吴江市青少年集邮协会在吴江大厦4楼举行成立大会。这标志着全市校园集邮文化建设揭开了崭新的一页。

吴江市青少年集邮协会自成立以来，在吴江市教育局、吴江市邮政局、吴江市集邮协会的高度重视下，全面开展集邮进校园活动，至2018年年底，该协会先后组织了351次主题集邮讲座，通过精心制作的PPT，图文并茂、生动有趣的讲解，在向广大中小学生传播集邮知识的同时，使青少年成为集邮队伍的后备军。在吴江区委宣传部、区社科联等部门领导的支持下，集邮讲座被搬上了荧幕，登上了《鲈乡大讲坛》节目，《吴江日报》更是时常报道青少年集邮活动。为加快校园集邮文化建设步伐，吴江区各校纷纷建立学生集邮社团。当时，吴江区共有21所中小学成立了集邮社团，其中有16所学校还定期推出校园邮报。有的学校还设有集邮活动室，配备必要的硬件设施。全区青少年会员达758人。

自2010年起，吴江市青少年集邮协会积极组织中小学生参加全国、江苏省主办的各类青少年集邮比赛，交出了一份份满意的答卷。一是参加全国生肖个性化邮票青少年创意设计大赛活动，达到“以邮促教，以邮促学”的目的。9年来，吴江区选送的作品共获全国金奖11枚，另有100余幅作品获全国银奖和铜奖。二是在2014年全国青少年集邮教材网络展评中，苏州市吴江区盛泽小学的自编教材《邮语》获小学组一等奖，苏州市吴江区盛泽第二中学的校本课程“畅邮天下”获中学组三等奖。三是在2015—2018年江苏省连续四届青少年一页邮集制作大赛中，吴江区获小学组一等奖3名、二等奖3名、三等奖2名，获中学组一等奖2名、苏州市二等奖6名、三等奖9名。四是2019年1月，在“全国红领巾集邮文化体验行动示范学校”——苏州市吴江区盛泽小学承办的第二届全国青少年生肖集邮联谊会议上，苏州市吴江区盛泽第二中学被授予“全国青少年集邮活动示范基地”牌匾，2017年全国“看邮票、讲故事”演讲比赛江苏省一等奖和全国总决赛三等奖获得者、苏州市吴江区盛泽小学学生盛颖还向参加联谊会的全国八省（市）学校代表做题为“长征精神伴我成长”的汇报演讲。

（3）以展促研，以赛代练，人才梯队基本形成，邮集获奖成绩不俗

吴江区（县、市）集邮协会自成立以来，把“搭建展示平台，交流研究成果”作为第一要务。该协会自1981年举办首届集邮展览起，至2021年举办庆祝中国共产党建党100周年集邮展览止，

图 5-42 吴江会员的邮集荣获的部分奖杯、奖牌

40 年间一共组织了 25 次集邮展览活动。这些集邮展览的规模一次比一次大：首届集邮展览仅有 6 部邮集参展，第 3—第 6 届增加到 17 部邮集，第 7—第 9 届扩大至 27 部邮集，第 10—第 16 届有 36 部邮集，第 17—第 25 届猛增至 78 部邮集。这些集邮展览的水平也一次比一次高：1989 年，周一非的专题类邮集《鸟——人类的朋友》首次在江苏省第三届集邮展览上荣获一等奖，至今先后有 18 人在省级及以上级别竞赛中摘金夺银，为吴江、苏州乃至江苏争得了荣誉。与此同时，该协会鼓励会员踊跃参加外地举办的各级各类集邮展览，引导其把参与竞争当作实践历练，不仅有效促进了集邮研究的交流与深化，而且培养了一批有志于攀登邮学高峰的中青年人才。随着会员数量的不断增加，参展频次越来越高，获奖捷报越来越多，奖项层级也越来越高（图 5-42）。

2008—2020 年，吴江会员在第 8—第 12 届江苏省集邮展览上，累计有 27 人的 43 部邮集参展，共获大镀金奖 9 枚、镀金奖 13 枚、大银奖 6 枚、银奖 13 枚、铜奖 2 枚，并在南宁亚洲集邮展览和武汉世界集邮展览上夺得 3 枚镀金奖，创下了吴江集邮历史上的最好成绩。

（4）不忘初心，踏实前行，为发展集邮文化勇当表率，保持先进

40 年来，吴江虽几经行政区划调整，但吴江区（县、市）集邮协会的初心始终不改，在推进组织建设、队伍发展、活动创新、学术研究和青少年集邮工作等方面都取得了显著成果，也收获了诸多荣誉。

自 1987 年在苏州市集邮协会第二次代表大会上，吴江县集邮协会被授予“苏州市集邮先进集体”的称号起，至 2022 年苏州市集邮协会第九次代表大会，吴江区（县、市）集邮协会已连续八届获此荣誉。

1987 年 5 月 21 日，在江苏省集邮协会第二次代表大会上，吴江县集邮协会被评为“江苏省集邮先进集体”。此后，在每次年度评比中和换届大会上，吴江区（县、市）集邮协会都被授予“江苏省集邮先进集体”称号。

1992 年 9 月，在中华全国集邮联合会成立十周年大会上，吴江市集邮协会被评为“全国集邮先进集体”。

1995 年 10 月，吴江市集邮协会被吴江市民政局评为“1994 年度吴江市先进社会团体”；1996 年，又被苏州市民政局评为“1995 年度苏州市先进社会团体”。

2010 年 2 月，吴江市集邮协会被吴江市委宣传部表彰为“2008—2009 年度先进社科学会”，并获赠铜匾。

2017 年，吴江区集邮协会经江苏省集邮协会和苏州市社会组织促进会检查验收，先后被评为江苏省“五星集邮者之家”和苏州市“3A 级社会组织”。

2. 昆山市（县）集邮协会

20 世纪 30—40 年代，昆山县内仅有周适等个别集邮爱好者收藏邮票。中华人民共和国成立初期，昆山有数人自发组织集邮活动，交流欣赏邮票。当时，集邮爱好者均从上海邮票公司订购邮品。1958 年 6 月—7 月，由周龚梁发起成立红旗集邮小组，参加小组活动的有周龚梁、陈钰昌、金德仁、邬良峰、曹昌荣 5 人。1959 年 1 月，在昆山城区西街劳动人民文化宫举办昆山县第一次集邮展览。1959 年 3 月 7 日，江苏省昆山中学高二（3）班的沈盈庭等 12 名学生在学校团委和学生会的支持下，成立晨钟集邮小组，并在学校内举办五四集邮展览。同年 5 月，江苏省昆山中学高二（2）班的学生成立拓荒集邮小组。“文化大革命”开始后，集邮活动陷入低迷甚至停滞的状态。“文化大革命”结束以后，集邮活动在昆山恢复。

1983 年年初，昆山县邮电局、昆山县总工会、昆山团县委和昆山县文化馆等部门积极筹备成立昆山县集邮协会，经筹备组成员陈振刚、陈雪敏、王培祖、魏贤德、李晞、陈洪、蒋正龙、严福洪多次协商、筹组，于同年 5 月 27 日在昆山县工人文化宫举行昆山县集邮协会成立大会，并发行纪念封（图 5-43）。大会在听取昆山县集邮协会筹备情况汇报和江苏省集邮协会等发来的贺电后，一致通过了昆山县集邮协会章程和会员守则，选举产生了由 12 人组成的第一届理事会。该理事会选举李平凡（昆山县邮电局副局长）为会长，范学良、任雪荣、顾鹤冲为副会长，陈振刚为秘书长，奚剑华为副秘书长。同时，还聘请昆山县集邮协会副主席周适担任名誉会长，聘请昆山县委办公室主任顾厚德、昆山县政协委员胡愈平为顾问。大会还宣读了昆山县集邮协会首批会员名单（106 名）。同日，在西街县文化馆举办昆山县集邮协会首届邮票展览，展期 5 天，启用集邮展览纪念戳 2 枚（由昆山县集邮协会刻制，戚建国设计）。

图 5-43　昆山县集邮协会成立纪念封

1988 年 5 月 27 日，昆山县集邮协会召开第二次代表大会，并进行换届选举。大会有 115 人参加。会议审议通过《第一届昆山县集邮协会工作报告》和《昆山县集邮协会章程修改说明》，毛仁生担任会长，张敏、庄健、程锦钰、金晓春担任副会长，陈振刚担任秘书长，魏贤德担任副秘书长。大会还聘请周适为名誉会长，顾厚德、李平凡、胡愈平、唐振中为顾问。

1989 年 9 月 28 日，昆山撤县建市，昆山县集邮协会随之改名为“昆山市集邮协会”。自 1990 年 3 月起，设在昆山市总工会内的“集邮者之家”每周日下午进行集邮交流活动，由昆山市集邮协会安排理事和老会员到现场指导。1992 年 1 月 13 日—14 日，苏州市集邮协会副会长邓树镛受江苏省集邮协会委托，对昆山市“集邮者之家”进行验收。5 月 27 日，昆山市集邮协会举行“集邮者之家”命名仪式，江苏省集邮协会常务理事汪日荣宣读江苏省集邮协会的决定，命名昆山市集邮协会为“集邮者之家”。

昆山市（县）集邮协会成立 40 年来，在上级集邮协会的指导下，紧密结合昆山社会、经济、文化的发展，团结和组织会员和全市集邮爱好者，积极推进全市集邮文化的健康发展，为昆山市的精神文明建设做出不懈的努力。

（1）配合社会热点、时政要点、节庆时点办集邮展览，彰显集邮文化魅力

1984年10月1日—3日，昆山县集邮协会举办庆祝中华人民共和国成立35周年邮票展览。该展览共展出邮集72框，有顾正荣的《第一至三届全运会》、朱仰先的《九星聚会》、刘黎的《姹紫嫣红》、严福洪的《首日实寄封》、陆伯平的《剪纸艺术》，以及昆山县第一中学的《珍贵动物》《盆景》《我们的学校》等。

1991年6月30日—7月3日，昆山市集邮协会举办中国共产党成立70周年专题集邮展览。该展览共展出19个专题，共计50框、441张贴片。

为庆祝中华人民共和国成立50周年和第30届世界邮政日，1999年10月9日—10日，昆山市集邮协会在昆山市邮政局大会议室举办昆山市第五届集邮展览。该展览共展出传统、专题、邮政用品、邮政史、极限、区票、现代集邮、开放类8个类别、22部（70框）邮集。

2001年6月23日—24日，昆山市举办庆祝中国共产党成立80周年集邮展览。该展览共展出邮集28部（80框），并邀请苏州市集邮协会副会长、省级邮展评审员邓树镛担任评审，最终有11部邮集分获一、二、三等奖。

2007年7月20日—22日，昆山市市级机关首届文化艺术节·市级机关干部集邮展览在昆山图书馆开幕。昆山市委常委、宣传部部长杭颖及有关部门领导出席了开幕式。该展览共展出邮集24部（58框、928张贴片），观众超过2万人次。

2009年4月11日—5月3日，第九届昆山市琼花艺术节集邮展览由生肖集邮研究会昆山分会会员小组于艺术节期间在顾炎武纪念馆回廊举办。该展览共展出由15名会员组编的25部（52框）邮集，展期为9天。

2009年5月23日—28日，由昆山市委宣传部、昆山市文明办、昆山市邮政局主办，昆山市集邮协会承办的“我们的节日”端午节集邮展览在昆山图书馆2楼若谷堂展览大厅举办。该展览共展出由15名会员编组的28部（50框）邮集，展期为6天。

2009年7月11日，昆山市集邮协会和生肖集邮研究会昆山分会会员小组在昆山市培本实验小学举办“博悦电脑城杯”柏庐街道集邮文化节集邮展览。该展览共展出26部（38框）邮集，这是昆山市集邮协会“集邮进社区”的首次活动。

2009年9月27日—10月3日，昆山市庆祝中华人民共和国成立60周年暨昆山撤县设市20周年集邮展览（图5-44）在昆山图书馆举办，共展出由19人编组的25部（60框）邮集，该展览由昆山市委宣传部、昆山市文明办、昆山市邮政局主办，昆山市集邮协会承办，昆山图书馆若谷堂协办。2009年11月24日，为配合“集邮进校园”启动仪式，昆山市集邮协会、昆山市教育局和生肖集邮研究会昆山分会会员小组在昆山国际学校共享空间举办小型集邮展览，该展览共展出由13位会员编组的14部（22框）邮集。

图5-44　昆山撤县设市20周年集邮展览

2010年4月24日—5月3日，生肖集邮研究会昆山分会在顾炎武纪念馆回廊举办第10届昆山市琼花艺术节集邮展览。该展览共展出由16位会员组编的27部（43框）邮集，展期为5天。

2010年10月22日—24日，由昆山市建设健康城市领导小组办公室主办，昆山市集邮协会和生肖集邮研究会昆山分会协办的“健康杯”昆山市集邮展览在昆山图书馆举办。该展览共展出《戒烟行动》《健康生活关注气象》《全民健身》《全国十运会比赛花絮》《休闲生活》《人类只有一个地球》等30部（51框）邮集。

2011年7月1日—4日，“峥嵘岁月，光辉历程”中国共产党成立90周年市机关干部主题集邮展览在昆山图书馆若谷堂展览大厅举办。该展览共展出《艰苦卓绝，伟大丰碑——庆祝中国共产党成立90周年》《毛泽东》《新中国外交成就》等32部（68框）主题邮集。

2012年3月7日—11日，由昆山市委宣传部、昆山市市级机关党工委、昆山市文化广电新闻出版局（以下简称“昆山市文广新局”），昆山市妇联、昆山市邮政局主办，昆山市集邮协会承办的昆山市三八妇女节集邮展览在昆山图书馆连展5天，共展出以妇女题材为主的27部（58框）邮集，用专题编排的方式展示国家名片上的《巾帼风采》，彰显妇女在社会主义建设中能顶半边天的力量与贡献，令广大观众啧啧称赞。

2012年4月4日—8日，昆山市委宣传部、昆山市文明办、昆山市集邮协会在昆山图书馆举办清明节集邮展览。该展览共展出缅怀伟大领袖与革命先辈、反映民俗节日及民间文化题材的41部一框类邮集。

2012年6月21日，由昆山市纪委、昆山市委组织部、昆山市委宣传部等部门及中国人民解放军江苏昆山市人民武装部、人民团体与昆山市邮政局主办的“喜迎十八大，决胜现代化”——“红色足迹”大型集邮展览在昆山市侯北人美术馆隆重开幕，共展出68部邮集（165框）。本次集邮展览在数量上和质量上均为昆山历届之最。

2013年9月18日，海峡两岸（昆山）中秋灯会举行亮灯仪式，众多海内外华人走进昆山，共同品鉴华灯之上两岸文化精粹。作为灯会系列活动的组成部分，“情满中秋　喜迎国庆”集邮展览正式亮相。

2014年10月11日—14日，由昆山市市级机关党工委主办，昆山市集邮协会、生肖集邮研究会昆山分会、昆山图书馆协办的“盛世华诞——中华人民共和国成立65周年集邮展览”在昆山图书馆展出4天。集邮作者用邮票、邮品编组了《新中国国旗国徽》《共圆中国梦》《嫦娥探月》等79框专题邮集，以现场展示的形式庆祝中华人民共和国的生日。

2015年4月—10月，为配合第10届昆山阅读节、庆祝中国共产党成立94周年、纪念抗日战争胜利70周年和欢庆陆家镇第十五届文化艺术节，昆山市集邮协会先后举办4次相关主题的集邮展览，受到广大市民的欢迎。

2016年1月—5月，为配合昆山市迎新春非物质文化遗产展示会、“猴会有期”中华十二生肖邮票趣味拍卖会、世界羽毛球锦标赛在昆山举行和《2016年汤姆斯杯暨尤伯杯赛》纪念邮资明信片首发，昆山先后举办了3次小型主题集邮展览。

同年10月24日—30日，由昆山市委宣传部、昆山市市级机关党工委、昆山市文明办、昆山市委党史研究室、昆山市邮政局主办，昆山市集邮协会、昆山市亭林园绿化建设管理有限公司、生肖集邮研究会昆山分会承办的“英雄史诗　不朽丰碑——纪念中国工农红军长征胜利80周年主题展览”，在顾炎武纪念馆对外展出7天，观众逾2 000人。

2017年5月20日—21日，由昆山旅游度假区管委会、昆山市旅游局、昆山市集邮协会联合举办的“旅游让生活更美好——《美丽中国》集邮展览”在野马渡文体中心举行。

2018年4月15日，昆山市集邮协会在昆山市亭林园举办“春光无限　美丽中国”昆山市第十八届琼花艺术节集邮展览。

2019年，昆山市庆祝中华人民共和国成立七十周年专题集邮展与“辉煌七十年，阔步新时代”主题集邮展览先后于6月29日、9月16日在昆山图书馆、昆山市政务服务中心（西区）举办。

2020年10月19日，由昆山市退休人员管理服务中心和昆山市集邮协会举办的“火红年代，繁花似锦”重阳节集邮展览在昆山高新区便民服务中心展出。

为庆祝党的百年华诞，由昆山市委组织部主办、昆山市集邮协会承办的“邮票上的党史”集邮展览于2021年6月25日、7月10日先后在昆山高新区大楼、昆山市科技文化博览中心4楼对外展出，前来参观的党员干部和市民群众不仅学习了党的光辉历史，也从中感受到了集邮文化的思想性和先进性。

2022年7月5日—7日，在中国共产党成立101周年之际，由昆山市邮政分公司、昆山市集邮协会举办的“喜迎二十大，奋进新征程”巡回主题集邮展览走进昆山市水利建筑安装工程有限公司。该展览旨在通过集邮展览活动弘扬伟大的建党精神，艰苦奋斗、砥砺前行，向党的二十大献礼。

（2）依托当地人文、地理资源，探寻昆山题材邮资票品的古今渊源

1955年8月25日，邮电部发行纪33《中国古代科学家（第一组）》纪念邮票1套4枚，其中，4-2为《祖冲之》。

◆ 祖冲之（429—500），字文远，南北朝时期杰出的数学家、天文学家和发明家。36岁时，他被调到娄县（今昆山市）当县令，长达10多年。为纪念祖冲之对中国和世界科学文化事业做出的伟大贡献，昆山市委、市政府决定自2012年起，将每年的3月14日定为祖冲之纪念日，在昆山市亭林园内树立4米高的祖冲之石像，并将城西的苇城路改名为“祖冲之路”。

1997年5月8日，邮电部发行FP3《江苏风光》邮资明信片1套10枚，其中，10-2为《周庄》。2002年2月10日，国家邮政局发行PP55《周庄》普通邮资明信片1枚。该明信片邮票面值为60分。

2001年4月7日，国家邮政局发行2001-5《水乡古镇》特种邮票1套6枚（同时发行SB20《水乡古镇》小本票1套），其中6-1为《昆山周庄》。该邮票发行当日在昆山市周庄镇举行邮票首发式，国家邮政局邮票印制局局长陈文骐出席仪式。

2005年10月17日，为祝贺神舟六号载人航天飞行获得圆满成功，国家邮政局发行《我为祖国骄傲》中国航天员个性化邮票1套3枚。主票是面值为80分的《长城》邮票，附票分别为杨利伟、费俊龙和聂海胜3位航天员身着宇航服的图片。

◆ 费俊龙（1965—　），昆山人，出生于巴城镇费家浜村（今属东阳澄湖村）。1982年6月，费俊龙经选拔入伍；1996年，成为空军特级飞行员；1998年1月，成为中国首批航天员；2005年6月，入选神舟六号载人航天飞行乘组梯队成员；2005年10月12日，担任飞行乘组航天员、指挥长，与航天员聂海胜乘坐我国自行研制的神舟六号载人飞船成功进入太空，展开为期5天的中国航天第二次载人飞船飞行，顺利完成各项空间实验活动，于10月17日安全返回地面。同年11月，中共中央、国务院、中央军委授予费俊龙、聂海胜“英雄航天员”荣誉称号，并授予其“航天功勋奖章”。

2010年6月12日，中国邮政发行2010-14《昆曲》特种邮票1套3枚。邮票图案分别选取了昆曲发展阶段中颇具代表性的3个剧目《浣纱记》《牡丹亭》《长生殿》。《昆曲》特种邮票首发式由中国邮政集团公司主办，江苏省邮政公司、昆山市政府承办，在昆曲发源地之一的千灯古镇景区广场举行。各级领导和新闻媒体及集邮爱好者共500多人参加了首发式。

2011年4月15日，中国邮政发行2011-6《中国古代书法——草书》特种邮票1套4枚，其中，4-1为陆机《平复帖》。书写于西晋时期、距今已有1 700余年的《平复帖》是现存年代最早并真实可信的名家法帖，在中国书法史上占有重要地位，对研究书法变迁具有参考价值，现藏于故宫博物院。

◆ 陆机（261—303），字士衡，三国至西晋吴郡吴县（今苏州市）人。

2013 年 6 月 25 日，中国邮政发行 JP175《顾炎武诞生 400 周年》纪念邮资明信片 1 套 1 枚，其图案为顾炎武像及其《题自画像诗》，邮票面值为 80 分。

◆ 顾炎武（1613—1682），昆山千灯人，字宁人，号亭林，明末清初思想家、史学家、语言学家，学术界尊称其为“亭林先生”。

（3）发挥个性化邮票宣传功能，为全国百强县之首的昆山鼓与呼

自 2002 年 5 月 10 日起，国家邮政局正式推出个性化邮票专用服务业务。昆山市集邮公司自当年起与市内有关部门和个人合作，积极向上级申报发行个性化邮票，为宣传昆山撤县建市以来在经济、文化、社会等方面的突飞猛进助力。

2002 年 8 月，《中国昆山经济技术开发区国批十周年纪念》个性化邮票发行 15 000 版（整版 16 枚），主票是面值为 80 分的 GXHP1《如意》个性化专用邮票，附票绘制的是 4 张昆山经济技术开发区的图片。自此之后，邮票发行的势头便锐不可当。截至 2021 年 12 月，《中国昆山经济技术开发区》《让党的先进性在“昆山之路”上闪光》《庆祝中华人民共和国成立 60 周年、昆山撤县设市 20 周年》《昆山高新区》《昆山试验区建设推进工作办公室》《昆山经济技术开发区台商投资服务办公室》《昆山高新技术产业开发区党群工作部台商投资服务办公室》等个性化邮票相继发行，20 年间合计发行邮票 60 余种、80 000 余版（每版 6~16 枚不等）。

1997 年，昆山市集邮协会会员人数为 1 680 人，创历史新高。此后，昆山市集邮活动一度低迷。2008 年 12 月 29 日，昆山市集邮协会第六次代表大会暨生肖集邮研究会昆山分会会员小组成立大会召开。2010 年，《昆山集邮》与《生肖邮苑》合并办刊，生肖集邮热有效地推动了昆山集邮的重新活跃。2 年间，生肖集邮研究会昆山分会会员从最初的 9 人增至 60 余人，该分会会长黄家栋功不可没。2011 年 2 月 13 日，生肖集邮研究会昆山分会在昆山市委老干部局活动中心举行新春联谊活动（图 5-45），为黄家栋 80 岁生辰和 7 名本命年会员举行庆贺仪式。

图 5-45　生肖集邮研究会昆山分会举行新春联谊活动

3. 常熟市集邮协会

常熟的集邮活动在 20 世纪 80 年代初迅速复苏。早在 20 世纪 60 年代，常熟县兴隆中学教师徐宝煌就已是常熟县工人文化宫集邮组成员。1981 年，上海市集邮协会成立后，徐宝煌萌生了重建常熟集邮组织的念头。在他的多方联络与积极推动下，经请示常熟县工人文化宫领导，常熟集邮组织获准组建。同时，他也得到了邮电局邮政部门领导的支持，并就组建工作提出了许多具体的意见和要求。1983 年 1 月 15 日—24 日，在常熟市工人文化宫连续召开 3 次筹备会议，确定集邮组人选，起草集邮组章程。1983 年 2 月 22 日，常熟市工人文化宫集邮组正式宣告成立。常熟市工人文化宫集邮组成立后立即开辟活动阵地，将茶室辟为集邮固定的活动场所，每周四晚上对外开放，一直到常熟市集邮协会成立，该集邮组仍继续按时活动。该集邮组还创办了内刊《常熟集邮》，该刊物为彩色印刷，每期页数不等，但均在 10 页以上。该刊物装订成册后，分别于 3 月、5 月、7

月出刊 3 期，后转变为常熟市集邮协会的会刊，刊名仍沿用《常熟集邮》。常熟市工人文化宫集邮组的成立对常熟集邮活动的广泛开展起到了巨大的推动作用，在成立的 7 个多月中，吸引了 20 多年来处于分散状态的集邮爱好者，为不久后成立的常熟市集邮协会做了前期的人员集结和动员工作。

1983 年 6 月，江苏省集邮协会成立。常熟市邮电局副局长董耀成和常熟市工人文化宫集邮组成员徐宝煌代表常熟参加在南京召开的成立大会。返回常熟后，在常熟市邮电局领导的关心和支持下，他们开始着手筹建常熟市集邮协会，筹建工作充分依靠常熟市工人文化宫集邮组骨干徐宝煌、祁介东、张书儒等人分工协作完成。同年 8 月，常熟市委宣传部批复同意江苏省常熟市邮电局《关于成立“常熟市集邮协会”的请示报告》（图 5–46），常熟市集邮协会成立大会于同年 9 月 29 日隆重召开。来自各行各业的首批 72 名会员聚集在常熟市邮电局大会议室，原常熟市工人文化宫集邮组全部成员转入常熟市集邮协会，常熟市工人文化宫集邮组同时被撤销。常熟市委宣传部、常熟市经委、常熟市总工会和常熟市邮电局的领导出席了大会。大会还特邀苏州邮电局、苏州市集邮公司有关领导，以及太仓县、昆山县、沙洲县 3 县邮电局和各县集邮协会的代表参加会议。常熟集邮界的老朋友、著名集邮家刘广实也应邀出席成立大会。会上，常熟市委宣传部、常熟市经委、常熟市总工会的领导先后讲话，对常熟市集邮协会的成立表示热烈的祝贺，并提出了殷切的希望，常熟市邮电局原局长苏永德做了重要报告。大会转达了毛柏生副市长对常熟市集邮协会和全体会员的问候。大会宣读和通过了常熟市集邮协会的章程，公布了 72 名首批会员名单，并产生和通过了首届理事会名单。

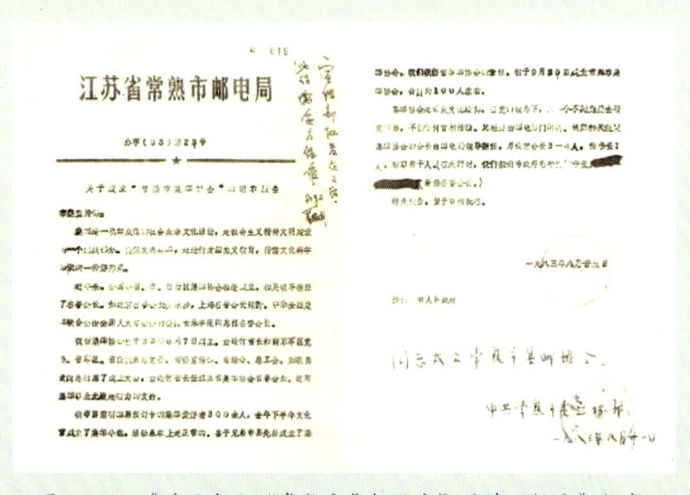
江苏省常熟市邮电局

图 5–46 《关于成立“常熟市集邮协会”的请示报告》批复

40 年来，常熟市集邮协会始终重视抓好邮文交流、邮集展示、邮品调剂 3 个平台的建设，开创了新时期常熟集邮文化发展的新气象，取得了新成果。

（1）搭建信息传递、文论交流平台，发挥会刊主阵地作用

1983 年 3 月，由常熟市工人文化宫集邮组主编的《常熟集邮》创刊号问世，同年 5 月、7 月又先后出了第 2 期、第 3 期。1983 年 9 月 29 日，常熟市集邮协会成立,《常熟集邮》转为该协会会刊，并于同年 11 月出版了第 4 期。此后，《常熟集邮》在常熟市集邮协会理事会的领导下按时出刊，成为常熟市集邮活动的一个重要阵地和窗口。

《常熟集邮》在创刊初期为不定期刊物，自 1984 年 1 月第 5 期起定为双月刊，发行 4 期后改为单月出刊。自 1985 年起，该刊物改为季刊，于当季末月出刊。自 1988 年第 25 期起，该刊物恢复出版双月刊，至 2012 年年末，共出版 180 期，其间有数期增刊。

《常熟集邮》最初出版了 15 期，因条件限制，主要用铁笔、蜡纸手工誊印。第 1—第 4 期，由汪建新编排刻印，采用彩色印刷；第 5—第 8 期，由常熟市工艺美术厂的沈家宏誊印；第 9—第 15 期，由张麟瑞誊印，以黑色油墨为主，刊头套红。该刊物为 16 开，单面印刷后折叠装订，每期有 10—20 页不等，印量在 100 份左右，虽然简陋，但有图有文，邮味十足，颇为抢手。自 1986 年第 1 期（总第 16 期）起，在江苏省常熟市邮电局领导的关心与支持下，《常熟集邮》委托常熟市邮电印刷厂印制，每期为 4 页，印量增至 1 000 份。改版增印后的《常熟集邮》基本满足了本市会员的需求，常熟市集邮协会除每期免费向会员赠阅之外，也与外地部分市、县集邮协会进行邮刊的互赠交流，还向关心《常熟集邮》的著名邮人、热心读者和撰稿人按期赠阅。

1986 年 7 月，《常熟集邮》参加由无锡市集邮组织发起的、有 51 家邮刊参评的“苏浙沪地区十佳民间邮刊评选”活动，荣获“优秀邮刊”称号。

已故集邮前辈、中华全国集邮联合会原副会长张包子俊曾对《常熟集邮》给予了很高评价，并写下了“邮苑精华”题词。在张包子俊的肯定和鼓励下，《常熟集邮》作为一份地方内部邮刊，得到了全国各地众多集邮家、邮友的青睐和支持，每逢常熟邮坛有重大活动，总能收到他们远在千里之外寄来的贺件，或是长信，或是短语，或是题词，或是赋诗，字里行间倾注着他们的热情关怀和殷切期望。

中华全国集邮联合会秘书长贾明于 1987 年题词“愿《常熟集邮》越办越好，为邮苑增辉”，1989 年又致信庆贺常熟市集邮协会成立 6 周年。中华全国集邮联合会副会长兼秘书长刘天瑞于 1991 年为《常熟集邮》题词“方寸邮花，展示文化”。2005 年，中华全国集邮联合会原会长刘平源也为《常熟集邮》题词（图 5-47）。

图 5-47　中华全国集邮联合会原会长刘平源为《常熟集邮》题词

中华全国集邮联合会理事、学术委员郭润康题词赞誉《常熟集邮》为“江南一秀”，于 1991 年 9 月又致信、题词、作诗庆贺常熟市集邮协会成立 8 周年，1993 年 9 月题词“十载耕耘，岁岁常熟”，1998 年作七言诗庆贺常熟市集邮协会成立 15 周年。2012 年 3 月，由 95 岁高龄的郭润康修改的邮学著作《邮票与集邮》，在每周邮送广告《周末指示》上进行专栏连载。

国际集邮展览评审员、著名集邮家刘广实多次为常熟集邮爱好者授课，时常给《常熟集邮》撰稿，并提供珍贵的邮史资料。1988 年 9 月，刘广实为《常熟集邮》题词“琴川常熟，集邮丰收”。

中华全国集邮联合会常务理事、甲戌邮票会创始人之一赵善长早在 20 世纪 60 年代就与常熟邮坛结缘，是《虞山邮讯》的老读者和老作者。常熟市集邮协会成立后，赵善长又开始积极写稿，在常熟市集邮协会成立 1 周年、2 周年、5 周年之际均寄来贺词。他的每款贺词均用宣纸认真书写，并工工整整地钤上印章。1989 年 9 月 26 日，87 岁高龄的赵善长在出席江苏省集邮协会举办的徐州会议期间突发心脏病去世，而他在几天前就已向常熟市寄出了为庆贺 9 月 29 日常熟市集邮协会成立 6 周年而题写的“十月阳春气象新，繁花竞放胜似锦，常熟集邮创六载，邮花灿烂光辉程”书法作品，其敬业精神令人敬佩。

中华全国集邮联合会学术委员居洽群及钟韵玉、赵人龙、栾桂馨、欧阳承庆、张包平之、胡少吾、史维林、姚秋农、胡辛人、谢德昂、窦莲荪等集邮家都曾给《常熟集邮》和常熟市集邮协会惠赠过题词、贺信、墨宝，这些都是《常熟集邮》永久珍藏的宝贵财富。

老一辈邮人不仅是《常熟集邮》的长期热心读者，还经常撰文，参与《常熟集邮》的邮学探讨和邮史研究。赵善长、刘广实、居洽群、赵人龙、钟韵玉、郭润康、常增书、杨勇伟、姚文群、宁平、黄定远、王厚邦、陆浚滇、刘肇宁、吕维邦、朱碧波、胡辛人等都曾撰稿，为《常熟集邮》增添光彩。为理清常熟集邮史的脉络，刘广实提供翔实的资料，并撰文钩沉；钟韵玉不仅确证新光邮票研究会常熟籍老会员的名单，还多次撰文发表见解；赵人龙关心家乡邮事，多次撰写回忆邮文，为邮史的书写提供不少早期线索；远在北京的王厚邦在其收集到的常熟清代实寄封上发现载有关于常熟邮政史的重要信息，经深入研究、反复考证，甚至托人异地查阅资料，先后于2000年、2002年和2012年给《常熟日报》《常熟集邮》写稿详述这一研究成果，为研究常熟邮政史提供珍贵的实物资料；沈阳的黄定远年年向《常熟集邮》寄来以邮票上的人物为题材的自制明信片或人物简介，这一寄就是20余年。扬州的姚文群、自贡的宁平自《常熟集邮》创办起就年年撰写文稿，虽未与常熟的读者谋面，但其名、其文已给他们留下深刻的印象。

《常熟集邮》创办40多年来，共载邮文2 600余篇。其中，外地邮友来稿近700篇、人数多达100余人，这一高素质、多层次的作者群，不但是《常熟集邮》的中坚力量，也为我国邮坛留下了大量宝贵的邮学资料。在近2 000篇本地稿件中，除集邮活动消息报道之外，在《常熟集邮》这个平台上，会员们开展集邮理论探讨，交流学习心得和体会，发表学术研究成果，收获颇丰。根据会员和读者的意见，自2012年起，《常熟集邮》全部改出彩版，并视条件，用扩版或增页的方式满足会员和读者的需求，以适应集邮文化不断发展的需要。

（2）构筑邮学成果展示平台，不断提升会员邮集编组水平

集邮展览作为邮学成果集中展示与交流的一种形式，是集邮活动的主要组成部分。在常熟集邮史上，兴办集邮展览早有记载：成立于1959年6月的虞山镇工人文化宫集邮组，在3年间共举办了12次集邮展览和1次火花展览。常熟市集邮协会成立后，继承了常熟集邮界重视集邮展览的优良传统，建会40年以来先后举办了30次集邮展览，其展览的规模逐步扩大，水平也逐步提高。

在上级集邮协会的关心与指导下，常熟市集邮协会派成员参加集邮展览评审员的培训，多次举办与普及集邮展览规则的宣传活动和讲座，及时传达国际集邮联合会、中华全国集邮联合会关于集邮展览的规则和动态信息，在集邮展览活动中陆续引进标准贴片、标准展框、组集规范、评审制度等，使集邮展览在实践中不断完善，常熟市集邮展览的水平在质量保证的前提下逐渐提高。

1983年10月1日—7日，为庆祝中华人民共和国成立34周年暨常熟市集邮协会成立，常熟市集邮协会举办首次集邮展览，这次展览由常熟市工人文化宫集邮组筹办。这次展览展出了自中华人民共和国成立以来我国发行的全部邮票，包括小型张、小全张、小本票、邮资明信片等，共计67个镜框（当时尚无标准展框），3 000多枚邮票，由徐宝煌提供纪票、特票，陈可达提供“文化大革命”邮票与“J”“T”开头的邮票及编号，还展出了徐福增的《中华人民共和国建国十周年纪念邮戳》，内含300多枚全国各地“解放十周年”纪念邮戳实寄封。该展览刻制纪念邮戳1枚，其规模令集邮爱好者大开眼界。

1984年2月2日—6日，甲子春节专题集邮展览顺利举办。该展览上展出有黄汝霖的《外国邮票上的毛主席像》、徐宝煌的《船舶》、祁介东的《部分省、市集邮协会成立纪念封》、章伟民的《部分省、市集邮展览发行的纪念张》及徐福增的《革命圣地和名人故居纪念戳和纪念章》，共有500多枚邮票和150多个邮资信封、明信片。

1984年10月1日—4日，庆祝中华人民共和国成立35周年暨常熟市集邮协会成立1周年集邮展览顺利举办。

1985年9月29日—10月3日，庆祝中华人民共和国成立36周年暨常熟市集邮协会成立2周年集邮展览顺利举办。

1986年2月9日—12日，丙寅年新春集邮展览顺利举办。

1987年1月29日—31日，丁卯年春节集邮展览顺利举办。该展览的展品以邮资信封、明信片为主，主要展出了祁介东的《首航封》、仲跃的《邮票设计家的实寄封片》、徐宝煌的《船舶》3部专题邮集。

图 5-48　1988 年日本邮票展览

1987 年 9 月 29 日—10 月 3 日，庆祝中华人民共和国成立 38 周年暨常熟市集邮协会成立 4 周年集邮展览顺利举办。该展览上展出有刘浩川的《名人原地实寄封》、汤淦贤的《体育》、杨虞鑫的《鸟》、蔡月林的《建设》、曹旭的《长征路线纪念封》、徐宝煌的《新中国普通邮资封、片、简》和常熟纺织机械厂集邮组的《国庆及重大历史事件》等专题邮集，共有 130 多个贴片。从这次集邮展览开始，常熟市集邮协会举办的集邮展览全部使用标准贴片组集参展。

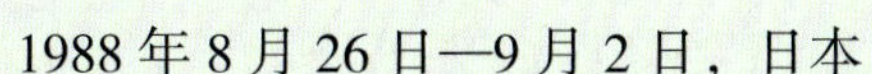

1988 年 8 月 26 日—9 月 2 日，日本邮票展览（图 5-48）顺利举办。该展览由常熟市集邮协会与常熟市文化馆联合举办，展品由徐宝煌一人提供。此次展览共展出日本邮票 2 000 余枚，其中日本首日封、邮资明信片、贺年片、夏日问候明信片、纪念邮资明信片、首航封、纪念封、纪念张，以及其他邮品有 400 多件、320 张贴片。自 1950 年至展出时，徐宝煌搜集的日本邮票基本齐全，还有半数左右的第二次世界大战以前的日本早期邮票。这次展览规模空前、影响较大，当时适逢《中日和平友好条约》签订 10 周年，日本绫部市友好代表团正在常熟访问，代表团闻讯后临时改变访问日程，由常熟市领导及外事办公室工作人员陪同，专程赶来参观集邮展览，并给予很高的评价。

1989 年 2 月 6 日—10 日，己巳迎春封片集邮展览顺利举办。

1991 年 2 月 15 日—17 日，辛未迎春专题集邮展览顺利举办。该展览展出有徐宝煌的《邮票上的名画》、黄振寰的《航天》、祁仁金的《邮票上的江苏》，共 25 个镜框、100 张贴片。

1991 年 7 月 1 日—5 日，庆祝中国共产党成立 70 周年集邮展览顺利举办。这次展览被列为常熟市第三届文化艺术节的重要活动之一，其规模空前，共展出 18 部邮集、500 多张贴片。常熟市集邮协会事先举办了 2 次制作邮集的专门知识讲座，使参展者对邮集的编排和规则有了较为明确的认识，而邮集制作的规范化成为本次集邮展览的亮点，为常熟市今后举办集邮展览和邮集质量的提高开了先河。

1992 年 2 月 4 日—7 日，壬申新春集邮展览顺利举办。该展览共展出 5 部邮集，共 27 框、108 张贴片，其中有茅健民的《新中国体育》、吴伟的《西欧绘画史》、庞宜林的《鸟类邮票》、汤淦贤的《鸟类邮票》和徐宝煌的《船》等专题邮集。

1992 年 10 月 1 日—3 日，常熟市国庆集邮展览顺利举办。本次展览共展出 11 部专题邮集、402 张贴片，其中有仲跃的《邮票设计家的新奉献》、茅健民的《新中国体育》、王斌的《民居》、祁介东的《解放 40 周年封》、黄振寰的《星际空间探险史》、黄汝霖的《外国邮票上的中国人物》、汤淦贤的《伟大祖国灿烂文化》、李国锦的《神州开遍集邮花》、徐宝煌的《广告明信片》、庞宜林的《现代奥运会》和常熟市报本小学学生桑磊的《植物》等专题邮集。其中，茅健民的《新中国体育》专题邮集被选送参加苏州市第八届运动会邮票展览。

1993 年 9 月 28 日—10 月 2 日，常熟市集邮协会成立 10 周年回顾展顺利举办。该展览展出有 7 部邮集，共 96 框、300 余张贴片，其中有徐宝煌的《清代邮票》、徐铭祥的《新中国普票（普 1—普 8）》、茅健民的《新中国体育》、祁仁金的《江苏与邮票》、王斌的《民居》、吴伟的《西欧绘画史》和黄振寰的《航天》。该展览前半部分增加了常熟市集邮协会 10 周年来开展集邮活动的概况、资料、图片、实物。前来参加常熟市集邮协会 10 周年庆祝大会的苏州（含张家港、太仓、吴江、吴县）与无锡（含江阴）等地集邮协会代表参观了此次集邮展览。

1994 年 2 月 10 日—14 日，应常熟市文化馆邀请，在常熟市文化馆举办“邮迷世界”系列活动，其中包括一次小型集邮展览，展品由徐宝煌等人提供，共约 200 张贴片。

1994 年 10 月 1 日，常熟市国庆集邮展览顺利举办。该展览展出有 9 部邮集，其中有祁仁金的《普票极限明信片》、李国锦的《江苏附加费》、王斌的《风景日戳》、王芳的《教师节》、滕煜文的《中国革命史》、仲跃的《任宇作品选》、汤淦贤的《伟大的祖国》、黄振寰的《航天》和马焜的《“文革”邮政用品》，共 90 框、360 张贴片。

1996 年 10 月 6 日—7 日，纪念第 27 届世界邮政日集邮展览在石梅园顺利举办。本次集邮展览是常熟市集邮协会为纪念第 27 届世界邮政日而举办的常熟市首届“集邮日”系列活动之一，其规模较大，吸引了众多观众前来观赏。

1997 年 7 月 1 日—2 日，庆祝香港回归暨第二届“集邮日”集邮展览在常熟市工人文化宫顺利举办。该展览共展出 11 部一框邮集，展期为 2 天。

2000 年 2 月 6 日—10 日，为庆贺 2000 年千禧龙年和检阅常熟市近几年的集邮成果，常熟市集邮协会在常熟博物馆南厅举办千禧龙年新春集邮展览。该展览展出了 21 部邮集，共 64 框、1 016 张贴片，堪称常熟市举办集邮展览以来展出邮集最多的一次。这 21 部邮集包括政治、历史、人物、体育、动物、植物、风光、航天、太空、生肖专题和极限类邮品。该展览评出一等奖邮集 1 部、二等奖邮集 3 部、三等奖邮集 6 部，另有 9 部邮集被授予荣誉奖。

2001 年 7 月 1 日—8 日，庆祝中国共产党成立 80 周年集邮展览顺利举办。该展览由常熟市集邮协会与常熟市委宣传部、常熟市教委、常熟市关心下一代工作委员会联合举办。该展览展出邮集 13 部，其中有滕煜文的《光辉的历程》《只有共产党才能救中国》、徐铭祥的《永铸辉煌》、冯惠森的《世纪伟人邓小平》、黄振寰的《中国航天》等，共有 50 框、800 余张贴片。该展览在常熟市文化馆举行。

图 5-49　江阴与常熟两市集邮、集报联展参展成员合影

2005 年 9 月 3 日—5 日，纪念中国人民抗日战争暨世界反法西斯战争胜利 60 周年——江阴－常熟两市集邮、集报联展顺利举办（图 5-49）。这是常熟市集邮协会首次与外地集邮协会联合举办的集邮展览。9 月 3 日，该联展在常熟博物馆揭幕，3 天后，迁至江阴，并于 9 月 10 日在江阴要塞司令部旧址举行了开幕式。9 月 12 日，该联展顺利闭幕。

2006 年 9 月 26 日—27 日，江苏省优秀获奖邮集暨常熟市第 22 届集邮展览顺利举办。

9 月 26 日系中国和奥地利联合发行《古琴和钢琴》特种邮票的首发日，中国古琴艺术于 2003 年 11 月 7 日被联合国科教文组织列入“人类口头与非物质文化遗产”。2004 年 5 月，常熟被国际民间艺术节组织理事会亚太分会授予“中国古琴之乡”称号。常熟是古琴邮票的最佳原产地，所以国家邮政局将《古琴与钢琴》邮票的首发式定在常熟举办。此次联展是首发式系列活动之一，得到江苏省集邮协会和省内获奖邮集作者的大力支持。该联展在常熟市中心新落成的常熟美术馆举行，有 20 部、101 框江苏省优秀获奖邮集，21 部、85 框常熟综合类邮集，以及 18 部一框邮集，共 59 部、186 框邮集参加了展出。该联展组委会还邀请国家级邮展评审员马佑璋和 3 位省级邮展评审员参与评审，对江苏省优秀获奖邮集按照国际集邮联合会评审标准评审。

2009 年 9 月 11 日，庆祝中华人民共和国成立 60 周年——常熟 - 张家港集邮联展顺利举办。该联展在中华人民共和国成立 60 周年和常熟、张家港两地集邮协会缔结友好协会 15 周年之际举办，以祝愿祖国繁荣昌盛和社会主义现代化建设辉煌成就专题邮集为主，两市共展出邮集 34 部、100 框，其中常熟组集 23 部、60 框。9 月 11 日—13 日，该联展在常熟博物馆举办，常熟市人大常委会副主任、常熟市集邮协会名誉会长姚永兴，常熟市社科联副主席丁瑜等人出席开幕式。9 月 25 日，该联展又在张家港博物馆举行开幕式，展期为 3 天。

图 5-50　朱敏外交系列纪念封暨常熟市第 24 届集邮展览现场

2010 年 3 月 20 日—21 日，朱敏外交系列纪念封暨常熟市第 24 届集邮展览（图 5-50）顺利举办。这次展览是中国邮政在常熟市举办特种邮票《富春山居图》首发式的系列活动之一。该展览由常熟市政府主办，常熟市邮政局、常熟市集邮协会承办，北京市集邮协会、外交封爱好者联谊会和江苏省集邮协会协办。展址设在常熟博物馆。此次展览展出有 9 部邮集、40 框，其中 7 部为历届参展获奖邮集，《中国的世界文化遗产》和《中国画》两部邮集是专门为特种邮票《富春山居图》首发式活动添彩而展出的新邮集。最难得的是，该展览还邀请到北京市集邮协会副会长、外交封爱好者联谊会会长朱敏莅临现场，他亲自展示了《新中国外交历程》专题邮集。该邮集还配以相关背景资料和若干历史照片，见证了中华人民共和国 60 年外交的光辉历程。朱敏曾在外交部工作几十年，自 1999 年外交封问世后，他系统地收集、研究外交系列纪念封，集藏了大量珍罕和独具特色的邮封精品，这些邮封具有较高的欣赏价值和史料价值。

2011 年 6 月 5 日—9 日，庆祝中国共产党成立 90 周年——常熟市第 25 届集邮展览顺利举办。该展览由常熟市委宣传部、常熟市邮政局主办，常熟市集邮协会承办，常熟博物馆协办，共展出邮集 25 部、89 框及 11 部一框邮集。

2012 年 9 月 26 日—10 月 5 日，“迎接党的十八大召开”——常熟市第 26 届集邮展览顺利举办。在党的十八大召开之际，此届集邮展览由常熟市委宣传部、常熟市邮政局主办，常熟集邮协会承办，常熟图书馆协办。这次展览规格较高、规模较大，共有 56 部、130 框邮集参加展出，分荣誉、传统、专题、航天、极限、青少年、开放等八大类，是历届集邮展览类别最丰富的集邮展览之一。

2017 年 10 月 9 日，由常熟市委宣传部、常熟市邮政局主办的“喜迎十九大，共筑中国梦”——常熟市第 32 届集邮展览在常熟图书馆开幕。常熟市委副书记韩卫兵在常熟市集邮协会副会长徐宝煌的陪同下，与出席开幕式的嘉宾和集邮爱好者一起观摩了 34 部、80 框历届获奖作品和党史主题邮集。

2018 年 12 月 18 日既是《改革开放 40 周年》纪念邮票首发日，也是“庆祝改革开放 40 周年”——常熟市第 33 届集邮展览的开幕日。该展览共展出 42 部、100 框以歌颂祖国 40 年巨变为主题的邮集，在常熟图书馆展出 1 周，为广大市民奉上集邮文化的大餐。

（3）打造个人藏品互通调剂平台，为会员提供拾遗补阙服务

常熟市集邮协会在调研了本市邮品转让、需求两个方面的情况，参考了外地集邮协会的经验后，决定在集邮协会内部试办邮品调剂会，以开辟邮品交换的新路子。

图 5-51　新春邮品调剂会

首次新春邮品调剂会（图 5-51）于 1993 年 1 月 25 日在江苏省常熟市邮电局会议室举办。常熟市集邮协会对此做了充分准备，事先对调剂邮品的征集、验证、报价、筛选、公告及调剂程序、手续、规范等均做了细致的安排。会长马钰芳在会上做了重要讲话。该调剂会由副会长徐宝煌主持。这次邮品调剂活动共提供邮品 131 项，成交 95 项，约占调剂邮品总数的 73%，成交总额为 5 500 元，达到全部调剂邮品底价的 96.5%。首次调剂会成功举办，受到会员的欢迎。因此，应许多会员要求，于同年 5 月 2 日举行第二次调剂会，这次调剂会成交邮品 66 项，成交额为 4 400 元。1994 年春节，常熟市文化馆邀请常熟市集邮协会在馆内举办“邮迷世界”系列活动，其中包含邮品调剂，活动安排在 2 月 12 日上午进行，100 项调剂邮品成交 77 项，成交额为 5 838 元。连续 3 年，4 次邮品调剂会的成功举办，促使常熟市集邮协将这一活动项目常态化，并将每年正月初三定为邮品调剂日，由理事会活动组负责活动的安排。

常熟的邮品调剂活动一直持续至今，已成为一个固定的活动项目。该项目不仅汇集了集邮爱好者，引导邮市朝健康方向发展，同时也适应了改革开放后市场经济的需要，展现出了集邮活动的活力。

4. 太仓市（县）集邮协会

1983 年 2 月 7 日，由太仓城厢地区集邮者自发组织的太仓市工人文化宫集邮小组正式成立，首批 34 名会员参加了成立大会。会上通过了小组章程，选举张池奎为组长，张式原、马宁、严厚人为副组长。同日，首届集邮展览顺利举办。之后，集邮展览作为太仓市工人文化宫的阵地活动，在五一国际劳动节及国庆节举办了两届集邮展览。该集邮小组还不定期出版了 6 期《娄东邮讯》。该集邮小组的创建，不仅满足了当地集邮爱好者开展活动的需要，也为太仓县成立全县集邮协会奠定了组织基础。

图 5-52　太仓县集邮协会成立大会

1983 年 12 月 15 日，经过 2 个多月的紧张筹备，太仓县集邮协会成立大会（图 5-52）如期召开。大会一致通过该集邮协会章程，选举产生以顾尧封为会长、张池奎和丁凤书为副会长，张贵金为秘书长、严厚人为副秘书长的第一届理事会。与此同时，太仓城厢地区企业也纷纷成立基层集邮组织：1983年12月26日，沙溪镇艺术集邮组成立；1984年9月11日，太仓县化肥厂集邮小组成立；1985年3月22日，太仓县浮桥乡集邮协会成立，这里苏州市第一个农民集邮组织。至1997年，太仓市共有基层集邮协会或小组34个，在册会员852人，大部分会员集中在太仓城厢地区。会员人数超过百人的有邮电集邮协会131人，城厢集邮协会82人。其中30—50人规模的协会有6个，10—39人规模的协会有20个，不足10人的集邮组有6个，每个协会平均人数为24人。

2014年11月22日，太仓市集邮协会第六次代表大会（图5-53）隆重召开，太仓市邮局党委书记、局长王雷强致开幕词。大会分别表彰了太仓市双凤中学少年邮局和太仓市供电公司集邮协会两个先进集体，以及张池奎、范利清、曹兴龙、李品、蔡虎平、道文进、唐中杰、张励8位先进个人。会长金云达代表第五届理事会向大会做了工作报告，会议选出以张开为会长、范利清和曹兴龙为副会长、李玲为秘书长的第六届理事会。翌年10月，《太仓集邮》复刊，全市集邮活动的航船再次扬帆前行。

图5-53 太仓市集邮协会第六次代表大会

太仓市集邮协会会刊《太仓集邮》创刊于1991年8月，刊名由太仓画家宋文治题写，主编为张池奎。2015年10月20日，《太仓集邮》复刊号第1期刊出，集邮家郭润康题写刊名。2019年9月，《太仓集邮》复刊号自第18期起改用杨利民题写的刊名。2022年7月，《太仓集邮》复刊号共刊出29期（总第67期），主编为范利清。

（1）聚焦主攻课题，深化学术研究，提升传统和邮政史邮集竞争力

自2014年4月以来，由全国集邮先进集体太仓市供电公司集邮协会创办的娄东邮学沙龙（图5-54），一直是太仓集邮人开展邮政历史、传统集邮研究的主要活动形式。在范利清、道文进、唐中杰、曹兴龙等人的努力引导和积极参与下，每月集邮爱好者相聚一堂，或现身讲学，或分享新藏，或交流心得，或沟通信息。尤其是自2017年起，苏州市邮政史集邮研究会的姑苏邮学论坛和娄东邮学沙龙合并后，更是把邮政历史、传统集邮课题研究推向新的高度。当年共举办了8期邮学演讲活动，分别是：苏州市邮政史集邮研究会会长范利清主讲的“苏州邮政史”，苏州市邮政史集邮研究会副会长道文进主讲的“华东人民邮政史”，苏州市邮政史集邮研究会顾问陆树笙主讲的“洪宪元年邮戳在江苏的使用”，英国皇家集邮学会会士王剑智主讲的“苏俄在中国，中国在苏俄”，常熟市集邮协会副会长徐宝煌主讲的“日本邮票的收集与研究”，苏州市邮政史集邮研究会常务副会长张晓钢主讲的“抗战胜利初上海集中营盟侨俘虏免资邮件”；大连市解放区区票研究会会长康永昌主讲的“中国人民志愿军军

图5-54 娄东邮学沙龙

邮”；延陵邮学会副会长夏晓明主讲的“中华人民共和国成立初期国内邮资已付日戳”。姑苏邮学论坛落户太仓，极大地提升了太仓集邮者的学术水平，邮政历史成为太仓集邮人的重点研究方向和优势研究项目。截至 2016 年 6 月，太仓有 7 人编组的邮政历史类邮集先后有 36 部在全国及以上集邮展览上荣获大奖，其中包括中华全国集邮展览金奖 4 枚、大镀金奖 10 枚、镀金奖 7 枚，亚洲集邮展览大镀金奖 3 枚、镀金奖 3 枚，世界集邮展览金奖 2 枚、大镀金奖 2 枚、镀金奖 3 枚，为苏州市、江苏省乃至中国集邮界赢得了荣誉。

（2）融入地方文化，助力品牌文化，彰显娄东特色和文化软实力

第一，举办“共筑幸福太仓——集邮与中国传统文化联展”。2017 年 4 月 30 日，由太仓市政协主办，太仓市文广新局、中国石化江苏石油分公司、江苏公安集邮协会协办，太仓博物馆、太仓市集邮协会承办的“共筑幸福太仓——集邮与中国传统文化联展”在太仓博物馆开幕。太仓市政协主席邱震德在开幕词中表示，太仓市政协历来重视文化繁荣与发展，特别是 2017 年全力打造“幸福太仓——委员大家谈”品牌文化，以此次联展为契机，进一步结友谊、促团结，充分发挥政协的人才优势，弘扬中华民族优秀传统文化，不断推进太仓市政协事业健康、蓬勃发展；深耕与拓宽政协工作的领域和渠道，以集邮艺术交流、举办集邮联展等形式，进一步巩固和扩大统一战线，活跃政协组织的文化氛围；不断扩大政协的社会影响力，增强政协的凝聚力和感召力，彰显娄东特色和文化软实力。

在此次联展中，太仓市集邮协会围绕“共筑幸福太仓”做文章，把知名集藏家王剑智、姜达政、范利清、道文进、唐中杰、曹兴龙等人历年收藏的具有悠久历史的 2 500 多件邮品、地图、信札等珍贵藏品搬进太仓博物馆，供广大市民观赏，将百科知识的趣味性、文化发展的客观性、雅俗共赏的群众性、怡情养性的娱乐性融为一体，以不同视角和多元层次，深情表达对生活的美好憧憬，向世人阐释“幸福太仓”的文化内涵。5 月 20 日，专程从南京赶至太仓出席“邮史研究——太仓论坛”的中华全国集邮联合会副会长刘佳维、李曙光，《集邮》杂志社社长刘劲，江苏省集邮协会副会长马佑璋，以及 50 多位海内外邮史研究学者应邀参观联展（图 5-55），并对集邮活动与地方传统文化的无缝对接给予高度评价。

图 5-55　刘佳维、李曙光、刘劲、马佑璋等人参观联展

第二，集邮赋能万国码头主题艺术馆，擦亮“幸福金太仓”城市名片。太仓，不仅以“皇家粮仓”名闻遐迩，而且是元代中国漕运的始发港和明朝航海家郑和下西洋的起锚地，在国家对外贸易和对外交往的历史长河中，曾赢得“万国码头”的美誉。

2019 年 7 月 11 日是我国第 15 个航海日。由太仓市政府筹建的万国码头主题艺术馆于当日举行开馆仪式。中华全国集邮联合会会长杨利民题词祝贺，副会长李曙光出席开馆仪式。邮票设计师阎炳武、李晨、姜伟杰、杨文清、徐喆、杨志英，中华全国集邮联合会会报、会刊代表及来自各地的集邮组织代表参加了活动。太仓市副市长顾建康致辞。李曙光向万国码头主题艺术馆转赠杨利民题词“集藏文化源流长，扬帆起航传华章”书法立轴；阎炳武代表 9 名邮票设计师向该馆捐赠邮票设计作品，嘉宾李晨、刘劲、吕寅分别为“中国邮票设计家创作基地”“中国书信文化研究会”“太仓市民间艺术展览馆”3 个驻馆机构揭牌；李曙光与顾建康共同为万国码头主题艺术馆揭牌。

（3）抓校园集邮，树双凤典型，少年邮局造就太仓市未成年人教育基地

1989 年 4 月，太仓市双凤中学成立了第一个集邮小组。此后，集邮文化活动成为学校实行德育、素质教育的有益补充，由“初始化”逐步走向“规范化”。特别是 2004 年成立少年邮局以来，集邮教育活动由“规范化”走向“特色化”，由“特色化”走向“课程化”。

2004 年 2 月 24 日，太仓市邮政局下发《关于同意“双凤中学设立少年邮局”的批复》。2004 年 3 月 18 日，双凤中学少年邮局（图 5-56）正式成立，并对外营业。该少年邮局经营业务为代售邮票及邮资封片，办理平常邮件及印刷品的收寄和投递。其营业时间为周一至周五中午 11:15—13:00，节假日可提供流动盖戳服务。该少年邮局从优秀的初二学生中选拔工作人员，设局长 1 名，营业员若干，组成服务班子，每年更换，该校教师曹兴龙担任辅导教师。

图 5-56　双凤中学少年邮局

近 20 年来，太仓市双凤中学以少年邮局为载体，开展了形式多样的集邮兴趣活动，使集邮教育资源发挥了作用，促进了学生的健康成长。集邮活动主要利用校本课程时间与课外社团活动时间定期进行。该校通过集邮知识讲座、新邮知识介绍、封片戳收集、专题邮集编排、一页邮集制作、邮票保护及护邮袋的使用、纪念封设计、邮文化写作、邮报剪贴、集邮小品制作，引导学生参加集邮展览、知识竞赛等活动，激发学生兴趣，丰富其课外知识，使其接受艺术熏陶，培养其动手能力，增强其服务意识。在学校领导、集邮指导教师的正确引导下，学生在参加集邮活动后，学习成绩有了很大提升；学校在校生行为规范合格率始终保持在 100%，违法犯罪率为零。至 2018 年，双凤中学少年邮局及学校集邮教育取得了以下不菲的成果。

2004 年，双凤中学少年邮局首任局长沈洁的《名人邮戳》参加苏州市集邮展览获得铜奖。2005 年 9 月，太仓市双凤中学被中华全国集邮联合会命名为“全国青少年集邮活动基地”。2006 年 3 月，双凤中学少年邮局荣获太仓市第三届社会主义精神文明建设“十佳新人新事”奖；2010 年和 2014 年，双凤中学少年邮局均获全国少年邮局生肖邮戳设计二等奖。2010 年，该校组织“祖国颂”集邮教育活动参加全国评选，荣获全国优秀奖和江苏省二等奖。双凤中学少年邮局学生代表参加全国青少年个性化生肖邮票设计比赛，多人获得银奖和铜奖。由该校教师编写的《少年邮局》（2006 年上海教育出版社出版）一书获全国二等奖，《青少年创意邮戳设计》（2014 年江苏凤凰教育出版社出版）一书获全国三等奖。

2004—2018 年，经邮政部门审批，双凤中学少年邮局使用连体宣传邮戳 218 枚；2019—2022 年，使用宣传邮戳 41 枚。双凤中学少年邮局被国家级、省级、市级报刊和电视台多次报道，其设计并使用的邮戳系列和介绍自身运作模式的文章曾刊登于《中国邮政》《中国集邮报》《集邮报》《江苏集邮》《天津集邮》《苏州集邮》《苏州日报》《太仓日报》等报刊。双凤中学少年邮局特色活动受到了广泛的好评和赞誉，小小邮戳飘散的油墨芳香充满了校园，学生通过活动，逐渐领会了做人、求知、做事的道理；国家级邮展评审员刘广实带着百枚双凤中学少年邮局“宣 01”邮票专用信封，前往马达加斯加参加国际邮集评审，并把双凤中学少年邮局的专用邮资信封赠送给与会的世界各国的集邮家，这使得我国少年邮局的邮品第一次走向了世界。

10 多年来，太仓市双凤中学不仅独立承担了“引一泉清水，润时代新苗——农村初级中学开展集邮教育的研究”“农村初中开展德育实践性作业的研究”等课题的研究，还参与了太仓市教育局主持的国家级课题“校外教育一体化运行机制的研究”“从课程管理走向课程领导——县域的课程建设与发展研究”。学校通过主持或参与课题研究，进一步指导和加强了学校的集邮教育活动与少年邮局校本课程建设，从求美、求知、求乐等视角帮助学生丰富精神文化生活，对发展学生的智力因素和非智力因素起到了积极的作用。

2016 年 8 月 7 日，苏州市青少年集邮工作经验成果交流会暨发展论坛在太仓市召开。双凤中学少年邮局被授予苏州市首块“未成年人社会实践活动——集邮文化体验站”铜牌。双凤中学少年邮局作为太仓市未成年人社会活动基地，累计接待学生 1 800 多人，学生家长 2 500 多人。这次活动在每名学生的护照上加盖双凤中学少年邮局上半年使用的 3 枚连体宣传邮戳，即“3・5 学习雷锋”“4・23 全民阅读”“6・11 中国文化遗产”连体宣传邮戳，高中生还会加盖一枚“6・18 神奇的黄金分割数”连体宣传邮戳。这不仅让小学生认识到邮票、邮戳、邮件的深刻内涵，也让初中生了解到邮票的宣传功能，还让高中生感受到集邮的文化魅力。

2014—2018 年，江苏省关心下一代工作委员会主任张艳，苏州市委常委、宣传部部长蔡丽新，苏州市关心下一代工作委员会主任谢慧新、王溢、许国良、戴亚东先后亲临太仓市双凤中学，一同调研未成年人思想道德建设，并考察该校少年邮局，他们对该校引入集邮资源，创建活动平台，以邮促学，树德育人所做的实践探索和所取得的成功经验给予了高度肯定和赞扬。

5. 张家港市（沙洲县）集邮协会

1983 年 11 月 1 日，沙洲县集邮门市部正式对外营业，从此揭开了全县集邮活动的序幕。

1985 年 5 月 4 日，沙洲县集邮协会成立大会在县邮电局会议室召开，首批有 45 名会员出席了大会。会上，沙洲县副县长何志仁、宣传部部长钱德元、总工会副主席沈中桢、共青团沙洲县委组织部部长许金德、沙洲县文教局文化股长张荷、沙洲县邮电局局长徐希超发表了重要讲话。苏州市集邮协会会长田德明参加了成立大会，并做了重要讲话。常熟市集邮协会、江阴县集邮协会也派成员前来祝贺。会议选举产生了首届理事会，随即召开的首届一次理事会确定了理事分工，研究部署了今后工作。会后，该协会制作了沙洲县集邮协会成立纪念封（图 5-57）。

图 5-57　沙洲县集邮协会成立纪念封

1985 年 5 月 6 日—9 日，在沙洲县文化馆举办了县内首届集邮展览。本届展品大部分由江阴县集邮协会和江苏省集邮公司提供，周嘉明送出展品 27 框。首届集邮展览共出售门票 3 194 张，出售各种纪念品 2 500 余元。首届集邮展览为该县集邮活动的广泛深入开展打下了良好的基础。

1986 年 5 月 4 日—11 日，在沙洲县邮电局礼堂举办了沙洲县第二届集邮展览。沙洲县集邮协会发行编号为 JF2 的纪念信 2 枚，启用纪念戳 2 枚，38 人送展邮集 82 部，参观人数为 3 500 余人。

本届集邮展览评出一等奖 2 名、二等奖 12 名、三等奖 21 名。

1986 年 5 月 13 日—15 日，沙洲县集邮协会及张家港港务局工人俱乐部、工会、共青团委等在张家港港务局工人俱乐部联合举办港区首届集邮展览。该展览有 36 人参展，共展出邮集 72 框，参观人数达 3 000 余人。

1986 年 10 月 1 日—4 日，沙洲县集邮协会及兆丰文化站、兆丰中学、兆丰邮电支局联合举办“迎国庆，庆丰收”兆丰乡首届集邮展览，参展人数为 11 人，参展邮集为 20 框，参观人数近 3 000 人。

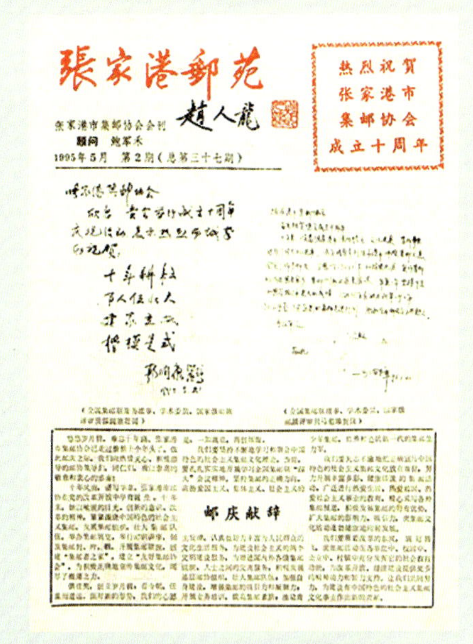
張家港郵苑
趙人龍
张家港市集邮协会会刊
1995年5月　第2期（总第三十七期）
热烈祝贺
张家港市
集邮协会
成立十周年
邮庆献辞

图 5-58　赵人龙题写刊名

1985—1986 年举办的 4 次集邮展览在广度和深度上有力地推动了沙洲县集邮事业的发展。

1986 年 12 月 1 日，经国务院批准，撤销沙洲县，建立张家港市。张家港市集邮协会发行编号为 JF5 撤县建市信封 1 枚，同时启用纪念戳 2 枚。此信封发行量达 2 000 枚，颇受集邮爱好者青睐，供不应求。

张家港自建市以来，集邮活动得到长足的发展，这离不开邮坛前辈和中华全国集邮联合会领导的关心与指导。

从 1985 年张家港市（沙洲县）集邮协会成立伊始，著名集邮家赵人龙就专门发信祝贺，并对该协会寄予厚望。1995 年，在张家港市集邮协会成立 10 周年之际，其会刊《张家港邮苑》改版，赵人龙不仅欣然题写刊名（图 5-58），还先后为《张家港市报》的《集邮天地》专版撰稿，为《张家港邮苑》赐稿《撩开普 9 型第 28 号封面纱》，在《邮票漫话》上连载文章，诸如《清末民初快信邮票若干问题的研究》《邮票的版和格》《“绿衣红娘”直双联齿孔之谜》等，这些无不透露出赵人龙授人以渔、对家乡邮人真诚无私的教诲和对张家港市集邮协会工作的真切支持。

图 5-59　中华全国集邮联合会会长罗淑珍在会员的邮资封片上签名

1997 年 4 月 7 日，中华全国集邮联合会会长罗淑珍在苏州邮电局领导的陪同下视察张家港市集邮协会，详细询问该协会的工作和集邮活动情况，并听取汇报，视察集邮门市部了解集邮业务。会长罗淑珍对张家港市集邮协会的工作给予了充分肯定，在视察中还在该协会会员的邮资封片上签名（图 5-59），并与该协会干部合影留念。

张家港市（沙洲县）集邮协会的集邮活动具有以下三个特点。

（1）用纪念封、片、戳记录当地邮事、大事、要事，宣传港城发展

自 20 世纪 60 年代初起，沙洲县邮政（邮电）局就注重发行纪念封、片、戳，记录发生在当地的时政要事和热点大事。沙洲县集邮协会成立后继承和发扬了这个传统，为反映港城历史发展进程、宣传经济文化建设成就发挥了积极作用。据统计，1985—2021 年，张家港市（沙洲县）集邮协会、邮政公司、邮票公司共发行（启用）纪念封片 51 枚、纪念戳（不含新邮首发戳）（图 5-60）和宣传戳 172 枚。

进入21世纪后，发行个性化邮票、宣传“张家港精神”也被纳入张家港市邮政、邮协工作计划。2002年10月5日，《张家港市建县（市）40周年纪念》首套个性化专题邮票由国家邮政局发行。其后，《魅力金塘桥》《水润港城》《中国永联村》《张家港第三届科技节》《张家港第四届科技节》等个性化专题邮票版张陆续面世。与之相呼应，至2023年已连续举办9届张家港市“强国复兴　童心逐梦”青少年个性化邮票（附票）设计大赛。

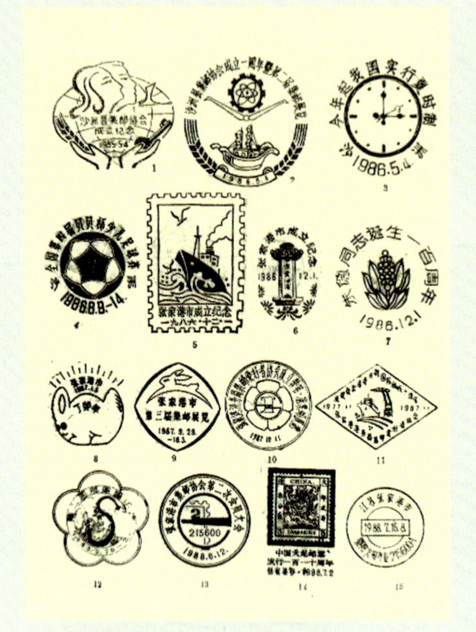

图 5-60　纪念戳图谱

（2）加强分会组织建设，稳固基本队伍三级网络

张家港市（沙洲县）集邮协会自成立伊始就重视集邮队伍的组织建设，构建起市级、乡镇（行业）、基层三级网络。

1987年1月5日，张家港市集邮协会第一个分会——张家港市邮电局集邮爱好者协会成立，会长为周嘉明，秘书长为毛跃建，理事为黄金伟、朱瑞元。同年10月10日，第一个行业分会——张家港港务局集邮爱好者协会成立（图5-61），该港务局工会主席戴玉铭担任会长，首批会员有20人。

图 5-61　张家港港务局集邮爱好者协会成立

1988年10月16日，张家港市集邮协会第一个乡级集邮分会——兆丰乡集邮爱好者协会成立，艳洪方担任会长。同日，还举办了集邮展览，该展览共展出34部、50框邮集。

1991年5月4日，张家港市集邮协会第一个基层组织——张家港毛纺厂丽花集邮协会成立。

1994年5月26日，张家港市集邮协会第一个青少年组织——张家港市青少年集邮协会成立。同年11月12日，张家港市集邮协会第一个镇级集邮分会——南沙镇集邮协会成立。2000年10月25日，东莱镇集邮协会成立。自此，乡镇集邮组织实现了张家港辖境全覆盖，为此后在张家港市推动集邮文化向广度和深度发展提供了组织保证。

（3）以集邮巡展扩面，以高校专修深化，培养集邮后备队伍

早在1987年召开的张家港市集邮协会一届五次理事会提出：发展集邮队伍，要重点面向学校，吸引青少年，培育接班人，并从巡展系列化、高校专修化着手，有效推进集邮进校园活动的持续开展。

2000年11月8日—17日，张家港市邮政局、张家港市集邮协会、张家港市青少年集邮协会联合举办“2000年学校集邮巡回展”。该巡回展在张家港市第一中学、张家港市第二中学、张家港市塘桥高级中学、张家港市鹿苑中学、张家港市兆丰镇艺术职中和张家港市云盘小学、张家港市沙洲小学等12所学校展出时，万余名中小学生和教师踊跃观展。截至2019年，张家港市共举办了17届不同主题的校园集邮巡展，取得了良好成效。

1996年3月26日—28日，沙洲职业工学院集邮协会举办“纪念中国邮政开办100周年”集邮展览，并开展集邮知识讲座（图5-62），由张家港市集邮协会理事许和清以“浅谈集邮入门”为题进行演讲。4月10日，第二次集邮知识讲座顺利举行，张家港市集邮协会副会长瞿岱鑫以“试谈邮集组编”为题进行演讲。

图 5-62　沙洲职业工学院集邮协会开展集邮知识讲座

1997 年 10 月 16 日，沙洲职业工学院正式开设集邮选修课。由张家港市集邮协会副会长颜尔达、瞿岱鑫，常务理事童茂资、张祥茂向学生讲授“集邮的意义”“邮票、封、片、戳、简及其他邮品”“邮展与评审”“邮票的收集、保存与鉴定”等课程。

2000 年 3 月 11 日，沙洲职业工学院集邮选修课开讲，内容包括集邮入门、怎样组集等，于 6 月底结束。

2004 年 9 月 15 日，沙洲职业工学院集邮协会第三次开设集邮选修课，并邀请张家港市集邮协会副会长颜尔达、瞿岱鑫授课。

2007 年 9 月 22 日，沙洲职业工学院集邮协会第四次开设集邮选修课，参加选修的学生有 45 人。

2008 年 9 月 18 日，沙洲职业工学院集邮协会第五次开设集邮选修课，参加选修的学生有 51 人。这些学生不仅学到了集邮基础知识，提高了文化修养，丰富了兴趣爱好，还拿到了选修学分，完成了学业。

6. 吴中区（吴县、吴县市、相城区）集邮协会

1983 年，苏州市集邮协会成立后，吴江、昆山、常熟、太仓、张家港相继成立集邮协会。吴县虽集邮爱好者众多，但由于分散在各个乡镇，缺少沟通协调，缺少活动组织，缺少购票渠道，更缺少邮电部门主管（未设县级分局）。爱好集邮的吴县县委宣传部副部长周文才与吴县总工会办公室主任王继昌、吴县县直机关俱乐部主任李伯襄、吴县县委宣传部副部长李振作、中国建设银行吴县支行邹道元、吴县粮食局干部吴桢清等人经过商议，决定筹建吴县集邮协会。

1986 年 10 月 22 日，吴县集邮协会第一次筹备会在吴县县直机关俱乐部召开，会议讨论了筹备事项分工、首届理事会 9 名理事人选、成立大会准备工作及设计纪念封和举办首届集邮展览等内容。次日，王继昌专程与苏州市集邮协会沟通；11 月 1 日，吴县集邮协会筹划出版《吴县集邮》试行刊；12 月 9 日，筹委会举行第二次会议，并确定了三个方面内容：一是 12 月 15 日上午在吴县县直机关俱乐部召开成立大会；二是邀请各乡镇文化站负责人及县有关部委办公室负责人和集邮骨干等 70 多人参加大会；三是筹委会邀请苏州邮政局金克昌设计成立大会纪念封，并印制 2 000 枚纪念封。

图 5-63　吴县集邮协会成立大会

1986 年 12 月 15 日上午，吴县集邮协会成立大会（图 5-63）如期举行。大会聘请吴县人大常委会原主任梁传禄为名誉会长，苏州市集邮协会会长田德明等人参加大会，并发表讲话。大会通过了首届理事会候选人名单，当日还举办了吴县首届集邮展览。该展览共有 21 个专题、42 框、167 个贴片。

大会期间，首届理事会第一次会议顺利召

开，表决通过协会章程和各项制度，选举产生协会领导班子：会长为周文才，副会长为俞自华（苏州邮电局县内科副科长），副会长兼秘书长为王继昌，副秘书长为李伯襄，理事为李振作、邹道远、吴桢清、朱文训（东山集邮协会会长）、王静波（木渎集邮协会会长）。其后，还成立吴县集邮协会学术研究小组、《吴县邮苑》编委会集邮协会通讯报道组等。1986 年年底，吴县集邮协会经有关部门核准登记，并领取社会团体登记证，由筹建中的吴县邮电局主管。

1987 年 2 月 13 日，吴县集邮协会召开了一届二次理事会议，会议的内容主要有：一是落实组织工作。计划在木渎、角直、浒关 3 个大镇率先建立集邮协会组织。二是做好宣传工作。《吴县集邮》第 1 期由王继昌负责，定为季刊（油印）。三是确定 1987 年工作计划，并进行理事分工。5 月 3 日，吴县集邮协会召开一届三次理事会议，通过参评苏州市集邮协会先进名单，并推荐周文才出席江苏省集邮协会第二次代表大会；会议还通过增补严焕文、矫健、高鹤松为理事的决定。由于吸收各系统集邮骨干进入理事会，并不断补充调整，保证了班子成员的稳定性和专业性，提高了协会工作的针对性和协同性。同年 7 月 24 日，木渎集邮协会成立；8 月 15 日，角直集邮协会成立。全县各系统也纷纷成立集邮协会，基层集邮协会有 9 个，直属集邮协会有 33 个，注册会员超过 2 000 人。为明确吴县集邮协会的工作目标，该协会定下了“五个一”的活动框架，即每年一次佳邮评选，一次知识竞赛或集邮知识讲座，一次年度横向交流联谊会，每月一次定期沙龙活动，每年一次县级集邮展览。1988 年和 1999 年，吴县集邮协会还穿插举办邮品拍卖会，在丰富活动形式和内容的同时，吸引更多集邮爱好者加入协会，并借此东风，成功创建“集邮者之家”。

1995 年，吴县撤县设市，吴县集邮协会重新登记为吴县市集邮协会，吴县市集邮协会召开第四次代表大会。该协会为太湖大桥通车印制纪念封，既宣传了吴县市，又扩大了协会知名度。在数年的时间里，由吴县市集邮协会组织的业余通讯员队伍在各地刊物上发表文章数百篇，该协会秘书长宋玉林发表各类集邮文章达 98 篇。

图 5-64　周文才受聘为吴中区集邮协会第五次代表大会名誉会长

2001 年，经苏州全域区划调整，撤销吴县市，分设吴中区、相城区。相城区单独成立集邮协会。原吴县市集邮协会改为吴中区集邮协会，下设基层集邮协会 13 个，协会会员有 1 044 人。全区各协会班子健全，队伍稳定，活动丰富。很多会员尤其是老年会员把集邮协会当作一个大家庭，把集邮作为一种精神寄托和文化传承。

2022 年 9 月 14 日，苏州市吴中区集邮协会召开第五次代表大会，会议选出了新的协会领导班子。老会长周文才因年逾八旬，功成身退，受聘为名誉会长（图 5-64）。

建会 37 年来，吴中区（吴县、吴县市、相城区）集邮协会的工作呈现出以下几个特点。

第一，无论是撤县建市，还是撤市设区，吴中区（吴县、吴县市、相城区）集邮协会始终有一个稳定、团结、务实的领导班子。建会初期，会长周文才身先士卒，马不停蹄地走基层、下乡镇、访区局，宣传集邮，扩大影响，壮大队伍，在基层组织集邮活动中不断发现和培养新的骨干，充实到理事会。进入 21 世纪，会长周文才虽年逾古稀，仍坚持身体力行，连续 9 年每年从 5—9 月组织集邮骨干，带着邮集进校园、进社区、进机关，还耐心向参观者讲解邮品，启发大家从邮票中学习知识，了解历史、人文、自然、科学等方面的知识，拓宽视野，陶冶情操。在他的带领下，该协会领导班子团结一心、明确定位，以集邮“三服务”（为社会主义精神文明建设服务，为集邮学术研究发展服务，为广大会员服务）为宗旨，推进协会各项工作。副会长苏东、罗骏德、薛金根、宋玉林主动发挥自身人脉及专业优势，在经费筹措、场地安排、活动策划等方面尽心尽职、群策群力，为协会工作的正常开展创造基本的条件；秘书长杨思洁接任后，通过虚心求教和努力钻研，结合退休前积累的工作经验，很快从“门外汉”变为“内当家”，挑起日常会务和工作组织的重担；常务理事吴永刚、王志云则从顶层设计到具体实施全过程协同会长、秘书长做好辅助工作。在庆祝中国共产党成立100周年期间，副会长薛金根与常务理事王志云、周国和共同策划、收集素材，将百余枚相关邮品编辑、制作成由33组图片构成的“坚守对党忠诚，永葆政治本色”集邮党史PPT课件（图5-65），并以“光荣在党50年”纪念章获得者的身份，先后到吴中区老干部局、老年大学及多个社区和学校宣讲集邮党课，达到了既普及集邮知识又宣传党史教育的“双赢”效果。

图5-65　吴中区集邮协会领导审核集邮党史PPT课件

第二，吴中区（吴县、吴县市、相城区）集邮协会针对会员分散的特点，坚持“一体多翼”的工作模式，以区驻地集邮为轴心，向重点乡镇（街道）多翼发展，取得了理想成果：常年在苏苑街道嘉宝、月浜等社区举办集邮展览，扩大了集邮协会与集邮活动的影响力；该集邮协会理事、甪直镇集邮协会会长严焕文在大力普及会员邮识的同时，基于自身对专题集邮的热爱与研究，带头编组《猛禽》邮集参加省级竞赛活动，在1993年江苏省第四届集邮展览中一举荣获银奖，在2004年江苏省第七届集邮展览中荣获镀金奖，为吴中区（吴县、吴县市、相城区）集邮协会争了光；东山镇在会长朱文训、副会长刘谦中的积极宣传和广泛发动下，集邮队伍迅速壮大，集邮活动丰富多彩，成为集邮活跃地区之一；20世纪初，木渎镇后来居上，会长许蔚芸、副会长兼秘书长周国和带领理事会与时俱进、创新决策，成功开辟了校园集邮新天地，不仅适时组建木渎镇青少年集邮协会，召开理事会议（图5-66），还连续12年在全域9所中小学开展集邮讲座，举办巡回邮展、征文写作、知识竞赛、生肖邮票设计、一片邮集制作、联校夏令营及警民迎新春联欢会等系列活动。木渎镇青少年集邮活动开展得有声有色、热火朝天，成为当地集邮的一大特色和品牌。木渎镇集邮协会也以集邮进工厂、进社区、进校园、进军营的积极表现，两次被苏州市委宣传部评为“群众文化活动‘十佳团队’”，并受到时任中华全国集邮联合会会长的杨利民多次夸奖和鼓励。

图5-66　木渎镇青少年集邮协会理事会议

第三，吴中区（吴县、吴县市、相城区）集邮协会基于自身基础差、起点低、经验少的客观条件，十分重视与兄弟组织的联谊交流。通过互动借鉴、取长补短或共同探讨、协作研究，该协会的活动质量和学术水平不断提高，并被地方政府列入每年必办的“五个一”活动。自20世纪90年代初起，该协会先后与上海沪东汽运公司集邮协会、江阴市集邮协会、昆山市集邮协会、泰兴市集邮协会、常熟市集邮协会及吴江平望、相城北桥等地的集邮组织举行了联谊活动（图5-67），其中与苏州市区实力最强、水平最高的苏州市职工集邮研究会的联谊活动（图 5-68）已持续了整整 25 年。每次联谊活动，两个组织的成员除相互介绍近期活动情况之外，还会围绕预设的学术主题交流各自的研究思路、研究方向、研究方法与研究心得，使双方互受启发、共同进步。尤其是 2017—2019 年，吴中区集邮协会与苏州市职工集邮研究会对“邮品与苏州”研究课题的广泛探讨和深入挖掘取得了可喜成果，形成的邮文不仅在《苏州集邮》专栏上发表，还为申报邮票发行题材提供了学术支撑；而近 2 年对“如何规范编组抗疫邮集”展开的讨论，也让该协会会员对国际集邮联合会专题集邮类别的相关规则有了更理性、更专业的认识。

图 5-67　吴县集邮协会与上海沪东汽运公司集邮协会集邮联谊会

图 5-68　吴中区集邮协会与苏州市职工集邮研究会第 20 届联谊活动

三、苏州市职工集邮研究会的重建与影响

苏州市职工集邮研究会初名为苏州市工人文化宫集邮研究会，1996 年更名为苏州市职工集邮研究会，目前在册会员共 216 人。

苏州市职工集邮研究会前身为创建于 1958 年 10 月 1 日的苏州市工人文化宫集邮研究会，该研究会在成立 2 年后因故停止活动。直到 1980 年 6—7 月，苏州市工人文化宫集邮研究会成员王柏生、朱炳南等人带着广大邮迷要求重建组织的迫切愿望，多次上门与苏州市工人文化宫负责团队管理的宣传股工作人员汪日荣沟通。苏州市工人文化宫经请示苏州市总工会获得同意后，决定恢复重建集邮组织。消息很快不胫而走，许多欲重拾集邮旧好的中青年爱好者闻讯纷纷向苏州市工人文化宫咨询入会事宜，加上王柏生、朱炳南等人的积极奔走联络和动员，队伍组建工作进展顺利。在苏州市工人文化宫领导的重视和主办部门的努力下，所有筹备事项于同年 12 月中旬基本完成，并定于 1981 年元旦成立苏州市工人文化宫集邮研究会。

图 5-69　苏州市工人文化宫集邮研究会成立大会

为赶上元旦前夜“姑苏城寒山寺迎新聆钟”活动，并制作纪念邮品，苏州市工人文化宫集邮研究会成立大会（图 5-69）提前于 1980 年 12 月 31 日下午 2 时在苏州市工人文化宫知识大楼召开。大会一致通过章程草案，选举产生由 9 人组成的第一届理事会，并一致推举汪日荣担任首届会长。第一批 124 名会员

来自苏州市沧浪区、平江区、金阊区的各行各业，有工人、教师、医生、机关干部及退伍军人，其中既有藏品丰富、邮识广博的老一辈集邮家，又有珍爱邮品、见识远大的中青年集邮者。

作为恢复重建的苏州市第一个跨行业、跨区域的民间集邮研究组织，苏州市工人文化宫集邮研究会几乎集中了本地集邮界所有的精兵强将，从而开启了从大众化向专业化转型的历史新时期。1983 年 10 月，统一归口邮电部门管理的全市性组织——苏州市集邮协会成立后，苏州市工人文化宫集邮研究会定位基层学术团体，在苏州市集邮协会和苏州市职工文化体育联合会的双重领导下开展活动。

图 5–70　苏州市工人文化宫集邮研究会第二次会员大会

1984 年 12 月 25 日，苏州市工人文化宫集邮研究会第二次会员大会（图 5–70）顺利召开。大会选出由会长汪日荣，副会长马寿南、王柏生，秘书长朱炳南等 9 人组成的第二届理事会，在大会上确立了“找准定位、当好角色、内抓提高、外搞普及”的办会方针。至 1993 年年底，苏州市工人文化宫集邮研究会共举办大型集邮展览 7 次、巡回邮展 3 次、学术讲座 8 次、最佳邮票预选活动 7 次，出版《研究与交流》41 期，到工矿企业辅导、宣讲 22 次，有效推动了苏州市区集邮知识的普及和集邮水平的提高。

1986 年 6 月 20 日，在苏州市工人文化宫图书馆召开苏州市工人文化宫集邮研究会全体会员大会，选出由汪日荣、顾文煜、王柏生、朱炳南、唐雨田、吴根生、吕丁、朱万钟、周振声 9 人组成的第三届理事会，汪日荣任会长，顾文煜、王柏生任副会长，朱炳南任秘书长。

图 5–71　顾文煜像

顾文煜（1928—1990，图 5–71），江苏苏州人，苏州市劳动局干部。中华人民共和国成立初期，顾文煜在苏州邮坛崭露头角，于 1950 年年底参加苏州市邮人联谊座谈会。20 世纪 80 年代初，顾文煜曾任苏州市工人文化宫集邮研究会副会长，为苏州市集邮协会第一、第二届理事。顾文煜生前致力于解放区邮票的收集与研究。1985 年，顾文煜带着《中华之崛起——区票集锦》参加江苏省解放区邮票展览。1988—1989 年，顾文煜在《研究与交流》上发表长篇连载文章《漫谈解放区邮票》。

1989 年 8 月，苏州市工人文化宫集邮研究会全体会员大会选出由汪日荣、顾文煜、王柏生、朱炳南、唐雨田、吴根生、吕丁、朱万钟、周振声 9 人组成的第四届理事会，汪日荣担任会长，王柏生、唐雨田担任副会长，吕丁担任秘书长。1994 年，朱炳南继任秘书长。1994 年 6 月，苏州市工人文化宫集邮研究会第五届理事会成立，选出会长汪日荣，副会长王柏生、朱万钟，秘书长朱炳南。

1995 年 11 月 29 日，以苏州市精神文明建设指导委员会办公室主任叶正亭为组长的苏州市集邮协会“建家”验收组对苏州市工人文化宫集邮研究会创建“集邮者之家”工作进行检查验收。验收组在听取情况汇报，审阅将 14 年会务活动记录装订成册的资料，召开有 15 名新老会员参加的座谈会后，依据“建家”标准逐条对照、严格评分，最终苏州市工人文化宫集邮研究会以 93 分的成绩顺利通过验收，验收组向苏州市职工文化体育联合会和苏州市工人文化宫领导反馈了验收结果。

1996 年 1 月 5 日，按照苏州市职工文化体育联合会关于统一下属各协会名称的通知精神，苏州市工人文化宫联合会集邮研究会正式更名为苏州市职工集邮研究会。

1999年2月21日，苏州市职工集邮研究会全体会员大会选举产生由会长汪日荣，副会长朱万钟、金诚，秘书长朱炳南等人组成的第六届理事会。2003年2月6日，苏州市职工集邮研究会全体会员大会选举产生由会长汪日荣，副会长朱万钟、陆树笙，秘书长朱炳南等人组成的第七届理事会。2007年2月23日，苏州市职工集邮研究会全体会员大会选举产生由会长汪日荣，秘书长郑炜、陆树笙，副会长兼秘书长朱炳南等人组成的第八届理事会。2019年2月10日，苏州市职工集邮研究会全体会员大会选举产生由会长张晓钢，副会长郑炜、陆树笙，副会长兼秘书长朱炳南等人组成的第十一届理事会。

40多年来，苏州市职工集邮研究会一贯坚持对内树邮德、传邮讯、探邮学、撰邮文、编邮集、办邮展，不断提升会员素质和专业水平；对外下工矿、到社区、进校园、走乡镇、跑商圈，传递集邮文化“怡情、益智、和谐、快乐”正能量，取得了研究成果和社会效益双丰收。

1. 重研究，搭平台，持续办好新人新作展

苏州市职工集邮研究会在成立之初，就把举办集邮展览当作检阅会员收藏成果、推进学术研究与交流的主要手段，具体分为两个阶段实施。第一阶段：1981—1991年。通过举办“姑苏新春集邮展览”（1981年2月5日—19日）（图5-72）、“新春百花集邮展览”（1982年1月25日—31日）、“纪念苏州建城2 500周年——历史·人物·风光专题集邮展览”（1986年7月1日—7日）、“颂祖国、爱企业、当主人——职工文化周·巡回集邮展览”（1989年9月25日—30日）、“纪念建会十周年集邮展览”（1991年1月5日—13日），苏州市工人文化宫集邮研究会在配合工会中心工作、宣传普及集邮文化、丰富职工业余生活的同时，对会员藏品实力与学术水平进行了全方位的摸底。第二阶段：1992—2021年。该研究会理事会针对集邮作者知识面窄的不足和新会员逐年增多的趋势，于1992年11月29日召开专门会议，决定自翌年起举办新人新作展，并确定每2—3年举办一届新人新作展的办展计划，以逐步达成“人手一部自创邮集”的目标。此后30年间，新人新作展连办了11届（不含其他纪念集邮展览）。

图5-72　姑苏新春邮展

图5-73　苏州市工人文化宫集邮研究会首届职工集邮新人新作展

1993年1月23日—2月1日，苏州市工人文化宫集邮研究会首届职工集邮新人新作展在苏州市工人文化宫举办（图5-73），共有20部第一次亮相的新作和经过修改、扩充的旧集参展，起到了“以老带新”的作用。其中有一半以上作品在当年12月下旬为纪念毛泽东诞生100周年而举办的职工书画集邮联展上展出，再次受到广泛好评。

1994年10月16日—23日，第二届职工集邮新人新作展顺利举办，该展览呈现出三大特点：一是筹备时间短，不到4个月就拿出19部新作，表明会员热情高涨、后劲十足；二是新人作品多，有8人是初次制作邮集，超出该协会理事会的

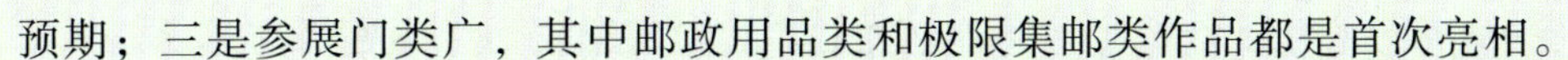

预期；三是参展门类广，其中邮政用品类和极限集邮类作品都是首次亮相。

1996 年 4 月 29 日—5 月 3 日，时隔仅 16 个月，第三届职工集邮新人新作展在苏州市工人文化宫正式揭幕。参展的 16 部传统、专题、航天、现代集邮、税票类邮集全部是近 2 年的新作，并涌现出不少具备发展潜力的优秀佳作。

2001 年 4 月 29 日—5 月 3 日，纪念建会 20 周年成果展暨第四届职工集邮新人新作展顺利举办，该展览由历届江苏省集邮展览获奖邮集和近 5 年 35 部（138 框）新作组成，展品在素材选用上更趋多样化。本次集览规模之大、类别之多、水平之高均超往届。在五一国际劳动节展出期间，该展览的参观者达 6 000 余人次。

2003 年 10 月 1 日—5 日，第五届职工集邮新人新作展成功举办。这次展览共有 31 部（132 框）新作参展，除传统、邮政史、邮政用品、专题、极限、税票、现代集邮 7 个类别之外，第二次上架开放类和一框类展品，旨在顺应集邮文化发展趋势，满足大众普及性与会员个性化需求。

2005 年 12 月 25 日—27 日，第六届职工集邮新人新作展作为“集邮进社区，快乐迎新年”系列活动之一，在平江区观前街道小公园社区与广大市民见面。这次展览共展出 27 部（101 框）会员新作。最后一天集邮展览移至观前街道工疗站，苏州市副市长谭颖、市政府副秘书长凌鸣专程观看了集邮展览。

2008 年 6 月 18 日是苏州市工人文化宫完成 3 年全面改造并恢复开放的首日，“迎北京奥运 庆新宫落成”——第七届职工集邮新人新作展顺利开幕。该展览上展出的 53 部（200 框）邮集以观众投票与专家评审相结合的方式评出一等奖 3 部、二等奖 4 部、三等奖 10 部。前来出席新宫启用仪式的江苏省委常委、苏州市委书记王荣及苏州市市长阎立来到敞亮的新展厅参观，并仔细听取中华全国集邮展览大金奖获得者的作品讲解。

2011 年 3 月 12 日—20 日，苏州市职工集邮 30 年成果暨第八届职工集邮新人新作展走进观前文化市场。这次展览有 47 部（178 框）历届获奖邮集和近 2 年会员新编邮集亮相，吸引了近 2 000 名爱好集邮前来市场淘宝的市民参观，收到了较好的宣传效果。苏州电视台、《姑苏晚报》等媒体的记者到现场进行了采访报道。

2015 年 4 月 30 日—5 月 2 日，“劳动成就梦想”——苏州市第九届职工集邮新人新作展在苏州图书馆 3 楼公开亮相。其中，“光辉历程”主题邮集有 9 部（36 框），会员新作有 54 部（157 框），不仅创下历届新人新作展数量之最，会员邮集水平也有明显提高，展现出苏州市职工集邮研究会持续不断取得的学术成果。

2019 年 9 月 28 日—30 日，作为对“壮丽七十年　阔步新时代”全国集邮文化活动的响应，苏州市职工文化体育协会主办的“当好主人翁　建功新时代”主题文体系列活动之四庆祝中华人民共和国成立 70 周年——苏州市第十届职工集邮新人新作展在苏州市集邮活动中心成功举办。除邮说 70 年巨变的 10 部（29 框）国庆主题作品之外，还有 14 部（60 框）会员新作参展，其中不乏日后在江苏省集邮展览、中华全国集邮展览上有一定竞争力的高水平力作。

2021 年 6 月 27 日—30 日，由苏州市总工会、苏州市职工文化体育协会主办，苏州市职工集邮研究会承办的苏州市职工庆祝建党百年暨第十一届职工集邮新人新作展在苏州图书馆与广大市民见面。本次展览分为三个部分：一是“百年党史，记忆‘邮’新”，由 13 部（38 框）红色主题邮集组成；二是“成果展示，经典回顾”，为 13 部（60 框）荣获江苏省集邮展览、中华全国集邮展览奖励的会员作品汇报展示；三是“新人新作，百花齐放”，为近 2 年涌现的 26 部（82 框）新人新作，其中图画明信片、首日封、签名封等新兴门类作品首度亮相。

经过 30 年的坚持，新人新作展已成为苏州市职工集邮研究会会员创作的试验田和练兵场，它让许多停留在简单收藏与欣赏层面的会员有了更高的追求和更多的机会，对挖掘佳作、培育新人、积累研究成果和推进学术人才梯队建设发挥了不可替代的作用。目前，拥有 1 ~ 3 部及以上邮集的会员占会员总数的 67%，众多从历届新人新作展中走出去的优秀佳作在全省、全国及亚洲乃至世界集邮展览上争金夺银，一鸣惊人。典型的例子是第七届职工集邮新人新作展金奖邮集——陆树笙的《清代邮政干支日戳》先后获江苏省集邮展览和中华全国集邮展览金奖；第十届职工集邮新人新作展金奖作品——孙晓苏的《孙中山像邮资明信片》在第 12 届江苏省集邮展览上荣获邮政用品类金奖加特别奖，并在第 19 届中华全国集邮展览上荣获大银奖。

自 1985 年 6 月俞大雄、滕金甲、顾文煜、王文吉、汪昌年 5 位老会员应邀参加江苏省解放区邮票展览以来，会员作品接连在全省、全国及亚洲乃至世界集邮展览上表现不俗、成绩骄人。据统计，1989—2020 年，会员中有 23 人在上述四级集邮展览上赢得各项奖牌 69 枚。其中，江苏省集邮展览金奖（一等奖）5 枚、大镀金奖 4 枚、镀金奖 7 枚、大银奖 3 枚、银奖 19 枚、镀银奖 4 枚、铜奖 3 枚；中华全国集邮展览大金奖 2 枚、金奖 1 枚、大镀金奖 4 枚、镀金奖 1 枚、大银奖 3 枚、银奖 2 枚；亚洲国际集邮展览镀金奖 2 枚、大银奖 1 枚、银奖 2 枚；世界集邮展览大镀金奖、镀金奖各 2 枚，大银奖、银奖各 1 枚。此外，会员在全省、全国专项（体育、专题、生肖、邮政用品）集邮展览上获金奖 1 枚、大镀金奖 2 枚、镀金奖 2 枚，大银奖 3 枚、银奖 2 枚，并创下了多个“第一”，具体表现在以下几点。

① 王柏生编组的《奥运会历史》邮集在第 11 届亚洲运动会国际体育集邮展览中获铜奖，王柏生成为苏州市第一个参加国际集邮展览并获奖的集邮家。

② 青年会员徐伟编组的《更高、更快、更强——第 24 届奥运会》邮集，先后入选 1991 年美国专题集邮展览、1992 年巴塞罗那奥林匹克运动会体育邮票展览并获得铜奖，他也成为苏州市在国际集邮展览上最年轻的获奖者。

③ 张平江编组的专题力作《社会主义的缔造者——列宁》在 1993 年第四届江苏省集邮展览中夺得苏州市区历史上第一枚金奖，同时也是苏州市首次在江苏省集邮展览上获得金奖的专题邮集。

④ 副会长陆树笙编组的邮政用品类邮集《清代明信片》以罕见的清三次右折双片实寄品，在南京举办的 2001 年第 8 届中华运动会全国集邮展览上一鸣惊人，摘得江苏省唯一的大金奖。之后，这部邮集在重庆举办的 2003 年第 9 届中华全国集邮展览上获大金奖，在绵阳举办的 2003 年第 16 届亚洲国际集邮展览上获镀金奖，在泰国曼谷举办的世界集邮展览上获大银奖；陆树笙编组的邮政史类佳作《中华邮政银圆时期信函邮资（1949.4—1949.12）》同样奏出了“四连响”，即 2013 年江苏省集邮展览、2014 年第 16 届中华全国集邮展览大镀金奖和 2016 年亚洲国际集邮展览、2016 年世界集邮展览镀金奖；加上 2 部一框类邮集所获得的 2 枚江苏省集邮展览（全国单项展）金奖、1 枚镀金奖、1 枚中华全国集邮展览大银奖，创下了苏州市区个人奖牌数量和含金量之最。

⑤ 副会长郑炜编组的极限集邮类作品《石质建筑》继在潍坊举办的第 12 届全国新人新作集邮展览上首夺一等奖后，又在南昌举办的 2008 年第 13 届中华全国集邮展览上获大镀金奖。半年后，该作品在洛阳举办的2009年世界集邮展览上迎来了高光时刻：不仅荣膺极限集邮类作品最高奖——大镀金奖，实现作品评价的“三级跳”，还被国际集邮联合会下设的世界极限集邮委员会主席朗戈斯引为范例进行现场点评。郑炜也由此成为苏州赢得此项殊荣的第一人。

⑥ 吴雪伟作为苏州市区邮集创作第三梯队骨干，潜心于组集，求教于前辈，从新人新作展一路走来，连创佳绩。他先后有 3 部作品获省级及以上集邮展览镀金奖 3 枚、大银奖 3 枚、银奖 1 枚，其中专题邮集《大熊猫的自述》先后获得 2018 年第 18 届中华全国集邮展览、2019 年世界集邮展览大银奖。吴雪伟已然成为有相当竞争力的专题集邮后起之秀。

2. 守定位，帮决策，配合苏州市集邮协会承办重大活动

20 世纪 80 年代伊始，苏州市职工集邮研究会既集中了苏州市区老中青职工集邮的主要骨干力量，又肩负着引领广大职工开展集邮活动、丰富业余生活、推进职工文化发展和精神文明建设的历史使命。当 1983 年 10 月成立苏州市集邮协会，并明确全市所有民间集邮组织均归口由其统一领导和管理时，苏州市职工集邮研究会的角色定位便从工会系统的文化社团转变为受苏州市总工会和苏州市集邮协会双重领导的二级学术团队。对此，该协会理事会及时做出战略调整：最大限度地发挥自身学术、人才和资源优势，主动参与集邮工作的顶层设计，积极配合和协助苏州市集邮协会策划、组织、承办全市性大型集邮活动。

（1）协办首届集邮展览

根据苏州市集邮协会筹委会的决定，在苏州市集邮协会第一次代表大会召开期间举办苏州市首届集邮展览，有关展品征集、展馆选址、展馆布置、展品宣传等一系列筹备工作则由苏州市职工集邮研究会具体负责。展品征集以苏州市职工集邮研究会选送的邮集为主，加上吴江、常熟等 6 市（县）的展品，分解放区邮票、新中国邮票、中国早期邮票、外国邮票和封片折 5 个部分。这次展览共展出 75 个专题，逾 1.2 万枚邮票、信封、明信片、邮戳等，为中华人民共和国成立以来苏州市规模最大的一次集邮展览。整个展览为期 7 天，参观者逾 14 000 人次，盛况空前，社会影响较好。

（2）合创主题游园会

1985 年 10 月 25 日下午，由苏州市集邮协会与苏州市职工集邮研究会共同策划的“庆祝苏州市集邮协会成立 2 周年游园会”在苏州市工人文化宫举行。苏州市职工集邮研究会依托苏州市工人文化宫开展阵地活动的有利条件，从项目设置、资源调配、人员落实 3 个方面保证了游园会 10 个活动项目（大型集邮展览、咨询服务、百题征答、集邮灯谜、讲座录像、邮票交换、书法表演、为君画像、专家签名、《邮缘》观影）的顺利进行，让 2 000 余名会员和集邮爱好者在和谐团结的气氛中度过了一个益智、有趣、欢乐的节日。

（3）协办知识竞赛

为配合全国性“邮票上的科学文化知识竞赛”活动，苏州市集邮协会决定自 1987 年 5 月初—6 月底由苏州市集邮协会、苏州市医药公司集邮协会联合举办苏州市首届“集邮与知识”大奖赛（图 5-74），请组织大型竞赛颇有经验的苏州市职工集邮研究会会长汪日荣担任总策划，并就大赛规模、赛制、赛场、赛程、命题、阅卷、奖励制定实施细则和具体方案；团体赛现场工作

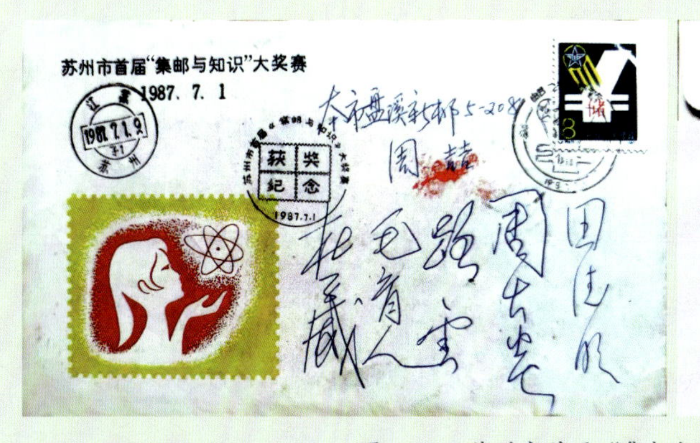

苏州市首届“集邮与知识”大奖赛授奖纪念封

为向广大集邮者普及科学文化知识和集邮知识，不断提高我国集邮水平，苏州市集邮协会、苏州市医药公司集邮协会决定自五月初至六月底联合举办首届“集邮与知识”大奖赛，并定于七月一日在苏州市工人文化宫举行授奖仪式。特制此封，以赠竞赛获奖者。

设计：金克昌　　发行：苏州市集邮协会　印量：3000

图 5-74　苏州市首届“集邮与知识”大奖赛授奖纪念封

人员则由放弃参赛的苏州市职工集邮研究会会员担任。从4月底《苏州集邮》刊登个人赛（团体赛初赛）试题到8月公布获奖名单，该比赛在主办方与承办方的共同努力和广大基层集邮协会与集邮爱好者的支持下完美收官。之后，由苏州市集邮协会与苏州市职工文化体育联合会共同举办的1991年“集邮与党的知识”大奖赛沿用了这个办赛模式。

（4）主持大型拍卖

1996年8月底，在商议10月9日“中新联合发行邮票系列活动”的常务理事会上，苏州市集邮协会将筹办苏州市首届大型邮品拍卖会的任务交给苏州市职工集邮研究会全权负责。接下任务后，会长汪日荣立即召开专门会议，从前期拍品的征集、收件、审查、鉴定、估价、整理、编码、入库及印发拍卖目录各环节的职责分工，到拍卖会现场主拍、监拍、示品、交件、收款、入账、记录、场管、安保及接待各岗位的人员调配，进行统一部署，逐项落实。9名理事和16名会员团结奋战了37天，终于解决了时间紧、细节多的难题，顺利完成了全部筹备工作，使拍卖会如期举行，并以人气爆棚、成交可观、盛况空前的效果取得了圆满成功。因此，苏州市职工集邮研究会既为苏州市集邮协会办成了一件大事，又提升了队伍的整体水平。

（5）助力系列活动

进入21世纪，随着生肖集邮的兴起和苏州题材邮票发行的提速，苏州市集邮协会配合邮票首发式举办的相关系列活动也越来越多。苏州市职工集邮研究会作为一支召之即来、来之能战的生力军，多次遵照苏州市集邮协会的安排，为与系列（主题）活动配套的集邮展览、咨询、讲座、服务等项目提供人力、物力方面的支撑。例如，为纪念第32届世界邮政日“向国庆献礼”集邮展览、《中国古代文学家（四）》邮票首发获奖邮集特展、庆祝改革开放40年全国集邮巡展（苏州站）等临时组织展品，为“苏州读书节”活动现场承担专家咨询服务和为每年生肖集邮系列活动提供人力支援。

图5–75　疫情期间的苏州市老年邮局营业处

（6）承办老年邮局

根据苏州市集邮协会为新组建的苏州市老年集邮协会员提供相应邮政服务的要求，经苏州邮政局正式批准，江苏省第一家老年邮局——苏州市老年邮局于2004年7月17日与苏州市老年集邮协会同日成立。邮局工作班子由苏州市职工集邮研究会搭建，副会长兼秘书长朱炳南被任命为苏州市老年邮局首任局长。18年来，在苏州邮政局城区营业分局的指导和支持下，先后有18位会员自愿加入苏州市老年邮局，不分寒暑、不计报酬地无偿为老年集邮爱好者和广大用邮群体提供数以万次的函件寄递业务（图5–75）；千方百计地开拓集邮特色服务，设计、刻制、启用相关邮票首发纪念戳，以及民俗节日、世界纪念日、突发事件、重大活动、二十四节气、二十四孝、姑苏童戏、姑苏山水、姑苏园林、水八仙、古牌坊等多个系列宣传戳和彩色连体戳，合计276枚，不仅为集邮爱好者提供了丰富的专题素材，还弘扬了苏州这座历史名城的特色文化。

（7）创建集邮讲师团

为配合苏州市集邮协会自2009年启动的“集邮进百校”活动，破解苏州市区集邮辅导教师短缺的难题，苏州市职工集邮研究会在原苏州市第十二中学校教师戴咏梅的积极倡导和组织下，创建了以退休教师会员为主体的苏州夕阳红集邮讲师团（图 5-76），得到了中华全国集邮联合会原副会长、青少年工作委员会主任王新中的关心和支持。8 年来，13 名平均年龄为 68 岁的团员，不辞辛劳，自带教具（邮品），为 14 所中小学、12 个社区上门宣讲（授课）集邮知识 60 多次，为推进校园集邮和社区文化建设无偿奉献余热。

图 5-76　苏州夕阳红集邮讲师团合影

3. 重交流，兴研讨，互学互鉴促邮谊

苏州市职工集邮研究会秉持“信息要沟通，集邮需交流”的理念，一贯注重与兄弟组织的联络和交往，先后与苏、浙、沪 10 多个民间集邮协会及海外邮友开展对口或多边交流联谊。通过信息沟通、理论探讨和学术交流，取长补短，在提升专业水平的同时增进了彼此友情。其中，值得记录的有以下活动。

① 1982 年 4 月 21 日，上海、南京、杭州、常州、苏州、无锡 6 市邮友在无锡市梁溪饭店会议厅举行座谈会。我国著名集邮家马任全、张包子俊、赵善长、刘广实等人专程赴会。无锡市文化馆集邮研究会会长、著名集邮家孙君毅主持座谈会。苏州市工人文化宫集邮研究会的王柏生、朱万钟、唐雨田、陶梦菊与五地集邮协会代表交流了近年来开展集邮活动的情况，一致建议早日筹建江苏省集邮联合会。会议期间，与会人员相互观赏了各自携带的邮票珍品。会后，全体与会人员合影留念。这次盛会作为集邮复苏初期的标志性事件，对推动江苏省集邮活动的迅速兴起意义重大。

② 1988 年、1993 年、2009 年、2011 年，苏州市职工集邮研究会会员四度参加“美国中华邮票会访问苏州”的接待交流活动。

③ 自 1997 年第一次受邀赴上海参加吴县集邮协会与上海沪东汽运公司集邮协会交流联谊活动后，苏州市职工集邮研究会与吴县集邮协会开始了友好交往，并建立了相对稳定的人员交流、邮事合作机制。进入 21 世纪，双方的交流联谊活动被列入各自年度工作计划。至今，该活动已连续举办了 25 届，并先后就“集邮者之家”的创建、乡镇集邮发展的前景与难点、基层协会在先进城市创建活动中作用的发挥、木渎青少年集邮活动兴起的经验与启示、个人藏品的归宿与处置、苏州早期明信片研究、集邮周活动的组织、对国际集邮联合会专题集邮规则的理解与遵行、邮集与“一带一路”、邮品与苏州、规范编组“抗疫”邮集、“循邮学党史”体会、图画明信片邮集的编组与参展等开展了交流和研讨。在友好的分享交流中，双方都受到了启发和教益。

④ 苏州市职工集邮研究会由朱炳南策划发起，联合无锡市集邮研究会和常州市外邮兴趣会，自 2004 年起，每年轮流举办一次的苏锡常集邮联谊会（图 5-77）经过 15 年的实践探索，已形成“三市联动，各展所长”的传统与特色，即常州的邮集交流、无锡的邮品拍卖、苏州的邮

图 5-77　苏锡常集邮联谊会上三方邮友互赠集邮礼品

学研讨。这既丰富了活动形式和内容，也取得了互鉴求同、互学并进的实效。其间，苏州市职工集邮研究会作为东道主，根据集邮文化发展趋势和现状预设交流主题，与常州、无锡邮友一起展开了不同学术课题的研讨。

4. 讲坚持，重创新，发挥带头引领作用

（1）“会务、会议、会刊”三坚持

每周一次的会员沙龙活动、每年一届的会员大会暨新春茶话会是苏州市职工集邮研究会坚守了 42 年的传统项目。前者除去高温时段和疫情防控，累计举办活动不下 1 800 次；后者则已连续举办了 38 年。每周末的会员活动内容以邮品鉴赏、邮集点评、邮识交流、邮学研讨为序，由会刊《研究与交流》先行预告（后期通过微信群通知），当日由理事轮流主持（值守），按既定内容有序进行。活动的频率高和内容多，吸引了许多有提高集邮层次需求的爱好者乃至其他组织的负责人申请入会。每年固定于正月初六召开的会员大会既是年度总结会、换届会，也是新春团拜会、表彰会。平时受工作或身体因素影响不常参加周末活动的上班族、高龄族也会在这一天赶来与会友聚首言欢，了解会务活动安排。理事会议则根据工作需要每年召开 1 ~ 3 次，以保证年度各项计划落实到位。会刊《研究与交流》于 1981 年 4 月复刊，至 1982 年 5 月第 4 期后因故停办，后于 1986 年 5 月复刊。为满足会员对邮资票品拾遗补阙的需求，《研究与交流》扩版增设了《邮品代售台》栏目，全年共 6 期，截至 2022 年年底已连续发行 254 期，发挥了对内服务会员、对外交流宣传的重要作用。

（2）“义捐、助残、普及”五创新

为了使集邮与旅游首度融合，1993 年 8 月 6 日，苏州市职工集邮展览走进宋代名园——沧浪亭。该展览采用滚动轮换展品的方法，共展出传统、专题、邮政用品等类别的会员作品 68 部，共计 3 258 个贴片。该展览历时 90 天，至 11 月 3 日顺利结束，让 3 万余名中外游客在饱览历史名城造园艺术之美的同时欣赏玲珑的方寸之美。一位葡萄牙旅行者兴奋地用中文写下“太棒了！”。一位河南游客在留言簿上挥笔写下“邮票文化，博大精深，集邮展览，妙不可言”。该展览的圆满成功，开创了“邮园合璧、文旅共享”的先例。

1994 年夏，我国 10 多个省（区、市）同时遭受百年不遇的大洪灾。9 月 14 日，为表达集邮人支援抗洪救灾的决心，经过半个月紧张筹备的苏州市职工集邮研究会赈灾义捐邮品拍卖会（图 5-78），在中华人民共和国第一枚赈灾邮票发行首日晚上开拍。拍卖会上，由苏州市职工集邮研究会会员（含兄弟会友）捐赠的 139 份邮品，吸引了 100 多位义拍人。会场气氛热烈，竞拍声此起彼伏，高潮迭起，几乎每一号拍品刚报出底价就引来激烈竞争，其中一枚庚申年旧票，底价为 7 元，经过 27 次轮番叫价，拍到 76 元才成交。第 21 号票品是 15 岁初中学生张茜从自己心爱的集邮册中取下义捐的。虽然 14 枚 JT 旧票底价只有 2 元，但表达了她对灾区父老的一片爱心。3 小时后，主持人当众宣布：“包括苏州新区精达电子电器厂会员当场义捐在内的 141 份邮品全部拍出，成交总额达 2 806 元，加上门票收入和纪念封收益，合计善款为 3 052.4 元，全部捐往江苏兴化重灾区。”苏州广播电台于次日对此次活动做了全程报道。在这次活动的带动下，全市 30 多家基层

图 5-78　苏州市职工集邮研究会赈灾义捐邮品拍卖会

集邮协会以同样的方式义捐赈灾款总额达 7 572 元。

为加快苏州市区“集邮进社区”步伐，苏州市职工集邮研究会选择与位于苏州邮票商店的五洲邮票社旧址所在地的观前街道小公园社区确立集邮共建关系。2005 年 12 月 25 日，“集邮进社区，快乐迎新年”系列活动在该社区拉开帷幕（图 5-79）。平江区委常委、宣传部部长单剑华，苏州邮政局副局长、苏州市集邮协会会长黄一芳，观前街道党工委书记胡岚，平江区工会主席顾雷，观前街道办公室主任曹原参加了开幕式，胡岚、黄一芳为“集邮进社区共建基地”揭牌。由集邮展览（含 27 部、101 框会员新作）、鉴定咨询（邮资票品辨伪与估价）、有奖猜谜（集邮专题灯谜竞猜）及老年邮局现场服务 4 个项目组成的系列活动，历时 3 天，吸引了辖区众多居民和党员干部到场，体验集邮文化的先进性、知识性和趣味性。由此产生的“集邮新天地、发展新模式”的示范效应，为苏州市“集邮进社区”的全面开展起到了引领作用。

图 5-79 “集邮进社区，快乐迎新年”系列活动举行开幕式

图 5-80 马佑璋莅临苏州大学观看苏州市职工集邮研究会集邮收藏展

苏州大学是江苏省第一个开设集邮学基础选修课程的高校。为了让大学生从书本走进现实，更直观地了解集邮学的内涵和集邮史脉络，2009 年 9 月 16 日—18 日，苏州市职工集邮研究会在苏州大学图书馆举办了陆树笙、石剑荣、周振声、徐伟集邮收藏展，江苏省集邮协会副会长马佑璋先生观看了集邮收藏展（图 5-80）。该展览有近 200 个国际标准框，展出的内容包含从邮政开办至今的中外邮品、中国邮政史料、集邮文献，可谓洋洋大观。苏州大学许多学子参观后发现，整个展览用邮品演绎了一部从清代、民国到中华人民共和国的社会演进史，其内容让他们大开眼界。该展览为期 3 天，观者逾千，对普及集邮文化、推动集邮进高校产生了积极影响。在已有百余年集邮历史的苏州，大小集邮展览不下百余次，但举办如此规模的个人联展尚属首次。

2013 年 12 月 3 日是世界残疾人日，为丰富残疾人的精神文化生活，苏州市职工集邮研究会携手观前商圈综合服务中心在乔司空巷 45 号举办“集邮文化　残健共享”——世界残疾人日集邮知识讲座暨集邮展览。苏州市姑苏区残疾人联合会、观前街道领导、残疾人代表、居民代表与苏州市职工集邮研究会代表 30 余人欢聚一堂，听讲座、观邮展、赠邮品，将集邮长知识、增乐趣的高雅收藏活动送到残疾人身边，让美丽的邮花在残疾人心中绽放。

“集邮给我长知识，我为社会献爱心”，40 多年来，苏州市职工集邮研究会先后发起对 1991 年洪涝灾害、2006 年贫困儿童、2008 年汶川大地震的爱心包裹义捐、义卖等活动，受到社会广泛好评。该协会连续五届被评为苏州市与江苏省集邮先进集体，汪日荣、朱炳南等 5 人荣获“全国集邮先进个人”称号，该协会也成为全国获此殊荣最多的职工集邮组织。

四、生肖集邮研究会的开创与发展

20 世纪 90 年代前后，生肖集邮尚属零星、分散的个人行为。1988 年，上海集邮家唐无忌、徐星瑛、贾淡园与生肖集邮爱好者定期聚会，分享生肖邮票信息，并于 1989 年年底编印了一本简易的铅印版《世界生肖邮票目录》，将当时各国（地区）已发行的生肖邮票包括发行日期、品种、面值及新、旧邮票价格等内容逐套列出。1991 年 6 月，由湖南株洲铁路第二小学段平作创办的以介绍与研究生肖邮票和生肖文化为主要内容的我国第一份生肖集邮报纸《生肖邮报》创刊，1993 年 1 月，时任苏州市委副书记、苏州市集邮协会名誉会长的周治华在《苏州日报》星期版上发表《世界生肖邮票系列谈之一：美国首次发行中国鸡年生肖邮票》，并连续刊登 40 期；同年 10 月，周治华在《集邮报》上连载“漫话世界生肖邮票”系列文章，并连续刊登 29 期。1995 年 11 月 7 日—8 日，在邮电部邮票印制局于苏州召开的生肖邮票设计研讨会上，周治华展示了自己所收藏的世界上已发行的全部生肖邮票，并对其发行情况和设计特点做了专题发言。

1. 中国生肖集邮告别东零西散的状态，从苏州组团整装出发

1997 年是我国生肖集邮史上具有里程碑意义的一年：处在萌芽状态的生肖集邮活动正在发生蝶变——从“各自为政”走向“抱团取暖”。同年 6 月，在江苏省集邮协会、苏州邮电局、苏州市集邮协会的关心和支持下，经过前期的酝酿与商讨，来自江苏、山东、湖南、湖北、黑龙江及上海等地的生肖集邮爱好者和研究者代表相聚苏州，讨论拟定了《生肖集邮研究会章程》，并于 6 月 14 日召开了生肖集邮研究会成立会议（图 5-81），推举产生了第一届理事会理事、常务理事及会长、副会长、秘书长，聘请了名誉会长和顾问。大会确定了生肖集邮研究会的办会宗旨，即弘扬民族传统文化，推动生肖集邮的发展。大会决定将生肖集邮研究会挂靠在苏州市集邮协会，会部设在苏州。当年共发展会员 96 名，至 2005 年注册会员已突破千人，分布于全国及海外。2005 年 4 月，生肖集邮研究会在苏州民政局注册登记，成为社团法人组织。同年 11 月，生肖集邮研究会经批准正式挂靠于江苏省集邮协会。从此，生肖集邮活动成为有组织、有步骤的团体行为；生肖集邮的学术研究进入有领导、有计划的系统研究；生肖集邮的活动成果有了大平台、多层次的展示机会；生肖集邮的深化发展有了更坚实、更可靠的组织保障。

图 5-81　生肖集邮研究会成立会议

图 5-82　全国文联主席周巍峙参观全国生肖邮币卡券藏品展

全国文联主席周巍峙在苏州参观全国生肖邮币卡券藏品展（图 5-82）时谈道：“从生肖邮票的发行到生肖集邮研究会的成立，这是一件饱含远大理想的事情；生肖文化是积极的民族文化，需要我们更加深入地用这个古老的民族文化为今天所用；生肖能维系亲情，更好地团结我们的民族，使我们更好地前进。”

2. 生肖集邮研究会 25 年创新发展之路

（1）创办会刊，搭建信息平台

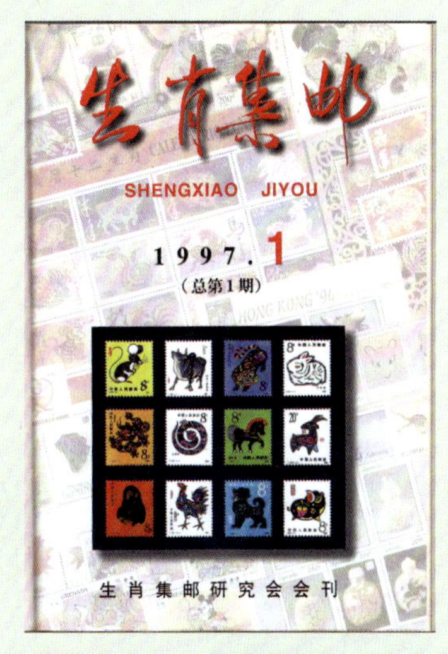

图 5-83　《生肖集邮》创刊号

由于会员人数较多，且较为分散，创办会刊成为建会后的第一要务。经过 3 个月的高效筹备，经江苏省新闻出版局批准，生肖集邮研究会会刊《生肖集邮》于 1997 年 9 月正式出版（图 5-83）。该会刊为 16 开双月刊。作为对内联系会员、传递邮讯、发表成果的信息平台，对外弘扬中华传统和生肖文化的宣传阵地，《生肖集邮》以专题、可读、可亲、可信为办刊原则，面向广大会员。每期会刊有 7 万 ~ 8 万字，主要栏目有《生肖论坛》《生肖邮票》《生肖世界》《生肖文化》《生肖邮集》《戳海拾贝》《地名溯源》《生肖文苑》《趣味集邮》《我与集邮》《会员风采》《会务通讯》《会员园地》等。既反映了各地动态，又表达了会员心声；既刊出了专家论文，又采用了会员来稿。

《生肖集邮》作为内部交流资料，以会务性、资料性、知识性、研究性为追求目标，即时报道会务会讯，宣传办会宗旨，倡导邮德邮风，介绍生肖邮资票品和生肖集邮信息、知识、资料，探讨生肖集邮的理论和实践，交流生肖集邮的活动情况和经验。每期《生肖集邮》都有规范的办刊流程，周治华会长亲自把关每个流程（图 5-84）。鲜明的会刊特色、丰富的信息量和专业的编排印刷，广受会员和邮界好评。2001 年 9 月，该会刊报送参加中华全国集邮展览荣获文献类镀银奖，这是民办邮刊首次在全国集邮展览中获奖；2004 年 5 月，《生肖集邮》在无锡举办的全国民间集邮文献展览中荣获一等奖；2006 年 7 月，《生肖集邮》被评为全国“十优”集邮报刊；2008 年，《生肖集邮》再获中华全国集邮展览银奖；2013 年 7 月，《生肖集邮》（2012 年合订本）荣获江苏省第九届集邮展览大银奖。

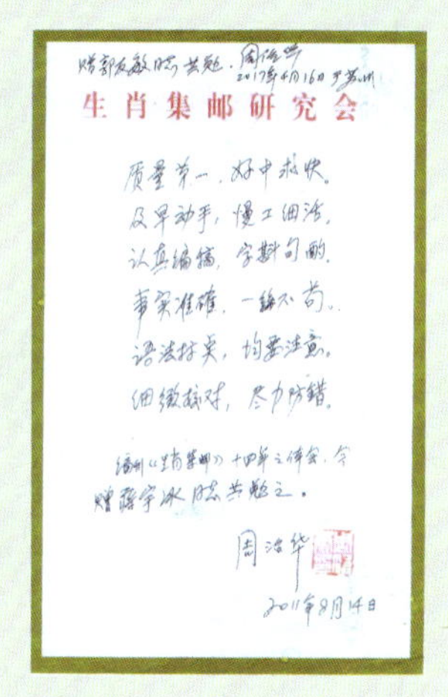
生肖集邮研究会

质量第一，好中求快。
及早动手，慢工细活。
认真编稿，字斟句酌。
事实准确，一丝不苟。
语法修辞，均要注意。
细微校对，尽力防错。

编刊《生肖集邮》十四年之体会，今赠薛宇冰同志共勉之。

周治华
2011年8月14日

图 5-84　周治华手书办刊流程

（2）壮大队伍，坚持中国特色

生肖集邮研究会在创会伊始，通过大力倡导趣味集邮，不断创新活动的内容和形式，吸引了全国一批又一批同好加入大家庭，新会员呈爆发式增长趋势：2003 年，发展会员 91 名；2012 年，发展会员 869 名。特别是 2008—2012 年、2013—2018 年分别发展会员 2 736 名、3 512 名。截至 2019 年 3 月，该会注册会员有 8 148 名。他们来自各行各业，有工人、农民、军人、职员、商人、学生，有技术人员、教学人员、公务人员，范围涉及中国、美国、加拿大、日本、澳大利亚、新加坡等国家。为充分发挥生肖集邮丰富趣味、老少咸宜的特点与优势，该会发动会员讲自己的生肖、家人与亲友的生肖，收集与自己及子女生肖属相有关的邮品，编组自己和子女生肖属相的邮集。通过交流，要求入会者越来越多。例如，有的地区一次性发展会员 10 多名，还有一批家族性会员，即一家三代、四代甚至五代都是会员。在会内，无论是资深集邮家还是刚入门的初级集邮者，都能做到以邮会友，和谐相处，互相学习、研究与探讨，走出了一条具有中国特色的大众化集邮道路。

生肖集邮研究会自诞生之日起，即坚持以人为本，全方位提供细心周到的服务。除每期会刊刊登新会员的通讯录之外，每名会员都会收到一本由会部编印的交费会员通讯录，内容包括会员的生肖属相、出生日期、通讯地址和联系电话，至今已编发了 9 版；每年元旦、春节，该会为每名会员赠寄生肖地名戳封、贺年有奖明信片和由周治华会长亲笔签名的生肖邮票首发纪念封，并为本命年会员和 60 岁以上逢十寿诞的会员赠寄会长签名的生日贺片；该会还组织全国会员开展生肖地名封片、生肖首日封片、贺年祝寿封片的互寄活动，既扩大了会员之间的交流，又丰富了生肖邮品的收藏。该会从会长到各部门，随时保持与会员的联系，对会员来信、来电和来访，均予以及时回复和热情接待，并提供力所能及的服务与帮助。自 2005 年起，该会每年 1 月 5 日在苏州举办本命年会员联谊活动。全国同一属相的会员在此相聚，同堂联欢，赞颂邮谊，展示才艺，尽享集邮的快乐。

图 5-85　生肖集邮研究会苏州市区分会会员合影

随着会员队伍在全国的广覆盖和快增长，为便于一个地区会员之间的交流和就地开展小型多样的生肖集邮活动，从 1998 年 6 月 28 日苏州市区分会成立（图 5-85）开始，生肖集邮研究会在会员人数较多的省、市、县（区）成立了分会（小组），并挂靠于当地集邮协会，实行“一个组织、两个名称”的制度，同时接受总会和当地集邮协会的指导。截至 2019 年年底，全国的分会（小组）发展到 128 个。其中，北京、上海、重庆及江苏、浙江、福建、广东、河南、湖南、湖北、山西、四川、贵州、陕西、甘肃、黑龙江等 17 个省（市）均建立了省级生肖集邮组织，形成了统一的省、市、县（区）三级会员网络，生肖集邮研究会由此成为我国人数最多、规模最大的民办集邮组织。《中国集邮大辞典》（2009 年版）将生肖集邮研究会作为增加的新词目，编入第九部分“集邮组织”之“中国集邮组织”一节。

自 2019 年 4 月起，根据我国社团管理的有关规定和要求，生肖集邮研究会调整了组织体制，在苏州市域以外停止使用各地分会（小组）的名称，停止使用会员称号，同时对第六届理事会的组织体制也进行了相应调整。外地会员改称为《生肖集邮》的联系读者，保持原有会员待遇不变。组织体制调整是为了适应形势发展的需要，得到了社会各方特别是全国各地生肖集邮组织的理解和支持，生肖集邮者们纷纷表示形式虽变，初心不变，要同生肖集邮研究会继续保持密切关系，继续参加会部组织的各项生肖集邮活动。

（3）创新活动，铸就集邮品牌

生肖集邮是新兴集邮方式，其活动内容与形式也必须在适应本身客观规律的前提下有所创新。生肖集邮研究会根据这一思路在借鉴集邮界通行做法的同时，针对自身特点和条件，组织开展了一系列内容有创意、形式有创新的全国性活动，形成了人气旺、热度高、影响大的集邮文化品牌。

① 2001 年 4 月 7 日—9 日，生肖集邮研究会在苏州举办的三次大规模活动正式拉开了生肖集邮创新发展的序幕。

第一，由中国邮政报社、国家邮政局邮票印制局、江苏省集邮协会、苏州邮政局联合主办，生肖集邮研究会、苏州市集邮协会承办的首届全国生肖集邮展览在苏州市国际贸易中心举办。这次展览共展出生肖邮集 49 部（149 框）、生肖集邮文献 4 部，经以国际集邮展览评审员刘广实为主任、中华全国集邮展览评审员马佑璋为副主任的评审委员会评审，评出金奖 3 个、镀金奖 5 个、银奖 9 个、镀银奖 14 个、铜奖 18 个。这是一次新的有益尝试——为“搭建会员交流展示平台，检阅生肖集邮活动成果”终于走出了历史性的第一步，同时也对“生肖题材能否组织展品、生肖邮集能否单独成展”的问题给出了肯定的答案，并为进一步完善平台机制、扩大集邮展览规模开了一个好头，其影响不可低估。

图 5-86　中国第三轮生肖邮票设计研讨会

第二，承办了中国第三轮生肖邮票设计研讨会（图 5-86）。国家邮票印制局领导、资深邮票设计师与生肖集邮专家、学者齐聚一堂，就邮票的设计思路、种类、面值、规格、选图、发行日期、图稿征集七个方面展开了研讨与交流。会上，与会代表各抒己见、建言献策、共商良方，提出了很多有价值的建议。大会上探讨的周治华的《要把握好民族特色和世界影响这两个基本点》、旅美学者戴定国的《借鉴海外生肖邮票的成功经验》等论文引起业务主管部门高度重视。这次研讨会的圆满成功，对我国第三轮生肖邮票的设计理念和设计水平产生了积极影响。

图 5-87　生肖集邮研究会第二次会员代表会议会员合影

第三，召开了生肖集邮研究会第二次会员代表会议（图 5-87）。周治华会长在工作报告中回顾总结了建会 4 年来在队伍发展、会刊特色、学术研究、会员服务、经费筹集五个方面的工作成绩和不足，号召大家继续坚持建设社会主义精神文明的总方向，再接再厉，争创更多成果，呈现更新面貌。

作为生肖集邮在中国邮坛异军突起的标志性事件，《中国邮政报》、中华全国集邮联合会三大报刊、八家省级邮刊、两家省（直辖市）党报、四家地方邮刊和五家民间邮刊对这三大活动做了大量的前期预告和现场盛况报道，在全国集邮界掀起了一股生肖集邮热潮。

② 构建生肖集邮成果发布交流平台，连续 20 年举办全国生肖集邮展览。

2003 年年初，生肖集邮研究会突破“生肖无原地”的束缚，向有关主管部门提出第三轮第一套生肖邮票在苏州举办首发式的建议，得到了广泛支持。国家邮政局同意于 2004 年在苏州主办《甲申年》特种邮票首发式。这是中国邮政首次举办的生肖邮票首发式，至今已不间断举办了 20 年。生肖集邮研究会则利用首发式平台“借台唱戏”，连年举办全国性的生肖集邮系列活动。超高的人气、热闹的场景、喜庆的氛围，使每年 1 月 5 日成为生肖集邮爱好者的盛大节日，有力地扩大了生肖集邮的社会影响力。这次首发式也成为生肖集邮面向全国发展的转折点。20 年间，在苏州举办的类型各异、规模不等的生肖集邮展览简况如下。

2004 年，第二届全国生肖集邮展览顺利举办，共展出 70 部（220 框）邮集及 5 部文献类展品，汇集 19 个省（区、市）、47 个县（市）74 位作者的研究成果。与首届相比，第二届参展邮集的数量和质量都有了显著提高。

2005 年，全国生肖邮币卡券藏品展顺利举办，共展出生肖题材邮票、钱币、磁卡、门券、火花、彩票、粮票、利士封等展品 44 部（114 框）及 57 件生肖书画作品，并特邀国家邮票博物馆提供的邮票辨伪展品（40 框）同场展出。

2006 年，生肖艺术品藏品展顺利举办，共展出生肖专题邮集 60 部（130 框）及 22 件（40 框）

的剪纸、玉器、工艺品等。全国第一届生肖（丙戌年）个性化邮票青少年创意设计大赛优秀作品展也在此期间首度亮相，此后每年两个展览共同展出。

2007 年，第三届全国生肖集邮展览顺利举办，该展览由中华全国集邮联合会主办，并组织集邮展览评委会按照《第三届全国生肖集邮展览展品评审特别规则》对 23 个省（区、市）集邮协会选送的 139 部（417 框）邮集进行评审。其展览规模、参展人数、邮集水平均创历届展览新高。

2008 年，生肖集邮国际交流展览顺利举办，在展出的 59 部（201 框）邮集中，除中国展品之外，还有美国、新加坡、澳大利亚、日本等国家的展品，这标志着生肖集邮已走出国门，流行海外。

2009 年，生肖集邮新作展顺利举办，这次展览旨在挖掘生肖集邮潜力，鼓励生肖集邮新作。其展出的 94 部（200 框）邮集均为近 2 年的会员新作。此次展览期间，由中小学生自编的生肖邮集首度亮相，引人关注。

2010 年，第四届全国生肖集邮展览顺利举办，由于参展报名现场过于火爆，组委会只能根据接收限额，从 23 个省（区、市）申报的 700 多框作品中审定 150 部（444 框）邮集参展，其规模和水平再创新高。展览期间，还邀请国际（全国）集邮展览评审员与邮集作者面对面进行座谈交流，创新之举收获诸多好评。

2011 年，生肖集邮展览顺利举办。作为“2011（中国苏州）辛卯年生肖文化节”的重头戏，这次展览除展出非竞赛类69部（175框）生肖邮集之外，还特地展出了生肖集邮研究会会员在世界（国际）集邮展览上获大奖的综合类邮集 6 部（29 框），以激励生肖邮集作者向高水平努力，向高层次攀登。

2012 年，生肖集邮展览顺利举办。其展出的 66 部（169 框）生肖邮集在选题、纲要、素材、编排上的新尝试，让人们看到了生肖集邮不断进步的新面貌，也给生肖集邮研究会第五次代表大会成功献礼。

2013 年，生肖集邮展览顺利举办，由 13 个省（区、市）选送的 73 部（184 框）生肖邮集参与了交流展示。在开幕式上，周治华会长将个人全部藏品共 1 375 种、9 575 枚生肖邮票，以及生肖邮资封片无偿捐赠给筹建中的苏州生肖邮票博物馆。

2014 年，第五届全国生肖集邮展览顺利举办。首次发布的相关评审报告显示，参展的 118 部（381 框）邮集中有 6 部同获金奖和特别奖、5 部获大镀金奖，具备了参加全国集邮展览和更高级别集邮展览竞赛的实力。

2015 年，生肖集邮展览顺利举办，58 部（150 框）专门研究类、专题类、极限类、试验类邮集的作者遍及 12 个省（区、市）。全国第十届生肖（乙未年）个性化邮票青少年创意设计大赛优秀作品展同时与观众见面。

2016 年，首届全国生肖集邮一框展览顺利举办。该展览是生肖集邮研究会为倡导生肖集邮大众化而推出的新举措。参赛的 151 部一框类邮集是从 250 部申报作品中选送的，其中有 7 枚金奖、22 枚镀金奖，这一评审结果表明一框类邮集潜力较大。

2017 年，首届全国生肖集邮新作展览顺利举办。在中国内地 41 个城市及香港、澳门地区送展的 121 部（217 框）近年新作中，不乏高水平佳作。正在苏州调研的中华全国集邮联合会会长杨利民在周治华会长、郑炜副会长的陪同下参观了集邮展览。

2018 年，第六届全国生肖集邮展览顺利举办。评委会对 162 部（349 框）邮集和 3 部文献展品评审后认为：“部分展品选题适当，生肖文化特点突出，处理均衡合理，素材收集难度较大，制作精美，具有很高的水平。”

2019 年，第二届全国生肖集邮新作展览顺利举办。在 128 部（248 框）参赛作品中，生肖电

图 5-88　王新中名誉会长颁发“周治华奖”

子邮票、邮资标签等新的专门研究类邮集占比超过了 12%，呈现出生肖集邮内涵与外延同步拓展、齐头并进的良好局面。

2020 年，第二届全国生肖集邮一框展览顺利举办。这次展览为编组 110 部参展邮集的 102 位作者特别是编集新手，提供了用武之地、练兵之所。同时展出的还有参加全国青少年生肖手绘实寄封创意大赛的 288 件优秀作品。

2021 年，第七届全国生肖集邮展览顺利举办。为更好发挥集邮展览平台的作用，原定为 4 年举办一届的全国生肖集邮展览改为每年举办。本届共有 135 部（263 框）作品参加角逐。林衡夫会士成为获得首次设置的特别奖——“周治华奖”第一人（图 5-88）。

2022 年，第八届全国生肖集邮展览顺利举办。参加竞赛的 92 部（150 框）邮集获评金奖 2 部、大镀金奖 3 部、镀金奖 2 部、大银奖 1 部、银奖 4 部、镀银奖 2 部、试验类和一框类金奖 2 部、镀金奖 17 部、银奖 38 部、铜奖 21 部。

2023 年，第九届全国生肖集邮展览首次走进桃花坞历史文化片区，来自 13 个省（区、市）的 71 部作品参与角逐，广东的孙海平、江苏的蔡世杰分获“周治华奖”“名城苏州奖”。

③ 开拓校园生肖文化传承发展空间，创办全国青少年生肖集邮系列活动。

第一，由生肖集邮研究会牵头，同集邮报社、上海收藏文化研究所、上海舒同书法艺术研究会联合主办了全国生肖个性化邮票青少年创意设计大赛。自 2006 年起，该赛事至今已连续举办了 18 届。由于生肖属相人人都有、惹人喜爱，创作大赛又与美术教学自然融合，因而这项活动得到了各地学校的广泛响应，每届大赛全国约有 20 个省（区、市）的几十万名中小学生参加。每届大赛经层层选拔评出金奖 12 名，银奖、铜奖和组织奖、优秀辅导奖若干名。生肖集邮研究会每年将 12 幅金奖作品用作副票图案，经国家邮政部门批准后印制发行生肖个性化邮票。此外，生肖集邮研究会还出资印制数百套《金奖集》明信片，用于奖励作者、参赛学校、辅导教师，以及供极限集邮爱好者制作生肖极限片。由获铜奖以上的 200 件作品组成的全国生肖个性化邮票青少年创意设计大赛优秀作品展被列为每年 1 月 5 日举办的生肖集邮系列活动之一，与中华全国生肖集邮展览同场展出。

这项赛事由于有助于丰富校园的教学内容和文化生活，增强学生的集邮兴趣，推动校园集邮文化的发展，因而受到各有关方面的高度重视。中华全国集邮联合会少工委是大赛的指导单位，主任王新中亲任顾问，每年 1 月 5 日都会到苏州参加颁奖座谈和研讨活动。广东、湖南等省的教育部门、集邮协会通过举办省级比赛选拔优秀作品参加全国大赛；安徽省从 2010 年开始，由安徽省教育厅、安徽团省委、安徽省邮政公司和安徽省集邮协会联合举办全省中小学生生肖邮票设计大赛，并编印出版获奖作品汇编。特别是苏州赛区在苏州市教育局、苏州邮政局的广泛发动、精心组织下，全力冲刺，成绩骄人：苏州学生的作品连续 18 届金榜题名，吴江市教育局先后为 12 名金奖作者专门印制中国邮政贺年有奖邮资明信片致贺留念，苏州市景范中学校学生任昱秋则是历届大赛中唯一实现“两连冠”的参赛学生。

第二，接力大赛，发挥后劲，组织全国中小学生肖集邮教育研讨会、全国青少年生肖集邮联谊会。随着邮票设计大赛规模和影响力的越来越大，以生肖集邮为抓手，大力推进青少年集邮工作的优势愈发明显，前景愈发明朗。为了及时总结经验、探索发展，生肖集邮研究会

图 5-89　全国生肖个性化邮票青少年创意设计大赛颁奖座谈会

审时度势，在上海举办首届研讨会后不久，便于2008年1月6日在首批全国青少年集邮活动示范基地——苏州市景范中学校召开全国中小学生肖集邮教育研讨会，来自甘肃、安徽、福建、浙江、江苏、上海、辽宁、四川、广东等地的30余所学校校长（负责人）就如何更好发挥集邮活动在中小学素质教育中的作用进行了研讨与交流，并达成了以下共识：集邮活动应向集邮文化延伸，比如青少年集邮活动应当纳入教育、教学、教研工作，为推进中小学生素质教育搭建平台。在研讨开始前举行了全国生肖个性化邮票青少年创意设计大赛颁奖仪式，12位金奖小作者获授证书。此后，每次均在优秀作品展开幕次日召开颁奖座谈会（图5-89），这也成为每年生肖集邮系列活动的固定项目，并一直延续至今。本次研讨会后，与会学校加大了青少年集邮工作的支持力度，涌现出了一批校园集邮活动的先进典型。为了抓住有利时机、推广典型、交流经验、扩大成果，生肖集邮研究会联合全国集邮媒体和地方邮政、邮协，先后在全国生肖集邮先进单位和特色学校——南通市通州区石港中学（2012年）、全国红领巾集邮文化体验示范学校——苏州市吴江区盛泽小学（2019年）举办了两届全国青少年生肖集邮联谊会。该联谊会通过承办学校典型经验的介绍和与会代表的现场参观、学习、交流、联谊，加深了对生肖集邮促进素质教育功效的感知度，激发了进一步做好校园集邮工作的积极性，收到了很好的宣传和推广效果。

在上述“一赛两会”的推动下，生肖集邮在中小学校迅速打开局面，很快发展了一大批包括校长、教师和中小学学生在内的会员，建立了一批学校生肖集邮组织。目前，生肖集邮研究会的学生会员占比已超过10%，为生肖集邮的可持续发展注入了新的活力。

④抓住热点，顺应潮流，举办最佳世界生肖邮票评选活动。

为弘扬中华优秀传统生肖文化，扩大生肖邮票和生肖集邮的影响，促进生肖邮票设计水平的提高，自2010年起至2021年，生肖集邮研究会连续12年举办最佳世界生肖邮票评选活动，并编发专刊。

每年8月前，生肖集邮研究会收集当年度世界各国（地区）发行的生肖邮票及资料，印制《最佳世界生肖邮票评选活动专刊》，除公布评选办法及组委会成员名单之外，专门印有当年世界各国发行的生肖邮票图案和编号，供参评人员鉴赏和选择。该专刊为大16开、250克铜版纸彩印，设计精美，票图清晰，便于保存，具有一定的史料价值和收藏价值。

每届活动的评选办法大致相同，每张选票选出3个国家（地区）发行的生肖邮票为最佳，以群众投票与专家投票相结合的方式评选，由得票数最多的3套邮票中选。活动特设荣誉奖1名，由组委会指定授予中国邮政发行的当年度生肖邮票（不参加评选）。投票对象：前四届（2010—2013）面向全国集邮爱好者；从第五届（2014）开始，评选改为在生肖集邮研究会内部进行，只有会员才能参与投票。奖励办法除中间两届有所调整之外，其余10届基本一致，即对全部选中者奖励特制的《最佳世界生肖邮票评选纪念明信片》1枚，另设立特别奖、幸运奖和鼓励奖，从所有选票中抽奖产生。

每次刊印的《最佳生肖邮票评选活动专刊》上评选的国家（地区）数量略有变化，12年累计共有118个国家或地区发行的714枚（套）生肖邮票（小型张、小全张）参与了评选，其中加拿大、日本、韩国、新加坡、法国、美国等18个国家及中国香港和澳门地区全程参与。

此外，由于对中国生肖民俗文化解读的生肖邮票设计在理念、风格、水平上的差异和集邮爱好者审美情趣的雷同，获评最佳生肖邮票的国家（地区）相对集中（12 年中仅为 10 个），中国香港邮政入选最佳次数最多，在近 12 年发行的生肖邮票中，中国香港有 9 次入选最佳世界生肖邮票前三名，7 次名列榜首。接下来分别为列支敦士登公国 8 次、新西兰 6 次、加拿大 4 次、中国澳门 3 次、日本 2 次、马来西亚 1 次、汤加 1 次、塞尔维亚 1 次、乌拉圭 1 次。值得一提的是，中国香港发行的生肖邮票，因其选题和设计富有特色，并推出许多独具创意的邮品，诸如绒面生肖邮票、金箔小型张等，获得不少好评。

评选活动因抓住热点，顺应潮流，一经推出就受到会员和广大生肖集邮爱好者的热烈响应，参与投票者逐年递增，后五届年均收到选票超 4 500 张，既扩大了生肖文化的宣传面，又增添了集邮活动的趣味性，对提高邮票设计水平和会员鉴赏能力更是一次有益的推动。同时，评选活动的影响还扩大到海外。2020 年 1 月 6 日出版的美国《林氏邮票新闻》对第十届最佳世界生肖邮票评选活动做了详细报道。

（4）注重研究，理论实践并进

生肖集邮作为一项新兴的专题门类，只有加强学术研究，才能促进自身发展。生肖集邮研究会通过组织会员在会刊和全国集邮报刊上发表论文，适时召开各种类型学术研讨会，出版生肖集邮专著及引导会员编组邮集参加竞赛性集邮展览等方式，从创建学术理论体系到制定集邮展览专门规则，同步并进，实现双赢。

26 年间，生肖集邮研究会已组织开展研究的主要课题主要有以下 9 项：一是生肖文化（含十二生肖的起源和发展、中国生肖的对外传播、生肖文化的积极意义）的研究。二是生肖邮票的概况（含其定义、特征、要素）的研究。三是中国生肖集邮（含一套生肖邮票、一种生肖属相邮票、一轮生肖邮票，中外生肖邮票的对比，生肖邮票的品种、数量、版式、发行日期、图案设计、题材内容等）的研究。四是世界各国生肖邮票的研究。五是生肖题材邮政用品（如生肖贺年邮资封片）的研究。六是生肖地名邮戳、纪念邮戳的研究。七是生肖集邮兴起与发展的研究。八是生肖集邮展览品编组、展出和评审的研究。九是“生肖”名词英译的研究。生肖集邮研究会历年举办（承办、协办）的学术研讨会有：1998 年在上海举办的第二轮生肖邮票设计作品展览与研讨活动，1999 年在北京召开的生肖集邮学术研讨会，2001 年在苏州召开的中国第三轮生肖邮票设计研讨会，2003 年在四川绵阳召开的生肖集邮学术研讨会，2007 年在苏州召开的地方生肖集邮组织经验交流会，2008 年在苏州召开的全国中小学生生肖集邮教育研讨会。

2010 年，由中华全国集邮联合会学术委员会主办、生肖集邮研究会承办的全国首届生肖集邮学术研讨会共收到全国 24 个省（区、市）报送的论文 131 篇。经评审委员会评审，共评出荣誉奖 1 篇、一等奖 2 篇、二等奖 6 篇、三等奖 11 篇、纪念奖 30 篇，中华全国集邮联合会为获奖者颁发了获奖证书。此外，生肖集邮研究会还编印有《生肖集邮学术研讨会论文选（2010）》（图 5-90），其中收录的论文内容涉及生肖文化、中外生肖邮票、生肖邮集编组、生肖集邮活动、生肖集邮组织等各个方面。这是生肖集邮研究会自成立以来最高规格、最高水平的一次学术研讨会，影响深远。

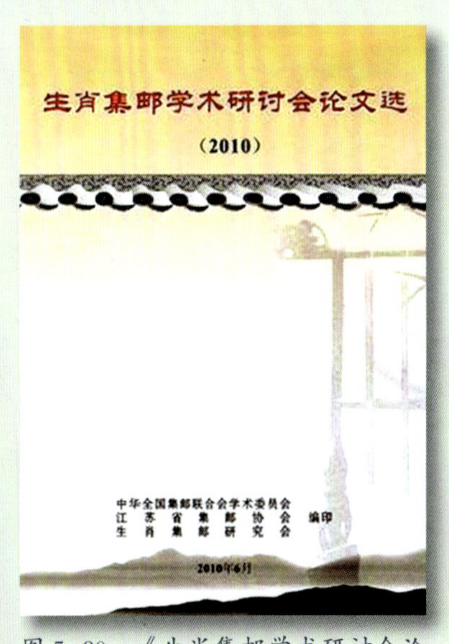

图 5-90　《生肖集邮学术研讨会论文选（2010）》

历年正式出版发行的生肖集邮书籍不仅有上海人民出版社出版的《世界生肖邮票精品》系列丛书（全12册）等20多种，还有内部准印的《邮林别韵》《邮坛新音》《邮苑异苑》《邮海曙光》4部生肖集邮文集及《生肖地名戳资料汇编》。其中，由生肖集邮研究会组织编写、2008年陕西人民出版社出版的《生肖集邮概说》（获2008年中华全国集邮展览大银奖）、人民邮电出版社出版的《世界生肖邮票目录》（2008年获中华全国集邮展览镀金奖），为生肖集邮理论研究奠定了基础。而全国首届生肖集邮学术研讨会《生肖集邮学术研讨会论文选（2010）》的出版，则将相关学术研究向前推进了一大步。

（5）举全会之力，借专家之助，制定生肖集邮展览专用（特别）规则

编组生肖邮集是检验理论学术成果的实践形式，制定集邮展览规则是评判邮集研究水平的必要手段。2003年1月5日，在羊城召开的广州生肖集邮研讨会上，《生肖集邮》编辑部组织了专题讨论会，发表了以生肖集邮研究会广州会员小组为主起草的《生肖集邮展览品评审规则》（讨论稿）。此稿参照国际和全国相关规则，从实际出发，根据生肖文化和生肖邮品的特点，做出了符合实际的规定。在展品规模、类别、素材选用上，此稿更为灵活、宽松，具有同类可比性。在评审总分中，适当降低珍罕性的分值，以扩充编组生肖邮集的有效素材，这样做有利于邮集的编成，使生肖邮集看得懂、学得上、玩得起。在中华全国集邮联合会副会长、集邮展览委员会主任常增书和国际集邮展览评审员孙海平的亲自指导和参与下，《生肖集邮展览评审总规则》和两个评审特别规则在广州生肖集邮展览上试行；由中华全国集邮展览评审员李明亲自起草的《生肖集邮展览品评审专用规则》几经讨论、修订和中华全国集邮联合会最终审定，在2007年1月由中华全国集邮联合会主办的第三届全国生肖集邮展览上正式施行。这标志着生肖集邮展览被列入国家级新的专门集邮展览类别，具有开创性的重大历史意义，为今后提高生肖集邮展览的水平和档次奠定了基础。2010—2022年，集邮展览参展作品水平逐届提升，金奖邮集越来越多。

2009年世界集邮展览在洛阳举办期间，中华全国集邮联合会首次将生肖、文献、原地集邮作为具有中国特色和创新意义的3项集邮活动，在国际集邮联合会主办的集邮讲座上做了口头或书面介绍。2011年11月，由生肖、原地、文献邮集组成的中国新兴集邮联展与亚洲国际集邮展览特设的展区同时在无锡展出，这是生肖集邮作为新兴集邮展览门类首度亮相。更令人振奋的是，大连会员王嘉麒的一部生肖邮集《日本贺年生肖（1936—1956）》在2011年日本世界集邮展览上获得了青少年类大镀金奖，为中国生肖邮集走向世界邮坛跨出了重要的一步。

2012年、2022年，生肖集邮研究会两次被中华全国集邮联合会评为全国先进集邮组织（图5-91）。

荣誉证书

生肖集邮研究会：

在纪念中华全国集邮联合会成立三十周年评选表彰活动中，被评为全国先进集邮组织。

中华全国集邮联合会
二〇一二年八月

图5-91　生肖集邮研究会获评全国先进集邮组织荣誉证书

生肖集邮研究会的不断壮大及生肖集邮文化活动的蓬勃发展，与中华全国集邮联合会各届领导的关心和直接指导密不可分。

在生肖集邮研究会兼职的中华全国集邮联合会领导有王新中（副会长）、常增书（名誉会长）。此外，亲临苏州参加指导生肖集邮研究会活动的中华全国集邮联合会正、副会长还有刘平源、杨贤足、杨利民、赵晓光、李鸿远、常延廷、许孔让、刘广实、刘佳维、孙蒋涛、张玉虎等人，具体参见以下报道。

2004年1月5日上午，《甲申年》生肖邮票、邮资明信片首发式暨第二届全国生肖集邮展览开幕式在苏州图书馆隆重举行，中华全国集邮联合会副会长许孔让参加剪彩，并参观集邮展览。下午，许孔让还在生肖集邮研究会第三次会员代表大会上发表了热情洋溢的讲话，并向周治华会长赠送《毛泽东诗词》等书籍。

2006年1月5日—6日，中华全国集邮联合会5位会士常增书（第二—第五届副会长）、李鸿远（第四届副会长）、刘广实（第六届副会长）、马佑璋、林衡夫，全程参加了《丙戌年》生肖邮票首发系列活动，并在生肖集邮研究会三届三次理事会上发言（图5-92）。

图5-92　中华全国集邮联合会领导莅临苏州参加生肖集邮研究会活动［中华全国集邮联合会副会长许孔让（上），中华全国集邮联合会第四届副会长李鸿远（左下），中华全国集邮联合会副会长兼青少年工作委员会主任王新中（右下）］

2007年1月5日，中华全国集邮联合会副会长常延廷、常增书、王新中及副秘书长刘佳维、外展部部长刘玉平等人一同来到苏州，参加了《丁亥年》特种邮票首发式暨第三届全国生肖集邮展览开幕式，并出席了生肖集邮研究会成立10周年庆祝大会。

2010年1月5日上午，全国第五届生肖个性化邮票青少年创意设计大赛优秀作品展在苏州图书馆开幕。下午在三元宾馆召开颁奖座谈会，中华全国集邮联合会副会长兼青少年工作委员会主任王新中代表中华全国集邮联合会会长杨贤足和青少年工作委员会向获奖者表示祝贺。

2017年1月5日，在生肖集邮研究会第六次会员代表大会暨成立20周年庆祝大会上，会长杨利民代表中华全国集邮联合会发表祝贺致辞，并题词“全国民间集邮组织的排头兵”（图5-93），科学而中肯地评价了生肖集邮研究会。

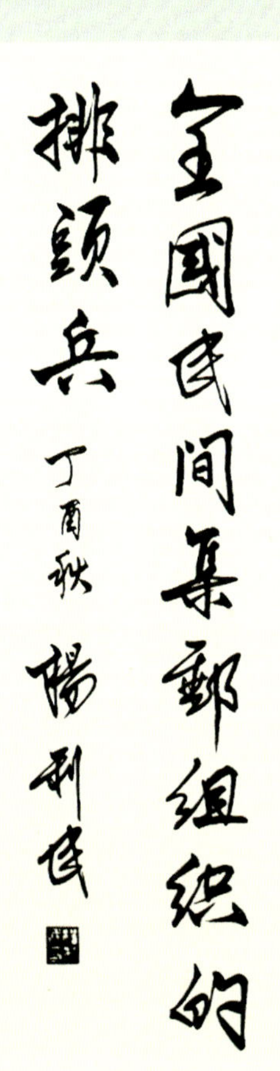

图5-93　会长杨利民题词

2023年3月10日，中华全国集邮联合会常务副会长赵晓光、

图 5-94　全国集邮联调研生肖集邮活动座谈会参会人员合影

学术工作部主任成冬青、展览工作部主任谷泽伟一行，在江苏省集邮协会副会长葛建亚、杨桂松，秘书长汤小翊、副秘书长夏斌的陪同下，专程到苏州调研生肖集邮活动（图 5-94）。

3. 虎门首届全国生肖集邮嘉年华开启第二个 25 年创新发展之路

为落实生肖集邮研究会第七次代表大会提出的“五创新”任务，由生肖集邮研究会主办，以广东、江苏两省集邮协会为支持单位的首届全国生肖集邮嘉年华活动于 2022 年 8 月 28 日在广东虎门正式升幕。中华全国集邮联合会常务副会长赵晓光、副会长焦晓光，广东、江苏两省集邮协会主要领导，19 位全国会士，以及第二届粤港澳大湾区集邮展览和 2022 年全国生肖集邮邀请展的国际集邮展览评审员，《集邮》杂志、列支敦士登邮政、中国嘉德、赵涌在线、中邮网的主要负责人，生肖集邮研究会会员（爱好者）共 180 余人参加了本次活动（图 5-95）。

图 5-95　首届全国生肖集邮嘉年华活动部分参会人员合影

图 5-96　郑炜会士向中国集邮家博物馆捐赠《中国生肖邮票大全套》

在主办单位致欢迎词、支持单位领导讲话和兄弟集邮研究会代表致贺后举行的捐赠仪式上，中华全国集邮联合会会士、生肖集邮研究会会长郑炜向中国集邮家博物馆捐赠《中国生肖邮票大全套》，中国集邮家博物馆名誉馆长倪文才接受了捐赠（图 5-96）。随后，列支敦士登邮政驻亚太区总代表齐向荣和设计师吴玮分别做了精彩的生肖集邮讲座。其间，生肖集邮研究会、赵涌在线和列支敦士登邮政向本次活动捐赠生肖邮品，并与观众进行了现场交流，包括 T.46《庚申年》猴票、中国发行的第一轮生肖虎邮票整版、世界上第一枚生肖邮票——日本发行的虎年生肖邮票小全张、世界首枚激光镂空邮票——在列支敦士登公国诞生的《中国十二生肖系列：龙年邮票》、赵涌在线源泰评级生肖盒品等，其所得款项全部捐助本次嘉年华活动。中邮网董事长李国庆受邀主持了交流活动。

首届全国生肖集邮嘉年华活动在东莞市集邮协会副会长王晓强现场演唱的主题曲《光阴的故事》中落下帷幕。整场活动内容丰富，气氛热烈，节奏紧凑，领导、嘉宾和集邮者盛赞这是“一场特别好的民间集邮交流活动”。

首届全国生肖集邮嘉年华活动作为生肖集邮研究会的创新品牌，被打造成系列活动，在中国举行世界集邮展览、亚洲国际集邮展览、全国集邮展览和重大全国性集邮活动，使之成为中国民间集邮活动的亮点与品牌。

2020年3月2日，周治华会长因病离世。2022年1月4日，生肖集邮研究会召开第七次代表大会，郑炜当选会长，负责带领新班子继承老会长的未竟事业，行稳致远，创新发展，推动生肖集邮研究会再上新台阶。

4. 周治华为生肖集邮文化创新发展所做的历史性贡献

周治华（1934 — 2020，图5–97），江苏江宁人。1951年，周治华参加工作，于翌年加入中国共产党，曾任苏州市委副书记、苏州市政协副主席。他从小爱好集邮，晚年热衷集邮。自1987年担任苏州市集邮协会名誉会长起积极参加邮坛活动，于1997年创建生肖集邮研究会，并担任会长，主编会刊《生肖集邮》，开创了中国新兴集邮的新门类。该研究会注册会员近8 000人，遍布全国。

图5–97　周治华像

周治华不仅担任中华全国集邮联合会第五次代表大会代表、中华全国集邮联合会第二批会士、青少年集邮工作委员会副主任等，还任江苏省集邮协会副会长。他在各类报刊发表邮文1 300余篇，出版邮书20余本。此外，他还捐赠藏品筹建博物馆，2013年5月，中国邮政邮票博物馆生肖分馆——苏州生肖邮票博物馆开馆迎客。

周治华作为我国生肖集邮活动的开创者、引领者和推动者，为中国生肖集邮文化的蓬勃发展做出了卓越贡献。

1993年1月10日，周治华以发表邮文处女作《美国首次发行中国鸡年生肖邮票》为开篇，在《苏州日报》集邮专栏《世界生肖邮票系列谈》上连载文章28个月，共100余期，向读者逐一介绍各个国家和地区发行的生肖邮票，并通过在《集邮报》《集邮》杂志同期连载，向国内引入生肖集邮概念和新的专题信息，为生肖集邮活动的萌芽做了舆论和认知上的铺垫。

1997年6月，周治华发起创建了世界上第一个生肖集邮组织——生肖集邮研究会，创办了世界上第一份生肖集邮期刊——《生肖集邮》。从此，一个庞大的集邮爱好者队伍走上了有组织、有领导、有计划、有目标的发展之路。

历经几年潜心研究和对集体学术成果的提炼与归纳，周治华以著书（与徐星瑛、黄秉泽合编世界上第一部生肖集邮工具书——《世界生肖邮票目录》）、立说（主编生肖集邮系统论述——《生肖集邮概说》）的方式，就十二生肖起源、生肖邮票定义、中外生肖邮票对比、生肖邮资封片研究、生肖集邮活动组织及生肖集邮展览品编组、展出和评审等进行了全面阐述，从而建立了生肖集邮的理论体系。

2001年4月，周治华发起和组织了第一个竞赛级的全国生肖集邮展览，此后连办8届并形成系列，屡创佳绩，从而为《生肖集邮展览评审专用规则》的推广施行和跨入世界集邮展览大门创造了有利条件。

在周治华的积极倡议和个人努力下，在苏州市政府的支持下，以周治华捐赠的近万种生肖邮票藏品为基础创建的世界上第一个生肖邮票博物馆——苏州生肖邮票博物馆（中国邮政邮票博物馆·生肖邮票分馆）于2013年5月18日正式开馆，为奠定与巩固苏州作为全国生肖集邮活动中心的地位和作用立下汗马功劳。

周治华满怀弘扬中华优秀传统文化的热情，凭借自己对集邮文化和生肖文化的热爱与追求，从担任苏州市委领导期间进行文化宣传工作时全方位关注、支持苏州集邮文化繁荣发展，到全面主持苏州市政协工作，直至退休全身心投入生肖集邮活动的萌芽与发展，他用生前几十年时光，完成了由苏州市委副书记到中华全国集邮联合会会士的身份转换，留下了由他开创、发展的生肖集邮累累成果。他的功勋将载入苏州集邮史册和中国生肖集邮史册。

五、专项集邮组织建设

除苏州市职工集邮研究会之外，苏州市集邮协会下属的专项集邮组织还有苏州市老干部集邮协会、风景日戳研究会、苏州市老年集邮协会、苏州市极限集邮研究会、苏州市专题集邮研究会、苏州市邮资封片和个性化邮票研究会、苏州市邮政史集邮研究会、东吴邮学会等，这些专项集邮组织对推进苏州市集邮活动向纵深发展发挥了积极作用。

图5–98　苏州市离休老干部集邮协会成立纪念封

1. 苏州市老干部集邮协会

苏州市老干部集邮协会原名苏州市离休老干部集邮协会，成立于1987年12月10日（图5–98）。1988年12月10日，该协会在苏州市委老干部局举行成立一周年纪念活动，会长吴锦儒做了题为《把离休干部集邮活动深入、持久、健康地发展下去》的工作报告。会上，特聘田德明为顾问，并决定将该协会更名为苏州市老干部集邮协会。历任会长有吴锦儒、石英、瞿慰祖，现任会长为李存钧，在册会员有80余人。

图5–99　“中共苏州市委老干部局”官网关于集邮的报道

建会30多年来，该协会坚持以“团结广大会员和集邮爱好者，积极宣传集邮文化、普及集邮知识、倡导高尚邮德、维护会员合法权益，推动集邮事业不断发展”为宗旨，以发展和巩固老干部集邮队伍为重点，以开展丰富多彩的集邮活动为主线，逐渐形成了两大特色：一是鼓励会员编组邮集，走进校园、社区等；二是全方位开展集邮联谊活动，在“中共苏州市委老干部局”官网上屡见相关报道（图5–99）。

（1）编组邮集

近几年来，苏州市老干部集邮协会在文化“五进”（进企业、进社区、进学校、进机关、进军营）活动中表现尤为突出，具体表现在以下几个方面。

2017年8月3日，苏州市老干部活动中心组织苏州市老干部集邮协会、风景日戳研究会苏州分会与中街路社区和湖田社区联合举办“集邮进社区，关心青少年，庆祝建军节”红色集邮活动，共展出《最可爱的人》《中国人民军队军服变迁》《八一颂》等多部专题邮集。

2018年7月24日，苏州市老干部集邮协会走进武警因果巷消防中队，与消防队员进行联谊活动，共庆中国人民解放军建军91周年。苏州市老干部集邮协会会长瞿慰祖、风景日戳研究会苏州分会会长方志墉和姑苏区邮政局代表向消防队官兵赠送了精美的红色邮品，会员陆维勇做了题为“学习宣传党的十九大，庆祝改革开放四十年”的集邮知识讲座，并向消防队官兵现场介绍《邮票上的党史》《改革开放40年》等专题邮集。

同年11月8日，苏州市老干部活动中心组织苏州市老干部集邮协会与苏州市卫生职业技术学院离退休教师集邮协会联合举办“庆祝改革开放40周年集邮展览暨知识讲座”，学院师生近500人参加了活动。

2019年9月23日—30日，由苏州市老干部集邮协会举办的“祖国万岁”——苏州市老干部庆祝中华人民共和国成立70周年集邮展览在苏州市委老干部局举办。是年，该协会举办了近20次红色集邮进企业、进社区、进校园活动，受益人数达4 000人次，分别在《苏州日报》《姑苏晚报》上报道8次，在《中国集邮报》《苏州集邮》上报道10次，在苏州广播电视台接受采访10次。

2020年10月27日，为纪念中国人民抗日战争暨世界反法西斯战争胜利75周年，苏州市老干部集邮协会偕同苏州邮政分公司、苏州市集邮协会、苏州工业园区邮政分公司、中街路社区集邮协会及苏州生肖邮票博物馆，在苏州长风航空电子有限公司会议室联合举办“没有共产党就没有新中国”集邮主题党课和集邮展览，该公司生产制造事业部党支部49名党员和长风蓝天集邮协会40名会员参加了活动。党课讲座结束后，与会者参观了集邮展览。该展览展出的邮集共18框、近千件邮品。

2021年4月15日—5月18日，苏州市老干部集邮协会先后与苏州市生态环境综合行政执法局、苏州市市场监督管理局、中国电信集团有限公司苏州分公司、中国邮政集团有限公司苏州市相城区分公司，以及中街路社区、玻纤路社区、学士街社区联合举办《邮票上的党史》主题党课和集邮展览，受益人数达1 500人次，《苏州日报》《姑苏晚报》先后对此进行了报道，苏州市教育电视台记者也进行了采访。92岁高龄的老党员金士英还接受了《新华日报》的专访。

面对来势汹汹的新冠疫情，苏州市老干部集邮协会与时俱进，在2020年中国共产党成立99周年之际举办了网络集邮展览，共展示邮集9部、27框、432个国际标准贴片。参展作者平均年龄为85岁，其中还有90岁高龄的离休干部。2022年是党的二十大召开之年，也是第二个百年征程的开局之年。为进一步激励和引导广大离退休干部不忘初心、牢记使命，在七一来临之际，苏州市老干部活动中心组织苏州市老干部集邮协会举办了“喜迎二十大　集邮忆峥嵘”线上集邮展览。在集邮文化“五进”活动中，苏州市老干部集邮协会成员郑其福还担任苏州市老年大学的集邮讲座教师。

（2）举办集邮联谊活动

苏州市老干部协会会员不仅积极参与全国百家老干部集邮协会联庆活动，还积极参加1997年喜庆香港回归祖国暨中国人民解放军建军70周年、1999年喜庆中华人民共和国成立50周年的“联庆封”活动。该协会更是全力推动江苏省老干部集邮联谊活动，并多次承办江苏省老干部集邮联谊会，诸如1997年9月21日第3届集邮联谊活动在苏州吴江举行，2007年10月25日—26日第13届集邮联谊活动在苏州市区举行，2011年6月7日—9日第17届集邮联谊活动在常熟举行。

苏州市老干部集邮协会的联谊活动，既在苏州市内外老干部集邮协会之间开展，又与兄弟集邮协会携手举办。

2019年10月，苏州市老干部集邮协会与常熟市老干部集邮协会、东吴集邮沙龙联合举办多次集邮联谊活动，苏州市老干部集邮协会瞿慰祖、朱炳南等会员参加了活动，并观看了联展（图5-100）。

图 5-100　会员观看联展

2022 年 7 月，苏州市老干部集邮协会和吴中区老干部集邮协会首届联谊会在吴中区老干部活动中心举行。苏州市老干部集邮协会会长李存钧、吴中区老干部集邮协会会长薛金根等人参加了活动。

1988 年 12 月 26 日，吴江县老干部局离休干部集邮组成立；1993 年 6 月 25 日，吴江市老干部集邮协会成立；1992 年 3 月 23 日，常熟市老干部活动中心集邮组成立，并于 1993 年扩建为常熟市老干部集邮分会；2011 年 2 月 24 日，张家港市老园丁集邮分会在苏州市退休教育工作者协会成立；2018 年 11 月 5 日，吴中区老干部集邮小组成立，并于 2022 年升格为吴中区老干部集邮协会。这些协会都在因地制宜地开展各种适合老年人群体的集邮活动。

2. 风景日戳研究会

风景日戳研究会原名风景戳协会，1993 年 11 月苏州市集邮协会批准其为团体会员，2017 年更名为风景日戳研究会，现有会员 700 余人。

在 20 世纪 80 年代中期集邮复兴的苏州，活跃着一批风景日戳爱好者。1986 年 11 月 1 日，苏州邮电局为配合《苏州建城二千五百年》纪念邮资明信片首发式，一次性推出“盘门三景”“虎丘”“留园”“拙政园”等 6 枚风景日戳。这不仅让苏州的风景日戳爱好者喜出望外，还吸引众多外地同好趋之若鹜，纷纷求助苏州邮友代办盖戳事宜。于是，尽早组建相应协会，在积极开展本地交流研究活动的同时，做好面向国内同好的代办服务，很快被提上议事日程。经过沈禹民、陶安强、唐建文等人半年多的联络与筹办，1988 年 5 月 1 日，国内唯一的风景日戳爱好者组织——风景戳协会在苏州应运而生。

1993 年 11 月，苏州市集邮协会批准风景戳协会为团体会员，并将其更名为风景戳研究会（图 5-101）。风景戳研究会遂成为第一个挂靠市级集邮协会的集邮民间组织。1994 年 2 月 1 日，风景戳研究会成立大会召开，选举产生了第一届理事会。1998 年 10 月，该会向苏州市集邮协会提交创建“集邮者之家”的申请。1999 年 2 月 3 日，该会经苏州市集邮协会审查验收，被命名为“集邮者之家”。2014 年 5 月 17 日，该会首个分会——苏州分会成立（图 5-102）。2017 年年底，经充分酝酿和商议，该会正名更名为风景日戳研究会。2018 年年底，该会获得中华全国集邮联合会会长杨利民的亲笔贺词“风景日戳研究前程似锦”（图 5-103）。目前，该会会员人数为 726 人，覆

图 5-101　风景戳研究会成立

图 5-102　风景戳研究会苏州分会成立

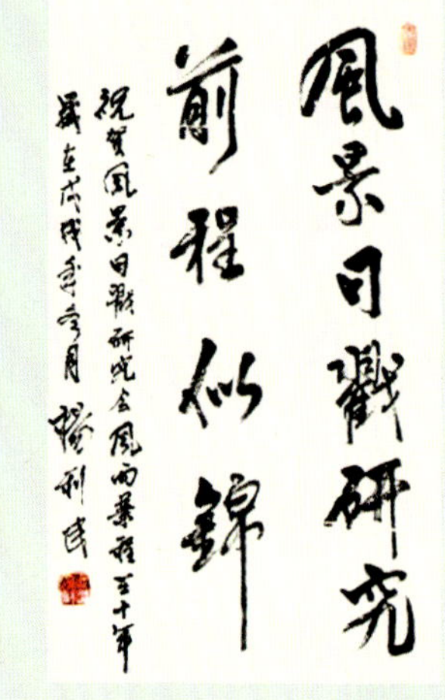

图 5-103　杨利民贺词

盖全国 30 多个省（区、市）。该会曾多次获评苏州市集邮先进集体，并在 2022 年 1 月苏州市集邮协会第九次代表大会上荣获“2013—2021 年度集邮先进集体”称号。

几十年来，该会始终坚持办会宗旨，团结带领会员，不断克服困难，默默探索耕耘，为我国风景日戳的传播和推广、研究和探讨、规范和发展做出了不懈努力，发挥了重要作用。

（1）组织沿革

风景戳协会在建会之初，由沈禹民负责会务工作，陶安强负责会刊和对外宣传，唐建文负责财务和代办邮品。在他们的热情操持和不懈努力下，风景戳协会影响日渐扩大，会员队伍逐步壮大。

1994 年 2 月 1 日，改名后的风景戳研究会第一届理事会产生，聘请邓树镛、俞大雄为顾问，会长为郑培清，副会长为黄鸿根。1997 年 2 月 2 日，第二届理事会产生，聘请郑培清、李世昌为名誉会长，会长为黄鸿根，副会长为屠富强、宋真红，秘书长为沈禹民，副秘书长为宋玉林。2006 年 12 月 15 日，第三届理事会产生，聘请邓树镛、俞大雄为顾问，郑培清、李世昌、黄鸿根为名誉会长，会长为屠富强，副会长为宋真红、周铭刚、张建伟、金光发，秘书长为沈禹民，副秘书长为朱德昌。2010 年 11 月 1 日，第四届理事会产生，聘请郭润康、周治华、林衡夫、邵林为顾问，郑培清、黄鸿根为名誉会长，会长为屠富强，副会长为周铭刚、王晋枫、金光发、张建伟，秘书长为沈禹民，副秘书长为朱德昌、许立义。2011 年 10 月 15 日，增聘屠富强为名誉会长，会长为周铭刚。2012 年 4 月 25 日，增选方志墉为副会长。2013 年 4 月 25 日，第五届理事会产生，聘请郭润康、周治华、林衡夫、邵林、王晋枫、王文泰为顾问，郑培清、黄鸿根、屠富强为名誉会长，会长为周铭刚，副会长为张建伟、方志墉、金光发，秘书长为沈禹民，副秘书长为朱德昌、许立义。2013 年 12 月 15 日，会长为屠富强，周铭刚改任常务副会长。2015 年 1 月 15 日，增聘王新中、葛建亚为顾问，增选许仁余为副会长，周铭刚改任副会长。2017 年 6 月 15 日，增聘王宏伟为顾问。2017 年 12 月 30 日，第六届理事会产生，聘请王新中、周治华、林衡夫、邵林、葛建亚、王宏伟、王晋枫、王文泰为顾问，郑培清、黄鸿根为名誉会长，会长为屠富强，副会长为张建伟、方志墉、金光发、许仁余、张全福，秘书长为沈禹民，副秘书长为朱德昌、许立义。2020 年 4 月 26 日，增聘李近朱为顾问。2022 年 9 月 23 日，第七届理事会产生，聘请王新中、李近朱、林衡夫、邵林、葛建亚、王宏伟为顾问，郑培清、黄鸿根为名誉会长，会长为屠富强，副会长为方志墉、张全福、王曙明、徐阳，秘书长为朱德昌，副秘书长为许立义。此后，风景日戳研究会建立了理事会微信群，许多事项可以在群内沟通和决定。

（2）日常会务

苏州会员逢单月活动，风雨无阻，几十年来从未间断。该会活动形式多样，会员踊跃参加。随着信息化时代的到来，会内组建了风景日戳研究会微信交流群，信息交流更加方便、快捷。理事会逢双月活动，及时研究与商议，处理会务。理事会内部分工明确，各司其职，形成合力，共同协作。新冠疫情防控期间，虽然聚集性活动大为减少，但日常会务并没有因此而停滞，该会基本完成了各项既定工作目标。风景日戳研究会会员来自全国各地，绝大多数是普通集邮者。理事会一贯把会员的利益置于首位，坚持低会费、重权益、慎用经费、节俭办会的传统，在会务经费短缺的情况下，仍坚持每年为会员寄发生日明信片，加盖风景日戳启用首日封片，等等。广大会员也倾力支持会部举办的各种活动，形成了全员团结、同心协力的良好局面。郭润康、金光发、王文泰、王晋枫、张全福、瞿慰祖、沈禹民、屠富强、方志墉、朱德昌、周铭刚、孙克中、夏玉阶、佘正礼、章均安、刘继成、周茂哉、金光伟、史家树、黄家栋、单宪年、陈浩兴、张文、陈玉英、顾培珍、陶顺弟、

風景日戳 2 2023
传播邮识 沟通信息 研究探讨 广结邮缘
风景日戳研究会会刊 内部资料 2023年5月（总第199期）
默默耕耘 风景无限
——写在风景日戳研究会成立三十五周年之际

图 5-104 《风景日戳》会刊

徐阳、施基新、李建平、王曙明、宋玉林等会员先后为会内捐款，还有的会员捐赠邮品、物品，助力活动圆满成功，合力推进该会发展。

（3）会刊今昔

风景日戳研究会会刊《风景日戳》系中华人民共和国最早的风景日戳专刊。2015 年 3 月改名《风景日戳》前为 1988 年创刊的《风景戳》，至 2023 年 5 月已出刊 199 期（图 5-104）。从钢板蜡纸手写、铅字排版的 16 开 4 版、16 开 8 版的报纸型，到计算机编排的杂志型，会刊版面逐步扩充，内容不断增多，信息更加全面，观感不断提升。会刊在联络会员、传达会务、介绍戳讯、宣传规范、学术研究等方面发挥了不可替代的作用。著名集邮家张包子俊、郭润康、钱敏、梁鸿贵、李鸿远、杨勇伟、吴廷琦、李近朱、孙少颖等先后为会刊题写刊名。会刊虽历经 6 任主编（陶安强、沈禹民、韩子红、张建伟、贾建平、徐阳），但立足苏州、辐射全国的方针始终不变，传播风景日戳的方向从未偏离，几十年如一日，接力奔跑，与时俱进。近几年，主编徐阳通过自建的作者微信群每年评选优秀作者，有效保证了会刊稿件的数量和质量，使之成为出版时间最长、国内影响最大的风景日戳专刊。

（4）邮品代办

由于风景日戳启用地点分散，既无计划又无预告，其收集难度远甚于邮票，因此，会办邮品成为不可或缺的收集来源。风景日戳研究会本着群策群力、价廉物美、服务会员的原则，累计代办风景日戳实寄封片约 3 300 多种，基本以成本价结算，满足了会员的收集需求。1988—1994 年，该会主要通过获取信息，及时委派或委托属地会员、会友专程办理邮品业务，比如唐建文、徐汉材、方忠民等 30 多名各地会员通力合作代办了 300 多种风景日戳的首日封片。邮品代办虽几经换人，却始终坚持，未曾间断。如 1995—1998 年由宋玉林负责；1998—2006 年由屠富强负责；2007—2011 年由金光发负责；2013 年由陈正海负责；2014 年至今由张一枫负责。

（5）“十佳”评选

全国每年新启用的风景日戳数量多达 200 多种，但质量参差不齐。为确保风景日戳刻制的规范和设计的美观，该会于 1995 年发起组织了对上年度新启用的风景日戳展开“全国十佳风景日戳”评选活动，至今已有几十年，在活动实践中摸索出了一套较为公平、合理的评选规则，吸引了广大集邮者。如：《上海集邮》参加 2004 年度“全国十佳风景日戳”评选活动（图 5-105），《苏州集邮》参加 2006 年年底“全国十佳风景日戳”评选活动。2012 年，该活动改由集邮报社、苏州市集邮协会主办，风景日戳研究会承办，并延续至今。每年评出的“全国十佳风景日戳”在相关邮报、邮刊上公布，对获得一、二、三等奖及优秀组织奖的个人或集体予以奖励，奖品分别由苏州市集邮协会、集邮报社及该会提供。该活动对

上海集邮 2005. 5
2004年度全国十佳风景日戳评选办法

图 5-105 《上海集邮》参加 2004 年度“全国十佳风景日戳”评选活动

于提升各地风景日戳的设计水平和集戳者的鉴赏水平，具有双赢的效果，因而得到越来越多的会员和爱好者（包括许多集邮名家）的支持，其影响力日益扩大。但自 2022 年起，受主办单位变更等因素影响，“全国十佳风景日戳”评选活动被迫暂停，令人遗憾。

（6）学术研究

风景日戳发展迅猛，目前全国已有万余种，由此也带来了许多学术研究性新课题。理事会对学术研究的狠抓落实和会员立足当地的潜心探究，使理论成果不断涌现。如：王晋枫发表《中华人民共和国邮戳图录·风景日戳卷》，并连续多年在《集邮》杂志上刊出“年度风景日戳辑录”；杨俊源的《风景邮戳实用手册》、屠富强的《新中国风景日戳图谱》《谈风景日戳规范问题》入选《中国集邮学术研究文选》（1994—1997），并在 2006—2007 年于《中国集邮报》上连载《风景日戳小史》28 期；张建伟发表《风景日戳文选》，并在各级集邮报刊上发表了一系列风景日戳学术研究文章；王文泰发表《江苏风景日戳专辑》；罗纪纲发表《云南省风景日戳图录》；王钦军发表《新疆风景日戳专辑》；何明生发表《重庆风景日戳》；李元生发表《福建风景日戳图录》；等等。这些成果充分展示了该会在风景日戳研究领域方面的成就。2004 年 3 月，风景日戳研究会与北京集邮博览杂志社有限公司合办《风景日戳专号》，发表近 10 位会员的风景日戳研究文章。该刊物还先后开展“什么是风景日戳”“风景日戳的规范”等专项性问题的讨论，以及“如何看待日期固定的风景戳”等网络大讨论。2006 年，为纪念风景日戳研究会成立 20 周年，该会与中国风景戳网合编的《风景日戳文集》（图 5-106），经过多年准备和多位会员的辛勤劳动，最终顺利出版。该文集为 16 开，共刊登文章 98 篇。

图 5-106　《风景日戳文集》

（7）集邮展览活动

1996 年 2 月 7 日，在苏州第四制药厂举办首届集邮展览，共展出邮集 30 部，共 55 框。

1998 年 5 月 28 日，第二届集邮展览顺利举办。该展览共展出邮集 35 部，共 61 框，苏州电视台对此进行了报道。此后，风景日戳研究会举办过多种形式的小型集邮展览，如：2000 年 9 月举办的会员习作观摩展，2002 年 9 月举办的一框集邮展览，2004 年 9 月举办的开放类集邮展览，2007 年 9 月与东大街社区联办的集邮展览，2010 年 9 月举办的会员交流集邮展览，2016 年 11 月举办的一框邮集展览，等等。

2013 年 4 月 29 日—30 日，风景戳研究会成立 25 周年纪念暨首届风景日戳专题集邮展览在苏州市景范中学校举办，共有 14 部（45 框）风景日戳邮集参展。

2016 年 2 月—2017 年 9 月，风景戳研究会开启了“集邮进社区、进校园、进企业、进军营”模式，先后到中街路社区、苏州市景范中学校、苏州市吴中区横泾中心小学、湖田社区、南环实验中学校、苏州新时代文体会展集团有限公司、苏州市消防支队特勤三中队举办“纪念长征胜利 80 周年”红色邮展暨风景日戳集邮知识讲座（图 5-107）。

图 5-107　风景戳研究会举办“纪念长征胜利 80 周年”红色邮展暨风景日戳集邮知识讲座

2018 年 7 月 24 日，风景戳研究会更名为风景日戳研究会后，与苏州市消防支队姑苏区大队因果巷中队举行联谊活动，共展出红色邮集 32 框，并举办集邮知识讲座。

3. 苏州市老年集邮协会

苏州市老年集邮协会于 2004 年获批成立，现有会员 1 500 余人。21 世纪初，随着改革开放的不断深入，一大批国有（集体）企业因改制而实行关、停、并、转，原来在企业工会管理下的集邮组织大部分处于停滞或解散状态，出现了数以千计离散会员投靠无着、退休职工入会无门的现象。为了应对企业改制给集邮队伍稳定与发展带来的不利影响，妥善解决会员流失问题，苏州市集邮协会因势利导、果断决策，迅速组建了跨区域、跨行业的苏州市老年集邮协会。

图 5-108　苏州市老年集邮协会成立大会

（1）协会沿革

2004 年 7 月 17 日上午，苏州市老年集邮协会成立大会（图 5-108）在原苏州邮政局二楼会议室隆重召开。苏州市老龄工作委员会办公室主任范廷枢，苏州邮政局副局长、苏州市集邮协会会长黄一芳，江苏省集邮协会常务理事、苏州市集邮协会副会长汪日荣，苏州市集邮协会秘书长李岑和 100 余名代表出席会议。在苏州市集邮协会办公室主任陈龙官的主持下，大会审议通过了《苏州市老年集邮协会章程》，选举产生了由孙宝明、赵正匡、朱炳南、陈龙官、华致中、王毓明、徐佩立、李晓阳、钱勤树、朱道英、张平江 11 人组成的第一届理事会，以及以孙宝明为会长，赵正匡、朱炳南为副会长，陈龙官为秘书长的领导班子。大会一致通过了聘请范廷枢为名誉会长，朱万钟、金士英为顾问的决定。为纪念苏州市老年集邮协会成立和苏州市老年邮局开办，特发行纪念封 1 枚，启用纪念戳 4 枚。

图 5-109　孙宝明像

孙宝明（1934—2016，图 5-109），江苏张家港人。1949 年，孙宝明参加工作，于 1958 年入党，1994 年退休。孙宝明历任江阴顾山邮电支局、苏州北塔邮电支局、阊门邮电支局局长，苏州邮电局发行科科长兼邮票公司经理等职。此外，孙宝明还担任苏州市集邮协会第 1、第 2 届秘书长，第 3 届副会长兼秘书长，第 4 届顾问，以及苏州市老年集邮协会第 1、第 2 届会长。

2007 年 11 月 7 日，经苏州市集邮协会“建家”验收组对照 6 个方面、34 条标准检查与评定，苏州市老年集邮协会以全市最高验收得分 95 分，被命名为合格“集邮者之家”。

2008 年 9 月 26 日，苏州市老年集邮协会第二次代表大会召开，苏州市集邮协会副会长汪日荣、办公室主任孙泉福，苏州市老年集邮协会名誉会长范廷枢、顾问金士英到会。会议选举产生了第二届理事会，孙宝明为会长，赵正匡、朱炳南、陈龙官为副会长，陈龙官兼任秘书长，范廷枢和金士英为顾问。

2012 年 10 月 16 日，苏州市老年集邮协会第三次代表大会在苏州市集邮活动中心召开。苏州市集邮协会副会长汪日荣，苏州市集邮协会秘书长、苏州市集邮公司经理余敏，苏州市集邮协会办公室主任孙泉福参加了大会。会议选举赵正匡为会长，朱炳南、陈龙官、周铭刚为副会长，孙宝明为名誉会长，陈龙官兼任秘书长。第三届理事会在增补王纯、潘霖为理事后，仍保持理事会人数为 11 人。

2022 年 12 月 2 日，苏州市老年集邮协会三届十次理事扩大会议顺利召开。会议增补潘霖为副会长，薛兰为理事，徐水根为副秘书长。

2023 年 3 月 14 日，苏州市老年集邮协会第四次代表大会在苏州市集邮活动中心召开，苏州市集邮协会顾问汪日荣、苏州市集邮协会秘书长张杰到会。会议选举产生第四届理事会，赵正匡为会长，朱炳南、周铭刚、潘霖为副会长，徐水根为副秘书长，陈龙官为顾问，王毓明为荣誉理事。

（2）组织形式

苏州市老年集邮协会会员按照邮政编码投递辖区划分了 10 个活动组。该协会理事会理事兼任组长，组内设若干副组长，组下设若干小组。该协会每年制订各组活动日程表，会员人手一份。各组根据理事会和日程的要求，结合组内的实际情况，制订年度活动计划。全年除 1、2、7、8 月之外，每月活动 1 次。每次活动须签到，并有记录。之后，因新冠疫情活动改为 7 次。各组根据会员变动情况，完善会员信息资料，调整组长配置。同时，还建立了老年集邮协会理事工作、老年集邮、集邮之友、集邮三组、集邮、老年集邮乐、老邮迷群等微信群。各组活动各有特色，有的注重发挥骨干作用，由各小组轮流主持月度活动；有的着力普及集邮知识，增强会员邮识；有的开展集邮与旅游相结合的活动，快乐集邮；有的以史赏邮，以邮说史。新冠疫情防控期间，该协会积极开展线上集邮活动，做到集邮不断线，发挥组长带头作用。组长既是平时小组活动的主持者，也是组织会员参加苏州市集邮协会活动的指挥员，更是苏州市老年集邮协会开展活动、完成各项任务的重要保证。苏州市老年集邮协会通过树立典型、召开培训会等形式不断提高其组织领导能力。2013 年 6 月 25 日，苏州市老年集邮协会召开正、副组长会议，总结与推广 7 组组长王毓明，6 组组长周铭刚、副组长张志伟开展小组活动的做法。会议当天，17 名与会者当场捐赠爱心包裹 18 个。苏州市老年集邮协会编制《老年集邮简报》，着力反映该协会面貌，传播集邮知识，宣传集邮先进集体、个人先进事迹，反映会员呼声。至 2022 年，该简报已发行 104 期。

（3）特色活动

① 发动会员自编邮集，先后举办 7 次规模较大的集邮展览。

图 5-110　老年邮协首届邮展

2005 年 10 月 21 日，在苏州市集邮活动中心举办老年邮协首届邮展（图 5-110），共展出 34 部、42 框邮集宋肇基的《万寿纪念票》荣获一等奖。

2009 年 9 月 24 日，在苏州市国土资源平江分局举办第二届集邮展览，共展出 27 名会员编组的传统类、邮政用品类、专题类、极限类、试验类邮集 35 部、78 个国际标准框。张平江的《列宁》荣获一等奖。名誉会长范廷枢为本次集邮展览题词“坚持快乐集邮，再现展品风采”。

2011 年 6 月 25 日，在苏州市集邮活动中心举办第三届集邮展览。该展览共展出 19 名会员编组的传统类、邮政用品类、专题类、极限类、试验类邮集 22 部、57 个国际标准框。赵正匡的《JP 首日实寄片》荣获一等奖。

2014 年 5 月 13 日，在苏州市集邮活动中心举办第四届集邮展览。该展览共展出会员编组的传统类、邮政用品类、专题类、极限类、试验类邮集 27 部、62 个国际标准框和 112 片一片邮集。一片邮集短小精湛，简便易行。这是新形势下苏州市老年集邮协会普及与提高集邮知识和水平、创新集邮活动的重要举措。5 月 14 日，《苏州日报》在第三版以《一片邮集首现苏州》为题进行了报道。

2016 年 9 月，在苏州市集邮活动中心举办第五届集邮（一框一片邮集）展览。该展览共展出一框邮集 30 部、一片邮集 32 片。一框邮集中获一等奖的有 6 部，一片邮集中获一等奖的有 4 片。

2018 年 9 月 27 日，在苏州市集邮活动中心举办第六届集邮展览。该展览中有 6 名会员展出邮集 12 部、59 框。赵正匡展出的《改革开放三十年与集邮事业发展》有 24 框。

2021 年 6 月 7 日、10 日、11 日，在苏州市集邮活动中心举办庆祝中国共产党成立 100 周年暨第七次集邮展览。该展览共有 12 人展出 19 部、48 框邮集。参展者平均年龄为 79 岁。其中，王毓明经过 2 年多时间的筹备，展出 8 框邮集《没有共产党就没有新中国》。

② 举办集邮讲座、集邮知识竞答。

苏州市老年集邮协会先后邀请苏州市集邮协会领导汪日荣、邓树镛、陆树笙及会员王毓明、卢鸿业、张志伟等上大课。与此同时，由各组组员自己当老师讲小课，互相学习、能者为师在协会内蔚然成风。该协会还经常举办集邮知识竞答，2014 年 6 月和 9 月，共组织了 7 场较大规模的集邮知识竞答。

③ 组织集邮游艺活动。

2010 年，由苏州大学集邮协会会长盛惠良、苏州市老年集邮协会会长孙宝明、吴中区集邮协会会长周文才、虎丘专题集藏主陈传家 4 人策划，李琰设计，苏州市职工集邮研究会、生肖集邮研究会苏州市区分会等联合印制的《庚寅年》拜年封，于正月初一寄赠会员。

同年 5 月 21 日，在苏州市国土管理局平江分局举办集邮游艺活动。其活动内容多样，既有集邮知识问答、集邮灯谜，又有适合老年人玩的转盘、套圈、飞镖、打弹入洞等游戏活动。

④ 举办祝寿会。

苏州市老年集邮协会为经常参加小组活动的年满 60 岁、70 岁、80 岁的会员举办祝寿会（图 5-111），彰显出大家庭的温暖。每次祝寿会，由会长以理事会的名义向全体与会寿星庆生，众寿星一边喝茶、吃水果，一边畅谈，还有集邮灯谜助兴。2004—2020 年，该祝寿会连续举办了 17 年；2021 年、2022 年，因新冠疫情改为向寿星赠送精美邮品。

⑤ 举办集邮文化节。

2006 年 10 月 17 日—19 日，在苏州市国土资源局平江分局举办苏州市第一届老年集邮文化节（图 5-112），其内容包括表彰大会、祝寿会、座谈会、集邮知识讲座、集邮展览（展出邮集 8 部、24 框）等。苏州市集邮协会秘书长、苏州市集邮公司经理余敏致辞，江苏省集邮协会常务理事、苏州市集邮协会副会长汪日荣到会讲话，副会长邓树镛主讲集邮知识。苏州市老年集邮协会名誉会长范廷枢为集邮节特设兴趣奖，并在现场开奖。

图 5-111　苏州市老年集邮协会祝寿会

图 5-112　苏州市第一届老年集邮文化节

⑥以邮集作者为主体，成立学术研究小组，每年都会组织相应活动，并进行小结。

⑦集邮进社区、进校园。

2006年5月22日—23日，苏州市老年集邮协会与沧浪区友新街道友联社区联合举办集邮展览，该展览展出邮集19框、304张贴片。苏州市老年集邮协会组织集邮骨干先后到苏州市相城区北桥中学、苏州市景范中学校、苏州市吴中区横泾中心小学、苏州工业园区金鸡湖学校、阳澄湖小学、苏州高新区科技城实验小学举办集邮讲座，展示邮集，传播集邮知识。这些活动先后被《中国集邮报》《集邮报》《苏州集邮》报道。

⑧与常州市老年集邮协会结为友好协会。

2007年7月17日，常州市老年集邮协会会长刘建，副会长陈昌发、周和诚、高一平、沙正华一行22人在苏州市国土资源局平江分局与苏州市老年集邮协会举行联谊活动。朱炳南、王毓明、朱炎元分别介绍了开办老年邮局和开展社区活动的情况，并赠送了纪念品。

（4）服务会员

苏州市老年集邮协会会长、理事参加小组活动，副会长、理事参加所有小组活动，倾听会员呼声，及时了解会员要求，做好小组会务工作，寄发《庚寅年》拜年封、苏州市老年集邮协会成立10周年纪念邮资片。

苏州市老年集邮协会认真做好会员特供邮品、会员专用邮票册的预订与发放工作，认真配合苏州市集邮部门做好新邮预订工作。2011—2022年，苏州市老年集邮协会多次被苏州市集邮协会授予“优秀组织奖”。

此外，苏州市老年集邮协会还组织会员参加苏州市集邮协会举办的邮票首发式、集邮展览等活动，圆满完成苏州市集邮协会交办的各项工作和任务。会员徐水根、王纯、沈勇、李冲林在苏州市集邮展览中积极参与布展、值班、盖戳等作。2006年，苏州市集邮协会开展“爱心助学义捐义卖邮票品”活动，苏州市老年集邮协会有37名会员参加，义捐、义卖总金额达2 879.6元。

苏州市老年集邮协会的主体是老年集邮者，受身体、年龄、家庭、住址变更等因素影响，这些老年集邮者每年都有一定比例失联。该协会除认真开展各项活动之外，还以出色的工作和良好的社会形象吸引其他集邮爱好者加入苏州市老年集邮协会，并发挥各小组、会员的积极作用，介绍同学、同事、朋友加入协会，每年利用新邮预订、会员特供邮品发放等时机，扩大宣传和影响，使队伍保持基本稳定。2016年，苏州市老年集邮协会曾创下拥有2 139名会员的最高纪录。

自成立的18年来，苏州市老年集邮协会以“快乐集邮”为宗旨，团结广大会员，积极开展具有老年特色的各类集邮活动，以其特色化活动、人性化服务、规范化管理，为苏州集邮创建了新的品牌，该协会连续3届被评为江苏省、苏州市集邮先进集体，为苏州成功创建全国集邮文化先进城市做出应有的贡献。

4. 苏州市极限集邮研究会

苏州市极限集邮研究会于2005年获批成立，苏州市区（含吴江）现有会员25名。

苏州是全国范围内较早开展极限集邮活动的城市之一。早在1984年前后，苏州集邮者就开始自制普21《祖国风光——虎丘》、T.96《苏州园林——拙政园》邮票极限明信片。在1981年恢复重建的苏州市工人文化宫集邮研究会的会员中，就有10多位是极限集邮爱好者。每次周日活动时，他们常聚在一起，传递明信片信息，或互赏极限片藏品，或交流制片心得。1993年，昆山吴德伟的《江山如此多娇》极限邮集首次参加江苏省第四届集邮展览，并获铜奖；1997年，时永良的《中

图 5-113　苏州市极限集邮研究会成立大会

国古代建筑》极限邮集参加苏州市第七届、江苏省第五届集邮展览，分获镀金奖、银奖；2003 年，吴江钱延林的《拱门》极限邮集获全国第二届极限邮展镀金奖。这些获奖成果对苏州极限集邮专项队伍的形成产生了重要影响，此时要求从现有基层组织分离出来单独建立极限集邮分会的呼声也日渐高涨。

苏州市集邮协会根据当时全国极限集邮的发展趋势和模式，果断决策，同意组建以苏州市职工集邮研究会会员为主体的极限集邮分会。经过紧锣密鼓的筹备，苏州市极限集邮研究会成立大会（图 5-113）于 2005 年 3 月 12 日在沧浪亭明道堂召开。江苏省集邮协会副会长周治华，苏州市集邮协会会长黄一芳，副会长汪日荣、邓树镛及秘书长余敏出席大会。北京、上海、武汉、广州、嘉兴、桐乡、南京、无锡、徐州、连云港等地极限集邮研究会会长应邀前来参加成立大会，《江南时报》、苏州广播电台等新闻单位赴现场进行采访报道。

会议由郑炜主持，周治华、黄一芳、邓树镛先后发表祝贺讲话，京华极限集邮研究会会长李宏、上海极限集邮会会长吴天明代表外地邮友致贺词。汪日荣宣读了苏邮字〔2005〕2 号《关于同意成立极限集邮研究会的批复》。时永良代表筹备小组做了工作报告，大会一致通过了钱延林宣读的章程草案。尔后，会议选举产生了首届理事会：时永良为会长，郑炜、钱延林为副会长，余承豫为秘书长，张苏萌、贺萍、王纯、刘年宝为理事，汪日荣为名誉会长。

当天，苏州市首届极限集邮展览同时举办，共有 32 部极限邮集展出，苏州邮政启用纪念邮戳 1 枚。

2006 年 3 月 12 日，苏州市极限集邮研究会在曲园（俞樾故居）召开纪念建会 1 周年座谈会。苏州市极限集邮研究会市区会员达 30 多人，无锡市极限集邮研究会副会长曹风增率会员 7 人，上海极限集邮沙龙总协调人陈永康一行 10 人前来参加会议。会议回顾了 1 年来苏州市极限集邮研究会所取得的工作成效：一是全年举办和参加各类集邮展览 6 次，展出的极限邮集达 50 部，共 82 框，涌现出了高质量的新作品；二是扩大与各地极限集邮研究会的交流，赴无锡、上海等地联谊，向北京、台湾、武汉、扬州等极限集邮研究会发去会庆、建会的贺词、贺信；三是圆满完成“集邮进社区，快乐迎新年”暨第六届职工集邮会员新作展的任务；四是坚持会员活动制度，开启自制极限片评选；五是积极参与网络极限集邮活动，利用网络平台，较好地宣传、展示苏州极限集邮会的活力与形象；六是推进学术研究和资料收集工作。会议还部署了全年工作，重点对 10 月极限集邮全国邀请展做了具体布置。

2008 年 12 月 10 日，苏州市极限集邮研究会召开第二次会员大会，由副会长钱延林代表第一届理事会做工作报告；大会表彰了在江苏省第八届集邮展览上获奖的优秀会员，并颁发证书；余承豫秘书长做章程修改意见的报告；选举产生了新一届理事会，其中郑炜为会长，张苏萌、钱延林为副会长，余承豫为秘书长，刘国麟为副秘书长。

2012 年 2 月 4 日，苏州市极限集邮研究会、个性化邮票研究小组新春茶话会在苏州市观前文化城展览厅举行，50 余名会员参加了活动。会长郑炜总结了苏州市极限集邮研究会在 2011 年的活动情况，分析了当前极限集邮的形势，布置了 2012 年的活动计划。

2013 年 3 月 23 日，苏州市极限集邮研究会召开第三次会员大会。大会由常务副会长张苏萌主持，张苏萌代表第二届理事会回顾了研究会 4 年来的活动情况，总结了研究会 4 年来所取得的成绩和不足，提出了 4 年后的工作设想和活动安排。副会长钱延林介绍吴江分会的活动情况。大会选举郑炜、张苏萌、钱延林、严文华、刘国麟、余承豫 6 人组成第三届理事会。郑炜任会长，张苏萌为常务副会长，钱延林、严文华、刘国麟为副会长，余承豫为秘书长。会后，郑炜会长做题为“保守与创新——让极限邮集更出彩”的专题讲座。

2015 年 3 月 15 日，苏州市极限集邮研究会 10 周年纪念会（图 5-114）和 24 部会员极限集邮精品一框展顺利举办。副会长张苏萌介绍和总结了该会办会期间的成长经历和经验，畅谈了今后活动的展望；副会长钱延林介绍了吴江分会的近期活动和涌现的新人；会长郑炜做重要的讲话，对苏州极限集邮的发展和未来进行了细致的分析和科学的规划。

图 5-114　苏州市极限集邮研究会十周年纪念会

会末，该会倡议：坚持做好每年“十佳自制片”的评选工作；尝试举办年度自制片个人一框展；继续以市刊搭载的形式办好《苏州极限集邮》；努力办好一年一度的会员票片交流、交换活动。纪念活动当天向与会者分发了历届《个性化邮票青少年创意设计大赛金奖集》明信片，制作了羊年生肖极限片和纪念首日封。

（1）创新活动形式：搞评选，长相守，增强队伍凝聚力和稳定性

极限集邮是一项对藏品进行再组合、再创作的新兴集邮方式。为有效激发会员自己动手的积极性，通过学习、磨炼和竞争，不断提升制作极限片的水平，研究会在建会当年就开创性地举办了“十佳”自制极限片的评选活动，而且 18 年来从未间断。

随着 2010 年国际集邮联合会长的人事更迭，国际集邮赛事发生了研究会变化，极限集邮陷入了低谷。极限邮集的不利境况让极限集邮者的热情备受打击，制片屡遭挫折，参展者忐忑犹豫，成绩一路下滑。邮坛风云变幻，会员煎熬前行。在如此境况下，会长郑炜带领理事会认清形势、摆正方向，引导会员学习领会国际集邮联合会极限集邮的新规则、新要点，革弊兴利，努力在提高制片质量上精耕细作，在“十佳”自制片评选中，集思广益、取长补短，使优秀的极限邮集脱颖而出。郑炜、严文华、钱延林等人的极限邮集在国内外集邮展览中夺金：郑炜的《石质建筑》获中国 2009 世界集邮展览大镀金奖（图 5-115），严文华的《桥》获杭州 2010 中华全国集邮展览大镀金奖（图 5-116），钱延林的《建筑的故事》获珠海 2013 第三届东亚集邮展览大镀金奖（图 5-117），这些成绩令人欣慰。

图 5-115　郑炜获中国 2009 世界集邮展览大镀金奖

图 5-116　严文华获杭州 2010 中华全国集邮展览大镀金奖

图 5-117　钱延林获珠海 2013 第三届东亚集邮展览大镀金奖

2020年年初，突发的新冠疫情给评选工作带来了不小的影响。苏州市极限集邮研究会理事会及时调整方法，提前在微信群发布评选信息，会员在群里晒片，大家评头论足，最后请10位代表进行面对面评选，确定“十佳”归属。虽然2021年、2022年新邮题材丰富，但因新冠疫情而使交通受阻、新邮发行多变、跑戳盖戳受限，制片成功率大幅降低。为了克服困难，会员们勇于尝试，发挥团队优势，在红色题材（《中国共产党成立100周年》大套票）和地方题材《姑苏繁华图》上同时发力，制作了相当多的好片，参选作品连创数量新高，而且涌现出了大批高质量佳片，评选活动收到了令人惊喜的效果。主持评选活动的张苏萌副会长、余承豫秘书长考虑到会务经费紧张，在每年评选的颁奖会上，常常自掏腰包、自筹奖品，真诚地为会员服务。

（2）创新工作思路：搭平台，促交流，助推中国极限集邮新发展

苏州极限集邮研究会根据理事会确定的“立足苏州，放眼全国，勇于作为，敢于担当”的工作思路，决定依托苏州区位优势，创办首次全国性极限集邮展览。2006年3月底，组委会发出“苏州欢迎您”的邀请函，引起全国同好的热烈反响。

在筹备阶段，由于各地参展报名空前火爆，备展规模一再扩大，最后只能以展厅容量为限，在与相关苏州极限集邮研究会沟通、协调后，由组委会从报送的189部（456框）邮集中选定展出118部多框类和一框类邮集。其中有20多部是在国际、国内集邮展览上“披金戴银”的大奖邮集，基本上代表了我国极限集邮目前的最高水平，而一大批苏浙沪及其他地区亮相的优秀新（佳）作，充分显示了极限集邮创作群体异军突起的良好发展态势。110多位邮集作者涵盖全国19个省（区、市），其作品总规模达345框。该展览成为国内迄今为止展出规模最大、整体水平最高、作者分布最广、参与人气最旺的极限集邮展览。

在苏州市集邮协会的全力支持下，经过半年多精心筹备，“2006极限集邮（苏州）展览暨学术论坛”于10月20日在苏州大学拉开帷幕。在开幕式上，苏州邮政局副局长、苏州市集邮协会会长黄一芳首先代表组委会向从祖国四面八方专程来到苏州参会的极限邮友表示热烈欢迎；全国极限集邮工作指导小组副组长李坚、苏州大学副校长夏东民、江苏省集邮协会副会长马佑璋先后致辞，高度评价苏州邮政局、苏州市集邮协会将集邮文化引入大学校园，为全国极限集邮者搭建交流平台所做的努力。苏州市副市长朱永新、苏州市政协副主席盛家振为集邮展览的开幕剪彩。

进入21世纪，我国极限集邮进步迅速，部分邮集已接近国际一流水平，其后续发展至关重要。为此，此次“2006极限集邮（苏州）展览暨学术论坛”特地邀请中国大陆的3位极限集邮专家与台湾中华原图极限集邮研究会内知名人士（图5-118），从总结过去、审视现状、着眼未来3个层面做主题学术报告。来自全国各地极限组织的负责人、代表、参展邮集作者，以及苏州及周边城市极限邮友150余人先后听取了国家级集邮展览评审员马驎所做的题为“关于太原全国集邮展览极限类展品评审情况、综合评议和几点思考”的学术报告，全国极限集邮工作指导小组副组长李坚就国内极限集邮现状、学术水平、研究成果和大家共同关心的问题做了分析与论述。2005年9月曾代表中国出席

图5-118　极限集邮专家与台湾中华原图极限集邮研究会内知名人士（左二：朱志平；左三：王忠振；右一：李坚；右二：江敬镛；右三：李宏）

国际集邮联合会极限集邮委员会巴黎会议的京华极限集邮研究会会长李宏，则围绕国际最新动态和发展趋势、国际集邮联合会相关评审规则的修订变化及国际优秀极限片范例等做了准确的诠释和图文介绍。此次论坛水平之高、观点之新、讲解之精，让听讲者深受启发、大获裨益，不仅对广大极限邮友树立信心、夯实基础、冲出国门、参与竞争具有普遍指导意义，对中国极限集邮的可持续发展也产生积极深远的影响。

10 月 20 日晚，主办方特意在苏州大学莘园宾馆会议室安排了一场极限集邮同好茶话会。全国极限集邮指导小组负责人及成员、全国 26 个极限组织的负责人或代表、国内四大杂志型极限邮刊主编、本次特邀参展的邮集作者、中国极限集邮网管理团队成员共 100 多人欢聚一堂，楚天极限集邮研究会、台湾中华原图极限集邮研究会等单位的 10 多位会长或代表在会上发言，有的介绍了本会动态，有的畅谈了此行感受，还有的对东道主的组织工作进行了肯定，对活动成功的举办予以了鼓励。

苏州极限集邮

"2006 极限集邮（苏州）展览暨学术论坛" 特刊

2006 年 10 月总第 5 期　《研究与交流》第 156 期

祝贺 "2006 极限集邮（苏州）展览暨学术论坛" 隆重举行

苏州欢迎您

邮展期间使用的纪念邮戳

邮展地点：苏州大学博物馆

主办：苏州市集邮协会

承办：苏州市职工集邮研究会

苏州市极限集邮研究会

协办：苏州大学集邮协会

活动安排

10 月 20 日　上午 9:30　邮展开幕式

10 月 21 日　上午 9:00　学术论坛

10 月 22 日　青少年活动　下午闭幕

中国集邮发祥地热忱欢迎来自海内外集邮界的朋友们!

图 5-119　彩版《苏州极限集邮——"2006 极限集邮（苏州）展览暨学术论坛"特刊》

会前，为方便邮友，苏州市极限集邮研究会专门编印了 16 开彩版《苏州极限集邮——"2006 极限集邮（苏州）展览暨学术论坛"特刊》（图 5-119），公布了由展览、论坛、聚会、集邮观光、区域联谊、网络团队会议和风景戳首发式 7 项内容组成的系列活动安排，让到会的全国 40 个地级市的 150 多名极限邮友在苏州度过了充实、快乐且富有意义的 3 天。对极限集邮极怀有极大热情的马驎把对这次苏州活动的评价与个人感受概括为 4 个"没想到"。活动于当晚 6 时 35 分结束，在中国极限集邮网《极限纪事》专栏中，出现了连云港邮友李泽营发出的《感谢苏州》的主题帖子。

5. 苏州市专题集邮研究会

2007 年，苏州市集邮协会批准组建苏州市专题集邮研究会，该研究会现有会员 80 余人。

进入 21 世纪后，随着集邮活动的深入发展，集邮组织的架构呈现出由综合化向专业化方向转型的趋势，尤其是专题邮集在各级集邮展览上异军突起、大放异彩，传递出专题集邮大有作为的信号。为了集中优势邮票资源，迅速提高苏州市专题集邮水平，经苏州市集邮协会批准，决定以苏州市职工集邮研究会骨干会员为基础，联合吴江、昆山、太仓、常熟、张家港等地的专题集邮爱好者组建苏州市专题集邮研究会。

2007 年 7 月 29 日，苏州市专题集邮研究会在苏州市集邮活动中心召开成立大会暨第一次会员大会（图 5-120）。大会选举产生了由邓树镛等 15 人组成的第一届理事会。经一届一次理事会推选，由邓树镛担任会长，徐宝煌、周文才、钟浬担任副会长，盛惠良担任秘书长，朱炳南担任副秘书长。

图 5-120　苏州市专题集邮研究会成立

图 5-121　邓树镛像

邓树镛（1940—2020，图 5-121），江苏苏州人。邓树镛自幼喜爱集邮，20 世纪 70 年代执教于苏州第三纺织机械厂职工业余学校，为推动普及集邮活动，在报刊上发表诸多邮文，并于 1986 年撰写了《多姿多彩的集邮方式》。苏州市集邮协会成立后，邓树镛长期坚持为会员服务，1989 年成为苏州市首位江苏省级集邮展览评审员，1991 年在苏州市集邮协会第三次会员代表大会上当选为副会长，自 2003 年《苏州集邮》改版后担任执行主编。为提高苏州市专题集邮水平，邓树镛在 2007 年发起成立苏州市专题集邮研究会并担任首任会长。2013 年，邓树镛苏州市集邮协会第八次会员代表大会上受聘为荣誉理事。

2009 年 9 月 3 日下午，苏州市专题集邮研究会在苏州大学图书馆东 3 楼会议室召开第二次会员大会。大会听取了会长邓树镛的工作报告、副秘书长朱炳南关于修改章程的说明和王纯的财务工作报告。副会长周文才宣读了对毛振瓖、张人杰、徐宝煌、朱炳南、汤淦贤、唐孝飞、何祖铭、曹企新、张池奎等优秀会员的表彰决定。会议选举产生了第二届理事会。经二届一次理事会推选，由邓树镛担任会长，徐宝煌、周文才、钟浬担任副会长，盛惠良担任秘书长，朱炳南担任常务副秘书长，王纯担任副秘书长。

2014 年 2 月 9 日，苏州市专题集邮研究会在苏州大学凌云楼会议室召开第三次会员大会。大会表彰了唐孝飞等 13 名 2009—2013 年集邮先进个人，听取、审议并通过了副会长周文才做的工作报告和常务副秘书长朱炳南做的章程修改说明及副秘书长王纯做的财务工作报告。选举产生了第三届理事会。经三届一次理事会推选，由盛惠良担任会长，周文才担任常务副会长，徐宝煌、唐孝飞担任副会长，朱炳南担任秘书长，王纯、金问涛担任副秘书长。

16 年来，苏州市专题集邮研究会坚持以增强集邮队伍的专业素质、提高苏州市专题集邮的水平和竞争力为指导思想，以人为本，开拓进取，取得了显著成绩。

（1）抓好理事会班子建设，不断壮大专题集邮队伍

苏州市专题集邮研究会推出五大措施，分别是健全班子、完善制度、优化服务、坚持活动、稳健发展，这也是该会的基本工作理念。同时，该会还不断加强理事会班子自身建设，坚持每年召开两次理事会、一次会员大会和一次新春茶话会，通过总结和部署年度工作，使研究会各项工作有序推进。在组织建设方面，该会年年都有新发展，其初创时在册会员共 67 名。2012 年 4 月，昆山发展了 7 名专题集邮会员并成立了昆山集邮小组，使苏州各市（区）实现了专题集邮会员全覆盖。目前，该会会员稳定在 80 人。

（2）坚持每月一次集邮活动，不断创新形式和内容

16 年来，苏州市专题集邮研究会每月进行一次定期活动，年初就列表制订计划，根据实际情况灵活执行。尽管新冠疫情防控期间原有计划被打乱，但是除利用微信群进行交流之外，苏州市专题集邮研究会仍在防控形势趋缓时见缝插针地组织了 3 次线下活动。在内容上，该会以邮学研究、专题研讨、邮集点评、心得交流、一事一议、一集一评为主，探讨专题集邮的选题、收集、编组、制作的难点与要点，从学习与研究中提高认知；在形式上，该会一改集邮活动中的原有模式，由本会资深会员与获奖作者担任主讲，通过现身说法和邮集解读，为会员普及集邮知识，既有效提升了会员专题集邮的水平，又增强了集邮活动的吸引力。经过 10 多年的坚持，苏州市专题集邮研究会定期活动已形成常态化、制度化机制。苏州市区、常熟市、吴江区每月活动 1 次；昆山市的活动频率更高，为每周活动 1 次。随着信息化时代的发展，该会理事会建立了专题集邮微信群，为专题集邮群体搭建即时、通畅的交流平台。

（3）参观学习开眼界，交流联谊同进步

苏州市专题集邮研究会组织部分骨干会员先后赴杭州、无锡参观中华全国集邮展览和亚洲国际集邮展览；2014 年 3 月，该会组织会员观摩在南通举办的江苏省第二届专题集邮展览；2018 年 5 月，该会组织部分会员赴常州参观中华全国集邮展览，返回苏州后专门安排活动交流观展心得，常熟、吴江、昆山、张家港等地专题集邮研究会分批次组织会员参观中华全国集邮展览；2019 年 6 月，该会动员和鼓励会员赴武汉观摩世界集邮展览。会员吴雪伟、王玉祥、叶淑娴在沙龙活动中分享了在武汉参观学习世界集邮展览的体会和收获，副会长唐孝飞则根据专题邮集在该展览评审中的实际，通行使用“中贴片”以避免邮政用品素材叠压展示，加强评审规则对一框类专题邮集的要求，专门撰文谈了其观展的感悟和启示。

图 5-122　唐孝飞做专题集邮讲座

2012 年 5 月 6 日，苏州市专题集邮研究会在吴江举办专题集邮观摩交流活动。来自张家港、昆山、吴江等地的 38 名会员，首先参观了吴江市首届集邮文化节集邮展览，重点观摩了唐孝飞的《灯，给人类带来了……》、莫钟汉的《羊羊羊》、徐伟的《写字》、袁农基的《纺织》等专题邮集，唐孝飞、莫钟汉、徐伟等邮集作者现身说法，介绍收集编制邮集的艰辛过程和深刻体会。

同年 8 月 31 日，苏州市专题集邮研究会举办学术讲座，由国际集邮展览大银奖获得者唐孝飞主讲专题邮集素材的收集、研究与编排（图 5-122）。

图 5-123　苏锡通专题集邮联谊会在苏州大学举行

2014 年 7 月 22 日，由苏州市专题集邮研究会发起，苏州、无锡、南通 3 地专题集邮作者 30 余人聚集在苏州大学开展旨在加强 3 地同好互动的联谊会（图 5-123）。在介绍与会的新老朋友之后，专题集邮作者分别展示并讲解了各自带来的专题邮集——苏州唐孝飞的《灯的故事》、南通胡建康的《头部佩戴物》、无锡吴琦华的《自行车》，3 位邮集作者将自己在编组邮集中的经验和收获毫无保留地与众人分享。常州李静波应邀参加此次活动，并做了热情洋溢的发言。当日下午，东道主陪同无锡、南通邮友一起观赏金鸡湖的秀丽风光，眺望《中国新加坡合作——苏州工业园区成立 20 周年》邮票主图《圆融》的雕塑原作，并游览历史文化街区平江路，领略《江苏民居》邮票的实景。整个活动以邮为媒，游邮共融。

2015 年 4 月 17 日，应扬州市集邮协会邀请，秘书长朱炳南一行 4 人前往扬州出席《瘦西湖》邮票首发式，同时参加长三角五座城市（上海、苏州、无锡、南通、扬州）专题集邮联谊活动，这次苏州带去 4 部（20 框）会员作品参加当日下午 2 时开幕的“长三角五城市专题集邮联展”。4 月 18 日上午，他们还出席了《瘦西湖》邮票的首发式，下午又参加了为纪念孙传哲诞生 100 周年而举办的研讨会。

2015 年 8 月 3 日，苏州、无锡、常州、南京、徐州、扬州、南通 7 地专题集邮联谊会在南通举行。苏州代表朱炳南向南通市专题集邮研究会赠送了贺词，并汇报了苏州市专题集邮研究会成立以来开展活动的情况和取得的成果。无锡、常州、南京、徐州、扬州的代表和南通的代表也分别交流了专题集邮的经验。其间，他们还展示了多部专题邮集供与会者观赏。因此，本次联谊活动不失为一次很好的多地之间相互学习与交流的机会。

（4）办展练兵，参展争先，人才辈出，成绩喜人

举办专题集邮展览和鼓励会员积极参加各级集邮展览，始终是苏州市专题集邮研究会理事会紧抓不放的重点工作。

苏州市专题集邮研究会分别于 2009 年 9 月、2016 年 9 月承办了两届苏州市专题集邮展览（图 5–124），会员的参展作品均超过半数以上。经过江苏省、苏州市专题集邮展览、综合集邮展览的层层历练与竞争，佳作频现，人才辈出。该会有 10 多部专题邮集参加了江苏省集邮展览，并有多部获得了大奖，彻底改变了苏州市专题集邮水平在省内排名滞后的局面，并且在江苏省第八届集邮展览后一直保持专题邮集参加省展数量多、获奖级别高的态势。更可喜的是，中青年会员的新作、力作不断涌现：唐孝飞的《灯》、林振峰的《电》、吴雪伟的《握手》、徐伟的《果实》均为第九届苏州市集邮展览之后新创作的、具有竞争力的作品，无论是在第二、第三届全省专题展中，还是在第九、第十届江苏省集邮展览中都有不错的表现，这些作品的共同特点是耗时短、见效快、质量高，中青年会员已然成为专题集邮的主力军。其中，唐孝飞继《狮子》获得南非国际集邮展览镀金奖后又一新作《灯的故事》和袁农基的《纺织》在长沙 2014 第 16 届中华全国集邮展览上双获大镀金奖（图 5–125）（后又分获中国 2016 亚洲国际集邮展览镀金奖、中国 2019 世界集邮展览镀金奖）；林振峰的《电的探索、产生与应用》、吴雪伟的《握手——人类情感沟通的使者》在连获两届江苏省集邮展览镀金奖后，在昆明举办的第 19 届中华全国集邮展览上如愿获得银奖。特别值得一提的是，徐伟的《写字》几经修改、补充、完善，从第 9 届江苏省集邮展览的大镀金奖到在西安举办的第 17 届中华全国集邮展览上以《书写——人类文明传递的使者》荣获镀金奖的逐级提档，再到中国 2019 世界集邮展览的一飞冲天，以 8 框《书写的历史》荣获专题类金奖，为苏州专题集邮乃至整个苏州集邮界赢得了最高荣誉。

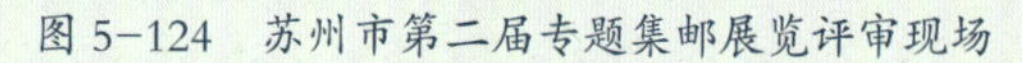

图 5–124　苏州市第二届专题集邮展览评审现场

图 5–125　袁农基获长沙 2014 第 16 届中华全国集邮展览大镀金奖

6. 苏州市邮资封片和个性化邮票研究会

苏州市邮资封片和个性化邮票研究会是由新中国邮资片研究会和苏州市个性化邮票研究小组于 2014 年合并后成立的。2023 年，该会的缴费会员为 12 人。

（1）新中国邮资片研究会

2007年8月3日，新中国邮资片研究会首批50余名会员参加了成立大会（图5-126），陈建政首先向大会汇报研究会筹备情况，薛德卿做《新中国邮资片研究会章程》起草的说明。会议通过了第一届理事名单，选举产生了会长陈建政，副会长薛德卿、周铭刚、叶士昌（嘉兴）、陈燮君（上海）等。汪日荣担任名誉会长，陆树笙、郑炜担任顾问。出席大会的苏州市集邮协会领导对研究会的名称、研究方向、活动内容及范围提出了建设性意见；分别从浙江和上海赶来参会的叶士昌、陈燮君发表了热情洋溢的讲话。

图5-126　新中国邮资片研究会成立大会

2007年10月12日，《新中国邮资片研究》第1期（创刊号）出版，该刊物为16开、4版，为不定期出版的刊物。其彩印版用来赠送注册会员，黑白版用作对外交流。创刊号除刊登了湖南任连荣、湖北涂友等邮友的贺信之外，还刊登了翟瀚的《流产的中银错片》、陈建政的《苏州工业园区马踏飞燕加印片简介》等研究文章。从2007年10月第1期开始，到2021年3月25日为止，《新中国邮资片研究》（后改为《邮资封片和个性化邮票研究》）共出版30期，加上《成立大会特刊》（2007年8月25日）及两期《会务通讯》，其间（2011年5月18日）还加印“庆祝中国共产党成立九十周年”明信片会刊1份。15年来，该刊物总计出版33期，受到全国各地邮友的欢迎和好评。

新中国邮资片研究会在成立1周年之际，还收到了王新中、郭润康、李鸿远、马佑璋、林衡夫、邵林、葛建亚、赖景耀等人及各地集邮组织的贺词、贺信20多份。2009年4月26日，新中国邮资片研究会成功举办首届集邮展览（图5-127）。

图5-127　新中国邮资片研究会首届集邮展览

2010年7月24日下午，新中国邮资片研究会第二次会员大会在苏州市集邮活动中心召开。全体与会会员认真听取了陈建政会长的工作报告、许仁余理事所做的章程修改意见（草案）说明及薛德卿副会长的财务报告，一致通过了由副会长周铭刚宣读的表彰名单和第二届理事会成员名单。二届一次理事会选举产生新的领导班子，并根据会员的意见再次对章程（草案）做出修改。

2012年7月28日下午，新中国邮资片研究会在苏州市集邮活动中心召开成立5周年纪念会。苏州市集邮协会副会长汪日荣、常务理事陆树笙到会祝贺。会长陈建政向与会的近40名会员赠送了特制的马踏飞燕片。会长陈建政简要回顾了该会5年的发展历程。副会长兼秘书长薛德卿宣读并展示了《江苏集邮》执行主编、江苏省集邮协会原秘书长鲍军禾的贺词——“研究课题明确，坚持建树卓著，热烈祝贺新中国邮资片研究会成立暨《新中国邮资片研究》创刊5周年，祝越办越兴旺、越办越好”和专为翌年会刊题写的刊头，以及生肖集邮研究会苏州市区分会会长、河南信阳市封片戳研究会会长等人的贺词。副会长汪日荣介绍了苏州作为首批“全国集邮文化先进城市”的创建过程，并以成功运用《苏州轨道交通》邮资封，宣传名城新貌的最新事例，勉励大家深化研究、多出成果，加大对具有地方特色的邮资封的宣传力度，扩大文化名城对外知名度和影响力。顾问陆树笙在会上按清代、民国、新中国历史沿革，简要介绍了明信片的起源，以及邮资片的来历、断代、衍生品种及趣味品等，并具体分析了邮资片附资、免资片，邮资片单片、双片，欠资退件，以及各种附戳等产生的背景和内涵，最后强调要抓住一个“邮”字和首日实寄的特点，为大家上了一堂生动的邮识课。

图 5-128　苏州市个性化邮票研究小组成立大会

（2）苏州市个性化邮票研究小组

在中国邮政邮票个性化服务业务开办 10 周年之际，全国第一家以个性化邮票为专门收藏和研究对象的民间集邮组织——苏州市个性化邮票研究小组于 2011 年 8 月 4 日在中国邮政苏州察院场支局会议室召开成立大会（图 5-128），共有 23 名苏州市区的个性化邮票爱好者参加会议。办公室主任孙泉福宣读了苏州市集邮协会的批复，并致贺词；苏州市集邮协会副会长汪日荣在会上提出了“研究创出新成果，开辟集邮新天地”的要求，组长郑炜结合自己的收集情况，用投影仪给个性化邮票爱好者进行了讲解。

作为给中国邮政邮票个性化服务业务开办 10 周年的献礼，《个性化邮票研究》由苏州市个性化邮票研究小组创办，并在该小组成立当月正式出版。第一期采用 16 开、全彩铜版纸印制，一经面世，邮味十足，广受读者好评。主编郑炜亲撰的《探究中国个性化邮票》一文，从世界个性化邮票的诞生到中国开办邮票个性化服务业务，再到中国个性化邮票成系列的发行，对其版式、种类、题材及其设计水平、艺术特色等进行了全面、系统的梳理和专业、客观的评价。王新中、李近朱、葛建亚、林衡夫、周治华等会士发表的专论，更彰显出刊物的学术性。

2012 年 2 月 4 日，苏州市个性化邮票研究小组新春茶话会在苏州观前文化城展览厅举行。组长郑炜致词，总结了苏州市个性化邮票研究小组在 2011 年的活动情况，介绍了江苏省邮资封片和个性化邮票研究会成立的情况，布置了 2012 年的工作。该小组出版的刊物《个性化邮票研究》在 2012 年 11 月总第 4 期发行后，随着该小组的撤并而停刊。

（3）两个机构合二为一，双管齐下，同步发展

新中国邮资片研究会与苏州市个性化邮票研究小组平时多有互动，2013 年 2 月 23 日，两个机构在苏州观前文化市场三楼展示室联合召开年会，在回顾、总结的基础上分别对各自的目标任务做了部署。

为了适应集邮文化发展形势的需要，苏州市个性化邮票研究小组和新中国邮资片研究会正式合并，名称改为苏州市邮资封片和个性化邮票研究会，并于 6 月 15 日举行了揭幕仪式（图 5-129）。该仪式由会长陈建政主持，副会长周铭刚宣读新改选的理事会成员名单。苏州市集邮协会副会长汪日荣和组长郑炜为新组织揭幕。

图 5-129　苏州市邮资封片和个性化邮票研究会揭幕仪式

副会长汪日荣为合并后的会刊重新题写刊头。从此，会刊内容扩充大量“纪念（普通）邮资封和个性化邮票”等信息。合并之后，该会第 1 期会刊上刊登了钱慕秋的文章《我国个性化邮票加印编码问题之我见》《竹》，以及“苏州生肖邮票博物馆与列支敦士登邮政博物馆缔结友好纪念”个性化邮票图文。合并后，该会会员人数大增，人气更旺，高峰时达132人。

苏州市邮资封片和个性化邮票研究会平时不定期开展线下会员活动，举办集邮讲座，与兄弟集邮组织开展联谊活动，等等。在2017年全国第二个“集邮周”（7月29日—8月3日）期间，恰逢新中国邮资封片研究会成立10周年，该会在苏州市集邮活动中心举办为期6天的“中国梦·集邮情”主题展，11名会员共展出27部（80框）专题、极限、生肖、个性化邮票与邮集，展示了该会重组后取得的活动成果。2020年之后，受新冠疫情的影响，该会正常活动受阻。但在抗疫期间，该会还是编印并出版了通栏标题为《向全国驰援武汉的医务工作者致敬！》的第29期会刊。

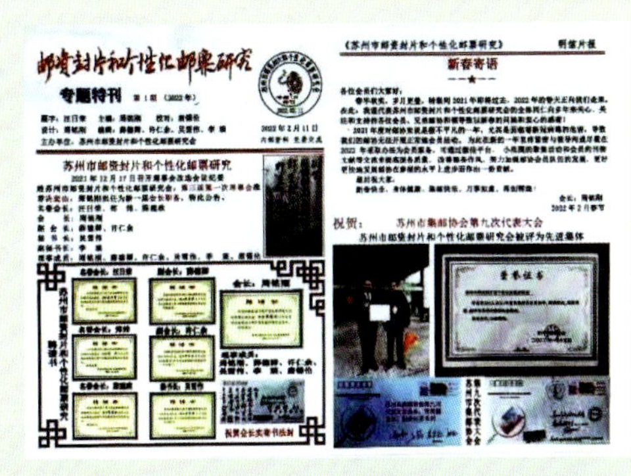
邮资封片和个性化邮票研究

专题特刊

苏州市邮资封片和个性化邮票研究

新春寄语

祝贺：苏州市集邮协会第九次代表大会

苏州市邮资封片和个性化邮票研究会被评为先进集体

图5-130 《邮资封片和个性化邮票研究》

2021年3月25日，《邮资封片和个性化邮票研究》（图5-130）出版发行总第30期。鉴于陈建政已担任生肖集邮研究会常务副会长一职，2021年12月，他请辞苏州市邮资封片和个性化邮票研究会会长一职，之后经会议决定，由周铭刚接任会长，顺利完成领导班子的新老交替。

7. 苏州市邮政史集邮研究会

苏州市集邮协会于2011年9月26日获批正式组建，现有会员180余人。

（1）创建网师园集邮沙龙

2000年2月12日，网师园管理处党支部书记贺萍倡议发起邮政史爱好者网师园集邮沙龙（图5-131），其创始成员分别为贺萍、陆树笙、杨绍仪、戴立群、石剑荣、孙晓苏、邓树镛7位邮识精深、藏品丰富的邮政史集邮者。

网师园集邮沙龙自成立以来，每月活动一次，10多年来从未间断。成员由最初7人发展为数十人，活动地点设在网师园茶室，成员足迹遍布拙政园、东园、大公园、沧浪亭等处，直至苏州市邮政史集邮研究会成立，其活动地点逐渐固定下来。高端邮品的收藏、邮史邮学的研讨、各类大奖邮集的参展、国内外集邮权威的交流，均为网师园邮迷沙龙之特色。该沙龙的重要活动有：2001年9月，与来苏州访问的台湾中华集邮会会员进行学术交流活动；2009年4月，与来苏州访问的美国中华集邮会代表团进行联谊交流活动；2010年4月，邀请英国皇家邮学会在网师园贵宾厅举办第一届中国年会暨邮学论坛（图5-132）；等等。

图5-131 网师园集邮沙龙

图5-132 英国皇家邮学会第一届中国年会暨邮学论坛

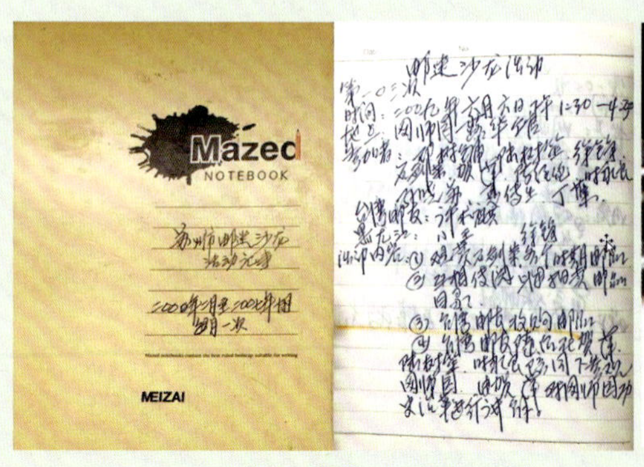

图 5-133 《苏州市邮迷沙龙记事》

图 5-134 贺萍像

沙龙主持人贺萍生前存有 2 本《苏州市邮迷沙龙记事》（图 5-133），其最终记录为 2009 年 6 月 6 日在网师园露华馆举行的第 103 次活动。

贺萍（1940—2023，图 5-134），一名贺评，湖南衡阳人，中共党员。1961 年，贺萍加入中国人民解放军空军；1962 年，加入中国共产党，提干后服役于硕放、光福场站，历任排长、指导员、政治干事等职；1982 年，转业后进入苏州市园林局，先在苏州东园、大公园片区任职，后任网师园管理处党支部书记。贺萍酷爱集邮，将业余时间倾注于集邮爱好，并执着地探讨邮学、编组邮集，曾撰写多篇关于“文化大革命”时期特殊邮戳的研究文章，所组 5 框邮集《中国“文”字邮票（1967 年 4 月—1970 年 1 月）》《中国的世界遗产》曾获江苏省集邮展览大银奖。网师园集邮沙龙的重要活动均由其精心安排，并借用网师园雅厅举办。

（2）正式成立

经过 10 年左右的发展，在网师园集邮沙龙的基础上，经苏州市集邮协会于 2011 年 9 月 26 日发文批复，在 10 月 9 日世界邮政日，苏州市邮政史集邮研究会在苏州市工人文化宫宣告成立（图 5-135）。首任会长为石剑荣，副会长为戴立群、贺萍、瞿慰祖，秘书长为周振声，副秘书长为时永良、王铭。办公地点设在苏州观前文化市场一楼思达邮社（图 5-136）。

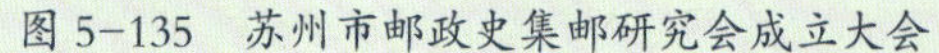

图 5-135 苏州市邮政史集邮研究会成立大会

图 5-136 思达邮社

苏州市邮政史集邮研究会自成立以来始终专注于邮政史集邮的研究和推广，出版会刊、组集办展、定期活动是会务活动的“三驾马车”。该会成立 10 多年来，会员编组的竞赛性邮集在江苏省、全国、亚洲乃至世界集邮展览上摘金夺银，成绩喜人；会员撰写的研究类集邮文章也常见诸全国性的官方和民间集邮刊物；该会与外界的交流活动也开展得有声有色。

（3）编出会刊

2012 年 6 月，苏州市邮政史集邮研究会会刊《邮史研究》创刊号（图 5-137）出版，主编为会长石剑荣。该刊物为大 16 开、铜版纸全彩印刷，共有 80 页（含封面、封底）。该刊物分《邮票史研究》《邮政史研究》《邮政用品研究》《集邮史研究》《会员论坛、会员活动、会讯》5 个栏目。

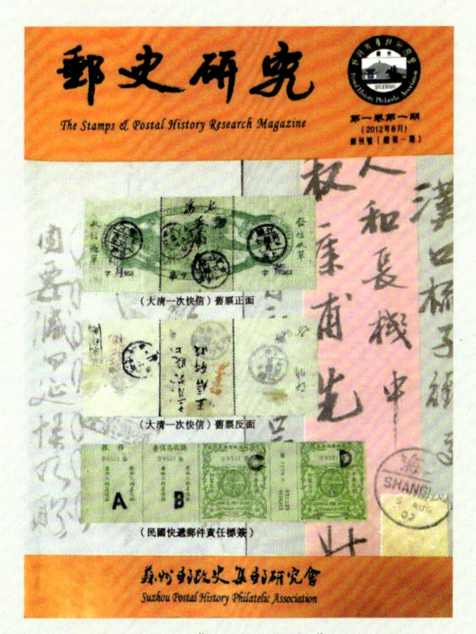

图 5-137　《邮史研究》创刊号

2014 年 1 月，会刊《邮史研究》第 2 期出版，主编为会长石剑荣，内页增加到 88 页。10 月，会刊《邮史研究》第 3 期出版，主编为会长石剑荣，内页增加到 134 页。

2015 年 12 月 26 日，会刊第 4 期首发式顺利举行。这期会刊进行了更名与改版，主编为范利清，刊名改为《苏州邮史研究》，戴立群题写刊名，开本改为 16 开，内页增加到 194 页。该刊物从本期开始聘请专业美术编辑设计排版，这期会刊印刷了 100 本，主要用于赠送与交流。

2016 年 12 月，会刊《苏州邮史研究》第 5 期正式出版。主编为范利清，内页增加到 215 页。

2017 年 12 月，会刊《苏州邮史研究》第 6 期正式出版。主编为范利清，内页增加到 230 页。

2019 年 4 月，会刊《苏州邮史研究》第 7 期正式出版，主编为范利清，内页增加到 241 页。本期会刊卷首刊登《集邮博览》杂志社吕兴华、江苏省集邮协会副会长马佑璋题写的寄语。

2020 年 5 月，改版后的第 8 期会刊克服新冠疫情等困难而面世。新会刊更名为《姑苏邮学》，由寓居台湾的苏州籍书法家、102 岁的潘安生题写刊名，内页改为 220 页，开本和内容延续以往，纸张做了轻量化处理，便于阅读和携带。更名主要考虑扩大邮史研究的外延与内涵，避免原刊名给人以仅仅研究苏州地方邮政史的错觉。上海刘广实为本期会刊撰写卷首寄语，主编张晓钢撰写发刊词《思考、发现和愉悦》。

（4）组集办展

2012 年 10 月 9 日—15 日，苏州市邮政史集邮研究会成立 1 周年集邮展览（图 5-138）在苏州市观前文化市场 3 楼展厅举行，共展出 27 部邮集、114 框。整个集邮展览期间，有近千人参观，反响热烈，苏州市主要媒体《苏州日报》、苏州广播电视总台均做了相关报道。同年年底，该会办公地点迁至苏州市观前文化市场 B 层 DB09 室。

图 5-138　苏州市邮政史集邮研究会成立 1 周年集邮展览

2017 年 11 月 25 日—26 日，江苏省第 11 届集邮展览在海安市举办，张晓钢的邮政历史类 5 框邮集《二战中缅印展区美英军事邮政》获大镀金奖、唐中杰的邮政历史类一框邮集《华北解放区邮戳》获镀金奖。苏州市邮政史集邮研究会组织会员前往观摩集邮展览，并聆听新加坡集邮家陈为乐的集邮讲座。

2018 年 5 月 11 日，第 18 届中华全国集邮展览在常州市开幕，会长范利清带队在展会现场租用摊位，在集邮展览举办期间开展宣传活动，分发会刊，广交各地邮友。

图 5-139　苏州市邮政史集邮研究会参展邮集于南京市会审

2019 年 4 月 11 日，中国 2019 世界集邮展览参展邮集会审工作在南京市举办（图 5-139），道文进、张晓钢携邮集参加会审，最终道文进编组的邮集、张晓钢编组的邮集和金晓宏的集邮文献分获大镀金奖、银奖和镀金奖。

（5）活动纪要

2013 年，苏州市邮政史集邮研究会在苏州市工人文化宫召开成立 2 周年大会，生肖集邮研究会会长周治华、苏州邮政局姑苏分局局长张杰、苏州市集邮协会副会长汪日荣、郑炜到会祝贺并讲话，石剑荣会长做题为《再接再厉，为梦奋斗》的工作报告。

2014 年 10 月 26 日，首届中国民信局研讨会在苏州市南园宾馆 1 号楼会议室举行。该研讨会由英国皇家邮学会发起倡议，并与中国邮政文史中心共同主办，苏州市邮政史集邮研究会承办。本次研讨会的主题是“民信局的起源”。参会者分别为中国邮政文史中心副主任吕兴华、研究员赵强，英国皇家邮学会中国大陆代表王剑智、台湾地区代表俞兆年，英国伦敦大学讲师蔡维屏，浙江省集邮协会代表张雄，湖北省集邮协会代表陈波，新疆集邮协会代表谢维景，苏州市集邮协会代表石剑荣、范利清、张晓钢、王铭，江苏省集邮协会代表邹文。会长石剑荣向参会嘉宾赠送了该会第 1、第 2、第 3 期会刊。

2014 年 12 月 14 日下午，苏州市邮政史集邮研究会成立 3 周年大会暨第二届理事会选举大会召开，参会者共 28 人。大会由时永良主持，会长石剑荣做第一届理事会工作报告，回顾了该会成立 3 周年以来取得的主要成绩与开展活动的情况，以及存在的问题和今后努力的方向，全体与会者一致通过这份报告。会议在通过章程修改草案后，选举产生了以范利清为会长，张晓钢为副会长，马文尧为秘书长，时永良、王铭为副秘书长的第二届理事会。同时，聘请汪日荣、石剑荣为名誉会长，石剑荣为会刊顾问。

2015 年 1 月 24 日，在苏州市工人文化宫召开理事扩大会议，增选孙晓苏为秘书长（顶替因病去世的马文尧），增补高昌辉为理事。同年 12 月 5 日，增补道文进、张贵斌为本会理事。

同年 3 月 1 日，本会范利清、张晓钢、道文进及顾问王剑智一行 4 人赴南京拜访江苏省集邮协会副会长马佑璋，向其汇报理事会改选情况及 2015 年工作计划。马佑璋肯定了范利清的工作设想，鼓励该会将活动扩展至苏州周边区县，积极把研究会做大、做强，马佑璋还欣然同意出任本会名誉会长。

同年 12 月 26 日，苏州市邮政史集邮研究会 2015 年年会暨会刊（第 4 期）首发式在苏州友谊宾馆举行。参会的中华全国集邮联合会会士有 4 位，分别是刘广实、马佑璋、张雄和瞿百顺。集邮展览评审员有 6 位，分别是李汇祥、肖宏、郑炜、胡不为、桑贯宇、陈波。此外，还有苏州邮政局副局长仇敏达、苏州市集邮公司经理王丽玉、生肖集邮研究会会长周治华、苏州市集邮协会副会长郑炜等人应邀赴会，参会人员总计 70 余人。会议于上午 9 时 30 分开始，简短的开幕致辞及会长范利清做完会务报告后，马佑璋、周治华、汪日荣、石剑荣分别致辞。之后，举行会刊第 4 期首发式。随后进入学术演讲环节，特邀常州延陵邮学会陈山会长主讲“抗战时期沙鱼涌秘密邮路”。会议结束后，该会又在南园宾馆 2 号楼二楼思元厅举办第二届中国民信局研讨会。该研讨会由集邮博览杂志社、英国皇家邮学会主办，苏州市邮政史集邮研究会承办。本次研讨会是 2014 年首届中国民信局研讨会的延续。研讨会主题是“民信局的终结”，参会代表有 35 余人。该研讨会均邀请到不少国内外颇有影响力的专家、学者，其中有中国邮政文史中心副主任吕兴华，中华全国集邮联会士、中国民信局研究权威刘广实，三联书店原副总编辑、《中国邮票史》执笔者之一、清史专家潘振平，英国皇家邮学会会士王剑智，中国邮政文史中心副研究馆员孙鑫如，中华全国集邮联会士、中国民信局研究专家张雄，湖北省集邮协会副会长、编组《汉口民信局》邮集获中华全国集邮展览镀金奖的陈波，苏州市邮政史集邮研究会会长、编组《苏州民信局》邮集获中华全国集邮展览镀金奖的范利清。本次会议为彰显苏州特色，特邀原苏州市金阊区常务副区长平龙根为与会者讲解苏州山塘街的历史与保护、改造情况。在中国民信局发展史上，清朝中后期的苏州山塘街渡僧桥一带是当时这一行业的重镇（挂牌信局五六十家），平龙根是当时山塘街一、二期改造工程的主持者，于是便为大家做了关于山塘街介绍。会上，吕兴华、潘振平、张雄、王剑智、何钦雄、孙鑫如、陈波、戴立群、石剑荣、陈山、金问涛等专家和学者，围绕“中国民信局是否在1935年后彻底消失”这一主题纷纷发言，最后由刘广实进行总结。刘广实回顾了自己研究中国民信局的经历，并结合当下这一研究的热点、难点、疑点做了精彩的总结性陈述。

2016年12月10日—11日，苏州市邮政史集邮研究会成立五周年大会暨第三届中国民信局研讨会在苏州新世纪大酒店举行。本次大会参会人员共70余人，嘉宾有周治华、邵林、汪日荣、郑炜、姜达政、王剑智、康永昌、张雄、程飞鹏、何钦雄、李汇祥、陈山、肖宏、须常鹰、瞿百顺、陈波、杨须海、李春光、刘少华、唐孝飞等，苏州邮政局姑苏分局局长许爱红，苏州市集邮公司陆雪青，太仓市集邮公司代表李玲等到会祝贺。大会特邀河南师范大学教授苏全有、中国邮政文史中心副研究员孙鑫如、台湾元侨文教基金会主席陈祥吉参会。大会于12月10日下午开始，范利清做会务工作报告，石剑荣、郑炜、邵林、姜达政、李汇祥、孙鑫如、周治华等嘉宾先后发言，随后大会表彰“十佳”会员，并新聘数位顾问。之后，嘉宾进行主题演讲。如：苏全有主讲“邮传部与盛宣怀”，王剑智主讲“第三次国内革命战争时期的国共通邮”。演讲结束后，开展助会集邮文献义拍活动。11日上午，第三届中国民信局研讨会（苏州）在四楼望月厅举行，参会人员共30余位（图5-140）。本次研讨会的主题是“民信局的资费”。在到会人员中，苏全有、邵林、李汇祥、程飞鹏、何钦雄、刘少华、瞿百顺、唐中杰、唐孝飞、尹浩洋等均系首次参会。大家围绕主题依次发言，并展开热烈讨论。最后王剑智宣布下一届（第四届）中国民信局研讨会将移师浙江杭州举行。

图5-140　第三届中国民信局研讨会（苏州）与会代表合影

2017年1月6日，中华全国集邮联合会会长杨利民来苏州调研。苏州邮政局、苏州市集邮协会牵头组织召开集邮交流座谈会，张晓钢副会长应邀参加。会长杨利民认真听取苏州市集邮协会副会长汪日荣的专题工作汇报和各邮会负责人的发言，并鼓励大家再接再厉，把苏州的集邮活动办得更好。会后，张晓钢向会长杨利民赠送本会第5期会刊，并请会长杨利民题词。会长杨利民在会刊上欣然题写了“祝苏州邮政史研究取得更大成绩”（图5-141）。

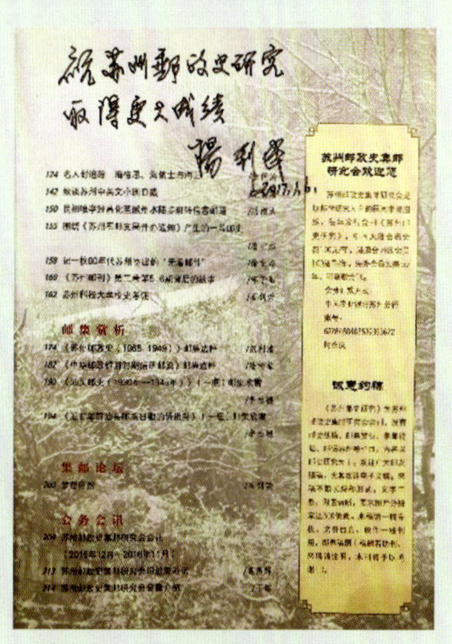

图5-141　杨利民题词

同年1月8日，苏州市邮政史集邮研究会首次月度邮学讲座“姑苏邮学论坛”正式开讲，主题是“邮戳邮集的制作与素材的收集”，由会长范利清主讲，其演讲让听讲者深受启迪。9月

图 5-142　常熟徐宝煌主讲“日本邮票的收藏与研究”

2 日，“姑苏邮学论坛”第 5 期在娄东邮苑二楼开讲，由常熟徐宝煌主讲“日本邮票的收藏与研究”（图 5-142），该论坛在苏州、太仓两地共举办了 8 次。

4 月 30 日—6 月 11 日，“共筑幸福太仓——集邮与中国传统文化联展”在太仓博物馆举办。本次联展由太仓市政协举办，会长范利清、副会长道文进、理事曹兴龙展出了各自的获奖邮集。5 月 20 日，中华全国集邮联副会长李曙光、刘佳维，《集邮》杂志主编刘劲，江苏省集邮协会副会长马佑璋、杨桂松等嘉宾观摩了联展。之后，他们还出席了同步举办的“邮史研究太仓论坛”。本次论坛的主题是“从太仓邮史的发展看太仓经济与文化的发展”，太仓市政协邱震德主席主持了此次论坛，会长范利清做了“太仓邮政发展史”的主题汇报。

图 5-143　苏州市观前文化市场 B 层 DB209 室

2018 年 4 月 1 日，苏州市邮政史集邮研究会办公及活动地点由苏州市观前文化市场 B 层 DB09 室（图 5-143）迁至苏州市艺都古玩城 B 层，并于当天举行挂牌仪式（图 5-144），苏州市集邮协会副会长汪日荣、郑炜到场祝贺。5 月 6 日，在苏州图书馆举办的“苏州大讲坛——文化生活”主题活动中，本会名誉会长石剑荣开讲“集邮与史料收藏”，该讲座吸引了 80 余位市民聆听。8 月 4 日，中国邮政邮票博物馆和中国海关博物馆联合举办的“大龙邮票诞生 140 周年学术研讨会”在北京中国邮政文史中心召开，本次大会还举行了“大龙邮票与清代海关邮政”全球有奖征文颁奖会。本会顾问王剑智的《清代海关邮政与驿站的合作》、张晓钢的《1876 年“烟台议邮”始末》、邹子阳的《海关洋员绵嘉义参加 1888 年巴塞罗那世界博览会》分别获得三等奖、二等奖和三等奖。三位获奖作者赴北京参加了这次大会。同一天，为配合全国集邮周活动，苏州市邮政史集邮研究会与苏州市职工集邮研究会联合在苏州市艺都古玩城举办了“纪念大龙邮票诞生 140 周年”活动，陆树笙向到场嘉宾和邮友介绍了大龙邮票的收藏与研究心得。9 月，陆树笙编撰的《清代民国苏州明信片图鉴（1898—1941）》由苏州大学出版社出版。该书收录了清末至民国时期 1 000 多张反映苏州风貌的明信片（以摄影图片为主），系陆树笙历经 30 余年搜集与整理，花费近 4 年时间编写而成的作品。该书为大 16 开，重约 2.5 千克，是近年来苏州地方史、摄影史、集邮史方面的一本重要的参考书。

图 5-144　苏州市艺都古玩城 B 层新会址

12 月 16 日，在苏州市工人文化宫召开会员大会，范利清连任会长，张晓钢任常务副会长，道文进任副会长，孙晓苏任副会长兼秘书长，时永良任副秘书长。

2019 年 3 月 25 日，苏州市邮政史集邮研究会第三届理事会举行网络会议，会长范利清提名增补姜达政和李玲为理事，姜达政任副会长，经大会表决，全票通过。

2020 年年初，新冠疫情暴发，各类现场集邮活动陷于停顿。同年 12 月，新冠疫情趋于平稳，月度活动短暂恢复。为降低会员在公共场所被感染的风险，该活动选在陆树笙山塘街寓所进行。至 2021 年 3 月，苏州市邮政史集邮研究会共开展交流活动 3 次。

2021 年 10 月 6 日，苏州市邮政史集邮研究会在苏州三元宾馆举办成立 10 周年纪念活动。受新冠疫情影响，未邀请外地嘉宾参会，到会会员和嘉宾共计 25 人。首任会长石剑荣、会长范利清、苏州市集邮协会副会长汪日荣、副会长姜达政、元老陆树笙等人先后发言，庆祝该会成立 10 周年。

2022 年 1 月 15 日，苏州市集邮协会第九次代表大会在苏州邮政局召开，苏州市邮政史集邮研究会会员张晓钢、道文进、金问涛当选常务理事，范利清、孙晓苏、翟瀚当选理事，陆树笙当选荣誉理事，张晓钢当选副会长。

8. 东吴邮学会

东吴邮学会于 2010 年筹建，接受吴江市集邮协会指导，于 2014 年获批挂靠苏州市集邮协会（图 5-145），在吴江区民政局注册登记，现有会员近百名。

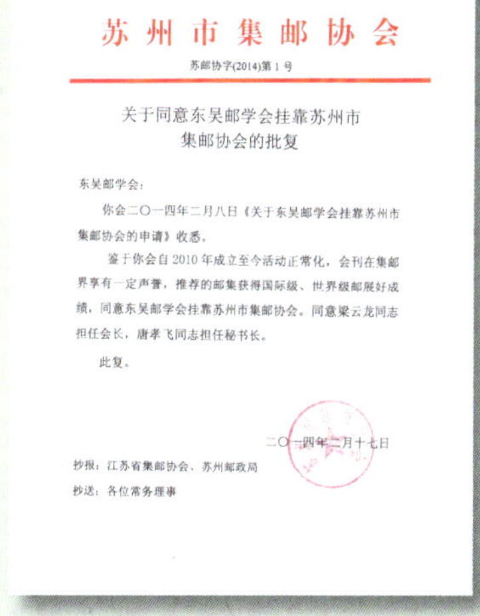

苏州市集邮协会

苏邮协字(2014)第 1 号

关于同意东吴邮学会挂靠苏州市集邮协会的批复

东吴邮学会：

你会二〇一四年二月八日《关于东吴邮学会挂靠苏州市集邮协会的申请》收悉。

鉴于你会自 2010 年成立至今活动正常化，会刊在集邮界享有一定声誉，推荐的邮集获得国际级、世界级邮展好成绩，同意东吴邮学会挂靠苏州市集邮协会。同意梁云龙同志担任会长，唐孝飞同志担任秘书长。

此复。

二〇一四年二月十七日

抄报：江苏省集邮协会、苏州邮政局

抄送：各位常务理事

图 5-145　东吴邮学会获批挂靠苏州市集邮协会

东吴邮学会在筹创阶段，创办《东吴邮学杂志》（2010 年试刊），执行主编为唐孝飞。至 2015 年，该刊物共出版 10 期，之后停刊。

2012 年 10 月 27 日，东吴邮学会集邮沙龙（图 5-146）成立。吴江区卫生系统集邮协会会长梁云龙、常务副会长钱延林、《东吴邮学杂志》执行主编唐孝飞等 20 余位集邮爱好者到会。会议确定每月最后一个周六的下午定时举行例会，形式包括邮集讨论、邮品拍卖等集邮活动。

图 5-146　东吴邮学会集邮沙龙

东吴邮学会集邮沙龙日常工作由钱延林主持，吴江区内各乡镇设有联络员。之后，东吴邮学会集邮沙龙便如期开展，活动内容、活动形式丰富多彩。例如，2018 年 10 月底，东吴邮学会集邮沙龙与苏州市老干部集邮协会在吴江同兴村联合举办了别开生面的“一框邮集联谊研讨会”。

新冠疫情袭来后，东吴邮学会集邮沙龙一度暂停，后于 2020 年 7 月 25 日恢复正常活动。是日下午，在以“集邮与抗疫”为主题的活动现场，东吴邮学会集邮沙龙展出了钱延林的《众志成城抗疫情》、殷丁元的《众志成城战“新冠”》、袁农基的《抗击疫情　用“爱”记载》等 12 框主题邮集，3 位作者还分别就邮集的素材收集、内容构思、完成编组后的心得与大家分享。次月 29 日，东吴邮学会集邮沙龙又在吴江邮政分公司举行了第 80 次活动，由钱延林讲解其新作《抗疫情从我做起》。

2013 年 12 月 28 日下午，东吴邮学会第二届会员代表大会顺利召开。江苏省第一巡视组原组长沈荣法，中华全国集邮联合会会士、生肖集邮研究会会长周治华，中华全国集邮联合会会士、国际集邮展览评审员李汇祥，苏州市集邮协会副会长汪日荣，吴江区集邮协会常务副会长钟浬，以及 50 多名会员代表出席了大会。

大会由唐孝飞主持，通过了《东吴邮学会章程》。会上，汪日荣、沈荣法、周治华、李汇祥、钟浬等先后致辞。大会选举产生了新一届理事会成员，由梁云龙任会长，唐孝飞（兼秘书长）、钱延林、陆亮、曹曙光任副会长，王阿明、徐阳任副秘书长，金同涛、袁农基等9人任常务理事，仓公鼎、洪承熙等12人任理事。理事会一致同意聘请李汇祥为名誉会长，聘请马佑璋、林衡夫、周治华、沈荣法、汪日荣、钟浬6人为顾问。

东吴邮学会以“普及集邮知识，倡导集邮文化，提高集邮水平，弘扬学术研究，倡导文明的集邮道德”为宗旨，开展多样化的集邮活动。

图 5-147　集邮活动走进苏州同里同兴村

（1）集邮下基层

2014年5月31日，东吴邮学会在苏州同里同兴村举办活动，主题为“个性化集邮”，由钱延林、钟浬、唐孝飞介绍了个性化邮票的由来、发行现状和组集情况，尤其是当地发行个性化邮票的情况。此次活动中，东吴邮学会特地从邮局调用“思本桥”风景日戳，为参加活动的邮友加盖。与会者还一起参观了思本桥，并合影留念（图5-147）。

图 5-148　东吴邮学会集邮活动走进吴江区八坼中学

（2）集邮进校园

2015年3月27日，东吴邮学会集邮活动走进吴江区八坼中学（图5-148）。该会在校园内举办了一片邮集展览，共展出200部一片邮集。这些邮集既有出自东吴邮学会会员之手的，也有出自学校集邮社团小邮迷之手的。该展览吸引了师生前来参观。东吴邮学会副会长唐孝飞在现场为师生详细讲解集邮知识，以及一片邮集的概念、选题及制作技巧和故事构思等。钱延林、莫钟汉也对前来参观展览的学生做了相关介绍。

东吴邮学会还走进中共苏州市吴江区委员会老干部局开展集邮活动。中共苏州市吴江区委员会老干部集邮协会会长唐志祥介绍了协会自1988年成立以来开展的各项集邮活动。其中，会员周祥林、唐志祥、周茂哉等编组的邮集先后在江苏省、全国乃至亚洲国际集邮展览中获奖，撰写的邮文多次在江苏省和全国的集邮报刊上发表。离休老干部周茂哉就自身集邮和收集税票的经历进行了详细介绍，重点介绍了其荣获2012年中华全国集邮展览银奖邮集《民国交通联运图印花税票》的编组情况。

2022年11月，东吴邮学会举办东吴邮学会集邮沙龙第100次活动。此次活动是为了送邮到社区，展示建党、爱党、颂党的邮集，社区组织党员干部、群众到场观摩学习，会内骨干和邮集作者进行现场讲解，深受好评。10年来，集邮下基层活动共举办了40余次。

（3）集邮展览活动

为提高全区集邮水平，东吴邮学会经常举办集邮讲座。该会举办过传统类、邮政历史类、邮政用品类、专题类、极限类、图画明信片类、一框集邮类等类别的集邮讲座。特别是该会还邀请在国际和国家集邮展览上获奖的邮集作者为会员讲课，传授集邮知识。

东吴邮学会注重实践，经常举办各种主题集邮展览，诸如配合时事举办建党主题集邮展览、红色主题集邮展览、医学主题集邮展览、生肖主题集邮展览等。此外，该会还不定期举办专题类、极限类、一框类的专项集邮展览。例如，该会曾协助邮政部门和苏州市集邮协会一同举办纪念国际护士节 100 周年邮票首发式暨 2012 年中华医学集邮邀请展。

2013 年 9 月 28 日，由东吴邮学会、吴江“极限之友”、平望集邮协会主办的首届极限集邮联展在水乡莺脰湖畔新世纪文化广场开幕。此次集邮展览为期 4 天，共展出邮集 60 框，展出内容十分丰富，用五彩缤纷的极限邮集展示祖国的巨大变化。

10 年间，东吴邮学会组织举办的集邮展览共有 30 余次。

（4）关爱活动

东吴邮学会多次举办集邮义卖活动，发动会员踊跃捐赠邮品，并举行义募、义卖活动。2008 年 5 月，东吴邮学会为雅安地震捐款；2020 年，为武汉抗击新冠疫情捐款。这两次捐款共计 5 000 余元。

（5）集邮联谊活动

东吴邮学会还采用“请进来、走出去”的方法与各地兄弟协会和集邮组织进行交流联谊。该会多次组织会员沿大运河文化带游览，参观横塘驿亭，组团参加在长沙举办的 2014 年中华全国集邮展览、在西安举办的 2016 年中华全国集邮展览和在扬州举办的 2015 年瘦西湖邮票首发式，并举办与苏州市职工集邮研究会、苏州市老干部集邮协会、吴中区集邮协会、吴中人民医院邮文社及嘉兴、桐乡等地集邮协会的交流联谊会。

值得一提的是，2014 年 4 月 26 日，苏州吴江与浙江嘉兴、桐乡运河文化联谊活动（图 5-149）在吴江区平望镇老年活动中心拉开序幕，其主题是“两省行走一家亲，共圆运河申遗梦”。东吴邮学会、吴江区集邮协会、嘉兴市集邮协会、桐乡市集邮协会、嘉兴市三水湾小学少年集邮协会、吴江区各大镇集邮协会会员代表齐聚大运河上的古镇——平望镇，通过集邮的方式支持大运河申遗成功。为配合本次活动，还启用风景日戳和纪念日戳各 1 枚。

图 5-149　苏州吴江与浙江嘉兴、桐乡举办运河文化联谊活动

此外，与苏州市集邮协会无隶属关系的苏州地区专项民间邮会还有太仓市中国民信局研究会等。太仓市中国民信局研究会挂靠太仓市邮政局、国网江苏省电力有限公司太仓市供电分公司，在太仓市民政局注册备案，于 2023 年 5 月 21 日召开成立大会（图 5-150），会长为范利清。其会刊为《中国民信局研究》，于 2023 年 5 月发行第 1 卷，主编为范利清。

图 5-150　太仓市中国民信局研究会成立大会

第三节　集邮展览与集邮活动

一、集邮展览与获奖情况概述

1. 苏州市首届集邮展览

1983年10月23日，苏州市集邮协会在苏州邮政局召开第一次代表大会，随后于10月25日—31日在苏州市工人文化宫举办首届集邮展览。此时，恰逢邮电部副部长、中华全国集邮联合会首任会长成安玉因督查“中等城市邮电管理经验国际交流会”的筹备工作来到苏州，苏州市集邮协会首任会长田德明遂邀请成安玉参观集邮展览（图5-151）。同日，在苏州市集邮协会顾问路云的陪同下，甲戌邮票会创始人、著名集邮家赵善长也莅临苏州参观了集邮展览（图5-152），苏州市集邮协会副秘书长沈鹰在现场摄影，并在《苏州报》上发文予以报道。

图5-151　中华全国集邮联合会会长成安玉参观集邮展览

图5-152　著名集邮家赵善长莅临苏州参观集邮展览

此次，集邮展览规模宏大，苏州市区以外，常熟、张家港、吴江、昆山、太仓及吴县也选送邮集参展。此次展览共展出75个专题，近2万枚邮票和封、片、戳。既有清代“大龙”“小龙”“万寿”“红印花加盖”“万寿加盖”等邮票，也有中华邮政“一次航空”“洪宪样票”等邮票，中华人民共和国邮票基本齐全，还有不少外国早期的邮票精品。该展览为期7天，参观者逾14 000人次，盛况空前，产生了很大的社会影响。

苏州市首届集邮展览参展邮集有76部，共评出特别奖1部、一等奖4部、二等奖8部、三等奖12部。

2. 邮票设计者作品展览

（1）邮票设计者作品展览

1985年10月25日，苏州市集邮协会举办成立2周年纪念活动，上午为茶话会，下午为游园活动，基层组织的 2 000 余名会员及集邮爱好者冒雨参加。这次游园活动内容丰富，有集邮灯谜、百题征答、邮品交换、集邮讲座等。

1985 年 10 月 25 日—30 日，邮票设计者作品展览为其中的一项重要活动内容，邮票设计者黄里、程传理、吴建坤、任宇亲临苏州，共带来 130 件作品参展。这些设计草图和原稿使苏州集邮者第一次亲眼看到邮票的“本来面目”，观展者异常活跃。同日，苏州市邮票公司还发行了由 4 位邮票设计者亲自设计并贴有相关邮票的纪念封 1 套 4 枚，黄里还当众挥毫为邮友题签纪念封（图 5-153）。该展览的展出地点为苏州市工人文化宫，展期为 6 天。

图 5-153　《邮票设计者作品展览》纪念封

（2）中国邮票设计家孙传哲绘画作品展览

1986 年 11 月 1 日，《苏州建城二千五百年》纪念邮资明信片在苏州首发。同日，在苏州市工人文化宫举行了中国邮票设计家孙传哲绘画作品展览开幕式，苏州市邮票公司特为此发行由孙传哲亲自设计、主图为北寺塔的展览纪念封 1 枚（图 5-154），展览首日孙传哲亲临现场为观众签名留念，参观者蜂拥而至。该展览共展出孙传哲邮票绘画作品 100 件，展期为 1 周，观众逾万人。为设计《苏州园林》系列邮票，孙传哲曾 5 次来苏州收集素材、写生、创作，苏州集邮者通过观展目睹《留园》《拙政园》等邮票的设计原稿，倍感欣喜与亲切。

图 5-154　《中国邮票设计家孙传哲绘画作品展览》纪念封

（3）万维生邮票设计展览

图 5-155　《万维生邮票设计展览》纪念张

为祝贺 1996 年苏州书市开幕，由苏州市新华书店主办、苏州市集邮公司和苏州市集邮协会协办的万维生邮票设计展览于 1996 年 9 月 28 日—10 月 1 日在新华书店 4 楼大厅开幕，苏州市集邮公司和苏州市新华书店为此联合发行纪念张 1 枚（图 5-155）、纪念封 1 套 2 枚。

3. 纪念苏州解放 40 周年集邮展览

1989 年 4 月 5 日—11 日，在苏州市工人文化宫举办纪念苏州解放 40 周年集邮展览。该展览共展出传统、专题、青少年及非竞赛级邮集 32 部，共计 1 350 个标准贴片、10 000 多枚邮品。此次展览是为参加江苏省集邮展览及全国集邮展览的选拔赛，故参展水平较高。经评审，此次展览评奖结果如下：一等奖为徐宝煌的《新中国普通邮票》、周一非的《鸟——人类的朋友》；二等奖为唐建文的《新中国初期普、改、欠、航空邮票及实寄封选》、张池奎的《航天》、陆念乔的《瑞士联邦发行的邮票》、王柏生的《清代、民国邮票一瞥》；三等奖为周振声的《新中国小型张及其相关邮票》、戴咏梅的《生物课堂》、黄祖釭的《新中国纪、特邮票首日实寄封》、郭松林的《中国服饰的演变》；鼓励奖为周宜的《全国自然保护区实寄封》；荣誉奖为邓树镛的《原地首日实寄封选》。

4. 苏州市获奖邮集回顾展

1991 年 10 月 25 日—31 日，在苏州市工人文化宫举办苏州市获奖邮集回顾展，以检阅苏州市集邮协会成立 8 年来的成绩，为广大会员和集邮爱好者提供学习、观摩、借鉴的机会，推动基层集邮展览水平的不断提高。该展览的展品共计 16 部，其中有中华全国集邮展览大金奖邮集，江苏省集邮展览一、二、三等奖邮集，1989 年苏州市职工集邮选拔展一、二等奖邮集。此次展览质量高、针对性强，对大面积提高苏州集邮水平起到了示范作用，前来参观者有近万人。

5. 苏州市集邮协会成立十周年集邮展览

1993 年 10 月 23 日，在苏州市工人文化宫举办苏州市集邮协会成立 10 周年集邮展览，展期为 7 天，展品共 44 部、1 948 个贴片。其评奖结果如下：一等奖为王振中的《中国人民邮政普票（1950—1970）》、朱万钟的《国内变体、趣味品》、徐铭祥的《新中国普通邮票（1950—1956）》；二等奖为周振声的《“文革”历史时期邮票集（1967—1973）》、祁仁金的《邮学与江苏》、王伟国的《邮票上的五色环》、严大庆的《观赏鸟》、郑其福的《水上竞技》、唐中杰的《中国军邮》；三等奖为王文吉的《毛泽东像邮票》、陆维勇的《毛泽东》、朱炳南的《船舶纵横》、裘忠康的《船》、王纯的《巨人的功绩——献给新中国缔造者》、姜晋的《中华名山览胜》、茅健民的《中华体育之窗》、王治华的《历史的证明》、章宜的《多思的年华》、王洁的《哺乳动物》。

6. 苏州市第七届集邮展览

1997 年 3 月 27 日，苏州市集邮活动中心新址落成暨苏州市第七届集邮展览开幕（图 5-156）。此次展览展期为 5 天，展品共 36 项、131 框。该展览评审严格按照国际集邮联合会规则，特邀马佑璋、宋绳坦担任评审，其评奖结果如下：金奖为周祥林的《华东、华北解放区邮票》；镀金奖为唐中杰的《中国军邮（1949—1957）》、严焕文的《猛禽》、时永良的《中国建筑》；银奖为石剑荣的《香港普通邮票》、曹兴龙的《新中国普通明信片（1949—1977）》、高鹤松的《鱼与人类》、汤淦贤的《奔向太空》、姜晋的《中国的世界文化遗产》、陈文英的《中国珍稀动物》、凌云之君的《书法》、周治华的《邮票与苏州》；镀银奖为唐志祥的《香港邮票》、王柏生的《鸟》、莫钟汉的《畜牧与人类》、张平江的《探索奥秘》、戴立群的《解放初期苏州地区印花税票》、周喆的《新中国新币普通邮票》、瞿岱鑫的《国内邮政快件》、苏州市集邮协会的《苏州集邮（1985—1996）》；铜奖为朱继红的《侨批》、赵自恒的《中草药的价值》、黄振寰的《载人航天史》、祁仁金的《江苏》、黄志凌的《世界杯足球赛》、黄耀良的《交响乐》、钱延林的《十大名胜》、宗品仁的《航天》、常熟市集邮协会的《常熟集邮史》。

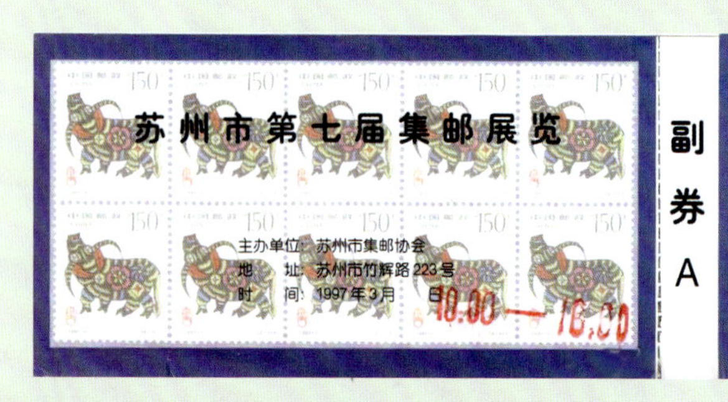

图 5-156　苏州市第七届集邮展览参观券

图 5-157　苏州市第八届集邮展览开幕式（从左至右分别是：曹玠如、黄铭杰、沈长全、周治华、季心田、缪仁生等；主持人：潘裕宁）

7. 苏州市第八届集邮展览

1999 年 10 月 1 日下午，为庆祝中华人民共和国成立 50 周年，迎接第 30 届世界邮政日，苏州市第八届集邮展览在白塔西路苏州邮政局对面大楼隆重开幕，苏州市集邮协会领导曹玠如、沈长全、黄铭杰、周治华、季心田、缪仁生等出席，副会长潘裕宁主持开幕式（图 5-157）。本次集邮展览历时 5 天，一楼设置了 20 个邮品营销摊位，二楼为展厅。苏州市集邮公司制发集邮展览封，启用异形纪念邮戳，并提供邮品，邓树镛为其在世界集邮展览银奖的图书《多姿多彩的集邮方式》进行现场签名。

本届展览共展出 61 部邮集、243 框，其中还首次展出开放类邮集，并采用群众投票的方式评选开放类得奖邮集，第一次设置“看邮展、得猴票”幸运观众大奖。其评奖结果如下：金奖为严焕文的《猛禽》；镀金奖为唐志祥的《香港邮票》，曹兴龙的《中国邮政明信片（1949—1969）》，徐伟的《奥运百年》，奚文德的《现代奥运》，戴立群的《江苏解放初印花税票（1949.5—1950.6）》，陈文英的《中国珍稀动物》，高云健的《野生动物园》；银奖为朱万钟的《国内变异票》，童茂资的《图案附加费凭证》，许之麟的《会飞的花朵》，周文才的《力量、速度和技巧的竞争》，黄志凌的《世界杯足球赛》，黄耀良的《乐器》，高鹤松的《鱼》，汤淦贤的《登月》，张平江的《航天》，边刁虞的《兰花》，姜晋的《中国的世界文化遗产》，王佳珍的《多姿多彩的鸟》，蔡利青的《箭楼邮资封》，龚德怡的《音乐》；镀银奖为石剑荣的《清代民国票》，贺萍的《“文”字邮票》，瞿岱鑫的《中国邮政贺年（有奖）明信片（1992—1994）》，王伟国的《邮票上的五环》，吴德伟的《邮坛争奇葩，方寸竞风流》，张池奎的《航天之窗》，时文的《丝绸》，周茂哉的《民国后期印花税票（1945—1949）》，宋玉林的《石头》，钱延林的《宏图》，宗品仁的《乒乓振国威》，唐孝飞的《中国画》；铜奖为金敏明的《“民居”普票研究》，瞿岱鑫的《国内邮政快件》，夏咸洪的《邮政快件》，魏贤德的《上海世界邮政日免资明信片》，《中国贺年邮资封、片》，陈三龙的《体育世界》，唐荣忠的《庆祝国庆》，时永良的《中国书画艺术》，王纯的《华夏雕塑瑰宝》，汪忠元的《中国的世界文化遗产》，徐功良的《改革开放二十年》，蔡虎平的《中国革命之歌》，李硕愚的《亭台楼阁塔》；试验类，第一名为王毓明的《苏州古典园林》，第二名为奚天然的《一代伟人毛泽东》，第三名为宋真红的《黄山》。

8.“向国庆献礼”集邮展览

2001 年 10 月 5 日—7 日，为庆祝 21 世纪第一个国庆节、纪念第 32 届世界邮政日暨庆贺苏州邮集在 2001 年中华全国集邮展览取得好成绩，苏州市集邮协会与苏州市集邮公司在苏州邮政局 2 楼苏州市集邮活动中心联合举办“向国庆献礼”集邮展览。

本次展览除展出苏州在全国邮展上荣获大金奖的《清代邮资明信片（1897—1911）》等 5 部邮集之外，还展出了金诚的钱币展品《中国革命根据地货币》、徐伟的电话卡展品《走向大海》《大自然的精灵——鸟》，以及苏州市集邮公司历年来刻制的部分纪念戳、风景戳戳样等展品，合计 53 框。在集邮展览举办期间，苏州市集邮公司每天优惠供应中华全国集邮展览邮品及当年部分邮品。

9. 中国与新加坡联合发行邮票——“改革开放新成就”集邮展览

2004 年 3 月 1 日—3 日，为庆祝中国与新加坡联合发行《中国新加坡合作——苏州工业园区成立十周年》，苏州市集邮协会和苏州工业园区在国际大厦联合举办中国与新加坡联合发行邮票——“改革开放新成就”集邮展览。在展览首日，苏州邮政局在圆融广场设立临时邮局，并现场发售首发邮折、首日封、极限片、中国与新加坡邮票、版票、版折等邮品。

该展览主题为“反映我国改革开放与经济建设新成就”，颂扬中国与新加坡友好合作精神，体现苏州工业园区 10 年巨变。该展览共展出 25 部邮集（100 框），其中《新加坡电子邮票》《新加坡生肖邮票》展示新加坡现代邮政概貌及民俗风情，《没有共产党就没有新中国》《党的光辉历程》《只有社会主义才能救中国》《功在千秋》讴歌中国共产党的英明领导，《一代伟人毛泽东》《开国总理周恩来》《世纪伟人邓小平》热情歌颂领袖的丰功伟绩，《宏图》《强国之路》《中外联合发行邮票》《世界遗产》等多部邮集则反映我国各行各业在国防、外交、体育、经济、文化等方面取得的伟大成就。

10. 苏州市第九届集邮展览

图 5-158　苏州市第九届集邮展览开幕式

2004 年 6 月 26 日，为迎接世界遗产大会，苏州市第九届集邮展览在苏州大学图书馆开幕（图 5-158）。这次展览展期为 3 天，展品共计 67 部（291 框）。其评奖结果如下：金奖为徐铭祥的《新中国普通邮票（1950—1966）》、孙晓苏的《孙中山像邮资明信片》；镀金奖为杨绍仪的《中国“文革”邮政史》、奚文德的《现代夏季奥运会》、陶孙贤的《乒乓振国威》、时文的《丝绸》、金问涛的《世界遗产》、钱延林的《人类瑰宝——世界古建筑遗产》；银奖为范利清的《孙中山像普通邮票（1931—1949）》、陈经伦的《电子邮票》、贺萍的《“文革”邮政》、童茂资的《图案邮政费凭证》、汪源长的《奥运会史》、汤淦贤的《登月》、张平江的《探索宇宙》、张池奎的《飞机百年》、唐孝飞的《中国画》、瞿岱鑫的《“远望号”航海船上测控卫星火箭飞船》、时永良的《中国古建筑》、周茂哉的《交通联运图印花税票的版式及暗记和实际应用》、许英的《中华龙文化》、费洁的《十二生肖的故事》、朱炳南的《中国民居》；镀银奖为夏传生的《专用邮票集锦》、周文才的《新中国机要通信封戳》、郑其福的《游泳运动》、周文奎的《花卉的功能》、毛振瓖的《电》、卢震的《光辉的历程》、宋玉林的《石头》、汤宇的《人造地球卫星》、张汇的《JP 实寄片》、王怡的《我们是祖国的花朵》；铜奖为钱慕秋的《邮政自动化一瞥》、曹宏煊的《百花争艳在神州》、徐佑丙的《中国的世界文化遗产》、曾国栋的《悉说江西》、章汝熙的《二十世纪西方艺术》、温林森的《佛教的雕塑和建筑》、张苏萌的《美哉遗产》、沈洁的《名人邮戳》、丁倩然的《走近中国的世界遗产》、华君杰的《游黄山》；一框类，一等奖为唐惟乐的《华北解放区邮戳》、唐孝飞的《灯》，二等奖为江家春的《太仓邮戳史（1911—1957）》、钱延林的《建筑丰碑》、何践的《上海开埠五十周年邮票剖析》、徐铭祥的《虎与生肖》、吴冰琰的《水稻》、唐志祥的《香港普通邮票》，三等奖为王纯的《明长城（普票）》、冯惠森的《亥猪福臻》、朱佩宝的《鼠——生肖之首》、张祥茂的《甲申年》。

图 5-159　2006 极限集邮（苏州）展览暨学术论坛开幕式

11. 2006 极限集邮（苏州）展览暨学术论坛

2006 年 10 月 20 日—22 日，由苏州市集邮协会主办，苏州市职工集邮研究会、苏州市极限集邮研究会承办，苏州大学集邮协会协办的活动——2006 极限集邮（苏州）展览暨学术论坛在苏州大学隆重举行（图 5-159）。

本次展览为当时国内规模最大的一次单项极限集邮展览，组委会从 189 部报名展品中选取全国 15 个省（区、市）、36 个城市的集邮协会、极限集邮组织和个人报送的 118 部多框类及一框类邮集参展，合计 345 框，其中有 20 多部邮集在国际、国内集邮展览上获得过金奖、银奖，基本代表了我国极限集邮在当时的最高水平，而在苏、浙、沪及其他兄弟地区亮相的大批优秀邮集新作则显示了极限集邮方兴未艾、创作群体异军突起的良好发展态势。

为配合本次展览及其系列活动，苏州市集邮公司特为极限集邮爱好者提供相关邮品，并于 10 月 22 日首次发行新邮《中国工农红军长征胜利七十周年》。苏州市老年邮局、苏州市少年邮局在现场设立临时邮局，销售和收寄集邮展览纪念邮品，并提供“集邮展览开幕日”“学术论坛日”“青少年集邮日”3 枚纪念邮戳和 6 枚风景日戳加盖服务。

图 5-160 “庆祝《昆曲》荣登国家名片集邮展览”前言

12. 庆贺《昆曲》荣登国家名片集邮展览

2010 年 6 月 12 日，正值中国邮政首次发行《昆曲》特种邮票之际，苏州市集邮协会在苏州市会议中心丰乐宫举办庆祝《昆曲》荣登国家名片集邮展览活动。展览前言（图 5-160）云：“昆曲故里苏州，既是一座文化名城，也是一片集邮沃土。这里不仅有百年集邮传统，更不乏当代集邮成就。为此，本次展览除配合昆曲邮票首发，特别展示与世界文化遗产题材相关的邮集、戏剧名家手绘封以及明代民间昆曲活动标杆地‘虎丘’专题藏品集等作品外，还遴选了苏州市在全省、全国乃至国际、世界集邮展览上披金摘银的部分获奖邮集共 26 部、计 122 个国际标准展框。”

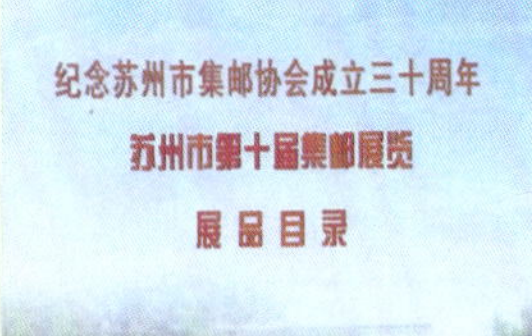

图 5-161 苏州市第十届集邮展览展品目录

13. 苏州市第十届集邮展览

2013 年 5 月 10 日—13 日，由苏州邮政局主办、苏州市集邮协会承办、苏州大学集邮协会协办的苏州市第十届集邮展览在苏州大学图书馆开幕（图 5-161）。

本届集邮展览，不仅是为了纪念苏州市集邮协会成立 30 周年，还是为了检阅其近几年活动成果，选拔优秀邮集参与全省、全国乃至国际集邮展览，争创苏州集邮新品牌。

该展览分特邀类和竞赛类两个部分：特邀类展品有赵正匡的 15 框邮集《苏州集邮三十年》，新获全国、国际、世界集邮展览大奖的唐孝飞的《狮子》，吴江市集邮协会的《中华邮政孙中山像特制邮简》，严文华的《桥》；竞赛类展品有 85 部（含评审员类邮集 4 部），共 291 框，邮集类别有传统集邮、邮政历史、邮政用品、航空集邮、专题集邮、印花税票、极限集邮、青少年集邮、试验集邮及一框集邮等，按国际集邮联合会竞赛规则评出金奖 4 部、大镀金奖 6 部、镀金奖 12 部、大银奖 8 部、银奖 13 部、镀银奖 12 部、铜奖 1 部，并在一框类参展作品中评出金奖 2 部、镀金奖 4 部、银奖 9 部、铜奖 10 部。本届集邮展览规模之大、类别之多、获奖范围之广创苏州市集邮展览历史之最。为期 4 天的集邮展览，每日参观者络绎不绝。

14. 苏州邮集在江苏省集邮展览的“破冰”之旅

1983 年，在江苏省首届集邮展览上，仅有太仓张池奎的《各国名画》及吴江钟浬、徐永祥、徐承中、徐谋福、杨兴华、周一非等的邮集参展。

“破冰”之旅始于 1989 年江苏省第三届集邮展览，苏州市选送的 6 部邮集全部获奖，荣居

图 5-162　江苏省第三届集邮展览一等奖奖杯

团体总分第一。其中，一等奖（图 5-162）为徐宝煌的《新中国普通邮票（1950—1964）》、周一非的《鸟——人类的朋友》；二等奖为唐建文的《新中国初期普、改、欠、航空邮票及实寄封选》、张池奎的《航天》；三等奖为陆念乔的《瑞士联邦发行的邮票》、王柏生的《清代、民国邮票一瞥》。

1993 年，在江苏省第四届集邮展览上，苏州市选送的 15 部邮集、文献斩获金奖 3 枚，蝉联团体冠军。其中，金奖为周祥林的《华北、华东解放区邮票》、道文进的《新中国普通邮票（1950—1955）》、张平江的《社会主义的缔造者——列宁》；银奖为严焕文的《猛禽》、朱继红的《历史赋予的遗物——侨批封》、苏州市集邮协会的《苏州集邮》（文献）、王柏生的《现代奥运 100 年》；徐伟的《五环下的奥运》、洪云龙的《鸟——人类的朋友》、苏州市集邮协会的《苏州集邮文化学术论文汇编》（文献）；铜奖为吴伟的《西欧美术史（15—17 世纪）》、张瑞霞的《更快、更高、更强——奥运会项目》（青少年类）、吴德伟的《江山多娇、美哉中华》。

1997 年，在江苏省第五届集邮展览上，苏州市选送的 18 部邮集、文献荣获各类大奖及证书，奖牌总数位列全省第一。其中，周祥林的《华北、华东解放区邮票》、徐宝煌的《新中国普通邮票（1950—1964）》获金奖，道文进的《新中国早期特殊邮戳》、严焕文的《猛禽》获镀金奖，石剑荣的《香港普通邮票》、戴立群的《解放初期苏州地区印花税票》、时永良的《中国古代建筑》、陈文英的《中国珍稀动物》、周治华的《邮票与苏州》（文献）获银奖，唐中杰的《中国军邮（1949—1957）》、唐志祥的《香港邮票》获镀银奖，曹兴龙的《中国普通明信片（1949—1977）》、高鹤松的《鱼》、汤淦贤的《奔向太空》获铜奖，瞿岱鑫的《国内邮政快件》、凌云之君的《书法》获证书。

2000 年，在江苏省第六届集邮展览上，苏州市选送的 24 部邮集、文献荣获各类大奖，奖牌总数位列全省第一。其中，金奖为陆树笙的《中国清代邮资明信片及加盖片》、道文进的《中国邮政日戳》；镀金奖为唐中杰的《华东、华北军邮（1949—1951）》，严焕文的《猛禽》；银奖为奚文德的《夏季奥运会》，徐伟的《百年奥运，辉煌足迹》，徐建新的《强国之路》，汤淦贤的《登月》，戴立群的《长城图税票》，钱延林的《拱门》、周治华的《生肖集邮》（文献）；镀银奖为边习虞的《兰花》，许之麟的《会飞的花朵》，时文的《丝绸》，汤宇堃的《人造地球卫星》，周治华的《世界生肖邮票精品——龙》（文献）；铜奖为周文才的《力量、速度的竞争》，张池奎的《人类的翅膀》，张平江的《航天的故事》，高云健的《野生动物园》，王丰的《亚运会》，蔡利青的《箭楼邮资封》；开放类，三等奖为奚天然的《一代伟人毛泽东》。

2004 年，在江苏省第七届集邮展览上，苏州市选送的 22 部邮集、文献虽有获奖，但成绩不够理想。除 4 部特邀类精品邮集《华东、华北解放区邮票》《清代邮资明信片（1897—1911）》《国共通邮史》《清代邮政干支日戳》之外，沾金邮集仅有徐铭祥的《新中国普通邮票（1950—1966）》、严焕文的《猛禽》、陶孙贤的《乒乓球运动》、邹子阳的《早期蝴蝶戳》获一框类一等奖，专题邮集滞留在沾银水平。

2006 年，在江苏省首届专题集邮展览上，苏州市参展邮集共 8 部，除特邀类邮集邹子阳的《早期蝴蝶邮戳》获奖之外，仅获得镀金奖 3 枚、大银奖 1 枚、银奖 1 枚及二、三等奖各 1 枚，成绩也不够理想。为提高苏州的专题集邮水平，2007 年 7 月 29 日，苏州市专题集邮研究会成立，会长为邓树镛，副会长为徐宝煌、钟浬、周文才，秘书长为盛惠良，副秘书长为朱炳南。2008 年 8 月 1 日，苏州市集邮协会调整了集邮展览工作委员会，主任为汪日荣，副主任为钟浬，委员为郑炜、姚振中、仓公鼎、张池奎、顾建刚、朱炳南、陈龙官、陈建政、刘年宝、王纯。

2008 年，在江苏省第八届集邮展览上，苏州市共有 25 部邮集与 5 部文献参展。经评审，苏州市选送的展品全部获奖，沾金邮集多达 13 部。其中，邹子阳的《古典蝴蝶邮戳》获金奖，石剑荣的《中国中英文日戳》、唐孝飞的《狮子》、钱延林的《拱门》、周治华与郑炜合编的《世界生肖邮票目录（2011）》获大镀金奖，陈经伦的《法国电子邮票》、钱延林的《欧美地区红十字战俘邮件》、汤淦贤的《乒乓球运动》、严文华的《桥》、周茂哉的《民国交通联运图印花税票》、金刚的《中国电子邮票》、唐孝飞的《狮身人面像与金字塔》、夏静涵的《生肖的故事》获镀金奖。由此看来，此次展览中苏州市沾金的专题邮集数量不断增多。

图 5-163　苏州市集邮协会领导出席苏州市首届专题集邮展览

为巩固专题集邮取得之成果，2009 年 9 月 13 日—15 日，由苏州市集邮协会主办、苏州市专题集邮研究会承办的苏州市首届专题集邮展览在苏州大学图书馆举行（图 5-163）。该展览的宗旨是全面检阅近年来苏州专题集邮的新成果，以进一步推动苏州市整体集邮水平的提升。该展览分设特邀类与竞赛类，共有 72 部邮集（205 框）参展。此次为期 3 天的展览，共吸引 2 000 余名苏州大学学子及集邮者观展。

2013 年，在江苏省第九届集邮展览上，苏州市参展作品共获各类奖牌 30 枚。其中，道文进的《华东人民邮政（1949.3.15—1950.1.9）》得分最高，位列 4 部金奖邮集之首；邹子阳的《1850—1852 维多利亚蝴蝶邮戳》获一框类金奖；陆树笙的《中华邮政银圆时期信函邮资（1949.4—1949.12）》获大镀金奖；钱延林的《建筑的故事》获极限集邮类大镀金奖；徐伟的《写字》、唐孝飞的《灯》和朱汉举的《庚申年》获专题集邮类大镀金奖，周治华与郑炜合编的《世界生肖邮票目录（2011）》获集邮文献类大镀金奖；袁农基的《纺织》、吴雪伟的《握手》、周茂哉的《中华民国交通联运图印花税票》、金问涛的《中华邮政双地名戳汇考》、苏州市集邮协会的《苏州集邮（2010—2012）》、太仓范利清的《苏州民信局》、吴江莫钟汉的《骆驼》、常熟汤淦贤的《拳击》、昆山江思渤的《世界第一套生肖邮票——日本 1950 年〈虎年邮票〉》获镀金奖。

2015 年，在江苏省第十届集邮展览上，苏州市报送的 23 部邮集全部披金戴银。其中，道文进的《中国人民邮政史（1949—1955）》与陆树笙的《清代邮政干支日戳》获金奖，范利清的《苏州邮政史（1865—1949）》、唐孝飞的《中国首轮生肖邮票（1980—1991）》、张亦晟的《从小爱篮球》、黄天瑜的《帆船》获大镀金奖，石剑荣的《中国快递邮政（1905—1949）》、莫钟汉的《羊——我的自述》、林振峰的《电的探索、产生和应用》、吴雪伟的《握手》《苏州集邮（2013—2014）》合订本、徐佳乐的《我的童年》、昆山周建武的《英国一便士邮资封（APO）》获镀金奖，贺评的《中国“文”字邮票（1967 年 4 月—1970 年 1 月）》获大银奖，另有 7 部邮集获银奖，2 部邮集获镀银奖。

2017 年，在江苏省第十一届集邮展览上，苏州市选送的邮集中沾金者出现了不少新人新作。如：张晓钢的《二战中缅印战区美英军事邮政》、黄天瑜的《帆船》、张亦晟的《我爱篮球》同获大镀金奖，吴雪伟的《握手——人类情感沟通的使者》、林振峰的《电的探索、产生与引用》、徐鹏的《桥》、徐阳的《酒具》、唐卓凡的《一个关于狗的故事》、曹兴龙的《普 9 型 1-1962 邮资片子模特征》同获镀金奖。此外，还有唐中杰的《华北解放区邮戳》获大镀金奖，《周治华集邮文选》、唐孝飞的《埃及金字塔和狮身人面像邮资明信片（1879—1908）》、汤淦贤的《摔跤》同获镀金奖。该展览中，苏州市沾金邮集共计 13 部。

2020 年，在江苏省第十二届集邮展览上，苏州市选送的邮集继续保持佳绩。其中，孙晓苏的《孙中山像邮资明信片》获金奖加特别奖，金晓宏的《中国邮刊史》获金奖加特别奖，范利清的《中国民间通信》获大镀金奖加特别奖，陆焕俊的《建筑的历史》、唐孝飞的《加拿大王国邮资明信片（1879—1929）》、袁农基的《手工纺织》获大镀金奖，陆树笙的《德国在华军邮》获镀金奖。

苏州市先后担任江苏省集邮展览评审员的有 8 人，分别是邓树镛（1989 年江苏省第三届集邮展览评审员）、徐宝煌（1995 年江苏省集邮协会批准报送中华全国集邮联合会备案）、陆树笙（2004 年江苏省第七届集邮展览评审员）、邹子阳（2006 年江苏省首届专题集邮展览实习评审员）、郑炜（2008 年江苏省第八届集邮展览评审员）、唐孝飞（2014 年江苏省第二届专题集邮展览实习评审员、第三届专题集邮展览评审员）、道文进（2020 年江苏省第十二届集邮展览见习评审员）、范利清（2020 年全国电力行业第二届集邮展览实习评审员、第三届集邮展览评审员）。

为全面提高苏州邮集参展水平，进军中华全国集邮展览，苏州市各级集邮协会将“请进来、走出去”列为集邮展览工作的重点。具体表现如下。

1998 年 5 月 9 日，国际集邮展览评审员刘广实在张家港做题为“邮集的编组与评审”的讲座，其内容在 1998 年第 4 期《苏州集邮》上发表；2000 年 7 月，资深国际集邮展览评审员陈为乐在南京讲学，主要讲述专题邮集的特点与研究，邓树镛等人参与聆听，并将听课笔记在 2000 年第 4 期《苏州集邮》上发表。吴江市集邮协会在这个方面的工作则更为突出，曾先后邀请中华全国集邮联合会会士马佑璋（2002 年）、林衡夫（2008 年）、赖景耀（2009 年）等为吴江市集邮协会骨干进行授课与交流，著名集邮家刘广实、徐星瑛、杨勇伟、金诚也曾莅临吴江讲学，2010 年国际集邮展览评审员陈为乐还应邀专程到吴江指导邮集编制工作。

图 5-164　中华全国集邮联合会高级培训班邮集讲解现场（从左至右分别是：马佑璋、钱延林、潘鉴良、郑炳贤）

同时，邮集水平的提高也依赖集邮者自身不断努力，抓住一切机会求教专家。如：2002 年 11 月，钱延林曾在中华全国集邮联合会高级培训班上认真听取香港集邮家潘鉴良现场讲解邮集（图 5-164）；2008 年 11 月 12 日，郑炜全程参加了在洛阳举办的我国历史上首次国际集邮联合会极限集邮讲座，事后他将讲稿内容及学习心得整理成文章《FIP 主席沃尔夫首次来华讲授极限集邮》《FIP 高级讲座班授课内容摘要》《解析 FIP 极限讲座，感受沃尔夫授课要点》，并刊登于 2009 年第 1 期《苏州集邮》（合计约 15 000 字）上，与同好共享。在该展览中，主题为“极限集邮——一种奇妙的集邮方式”的讲座，其主讲人是国际集邮联合会主席、世界杰出集邮家约瑟夫 · 沃尔夫先生和国际集邮联合会秘书长安德楚玛女士，郑炜的《石质建筑》邮集获得现场公开点评（图 5-165），它被称

图 5-165　国际集邮联合会主席约瑟夫 · 沃尔夫现场点评极限邮集

为“中国极限集邮的教科书”。

苏州市各级基层集邮协会的接连不断地举办集邮展览，为苏州市邮集水平的稳步提升打下了坚实的基础。尤其是苏州市各集邮协会及生肖集邮研究会、苏州市职工集邮研究会、苏州市极限集邮研究会、苏州市专题集邮研究会、苏州市老干部集邮协会、苏州市老年集邮协会、苏州市邮政史集邮研究会等都举办过较大规模的集邮展览，如：吴江区（县、市）集邮协会自建会以来（1981—2022）已举办全区性集邮展览26届，常熟市集邮协会举办的全市性集邮展览多达36届（1983—2022）。

迈入21世纪以来，苏州集邮展览进工厂、进农村、进校园、进社区（图5-166）已成为常态。苏州市集邮协会成立40年间在大市范围举办的大大小小的集邮展览多达数百场。在《苏州集邮》2019年报道的集邮展览中，仅苏州市区及吴中区、吴江区就逾20场。

图5-166　苏州集邮展览进工厂、进农村、进校园、进社区

苏州集邮展览的形式也呈现出多样化的发展趋势，有组集参加全国、全省性集邮巡展的，有与周边城市集邮协会组织联展的，也有与基层集邮协会联办集邮展览的，比如2011年苏州市景范中学校集邮协会、苏州市老干部集邮协会、苏州大学集邮协会在苏州大学图书馆举办纪念中国共产党成立90周年集邮联展（图5-167），还有个人集邮展览（含家庭集邮展览），如此等等，不一而足。

图5-167　纪念中国共产党成立90周年集邮联展

值得一提的是，苏州资深集邮者石剑荣一贯倡导OK集邮，其编组的邮集种类丰富、题材多样。例如，他所编组的邮政史类邮集《中英文日戳》，曾于2012年在呼和浩特举办的第15届中华全国集邮展览上获大银奖。又如，他编组的OK邮集《喜迎二十大　永远跟党走　百年邮品史料展》在苏州市委、苏州科技大学党委等的支持下，于2022年10月7日在该校图书馆9楼艺术展区进行展示（图5-168），旨在积极推动中华优秀文化融入教育与教学全过程，增强青年学子的文化自觉与文化自信。

图5-168　OK邮集《喜迎二十大　永远跟党走　百年邮品史料展》现场展示

1983 年 11 月 29 日—12 月 8 日，首届中华全国集邮展览在北京举办；1985 年 10 月 13 日—22 日，中国人民革命战争时期邮票展览在北京举办，这两次全国性集邮展览尚无苏州邮集的身影。但到了 1989 年，在北京举办的第 3 届中华全国集邮展览上，徐宝煌的《新中国早期普通邮票》为苏州集邮界斩获首金（图 5-169）。更让苏州集邮界引以为豪的是，《新中国早期普通邮票》经补充调整，于 1991 年在上海举办的“光辉的 70 年——纪念中国共产党成立 70 周年全国集邮展览”（第 4 届中华全国集邮展览）上大放异彩，荣获大金奖。之后，又有道文进的《新中国普通邮票（1950—1955）》、周祥林的《华北、华东解放区邮票》两部传统邮集接连在中华全国集邮展览上获得金奖。接着，2001 年在南京举办的第 8 届中华全国集邮展览上，陆树笙的《清代邮资明信片（1897—1911）》也荣获大金奖（图 5-170），之后其《清代明信片》于 2003 年在重庆举办的第 9 届中华全国集邮展览上再获大金奖。此时，苏州的传统邮集和邮政用品邮集已在国内占有一席之地。

图 5-169　徐宝煌的《新中国早期普通邮票》荣获第 3 届中华全国集邮展览金奖

图 5-170　陆树笙的《清代邮资明信片（1897—1911）》荣获第 8 届中华全国集邮展览大金奖

2005 年，在湖南澧县举办的第 10 届中华全国集邮展览上，邹子阳的《早期蝴蝶邮戳》获一框类邮集一等奖，并得到国际集邮联合会理事、亚洲集邮联合会顾问郑炳贤的嘉许，此邮集为本届中华全国集邮展览唯一展出的苏州邮集。

2006 年，在山西太原举办的“光辉的历程——纪念中国共产党成立 85 周年全国集邮展览”（第 11 届中华全国集邮展览）上，苏州参展的 3 部邮集全部获奖，周祥林的《华北、华东解放区邮票》和唐中杰的《华北军邮（1946—1950）》双双获得镀金奖，陆树笙的《清代邮政干支日戳》获大银奖。

2008 年，在山东潍坊举办的第 12 届中华全国集邮展览上，苏州市的 3 部邮集全部获奖。其中，郑炜的《自然之石与人文建筑》、唐孝飞的《狮子》获一等奖，夏静的《生肖的故事》获二等奖。

2008 年，在南昌举办的第 13 届中华全国集邮展览上，苏州市的 3 部邮集、5 部文献全部获奖。其中，邹子阳的《古典蝴蝶邮戳》获金奖，郑炜的《石质建筑》获大镀金奖，唐孝飞的《狮子》获镀金奖，周治华、徐星瑛、黄秉泽合编的《世界生肖邮票目录》《苏州邮缘》分获镀金奖和大银奖，生肖集邮研究会的《生肖集邮概说》和《生肖集邮（2006—2007）》合订本分获大银奖和银奖，苏州市集邮协会的《苏州集邮（2006—2007）》合订本获镀银奖。专题类和文献类苏州作品的水平开始提升。

2010 年，在杭州举办的第 14 届中华全国集邮展览上，陈强的邮政用品类邮集《中华邮政孙中山像特制邮资邮简》获大镀金奖加特别奖，严文华的极限类邮集《桥》和范利清的邮政史类邮集《中国信柜邮戳（1899—1949）》双双斩获大镀金奖，苏州市集邮协会的《苏州集邮（2008—2009）》

合订本获文献类银奖，位列所有获奖地市级集邮协会会刊之首。

2012 年，在呼和浩特举办的第 15 届中华全国集邮展览上，苏州市的 9 部邮集全部获奖，创下全市国展参展数量与获奖总数之历史双高。其中，陈强的《第一次世界大战战俘邮件（远东地区）》获大镀金奖加特别奖，周建武的《世界第一套邮资明信片奥匈帝国（1869—1872）》和唐孝飞的《埃及金字塔（1894—1913）》双双斩获一框类镀金奖，石剑荣的《中英文日戳》获大银奖，徐铭祥的《新中国普通邮票（1950—1966）》、陈福宝的《狗——我的自述》、张亦晟的《人造地球卫星》、周茂哉的《民国交通联运图印花税票》、陈经伦的《法国电子邮票（1969—2006）》均获银奖。

苏州市集邮界代表郑炜参加了第 15 届中华全国集邮展览的实习评审工作，并以优异的成绩通过实习评审和本届集邮展览委员会的考核。2012 年 7 月 20 日，中华全国集邮联合会正式发文批准郑炜为国家级集邮展览评审员，他也成为苏州市首位国家级集邮展览评审员。

2014 年，在长沙举办的第 16 届中华全国集邮展览上，苏州市的 10 部邮集部部沾金：道文进的《华东解放区邮政史（1946—1950）》获邮政史类金奖加特别奖，陆树笙的《中华邮政银圆时期信函邮资（1949.4—1949.12）》获邮政史类大镀金奖，唐孝飞的《灯的故事》和袁农基的《纺织》同获专题类大镀金奖，周治华与郑炜合编的《世界生肖邮票目录（2011）》获文献类镀金奖，徐伟的《写字》获专题类镀金奖，钱延林的《建筑的故事》获极限类镀金奖，范利清的《苏州民信局》、莫钟汉的《骆驼》、汤淦贤的《拳击》同获一框类镀金奖。

2016 年，在西安举办的第 17 届中华全国集邮展览上，苏州有 7 人获奖。其中，道文进的《中国人民邮政史（1949—1955）》和范利清的《苏州邮政史（1865—1949）》双双获得大镀金奖，徐伟的《书写——人类文明传递的使者》、钱江的《人类建筑的文明史》、张亦晟的《我爱篮球》同获镀金奖。

2018 年，在常州举办的第 18 届中华全国集邮展览上，苏州作品依然表现不俗，道文进的传统邮集《中国人民邮政史（1946—1956）》获金奖加特别奖（图 5-171），唐卓凡的邮集《一个关于狗的故事》与黄天瑜的邮集《帆船》同获青少年类大镀金奖（图 5-172），张晓钢的《二战期间中缅印战区美英军事邮政》获镀金奖，柏依阳的邮集《我心中的毛爷爷》与张亦晟的《我爱篮球》同获青少年类镀金奖。在这届展览中，苏州的青少年邮集成绩卓著，沾金者多达 4 部，大银奖有 2 部。

图 5-171　道文进的传统邮集《中国人民邮政史（1946—1956）》获第 18 届中华全国集邮展览金奖之获奖证书、奖牌盒和特别奖

图 5-172　唐卓凡、黄天瑜获第 18 届中华全国集邮展览青少年类大镀金奖之获奖证书和奖牌

2022年，在中华全国集邮联合会主办的东莞虎门第 2 届粤港澳大湾区集邮展览

图 5-173　唐孝飞（后排右 6）担任第 2 届粤港澳大湾区集邮展览实习评审员证书及其与评审委员会成员合影

上，莫钟汉的《羊——我的自述》和袁农基的《手工纺织》同获镀金奖，唐孝飞担任此次集邮展览的实习评审员（图 5-173）。道文进的传统邮集《中国人民邮政史（1946—1956）》还同时在举办的中华全国集邮联合会成立 40 周年金奖邮集展上展出。

2023 年，在昆明举办的第 19 届中华全国集邮展览上，苏州有 5 人获奖。其中，范利清代表电力系统参展的邮集《中国民营通信业（1778—1948）》荣获邮政史类大镀金奖，孙晓苏的《孙中山像邮资明信片》、吴雪伟的《握手——人类情感沟通的使者》、苏州市集邮协会会刊《苏州集邮（2017—2019）》分获邮政用品类、专题类、文献类大银奖，袁农基的《品邮与品格》获文献类银奖。

在全国专项集邮展览上，苏州邮集沾金的情况如下：2002 年，在广州举办的中华全国首届老年集邮展览上，钱延林的《拱门》获镀金奖。2004 年，在第 2 届全国生肖集邮展览上，陆树笙的《清代干支戳》获金奖；在无锡举办的首届全国民间集邮文献展览上，周治华的《生肖集邮（2002—2003 年）合订本》《世界生肖邮票精品》丛书获一等奖。2006 年，在武汉举办的首届中华全国网络集邮展览上，郑炜的《自然之石与人文建筑》获大镀金奖。2007 年，在首届中华全国网络集邮展览上，周茂哉的《民国交通联运图印花税票》获镀金奖；在第 3 届全国生肖集邮展览上，徐宝煌的《十二生肖故事》获镀金奖。2008 年，在潍坊举办的中华全国新人新作集邮展览上，郑炜的《自然之石与人文建筑》、唐孝飞的《狮子》获一等奖。2010 年，在广州举办的第 6 届全国极限集邮展览上，钱延林的《拱形建筑》获金奖，吴江市集邮协会的《红十字运动与您同行》获大镀金奖，王阿明的《百年梦想在北京实现——北京奥运场馆与比赛项目》获镀金奖；在无锡举办的全国民间集邮文献邀请展上，邹子阳的《邮刊史研究》2009 年试刊号、创刊号获一等奖；在第 4 届全国生肖集邮展览上，徐宝煌的《生肖的故事》获大镀金奖、唐孝飞的《中国首轮生肖邮票（1980—1991）》获镀金奖；在温州举办的首届“瓯越杯”全国邮政用品集邮邀请展上，陈强的《中华邮政孙中山特制邮简》获金奖加特别奖。2014 年，在第 5 届全国生肖集邮展览上，徐宝煌的《生肖的故事》获金奖加特别奖，唐孝飞的《中国首轮生肖邮票（1980—1991）》获大镀金奖，黄家栋的《中国首轮生肖邮票及其应用》、钱延林的《生肖的传说》、徐佑丙的《十二生肖的故事》获镀金奖。2018 年，在第 6 届全国生肖集邮展览上，江思渤的《虎与生肖》获大镀金奖。2023 年，在高邮举办的中华全国集邮文献展览上，郑炜的《邮票上的苏州》、金晓宏的《中国邮刊史（1918—2018）》、盛惠良的《邮话精彩中国七十年》分获“集邮研究书籍”类大镀金奖、镀金奖、镀银奖，生肖集邮研究会会刊《生肖集邮（2021—2022）》、苏州市集邮协会会刊《苏州集邮（2020—2021）》分获“集邮报刊合订本”类镀金奖、大银奖。

在备战全国集邮展览之初，苏州就已有先行者跃跃欲试冲出国门。

1990 年，在北京举办的第 11 届亚洲运动会国际体育集邮展览上，王柏生的《现代奥运 100 年》获铜奖，成为苏州市第一部在国际集邮展览上获奖的邮集。

1991 年，在美国丹佛举办的国际体育集邮展览上，徐伟的《更快、更高、更强——第 24 届奥运会》在现代集邮类竞赛中获铜奖，这是苏州邮集首度走出国门，在国外亮相。

1993 年 11 月 28 日—12 月 3 日，在泰国曼谷举办的世界集邮展览上，徐宝煌的传统邮集《新中国普通邮票（1950—1955）》获大银奖，这是苏州市首个世界集邮展览大银奖。

1999年8月21日—30日，在北京举办的世界集邮展览上，邓树镛的集邮图书《多姿多彩的集邮方式》获银奖，这是苏州市首个文献类世界集邮展览银奖。

2000年3月25日—4月3日，在曼谷举办的第13届亚洲国际集邮展览上，周祥林的《华北、华东解放区》邮集获大银奖。

2003年11月20日—24日，在绵阳举办的第16届亚洲国际集邮展览上，陆树笙的《清代明信片》邮集镀金奖，这是苏州邮集在国际集邮展览上首度沾金。同年10月4日—13日，在曼谷举办的世界集邮展览上，该邮集获大银奖。

2004年，汤淦贤组编的邮集《乒乓球运动》入与其他9部中国体育邮集一起参加当年8月12日—22日在雅典举办的第8届世界奥林匹克集邮展览，并获大银奖。

2006年11月13日—16日在迪拜举办的第19届亚洲国际集邮展览上，唐中杰的军邮集《华北军邮》获军邮类大镀金奖（图5-174），这是中华全国集邮联合会选送参展的13部邮集中的4部大奖之一。同年11月16日—20日，在比利时举办的2006年世界集邮展览上，邹子阳的邮集《早期蝴蝶邮戳》获一框类镀金奖（图5-175）。3年后，该邮集更名为《古典蝴蝶邮戳》，又在香港举办的第23届亚洲国际集邮展览上获镀金奖。

19TH ASIAN STAMP EXHIBITION DUBAI 2006

Certificate

OF AWARD

The Organizing Committee of Dubai 2006 the 19th Asian Stamp Exhibition have pleasure in awarding

LARGE VERMEIL

Name of Exhibitor : Tang Zhongjie

Title of Exhibit : Military Posts of North China 1946-1951

ABDULLA AL DABOOS DIRECTOR GENERAL

EMIRATES POST

ABDULLA M T KHOORY JURY PRESIDENT

图5-174　唐中杰的军邮集《华北军邮》在第19届亚洲国际集邮展览上获军邮类大镀金

图5-175　邹子阳的邮集《早期蝴蝶邮戳》获2006年世界集邮展览一框类镀金奖

2009年4月10日—16日，在洛阳举办的世界集邮展览上，郑炜的《石质建筑》获大镀金奖，成为中国极限邮集在世界集邮展览中的最高奖。该邮集曾四度参加全国集邮展览并获极限类最高奖，是一部典型的、按专题形式编组的极限邮集，共有5框、80个贴片，含157枚各国早期极限片。整部邮集素材按年代划分，有70%的极限片为1946年以后世界各国极限先驱者制作的早期作品，内含世界上第一枚通过实寄的盖开罗邮戳的金字塔极限片。

2010年，在里斯本举办的世界集邮展览上，唐中杰的《华北军邮》获邮政史类镀金奖。同年，在南非举办的国际集邮展览上，唐孝飞的《狮子》获专题类镀金奖。

2011年11月11日—15日，在无锡举办的第27届亚洲国际集邮展览上，苏州市选送的3部邮集全部获奖。陶孙贤的《乒乓球》和陈强的《中华邮政孙中山像特制邮资邮简》均获镀金奖，郑炜的《石质建筑》由5框扩充到8框，获本次展览极限类邮集最高分。

2013年5月10日—15日，在墨尔本举办的世界集邮展览上，陈强的《第一次世界大战远东地区战俘邮件》获镀金奖。同年，在第三届东亚集邮展览中，陈强的《中国早期航空邮政（1920—1933）》获金奖加特别奖，范利清的《中国信柜邮戳（1902—1936）》和钱延林的《建筑的故事》双双斩获大镀金奖。

2015年，在美国洛杉矶世界集邮展览上，道文进的《华东人民邮政（1946—1949）》获镀金奖。

2016年5月28日—6月4日，在纽约举办的美国2016世界集邮展览共展出邮品4 000余框，展期为8天，陆树笙的《中华邮政银圆时期信函邮资（1949.4—1949.12）》邮集获镀金奖。

图 5-176　张亦晟获泰国 2018 世界集邮展览青少年类大镀金

2016 年 12 月 2 日—6 日，在南宁举办的第 33 届亚洲国际集邮展览上，苏州选送的 6 部邮集全部获奖，分别为徐伟的《书写——人类文明传递的使者》获大镀金奖加特别奖，道文进的《中国人民邮政史（1946—1956）》获大镀金奖，陆树笙的《中华邮政银圆时期信函邮资（1949.4—1949.12）》、袁农基的《纺织》、张亦晟的《我爱篮球》获镀金奖，严文华的《桥》获银奖。

2018 年 11 月 28 日—12 月 3 日，张亦晟的《我爱篮球》入选参加在曼谷举办的泰国 2018 世界集邮展览，成为我国唯一参加该展览的青少年邮集，最终获得大镀金奖（图 5-176）。

2019 年 6 月 11 日—17 日，在武汉举办的中国 2019 世界集邮展览上，徐伟的《书写的历史》荣获金奖（图 5-177），这也是苏州专题类邮集获得的最高荣誉。道文进的邮政史邮集《中国人民邮政史（1946—1956）》获大镀金奖，唐孝飞的专题邮集《灯的故事》与金晓宏的《大龙邮票集邮文献概览》（图 5-178）均获镀金奖，唐卓凡的《一个关于狗的故事》与柏依阳的《我心中的毛爷爷》均获青少年类镀金奖。

图 5-177　徐伟（右三）获中国 2019 世界集邮展览专题类金奖

图 5-178　金晓宏获中国 2019 世界集邮展览文献类镀金奖

二、集邮拍卖活动

1988 年 5 月 4 日，苏州市集邮协会在慕园会议室举办了建会以来的首次邮品拍卖会。参加者共有 200 余人，拍品有清代、民国、中华人民共和国邮票，还有少量中国香港、澳门地区邮票及外国邮票，朱万钟为主拍人，成交金额为 1 700 余元，成交率达 70%。

同年 8 月 7 日，苏州阀门厂、苏州林业机械厂、苏州长风机械总厂的集邮协会联合举办邮品拍卖会，引起会员极大兴趣，150 余名会员参与拍卖，苏州市集邮协会领导也出席了拍卖会。拍品大多系中高档票品，共 100 余号，拍得金额为 650 余元，成交率达 78%。

同年 12 月 28 日，苏州丝绸系统集邮协会下辖苏州市第一丝厂、苏州振亚丝织厂、苏州锦绣丝织厂、苏州丽华印染厂、苏州东吴丝织厂、苏州新光丝织厂、苏州纺织器材厂、苏州丝绸印花厂、苏州第二纺织机械厂、苏州第三纺织机械厂的基层集邮协会在苏州第三纺织机械厂联合举办拍卖活动，竞拍者达 300 余人，146 项拍品成交 110 项，拍得金额为 3 650 元。苏州电视台、《苏州日报》记者均到场采访，并做了报道（图 5-179）。本次拍卖会的最大特色是事前制

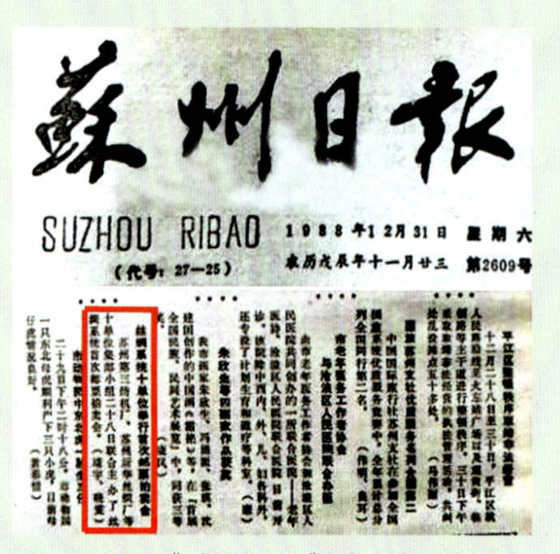
蘇州日報
SUZHOU RIBAO　1988年12月31日　星期六
（代号：27—25）　农历戊辰年十一月廿三　第2609号

图 5-179　《苏州日报》关于邮品联合拍卖的报道

定了 12 条规则，为提高苏州市邮票拍卖水平创造了良好的开端。具体规则如下。

① 为贯彻“改革、开放、搞活”的方针，促进集邮票品的流通，提高集邮水平，发展集邮事业，经商定将联合主办首次邮票拍卖会。

② 邮票拍卖活动遵循“疏导流通、交流挖潜、公正互利”的原则，为广大集邮爱好者服务。

③ 凡送拍的票品，应确保真实，并认真填写“送拍票品登记表”，详细注明票品的品相，凡送拍票品，出品人应封入双面透明护邮袋内，以保证其完好无损。

④ 主办者成立鉴定小组，主要负责对送拍票品进行鉴定。

⑤ 送拍票品的起价一般尊重出品人的意见。比如出品人委托主办者估价，可协商确定。经出品人同意，一时难以估价的邮品可先收后定。每项起价不足 10 元的票品不予受拍。

⑥ 凡送拍票品，将依据出品人填写的说明编入拍卖目录（该目录于拍卖前出售）。

⑦ 参加拍卖会的人员购买入场券入场，每张入场券售价为 0.5 元，赠送目录 1 份，赠送纪念邮品 1 份。凡参加拍卖投标者须交押金 10 元，同时领取标号牌，得标后应立即付款领取，不得反悔。如遇反悔，扣发押金。拍卖会结束后，凭投标号牌领回押金。

⑧ 拍出票品按成交价向出品人收取 3% 的管理费。

⑨ 出品人应于拍卖会结束后的次日起 3 天内办理结算或清退手续。

⑩ 本次拍卖会聘请苏州市集邮协会理事朱万钟担任主拍，苏州市集邮协会孙敏义担任监拍，苏州市丝绸集邮协会俞樟景、邓树镛担任仲裁，陆志新负责鉴定。

⑪ 主办者对出品人及得标人的情况严格保密，凡送拍票品由专人妥善保管。

⑫ 票品叫价最低递增规定：10~30 元起价，最低递增 0.5 元；31~50 元起价，最低递增 1 元；51~100 元起价，最低递增 2 元；101~500 元起价，最低递增 5 元；500 元以上起价，最低递增 10 元。

1989 年 5 月 9 日，为纪念五四运动 70 周年，苏州邮电局团委、苏州邮电局集邮协会举办邮品拍卖会，140 余人参拍，成交金额为 1 000 余元。

1991 年 9 月 14 日，苏州市工人文化宫集邮研究会举办赈灾邮票发行暨邮品义拍，拍品由苏州市 14 个基层集邮协会的 138 名会员和集邮爱好者进行义捐，共有 300 余人参加竞拍。拍卖会气氛热烈，盛况空前，高潮迭起。按规定，义拍邮品底价不得低于 5 元，但拍卖目录中第 21 号邮品底价为 2 元。主办者对此做了说明，原来该邮品的主人是一名 15 岁的中学生，当他得知义捐消息后，就从自己的小邮册中挑选了 14 枚 JT 信销票参拍，以表赈灾爱心，最终经 5 次竞价，该邮品以 5 元成交。拍卖会历时 3.5 小时，140 个邮品全部拍出，成交金额为 2 806 元，加上门票、纪念封（图 5-180）收入，共计 3 052.4 元。这些善款通过苏州市民政局全部捐给兴化重灾区。

图 5-180　赈灾邮票发行暨邮品义拍纪念封

同期，以“捐资献爱心，支援重灾区”为主题的义拍活动在苏州市区下属基层集邮协会及吴江、常熟、太仓、昆山、张家港、吴县等地集邮协会中广泛开展。据统计，义拍总金额超过 8 000 元。

1993 年 5 月 2 日晚，东山集邮协会在吴县东山实验小学举办五一邮品拍卖会。会场陈展了自 1986 年以来的各种邮票，以满足会员补缺之需，按面值限量供应。同时，按市价 80% 供应票品，含早期“J”“T”开头的邮票及外票。拍卖开始后，会员人手一份拍卖清单（标明邮票名称、品相程度），以市价的80%为底价。面对热门邮品，大家争相竞拍，直到接近市场价，方一锤定局。本次拍卖成交率达70%，该集邮协会本着为会员服务的宗旨不收取手续费。当年，基层集邮协会拍卖活动的场面与状况，由此可见一斑。

1996年10月12日的邮品拍卖会是中国与新加坡联合发行邮票活动的内容之一，由苏州市集邮协会和苏州市职工集邮研究会主办，在五卅路市委礼堂举行，近500个席位座无虚席。由苏州拍卖行主拍，整个拍卖过程气氛热烈，竞拍踊跃，诸多邮品多次轮番竞价，方一锤定音。最精彩的一幕发生在阔边大龙、实寄中银错片和众多小本票、版票、小型张的竞拍中，超过起拍价比例最大的邮品首推实寄中银错片，起拍价从1 500元飙升至3 400元。

苏州首届大型邮品拍卖会

拍

品

目

录

拍卖时间：一九九六年十月十二日下午一时
拍卖地点：　苏州市五卅路北首市委会堂

图5-181　苏州首届大型邮品拍卖会拍品目录

参拍邮品有清代、民国、解放区的票品、税票、外票及新中国邮票，共221件，总起拍价为70万元。其准备工作，从拍品征集、审查、鉴定、估价、收集、整理、编码到编印拍品目录（图5-181），历时30多天，由苏州市职工集邮研究会秘书长朱炳南全程策划与实施。

1999年7月21日，苏州市集邮协会副会长邓树镛、副秘书长徐根源率基层集邮协会代表一行10人专程赴丹阳高甸村瞻仰革命烈士许杏虎旧居，并向其父母递交苏州市区会员义卖5 000枚《革命烈士许杏虎旧居》纪念封所得的3 000元捐款。

2006年9月30日，苏州市集邮协会在中华全国集邮联合会第一批命名的全国青少年集邮活动示范基地之一——苏州市景范中学校举行爱心捐助仪式。在仪式上，苏州市集邮协会会长黄一芳、副会长汪日荣先后将苏州市区全部义卖所得的6 678元捐款及1万枚邮资明信片捐给苏州市景范中学校。捐款源自苏州市集邮协会同年4月倡议的“爱心助学——义捐义卖品”活动，至7月底该协会共收到苏州市区及其下属各县（市）集邮组织193名成员所捐的邮品。经8月20日义卖，这些邮品全部成交。周治华、朱万钟、邓树镛、陆树笙、徐宝煌等集邮先进代表及苏州市集邮协会领导纷纷带头义捐自己珍爱的邮品，苏州刻字厂工艺师颜锦尧特刻“爱心”纪念戳，并予以捐赠，副会长汪日荣更捐出珍藏多年的丙申猴年邮票四方连带版铭，该邮票从底价8 000元经7次竞拍升至9 800元成交，当场赢得满堂掌声。

2011年1月5日，（中国苏州）辛卯年生肖文化节在苏州图书馆拉开帷幕，其中生肖特种邮票首发式举办后，主办方精心组织了一场共计52项、价值逾200万元的“2011苏州邮票（品）专场拍卖会”。在拍卖会上，1974—1982年纪念邮票和特种邮票、编号票大全套、中美小版张、1840年世界第一枚黑便士邮票等热门品种引人注目。这场拍卖会共吸引了上海、杭州、无锡、昆山等地100余名集邮爱好者参与。其中，1980年发行的首枚生肖邮票——《庚申年》金猴整版邮票成为最大亮点，拍卖师刚喊出80万元起拍价时，就有人举牌报价90万元，随后竞拍以5万元一次递增在4个竞拍者之间展开，最终一位来自上海的竞拍者以120万元的价格拍得该邮票，创下当年猴票的最高成交价。

2012年1月5日，由中国邮政集团公司主办，江苏省邮政公司、苏州市政府承办，江苏省集邮公司、苏州邮政局协办的壬辰年生肖文化节在苏州图书馆隆重开幕。《壬辰年》生肖特种邮票首发式后，随即举行了“2012苏州邮票（品）专场拍卖会”。拍品中有许多与时下邮市行情相关的珍品，例如，《苏州邮票大全》内含自中华人民共和国成立以来中国邮政发行的所有苏州题材的邮票，共计 54 套、180 枚，其中有 1962 年发行的特 50《中国古代建筑——桥》、文 5《毛主席革命文艺路线胜利万岁》等。这套邮票大全是苏州市集邮公司历经数月通过江苏省邮政系统收集、编制而成的，其品相实属上乘。全部参拍邮品共计 45 件，起拍价共计 80 余万元。经过 1 个多小时的紧张竞拍，拍卖会圆满落幕，其中《中国“文革”邮票》大全套以全场最高价 35 万元成交。

在 20 世纪 80 年代各级集邮协会建立之初，拍卖活动就被视作协会内部一项重要的常规活动，时称“邮品调剂”。苏州市工人文化宫集邮研究会自 1981 年 10 月起就由交流组创编《邮品通讯调剂目录》。为扩大地区性交流，该目录自第 4 期起就与吴江市集邮协会联合举办。第 9 期后一度中断。1985 年 3 月，该研究会发布通告称恢复“邮品通讯调剂”活动，并做出如下“事项说明”。

① 调剂以低于市场价为原则，采取竞买形式，当投标者估计目录所载邮品供不应求时，可在底价基础上适当递增，填写自制的投标单寄本会交流组收。本会收到后编号封存，在开标时当众开封，以投标价最高者为得主，若标价相同，则由日期较早者得。

② 对所得邮品品相有异议时，应当面或在 3 日内提出，逾期责任自负。

③ 调剂活动属本会义务服务项目，不收取任何费用。

④ 会员如有多余复品需要调出者，可参照投标单式样（投标价则改为底价，“票品”栏内应写明品相和“新、旧、盖”）自制出品单寄（交）予顾文煜收，票品可在活动日内进行面交。此项活动一直延续至 1989 年，后期以周振声为联系人，此后活动陆续进行。苏州市职工集邮研究会会刊《研究与交流》1991 年第 6 期敬告邮友，增办“周末邮品调剂服务”，1996 年第 3 期还见载“通讯拍卖”信息与“通讯拍卖须知”。

图 5-182　常熟市集邮协会举办新春邮品调剂会

1992 年，常熟市集邮协会也举办了新春邮品调剂会（图 5-182）。该会的活动形式为现场竞拍邮品，于每年正月初三举办，一直延续至今。其中，2002 年新春邮品调剂会的成交金额为 1 万元，1996 年的成交金额高达 5 万元。

邮品拍卖也常被基层集邮协会视作协会内部的一项重要活动。例如，苏州市邮政史集邮研究会在 2015 年和 2016 年年会中都安排了助会集邮文献义拍活动，所得款项均用于年会的各项支出。2016 年，义拍集邮文献共计 19 项，由石剑荣、王铭、肖宏等 11 名会员及邮友捐赠，并拟定有如下义拍规则。

① 本次拍卖标的集邮文献均为无底价起拍。

② 加价幅度以 100 元之内每次加价 10 元、100 元之上每次加价 20 元为原则。

③ 本次拍卖无佣金，举牌价即为成交价。

④ 得标后即刻现场交收。

三、海内外联谊与交流

1. 海内外邮友联谊与交流活动

（1）日本集邮家阿部达也与苏州邮友的交往

在苏州市集邮协会成立之前，与日本集邮家阿部达也频繁互动的苏州邮人有王柏生、郑光裕、王荣林等，在拍卖公司在线邮品库可见多件自 1978 年以来他们与阿部达也等日本邮人的交邮封。

1981 年 7 月 7 日，日中友好协会副会长、日本邮趣协会理事长水原明窗，《中国集邮》编辑阿部达也专程来华参观上海市集邮协会举办的纪念中国共产党成立 60 周年、辛亥革命 70 周年邮票展览。来华前，他们曾发函约请苏州邮友王柏生、郑光裕、王荣林 3 人在上海见面。7 月 7 日下午 5 时，在上海博物馆展馆内，中国、日本两国邮友亲切交谈，虽然双方是首次见面，却都认为彼此是一见如故。7 月 8 日上午，阿部达也在集邮展览休息室与苏州邮友再次会面恳谈。苏州邮友热烈欢迎日本邮友专程来华参观集邮展览，阿部达也请苏州代表转达对苏州市工人文化宫集邮研究会全体会员的问候。苏州邮友对阿部达也先生所编的《中国集邮》多次介绍苏州纪念戳、纪念封深表感谢，并请他转达苏州市工人文化宫集邮研究会全体会员对日本邮友的问候，同时对水原明窗、阿部达也两位先生为增进中日友谊所做的努力表示衷心感谢。最后，两国邮友合影留念，珍重握别。

（2）日本集邮家水原明窗与苏州邮人的不解之缘

苏州集邮爱好者陈三龙自 1961 年起因索阅《邮趣》结识水原明窗，多次通信交往后曾于 1980 年 11 月 8 日在上海《文汇报》上刊发《日本的集邮》一文，其中是这样介绍水原明窗的："他多次来华访问，是收集中国邮票的专家，他珍藏的我国早期邮票屡次在国际邮展中获得大金奖。" 水原明窗阅后复信说："我获此奖，与中国邮友的支持是分不开的。" 陈三龙后又根据水原明窗提供的日本集邮情况写成《日本邮票和集邮》，发表于《世界知识》1982 年第 20 期。

苏州集邮爱好者陆树笙也在 20 世纪 80 年代初就与水原明窗多次书信联系，并互相寄赠邮品。1982 年 9 月 29 日，时值中日邦交正常化 10 周年，两国都发行了纪念邮票，水原明窗不但寄来了日本发行的精美首日封，随信还表达了对两国人民世代友好的美好祝愿（图 5-183）。

財団法人 日本郵趣協会 〒151 東京都渋谷区代々木2-2郵趣会館

Cable: JAPHILASO TOKYO. Fax: 03-379-3338

亲爱的中国朋友们：

今天9月29日迎来了两国邦交正常化10周年的大喜日子，两国同时发行了纪念邮票，谨此寄上首日封，作为两国人民世世代代友好下去的纪念，请收下。

我们举办的邮票展览会场，在三个城市（东京、京都、福冈）分别使用不同的纪念戳，但实在无法办理寄发实寄封，祈能谅解。

专此，即颂

邮祺！

水原明窗

一九八二年九月二十九日

图 5-183　水原明窗寄赠陆树笙日本发行的精美首日封和信函

1986 年，在庆祝苏州建城 2 500 年期间，水原明窗以日本邮趣会董事长、日中旅行社董事长的双重身份偕夫人于 11 月 21 日—22 日访问苏州，并下榻南林饭店。苏州中国国际旅行社副总经理吴根生闻讯后，特携带《苏州建城二千五百年》纪念邮资明信片和中国在日本集邮展览上展出的小本票请水原明窗留下墨宝，并以南林饭店为背景与水原明窗合影（图 5-184）。水原明窗夫妇游览了邮票上与苏州相关的名胜，诸如虎丘、拙政园和宝带桥，并签发了明信片（图 5-185），还造访了寒山寺、狮子林等，于 11 月 22 日傍晚前乘“天堂号”游船去往杭州。之后，吴根生还收到了水原明窗寄来的两本书，一本是《中国邮票目录》，另一本是荣获金奖的《大龙邮票专集》，图书扉页上有他的亲笔签名。

图 5-184 吴根生与水原明窗在南林饭店前合影

图 5-185 水原明窗自拙政园签发明信片

（3）美国中华集邮会首度访问苏州

1988 年，由美国中华集邮会秘书帕特里克·斯盖恩领队的美国集邮 PTC601 团一行 12 人，在英文版《中国集邮》杂志的编辑张正正的陪同下，继访问北京、西安、南京后，于 7 月 8 日—10 日访问苏州。该团不仅是中国和平国际旅游有限责任公司组织的第一个外国集邮旅游团，也是自 1949 年以来通过民间渠道访华的首个外国集邮专业团体。

在美国中华集邮会访问团到来前，苏州市集邮协会在日程安排、接待形式、交流内容等方面做了充分而周密的准备，并详细拟定了 2 天的活动日程和旅游路线。7 月 8 日中午，该团抵达苏州，下榻南林饭店。当日下午，先由苏州市工人文化宫集邮研究会会员、苏州中国国际旅行社副总经理吴根生担任翻译，陪同 12 位美国邮友按 T.96 邮票上的 4 处景点游览拙政园。后于下午 3 时 30 分到达苏州丝绸印花厂，受到苏州市集邮协会负责人及该厂集邮小组的热烈欢迎，苏州市集邮协会秘书长孙宝明主持了集邮座谈会，参加座谈会的中美邮友有孙宝明、汪日荣、龚智渊、N. 汤森、P. 斯盖恩、吴根生及雪伦·佛勒夫人（图 5-186）。

图 5-186 中国与美国邮友在苏州丝绸印花厂开展集邮座谈会

（4）接待台湾地区邮友

1991 年 10 月 26 日，中华台北集邮协会名誉理事长陈继勋来到苏州访问。苏州市集邮协会名誉会长周治华、会长曹玠如、秘书长孙宝明在苏州饭店会见与宴请台湾地区邮

图 5-187　苏州市集邮协会领导会见台湾地区邮友陈继勋

友陈继勋（图 5-187），这是海峡两岸邮友在苏州的首次友好交往。

（5）美国中华集邮会再度访问苏州

1993 年，美国中华集邮会访华团一行 10 人，在参加了 1993 年中华全国集邮展览——纪念毛主席诞生 100 周年活动后，于 11 月 11 日抵达苏州，下午由兼职翻译吴根生引导，先后观赏了拙政园、宝带桥。当晚，苏州市集邮协会会长曹玠如、副会长汪日荣与孙宝明在南林饭店会见，并宴请了全体客人。夜宴结束后，美国邮友应网师园管理处党支部书记贺萍之邀到该园游览古典夜花园，苏州市工人文化宫集邮研究会会长汪日荣、副会长王柏生及会员贺萍、朱炳南、黄志凌、金诚、周振声、邱康清、何勇、戴立群、吕丁、王振中等 12 人陪同观看演出。

图 5-188　王柏生出示自己珍藏的邮票贴片

图 5-189　汪日荣、何勇、朱炳南、吴根生观看斯盖恩展示的中国珍邮贴片

演出结束后，宾主共登款待贵宾的集虚斋小楼，品茗叙谈，观赏珍邮。王柏生率先出示自己珍藏的邮票贴片（图 5-188），内含清代与民国票贴片 45 张、美国古今邮票贴片 82 张。来宾斯盖恩展示了 8 张中国珍邮贴片（图 5-189），分别是未发行的《无产阶级“文化大革命”的全面胜利万岁》及《毛泽东为日本工人朋友题词》邮票；发行后停售的《全国山河一片红》、特 15《首都名胜》（5-3）《天安门放光芒》错版、纪 54 误印《第五届世界学生代表大会》全套、纪 20《伟大的苏联十月革命 35 周年》错版票全套、纪 92《古代科学家》（8-1）《蔡伦》公元“前”字错体邮票。有两枚脸谱邮票尤其惹人注目，一枚是面值为 20 分的《张飞》邮票，另一枚是面值为 8 分的《孙悟空》邮票。这些邮票全部都是新票，令人惊叹。在聚会中，会员与来访者互赠礼品，并签名留念。

11 月 20 日上午，美国邮友还参观了苏州刺绣研究所、留园，在游览中无不循邮而游，结合邮票上的苏州园林进行观赏。

图 5-190　史维林等陪同许少全及夫人、郑炳贤参观吴江同里

（6）国际集邮联合会副主席、亚洲集邮联合会主席来吴江参观

2000 年 1 月 29 日，国际集邮联合会副主席许少全及夫人、亚洲集邮联合会主席郑炳贤在全国集邮联合会副会长史维林、副秘书长刘钟林、江苏省集邮协会秘书长鲍军禾、苏州市集邮协会秘书长王怡等人的陪同下到吴江同里参观（图 5-190），吴江市集邮协会秘书长殷丁元全程接待。

来宾参观了同里退思园、三桥及崇本堂、明清街等景观，对水乡美景留下了深刻印象，特别对同里退思园明信片样式的门票赞不绝口，指出这项业务的推出不仅有利于提高地方园林的知名度，而且有利于邮政函件业务的发展，可谓一举两得，要大力宣传推广。

（7）生肖集邮研究会举行招待宴会暨海外联盟活动

2008 年 1 月 6 日下午，生肖集邮研究会在苏州会议中心举行招待宴会暨海外联盟活动（图 5-191）。参加活动的中方代表有中华全国集邮联副会长王新中，生肖集邮研究会会长周治华、副会长方定坚、顾问马佑璋，苏州市外事办公室副主任唐元生，苏州邮政局副局长吴寒松，等等。海外集邮组织代表有新加坡牛车水集邮会会长刘盛山、澳大利亚中华集邮会会长何翠英、中国台湾台北县集邮会名誉理事长应雨金、中国香港特区邮学会名誉会长陈国富、香港集邮会会长梁永棠、香港尖沙咀邮学会会长朱永尧。他们均是携邮集应邀参加 1 月 5 日在苏州图书馆举办的我国首次生肖集邮国际展览的贵宾。席间，中外邮友交换礼品，并合影留念。

图 5-191　生肖集邮研究会在苏州会议中心举行招待宴会暨海外联盟活动[①]

（8）我国台湾中华集邮会参观团访问苏州

2001 年，经《中国邮史》主编麦国培和苏州资深集邮者陆树笙牵线搭桥，我国台湾中华集邮会参观团一行 15 人在参加南京举办的中华全国集邮展览前转道杭州，并于 9 月 17 日抵达上海，陆树笙赶赴上海接站。

9 月 18 日上午 10 时，苏州邮友邓树镛、陆树笙、戴立群、杨绍仪、贺评、孙晓苏等人在拙政园迎候台湾地区的客人。见面之初，中华集邮会会长何辉庆对参观团成员做了生动形象的介绍，参观团成员中有清代明信片专家李文亮、黄元明等；苏州市集邮协会副会长邓树镛则介绍了苏州集邮活动的情况。随后，众人一同参观了拙政园。午餐后，他们首先参观了横塘驿站（图 5-192），顺道游览了寒山寺，接着参观了苏州关税务司署旧址——苏州洋关，最后参观了苏州市第一丝厂。晚

① 图①：从左至右分别是生肖集邮研究会副会长方定坚、苏州市外事办公室副主任唐元生、生肖集邮研究会会长周治华、中华全国集邮联合会副会长王新中、苏州邮政局副局长吴寒松。图③：江苏省集邮协会副会长、生肖集邮研究会顾问马佑璋会士（左二）和周会长（右三）同部分海外人士合影。图④：新加坡牛车水集邮会会长刘盛山（左一）。图⑤：澳大利亚中华集邮学会会长何翠英（左一）。图⑥：中国台湾台北县集邮会名管理事长应雨金（中）。图⑦：中国香港特区邮学会名誉会长陈国富（左一）。图⑧：香港集邮会会长梁永棠（左一）。图⑨：香港尖沙咀邮学会会长朱永尧（左一）。

上，苏州邮友在新皇宫酒店宴请台湾地区的客人，席间谈话三句不离集邮，台湾地区的客人表示不虚此行，并盛邀苏州邮友赴台湾地区交流。宴请结束后，一行人同游网师园夜花园。

（9）美国中华集邮会三度访问苏州

2009 年，以美国中华集邮会会员张兰青为领队，会长 H. 杰姆斯・马克斯维尔、董事兼司库查尔斯・菲根等 11 名会员来中国旅游，并观摩了在洛阳举办的 2009 年世界集邮展览。之后，一行人取道南京，于 4 月 17 日晚抵达苏州（图 5-193），苏州市集邮协会副会长邓树镛率陆树笙、石剑荣、贺评、徐铮、翟瀚等人在苏州科技学院会议室接待来宾。首先，宾主双方互致问候，并赠送邮品，邓树镛代表苏州市集邮协会向美方赠送 4 套《苏州集邮》，翟瀚代表苏州集邮者赠送 9 册《苏州邮缘》，马克斯维尔则代表美国中华集邮会向苏州市集邮协会赠送《中华民国五年邮政事务总论》《中国邮票目录汇编》《中国飞剪》等集邮文献；然后，在美方领队兼翻译张兰青的提议下，双方自报家门，并介绍各自的邮品收集范围；最后，中美邮友携邮集与邮品互相介绍和观摩，不亦乐乎。

这是美国中华集邮会继 1988 年、1993 年后第三次访问苏州。此次来华者中年龄最长者为 81 岁，最小者也有 60 岁。为了中国邮票和那份抹不掉的情怀，他们兴致勃勃地与苏州邮人交流了近 2 个小时还意犹未尽，但由于时间有限，双方只能依依惜别。

图 5-192　台湾中华集邮会参观团参观横塘驿站

图 5-193　美国中华集邮会会员抵达苏州

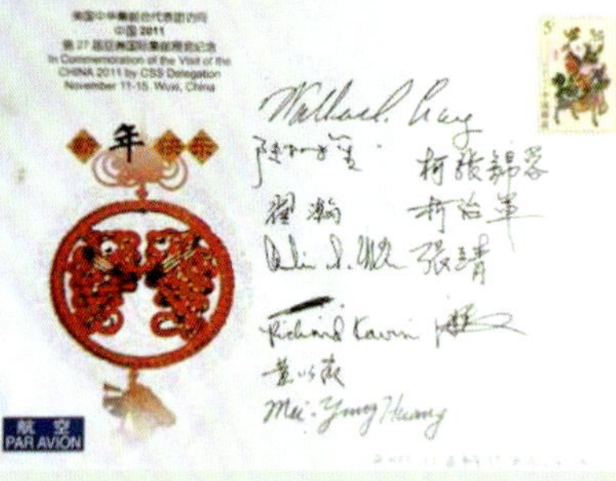

图 5-194　美国中华集邮会会员访问苏州

（10）美国中华集邮会四度访问苏州

2011 年，以美国中华集邮会会员张兰青、上海拍卖行邮品部经理廉新义为向导，当代著名古典华邮收藏家柯治军夫妇等 8 名会员来中国旅游。为了观摩在无锡举办的第 27 届亚洲国际集邮展览，他们先于 11 月 6 日抵达苏州，苏州市集邮协会常务理事陆树笙、苏州市职工集邮研究会理事吴根生热情迎接，并在当天中午设宴款待。来宾在参观苏州博物馆之后，与正在网师园参加邮会活动的苏州邮政史研究会成员一同观摩邮品，交流集邮心得，并合影留念（图 5-194）。参与会晤的苏州邮友有贺萍、陆树笙、时永良、孙晓苏、杨绍仪、夏传生、戴立群、吴根生、翟瀚等。

（11）生肖集邮研究会台湾寻邮之旅

2011 年 11 月 30 日，生肖集邮研究会一行 19 人在周治华会长的带领下从无锡硕放机场飞抵台湾桃园国际机场，开始了为期 6 天的台湾寻邮之旅（图 5-195）。12 月 1 日上午，他们参观了在台北邮政博物馆举办的“100 年生肖邮票特展”，会晤了台湾集邮界元老俞兆年、朱志平、陈继勋、江敬镛、杨浩等。下午，两岸邮友进行交流，并互赠礼品，王宏伟、唐孝飞向台北邮政博物馆和台北市集邮协会捐赠集邮专著《王者之好》《偷闲集》，台湾地区邮友回赠邮票和邮书。台北邮政博物馆安排的专题演讲有大陆周治华的“生肖邮票与生肖集邮”和郑炜的“奇妙的极限集邮”，以及台湾俞兆年的“谈生肖中的中国龙”。

图 5-195　生肖集邮研究会台湾寻邮之旅

在台北市区、台北“故宫博物院”、野柳风景区、日月潭、中台禅寺、阿里山的游览中，生肖集邮研究会会员仍不忘寻邮、盖戳、寄封，其间还拜访了台北集邮家夏大纬和姚天才、新竹集邮家杨灿鸿等。离台前晚，台湾地区邮友朱志平夫妇、何辉庆、林茂兴、许求麒、孙国光等还莅临台北兄弟饭店，与大陆邮友品茗谈邮近 3 个小时。

（12）苏州生肖邮票博物馆与列支敦士登邮政博物馆缔结为友好博物馆

2014 年 5 月 18 日，在苏州生肖邮票博物馆后花园梅花草堂，馆长俞莉与列支敦士登邮政博物馆（隶属于列支敦士登国家博物馆）馆长雷诺·沃康摩尔签署友好博物馆谅解备忘录。同日，列支敦士登邮票展（图 5-196）亮相苏州。该展览于 8 月 18 日结束。

图 5-196　列支敦士登邮票展

为进一步促进双方友好合作的关系，应列支敦士登国家博物馆邀请，2016 年 1 月 15 日—2 月 21 日，苏州生肖邮票博物馆的中国生肖邮票精品展（图 5-197）在列支敦士登国家博物馆开幕。此次展览首次大规模集中展出了中国内地及港澳台地区发行的生肖邮票大版张共 77 件。苏州生肖邮票博物馆馆长俞莉与列支敦士登国家博物馆馆长雷诺·沃康摩尔进行了友好交流，并就邮票的收藏保管、展览的现场布置、文化宣传等方面进行了深入的探讨，俞莉还参观了列支敦士登国家博物馆的宝库和藏品库，为下一步的交流展览打下了良好的基础。

图 5-197　中国生肖邮票精品展

图片新闻
越南旅邮记

图 5-198　徐伟海外寻邮剪影

此外，苏州邮人个人海外寻邮交谊活动也可圈可点，其中比较典型的有苏州市职工集邮研究会会员徐伟于2008年开启的“海外寻邮记”活动。继参访布拉格世界集邮展览之后，2016—2017年，徐伟又借在南宁举办的中国2016亚洲国际集邮展览、泰国第32届亚洲集邮展览、印度尼西亚2017世界集邮展览之机寻邮越南、泰国及印度尼西亚，《苏州集邮》特为此在封三开辟了图文专版（图5-198）。

2. 国际友人参加苏州邮展、邮品首发活动及为集邮者签封

1995年9月12日上午，为参加在北京举办的1995年国际邮票钱币博览会，马绍尔群岛共和国发行《苏州园林》小型张，首发式在拙政园玉兰堂举行，马绍尔群岛共和国邮政局长赛拉斯・安德立克、美国万国首日封公司总裁海尔泽等外国友人亲临苏州参加首发式。

1996年5月15日上午，为参加1996年第9届亚洲国际集邮展览，密克罗尼西亚联邦邮政总局发行《苏州园林》小型张的首发式在留园举行，密克罗尼西亚联邦邮政总局局长贝斯维尔・亨利、集邮局局长伊兹拉，以及美国海外服务局局长海尔泽等外国友人赶来苏州参加首发式。贝斯维尔・亨利代表密克罗尼西亚联邦邮政总局向各位来宾介绍了小型张的发行背景，并对中国邮政部门的配合及苏州有关方面做出的安排表示感谢，随后又与苏州市委副书记黄俊度为邮票首发式揭幕。

1996年，新加坡集邮展览代表团借中国与新加坡联合发行《城市风光》邮票的东风来苏州访问。2016年10月9日—13日，国际双边集邮展览在苏州国际贸易中心举办。以新加坡前国防部次长潘巴厘的夫人为团长，新加坡牛车水集邮会副会长陈楷锋、陈育绵为副团长的新加坡集邮展览代表团一行9人携17部星洲优秀邮集（计104框）参展，潘巴厘的夫人在开幕式上致辞。展览期间，苏州市集邮协会安排新加坡客人观赏苏州园林，并与苏州邮人茶叙。

2002年9月9日，纪念中日邦交正常化30周年集邮展览（苏州展区）在苏州市集邮活动中心隆重开幕。日本国驻上海总领事馆副总领事田尻和宏、江苏省集邮协会秘书长鲍军禾、苏州市集邮协会会长季心田及苏州市外事部门领导为集邮展览开幕剪彩。苏州展区展出了日本递信综合博物馆提供的9框日本邮票及江苏省集邮协会提供的26框票品，为期4天的集邮展览吸引了千余人前来参观。为庆祝集邮展览开幕，苏州市集邮公司制发了集邮展览开幕纪念封，并刻制了宣传戳，日本国驻上海总领事馆提供了巡回展宣传品，并赠送了日本盖销邮票。

2004年3月1日，中国与新加坡联合发行《中国新加坡合作——苏州工业园区成立十周年》纪念邮票首发活动在苏州工业园区举行，出席的新加坡贵宾有新加坡邮政有限公司总裁陈素福、新加坡旅游局副主席林梁长等，国家邮政局副局长、中华全国集邮联合会副会长谭小为和新加坡陈素福总裁在首发式上互赠纪念邮票（图5-199）。

2005年6月28日，《郑和下西洋600周年》纪念邮票首发式暨中国、新加坡、马来西亚、泰国联合集邮展览在太仓市开幕。中华全国集邮联合会副会长兼秘书长盛名环、亚洲集邮联合会顾问郑炳贤、泰国集邮联合会会长姚万妮、生肖集邮研究会会长周治华、泰国集邮联合会对外联络部主

图 5-199　中国与新加坡邮政领导互赠纪念邮票

图 5-200　盛名环等人参加《郑和下西洋 600 周年》纪念邮票首发式

任徐茂春等人参加了首发式（图 5-200），并出席了欢迎宴。

2006 年 9 月 26 日，中国和奥地利联合发行《古琴与钢琴》特种邮票首发式（图 5-201）在常熟石梅广场举行。由奥地利邮政网络部主任卡琳·尼斯特贝格、邮政新闻处处长爱瓦尔德·褒曼，奥地利共和国驻上海总领事馆代表艾迪斯·帕劳泽等人组成的奥地利邮政代表团出席了首发式，卡琳·尼斯特贝格致辞，随后她与常熟市市长王健康共同为《古琴》邮票揭幕，艾迪斯·帕劳泽为《钢琴》邮票揭幕。与会嘉宾还在常熟市领导的陪同下赴常熟市美术馆参观江苏省优秀获奖邮集暨常熟市第 22 届集邮展览。在展览开幕的前一天晚上，奥地利邮政代表团还应邀观赏了首发式承办方在虞山大戏院组织的由国内古琴和钢琴大师、音乐教授携手打造的音乐文艺专场演出。

图 5-201　《古琴与钢琴》特种邮票首发式

2006 年，台湾中华原图集邮协会骨干朱志平、王忠振、江敬镛到苏州访友，于 10 月 20 日莅临苏州大学图书馆参加“2006 极限集邮（苏州）展览暨学术论坛”，并与苏州钱延林、北京李宏、重庆李坚等极限邮友在集邮展览现场晤谈。

2010 年 5 月 3 日，联合国副秘书长安娜·蒂贝琼卡在昆山市市长管爱国的陪同下参观顾炎武故居，并给昆山市集邮协会会员收藏的外交纪念封签名（图 5-202）。

2010 年 10 月 18 日上午，为庆祝中国和新加坡建交 20 周年，《中国和新加坡建交 20 周年》纪念邮资信封首发式在苏州科技文化中心隆重举行，中国邮政集团公司副总经理、中华全国集邮联合会副会长冯新生、新加坡邮政公司执行副总裁胡敬亮、苏州市副市长梅正荣分别在首发式上致辞，冯新生、顾汶等领导饶有兴趣地参观了集邮展览（图 5-203）。

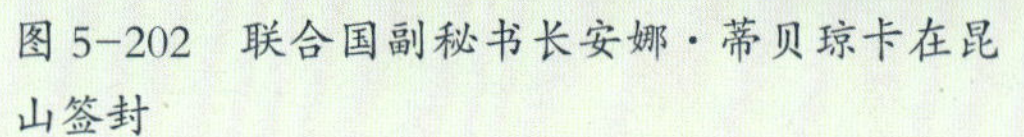
图 5-202　联合国副秘书长安娜·蒂贝琼卡在昆山签封

图 5-203　冯新生出席《中国和新加坡建交 20 周年》纪念邮资信封首发式并观看集邮展览

2014 年 10 月 18 日，《中国新加坡合作——苏州工业园区成立 20 周年》纪念邮资明信片首发式顺利举行。苏州市委副书记、苏州市市长周乃翔，中国邮政集团公司邮票发行部负责人、江苏省邮政公司总经理王曙东，苏州工业园区工委书记王翔，苏州邮政局局长马小群，以及中新苏州工业园区开发集团股份有限公司新方财团董事长林子安、新加坡国家发展部副常任秘书章慧霓、新加坡驻沪总领事王首毅等出席了首发式。

2017 年 9 月 12 日，邮票设计家、雕刻家马丁·莫克苏州首签暨《音律华章》邮册首发活动在常熟图书馆举办。中国邮政集团公司常熟市分公司为借助国家名片陶冶音乐情操，促进中西方音乐文化和艺术交流，设计推出含有常熟音乐元素的《音律华章》邮册和《马丁·莫克》纪念封，并特邀《外国音乐家（二）》纪念邮票的设计者——马丁·莫克莅临虞城举办签售活动（图 5-204），整个签售环节持续了近 2 个小时。

图 5-204　马丁·莫克在常熟签售纪念封[①]

① 马丁·莫克是蜚声海内外的邮票设计家和雕刻家，从事邮票雕刻事业 40 余年，设计、雕刻邮票达 8 400 余枚，其中有 1994—15《鹤》、2010-19《外国音乐家（一）》、2011-30《古代天文仪》、2013-17《猫》、2017-11《中国恐龙》、2017-22《外国音乐家（二）》、2018-22《大雁》、2019-13《中欧班列——（义乌—马德里）》等中国邮票。

3. 海外邮刊报道苏州集邮信息

《研究与交流》1981 年创刊号记（图 5–205）云，“日本邮趣协会中国切手部会会报《中国集邮》继上一期介绍著名书法篆刻家沙曼翁先生为我会精刻的成立纪念戳（金石章）之后，最近一期又以头版整版篇幅，刊登了《姑苏新春邮展》纪念封（首日实寄封）影印件”，并介绍称：“封面图案的狮子滚绣球，采用古老的桃花坞木刻年画的形式制作，设计者为苏州版画研究会吴鸿彰。”日文版《中国集邮》主编为日本集邮家阿部达也。

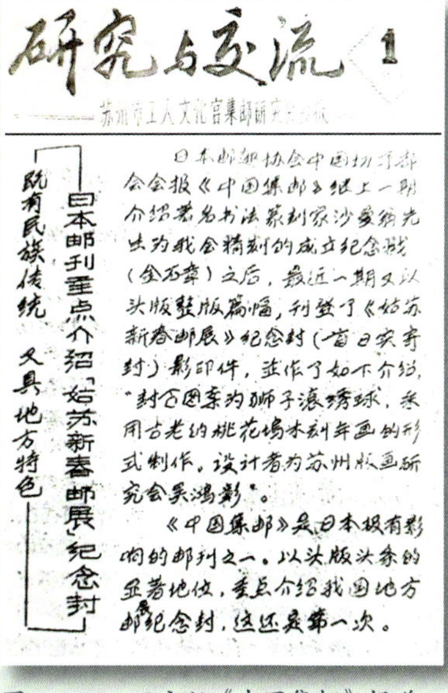

研究与交流 1

苏州市工人文化宫集邮研究会会刊

日本邮刊重点介绍「姑苏新春邮展」纪念封

既有民族传统 又具地方特色

日本邮趣协会中国切手部会会报《中国集邮》继上一期介绍著名书法篆刻家沙曼翁先生为我会精刻的成立纪念戳（金石章）之后，最近一期又以头版整版篇幅，刊登了《姑苏新春邮展》纪念封（首日实寄封）影印件，并作了如下介绍，“封面图案为狮子滚绣球，系用古老的桃花坞木刻年画的形式制作。设计者为苏州版画研究会吴鸿彰”。

《中国集邮》是日本极有影响的邮刊之一。以头版头条的显著地位，重点介绍我国地方邮展纪念封，这还是第一次。

图 5–205　日文版《中国集邮》报道

1988 年，在民主德国出版的世界语集邮家协会会刊《绿色放大镜》中，世界语纪念邮戳编目的中国部分收录了苏州市邮票公司刻制的 J.139 邮票纪念邮戳，首日封设计者为张麟瑞，由苏州市邮票公司发行。除 1987 年“世界语诞生 100 周年”纪念封戳之外，1988 年张麟瑞设计的该主题封戳还有“蔡元培诞生 120 周年”纪念戳（主图为梅花和世界语徽志）、1988 年“第二届国际世界语科教学术会”纪念戳、1989 年“毛泽东同志为《延安世界语者》题词 50 周年”纪念戳、1989 年“柴门霍夫诞生 130 周年”纪念邮戳、1992 年“世界语诞生 105 周年”纪念戳等。

张麟瑞（1924—2000），江苏省常熟人。一生从事邮电工作，曾任常熟县邮电局档案室主任。1945 年，张麟瑞自学世界语。1959 年，张麟瑞设计的“常熟解放十周年纪念”邮戳为我国首枚世界语邮戳。1979 年，张麟瑞创办世界语油印刊《绿萤》，成为国际世界语集邮家协会会员。张麟瑞平生爱好集邮，擅长封戳设计，独辟蹊径，设计汉语、世界语双文字邮戳。他设计的汉语、世界语双文字纪念戳多达 300 余枚，均被收录在世界语集邮家协会所编的《国际世界语邮戳大全》中。

1995 年 5 月 28 日，苏州《体育集邮》创刊。该刊物在徐伟的帮助下，将创刊号寄送给瑞士洛桑的国际友人，并获得国际奥委会主席萨马兰奇所赠个人彩照和题刊。在国际体育集邮者杂志《体育集邮》1995 年第 34 卷也载有其创刊的消息，该消息称：苏州的《体育集邮》是中国第一张专业性的体育邮报，图文并茂，内容丰富，4 开 4 版。编者希望苏州《体育集邮》与国际体育集邮者杂志保持联系，共同为繁荣国际体育集邮活动而努力。1995 年 10 月 7 日，《体育集邮》第 3 期刊载了国际奥委会主席萨马兰奇为《体育集邮》的签名，国际体育集邮者杂志刊登了《体育集邮》创刊号的消息（图 5–206）。

热烈祝贺中华人民共和国

体育集邮

TI YU JI YOU

苏州市体育集邮协会会刊　第三期（总第三期）　1995年10月7日

国际奥委会主席萨马兰奇为《体育集邮》签名

国际体育集邮者杂志刊登《体育集邮》创刊号

JOURNAL OF SPORTS PHILATELY

2002 Olympic Winter Games — The First Steps Have Been Taken

Pick Play

Cape Town 2004 Olympic Games

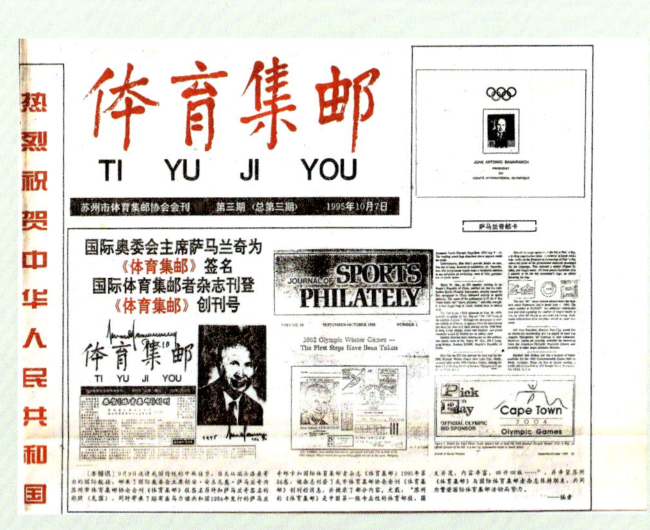

图 5–206　《体育集邮》第 3 期头版信息

美国中华集邮会会刊《中国飞剪》曾多期刊登苏州邮讯。1988 年 7 月，美国中华集邮会首次访问苏州回国后，在《中国飞剪》发表《中国龙年之集邮旅游》，该文被英文版《中国集邮》1989 年第 1 期转载。2010 年第 75 卷第 3 期《中国飞剪》选录了苏州市职工集邮研究会会员徐伟在博客上发表的邮事图片和文字（图 5-207），图文并茂地展现了邮政和集邮的生活画面，并为之命名为《中国苏州的邮政信箱——徐伟的一篇短文》。2014 年 9 月《中国飞剪》总第 450 期，用整版篇幅刊发了《邮刊史研究》总第 13 期封面图（图 5-208），以呼应该期刊登《中国飞剪》创刊号封面图及美国中华邮票会介绍文章。

POST BOXES IN SUZHOU, CHINA
A PICTORIAL ESSAY
WEI XU

A most basic need for Chinese philately is the post box. In your home town, you go to the mail box, almost never thinking of the importance of these structures. Without these, or structures like them, there would be no stamp collecting because there would be no mail. This is an interesting intellectually significant thought process on a cold and bleak March night. However, the youthful stamp collectors in China see their stamp collecting in a much different manner. Our new generation of Chinese view stamps, covers, and postcard collecting as items from a convoluted and intricate journey and every processed postal item as a collectable that has passed the gauntlet of the artistic and architecturally significant experience of the China Post system. Herein, I look at one China city, Suzhou, my home town, and the post boxes, post offices, and associated devices that enthusiastically enable the burgeoning stamp collectors in Suzhou, China. Questions about this article can be directed to Tom Shea at Earp3@embarquemail.com

A Remnant of the Qing Dynasty

92 The China Clipper 75/3

图 5-207　徐伟博客上的邮事图片和文字

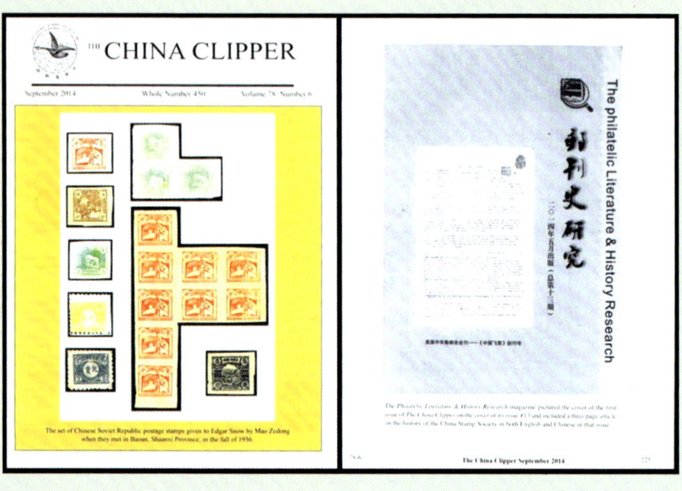

图 5-208　《中国飞剪》总第 450 期刊发了《邮刊史研究》总第 13 期封面图

苏州市集邮协会学术委员会《邮刊史研究》编辑部为引介海外优秀邮刊、邮文，经英国皇家邮学会会士王剑智的大力协助与支持，获得《伦敦邮学家》主编弗兰克·沃尔顿撰文《120 年前的〈伦敦邮学家〉第 1 卷第 1 期封面之谜》的转载授权。2012 年 4 月，王剑智代表《邮刊史研究》编委会将本刊赠送给英国皇家邮学会（图 5-209）。

2014 年 5 月 21 日，列支敦士登公国杂志 *Volksblatt* 以《列支敦士登国家博物馆依靠与苏州生肖邮票博物馆的合作》为题（图 5-210），报道了两馆缔结友好博物馆的事件，并附有中国、列支敦士登公国双方邮友在苏州生肖邮票博物馆会晤时的合影。

图 5-209　王剑智代赠英国皇家邮学会《邮刊史研究》

Datum: 21.05.2014
Volksblatt

Das Landesmuseum setzt auf Partnerschaft mit Museum in Suzhou

Suzhou, Stadt der Gärten

ARGUS

图 5-210　列支敦士登公国杂志 *Volksblatt* 的报道

中国举办的生肖邮票评选活动，受到大洋彼岸的美国集邮媒体和生肖邮票爱好者的持续关注。近年来，每年的岁末年初，美国《林氏邮票新闻》官网（图 5-211）及纸媒都会刊登一篇关于中国评选世界最佳生肖邮票活动的报道，目前已形成完整的系列报道。2018 年 12 月 31 日，《林氏邮票新闻》对生肖集邮研究会主办的第九届最佳世界生肖邮票（狗年邮票）评选活动结果做了长篇报道，并作为该期要目通过电子邮件推荐给所有订阅用户。至此，《林氏邮票新闻》已连续 8 年报道了该活动。

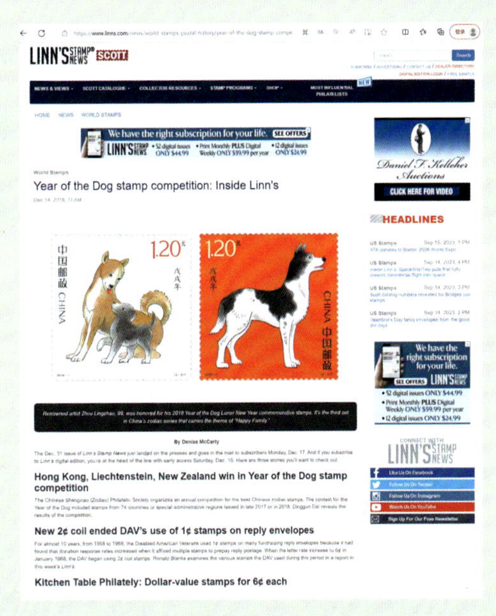

图 5-211　美国《林氏邮票新闻》官网

2018 年，中国评选世界最佳生肖邮票活动的报道是由生肖集邮研究会会员戴定国撰写的。这篇报道介绍了该活动历年来的举办情况及生肖集邮研究会的概况，比如会员数量在一年中增加了 450 名，目前已达 8 026 名，不少美国集邮者对中国生肖邮票的发行情况表示出极大的兴趣。该报道重点介绍了中国生肖邮票发行的历史及狗年生肖邮票设计者周令钊先生的艺术生涯，称他也许是目前世界上最年长的邮票设计师。该报道详细介绍了在评选中获得前 3 名的国家和地区发行的狗年生肖邮票的特色及获得前 10 名的国家和地区，展示了由生肖集邮研究会会长周治华签名的获奖明信片的正面和背面。此外，报道中还介绍了中国集邮者连夜排队争购生肖邮票的盛况。这篇报道让世界各地的集邮爱好者对中国生肖邮票的发行和受欢迎的程度有了一定的了解。

第四节　集邮学术研究与集邮宣传

一、集邮学术研究的开展与成果

苏州集邮界除专注于组集参展之外，素来注重集邮学术研究。改革开放以来，在继承民国三大邮会优良研学传统的基础上，苏州集邮走出了一条颇有苏州特色的、百花齐放式的集邮学术研究之路。

20 世纪 80 年代，随着集邮活动的复苏和各级各类集邮协会的创建，蕴藏在苏州集邮人心中的学术研究的积极性被激发出来。

为加强邮学研究、提高集邮水平，苏州市集邮协会于 1990 年 9 月 6 日成立学术委员会。首届学术委员会成员有：主任委员陆志新，副主任委员邓树镛，委员王柏生、潘天冲、周振声、徐宝煌、祁介东、张池奎、周一非、金诚、张志远、瞿岱鑫、高鹤松。学术委员会成立后，根据苏州市集邮协会的安排先后开展了多项学术研究活动。一是对苏州地区农村集邮活动情况的调查与研究。在苏州各县（市）集邮协会的大力协助下，经过一年的努力，学术委员会完成了《苏州市乡镇集邮活动调查报告》，并发表于《苏州集邮》1992 年第 1 期。调研报告发表后，受到中华全国集邮联合会副会长刘天瑞的充分肯定，当年的《中国集邮报》也详细摘录了该报告。二是在学术委员的带动下，苏州集邮爱好者多年来勤于笔耕、积极投稿，先后在《苏州集邮》《江苏集邮》及北京、天津、上海等地邮刊上发表邮文，由此促成了《〈苏州集邮〉优秀文摘汇编》（以下简称《汇编》）的出版。该《汇编》于 1993 年 6 月参加江苏省集邮展览，荣获文献类镀银奖。三是编写《苏州集邮史汇编》，该书由老新光邮票研究会会员俞大雄担任主笔，经该会学术工作委员会主任陆志新终审方才定稿，并于 1993 年 10 月由苏州市集邮协会编印出版。

1995 年 4 月 14 日，苏州市集邮协会第四次代表大会召开，新一届理事会研究决定将协会内部的各项工作交由常务理事分工负责，其中学术研究组组长为邓树镛，组员为朱万钟、徐宝煌。

2004 年 5 月 8 日，苏州市集邮协会在苏州新世纪大酒店召开六届一次常务理事会议，并成立了 5 个工作委员会及秘书处。其中，在学术工作委员会中，主任为汪日荣，副主任为徐宝煌，常务委员为陆树笙、钟浬。同月 26 日，苏州市集邮协会在集邮活动中心召开工作会议，公布学术工作委员会组成人员名单。其中，学术工作委员会主任为汪日荣，副主任为徐宝煌，常务委员为陆树笙、钟浬，委员为朱万钟、吴根生、戴立群、瞿岱鑫、翟瀚、周振声、唐中杰、吴德伟、严焕文、戴咏梅、孙泉福。

2008 年 8 月 1 日，苏州市集邮协会在集邮活动中心召开工作机构联席会议，公布了各机构成员名单。其中，学术工作委员会主任为陆树笙，副主任为徐宝煌，委员为唐孝飞、曹企新、吴德伟、曹兴龙、石剑荣、戴立群、吴根生、翟瀚、瞿慰祖。

2014 年 6 月 30 日，苏州市集邮协会在苏州邮政分公司会议室召开八届二次理事会，宣布新一届各专业委员会成员名单。其中，学术委员会主任为汪日荣，副主任为陆树笙、唐孝飞，委员为石剑荣、金问涛、陈保芳、戴立群、翟瀚、瞿慰祖、范利清、汪建新、曹企新、马一平、朱炳南。

跨入 21 世纪以来，苏州市集邮界在邮史考证、理论探讨、学术思辨、专题研究乃至著书立说、文献获奖诸方面，可谓群芳斗艳、成果喜人。随之而来的是，苏州集邮学术研究水准的全面提升。

苏州市集邮协会成立 40 年来，在邮学研究方面的主要成绩和领军人物列举如下。

1. 邮驿考证，令人瞩目

1985 年 8 月—1986 年 8 月，苏州市邮电系统集邮协会会长龚智渊与横塘邮电支局局长朱一明对横塘驿站古驿亭的始建年代、建筑外观、地理位置、历史沿革及驿站职能等方面进行了全面的探究与考证，其研究成果《姑苏驿探讨》在《苏州集邮》上连载 6 期。该研究成果一经发表，在集邮界引起了一定反响。1988 年 9 月 20 日，苏州邮电局集邮协会与上海市化工局集邮协会联合举办姑苏驿邮史研讨会。1989 年，龚智渊、朱一明在《苏州邮电报》上发表相关论文，为业内所瞩目。

2. 理论探讨，厚积薄发

《苏州集邮》副主编陆志新的《新中国邮票上公元年份的探讨》一文被选为 1984 年全国集邮学术讨论会交流论文，他也应邀出席中华全国集邮联合会在西安举办的学术年会（图 5-212）。在《中国集邮研究文选（2000—2001）》中，苏州市区苏荣福的《当前基层邮协活动的三点思考》，吴江周祥林、张志远的《冀鲁豫边区毛主席像邮票发行日期及其实寄封的研究》入选。在由中华全国集邮联合会学术委员会主办的全国首届生肖集邮学术研讨会上，苏州市区蒋宇冰的《生肖邮集同质化倾向刍议》、常熟徐宝煌的《提高生肖邮集的珍罕性》分获一等奖和三等奖。太仓唐中杰的《晋冀鲁豫光荣封使用史实》、吴江唐孝飞的《为洛阳世界邮展文字解说献策》分获 2009 年世界集邮展览征文二等奖加纪念奖。袁农基的论文《普 18-11 纺织图案考证》获得 2011 年全国首届普通邮票学术研讨会征文纪念奖。

图 5-212　陆志新（三排左一）出席中华全国集邮联合会学术委员会 1984 年学术年会（西安）

自 21 世纪以来，苏州集邮者保持着较高的研究与著述水准。在江苏省集邮协会定期整理、编纂的《江苏集邮文选》中，苏州籍作者的邮文纷纷入选。2007 年，《江苏集邮文选（2000—2007）》（第一卷）出版，收录周治华、翟瀚、周祥林、唐中杰、陆树笙、戴立群、陈经伦、邓树镛、石剑荣、邹子阳 10 人邮文共 14 篇。2012 年，《江苏集邮文选（2008—2012）》（第二卷）出版，收录郑炜、蒋宇冰、唐中杰、徐宝煌、丁蘖、唐孝飞、邹子阳、金问涛、周治华 9 人邮文共 14 篇。

2023年，《江苏集邮文选（2013—2020）》（第三卷）出版，收录周治华、金问涛、张晓钢、邹子阳、徐铮、陈保芳、唐孝飞、郑炜、朱永平、时永良、翟瀚11人邮文共17篇。而层次更高的则是周治华的《论“生肖邮票”定义》一文，该文再次入选《全国优秀集邮学术论文集（2002—2011）》。2011年，在中华全国集邮联合会庆祝中国共产党成立90周年集邮论文评选中，唐中杰的《苏区邮政——红军军邮的缔造者》获三等奖，并被收入《集邮》杂志第17期增刊。2021年，金问涛的《早期文献“区票”报道史略——佐证红色政权星火燎原历程》获评中华全国集邮联合会“庆祝中国共产党成立100周年”集邮学术研究论文征文二等奖。

3. 专题研究，会刊助力

到21世纪初，逐渐成长起来的中青年集邮者逐渐扛起了学术研究的大旗。其中，陆树笙对中国早期邮戳和清代邮资明信片的研究，戴立群对江南船信、税票与税史的研究，徐宝煌对普、改旧币邮票及其实寄封的研究，周祥林对华东、华北区票的研究，唐中杰对中国人民志愿军军邮史实的探索，范利清对苏州地方邮政史的溯源，石剑荣对中英文日戳和邮政档案的研究，陈经伦对我国自动化邮票和世界各国电子邮票的研究，等等，这些都取得了不同程度的突破和进展。他们或将此写成论文，或据此更新邮集。同一时段，《苏州集邮》刊登的高水平专题研究论文也极富特色。从2005年第3期开始，《苏州集邮》分4期连载了晚年定居苏州的万寿票专家宋醉陶的邮学遗稿《万寿加盖大字长短距票版式》（图5-213），弥补了古典华邮研究的缺憾。同样是从这一期开始，借助2005年6月28日《郑和下西洋600周年》邮票首发暨中国、新加坡、马来西亚、泰国联集邮展览的契机，获得泰国著名集邮家许茂春的同意，《苏州集邮》分3期刊登其邮文《从侨批实寄封上探讨华侨和暹罗国邮政史》。上述2篇重磅邮文有幸刊载于集邮刊物《苏州集邮》，是苏州集邮学术研究史上值得记载的大事；以“弘扬文化，倡导研究”为己任的《东吴邮学杂志》于2015年接连收到中华全国集邮联合会会长杨利民3封来信和3幅题词，会长杨利民对刊物赞赏有加，誉其为“邮学研究的先锋，集邮者的知心朋友”；由苏州市集邮协会学术委员会主办的《邮刊史研究》，从总第15期开始连载金问涛历经2年积累、梳理、考证、研究写成的长篇力作《苏州集邮报刊志》，将苏州集邮“百年百刊”的全貌和时代特征呈现在广大文献爱好者面前；改版后的《苏州邮史研究》（原名《邮史研究》）在该协会年会的首发式上，以大16开、高磅铜版纸、全彩印刷、厚达194页的“新装”惊艳全场，而所刊28篇学术文章尤其是8篇有关苏州邮史的论文，其研究之深、考据之实，更引人瞩目。

图5-213　宋醉陶的邮学遗稿《万寿加盖大字长短距票版式》

4. 著书立说，文献获奖

以研究成果著书立说，在苏州集邮界不乏其人，而高质量的集邮文献作品在展览中获奖则为水到渠成。1996年，周治华撰写《邮票与苏州》，翌年该成果在苏州市第四次哲学社会科学优秀成果评比中荣获二等奖（图5-214）；江苏省集邮展览评审员邓树镛花2年时间，将自己对《国际集邮联合会（FIP）集邮展览评审规则》的理解，结合自己多年参与评审实践的体会，写成《多姿多彩的集邮方式》（图 5-215）一书，该书由人民邮电出版社出版，在 1999 年世界集邮展览上荣获文献类银奖，邓树镛因此成为苏州市文献集邮作者在世界集邮展览上获奖的第一人。时永良的《苏州百年明信片图录》、屠富强的《新中国风景日戳图谱》也在 2006 年、2007 年先后问世，为极限集邮和风景戳爱好者提供了研究参考资料。金问涛编著的《中华邮政双地名戳汇考》因填补该领域 60 多年来的研究空白，受到第 9 届江苏省集邮展览评委会的肯定，并获得文献类镀金奖。仁金的《方寸中外人物传略》对邮票上的 550 位伟人、名家、学者生平做了简介，在第 9 届江苏省集邮展览上获得银奖。2018 年 8 月，陆树笙历经 20 多年收藏与研究编撰而成的《清代民国苏州明信片图鉴（1898—1941）》由苏州大学出版社出版（图 5-216），书中收录明信片 1 200 余枚。全书以年代为序，运用版式分类的方式进行编排，开创明信片版式研究之先河。

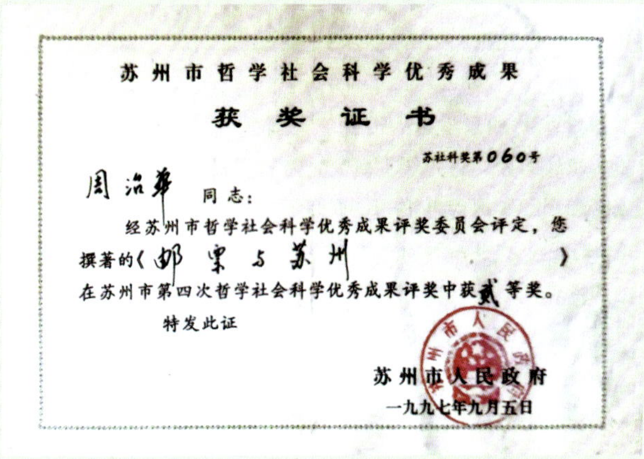

苏州市哲学社会科学优秀成果

获奖证书

苏社科奖第060号

周治华同志：

经苏州市哲学社会科学优秀成果评奖委员会评定，您撰著的《邮票与苏州》在苏州市第四次哲学社会科学优秀成果评奖中获贰等奖。

特发此证

苏州市人民政府

一九九七年九月五日

图 5-214　周治华《邮票与苏州》的获奖证书

图 5-215　邓树镛邮著

图 5-216　陆树笙邮著

提及苏州集邮研究，尤为令人称道的当属生肖集邮领域中周治华、郑炜的生肖集邮学术研究成果。周治华在各类报刊发表相关邮文 1 300 余篇，编写《生肖集邮概说》（图 5-217）等邮书 26 本，其撰写的论文《生肖集邮和生肖集邮研究会发展之路》曾在中华全国集邮联合会 2013 年纪念毛泽东同志诞生 120 周年学术征文活动中荣获三等奖。2022 年，郑炜继任生肖集邮研究会会长及《生肖集邮》主编，主持会刊的改版与创新。他所编著的《邮票上的苏州》（图 5-218）在高邮 2023 中华全国集邮文献展上获大镀金奖。

图 5-217　周治华邮著

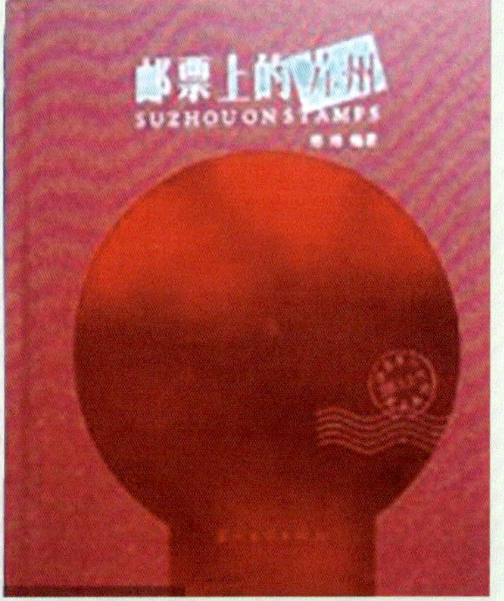

图 5-218　郑炜邮著

5. 学术精英，后起之秀

进入 21 世纪，苏州市一批“50 后”“60 后”“70 后”的集邮家逐渐成长为当代苏州集邮界的学术精英，他们的邮学著述与邮学研究在相关领域可圈可点。

唐中杰是一位执着的军邮收藏者和研究者。2006 年，唐中杰的邮集《华北军邮》在迪拜举办的第 19 届亚洲国际集邮展览上荣获大镀金奖。他对中国革命军邮史的研究更是深入，2005—2012 年曾多次参加中华全国集邮联合会举办的集邮学术征文活动，并屡次获奖。如：2005 年，他在纪念抗日战争胜利 60 周年集邮学术研讨会征文活动中，以《抗战初期经中华邮政寄递的新四军邮件研究》（图 5-219）一文荣获二等奖；2008 年，他在全国集邮学术研讨会征文活动中，以《华野西线兵团“军邮免资”戳记之初探》一文（与张雄合作）荣获纪念奖；2009 年，他在中国 2009 国际集邮高峰论坛征文活动中，以《“晋冀鲁豫光荣信封”发行始末》荣获二等奖；2010 年，他在纪念中国人民革命战争时期邮票发行 80 周年学术研讨会征文活动中，以《太岳区军邮的组建与发展》一文荣获二等奖；2011 年，他在庆祝中国共产党成立 90 周年集邮论文活动中，以《苏区邮政——红军军邮的缔造者》一文荣获三等奖；2012 年，他在纪念中华全国集邮联合会成立 30 周年征文活动中，以《晋冀鲁豫边区“光荣信封”发行之始末》一文（与张雄合作）获评“全国优秀集邮学术论文”。

2014 年，苏州市邮政史集邮研究会会长张晓钢被聘为中国邮政文史中心学术委员会特聘研究员（图 5-220），并作为项目专家组成员应邀参与《中国邮政通史（第三卷）·明清卷》的编写工作。该书系国家出版基金项目，于 2014 年开始筹备，2015 年正式立项。2018 年，张晓钢撰写的论文《1876 年烟台议邮始末》荣获中国邮政邮票博物馆与中国海关博物馆联合举办的纪念大龙邮票发行 140 周年——大龙邮票与清代海关邮政征文活动二等奖，并被收入天津邮政博物馆编写的《“镇馆之宝”的前世今生——大龙邮票研究成果集锦》一书。

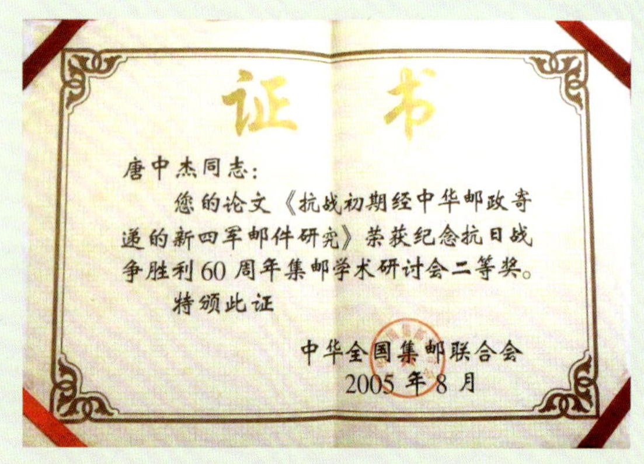
证书

唐中杰同志：

您的论文《抗战初期经中华邮政寄递的新四军邮件研究》荣获纪念抗日战争胜利60周年集邮学术研讨会二等奖。

特颁此证

中华全国集邮联合会

2005 年 8 月

图 5-219　唐中杰的论文获奖证书

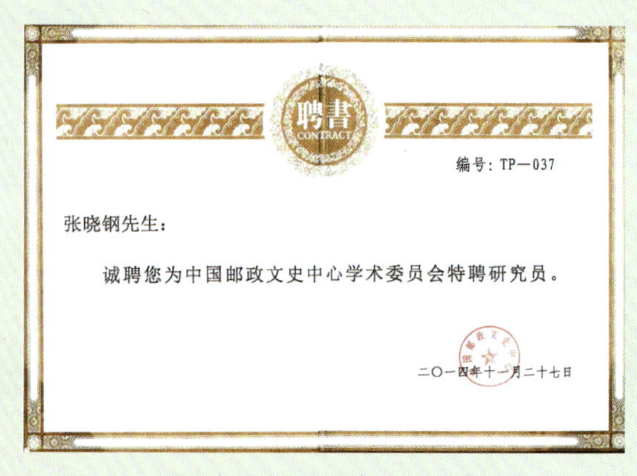
聘书

CONTRACT

编号：TP—037

张晓钢先生：

诚聘您为中国邮政文史中心学术委员会特聘研究员。

二〇一四年十一月二十七日

图 5-220　张晓钢的特聘研究员聘书

苏州高校教授金晓宏著书立说，成果丰硕。2018 年，他在黑龙江人民出版社出版的《大龙邮票集邮文献概览（1878—2018）》在武汉举办的世界集邮展览上荣获文献类镀金奖；2020 年，他在黑龙江人民出版社出版的《中国邮刊史（1918—2018）》荣获苏州市哲学社会科学优秀成果二等奖；2022 年，他在南方出版社出版的《邮说敦煌》也获得业界的赞誉（图 5-221）。

图 5-221　金晓宏邮著

世界集邮展览镀金奖获得者邹子阳十年磨一剑，专注于绵嘉义生平及其邮事的研究。他因与绵氏成名作《华邮报告书》单印本结缘，便开启了对绵嘉义生平的系统研究。多年来，邹子阳通过查阅西班牙文、英文资料，访问国内外各类网站、资料库，请教西班牙历史学者，并联系到远在西班牙定居的绵嘉义的孙女，获得了大量的一手资料。近年来，邹子阳已陆续在中国大陆的《集邮》《集邮博览》《中国集邮报》《上海集邮》《苏州集邮》《姑苏邮学》及台湾地区的《中国邮刊》《新北邮刊》等报刊上发表《绵嘉义参加西班牙国王大婚典礼》《绵嘉义及其一家人》《绵嘉义全家参与“万国赛珍会”》《绵嘉义的中文名》《海关洋员绵嘉义参加 1888 年巴塞罗那世界博览会》《绵嘉义的国籍之谜》《一封公开信令绵嘉义遭罢免》《曾与绵嘉义结缘的〈香港集邮杂志〉》《绵嘉义的从商故事》等研究文章 10 余篇，并已着手编著《绵嘉义系列丛书》（图 5-222）。

中国集邮报

绵嘉义的从商故事

Stamp Topics

图 5-222　邹子阳关于绵嘉义研究的专稿与邮著（初稿）

《苏州集邮》的责任编辑翟瀚甘为人梯，助推邮学研究不断走向深入。他年轻时就热爱文学和创作，常有诗歌、散文、游记等散见于报刊。自 20 世纪 90 年代起，他开始发表邮文，曾任《生肖集邮》《东吴邮学杂志》《邮刊史研究》《姑苏邮学》等邮刊的责任编辑，从 21 世纪初开始担任《苏州集邮》责任编辑，一直延续至今。他对中国古代邮驿史有相当深入的研究，陆续发表了 10 多篇邮驿史研究文章。鉴于多位老集邮家出书难的境况，翟瀚主动请缨为他们排忧解难：从提纲拟定，到文稿撰写、体例编排、版式设计，以及样稿的文字审校，他全身心参与其中，确保各个环节顺利进行。他先后担任由马任全编著、马佑璋修订的《中国邮票图鉴（1878—1949）》、唐孝飞的《偷闲集——唐孝飞邮文选辑》、陆树笙的《清代民国苏州明信片图鉴（1898—1941）》、贾宝源的《我的集邮世界》，以及《周治华集邮文选》等 10 余部邮书的特约编辑（图 5-223），成为集邮圈内公认的资深编辑。

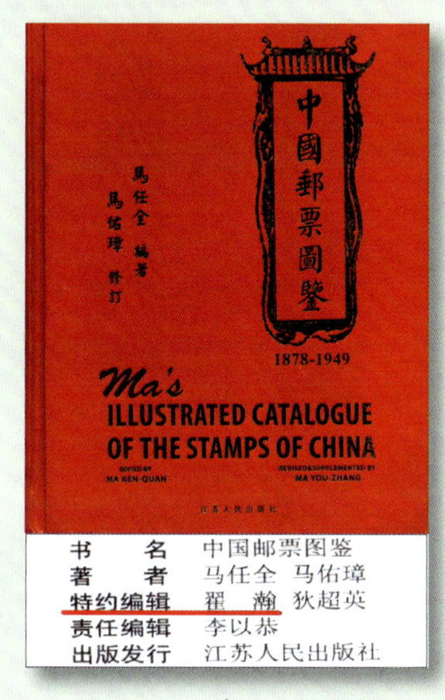

图 5-223　特约编辑翟瀚

世界集邮展览镀金奖获得者唐孝飞创办邮刊、编组邮集两不误，且硕果累累。自 2008 年起，他自费创办的《水乡邮趣》季刊至 2017 年共出版 40 期。2010 年，唐孝飞创办《东吴邮学杂志》，并任执行主编。其个人邮文先后结集为《方寸夜话》《偷闲集：唐孝飞邮文选辑》《听鸿集——唐孝飞邮文选辑（一）》（图 5-224）出版发行。

图 5-224　唐孝飞邮著

中华医学集邮研究会副会长王平 20 年来笔耕不辍，专注于医学集邮研究。从 21 世纪初开始，王平为《集邮报》《中国集邮报》《集邮博览》和多家省、市级集邮报刊撰稿，累计发表邮文 60 余万字。自 2004 年 1 月起，他自费编辑集邮小报《邮之旅》，共向各地邮友寄发 168 期，倾心宣传集邮文化，获郭润康、林霏开、郑启五、喻金刚等邮坛名笔赞誉。他著有《真情守候》（与翟瀚合著）、《流光曳影》（图 5-225）、《旅邮居夜话》和《你且看他》集邮书籍 4 部，其中，《真情守候》《你且看他》分获江苏省集邮展览文献类银奖和镀银奖。2011 年 12 月，他在吴中人民医院组建的邮文社担任社长，并定期组织会员开展丰富多彩的集邮活动，组稿编辑《宝带桥畔木樨开——苏州市吴中人民医院邮文社文集》。此外，他还在担任南京医科大学医学史研究中心兼职教授期间，在该中心的微信公众号上开设集邮专栏，共发表医学专题邮文数百篇。

苏州大学金问涛自 2009 年起研究早期集邮史，10 年间在《上海集邮》发表相关邮文 50 篇，并于 2021 年荣膺"《上海集邮》杂志创刊 40 周年荣誉作家"称号，是 8 位被表彰者中唯一的沪外作者。2017 年，金问涛应邀接受《中国集邮史（1878—2018）》中关于中华人民共和国成立前集邮史（不含"区票"）的撰写工作，于 2019 年圆满完成任务，共提供文稿 10 万余字、图片 200 余幅（图 5-226）。该书在武汉举办的 2019 年世界集邮展览上获得大金奖、特别奖与最佳文献奖三项殊荣。2020 年，鑫问涛当选中华全国集邮联合会学术委员会委员、江苏省集邮协会学术委员会副主任。

图 5-225 王平邮著

图 5-226 《上海集邮》杂志创刊 40 周年纪念座谈会报道及参加《中国集邮史（1878—2018）》全稿章节标题审定会

图 5-227 郑炜、金问涛参编《中国集邮大辞典》

图 5-228 屠富强邮著

2023 年 4 月，苏州有 4 人应邀参编新版《中国集邮大辞典》，郑炜、金问涛分任第 16 卷、第 18 卷的主编（图 5-227），张晓钢、邹子阳则为相关卷修编组成员。

此外，在国内认真进行邮学研究、积极投稿省级邮刊的苏州邮人也不在少数。如：屠富强于 2007 年编写的《新中国风景日戳图谱》（图 5-228），收录了 1967—2005 年全国各省（区、市）所属邮政部门启用的全部风景日戳，共计 4 498 种，并对新中国风景日戳的起源、发展、变化、规范等进行了阐述。2023 年 11 月，瞿慰祖、屠富强编著的《新中国风景日戳图谱》（二）由中国邮史出版社出版。2020年，袁农基结集出版了《邮苑信步——袁农基邮文选编》（图5-229），该书选编了其在集邮报刊上公开发表的85篇邮文，其中有55篇发表于《集邮》《中国集邮报》《上海集邮》《集邮博览》等国内一类邮刊。

图5-229　袁农基邮著

6. 民信探史，十年坚守

中国民信局的研讨活动始于2014年，由英国皇家邮学会会士王剑智首倡、中国邮政文史中心共同提议，苏州市邮政史集邮研究会积极承办。

2014年10月26日，首届民信局研讨会在苏州南园宾馆举办（图5-230）。这次会议由英国皇家邮学会会士王剑智策划，吕兴华、赵强、张雄、陈波、谢伟景、石剑荣、范利清、张晓钢、王铭、邹文等人出席了会议，伦敦大学历史学院讲师蔡维屏博士、我国台湾地区集邮家俞兆年也应邀参会。会后，张晓钢撰写《民信局起源之争——苏州民信局研讨会侧记》一文，并刊发于《集邮博览》2015年第3期。

图5-230　首届民信局研讨会在苏州南园宾馆举办

2015年12月26日，第二届民信局研讨会在苏州南园宾馆举办。这次会议由苏州市邮政史集邮研究会与集邮博览杂志社、英国皇家邮学会联合主办，苏州市邮政史集邮研究会承办，张晓钢担任主持，会议的研讨主题为“民信局的终结”。

2016年12月11日，第三届民信局研讨会在苏州新世纪大酒店举办。这次会议由苏州市邮政史集邮研究会与集邮博览杂志社、英国皇家邮学会联合主办，苏州市邮政史集邮研究会承办，张晓钢担任主持，会议的研讨主题为“民信局的资费”。

2017年11月11日—12日，第四届民信局研讨会在杭州紫云饭店举办。这次会议由浙江省集邮协会和浙江省老年集邮协会、集邮博览杂志社、英国皇家邮学会主办，苏州市邮政史集邮研究会协办。该会议由张晓钢主持，范利清做题为“苏州民信局的分布情况”的学术报告。本次研讨会还举办了一次小型的民信局集邮展览，刘广实、王剑智、张雄、芮伟松、范利清、陈波等人出席了展览。在该展览上，国内、国际精美的邮集悉数亮相，郑挥除送展了3框邮集之外，还委托主办方现场展示了清道光二十四年（1844）宁波鄞县奉宪勒石永禁碑拓片。

2023年5月21日—22日，第五届中国民信局研讨会暨太仓市中国民信局研究会成立大会（图5-231）在太仓市陆渡宾馆举办。这次会议由张晓钢主持，会上还展示了由范利清主编的《中国民信局研究》（第一卷）和《官民合递录》。本次活动由中国邮政文史中心、太仓市中国民信局研究会、英国皇家邮学会、

图5-231　太仓市中国民信局研究会成立大会

太仓市集邮协会、万国码头主题艺术馆、苏州市邮政史集邮研究会联合举办。中华全国集邮联合会原副会长李曙光首先致辞，他希望太仓市中国民信局研究会能立足中国，讲好中国故事，传承好中国民信局研究的成果，以史为鉴，温故知新，鉴往知来。与会者先后听取了国家清史编纂委员会传记组组长潘振平所做的“清道光年间京官信件寄递史料拾零”、范利清所做的“官民合作”、王剑智所做的“洋信局溯源”等精彩演讲，张雄会士向与会者讲述了40年前搜寻中国民信局邮品之经历，中国邮政文史中心孙鑫如从官方和学术两个角度对中国民信局的研究进行了归纳与总结。刘广实会士特地从上海赶来太仓出席会议，他鼓励大家继续深入研究、多出成果，共同把中国民信局研究推向新的高度。

二、集邮宣传与知识竞赛

如果要使集邮从小众情趣变为大众爱好，宣传工作必不可少，全社会对集邮这个“舶来品”的接受程度在很大程度取决于相关宣传工作的力度、广度和深度。苏州市集邮协会主要通过以下三个方面开展集邮宣传工作。

1. 办好会刊，发挥主渠道作用

1985年4月，《苏州集邮》创刊，第1期以8开4版铅字小报的形式面世，发行量每期达1 500份（后增加至5 000份）。该刊物除发放给本市会员赠阅之外，还向全国集邮著名人士赠送37份，并同20多个省、市兄弟协会建立交换关系。为使会刊定期出版，编委会7名成员按时召开例会，各司其职，以严谨、负责的态度做好分审、核实、批改、取舍工作，促使会刊质量逐步提高。1986年5月，《苏州集邮》编委会代表应邀出席在常州召开的十一市创办邮刊经验交流座谈会。随着信息源的不断增多，每期会刊万余字的篇幅已不适应期刊的发展，于是自1997年2月起《苏州集邮》扩至4开4版，截至2001年12月共发行100期。虽然刊物的内容得到了扩充，但遇有高水平的长篇学术论文仍受限于版面的容量。2003年11月，该刊物改为16开32页（2006年增至40页），并获得江苏省内部资料准印证，成为杂志型季刊。至2023年第4期，《苏州集邮》总计出版191期（图5-232）。许多苏州知名集邮人士都曾任《苏州集邮》编委，诸如陆志新、俞大雄、金诚、朱万钟、陆念乔、邓树镛、王怡、吴根生、戴立群、孙泉福、余敏、石剑荣、周海泉等。当届编委会主任为陈力烈，主编为张杰，执行主编为汪日荣，编委会委员为陆树笙、翟瀚、金问涛、郑炜、陈保芳、徐建。此外，该刊物还拥有一支得力的通讯员队伍。2005年，苏州市集邮协会在集邮活动中心举行纪念《苏州集邮》创刊二十周年纪念座谈会（图5-233）。

蘇州集郵

贺百期　话六喜

图5-232　《苏州集邮》总第100期和总第191期

图5-233　《苏州集邮》创刊二十周年纪念座谈会

《苏州集邮》作为苏州市集邮协会会刊，既是对内传递邮讯、报道邮事、探讨邮学、发表邮文、服务邮友的主阵地，也是对外倡导邮德、普及邮识、

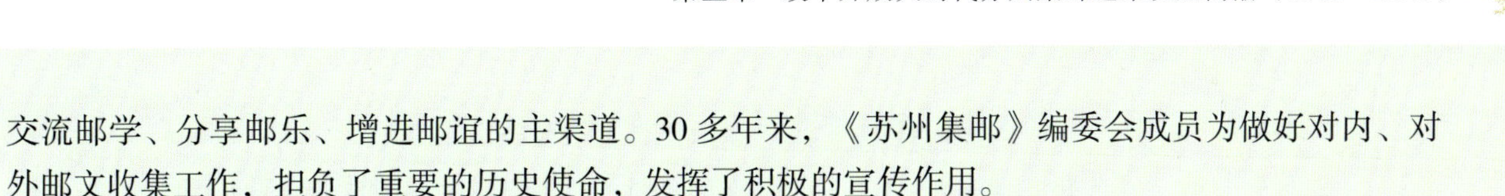

交流邮学、分享邮乐、增进邮谊的主渠道。30多年来，《苏州集邮》编委会成员为做好对内、对外邮文收集工作，担负了重要的历史使命，发挥了积极的宣传作用。

（1）以开设专栏、论坛、特辑等方式，宣传集邮意义，把握正确导向

1987年3月，为积极宣传集邮的意义，引导广大青少年开展正确的集邮活动、拓宽集邮视野、丰富课余生活，《苏州集邮》举办“集邮给我智慧”有奖征文活动。该活动规定征文对象为本市（含4县2市）10—17岁的在校中小学生；征文内容为通过一两件具体事例，把集邮与知识、智慧联系起来。征文活动受到众多青少年集邮爱好者的响应，会刊连续3期择优发表了3名中学生记述自身通过集邮掌握课外知识让同学刮目相看的文章，诠释了“以邮促学”的社会功能，起到了良好的宣传作用。

正当全国上下开展集邮文化大讨论之际，《苏州集邮》1991年第4期头版发表李志金的长篇论文《对建设“集邮文化”战略意义的认识》，紧接着在1992年第1期新开设《集邮文化论坛》专栏，并刊登苏州市集邮协会的《苏州市乡镇集邮活动调查报告》，以当地现实为依据，论证发展农村集邮活动的重要意义及其广阔前景。中华全国集邮联合会副会长兼秘书长刘天瑞在同年5月14日写给苏州市集邮协会秘书长孙宝明的信中，以《调查报告》为引子，从丰富集邮文化内涵的高度，提出了“如何使集邮占领农村文化生活阵地”这个问题，并就正确宣传集邮的文化价值和社会功能做了批示，对全国集邮界具有普遍的指导意义。

面对世纪之交暂时出现的集邮低潮，《苏州集邮》又一次加大了集邮舆论宣传力度。针对一些报刊从投资理财的角度过分夸大邮票的经济价值、误导集邮爱好者的现象，《苏州集邮》发起“集邮的文化属性及其经济价值”的讨论，并在2000年第4期及时刊发《重新认识集邮的本来目的》一文，以事实为依据，纠正集邮的唯一目的是“储财增值”的错误观念。此后，《苏州集邮》先后发表多篇文章，引导会员树立正确的集邮观。

2010年12月27日—28日，中华全国集邮联合会在苏州召开由30多位集邮协会代表参加的全国“创建集邮文化先进城市”活动座谈交流会，为启动首批创建城市验收评定工作做好铺垫。对此，《苏州集邮》快速做出反应，自2011年第2期起增设《创建动态》专栏，除刊登“迎检”工作动态信息之外，还发表了苏州市集邮协会会长荣建国的署名文章《对“创建集邮文化先进城市”重要性的几点认识》。该文章结合苏州实际，阐述了创建活动对提高苏州市知名度、增强文化软实力、推进三城三区建设、加快文化多元化、加强公共文化服务体系建设、促进国际文化交流、完善协会自身建设等方面的助推作用，从而更加坚定了创建先进城市的信心。2011年7月6日，苏州市创建活动顺利通过验收。2011年11月，苏州被正式命名为“全国集邮文化先进城市”，这是对苏州市集邮文化健康发展的最大肯定和鼓励。

2013年8月，为纪念苏州市集邮协会成立30周年，检阅和宣传苏州市30年集邮工作成果，《苏州集邮》编辑部举办“30年来苏州30件集邮大事”评选活动。获奖者在“2014年新邮预订竞赛活动表彰大会”上通过公开抽奖产生。最终，从426张有效选票中抽选出一等奖5人、二等奖10人、三等奖30人。这次评选活动旨在动员和鼓励广大会员共同回顾与总结亲身经历过的集邮活动，关注发生在自己身边的集邮大事，增强协会的凝聚力。

2015年是抗日战争暨世界反法西斯战争胜利70周年，为加强爱国主义教育，《苏州集邮》连续3期刊发《纪念抗战胜利70周年》特辑，先后发表论文、评述、通讯稿件16篇，通过对相关实寄封片与邮政史料的研究，重温浴血抗战历程，宣传苏州抗日事迹，反映苏州纪念动态。

（2）坚持“三性”办刊宗旨，建好普及邮识、丰富邮学的交流平台

自创刊之日起，《苏州集邮》就确立了“突出地方性，注重学术性，兼顾普及性”的办刊宗旨。具体可以从以下三点进行分析。

首先，充分利用江南名城丰厚的文化积淀、悠久的集邮传统和浓郁的崇文风气等，设置了《苏城邮事》《苏州邮史》《邮品与苏州》《沧浪邮谭》《邮人素描》《青少年邮苑》等栏目，充分展现了苏州的地域特色；邮刊上登载的所有邮文，以集邮者和邮品的独特视角，充分挖掘了苏州这座历史文化名城的内涵，为苏州的文化软实力提供了佐证。

其次，苏州作为国内领集邮风气之先的城市之一，早在清末民初就有人集邮。他们先后加入国内早期“三大邮会”，共襄邮事，撰写邮文。如今，《苏州集邮》作为市级集邮协会的权威邮刊，自然有展现这些史料的责任。因此，《苏州集邮》始终围绕本地邮史、邮学、邮品、邮刊展开探讨与研究，力求邮史考证翔实，票品探究细微，邮学深入浅出，兼涉古今中外，每期的学术文章篇幅占比均在2/5以上。会刊自改版20多年来，一直保持着学术研究的严谨性。尤其是苏州市集邮协会第八次代表大会之后的10年间，累计发表反映苏州邮政史、集邮史及苏州题材邮资票品研究成果的邮文百余篇。这得益于苏州有一批各具特长又专注集邮的资深集邮者和邮文作者，从而确保了会刊学术探讨的广度和理论研究的深度。

最后，为适应苏州市专项集邮组织的需要，《苏州集邮》以近8万字的篇幅，通过开设对应专版（专栏）的形式，为邮政史、专题、极限、风景日戳、邮资封片和个性化邮票等研究提供了足够的信息发布空间，既扩大了覆盖面，又集中反映了苏州市集邮动态和发展成果。《苏州集邮》不仅版面安排紧凑合理，栏目多而有序，封面设计也新颖巧妙——刊名“苏州集邮”四个字是从北宋书画大家米芾传世法帖墨迹中提取的，在浅色苏州题材邮票大版底图上，叠印当地标志性集邮活动的大幅照片，四周饰以邮票齿孔，右上角盖着由出版日期、期数及省、市地名组成的一枚黑色日戳，邮味浓、苏味足，情趣盎然，深受广大读者和邮友好评。

图5-234 《苏州集邮》合订本

2008年9月23日，在南昌举办的第13届中华全国集邮展览上，《苏州集邮》（2006—2007年）合订本获文献类镀金奖。2010年12月13日，在杭州举办的第15届中华全国集邮展览上，《苏州集邮》（2008—2009年）合订本获银奖，位列全国地市级集邮协会刊之首。2014年5月25日，在长沙举办的第16届中华全国集邮展览上，《苏州集邮》（2010—2012年）合订本获大银奖，续列全国地市级集邮协会会刊第一。2023年5月1日，在昆明举办的第19届中华全国集邮展览上，《苏州集邮》（2017—2019年）合订本再获银奖佳绩（图5-234）。

2. 依靠领导，提供多方位服务

为争取上级领导对集邮工作的支持，苏州市集邮协会注重内部机构建设，优先抓好宣传工作委员会的组建工作。

1995年6月，《苏州集邮》总第61期公布苏州市集邮协会第四届常务理事会成员名单与分工的通知。其中，宣传联络组组长为汪日荣，组员为周国荣、金诚。

2004年5月，苏州市集邮协会进行换届选举，新一届宣传工作委员会成立。主任为高福民，副主任韩电，委员为吴根生、阎腾、翟瀚。

2008年8月，苏州市集邮协会进行换届选举，新一届宣传工作委员会成立。主任为邓树镛，副主任为盛惠良，委员为吴根生、屠富强、翟瀚、曹企新、汪建新、沈云。

2014年6月30日，苏州市集邮协会在苏州邮政分公司会议室召开八届二次理事会。会上，新一届各专业委员会成立。其中，宣传委员会主任为盛惠良，副主任为汪日荣、郑炜，委员为蒋宇冰、张权权（吴江）、姚振中（常熟）、蔡虎平（太仓）、童茂资（张家港）、李伟伦（昆山）、杨思吉、阎东风、沈云、潘霖。

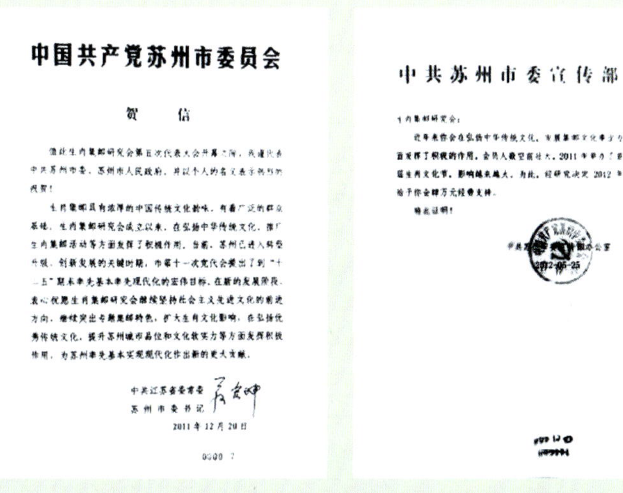

中国共产党苏州市委员会

贺　信

值此生肖集邮研究会第五次代表大会开幕之际，我谨代表中共苏州市委、苏州市人民政府，并以个人的名义表示热烈的祝贺！

生肖集邮具有浓厚的中国传统文化韵味，有着广泛的群众基础。生肖集邮研究会成立以来，在弘扬中华传统文化、推广生肖集邮活动等方面发挥了积极作用。当前，苏州已进入转型升级、创新发展的关键时期，市第十一次党代会提出了到“十二五”期末率先基本率先现代化的宏伟目标。在新的发展阶段，衷心祝愿生肖集邮研究会继续坚持社会主义先进文化的前进方向，继续突出专题集邮特色，扩大生肖文化影响，在弘扬优秀传统文化、提升苏州城市品位和文化软实力等方面发挥积极作用，为苏州率先基本实现现代化作出新的更大贡献。

中共江苏省委常委
苏州市委书记
2011年12月20日

中共苏州市委宣传部

生肖集邮研究会：

近年来你会在弘扬中华传统文化、发展集邮文化事业方面发挥了积极的作用，会员人数空前壮大。2011年举办了首届生肖文化节，影响越来越大。为此，经研究决定2012年给予你会肆万元经费支持。

特此证明！

2012-06-25

图5-235　中共苏州市委书记发来的贺信　　图5-236　中共苏州市委宣传部的经费资助

向市级党政领导宣传集邮，争取相关管理部门的支持，是苏州市集邮协会的重要工作。40年来，依托苏州市委、市政府重视历史名城文化建设的有利条件，苏州市集邮协会会员通过登门汇报请示、邀请参观集邮协会、出席重要会议、主持重大仪式、寄赠纪念邮品等途径，向市级党政领导宣传集邮、汇报工作，得到各级领导的关心、支持，曾先后收到中共苏州市委书记发来的贺信（图5-235）及中共苏州市委宣传部的经费资助（图5-236）。每逢苏州市集邮协会举办的大型或重要活动，市级党政领导班子几乎是有请必到，并在发展方向、队伍建设、工作方法、活动安排等方面多次给予指导，使协会工作始终沿着正确的轨道前行。

争取党政部门支持的另一项任务是发挥自身优势，挖掘题材资源，以集邮这一特殊文化载体，宣传苏州，传承历史，提高城市知名度和影响力。自1986年以来，苏州市集邮协会曾先后策划申报或参与修改《城市风光》《桃花坞木版年画》《昆曲》《姑苏繁华图》《顾炎武诞生400周年》《苏州大学建校110周年》《中国和新加坡建交20周年》《御窑金砖400年》《福禄寿喜》等邮票（品）的选题方案。其中，已发行的邮票（品）都在事前向市政府汇报沟通，事后尽力做好首发承办和邮品开发工作。最为成功的例子当数2012年4月发行的《苏州轨道交通》邮资信封。从2014年年初苏州市集邮协会与市政府参谋决策到紧急上报再到设计定稿，时间已到3月初。为不误时机，苏州市邮政局分管领导专程赶赴北京，做应急协调处理。经多方沟通，该邮资信封终于在3月下旬获国家邮政局特批同意。苏州市政府随即于4月11日下发出专门文件，要求全市各部门、各单位在《苏州轨道交通》邮资信封正式发行后统一使用，借此宣传苏州迈入大城时代。不到2周，该邮资信封预订（发行）量已突破千万枚。4月28日，苏州市委书记蒋宏坤、市长周乃翔还亲自为邮资封（纪念封）的首发式揭幕。

同时，做好党政部门及其领导的服务工作，主要包括两个方面：一是鼓励和协助苏州市四套班子及部委办局本级机关成立集邮分会，并为他们配合中心工作先后举办庆祝苏州解放50周年、学习“三个代表”重要思想及纪念苏州解放60周年、辛亥革命100周年、改革开放40周年、中华人民共和国成立70周年、中国共产党成立100周年等主题集邮活动，提供业务指导和相关服务，诸如免费使用展框、委派布展人员、提供纪念邮品、组织分会负责人参加骨干培训、及时足额发放优（特）供邮品等；二是30多年来坚持为名誉会长、顾问及有关部门领导订阅《中国集邮报》和《集邮》，为他们了解集邮、关注动态、培养兴趣提供信息渠道，对喜爱集邮且初有建树的苏州市领导，在邮识、信息、素材等方面给予适当扶持和帮助。

3. 借助媒体，扩大全社会影响

借助当地媒体，有计划地宣传集邮文化，普及集邮知识，报道集邮活动，展示集邮成果，是苏州市各级集邮协会扩大集邮社会影响力的又一做法。而随着多媒体、新媒体的出现，宣传工作取得了更好的效果。1988年4月，苏州邮电局集邮协会与上海市化学工业局集邮协会联合举办姑苏驿邮史研讨会（图5-237），双方以龚智渊、朱一明的《姑苏驿探讨》一文为线索，合作制作《姑苏驿邮史》电视录像，该录像以多媒体宣传集邮的方式首度亮相苏州邮坛。

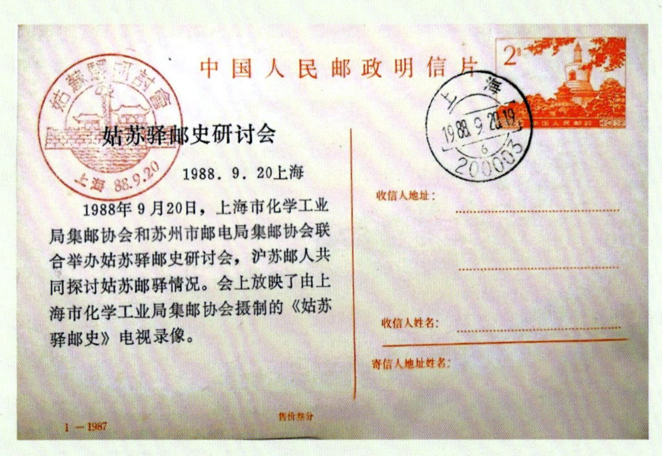

图5-237　姑苏驿邮史研讨会明信片

（1）广电助阵，主流媒体宣传集邮

从苏州人民广播电台于1991年4月15日发出第一篇集邮活动报道《我市工人文化宫举办赈灾义捐邮品拍卖会》，到1994年新辟《苏州集邮》栏目，约请朱万钟等老集邮家实时连线听众，解答市民关心的集邮相关问题；从1996年1月开始，苏州市集邮协会会刊《苏州集邮》与《姑苏晚报》共同开设《邮趣》专版，到同年苏州电视台开设《集邮天地》专题节目，激起了广大观众集邮的兴趣，苏州三大主流媒体在宣传集邮文化社会功能方面发挥了巨大作用。同样，媒体宣传集邮也遍布各市（县、区）：《吴江日报》的专栏《收藏角》一直由吴江区集邮协会负责采编；《张家港日报》的专栏《集邮天地》（图5-238）集邮识、邮趣于一体，深受读者欢迎；1994年5月6日，常熟3名苏州市集邮协会理事应邀主持常熟人民广播电台《午间风》集邮专题节目，以纪念世界上第一枚邮票诞生154周年。自1996年7月22日起，常熟人民广播电台《海虞之声》连续播出5个专题集邮访谈节目。1998年2月4日，吴江人民广播电台记者采访了吴江市集邮协会副会长钟浬、张志远，吴江市集邮协会副秘书长杜家鑫，并在电台中播放了专访录音。昆山市、太仓市、吴中区也都十分重视媒体的宣传作用，主动与之联系、沟通，借助广电报刊倡导邮德，传递邮讯，报道邮事。

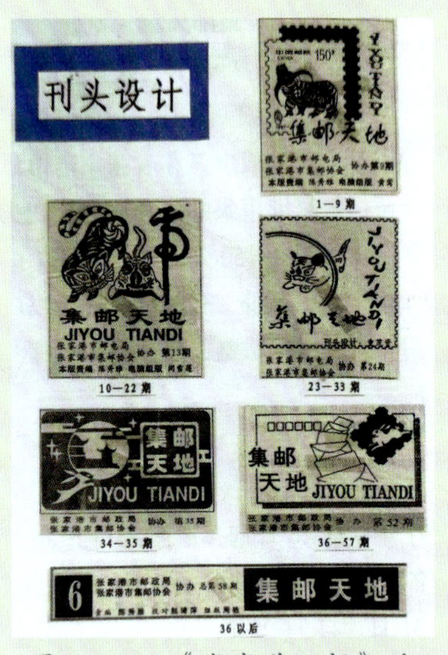

图5-238　《张家港日报》的专栏《集邮天地》刊头设计

其中，电视宣传集邮的功效尤为显著。1990年5月12日—14日，张家港市集邮协会和中国人寿保险公司张家港市支公司联合举办1990年保险杯暨第六届集邮展览，该展览在张家港市电视台制作的《张家港新闻》节目中播放。1991年6月29日—7月2日，为庆祝中国共产党成立70周年，张家港市集邮协会举办第七届集邮展览，该市电视台以电视新闻的形式报道了这次展览。1996年1月10日—12日，张家港电视台《金港春秋》专题节目播放《方寸之间》集邮专题电视片。同年9月25日—28日，张家港电视台在《生活之友》专题节目中播放《话说集邮》电视片。1997年7月2日—

4 日，张家港电视台拍摄《方寸之间看香港》专题电视片。10 月 7 日—8 日，张家港电视台播放《漫话邮市》电视片，通过拍摄苏州市集邮公司门市部和以问答形式采访张家港市集邮协会领导、基层集邮协会秘书长及会员，讲述冬末春初邮市爆热的原因。

1996 年 4 月 19 日—20 日，常熟电视台《夕阳红》节目连播张麟瑞集邮事迹。1998 年，苏州电视台到常熟采访拍摄校园、基层集邮活动。自 1999 年 8 月 10 日起，常熟电视台《锦绣常熟》连续 3 天播出《不老的心——记世界语邮戳设计家张麟瑞》。

随着集邮文化自身魅力的逐步显现和苏州市委宣传部对集邮文化发展的日益关切，苏州主流媒体对集邮文化的宣传予以支持，并持续发力。凡是全市性大型活动，诸如 2 届市级集邮展览、2 届集邮知识竞赛、9 次集邮协会代表大会、10 多次苏州题材邮票（品）首发式，以及集邮进校园、进农村、 进机关、进社区、进军营活动，创建“集邮者之家”和“全国集邮文化先进城市”工作及 20 次生肖集邮系列活动都做了采访报道，在全社会产生了极为广泛和深远的影响。

继吴江电视台接连播出关于奚天然集邮生活和钱延林编组邮集的专题片之后，2001 年 7 月 9 日、14 日，江苏电视台、苏州电视台先后播出由张家港电视台编拍的集邮专题电视片《半个世纪的集邮情》。该片记述了苏州市集邮协会理事、张家港市集邮协会副会长瞿岱鑫的 50 年集邮生涯和辅导青少年集邮的故事，其社会影响力十分广泛。

2014 年 1 月 5 日，生肖文化节活动在苏州图书馆拉开大幕，中央电视台《中国新闻》频道、《新闻直播间》频道首次派出记者报道苏州生肖文化节活动盛况。通过广播和电视播放集邮专题节目，宣传介绍集邮场馆（图 5-239），采访报道本地集邮人物及重要集邮活动（图 5-240），如今已成为苏州邮坛的常态。

图 5-239　昆山双拥集邮文化展厅电视采录

图 5-240　媒体记者采访生肖集邮研究会会长郑炜

（2）网络发力，营造集邮新天地

进入 21 世纪后，网络集邮展览和集邮博客掀起热潮，网络为集邮宣传开辟了新的阵地，博客为集邮者提供了展现自我的平台。

2005 年，网络集邮展览初次试水，由中华全国集邮联合会、集邮报社主办，《集邮博览》《天津集邮》《上海集邮》和中国集邮在线协办的首届网络一框集邮展览于 2005 年 6 月 1 日—9 月 30 日举行，钱延林、金问涛等人报名参展。翌年，由中华全国集邮联合会主办、湖北省集邮协会承办的首届中华全国网络集邮展览在湖北集邮网展出，展期为 2006 年 11 月 1 日—2007 年 5 月 31 日，网络集邮展点击率达 160 万人次，郑炜选送的《自然之石与人文建筑》极限邮集荣获大镀金奖加特别奖。

图 5-241　纪念毛泽东同志诞辰 130 周年——2023 癸卯年生肖一框邮集全国（网络）邀请展展会指南、展品目录

网络集邮展览具有操办成本低、展期长、受众面广等特点，因而经久不衰。它不仅在新冠疫情防控期间解除了线下难以开展的困境，而且迄今仍频频举办，苏州邮人亦乐在其中。由中国海员集邮协会主办的纪念毛泽东同志诞辰 130 周年——2023 癸卯年生肖一框邮集全国（网络）邀请展（图 5-241），于 2023 年 11 月 18 日—12 月 31 日在网上举行，徐阳、唐孝飞、顾海燕、张吉蔚等人组集参展。

2006 年，首批集邮博客在网上亮相，邵林、杨文忠、张建伟、曹风增、黄剑波等集邮大拿在新浪博客圈率先登场。苏州市追随骥尾、彰显特色的集邮博客有苏州市区徐伟的博客《波希米亚的宝贝》，吴江唐孝飞的博客《东吴谈邮》，太仓唐中杰的博客《镇洋邮苑》和范利清的博客《娄东邮苑》等。10 年后，在智能手机不断普及与功能强化的背景下，微信因其互动性更强，风头盖过了博客。

（3）新媒体崭露头角，集邮宣传与时俱进，微信、抖音齐上阵

2012 年 11 月，易观国际于杨首度提出“互联网 +”（互联网与传统行业相结合）的概念，反映在文化宣传领域则表现为，2019 年 1 月“媒体融合”作为国家战略被提出，“互联网 +”也为集邮宣传提供信息多元化传播和互动交流的新平台。

2020 年，首届微信一框集邮展览于 2020 年 6 月 1 日—7 月 31 日在香港邮屋首届微信邮展群举办（图 5-242）。该集邮展览的宗旨是借助网络、微信等新媒体形式，展示邮集编组成果，宣传集邮文化，加强集邮互通交流，提高邮集编组水平，使更多的集邮爱好者参与到集邮展览中，丰富广大集邮爱好者的业余文化生活。吴雪伟担任组委会委员及集邮展览征集员，唐孝飞的《埃及金字塔（1894—1913）》荣获一等奖，参展者还有吴洲缘等。

图 5-242　首届微信一框集邮展览

吴中人民医院王平担任南京医科大学医学史研究中心兼职教授后，自 2019 年起在该中心主办的“医学的历史与文化”微信公众号上开设《方寸话中医》（图 5-243）、《邮说医学史》和《（邮票上的）诺贝尔生理学或医学奖名人堂》等专栏，以每周 1 篇的频率长期刊发，截至 2023 年年底共发表医学专题邮文 300 余篇，其内容精深、图文并茂、独具特色。

图 5-243　微信公众号上的集邮专栏《方寸话中医》

2023 年 8 月 11 日下午，王平应郭巷街道残疾人之家邀请，以“邮票上的世界著名残疾人”为主题，开展第 14 次全国“肢残人活动日”

集邮分享活动。全场活动视频被发布至抖音（图 5-244），播放时长为 4 分钟。

图 5-244　在抖音上发布集邮分享活动

4. 寓教于乐，组织知识竞赛

知识竞赛是一种既为群众喜闻乐见又能发挥寓教于乐作用的活动形式，苏州市集邮协会本着“宣传集邮文化理论、实践社会价值服务”的初心，因势应时地组织了几场颇有影响力的集邮知识竞赛，取得了较好的宣传效果。

1987 年 5 月—10 月，中华全国集邮联合会、中央电视台等 7 个单位联合举办“邮票上的科学文化知识竞赛”。为配合这次全国性的竞赛活动，苏州市集邮协会决定在 5 月初—6 月底与苏州市医药公司集邮协会联合举办首届集邮知识竞赛。

苏州市首届“集邮与知识”大奖赛个人试题暨团体赛初赛试题刊于《苏州集邮》1987 年第 2 期，以全国大赛参考资料及《实用集邮辞典》《江苏集邮》上的内容为命题范围，设填空题 30 题，选择题、判断题、改错题和问答题各 10 题。分个人赛、团体赛 2 组。个人只参加书面答题，凡答卷成绩在前 50 名者给予分级奖励；团体赛以基层厂矿、机关、学校、医院为单位组队，每队有 3 人，每人各答 1 份初赛试卷，按 3 人成绩之和计算总成绩，排在前 32 名的队可进入复赛。复赛第一轮比赛为闭卷考试，团体得分最高的前 16 名进入第二轮口试复赛，直至决出团体 1—4 名及以下等级名次，各名次者均可获得奖励。凡成立集邮组织的单位参加团体赛的可组成 2 个队，其他单位限 1 个队参赛。本届大奖赛得到了广大集邮者的热烈响应，19 个团体、400 多人参加了复赛。他们把查找答案、核实资料的过程当作学习知识、丰富邮识的过程，比赛起到了寓教于乐的积极作用。经过紧张、激烈的初赛、复赛和决赛，苏州塑料三厂、苏州长风机械总厂、望亭发电厂同获团体一等奖；苏州林业机械厂、苏州阀门厂、苏州化工厂、苏州刀厂、苏州大学获二等奖；苏州丝绸工学院、非金属矿山设计院、苏州工人文化宫集邮研究会、苏州试验仪器厂、苏州照相机厂、太仓冷气机厂、苏州面粉厂获三等奖。个人获一等奖的有 3 名，二等奖的有 15 名，三等奖的有 30 名。

1991 年 6 月，苏州市集邮协会与苏州市职工文化联合会共同举办“集邮与党的知识”大奖赛。该比赛规定：凡了解党的历史和有关知识或对此感兴趣的集邮协会会员及广大爱好者均可参加。竞赛设特等奖 1 名、一等奖 5 名、二等奖 10 名、三等奖 50 名、鼓励奖 200 名（特制纪念封 1 枚）（图 5-245）。《苏州集邮》第 4 期刊出正确答案及获奖名单，至此，“集邮与党的知识”大奖赛圆满收官。由于竞赛时机恰当、命题形式易于接受，试题一经见刊，广大会员和爱好者反响热烈。滕煜文、虞文龙来信称赞大奖赛“内容丰富，知识面广，并与邮学紧密结合，融思想性、知识性、趣味性于一体”，又“配合了学习党史活动，办得很是时候”，这在一定程度上代表了读者对大奖赛的看法。总的来看，这次竞赛有三个显著特点。一是参赛范围广。在 1 454 份有效答卷中，有 262 份寄自沪、浙、皖、闽、苏（不含苏州市）等省（市），参赛者包括工、农、兵、学、商，文、教、科、

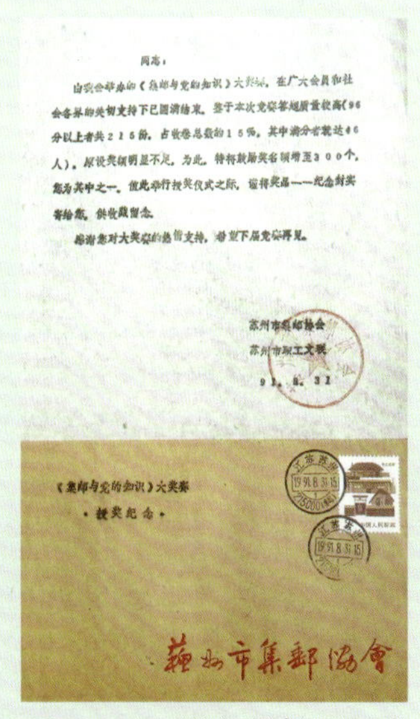
同志：

由我会举办的《集邮与党的知识》大奖赛，在广大会员和社会各界的关切支持下已圆满结束。鉴于本次竞赛答题质量较高(96分以上者共215份，占收卷总数的15%，其中满分者就达46人)。原设奖额明显不足，为此，特将鼓励奖名额增至300个，您为其中之一。值此举行授奖仪式之际，谨将奖品——纪念封实寄给您，供收藏留念。

感谢您对大奖赛的热情支持，希望下届竞赛再见。

苏州市集邮协会
苏州市职工文联
91.8.31

《集邮与党的知识》大奖赛
·授奖纪念·
苏州市集邮协会

图 5-245　“集邮与党的知识”大奖赛授奖纪念

卫、民，总人数是1987年知识竞赛参加者的3倍多。二是答题质量高。得分在95分以上的共有1 911人，而91分以上者占总数的35%以上。三是活动效果好。通过查阅资料、选择答案，广大会员不仅加深了对党史和老一辈无产阶级革命家丰功伟绩的了解，还增加了接触、研究部分区票的机会。这对丰富邮识和了解早期人民邮政状况无疑是有益的。苏州市建材服务部党支部把大奖赛纳入本单位庆祝中国共产党成立建党70周年系列活动，发动本部党员干部、集邮小组成员参赛答题，还举行隆重的颁奖仪式，既丰富了本单位的纪念活动内容，又扩大了大奖赛的影响力。

1997年6月，苏州市集邮协会举办“集邮与香港”知识竞赛，《苏州集邮》第3期刊出征答试题30题。竞赛设一等奖5名、二等奖10名、三等奖20名、鼓励奖100名、组织奖若干名，获奖者均奖予邮品。由于竞赛贯穿于七一香港回归热前后，其宣传效果和社会影响力得到扩大。在所有以文化为载体的宣传、纪念、庆祝香港回归的活动中，集邮更贴近主题，更具说服力和感染力。苏州各县（市）基层集邮协会把参赛动员组织工作当作一项有特色、有意义的集邮活动来抓。苏州机械系统及其部分下属企业，诸如苏州丝绸印花厂等的集邮协会，搜集所有资料，选择答题高手，分头落实，各个击破；苏州市体育集邮协会秘书长陈三龙把探讨正确答案的过程视为交流邮识的好机会，与邮友一起反复推敲，查找正确答案；个人竞答者更是老少咸集，齐齐上阵。76岁高龄的原新光邮票研究会会员俞大雄壮心不已，带头攻坚，不顾酷暑，追根寻底，其求知以博识的精神令人折服。令竞赛举办方意外的是，在1 945份有效答卷中，竟有387人获得满分。最后，竞赛举办方只能通过电视抽奖的方式排出各奖的名次。

1998年9月27日，由苏州市集邮协会和苏州市青少年集邮协会联合举办的“苏州市青少年集邮知识竞赛”在苏州工业园区新城花园小学举行。苏州市集邮协会名誉会长、苏州市青少年集邮协会顾问周治华，苏州市教委副主任、苏州市青少年集邮协会会长谷公胜，苏州邮电局副局长、苏州市集邮协会常务理事韩电及有关部门负责人观摩了整个决赛，并为获胜队颁奖。

1999年12月，苏州市集邮协会、《姑苏晚报》邮趣版联合举办“庆澳门回归‘集邮与澳门’知识大奖赛”，《苏州集邮》刊出的命题素材取自《中国集邮报》《集邮》《澳门邮票目录》，包括澳门邮政历史、澳门邮票知识、澳门回归背景三个部分。竞赛设特等奖1名、优胜奖50名。12月23日，授奖仪式在苏州邮政局会议室举行，苏州市集邮协会领导曹玠如、汪日荣、邓树镛、叶正亭、黄一芳等人出席，并代表苏州市集邮协会向吴县集邮协会、苏州市文化系统集邮协会、苏州市轻工系统集邮协会、苏州市司法局集邮协会颁发证书和奖品。该仪式由苏州市集邮公司经理、苏州市集邮协会副秘书长王怡主持。

2002年10月，为祝贺江苏省第15届运动会在苏州举行，《苏州集邮》编委会举办“‘集邮与体育’知识有奖征答”，设有试题20题。该活动共收到有效答卷1 053份。同年11月12日下午，苏州市集邮协会组织2003年新邮预订工作会议的基层集邮协会代表，从答题成绩靠前的418份答卷当中选出一等奖5名、二等奖10名、三等奖20名。

三、邮协会刊与民办邮刊

1. 苏州市、县、区级集邮协会会刊沿革

苏州大市范围内集邮协会会刊之出版，由中华全国集邮联合会、吴江县集邮协会联合编写的《吴江邮讯》率先举旗。之后，其发展势头良好，于1990年实现了苏州各县（市）全覆盖。从2003年开始，会刊升级换代，苏州市集邮协会会刊《苏州集邮》由报纸型改为杂志型，自2010年起所辖县级市与直管区的集邮协会会刊始推出彩版印刷，现已全部旧貌换新颜。

◆《吴江邮讯》，系吴江县集邮协会刊，于1981年10月25日创刊。随着行政区划的变更，先后易名为吴江市集邮协会会刊与吴江区集邮协会会刊。

创刊号至第8期均为16开油印本，双月刊，主编为杨兴华。封面为套色油印，内页共20页，其印量不足300份。创刊号除登载发刊词、会章、会员名单之外，还刊有刘肇宁、夏富仁、周一非、杨建新、杨兴华等人发表的邮文，并开始连载张赓伯名作《邮海沧桑录》。1983年2月，《吴江邮讯》改为16开4版的铅印小报，改版首期的总编号为“总第9期”。自2012年2月第1期（总第178期）起，该刊物又改为彩版印刷（图5-246），历任主编有杨兴华、徐谋福、张志远、杜家鑫、唐志祥、张权权。截至2023年年底，该刊物累计出版249期。

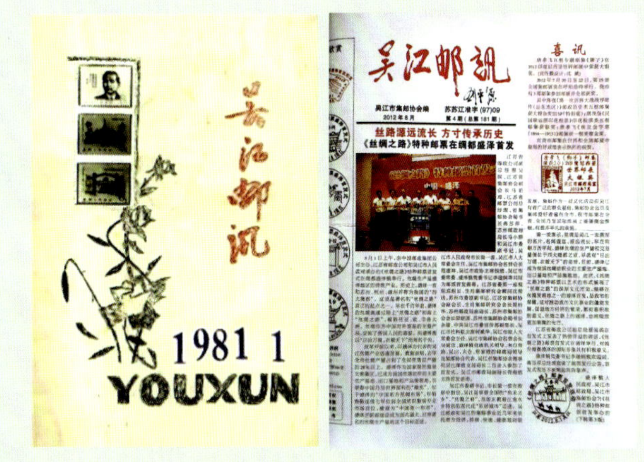

图5-246　《吴江邮讯》创刊号和首期彩版

早期《吴江邮讯》（1—8期）的油印彩封颇具特色，可谓期期出彩，具有一定的收藏价值。1986年9月，在无锡《邮谊》《邮友》联合举办的苏、浙、沪民间最佳邮刊评选活动中，《吴江邮讯》被评为“十佳邮刊”之一。

◆《常熟集邮》，系常熟市集邮协会会刊，于1983年3月3日创刊，开始由常熟市工人文化宫集邮组编印3期，自第4期（1983年11月）起由常熟市集邮协会接办，祁介东主持编辑工作。创刊初期，《常熟集邮》为不定期刊物，自1984年1月第5期起为双月刊，1985年改为季刊，最初15期均为油印刊，每期印量不超过100份。自1986年第1期（总16期）起改为铅印（图5-247），印量增至1 000份。1988年，该刊物恢复为双月刊，经2011年3期彩印试版后，自2012年起全面推广彩印版。截至2023年年底，该刊物累计出版233期。为《常熟集邮》挥毫题眉的常熟书画名家先后有裴谷云、金悠清、唐瘦青、冯景耀、赵人龙等，第16期刊头为言恭达手书，至今未变。

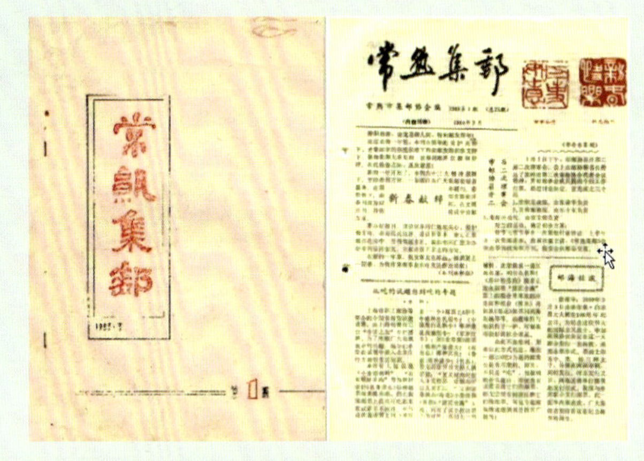

图5-247　《常熟集邮》创刊号与铅印版

1986年7月，在由无锡市集邮协会发起，有51家邮刊参评的苏、浙、沪民间最佳邮刊评选活动中，《常熟集邮》荣获“优秀邮刊”称号。

◆《常熟集邮简讯》，系由常熟市集邮协会编印，由仲跃担任主编，是为弥补会刊周期长的不足而编印的副刊，8开油印版。1991年3月—9月，该刊物每月出版1期，共出7期，至常熟市邮票公司成立而停办。

◆《苏州集邮》，系苏州市集邮协会会刊，于1985年4月12日创刊，初为16开4版报纸型，双月刊，主编分别为陆念乔、陆志新，发行量随着会员数量的增长而上升，由其创刊时的2 000份增至8年后的15 000份。1997年2月第1期（总第71期）起扩版为8开4版，出至2003年8月第4期（总第110期），主编为邓树镛。2003年1月，《苏州集邮》第1期（总第1期）由报纸型改版为 16 开杂志型（图 5–248），接续的一期编号标记为 2014 年第 1 期（总第 112 期）。该刊物为季刊，由邓树镛担任主编，自 2010 年第 1 期（总第 136 期）起，由汪日荣接任主编。截至 2023 年年底，该刊物累计出版 191 期。

《苏州集邮》曾在台湾地区全方位通讯拍卖目录中被称为“长三角甚至全大陆地方邮会之佼佼者”，先后获得江苏省集邮展览文献类银奖（1993 年）、大银奖（2008 年）与镀金奖（2013 年）。

◆《苏州集邮简报》，由苏州市集邮协会编印，于 1990 年 3 月 13 日创刊（图 5–249）。该刊物是为加强信息交流、及时报道集邮动态、弥补会刊容量受限与出版周期较长的不足而创办，每月出版 1 期，为 16 开打印稿。截至 1998 年 8 月 31 日，该刊物共编印 93 期。

图 5–248　《苏州集邮》创刊号与改版后的第 1 期

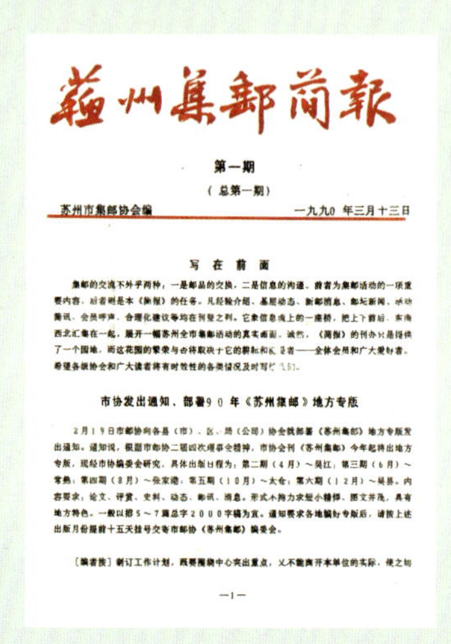

图 5–249　《苏州集邮简报》

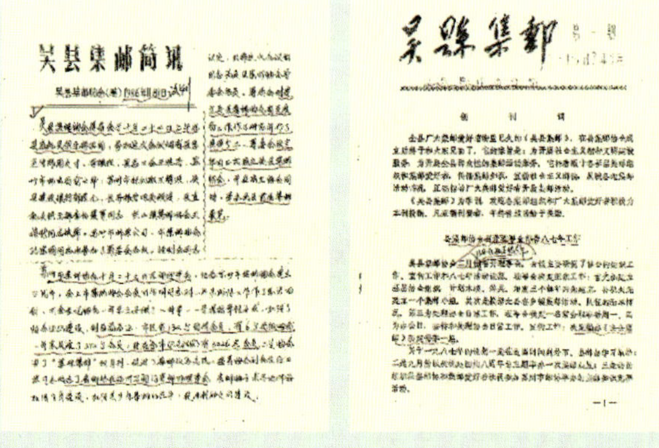

图 5–250　《吴县集邮简讯》　图 5–251　《吴县集邮》

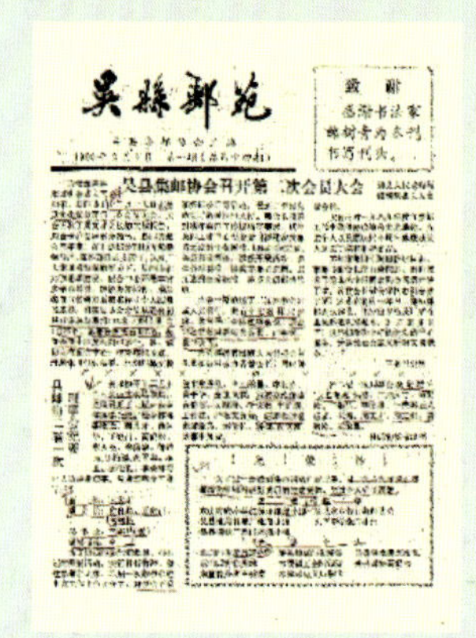

图 5–252　《吴县邮苑》

图 5–253　《吴中邮苑》

◆《吴中邮苑》（原刊名《吴县集邮简讯》《吴县集邮》《吴县邮苑》），系吴县市集邮协会会刊，刊名随行政区划的调整而变更。

《吴县集邮简讯》（图 5–250），由吴县集邮协会筹办，于 1986 年 11 月 1 日试刊。该刊物为油印 16 开，主编为王继昌。

《吴县集邮》（图 5–251），由吴县集邮协会编写，于 1987 年 3 月创刊。该刊物为套红油印 16 开，主编为王继昌。

《吴县邮苑》（图 5–252），自 1990 年 2 月（总第 14 期）起更名，并改为铅印。该刊物为 16 开 4 版，由高鹤松、周文才先后担任主编。自 1995 年 9 月第 3 期（总第 34 期）起，该刊物采用计算机排版、胶印，由周文才、宋玉林担任主编。

《吴中邮苑》（图 5–253），由苏州市吴中区集邮协会编写，自 2001 年 5 月第 2 期（总第 57 期）起更名，由周文才、宋玉林担任主编。自 2012 年 5 月第 2 期（总第 101 期）起改为彩版印刷。截至 2023 年年底，该刊物累计出版 147 期。

◆《张家港邮苑》，系张家港市集邮协会会刊，于1988年10月创刊。该刊物为双月刊，16开4版铅印，刊头套红，由赵善长书写。自1995年5月第2期（总第37期）起使用赵人龙所书的题眉，自2010年7月第4期（总130）起改为彩版（图5-254）。2010年，在无锡举办的国民间集邮文献邀请展上，《张家港邮苑》获报刊类三等奖。截至2023年年底，该刊物累计出版210期。

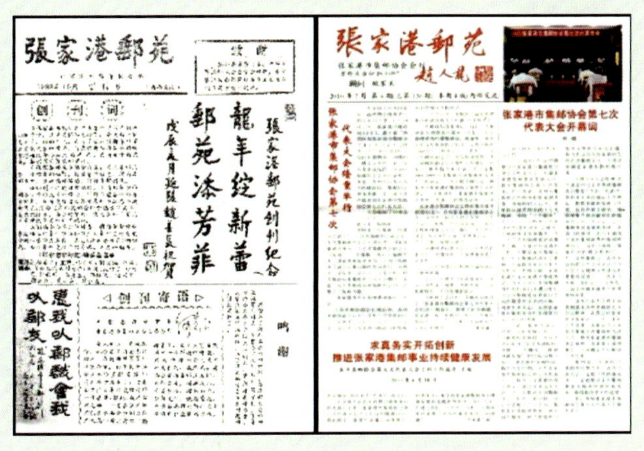
張家港郵苑
創刊詞
龍年綻新蕾
郵苑添芳菲
創刊寄語
張家港郵苑
張家港市集邮协会第七次代表大会开幕词
求真务实开拓创新 推进张家港集邮事业持续健康发展

图5-254　《张家港邮苑》创刊号与彩版

◆《昆山集邮》，系昆山市集邮协会会刊，于1990年4月20日创刊。该刊物为季刊，16开4版铅印，刊头套红。1990—1994年、1998—2000年及2002年，该刊物正常出版，每年出版4期，其余年份出版1—3期不等（2006年未出版）。截至2009年年底，该刊物累计出版49期。

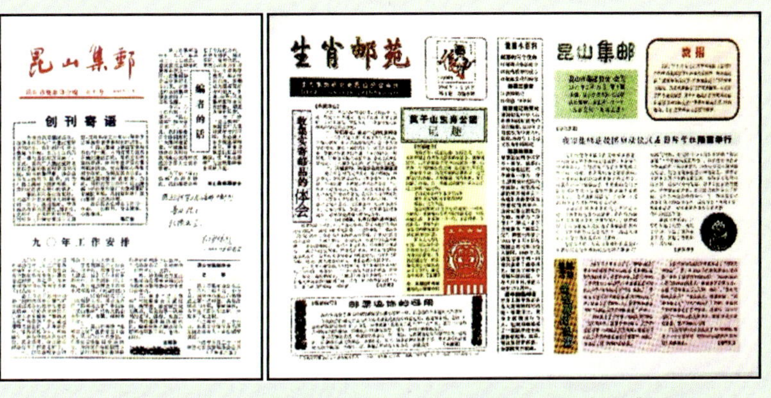
昆山集郵
创刊寄语
编者的话
九〇年工作安排
生肖邮苑
昆山集邮

图5-255　《昆山集邮》创刊号与《昆山集邮·生肖邮苑》合刊

自2010年起，《昆山集邮·生肖邮苑》合刊出版（图5-255）。该刊物为16开4版，铜版纸彩色胶印，由钱小明、毛琼、黄家栋、江思渤担任主编，执行主编为单宪年、马一平、陈明侠。2010—2011年，该刊物改为双月刊，共出版13期（含专刊1期）。自2012年起改为季刊，由马佑璋题写刊名。2013年第4期编序为总第70期。截至2023年年底，该刊物累计出版103期。

◆《昆山集邮协会简报》，由昆山市集邮协会编印。在郑军的《集邮报刊目录（1977—2006）》（2009年版）中，存有《昆山集邮协会简报》的记录。

◆《太仓集邮》，系太仓市（县）集邮协会会刊，于1991年8月创刊（图5-256）。在“创刊寄语”中，称其为“《娄东邮讯》的延续”。该刊物为季刊，16开4版铅印，由书画家宋文治题眉。1999年，该刊物共出版33期，至2001年出版4期（总第35—第38期）后停刊。2015年10月20日，《太仓集邮》复刊，郭润康题写刊名。该刊物为16开4版彩印，自2019年第15期起改用杨利民题眉。截至2023年7月，该刊物复刊后共出版33期（总第71期）。

太倉集郵
创刊寄语
别忘邮市这一角
太仓集邮
太仓市集邮协会召开第六次代表大会

图5-256　《太仓集邮》创刊号与复刊号

2. 基层集邮协会会刊盘点

苏州市集邮协会成立后十分重视基层组织的建设工作。1年多的时间，50余个基层集邮协会遍布学校、医院、机关、厂矿、乡镇，其中创办会刊者并不鲜见。1990年，吴江县集邮协会被评为江苏省合格“集邮者之家”，再次推动了基层集邮协会的建设与会刊的创办。

◆《娄东邮讯》，由太仓县工人文化宫集邮组编写，于 1983 年 8 月创刊。该刊物为 16 开油印版，不定期出版，先后出版 6 期。创刊号（图 5-257）的篇目分别为《发刊词》《太仓集邮小组章程》《太仓集邮史略》《邮讯二则》《邮展预告》《本宫集邮组成立邮戳》《新中国邮票志号》《面值与邮资》《家长要支持孩子集邮》《谈邮票的作用》《转载我国邮政史》。

◆《同中邮讯》，由同里中学集邮兴趣小组创办，于 1984 年 10 月 6 日创刊。该刊物为月刊，出至 2003 年 12 月第 193 期，因指导教师洪承熙退休而停刊。

◆《苏大集邮》，系苏州大学集邮协会会刊，于 1985 年创刊。该刊物为季刊，16 开 4 版。1989 年 12 月—1993 年 3 月，该刊物出版第 19—第 32 期，在第 32 期（图 5-258）后停刊。

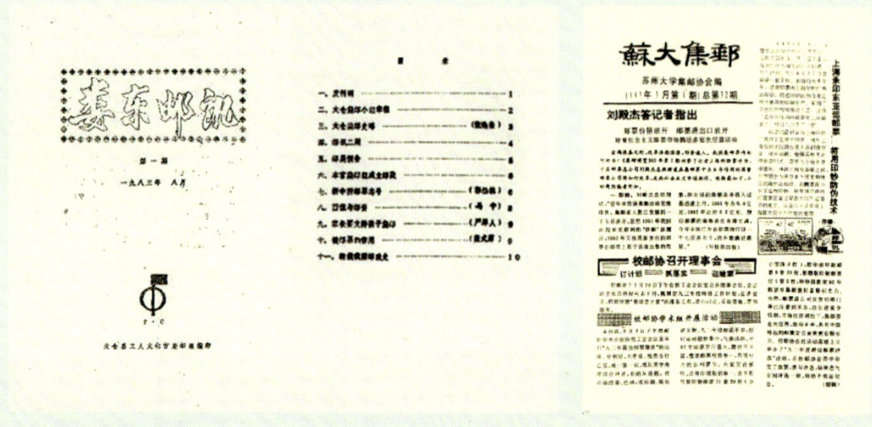
娄东邮讯
第一期
一九八三年 八月
太仓县工人文化宫集邮组编印

目录
一、发刊词……1
二、太仓集邮小组章程……2
三、太仓集邮史略……3
四、邮讯二则……4
五、邮展预告……5
六、本宫集邮组成立邮戳……6
七、新中国邮票志号……6
八、面值与邮资……8
九、家长要支持孩子集邮……9
十、谈邮票的作用……9
十一、转载我国邮政史……10

蘇大集郵
苏州大学集邮协会编
刘殿杰答记者指出
邮票价格放开 邮票进出口放开
校邮协召开理事会
校邮协学术组开展活动

图 5-257 《娄东邮讯》创刊号　　图 5-258 《苏大集邮》第 32 期

◆《东吴邮絮》（原刊名《集邮通讯》），系苏州大学学生邮协会刊。《苏州集邮》1987 年第 5 期（总 15）记：苏州大学学生集邮协会主办的会刊《集邮通讯》自 1987 年 9 月中旬出版的总第 8 期起改为《东吴邮絮》（16 开打印本）。该刊物以“立足本校，面向全国，广交邮友，广结邮谊，普及邮识，弘扬邮学”为宗旨，体现学生集邮协会特点，加强对外的交流与联系。

◆《頔塘邮刊》，由苏州市吴江震泽第二中学邮趣组、苏州市集邮协会水利农机分会编印，于 1985 年创刊。在郑军的《集邮报刊目录（1977—2006）》（2009 年版）中，存有《頔塘邮刊》的记录。

◆《博邮》（原刊名《邮海觅趣》）（图 5-259），系苏州阀门厂集邮协会会刊，于 1985 年 5 月在该厂集邮小组成立 1 周年之际创办，仅出版 1 期。该刊物为 8 开单面油印，主编为潘天冲。1988 年 6 月，苏州阀门厂集邮小组第二次会员大会顺利召开。会上，改集邮小组为集邮协会，并创办《博邮》。该刊物为 16 开油印，截至 1990 年 2 月，共出版 5 期，主编为钱建平。

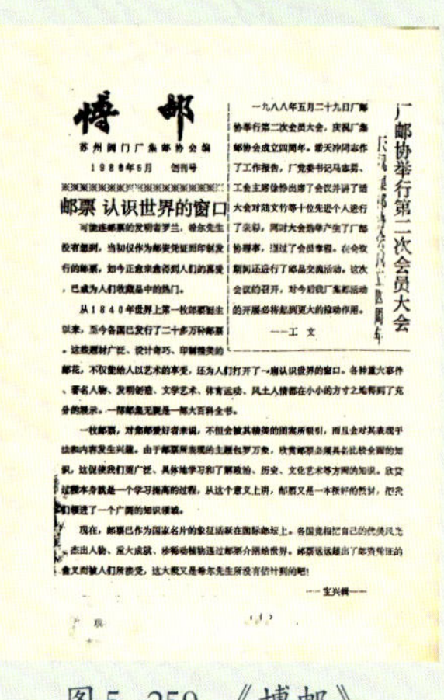
博邮
苏州阀门厂集邮协会编
1988年6月 创刊号

邮票 认识世界的窗口

可能连邮票的发明者罗兰．希尔先生也没有想到，当初仅作为邮资凭证而印制发行的邮票，如今正愈来愈得到人们的喜爱，已成为人们收藏品中的热门。

从1840年世界上第一枚邮票诞生以来，至今各国已发行了二十多万种邮票。这些题材广泛、设计奇巧、印制精美的邮花，不仅能给人以艺术的享受，还为人们打开了一扇认识世界的窗口。各种重大事件、著名人物、发明创造、文学艺术、体育运动、风土人情都在小小的方寸之地得到了充分的展示。一部邮集无疑是一部大百科全书。

一枚邮票，对集邮爱好者来说，不但会被其精美的图案所吸引，而且会对其表现手法和内容发生兴趣。由于邮票所表现的主题包罗万象，欣赏邮票必须具备比较全面的知识，这促使我们更广泛、具体地学习和了解政治、历史、文化艺术等方面的知识。欣赏过程本身就是一个学习提高的过程，从这个意义上讲，邮票又是一本很好的教材，把我们领进了一个广阔的知识领域。

现在，邮票已作为国家名片的象征活跃在国际舞坛上。各国竞相把自己的优秀风光、杰出人物、重大成就、珍稀动植物通过邮票介绍给世界。邮票远远超出了邮资凭证的含义而被人们所接受，这大概又是希尔先生所没有估计到的吧！

——宝兴稿——

厂邮协举行第二次会员大会

一九八八年五月二十九日厂邮协举行第二次会员大会，庆祝厂集邮协会成立四周年。潘天冲同志作了工作报告，厂党委书记马志明、工会主席徐静出席了会议并讲了话。大会对陆文竹等十位先进个人进行了表彰，同时大会选举产生了厂邮协理事，通过了会员章程。在会议期间还进行了邮品交流活动。这次会议的召开，对今后我厂集邮活动的开展必将起到更大的推动作用。

——工 文

（1）

图 5-259 《博邮》

◆《邮趣》，由太仓棉纺厂（利泰纺织厂）邮趣会编印。在《苏州集邮》1986 年第 1 期中存有《邮趣》的记录。

◆《邮谊》，由苏州林业机械厂集邮小组编印。在《苏州集邮》1986 年第 2 期中有《邮谊》的记录。

◆《望电集邮》，由望亭发电厂集邮协会编印，于 1986 年 7 月创办，主编为王伟国。该刊物第 1 期为 16 开 4 版，栏目有《集邮讲座》《新邮报道》《新邮评论》《集邮常识》《集邮信息》等。

◆《望邮》，由望亭发电厂发电部集邮小组主办，于 1987 年 6

月创办，双月刊，主编为王伟国。该刊物创刊号为16开4版，其中邮识类邮文及售品目录篇幅所占各半。

◆《东山集邮》（图5-260），为东山集邮协会会刊，于1986年10月创刊，由刘谦中、周永逊担任主编。截至2004年10月，该刊物共出版76期。

◆《长江邮盟》（图5-261），系苏州太仓热电厂集邮协会会刊，于1988年1月15日创刊。该刊物为双月刊铅印，主编为夏雪球，编委分别为陈校章、周建恩、姚建军、陶安强、夏雪球、蔡韵舫。

◆《灵岩邮刊》（图5-262），系木渎集邮协会会刊，于1988年5月创刊，由陆景观、周国和担任主编。截至1999年9月，该刊物共出版16期。

◆《浒墅关集邮》，系浒墅关地区集邮协会会刊，于1989年4月创刊，由娇健担任主编。截至1996年3月，该刊物共出版18期。

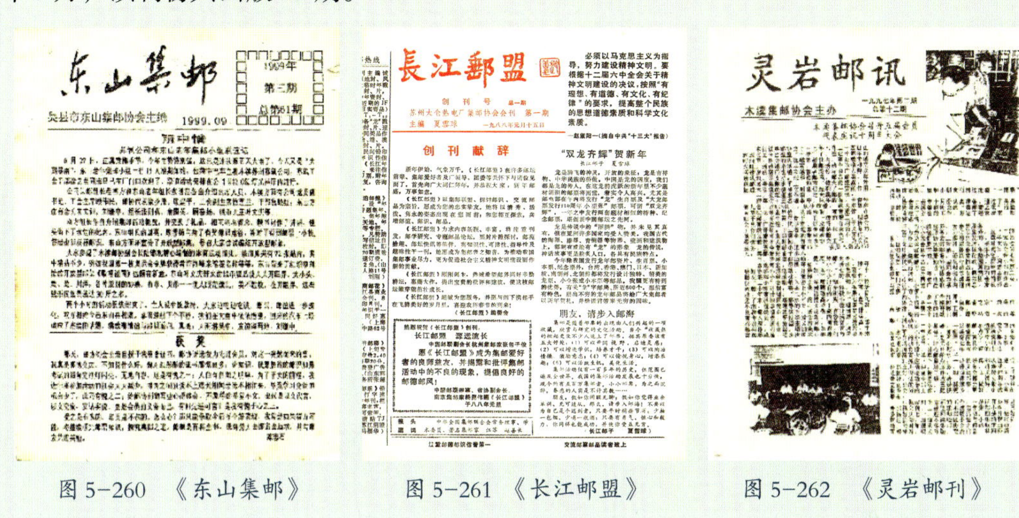
东山集邮

長江郵盟

创刊献辞

灵岩邮讯

图5-260　《东山集邮》　　图5-261　《长江邮盟》　　图5-262　《灵岩邮刊》

◆《莺湖邮苑》（图5-263），系吴江县平望镇集邮协会会刊，于1989年11月创刊，双月刊，由闵云飞担任主编。

◆《同花邮苑》，系同里镇集邮协会会刊。

◆《汾湖邮苑》，系芦墟镇集邮协会会刊。在《苏州集邮》1992年第1期中，苏州市集邮协会所写的《苏州市乡镇集邮活动调查报告》里存有《汾湖邮苑》的记录。

◆《四药集邮》，系苏州市第四制药厂集邮协会会刊，于1990年5月4日创刊。该刊物为8开，双月刊，由屠富强担任主编。截至1996年，该刊物累计出版36期。在郑军的《集邮报刊目录（1977—2006）》（2009年版）中，存有《四药集邮》的记录。

◆《集邮交流》，系吴县国税局集邮协会会刊，于1991年3月创刊，由李鸿担任主编。截至2006年，该刊物共出版100期。

◆《苏机邮讯》（图5-264），系苏州市机械系统集邮协会会刊，于1991年4月10日创刊。

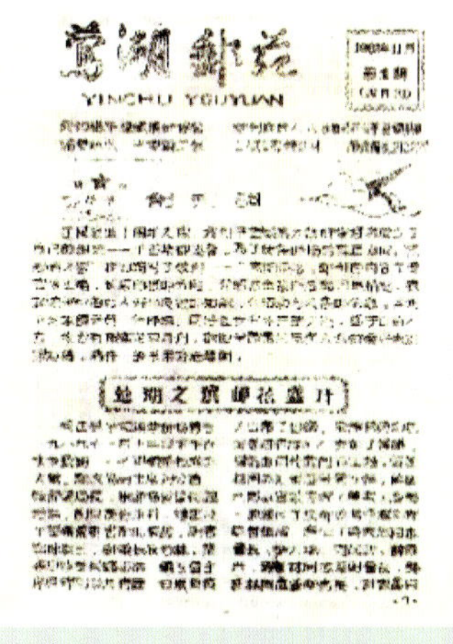
鶯湖郵苑

YINGHU YOUYUAN

图5-263　《莺湖邮苑》

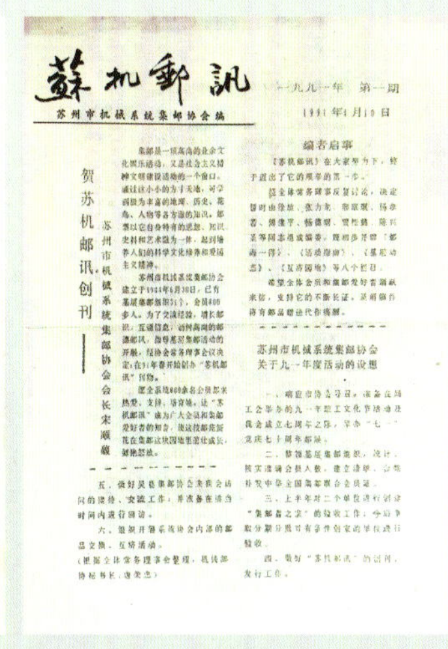
蘇机郵訊

一九九一年　第一期

苏州市机械系统集邮协会编

编者启事

图5-264　《苏机邮讯》

◆《宝带桥邮苑》（图 5–265），系吴县市新区集邮协会会刊，于 1994 年 8 月 8 日创刊，由宋玉林担任主编。截至 1997 年，该刊物共出版 7 期。

◆《夕阳红邮讯》，系吴县市老年集邮协会会刊，于 1996 年 4 月 20 日创刊，由高鹤松担任主编。截至 1997 年，该刊物共出版 3 期。

◆《车坊集邮》，系吴县市车坊镇集邮协会会刊，于 1998 年 9 月 28 日创刊，由赵自恒担任主编。截至 1999 年，该刊物共出版 3 期，另见 2001 年 6 月 26 日编印的《车坊集邮·会务通讯》（图 5–266）。

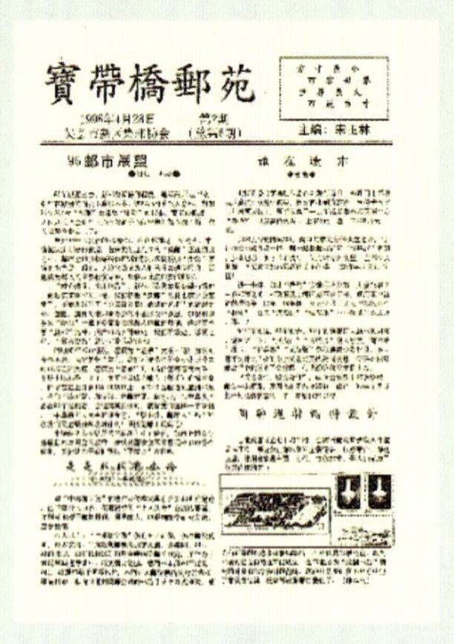

图 5–265 《宝带桥邮苑》

图 5–266 《车坊集邮》及《东坊集邮·会务通讯》

◆《相城邮苑》（图 5–267），系苏州市相城区集邮协会会刊，于 2002 年 9 月 9 日创刊。

◆《吴江卫生集邮简讯》（图 5–268），系吴江卫生系统集邮协会会刊，于 2007 年 6 月创刊。该刊物为 16 开 4 版铅印，由钱延林、陆亮、吴楚良担任主编。截至 2013 年 5 月，该刊物共出版 10 期。

◆《苏州老年集邮简报》（图 5–269），系苏州市老年集邮协会会刊。2004 年 7 月 17 日，苏州市老年集邮协会成立。同年 9 月 20 日，会刊第 1 期出版，每期 2 页。截至 2020 年 4 月，该刊物累计出版 92 期。

◆ 吴江区青少年集邮协会下属中小学集邮社团邮刊品种丰富，主要包括吴江区试验初级中学集邮社团的《垂虹少年》、盛泽中学盛湖集邮社团的《盛湖集邮》（图 5–270）、盛泽第二中学集邮社团的《畅邮天下》等集邮社团邮刊。之后，其发展势头不减。截至 2018 年，全区已有 15 所学校集邮社团自办专门邮刊。

图 5–267 《相城邮苑》

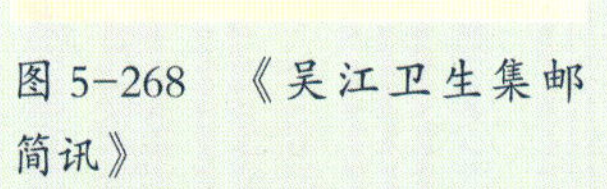

图 5–268 《吴江卫生集邮简讯》

图 5–269 《苏州老年集邮简报》

图 5–270 《盛湖集邮》

上述基层集邮协会会刊中有两个亮点。一是在2010年前创办的邮刊中，主办者中有三分之一归属吴县集邮协会，究其原因是该协会有一位优秀的带头人——吴县集邮协会会长周文才，其组织能力较强。自1986年建会起，周文才（时为吴县县委宣传部副部长）一直担任会长，30余年来始终亲力亲为，编集办刊、撰写邮文、指导集邮活动、宣传集邮知识。二是吴江区青少年集邮协会积极参与推动“集邮文化进校园”活动，自2010年以来旗下中小学集邮社团办刊踊跃、薪火传承，至今方兴未艾。然而，基层集邮协会由于办刊实力不足，经费、稿源缺乏保障，难以长久为继。除青少年社团邮刊之外，在前述20多种邮刊中，出版满20期者仅4份（《同中邮讯》《集邮交流》《东山集邮》《苏大集邮》），延续10年出版者也只有这4家。如今，除苏州市老年集邮协会会刊之外其余均已停办。

3. 专门集邮研究会会刊

专门集邮研究会的诞生是集邮活动深入开展的结果与集邮水平提升的标志，该会也创办了会刊。尤其是自1995年苏州《体育集邮》创刊以来，专门集邮会刊的创办形成了热潮，有效凝聚了集邮爱好者的集邮热情。到2013年，全市集邮爱好者总量已逾2.5万人，居江苏省同类城市第一，并有3家单位被中华全国集邮联合会评为“全国集邮文化先进集体”，太仓市双凤中学和张家港市凤凰中心小学被列为“全国青少年集邮文化示范基地”，由生肖集邮研究会发起成立的生肖邮票博物馆被中国邮政集团批准为中国邮票博物馆苏州分馆。

◆《研究与交流》，系苏州市职工集邮研究会会刊，于1981年4月创刊，初为苏州市工人文化宫集邮研究会会报，1994年变更为苏州市职工集邮研究会会刊。截至2022年8月，该刊物累计出版255期（图5-271）。

◆《风景戳》（图5-272），系风景戳协会会刊，于1988年5月1日创刊。1994年，风景戳协会更名为“风景戳研究会”。《风景戳》最初由陶安强任主编，于1990年7月停刊，1992年2月复刊，由沈禹民任主编，系16开手写复印版。自1993年4月第35期会刊起，第1、第4版用计算机排版，第2、第3版为手写版，同年8月从第37期开始全部用计算机排版，沈禹民共主编55期。自1998年11月第84期起至2001年10月第101期，改由韩子红担任主编。2001年12月第102期至2003年9月第112期，复由沈禹民担任主编。自2003年10月第113期起，主编为张建伟，并从第114期开始改版。2009年，该刊改为16开杂志型，并成立编委会，会长屠富强为编委会主任，周铭刚为主编。同年6月试刊第1期（总第146期）出版。2011年2月，自《风景戳》第1期起改版为季刊，骑缝装订，16开铅印版，主编为贾建平。2015年3月，该刊

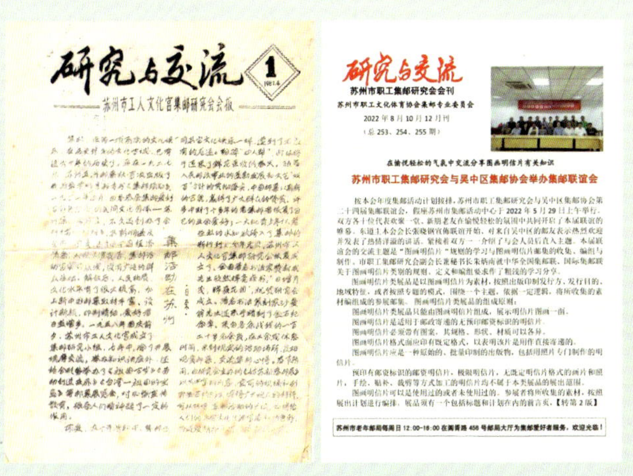
研究与交流 1

苏州市工人文化宫集邮研究会会报

研究与交流

苏州市职工集邮研究会会刊

苏州市职工集邮研究会与吴中区集邮协会举办集邮联谊会

图5-271 《研究与交流》首期与总第255期

風景戳

FENG JING CHUO

创刊寄语

图5-272 《风景戳》

图 5-273 《风景日戳》新年号

物更名为《风景日戳》，孙少颖题写刊名。从 2017 年 2 月第 174 期开始，由徐阳担任主编，并一直延续至今。2018 年 2 月，《风景日戳》新年号（图 5-273）为第 178 期。截至 2023 年年底，该刊物累计出版 201 期。

◆《体育集邮》，系苏州市体育集邮协会会刊，于 1995 年 5 月 28 日创刊。该刊物为双月刊，由时任国际奥委会主席的萨马兰奇亲自签名和题词。2003 年 1 月 15 日，该刊物发行第 39 期后停刊（图 5-274）。2002 年，在第五届全国体育集邮展览上，《体育集邮》荣获文献类银奖。

《体育集邮》主要栏目有《工作总结》《五色环》《邮展动态》《专题集邮》《资料库》《项目介绍》《外邮天地》《邮海浪花》《集藏天地》等，以突出体育特色。该会刊立足苏州，面向全国，作者遍及江苏省内外。

◆《生肖集邮》，系生肖集邮研究会会刊，于 1997 年 9 月 10 日在苏州创刊。该刊物由周治华担任主编，初为 16 开 24 页杂志型，后改为双月刊，页面增至 48 页，封面为彩印。自 2022 年起，该刊物改为季刊，全彩印刷，主编为郑炜（图 5-275）。

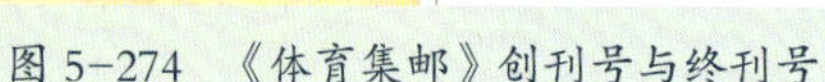

图 5-274 《体育集邮》创刊号与终刊号

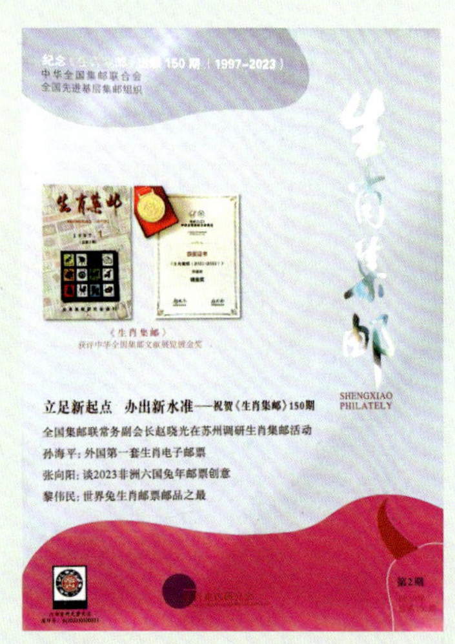

图 5-275 《生肖集邮》第 150 期

该刊物的办刊宗旨是“传播生肖集邮信息、宣传生肖集邮知识、交流生肖集邮心得、研究生肖集邮理论、探索生肖邮集组编”，主要开设了《生肖世界》《生肖文化》《研究探讨》《生肖邮史》《红牛片专栏》等 10 余个品牌栏目。截至 2023 年年底，该刊物累计出版 152 期。

2000 年 10 月，该刊物荣获江苏省第六届集邮展览文献类银奖；2001 年 9 月，获中华全国集邮展览镀银奖；2004 年 5 月，获首届全国民间集邮文献展览一等奖；2005，在南京市集邮协会、文献集邮研究会等 7 家单位主办的“我心目中的‘五佳’‘十优’集邮报刊”评选活动中被评为“十优”邮刊之一；2008 年，在南昌举办的中华全国集邮展览上获银奖；2022 年，在高邮举办的中华全国集邮文献展览上获镀金奖。生肖集邮研究会的成立和会刊的出版发行，有力地推动了我国生肖集邮活动的蓬勃发展。

◆《苏州生肖通讯》，系生肖集邮研究会苏州市区分会会刊，于 1998 年 10 月创刊（图 5-276）。该刊物为 16 开 4 版，由周文祥题眉。1999 年 1 月，该刊物出版第 2 期，9 月出版第 3 期休刊号。

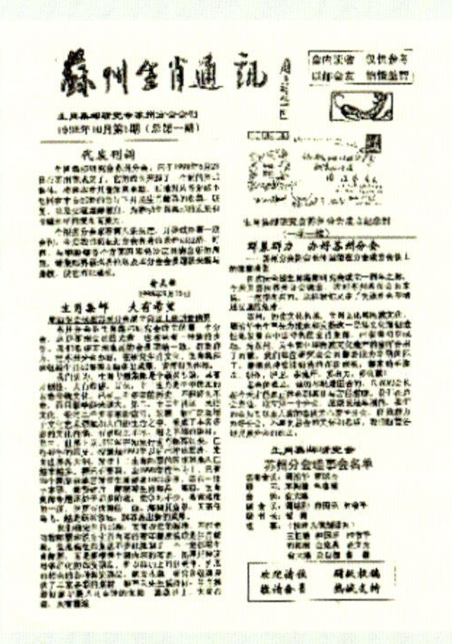

苏州生肖通讯

图 5-276 《苏州生肖通讯》

◆《常熟生肖》（图 5-277）（原刊名《生肖集邮剪报》，图 5-278）。《生肖集邮剪报》由常熟沙家浜生肖集邮沙龙主办，于 1999 年 3 月 28 日创刊。该刊物为 8 开 2 版，由徐奇夫（仲跃）担任主编，不定期出版。从 2001 年第 9 期开始，该刊物改为 16 开 2 版，用计算机排版，自 2009 年第 71 期起，采用郭润康题眉。截至 2011 年 7 月，该刊物共出版 84 期。

常熟生肖

图 5-277 《常熟生肖》

《常熟生肖》，由生肖集邮研究会常熟分会主办，于 2011 年 8 月出版第 1 期。该刊物为 16 开 2 版彩印，由姚振中担任主编，周治华题眉。后附刊于《常熟集邮》。

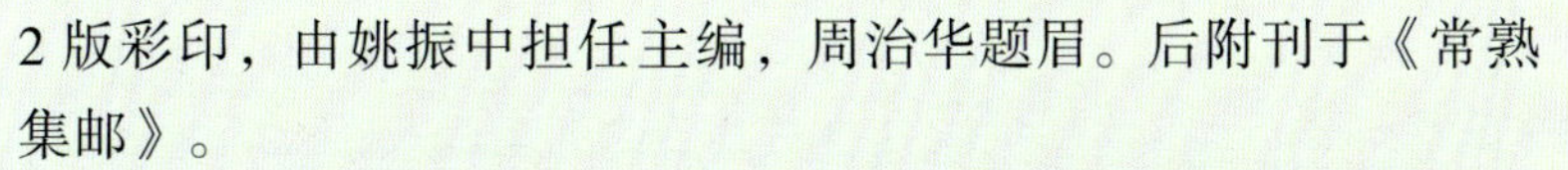

图 5-278 《生肖集邮剪报》

◆《苏州极限集邮》，系苏州市极限集邮研究会会刊，于 2005 年 3 月 12 日创刊（图 5-279），主编为时永良，自第 4 期起主编改为刘国麟。2006 年 10 月第 5 期为“2006 极限集邮（苏州）展览暨学术论坛”特刊，全刊为 16 开彩版。自 2011 年起，该刊物附刊于《苏州集邮》，在单期号发行。截至 2023 年，该刊物累计出版 40 期。

◆《吴江极限之友》，由苏州市极限集邮研究会吴江“极限之友”编印，于 2007 年 7 月创刊（图 5-280），由钱延林担任主编，仅出版 1 期。

◆《吴江生肖集邮会讯》（图 5-281），由生肖集邮研究会吴江小组编印，于 2007 年 7 月创刊，由钱延林担任主编，仅出版 1 期。

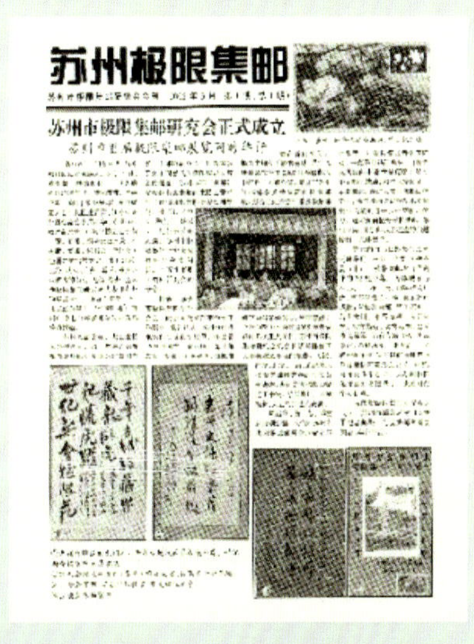

苏州极限集邮

苏州市极限集邮研究会正式成立

图 5-279 《苏州极限集邮》创刊号

吴江极限之友

“极限之友”在吴江成立

“极限之友”名单

图 5-280 《吴江极限之友》创刊号

吴江生肖集邮会讯

吴江“生肖集邮”小组筹备情况

图 5-281 《吴江生肖集邮会讯》

◆《新中国邮资片研究》，系新中国邮资片研究会会刊，于 2007 年 10 月 12 日创刊。该刊物为 16 开彩版，不定期出版，由薛德卿担任主编、李琰担任执行主编。截至 2013 年年底，该刊物共出版16期，创刊前已有特刊1期（图5-282），第7期另附《会友通讯》。后根据江苏省、苏州市集邮协会精神，因新中国邮资片研究会、苏州市个性化邮票研究小组拟合并而休刊。

◆《生肖邮苑》，系生肖集邮研究会昆山分会会刊，于2009年1月30日试刊（图5-283），由生肖集邮研究会昆山会员小组主办，执行编辑为单宪年、马一平。该刊物为16开4版杂志型季刊。自2009年10月30日第4期起，该刊物改为铜版纸彩色胶印，同年12月30日出版第5期（生肖集邮研究会昆山分会成立专刊，共8版）。2010年，该刊物与《昆山集邮》合版发行，为双月刊，2012年恢复为季刊。截至2013年年底，该刊物累计出版107期。

◆《邮刊史研究》，由苏州市集邮协会学术委员会《邮刊史研究》编辑部主办，于2009年5月出版筹备刊（图5-284），登载刘广实编写的《中国集邮书刊简目》。同年9月，该会发行试刊号，12月出版创刊号。该刊物为16开杂志型半年刊，先后由邹子阳、金晓宏担任主编。该刊物以研究老邮刊、早期邮政史料，挖掘邮人、邮史，探索总期号，报道集邮文献，交流信息为特色，兼及集邮文献版本研究、港澳台集邮文献介绍、海外优秀华邮文献资料宣传和翻译等内容。2016年12月，终刊号出版，合计出版19期（含筹备刊）。此外，还有3种特刊《中国省级邮协会刊历程》《菲华邮讯/菲华邮谭全辑影印本》《神州邮票研究会及其会刊》出版。

图5-282 《新中国邮资片研究》创刊号与特刊

图5-283 《生肖邮苑》试刊号

图5-284 《邮刊史研究》筹备刊

2010年，在无锡举办的全国民间集邮文献邀请展上，《邮刊史研究》试刊号、创刊号获报刊类一等奖（参评集邮报刊多达80种）。2012年，王剑智受托将已出版的《邮刊史研究》赠送给英国皇家邮学会。2014年，美国中华邮票会会刊《中国飞剪》第450期整版刊登《邮刊史研究》第13期封面。

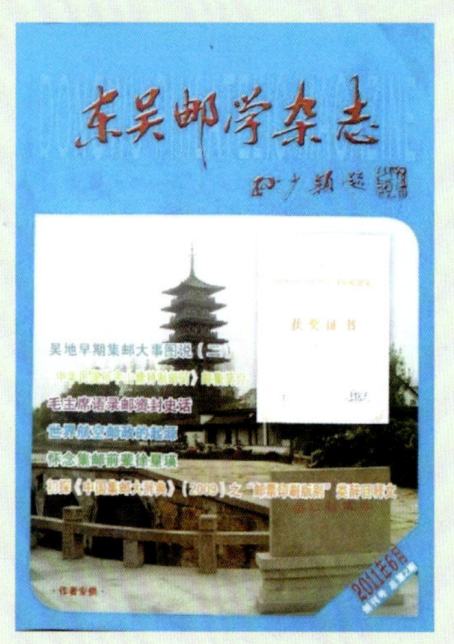

图5-285 《东吴邮学杂志》

◆《东吴邮学杂志》（图5-285），东吴邮学会会刊，于2010年试刊，执行主编为唐孝飞，孙少颖题写刊名。该刊物为16开杂志型半年刊，全彩印刷。

《东吴邮学杂志》以“倡导集邮文化，弘扬学术研究”为办刊宗旨，在内容设置与文章安排上也突出学术研究，设有《东吴谈邮》《研究探讨》《航空集邮》《邮史研究》《封片简戳》等相关栏目，2015年出版第10期后休刊。2013年，该刊物获江苏省第九届集邮展览大银奖。

◆《个性化邮票研究》（图 5-286），系苏州市个性化邮票研究小组会刊，于 2011 年 8 月创刊。该刊物为 16 开杂志型，全彩铜版纸印刷，主编为郑炜。其内容以研究我国和世界各国发行的个性化邮票为主，开设栏目有《名人个性化》《学术研究》《异国个性化》《图说个性化》《活动剪影》等，作者有王新中、李近朱、林衡夫、周治华、葛建亚、戴定国等集邮名家。该刊物于 2012 年年底出至第 4 期后休刊。

图 5-286 《个性化邮票研究》

◆《信销邮趣》（图 5-287），系信销集邮研究会会刊，其前身为吴江徐阳的售品目录，于 2012 年 8 月试刊，同年 11 月出创刊号（新总第 2 期），自 2013 年第 4 期起由江南邮学会信销票分会主办，2014 年第 7 期改由信销集邮研究会主办。该刊物为季刊，16 开 4 版，头版为新闻信息，2 版为信销与集邮百科，3 版为信销邮趣，4 版为同里邮讯及信息。刊头原为书法家邵建国题写，自第 4 期起改用中华全国集邮联合会会士题词，已见题眉会士刊用者先后有郭润康、周治华、赖景耀、林衡夫、刘广实、唐无忌、马佑璋等。该刊物于 2018 年 8 月第 25 期后休会停刊。

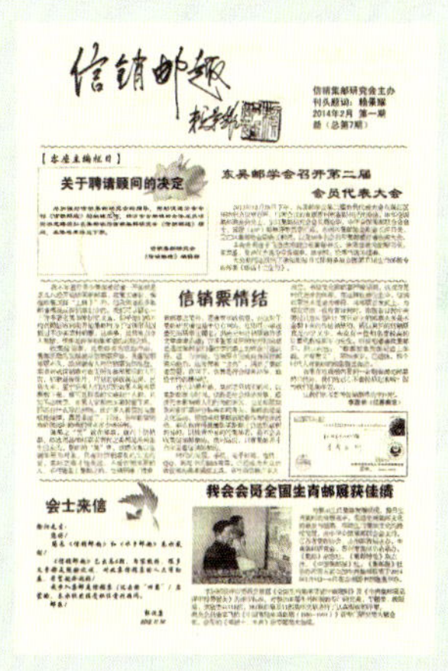

信销邮趣

关于聘请顾问的决定

东吴邮学会召开第二届会员代表大会

信销票情结

会士来信

图 5-287 《信销邮趣》

◆《姑苏邮学》（原刊名《邮史研究》《苏州邮史研究》）（图 5-288），系苏州市邮政史集邮研究会会刊，于 2012 年 6 月创刊。该刊物为大 16 开杂志型年刊，采用胶版全彩印刷第 1—第 3 期，主编为石剑荣。2015 年 12 月，该刊物改名《苏州邮史研究》，并刊出改版号“总第 4 期”，主编为范利清。2020 年 5 月第 8 期更名为《姑苏邮学》，主编为张晓钢，设有《邮史纵横》《邮话苏州》《邮集赏析》《会务会讯》等栏目，内容以邮史研究为主。

◆《苏州专题集邮》（图 5-289），系苏州市专题集邮研究会会刊，于 2014 年 11 月创刊，附刊于《苏州集邮》，双期号发刊，编辑为朱炳南、吴雪伟。截至 2023 年年底，共出版 19 期。

◆《中国民信局研究》（图 5-290），由太仓市中国民信局研究会主办，于 2023 年 5 月创刊。该刊物为大 16 开杂志型，铜版纸全彩印刷，主编为范利清。

图 5-288 《姑苏邮学》

苏州专题集邮

写在前面

图 5-289 《苏州专题集邮》

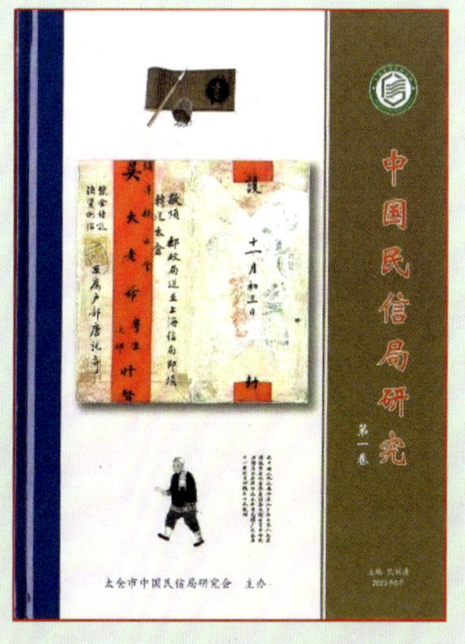

图 5-290 《中国民信局研究》

4. 民办邮刊选粹

20 世纪 80—90 年代是中国集邮蓬勃发展时期，至 1991 年苏州各县（市）集邮协会全部成立，集邮爱好者剧增。截至 1992 年年底，注册会员有 12 053 人，集邮爱好者约 8.8 万人，为全市集邮活动的开展奠定了坚实的基础。各种邮刊如雨后春笋般不断涌现，其中大多数是民间邮刊，个人出资自费出版。20 世纪 80 年代，该刊物以刻写油印为主；20 世纪 90 年代，改为胶印版。

◆《江南邮讯》（图 5-291），由吴江县集邮协会会员沈永曜担任主编，于 1982 年 3 月 25 日创刊，同年 12 月出版第 4 期。该刊物为单面手工刻写油印，16 开 16 版。

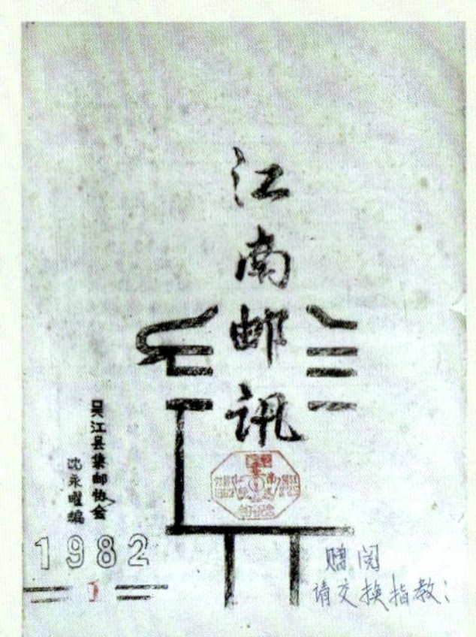

图 5-291 《江南邮讯》

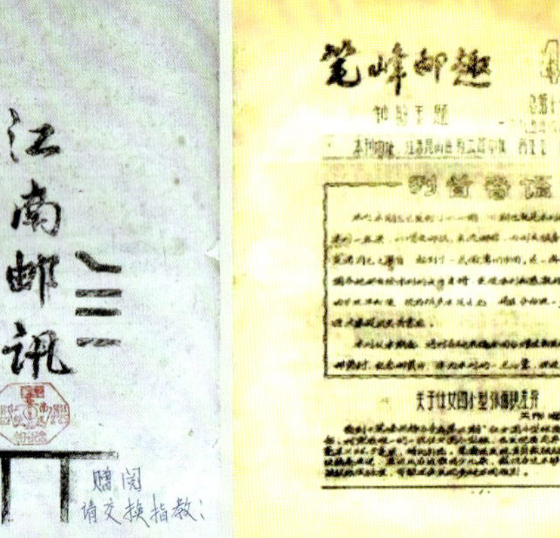

图 5-292 《笔峰邮趣》

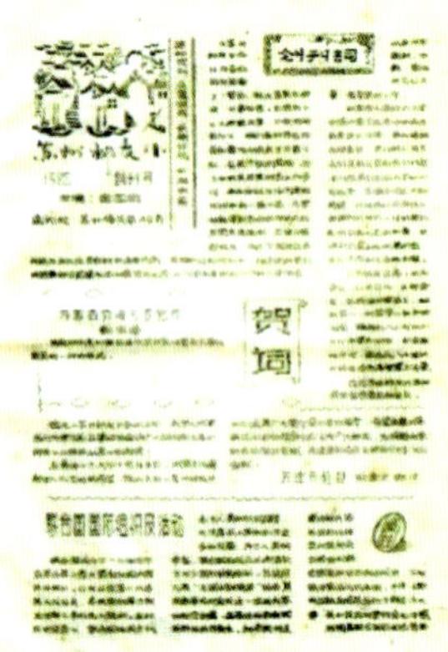
图 5-293 《苏州邮友》

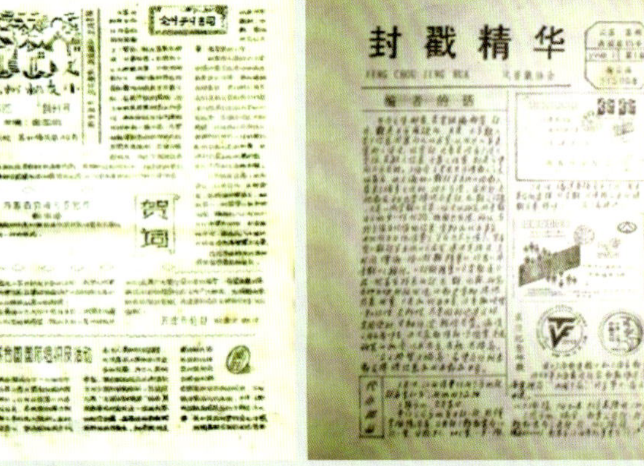

图 5-294 《封戳精华》

图 5-295 《宝带集邮》

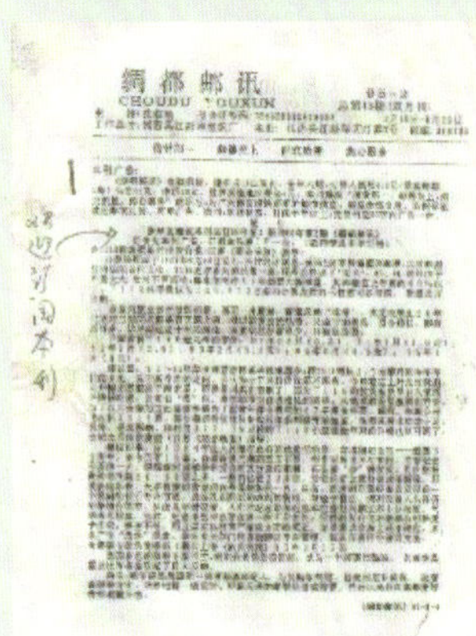

图 5-296 《绸都邮讯》

◆《笔峰邮趣》（图 5-292），由昆山魏贤德、严福洪、蒋正龙担任主编，于 1983 年 12 月创刊。该刊物为月刊，至 1990 年共出版 46 期，1990 年后由蒋正龙专办，成为商品性邮刊。

◆《苏城邮讯》，由许英担任主编，于 1987 年 4 月创刊。该刊物为 16 开 10 版油印，目前仅见 1 期，内含“卖品目录”。

◆《苏州邮友》（图 5-293），由金国良担任主编，于 1988 年创刊。该刊物为月刊，手写油印版，16 开，1988—1990 年出版 1—30 期。之后，该刊物成为商品性邮刊——《苏州邮友》，16 开 4 版铅印，报纸型，于 2007 年出版第 1 期。

◆《姑苏邮苑》，由章维伟担任主编，于 1989 年创刊。该刊物为 16 开 4 版油印，于同年 10 月发行第 3 期。

◆《封戳精华》（图 5-294），由陶安强担任主编，于 1990 年 7 月创刊。该刊物为月刊，16 开 8 版，至 2004 年 1 月停刊，共出版 212 期，历时 14 年。该刊物初为手工刻写油印，自第 91 期起采用计算机排版。1995—2002 年，《封戳精华》连续 6 次获评“全国十佳民间邮刊”。

◆《宝带集邮》（图 5-295），由赵自恒担任主编，于 1992 年 1 月 5 日—1997 年 6 月 6 日共出版 21 期。

◆《绸都邮讯》（图 5-296），由沈叙松担任主编，于 1992 年 11 月 10 日创刊。该刊物为 16 开双月刊，采用计算机排版，单面油印，内含“邮品栏”，截至 1995 年 3 月共发行 15 期。

◆《云岩邮缘》，由张建巍担任主编，于1993年创刊。该刊物为双月刊，16开4版胶印，内含“邮品栏”，截至1994年6月共发行7期（图5-297）。

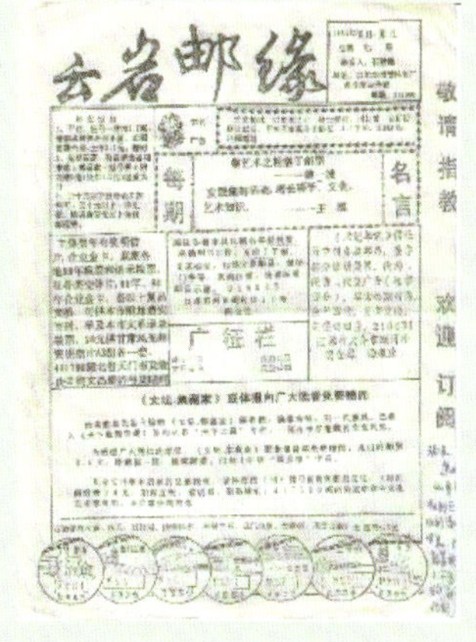

图5-297　《云岩邮缘》

◆《蝴蝶邮苑》（原刊名《姑苏邮苑》《姑苏昆虫邮苑》）（图5-298），由邹子阳担任主编。1993年，该刊物创刊后，初名为《姑苏邮苑》，自第10期起更名为《姑苏昆虫邮苑》，至第12期休刊，6年后以《蝴蝶邮苑》刊名复出，于2011年第27期停刊。

《姑苏邮苑》正式创刊前，曾于1991年7月和1992年10月各出版1期油印版。该刊物为16开4版，未编期号，主要内容有外国地名邮票译名表、邮票上的蝴蝶、邮票的护理、背胶的防护等。

《姑苏邮苑》于1993年2月创刊，16开4版胶印，左面留有装订线，在装订线内设有《空中桥梁》栏目，刊登广告。该刊物为双月刊，采用计算机排版，由郭润康题写刊名。1993年2月—1994年10月，该刊物共出版9期，其中第6、第7期为合刊。

《姑苏昆虫邮苑》于1995年2月创刊，16开4版胶印。该刊物为双月刊，采用计算机排版。主办人为邹子阳，责任编辑为翟瀚，顾问为刘云松、邱守思、寿建新、张巍巍、李孟阳（台），由黎再鸣题写刊名。1995年2月—1996年4月，该刊物共出版3期，总期号接续《姑苏邮苑》。

《蝴蝶邮苑》于2003年1月创刊，16开4版胶印，不定期出版，由贺浦林题写刊名。该刊物设有《蝴蝶世界》《蝴蝶与人文》《蝴蝶与科技》《蝴蝶与文学》《蝶邮欣赏》等栏目。2003年1月—2011年10月，该刊物共出版15期（内含2004年英文版1期），总期号接续《姑苏昆虫邮苑》，其中合刊两次：第6、第7期（总第19、第20期）和第11、第12、第13、第14期（总第24—第27期）。该刊物有“彩色珍藏版”和“普通胶印版”两种版本，彩色珍藏版仅赠送邮文作者，不接受订阅。《蝴蝶邮苑》另出版大16开增刊2册，即《早期蝴蝶邮品汇编》《蝶蛾世界》。2003年9月和2004年7月，还出版2期《号外》。

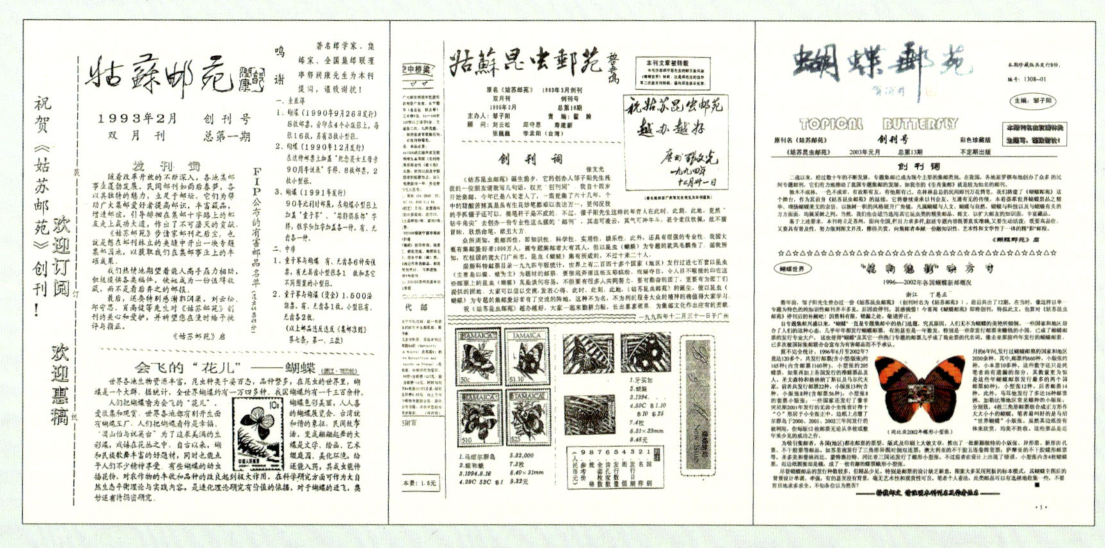

图5-298　《姑苏邮苑》《姑苏昆虫邮苑》《蝴蝶邮苑》

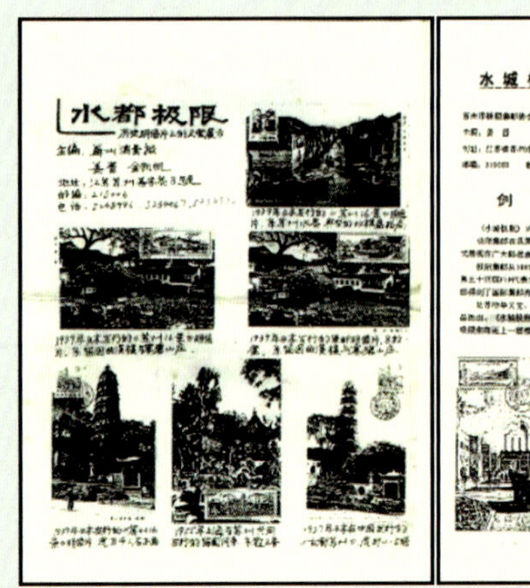
水都极限

水城极限

创刊词

图 5-299 《水都极限》《水城极限》

◆《水都极限》《水城极限》（图 5-299），于 1993 年 11 月前后创刊，前刊由姜晋、金凯帆担任主编，后刊由苏州市极限集邮协会（筹）主办，两刊均为双月刊。

极限研究

创刊词

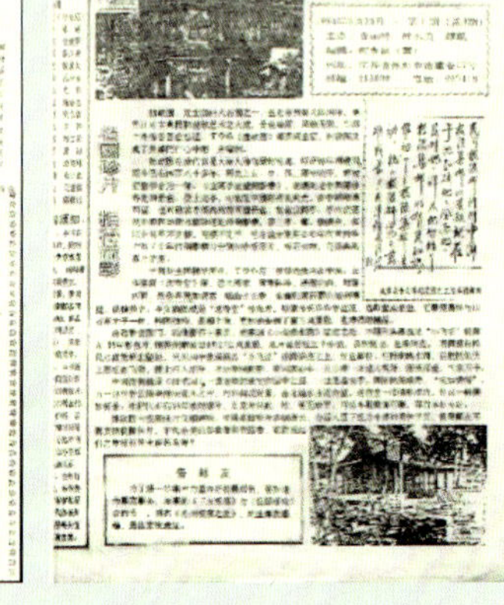
苏州极限之友

图 5-300 《极限研究》　图 5-301 《苏州极限之友》

◆《极限研究》（图 5-300），由方寸担任主编，于 1993 年 12 月 12 日创刊，16 开 4 版胶印，内含“代售栏”。1995 年 9 月发行第 8 期，该期广告云：由《苏州极限之友》《姑苏极限》《极限研究》共同筹建的“华夏极限集邮”联谊会正在紧张地筹备。

◆《苏州极限之友》，由曹国清、时永良、顾珉主办，于 1994 年 3 月 25 日创刊。该刊物为双月刊，16 开 4 版胶印。其中 1、4 版为邮文，2、3 版是售品、换品目录。《苏州极限之友》第 1 期《告邮友》云：为进一步集中力量办好极限邮刊，更好地为邮友服务，原来的《三友极限》与《极限研究》合二为一，刊名为《苏州极限之友》。创刊号承接前述诸刊编为总第 4 期（图 5-301），至 1995 年 9 月 5 日（总第 12 期）共出版 9 期。

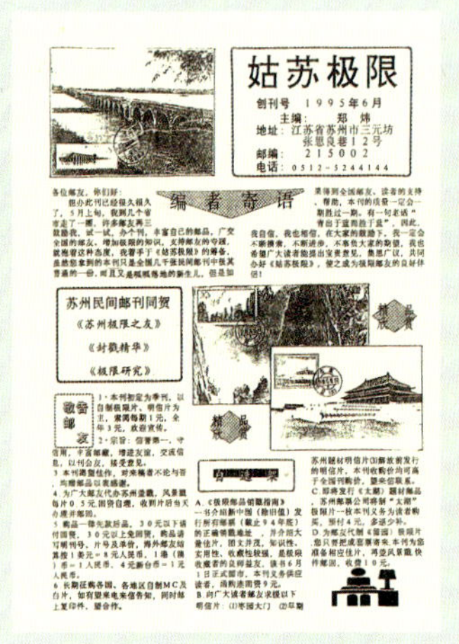
姑苏极限

创刊号 1995年6月

主编：郑炜

地址：江苏省苏州市三元坊张思良巷12号

邮编：215003

编者寄语

苏州民间邮刊简贸

苏州极限

图 5-302 《姑苏极限》　图 5-303 《苏州极限》

◆《姑苏极限》（图 5-302），由郑炜担任主编，于 1995 年 6 月创刊。该刊物为 16 开 4 版胶印，内含“售品栏”，印量为 1 200 份，截至 1997 年 12 月共出版 13 期。

◆《苏州极限》（图 5-303），由时永良担任主编，于 1995 年 1 月创刊。该刊物为双月刊，16 开 4 版胶印，内含“代售品目录”，于 1999 年 2 月停刊，共出版 13 期。

◆《明信片》，由陈苏勇担任主编，于 1997 年 1 月创刊。该刊物为 16 开 4 版胶印，内含“售品栏”。

◆《四季集藏》（图 5-304），由钱延林担任主编，于 1997 年 7 月创刊。该刊物为 16 开 4 版胶印，于 2003 年总第 14 期后停刊。

◆《世纪邮潮》（图 5-305）（原刊名《水乡邮报》），由吴江徐鹏担任主编。2001 年 1 月总第 20 期为双月刊，8 开 8 版铅印，内含“售品栏”。

四季集藏

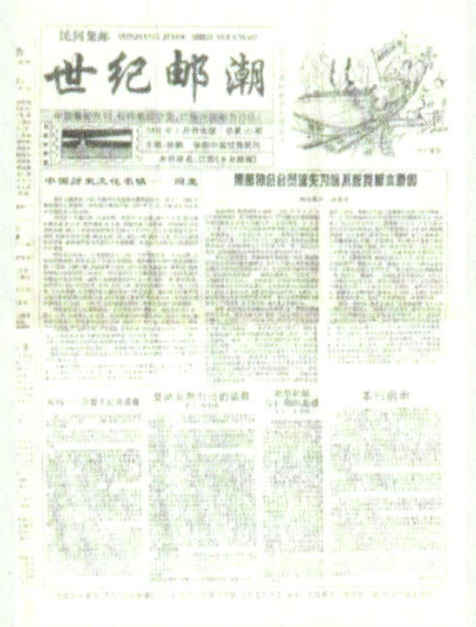
世纪邮潮

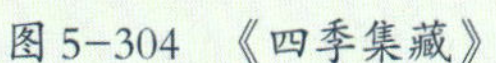
图 5-304　《四季集藏》　　图 5-305　《世纪邮潮》

◆《华太集邮》，由黄水明担任主编，于 2003 年 2 月试刊，2003 年 5 月创刊。

◆《邮之旅》，由王平担任主编，于 2004 年 1 月 25 日试刊，试刊 3 期后于 3 月 10 日出创刊号（总第 4 期）（图 5-306）。该刊物为 16 开 4 版胶印，不定期出版，截至 2010 年共出版 168 期。这是一份以宣传集邮文化为宗旨的集邮散文小刊。

邮之旅

快乐邮人的快乐邮刊

——初识《邮之旅》

图 5-306　《邮之旅》创刊号

◆《水乡邮趣》，由唐孝飞担任主编，于 2008 年 1 月创刊（图 5-307）。该刊物为季刊，16 开 4 版胶印，每期均为套红印刷，印量为 1 000 份。每期刊头都由中华全国集邮联合会会士题写，使读者在阅读邮文的同时可以享受到名家手迹，这也是该刊物的一大特色，已见题眉会士先后有郭润康、林衡夫、欧阳承庆、赖景耀、刘广实、周治华、李伯琴、马骥、马佑璋、黎泽重、张雄、刘佳维、孙少颖、唐无忌、王景文、吴廷琦、李鸿远、管载仁、白歌乐、李世琦、葛建亚、李汇祥、杨桂松、瞿百顺、冯舒拉、林霏开、李近朱、王新中、田润普、王宏伟、柯愈劲、李秋实、施邑屏、林轩、邵林、魏文彬、龚振鑫、孙海平、李毅民、焦晓光。

水乡邮趣

邮人颂"邮会"

创刊词

邮苑添雅趣　味自然韵

图 5-307　《水乡邮趣》创刊号

2010 年，《水乡邮趣》在无锡举办全国民间集邮文献邀请展上获报刊类三等奖，至 2017 年 10 月共出版总第 40 期。

20 世纪 90 年代，“以邮养邮”编出邮刊者不在少数，并且产生了以邮为业者，随之出现了纯商品性邮刊。如：方守忠的《绿杨特种集邮》《绿杨邮社售品目录》，陈立秀的《东吴极限》，道文进的《弇山邮刊》，袁云华的《外邮调剂目录》《苏春国外专题邮票目录》，朱文彪的《英国和英联邦邮票专刊》《北欧专题邮票备品单》，王光裕的《苏州邮币》，俞卫国的《吴门邮讯》，等等。

郑军的《集邮报刊目录（1977—2006）》（2009 年版）著录苏州地区发行的邮刊 156 种，其中多半为民办邮刊（含售品目录）。除上述邮刊之外，余下的因为信息不完整，不再列举。

第五节　集邮文化先进城市建设

一、集邮活动在工矿企业蓬勃开展

改革开放为集邮活动的恢复和发展提供了合适的土壤。1979 年 6 月，中国邮票总公司成立。1982 年 1 月 30 日，中国集邮史上第一个全国性集邮组织——中华全国集邮联合会在北京宣告成立。从此，集邮活动依托各级邮政部门的支持方兴未艾。在古城苏州，工矿企业集邮活动蓬勃开展。

图 5-308　苏州市粮食系统集邮协会

1. 集邮组织不断涌现，面广量大

20 世纪 70—80 年代，苏州的一些集邮爱好者已开始自发组织集邮活动。1981 年 1 月 1 日，苏州市工人文化宫集邮研究会成立。7 月 1 日，苏州市第一个工矿企业集邮组织——苏州钢铁厂职工业余集邮小组成立。12 月，苏州市区第一个系统集邮组织——苏州市粮食系统集邮协会（图 5-308）成立（下辖苏州面粉厂、苏州 1603 仓库、苏州粮油厂、苏州粮油供应公司、苏州娄门粮库、苏州葑门粮油库、苏州第二米厂、苏州第二饲料厂等企业集邮组织）。1982 年 12 月，苏州市邮票公司成立，集邮爱好者有了购买邮票的场所，集邮队伍迅速壮大。1982 年 12 月—1983 年 9 月，苏州长风机械总厂、苏州锁厂、苏州第一染织厂等企业先后成立集邮组织。

图 5-309　苏州冶金机械厂集邮分会成立 20 周年合影

1983 年 10 月 23 日，苏州市集邮协会的成立吹响了工矿企业集邮活动的进军号。群众性集邮活动随着改革开放的不断深入在全市工矿企业范围内蓬勃兴起。

1983 年 11 月—1985 年 3 月，苏州地质勘探大队、苏州纺器厂、苏州高岭土公司、苏州纺机厂、苏州第一电子仪器厂、苏州平江医院、苏州第二水泥厂、苏州炭黑厂、苏州表牌厂、苏州冶金机械厂（图 5-309）、苏州钢铁厂、苏州锁厂、苏州第一染织厂、苏州第一光学仪器厂、苏州机电设备公司、苏州矿山设计院、苏州砂轮厂、苏州丝绸印花厂、苏州造船厂、苏州长风机械总厂、苏州试验仪器厂、苏州金阊区医院、苏州传染病医院、苏州助剂厂、苏州丝织试样厂、苏州第一丝厂、苏州轻工电机厂、苏州机床厂、苏州阀门厂、苏州化工厂、苏州市粮食系统、苏州北塔房管所、苏州光明丝织厂、苏州市机械系统、苏州市交通系统、苏州市医药系统、苏州合成化工厂、苏州轻工金属厂、苏州纺站、苏州链条厂、苏州印刷厂、苏州溶剂厂、苏州刀厂、苏州造漆厂、苏州第三塑料厂、苏州市第三人民医院、苏州打字机厂、苏州市东吴酒厂、苏州市港务运输车队、苏州市工人文化宫等 50 家企业的集邮组织成为苏州市集邮协会第一批团体会员。

1985 年 4 月—1986 年 5 月，苏州市校办工业公司、望亭发电厂、苏州织锦厂、苏州磁头厂、苏州第二印染厂、苏州市政公司、苏州江南无线电厂、苏州电子计算机厂、苏州半导体总厂、中国乡镇企业联合总公司华东分公司（苏州）、苏州市普济医院等 70 家企业的集邮组织成为苏州市集邮协会第二批团体会员。在这两批团体会员中，工矿企业的有 120 个，占比高达 92%。

苏州市机械系统、苏州市交通系统、苏州市医药系统、苏州市丝绸系统、苏州市工艺系统、苏州市轻工系统等把开展集邮活动作为精神文明建设的重要内容，由工会牵头，整合系统内集邮组织，为他们提供活动场地、经费、人员，并成立系统集邮组织。继苏州市粮食系统集邮协会成立之后，苏州市机械系统集邮协会（下辖苏州互感器厂、苏州第二电表厂、苏州化工机械厂、苏州照相机厂、苏州电工仪器厂、苏州开关厂、苏州变压器厂、苏州动力机器厂、苏州仪表元件厂、苏州电气控制设备厂、苏州锅炉厂、苏州继电器厂、苏州试验仪器厂、苏州电线厂、苏州轴承厂、苏州电力电容器厂、苏州第二阀门厂、苏州燎原电器厂、苏州高中压阀门厂、苏州第一电子仪器厂等的集邮小组），苏州市交通系统（下辖苏州航运公司、苏州航政处、苏州轮船公司、苏州客运分公司、苏州港务处、苏州汽车货运公司等的集邮小组），苏州市医药系统（下辖苏州第一制药厂、苏州第二制药厂、苏州第三制药厂、苏州第四制药厂、苏州第五制药厂、苏州雷允上制药厂、苏州勤俭制药厂、苏州药材站、苏州医药站、苏州医药中专学校、苏州医疗用品厂、苏州医疗器械厂等的集邮协会）成立。

1986 年 6 月—1999 年 12 月，苏州市丝绸系统集邮协会（下辖苏州丝绸印花厂、苏州振亚丝织厂、苏州光明丝织厂、苏州新苏丝织厂、苏州新光丝织厂、苏州第三纺机厂、苏州丽华丝绸印染厂等的集邮组织），苏州工艺系统集邮协会（下辖苏州第一民族乐器厂、苏州绢花厂、苏州织锦厂、苏州刺绣厂、苏州恒孚银楼、苏州工艺鞋厂、苏州儿童用品厂、苏州刺绣研究所、苏州第一工艺服务公司、苏州花线厂、苏州国画颜料厂、苏州红木雕刻厂、苏州工艺研究所、苏州玉石雕刻厂、苏州工艺装备公司、苏州西乐器厂、苏州美术地毯厂等的集邮组织），苏州市轻工系统集邮协会（下辖苏州锁厂、苏州第三塑料厂、苏州第一轻工业电机厂、苏州手表总厂、苏州五金工业公司、苏州衡器厂、苏州第一眼镜厂、苏州表牌厂、苏州第六塑料厂、苏州制刀总厂、苏州厨房设备厂、苏州指甲钳总厂、苏州华盛造纸厂、苏州百畅塑胶公司、苏州打字机厂、苏州红叶造纸厂、苏州第九塑料厂、苏州月中桂日用化工厂、苏州罐头食品厂等的集邮组织），苏州市纺织系统集邮协会（下辖苏州化学纤维厂、苏州第四纺织机械厂、苏州毛巾厂等的基层集邮组织）成立。与此同时，苏州金塔电子公司、苏州录像机厂、苏州公交公司、苏州茶厂、苏州无线电四厂、苏州搪玻璃设备厂、苏州供电局、苏州铸造机械公司、苏州金属材料公司、苏州特种油品厂、苏州棉麻公司、苏州市建筑材料服务部、苏州浒墅关自来水厂、苏州生物化学制药厂、苏州饮食服务公司、苏州日杂公司、苏州经济技术发展总公司、苏州外贸轻工业品进出口公司、苏州矿山设计院、苏州工贸合营第八塑料厂、苏州市公路管理处、苏州低压电器厂、苏州毛巾厂、苏州市第二人民医院、苏州石油分公司、永久自行车苏州股份有限公司、苏州热工控制设备厂、苏州树脂厂、苏州玻璃厂、苏州针织总厂、苏纶纺织厂、苏州排须花边厂、苏州农业药械厂、苏州姑苏房地产开发公司、苏州热工研究所、苏州火车站及电务段和工务段、东传公司苏州汽配分公司、苏州市汽车出租公司、中外合资苏州庆谊包装容器有限公司、中新合资企业特雷卡电缆有限公司、中国人民银行苏州市分行、中国建设银行苏州分行、中国工商银行苏州分行、中国农业银行苏州分行等 46 家企事业单位也成立了集邮组织。1986 年 10 月，平江区职工集邮协会成立，并举办区内企业首届职工集邮展览。1989 年 3 月 18 日，苏州钢铁厂、苏州高岭土公司、苏州地质勘探大队、苏州华盛造纸厂、苏州红叶造纸厂等成立了浒墅关地区集邮协会。2002

年10月13日，苏州工业园区的中外合资企业苏州胶囊有限公司集邮分会成立。2005年8月20日，苏州高新区台资企业集邮分会成立。此外，集邮活动还扩展到企业残疾职工。2008年6月23日，苏州市残疾人联合会举办“残疾人情系奥运”集邮展览。

综上所述，苏州工矿企业集邮组织不仅起步早、数量大，范围广，而且在全民所有制企业、集体企业、中外合资企业、台资企业，在部、省、市、区属企业各条线和区块上都有集邮组织。参与其中的有企业领导、中层干部、工程技术人员、普通职工、临近退休的老同志。而未建立集邮组织的企业也有数量可观的集邮爱好者。

2. 部、省、市属企业与苏州市各系统集邮组织是主力军

部属驻苏企业是苏州集邮的生力军。20世纪80—90年代，部属驻苏州企业主要有航空航天工业部苏州长风机械总厂、核工业部苏州阀门厂、林业部苏州林业机械厂、电力工业部望亭发电厂。这些企业职工人数多，工会组织健全，集邮爱好者众多。1982年12月—1985年4月，这些企业先后成立了集邮组织。企业党委把集邮活动作为加强企业思想政治工作和社会主义精神文明建设的重要一环，工会把集邮活动作为提升职工素质、活跃职工业余文化生活的重要内容，党委书记、厂长、工会主席分别担任集邮协会名誉会长、会长、顾问、理事。苏州阀门厂党委书记徐铮、望亭发电厂副书记徐经华身体力行，不仅支持集邮协会工作，还积极参与各项重大集邮活动。这些集邮协会组织健全，一般分设研究组、组织组、宣传组。望亭发电厂还设立财务、邮务组、学术组、会刊组。这些集邮协会日常工作由工会牵头，理事会具体负责实施。上述4厂坚持自愿、多样、节约等原则，开展各项集邮活动。

图5-310　苏州阀门厂集邮协会活动纪念戳章

苏州阀门厂因党委和工会的全力支持，开展集邮活动的场所、经费、时间都可以得到保障，集邮协会的活动如火如荼地进行。在20世纪80年代，会员人数从30人增加到114人，前3届集邮展览展品数从首届的700枚邮票（10余框）发展到第3届的近2 000枚邮票、近200枚封片（33框）。此外，会员还编写会刊、组织邮识讲座、开展邮品交流，并踊跃参加苏州市集邮协会组织的各项集邮活动。一旦遇有重要的邮事活动，集邮协会还会刻制活动纪念戳章（图5-310）。

苏州阀门厂、苏州林业机械厂、苏州长风机械总厂地处原平江区，3厂因距离较近，经常联合开展活动。1988年8月7日，3厂联合举办首次个人邮票竞拍活动，并刻制2枚纪念戳。1987年，3厂派代表参加苏州市首届“集邮与知识”竞赛。其中，苏州长风机械总厂、望亭发电厂获团体一等奖，苏州林业机械厂、苏州阀门厂获团体二等奖。1991年，在“集邮与党的知识”大奖赛活动中，3厂共同向苏州市竞赛办公室寄送答卷119份，其中，苏州林业机械厂以49份居全市各集邮协会之首。1991年10月10日—15日，3厂在苏州阀门厂联合举办集邮联展，共展出21个专题、279个贴片，1 451枚邮票、78枚小型张、124枚邮资封片。苏州市集邮协会副会长汪日荣、邓树镛，苏州市邮票公司领导、3厂党委工会领导和兄弟集邮协会参加开幕式，并欣赏3厂联合集邮展览纪念封（图5-311）。望亭发电厂集邮协会通过举办邮票交换日活动，开展集邮知识竞赛，组织会员参加每年的最佳邮票评选，着力提高职工集邮水平。苏州阀门厂、望亭发电厂、苏州林业机械厂十分重视创建“集邮者之家”活动。1990年6月，《苏州集邮》在头版介绍苏州阀门厂创建“集邮

者之家”的做法。1990 年 7 月 28 日，苏州市“集邮者之家”首家命名仪式在苏州阀门厂举行，苏州市委副书记周治华、苏州市委宣传部、苏州市总工会、苏州邮电局领导到会祝贺。苏州日报社、苏州电视台派记者专程到现场进行报道。苏州市委常委、宣传部部长范廷枢在现场题词“集邮有益，知识无穷”。不久，望亭发电厂、林业机械厂也先后创建了“集邮者之家”。

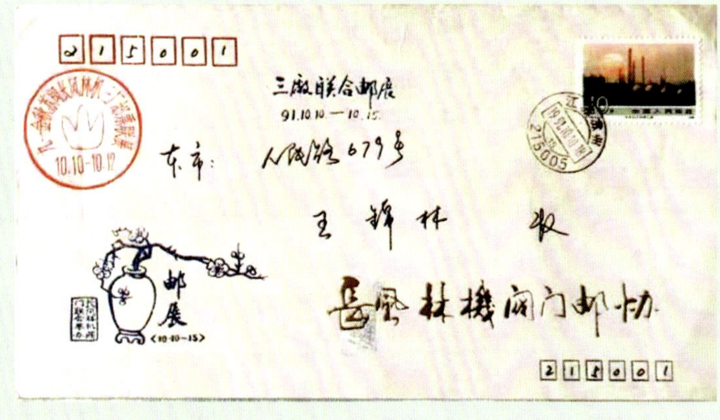

图 5-311　苏州阀门厂、苏州林业机械厂、苏州长风机械总厂 3 厂联合集邮展览纪念封

1984 年 6 月 30 日，苏州市机械系统集邮协会作为一个行业性的集邮组织成立。在苏州市机械局党政、工会的关心与指导下，集邮活动走上了有序发展的轨道。理事会和基层单位集邮协会负责人严于律己、以身作则，会长宋顺馥、副会长唐荣忠先后被中华全国集邮联合会授予“全国集邮先进个人”称号。苏州试验仪器厂王柏生、苏州仪表元件厂沈善法被江苏省集邮协会授予江苏省“集邮先进个人”称号。时年 72 岁的王柏生编组的《奥运会历史》邮集，在第 11 届亚洲运动会国际体育集邮展览中获铜奖，开创了苏州市在国际集邮展览中获奖的先例。苏州机械系统集邮协会在开展活动时，总是预先向党政领导、工会领导汇报，组织重大活动时，主动邀请党政领导、工会领导到场，始终把争取得到领导的支持作为一项要务。1985 年 7 月 9 日—12 日，苏州试验仪器厂举办首届邮票展览，共展出 14 个基层集邮组织提供的 5 000 多枚邮品。1997 年 12 月 8 日，苏州机械系统集邮协会召开第四次会员代表大会，局工会主席戴行初亲自到会并发表讲话。会上共表彰了 7 个先进集体、7 名先进个人，有力地推动了该系统集邮活动的开展。鼎盛时期，苏州市机械系统集邮协会下属基层组织达 42 个，会员有 1 400 多人。1987 年，苏州市集邮协会第二次代表大会共表彰先进集体 21 个，该系统及其下属苏州砂轮厂、苏州第二电表厂、苏州互感器厂、苏州仪表元件厂均榜上有名，占被表彰单位总数的 23.8%。1987 年 11 月，苏州市机械系统集邮协会被中华全国集邮联合会授予“全国集邮先进集体”称号。

苏州市粮食系统集邮协会通过多种活动激发广大职工的集邮兴趣。1986 年 5 月，苏州市粮食系统集邮协会举办庆祝苏州建城 2 500 周年邮艺活动，共展出邮集 27 部，组织邮品调剂会，粮油厂工会主席袁景伟刻制了纪念戳，粮食局领导、基层干部及职工 300 多人参加了活动。1989 年 2 月 16 日，苏州市粮食系统集邮协会举办邮品首次拍卖活动。在拍卖的 105 项邮品中，有 90 项成交，成交金额近千元。苏州市粮食系统集邮协会不仅活动组织得有声有色，还十分重视和关心青少年集邮。苏州市集邮先进集体——苏州面粉厂集邮小组与邻近的苏州市葑门小学校结对子，通过邮集展示、集邮讲座、邮艺活动，送邮到苏州市杨枝小学、苏州市带城中心小学、苏州市燕家巷小学、苏州市觅渡小学等学校。

1984 年 10 月 1 日，苏州市交通系统集邮协会成立，并发行纪念封 1 枚。该协会不断加强组织建设，完善台账资料，针对基层特点，开展巡回集邮活动，积极进行集邮宣传，倡导正确的集邮道德观。该协会还支持基层集邮，比如把邮品分配给江苏省苏州市航道管理处等基层组织。1987 年 5 月 10 日，苏州市交通系统集邮协会举办集邮展览。1987 年 12 月，苏州造船厂被授予“苏州市集邮先进集体”称号。1990 年 5 月 6 日，苏州轮船公司举办首届集邮展览。至 1992 年 7 月，该公司的集邮会员从成立之初的 202 名增至 395 名。

1985年1月5日，苏州市医药系统集邮协会成立，并举办首届集邮展览。该协会于1987年被苏州市集邮协会授予“苏州市集邮先进集体”称号。1985年2月，该协会下属苏州第三制药厂举办迎新春集邮展览。1990年5月4日，苏州第四制药厂集邮兴趣小组成立，苏州市医药系统集邮协会会长、苏州医药总公司副总经理姚福汉、工会主席顾培希参加成立大会。因活动成果显著，该厂集邮小组被授予“苏州市集邮先进集体”称号。

1986年9月17日，苏州市丝绸系统集邮协会成立，有基层集邮小组13个、会员300多人。该协会成立后先后在1986年、1987年、1988年、1989年举办了4届集邮展览。1988年12月28日，苏州市第三纺织机械厂、苏州市第一丝厂等10家单位在苏州市第三纺织机械厂俱乐部举行首次邮票拍卖会，共有300多人参加。会上共拍出邮品110项，成交金额达3 650元，《苏州日报》对此做了专题报道。1991年5月9日，该协会在苏州儿童用品厂举办邮品欣赏交流会，会员互相调剂邮品。苏州振亚丝织厂、苏州东吴丝织厂、苏州光明丝织厂、苏州新苏丝织厂、苏州新光丝织厂、苏州丝绸印花厂、苏州丽华丝绸印染总厂等厂集邮活动各具特色。在苏州市集邮协会成立10周年集邮展览上，苏州振亚丝织厂王振中的《中国人民邮政普票（1950—1970）》获传统类一等奖。

图5-312　苏州第一民族乐器厂集邮兴趣小组参观横塘驿站

1989年9月26日—10月26日，苏州工艺美术公司举办为期1个月的职工文化艺术节活动。此次活动的重要内容包括成立苏州工艺美术系统集邮协会，并举办首届集邮展览。集邮界前辈张包子俊、赵善长、居洽群、杨勇伟及江苏省集邮协会会长谭小为发函祝贺，甘肃省总工会主席王新中为本次集邮展览题词。苏州市工艺系统第一个成立的基层集邮组织——苏州第一民族乐器厂集邮兴趣小组自成立以来活动内容丰富：举办集邮展览，参观横塘驿站（图5-312），邀请苏州市集邮协会副会长邓树镛到厂内传授集邮知识，并参加市内各项集邮活动，还年年组织最佳邮票评选活动。1989年，全厂有171人参与投票。1993年，全厂有43%的职工参与评选活动。1998年1月，苏州市集邮协会将该基层集邮组织命名为“集邮者之家”。苏州花线厂、苏州美术地毯厂、苏州织锦厂、苏州绢花厂、苏州国画颜料厂等企业经常举办集邮展览、集邮讲座，苏州织锦厂与苏州绢花厂还联合举办新春集邮联展。

苏州市纺织系统集邮协会于1992年12月28日成立，苏州市邮票公司发行该协会成立纪念封。苏州市纺织系统集邮协会着力在服务上下功夫，不仅为会员办理年度邮品预订、集邮书籍代订，还积极组织制作计划外票品，开展内外交换调剂，有计划地举办规模不等的邮票展示、展览和专题性讲座。1991年9月，苏州毛巾厂举办“祖国风光”专题集邮展览，共展览邮票19框、162贴片。1992年4月12日，苏州化学纤维厂集邮协会成立，并举办首届集邮展览，党委书记徐尚礼被聘为名誉会长，陈镇厂长担任会长。苏纶纺织厂工会主席华建国为该厂集邮协会名誉会长，工会副主席顾侣娟担任会长。1993年1月，苏州化学纤维厂发行职工文化节纪念封。1995年5月，为庆祝建厂30周年，苏州化学纤维厂举办首届集邮展览，共展出本厂14名集邮者的16部、30框、270张贴片。1985—1998年，苏州纺织机械厂连续举办了6届集邮展览。2001年6月，苏州新苏纶纺织有限公司举办首届集邮展览。

苏州火车站及电务段、工务段、给水领工区集邮协会组织紧紧围绕运输中心，突出安全第一指导思想，开展集邮活动。该协会印制安全生产、行车安全、新客站建成等纪念封，彰显苏州铁路的辉煌。该协会将集邮融入企业中心工作，促进了企业的“两个文明”建设。苏州火车站先后获得“江苏省文明单位”“明星车站”等荣誉称号。

苏州钢铁厂、苏州冶金厂、中国高岭土有限公司等大型企业年年组织集邮活动，举办基层巡回集邮展览，壮大集邮队伍，稳步提升集邮水平，成为苏州工矿企业集邮的排头兵。

1991年9月28日，苏州市轻工职工美术书法摄影集邮协会（以下简称“轻工邮协”）成立，苏州市总工会副主席吴金龙、宣教部部长董柏年、轻工局工会副主席周涛、苏州市集邮协会副会长邓树镛参加成立大会。轻工邮协成立后，不仅努力加强基层组织建设，还不断开展争创集邮先进集体、个人的活动，并在基层组织大力发展新组织。该协会在建会初期有27个基层组织、270名会员，1996年年底已增至39个基层组织、810名会员。1987年10月6日—8日，苏州制刀总厂举办第二届集邮展览，全厂50%的人员参观了这次集邮展览，12个兄弟集邮组织前来观摩，苏州大学集邮协会还发来了贺信。1989年9月28日，工贸合营苏州市建文包装印刷厂举办庆祝中华人民共和国成立40周年集邮展览，并别具一格地印制相同图案、不同颜色的纪念封2枚。1990年9月，苏州第六塑料厂为配合首届职工文化周活动，举办了第三次集邮展览，并发动了全厂职工投票参与评选，该厂工会主席亲自为集邮展览纪念封题词。

不过可惜的是，在20世纪90年代中后期，苏州市轻工系统大部分企业改制、转制、破产、兼并、重组，工人下岗，邮市低迷，基层集邮协会活动几乎停滞，集邮骨干和会员大量流失；轻工业局内部改制，局工会撤并，集邮协会失去主管部门，集邮经费紧张，场所不再固定。在这样的情况下，轻工邮协迎难而上、集思广益、果断决策，前往社区推广集邮活动，同时扎根观景、佳菱、虹桥、金门等社区，把集邮融入街道和社区的精神文明建设，做到组织不散、集邮不断、活动不停。2004—2022年，轻工邮协连续4届被苏州市集邮协会授予“苏州市集邮先进集体”称号。

3. 注重活动实效，内容形式多样

苏州工矿企业集邮组织将集邮活动和思想政治教育相结合，推动企业中心工作，显示出以下六大特点。

（1）紧密配合党和政府中心工作

1991年，恰逢中国共产党成立70周年，各级集邮组织纷纷举办纪念活动：苏州工艺美术公司、苏州阀门厂、苏州林业机械厂、苏州供电局、苏州新苏丝织厂、苏州第二水泥厂、苏州热工研究所组织会员前往上海参观中华全国集邮展览；望亭发电厂、苏州制刀总厂、苏州丝绸印花厂、苏州高中压阀门厂举办集邮展览活动；苏州开关厂、苏州燎原电器厂、苏州电缆厂发行纪念封；苏州阀门厂、苏州电缆厂、苏州茶厂专门为会员实寄首日封；苏州市金属材料有限公司举办邮票观赏座谈会；苏州毛巾厂开展首次集邮知识竞赛；等等。

（2）紧密结合企业的生产经营活动

苏州工矿企业组织借助邮政的宣传渠道，与企业营销部门联手印发与推广企业纪念封片。1985年，苏州医药集邮协会成立，并发行纪念封（图5-313），该纪念封背面登载了苏州第四制药厂主打产品盐酸洁

图5-313　苏州医药集邮协会成立纪念封

图 5-314　苏州砂轮厂建厂 35 周年纪念封

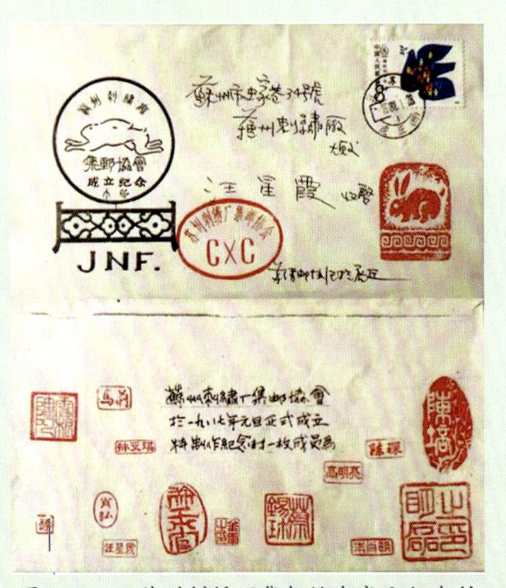

图 5-315　苏州刺绣厂集邮协会成立纪念封

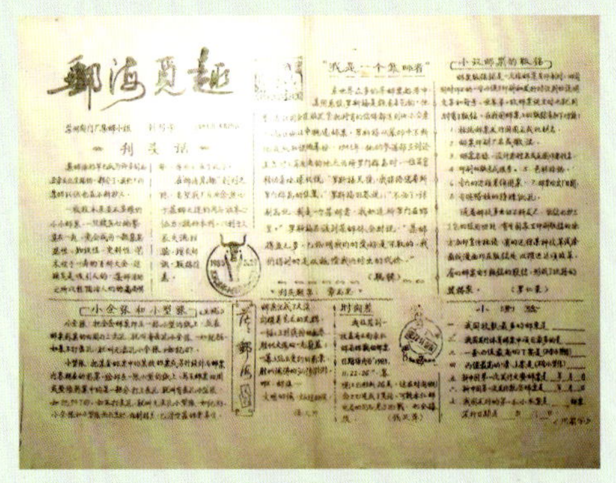

图 5-316　苏州阀门厂集邮小组创办的《邮海觅趣》

霉素的介绍；苏州砂轮厂集邮协会在其印制的建厂 35 周年纪念封（图 5-314）上介绍世纪珍邮红印花小壹圆四方连和本厂主要产品。苏州动力机器厂、苏州试验仪器厂、苏州仪表元件厂、江苏省骆驼集团、苏州茶厂等企业制作的集邮纪念封片均印上了企业简介和生产的主要产品，分寄全国各地，有的还寄往香港、澳门、台湾地区，此举不仅提高了企业的知名度，还增加了企业的经济效益。1990 年 9 月 10 日—16 日，苏州第六塑料厂举办“迎亚运、迎国庆”首届职工文化周活动。该厂集邮小组举办集邮展览，对参展邮集组织进行投票评选，并印制纪念封。

（3）充分发挥二级集邮组织的作用

苏州市商贸系统饮食服务公司集邮协会是二级集邮组织，既是苏州市集邮协会的基层组织，也是饮食公司基层集邮组织的指挥部。1992 年，苏州市饮食服务公司集邮协会成立后，积极发展会员，开展各项集邮活动。1993 年 7 月，该协会举办首届集邮展览时拥有会员 200 多人，遍及公司所属的 28 家网点。除组织邮集参加苏州市集邮展览之外，还总结了推广基层集邮协会的做法。例如，黄天源集邮小组首次举办集邮展览时，邀请苏州市集邮协会人员前来指导，组织基层集邮小组进行观摩，从整体上提高了小组成员的集邮水平。

（4）精心设计与印制纪念封，刻制纪念戳

苏州工厂企业适期组织召开会员代表大会，举办集邮展览，积极创建“集邮者之家”，在纪念苏州建城 2500 年、庆祝中国共产党成立 70 周年等活动期间，不失时机地印制纪念封，刻制纪念戳（章），并邀请擅长书法、绘画的人员参与其中，确保邮品的艺术性。例如，苏州市机械系统集邮协会成立封由著名版画家吴鸿彰设计，苏州金阊医院首届集邮展览封由吴敦木题词。又如，苏州刺绣厂集邮协会成立纪念封（图 5-315）的封面左侧印有精美的刺绣工艺品图案，图案上方是一个圆形的刺绣，绣面上有一只快速奔跑的兔子，下方印有“苏州刺绣厂集邮协会成立”字样。最令人叹为观止、别具匠心的是该纪念封的封背设计和布局是将 14 名首批会员的姓名分别刻成形状各异的 14 枚红色印章，极为少见。

（5）因地制宜编印集邮读物

1985 年 5 月 29 日，苏州阀门厂集邮小组创办刊物《邮海觅趣》（图 5-316），这个刊物是改革开放以来最早出现的厂矿基层集邮协会读物。1986 年 7 月，望亭发电厂编印《望电集邮》，内

设栏目有《集邮讲座》《新邮评论》《趣味集邮》《集邮常识》《集邮信息》等。苏州市机械、轻工等系统的集邮协会和基层集邮组织也编印了读物，比如苏州新苏丝织厂工会集邮小组编印了《知识窗》油印小报。苏州市华盛造纸厂、苏州刀厂、苏州打字机厂等企业编印的邮刊也各具特色。

（6）积极开展创建“集邮者之家”活动

为贯彻落实苏州市总工会关于“职工集邮必须做到三纳入：集邮活动纳入俱乐部活动内容，集邮‘建家’纳入工会‘建家’轨道，集邮文化纳入企业文化体系”的精神，认真做好基层“建家”工作，不断创新活动形式和内容，苏州工厂企业积极开展创建“集邮者之家”活动。例如，1991年，苏州互感器厂、苏州开关厂、苏州电气控制设备厂、苏州动力厂、苏州燎原电器厂、苏州电气总厂6个厂的集邮协会先后验收合格，均被命名为“集邮者之家”。苏州市机械系统集邮协会于1992年1月20日召开命名大会，发行纪念封（图5-317）1枚，以表祝贺。这项创建活动有力地促进了企业文化建设和精神文明建设。

图5-317　苏州市机械系统集邮协会“集邮者之家”命名纪念封

20世纪90年代末，苏州工业进入产业调整转型期，大批企业改制、兼并，工人下岗或提前退休，集邮骨干和会员大量流失，一些行业协会缺乏应对措施，集邮组织名存实亡。进入21世纪，经历了短暂改革“阵痛”的苏州工矿企业在外向型经济腾飞的推动下焕发新生，其集邮活动进入了平稳发展期。

二、校园集邮文化建设工程

1. 崇文重教：青少年集邮活动起步早、形式多、工作实

1980年9月，江苏省苏州中学率先建立由115名中学生自愿报名参加的课外集邮小组，这是改革开放以后苏州市第一家学生集邮社团，开创了“三定一记”[①]的校园集邮活动模式。朱九如老师悉心辅导学生编邮集、办邮展，成果丰硕：多部专题作品走出校园参加苏州市青少年和全市运动会集邮展览。张瑞霞（女）同学自编邮集《更快、更高、更强——奥运会单项比赛》入选1993年江苏省第4届集邮展览，并获得铜奖，她也成为苏州市青少年类邮集在江苏省集邮展览上获奖的第一人。曾为首批集邮小组成员的沈宗健同学，现任苏州市集邮协会常务理事、第一批“全国青少年集邮活动示范基地”学校——苏州市景范中学校党委书记。

1983年10月，苏州市第十二中学校萌芽少年集邮组成立，首批报名者多达63人。该小组每月活动1次，活动紧密配合课堂教育，以邮促学。1984年10月，该校开展“三热爱”活动，集邮小组自由结合、自行命题、自找邮品、自写说明，一个像样的专题邮展就办成了。1985年3月，该校举办了一次生物专题邮集比赛，组员积极参赛，共列专题38个，全校300名学生按年级、班级分批参观。该校的集邮公开课凸显了“以邮助教，以邮促学”的效果，得到专程前来观摩教学的苏州市教委、教科所及苏州市集邮协会领导和相关兄弟学校代表的肯定和赞赏。

① 三定一记：三定指定时、定点、定人。定时指每两周活动一次；定点指有集邮专用教室；定人指辅导教师十几年不变。一记指活动记档。

1984 年，吴江第一个学生集邮组织——苏州市吴江区同里中学集邮兴趣小组在吴县集邮协会与该校领导和辅导教师的关心与支持下，举办过两次以集邮作文为主，配以相关邮票和图片的展览；同年 10 月，该兴趣小组创办油印手写小报《同中邮讯》；1985 年 9 月 20 日—25 日，举办个人专题小型集邮展览，共展出由 12 名组员及 1 名辅导教师提供的 1 000 多枚邮票及 20 多个实寄封；10 月 31 日，邀请吴江县集邮协会副会长周一非来校开展集邮知识讲座；11 月，举办集邮知识竞赛，共有 38 人参赛，吴江县集邮协会为获奖者提供奖品和纪念品；1987 年 10 月和次年 2 月，叶斌同学和徐询同学积极参加“集邮给我智慧”青少年征文活动，其作文先后入选，并在《苏州集邮》专栏登载。

2. 奋力推进：苏州市集邮协会抓组建，树典型，促发展

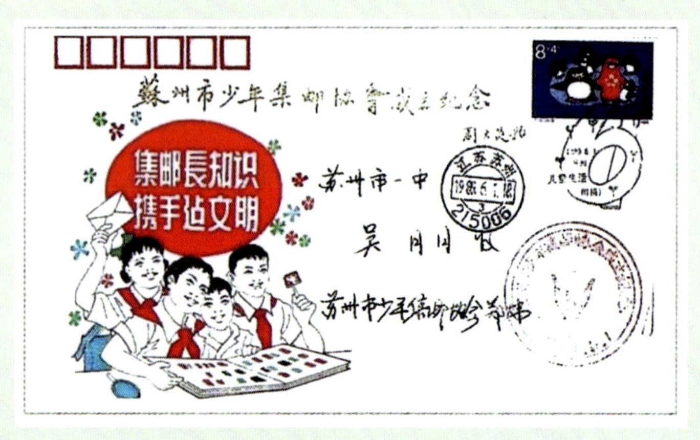

图 5-318　苏州市少年集邮协会成立纪念封

苏州市集邮协会自成立伊始就特别重视青少年集邮工作，积极指导和推动全市性青少年集邮组织的创建工作。1989 年 6 月 1 日，苏州市少年集邮协会在苏州第一中学校召开成立大会（图 5-318），选出由单蔚等 18 名师生组成的首届理事会，同时举办集邮展览，苏州市副市长周大炎及教育局、苏州团市委、苏州市集邮协会领导出席成立大会。其成员单位苏州市青少年活动中心第一次在“全市中小学第二课堂成果大检阅”时举办集邮成果展；同年 9 月，苏州市首届师生集邮展览亮相。1992 年，苏州市集邮协会用半年时间开展调查工作，于 12 月召开首次青少年集邮工作经验座谈会。苏州市区及各县（市）集邮协会领导、优秀辅导员和学生代表 30 余人介绍了以邮促学、厂校挂钩、社区联办、中心辐射、集邮办学的经验，并交流了妥善解决场地经费、配合“两史一情”（中国近代史、中国现代史与中国的基本国情）教育和开展青少年文化娱乐活动集邮宣传等方面的体会。6 月，苏州市代表戴咏梅在江苏省经验交流会上介绍了苏州市少年集邮协会的活动情况。10 月，《苏州市青少年集邮工作经验汇编》出版，副市长周大炎特为该书作序。

1993 年年底，苏州市集邮协会会同苏州市教委、苏州团市委联合发文，组建青少年集邮工作委员会，并于翌年 3 月 9 日宣告成立。5 月 3 日，由原苏州市少年集邮协会改组的苏州市青少年集邮协会正式诞生，首任会长为苏州市文明办副主任叶正亭。该协会开展了一系列集邮活动，诸如青少年集邮展览、集邮家庭联谊会、冬令营等。至此，苏州市青少年集邮工作进入组织健全、基础扎实的新阶段。同年 9 月，苏州大学在全省高校中率先开设集邮学基础选修课。不久，苏州城市建设环境保护学院、沙洲职业工学院紧随其后，也开设了集邮方面的选修课。至 1997 年年底，全市共有 30 多所大、中、小学开设集邮课程。

与此同时，苏州大市范围内的吴县、张家港、常熟、昆山、太仓、吴江均组建了青少年集邮协会。1994 年 3 月，吴县新区青少年集邮协会成立；1994 年 5 月 26 日，张家港市青少年集邮协会成立；1995 年 7 月 18 日，常熟市青少年集邮分会成立；1996 年 7 月 5 日，昆山市青少年集邮协会成立；1996 年 9 月 22 日，太仓市青少年集邮协会成立；2010 年 2 月 1 日，吴江市青少年集邮协会成立。在苏州市集邮协会和苏州市少工委的部署与支持下，苏州市青少年集邮协

会克服会员稳定性差、经济来源不足等困难，开展了一系列活动。如：1995年举办集邮夏（冬）令营，1996年举办苏州市青少年集邮（藏品）展，1997年举行青少年集邮工作座谈会，1998年举办苏州市青少年集邮知识竞赛活动，等等。1998年4月30日，苏州市青少年集邮协会第二次代表大会（图5-319）在苏州市教育局会议室召开，会长由时任苏州市教委副主任的谷公胜担任，从此青少年集邮各项工作得到教育局的大力支持。苏州市青少年集邮协会换届后，先后在全市范围内组织两次大规模、有新意的活动。一是1999年，在开设“编组邮集”培训班的基础上，于国庆前夕举办苏州市教育系统暨青少年集邮展览；二是2000年4月—6月，在苏州市集邮协会的全力支持下，成功举办“展望新世纪”纪念封设计大赛。

图5-319　苏州市青少年集邮协会第二次代表大会

当校园集邮文化建设开展得如火如荼时，以“先忧后乐”为校训、以“人文德育”为特色的苏州市景范中学校走在了全市前列。随着教育改革的不断深入和该校德育目标的确立，集邮活动已成为学校社会教育资源的有益补充。在历任校长的决策下，该校各班成立了集邮兴趣小组。自1999年起，该校试行集邮基础课程，特聘有集邮教学经验的退休教师上集邮示范课，并举办集邮作业、作品展评、集邮心得体会、小论文交流会、师生集邮联展、纪念封（邮戳）设计比赛、集邮知识讲座等活动，使学生的主体意识、兴趣爱好等在这些喜闻乐见、新颖活泼的活动中得到了发展。2002年年初，根据学校“以人为本，学会做人”的教学理念，该校集邮协会主动提出筹建苏州市少年邮局的设想，并很快获得苏州邮政局的批准。2002年6月1日，由苏州市景范中学校承办的江苏省首家少年邮局正式成立，初中生第一次走出校园，参加社会实践，参与集邮活动。2003年年底，苏州市景范中学校被命名为首批“全国青少年集邮活动示范基地”，该校邵苏萍老师应邀参加中华全国集邮联合会在广州召开的示范基地称号授予大会，并在经验交流会上发言。

2004年12月24日，苏州市青少年集邮协会召开第三次代表大会。经会议选举，最终产生以苏州市教育局副局长袁迪为会长，教育局工会副主席秦士钧为秘书长的新一届理事会，苏州市青少年集邮工作进入繁荣发展期。

2009—2012年，苏州市教育局和苏州邮政局连续4年联合发文，精心组织“集邮进百校”活动，年年将巡回集邮展览和普及讲座送进市区及各县（市）100余所中小学校，校园集邮文化建设高潮迭起。2009年，在苏州市教育局的全力支持下，苏州市景范中学校承办江苏省青少年集邮活动示范基地现场交流会暨江苏省青少年集邮工作委员会会议，江苏省教育厅纪工委书记蒋吉生、江苏省邮政公司副总经理、江苏省集邮协会会长陈洪涛、苏州市教育局局长鲍寅初、苏州邮政局局长潘裕宁及全省、市50余名代表出席会议，“景范经验”在江苏省得到推广。2012年6月1日—2日，在苏州市教育局的全力支持下，第二届全国少年邮局联谊会暨苏州市少年邮局成立10周年庆典在苏州市景范中学校隆重举行，中华全国集邮联合会会长杨贤足发来贺信，副会长王新中、江苏省集邮协会会长顾汶出席开幕式并发表讲话。来自全国16个省（区、市）、38个市（县）的45家少年邮局共150余名代表相聚苏州，交流工作经验，共商发展大计，对推动今后全国少年邮局的创新发展产生了深远影响。同年，在中华全国集邮联合会成立30周年纪念大会上，苏州市景范中学集邮协会被评为全国先进集邮组织。

同为全国青少年集邮活动示范基地的苏州市景范中学校和太仓市双凤中学开办少年邮局，让学生走出校园、参加社会实践、学会服务本领、锻炼生存能力的典型经验，已在苏州市获得推广，并取得了一定的成果。如：苏州市相城区北桥中学学生的邮文多次亮相《中国集邮报》，并在《江苏集邮》上发表；苏州市吴中区横泾中心小学校长亲自倡导“亲子一片贴”活动，加强家长对学校多样化素质培养的参与性和满意度。2012 年，两校相继成立少年邮局，并与苏州市吴江区盛泽镇中心小学、江苏省常熟职业教育中心校、常熟市练塘中心小学申报江苏省青少年集邮活动示范基地。其中，苏州市吴江区盛泽镇中心小学成为由团中央、中华全国集邮联合会授牌的首批“全国红领巾集邮文化体验行动示范学校”。

2014 年 8 月，按照苏州市集邮协会第八次代表大会关于持续推进青少年集邮工作的思路和江苏省集邮协会八届二次理事会议有关精神，苏州市集邮协会制定《苏州市青少年集邮文化推进规划（2014—2016）》（以下简称《三年推进规划》），并明确了三大主要任务的量化考核指标。

图 5-320　苏州市青少年集邮活动示范基地授牌仪式

为落实《三年推进规划》，配合 2016 年首届全国集邮周活动，在 8 月 7 日“少有所学”主题日，苏州市教育局、苏州邮政局、太仓市委宣传部联合在太仓市双凤中学举办苏州市青少年集邮工作经验成果交流会暨发展论坛（图 5-320），四市四区将集邮文化引入校园，并办出各自特色的 18 所中小学校代表及主（承）办单位相关领导共 60 余人参加了会议。会上，举行了江苏省青少年集邮活动基地授牌仪式。随后，各中小学校分享集邮经验与成果。在经验介绍环节，太仓市双凤中学把少年邮局办成“未成年人实践之旅的驿站”的创新之举，苏州市景范中学校重视少年邮局的规范化管理、坚持集邮上课堂与进课表的成功经验，苏州市吴江区盛泽小学根据小学生心智发展规律开展集邮特色教育，促进青少年学习成长的做法，让与会者耳目一新。在交流研讨中，苏州市吴江区盛泽第二中学、木渎镇青少年集邮协会、苏州市吴中区横泾中心小学代表分别介绍了本校（会）将学科知识融于一页贴片创作、跨校组织集邮进军营与夏令营、开展“给我的未来写封信”活动等的特色经验和成果，令人大受启发。江苏省常熟职业教育中心校和吴江区及昆山市、张家港市、太仓市的集邮协会代表就当前现状、存在问题和今后发展进行了有益的探讨。会议达成了“总结典型经验，推广成功做法，破解客观难题，推动创新发展”的共识，并取得了满意的效果。在这次会议的推动下，青少年集邮活动更显生机和活力。在江苏省首届青少年一片邮集制作大赛中，经苏州市集邮协会初审后选送的 30 部参赛作品获得亮眼的成绩：不仅拿下 5 个一等奖、11 个二等奖、7 个三等奖，而且包揽小学组 2 个一等奖和中小学组仅有的 2 个一等奖加特别奖。2017 年，在全国生肖邮票青少年创意设计大赛中，吴江区再获 1 金、4 银、13 铜的佳绩，吴江区教育局、邮政局按惯例将获奖作品制成 2.8 万枚邮资明信片，并举行隆重的颁奖大会，这也成为全区校园集邮的亮点；常熟市集邮进校园活动的辐射面已从中小学校延伸到职业学校和大专院校，苏州市集邮协会副会长徐宝煌成了各校争相邀请的集邮课客座教授；张家港市实行集邮协会与学校深度合作，开展 12 所学校巡展活动，并巡回播放全国青少年集邮活动示范基地——泰州市凤凰小学《集邮风采》录像片，起到良好的引领作用；太仓市大力推介太仓市双凤中学的示范经验，使集邮进校园、进课堂成为全市中小学校兴趣活动的首选和未成年人教育和社会实践基地；昆山市举办六一儿童节集邮知识竞赛，昆山市千灯中心小学校发动 940 名学生参加，50 名获奖学生赢得了特殊奖品——中秋纪念封；吴中区木渎镇青少年集邮协会连续 11 年在辖区内 9 个中小学校开展红色集邮展览、主题征文、设计比赛、辅导讲座、制片评选、知识竞赛、集邮夏令营和警民联欢等活动。

2019 年 1 月 7 日，由中华全国集邮联合会青少年集邮工作委员会为支持单位，生肖集邮研究会、苏州市吴江区教育局、苏州邮政局、苏州文化传媒有限公司主办，中国集邮报社、集邮报社、吴江区集邮协会协办，苏州市吴江区盛泽小学承办的第二届全国青少年生肖集邮联谊会在吴江隆重举行。中华全国集邮联合会青少年集邮工作委员会顾问王新中，江苏省集邮协会副会长葛建亚、杨桂松，集邮报社社长何成宏，生肖集邮研究会会长周治华、顾问沈荣法，苏州市集邮协会副会长汪日荣、郑炜，苏州市吴江区教育局、苏州邮政局领导和来自上海、山东、湖南、辽宁、河北、浙江、内蒙古、江苏的代表及吴江区各小学领导、吴江区集邮协会各分会代表近 200 人参加会议。在联谊会上，大连市沙河口区锦绣小学、扎兰屯市实验小学、嘉兴市集邮协会青少年工作委员会、苏州市景范中学校、南通市通州区石港中学、桐乡市振东实验小学教育集团凤鸣小学、昆山市城北中心小学和东道主苏州市吴江区盛泽小学 8 个单位进行了经验交流。江苏省内外多所学校还向苏州市吴江区盛泽小学赠送了有当地特色的集邮书刊。会议期间，与会代表参观了苏州市吴江区盛泽小学少年邮局、集邮阅览室及自办的生肖集邮展览，以及在“不忘初心　逐梦前行”江苏省第四届青少年一片邮集制作大赛中获奖的吴江学生作品展。顾问王新中祝贺本次联谊会圆满举行。

新冠疫情防控期间，苏州市青少年集邮活动仍在有条不紊地开展：每年一届的全国生肖邮票（附票）青少年创意设计大赛照常举办，且每年都有苏州学生的参赛作品“金榜题名”；苏州北桥少年邮局服务班子换届选举按惯例进行，还设计启用了多枚抗疫宣传戳；苏州市景范中学校“寻访范仲淹足迹之旅”集邮夏令营活动从未间断；苏州市集邮协会指派宣讲员带着红色主题邮集或 PPT 课件走进多所中小学讲授集邮思政课；在欢庆中国共产党成立 100 周年、喜迎党的二十大的日子里，苏州市上下联动，通过举办主题集邮展览、讲座（思政课）、党史与集邮知识竞赛等活动，对广大青少年进行党史教育和爱国主义教育。当疫情防控形势好转之际，苏州市各地学校、青少年集邮组织更是踌躇满志、快速行动。2022 年，新学年开启，“喜迎二十大　筑梦向未来”——张家港市第 10 届青少年书信大赛如期举行。组委会从 61 所学校选送的 7 万余件参赛作品中评出 198 件获奖作品。10 月 12 日，在苏州市少儿图书馆举行颁奖仪式；同时，“方寸记事　甲子回眸”纪念邮戳展校园巡展正式启动。11 月 9 日，由中华全国集邮联合会和中国邮政集团有限公司共同举办的《我用邮票讲故事——漫游科技世界》一页邮集作品征集活动获奖名单公布，苏州市吴江区盛泽第二中学学生应征作品成绩骄人，分别获得如下荣誉：“希望之星组”一、二等奖各 1 名，三等奖 7 名；“科技之光组”一等奖 1 名，二等奖 2 名。这些获奖学生为苏州市乃至江苏省青少年集邮赢得了荣誉。

3. 活动丰富多彩：亮点多、特色浓、成果丰

苏州市青少年集邮活动内容十分丰富，其中的重要项目有青少年集邮讲座与知识竞赛、青少年集邮展览与设计大赛、青少年集邮夏令营等。

（1）青少年集邮讲座（课程）与知识竞赛

开办青少年集邮讲座（课程）既是对青少年进行启蒙教育、普及基础知识、培养兴趣爱好的基本手段，也是校园集邮文化建设的重要一环。随着教育部门和社会各界对青少年集邮的日益重视与支持，每年全市各级集邮协会在学校课堂、青少年宫、社区暑期活动等场所举办的集邮讲座（课程）日益丰富。仅吴江地区，自 2010 年吴江市青少年集邮协会成立至 2018 年年底，累计举办的主题集邮讲座就多达 351 次。这些讲座通过精心制作的 PPT 和生动有趣的讲解，在为广大中小学生播下集邮种子的同时，也为校园集邮文化建设打下了良好的基础。苏州市夕阳红讲师团自 2009 年创建以来，不辞劳苦，自带邮品教具，为数十所中小学上门宣讲集邮知识（图 5-321）。

图 5-321　苏州市夕阳红集邮讲师团上门宣讲集邮知识

苏州集邮

苏州市集邮协会主办
1998 年 10 月出版第 5 期

（苏新出准印 JS—0400032）
（总第 81 期）（内部资料）

苏州市青少年集邮知识竞赛圆满结束

汪日荣

为了对广大青少年进行一次集邮的普及教育，为我市培养集邮后备力量，并选拔优秀选手参加明年二月举行的全省决赛，由市邮协和市青少年邮协联办的“苏州市青少年集邮知识竞赛”，9 月 27 日在苏州工业园区新城花园小学举行。来自市区三座中学和六县市青少年邮协的九支代表队参加了上午的预赛。经 24 道题笔试，苏州中学代表队以三人总分 298 分名列第一，景范中学、苏州一中、昆山市和太仓市代表队紧随其后进入决赛。在下午既紧张激烈又团结活泼的决赛中，五支参赛队同场斗智，互不相让，前三轮结束，各队得分不相上下。根据省赛组委会的统一部署，决赛上下半场间，穿插“中英文演讲比赛”，我市确定的题材是“黄山小版张”。苏州中学队以简洁的语言、丰富的联想、流畅的英语，赞美了世界自然与文化遗产之一“黄山”的雄伟和迷人，赢得了演讲比赛的最高分——30 分。决赛的下半场，是难度较高的连答、共答和风险题，上半场总分靠前的景范中学、苏州一中相继落马，各队得分逐渐拉开。最后，苏州中学队以 280 分高居榜首，昆山市队列第二，双双获一等奖；其余三队获二等奖；苏州中学袁璟以最高个人得分（80 分）获“优秀选手奖”。

市邮协名誉会长、市青少年邮协顾问周治华、市教委副主任、市青少年邮协会长谷公胜、市邮电局副局长、市邮协常务理事韩电及有关部门负责人观摩了整个决赛并为获奖队发奖。他们在讲话中一致勉励同学们在今后的集邮活动中获得更多的科学文化知识，使自己早日成为祖国的有用之材。

为了迎接明年元旦期间进行的江苏省苏南片（镇江）赛区的比赛，主办单位将于近期组建苏州市代表队，并进行两个月的强化训练，力争在分区赛上取得好成绩。

图 5-322　苏州市青少年集邮知识竞赛相关报道

青少年集邮知识竞赛是青少年集邮活动的常规事项和提高青少年集邮水平的重要举措，一直受到重视并贯彻始终。1987 年 5 月—10 月，中华全国集邮联合会、中央电视台、中国科学技术协会青少年工作部、中国通信学会、中国集邮总公司、中国邮票博物馆、集邮杂志编辑部等单位联合举办全国“邮票上的科学文化知识竞赛活动”，旨在向广大集邮爱好者，特别是向青少年普及科学文化知识和集邮知识。《苏州集邮》总第 12 期头版刊发相关信息，苏州市集邮协会于 5 月初—6 月底提前举办苏州市首届“集邮与知识”大奖赛。

为检阅和提高学生从讲座（课程）中了解与掌握集邮知识的程度，1998 年 9 月 27 日，由苏州市集邮协会和苏州市青少年集邮协会联合举办的苏州市青少年集邮知识竞赛（图 5-322）在苏州工业园区新城花园小学举行。来自苏州市区 3 个中学和各县（市）青少年集邮协会的 9 支代表队参加了预赛。江苏省苏州中学代表队以 3 人总分 298 分名列第一，苏州市景范中学校代表队、江苏省苏州第一中学校代表队、昆山市代表队和太仓市代表队紧随其后进入决赛。决赛在上、下半场间穿插进行“中英文演讲比赛”，并以“黄山小版张”为主题展开。江苏省苏州中学代表队以简洁的语言、丰富的联想、流畅的表达，赞美了世界自然与文化遗产之一——黄山的雄伟和迷人，赢得了演讲比赛的最高分 30 分。决赛下半场，各队得分逐渐拉开。最后，江苏省苏州中学代表队以 280 分位居榜首，昆山市代表队位列第二，二者双双获得一等奖，苏州市景范中学校代表队、江苏省苏州第一中学代表队、太仓市第三中学代表队获得二等奖；江苏省苏州中学袁璟同学以个人最高分（80 分）获得优秀选手奖。苏州市集邮协会名誉会长、苏州市青少年集邮协会顾问周治华，苏州市市教委副主任、苏州市青少年集邮协会会长谷公胜，苏州邮电局副局长、苏州市集邮协会常务理事韩电及有关部门负责人观摩了整个决赛，并为获奖队颁奖。

（2）青少年集邮展览与设计大赛

1989 年 9 月 10 日—11 日，苏州市教育系统集邮协会、苏州市少年集邮协会在苏州市文化宫联合举办苏州市首届师生集邮展览，并发行集邮展览纪念封 1 枚，设计者为我国著名邮票设计家孙传哲。

1995 年 12 月 8 日—9 日，苏州市青少年集邮展览顺利举办，周治华为该展览题名，并刻制纪念戳 1 枚，供集邮展览使用。

1999 年国庆前夕，苏州市青少年集邮协会举办苏州市教育系统暨青少年集邮展览（图 5-323），苏州市区及各县（市）教工、学生编组的 52 部邮集公开亮相。这不仅是对苏州市青少年集邮成果的一次大检阅，也为今后苏州市青少年集邮整体水平的提高夯实了基础。在江苏省第六届集邮展览上，苏州市共有 4 部青少年邮集分获镀银奖和铜奖。

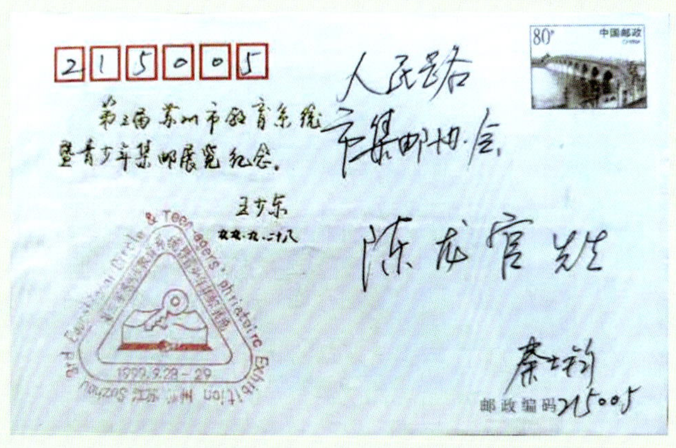

图 5-323 苏州市教育系统暨青少年集邮展览纪念封

2000 年，张家港市集邮协会和青少年集邮协会联合举办首届学校集邮巡回展，于 11 月 8 日—17 日在张家港市第一中学、张家港市第二中学、张家港市塘桥初级中学、张家港市鹿苑中学、张家港市兆丰艺术职业高级中学、张家港市暨阳实验小学等 12 所学校展出，万余名师生踊跃观展。之后，“快乐集邮”学校巡展连续多年举办，受到广大师生的热烈欢迎。

进入 21 世纪以来，对青少年集邮展览采取了普及与提高并重的方针，主要采取了以下举措。

一是倾力指导青少年组集参展，尤其鼓励综合集邮展览与其他展览同台竞技进行历练。2001 年 7 月 29 日—30 日，由中华全国集邮联合会、北京市邮政管理局、教育部基础教育司、团中央宣传部、少工委办公室、中国关心下一代工作委员会办公室联合主办，北京市集邮协会、中国儿童中心承办的“与世纪同行——2001 博美堂杯”全国青少年集邮展览在北京举行，苏州蔡利青同学的《箭楼邮资封》被江苏省集邮协会选送参展，并获优秀奖。二是借“生肖集邮”兴盛的东风，推动邮品设计大赛活动。为积极配合学校实施素质教育，让青少年学子有更多的机会参与集邮活动，苏州市青少年集邮协会与苏州市集邮公司、苏州市教委教研室于 2000 年 4 月下旬—5 月下旬联合举办苏州市青少年“展望新世纪”纪念封设计大赛（图 5-324）。来自苏州市区（51 所）及常熟（32 所）、张家港（20 所）、昆山（18 所）、太仓（21 所）、吴县（22 所）中小学校的 2 000 多份参赛作品，尽情地展示了青少年对 21 世纪的展望和对祖国美好明天的向往。经评委会评审，产生一等奖 1 名、二等奖 3 名、三等奖 6 名、优秀奖 10 名，有 100 名作者的作品入选。苏州市集邮协会顾问周治华、会长季心田、苏州市教委副主任谷公胜及苏州市美术家协会领导为获奖的 20 名同学颁发了证书和奖品。320 件优胜作品在六一儿童节期间展出 3 天，赢得了千余名学生和家长的好评。经组委会精心组织，截至 5 月 25 日，共收到中小学校参展作品近 2 000 份，作品反映了学生丰富的想象力。同年 6 月 1 日，在苏州市教工活动室举行了颁奖仪式。

苏州市青少年『展望新世纪』

纪念封设计大赛颁奖仪式举行

本报讯 6月1日，苏州市青少年“展望新世纪”纪念封设计大赛颁奖仪式在市教工活动室举行。苏州[illegible]会顾问周治华、苏州邮政[illegible]长、市邮协会长季心田，苏州市教委副主任、市青少年邮协会长谷公胜，市邮协副会长汪日荣、邓树镛，市美协副主席张晓飞、秘书长徐惠泉等出席仪式，并对获奖作者颁发了证书、奖品。

为积极配合学校实施素质教育，丰富青少年集邮活动，苏州市集邮公司、苏州市教委教研室、苏州市青少年集邮协会于4月下旬至5月25日联合举办苏州市“展望新世纪”纪念封设计大赛活动。经组委会精心组织，至5月25日，收到市区51个、常熟32个、张家港20个、昆山18个、太仓21个、吴县22个中、小学校参展作品近2000份。作品反映了学生丰富的想象力，题材有和平、环保、计算机世界，乃至外星球生活等。创作手法、绘画形式多种多样，尽情展示了青少年对新世纪的向往，对祖国美好明天的向往。经评委会评审，产生了一等奖1名，二等奖3名，三等奖6名，优秀奖10名；此外，还评出100名为入选作品作者。

图 5-324 苏州市青少年“展望新世纪”纪念封设计大赛

以中华全国集邮联合会青少年集邮工作委员会为支持单位的全国生肖个性化邮票青少年创意设计大赛创始于 2004 年，至今已连续举办 18 届，获得了许多省、市、县集邮协会及教育部门和中小学校的热烈响应，首届组委会办公室共收到 20 个省（区、市）128 所学校的 1 607 件参赛作品。按照组委会的策划，金奖作品经国家邮政等有关方面批准会作为附票图案呈现在个性化邮票上，同时生肖集邮研究会印制《金奖集明信片》，并将所有获奖作品在翌年 1 月 5 日的中华全国生肖集邮展览上展出，这极大地激发了全国青少年参与此项赛事的积极性。

2015 年 1 月 5 日，全国第 11 届生肖（丙申年）个性化邮票青少年创意设计大赛获奖作品展与中华全国生肖集邮展览同时举行。吴江连续 11 年参加此项大赛，各校在接到参赛的通知后，广泛动员学生参赛，对学生的设计作品进行精心指导，并选出优秀作品送至吴江区参加评选。吴江区教育局、吴江区青少年集邮协会共收到 48 所中小学上交的 289 幅作品，并组织专人对上交作品进行评选。经过多轮筛选和评比，评选出 105 幅较好作品作为吴江区获奖作品，又从 105 幅较好作品中选出 60 幅优秀作品参加全国第 11 届生肖（丙申年）个性化邮票青少年创意设计大赛。苏州市吴江区芦墟实验小学陈思危同学的作品获小学组金奖，苏州市吴江区实验初级中学冯奕珲同学的作品获中学组金奖，这是吴江连续 11 年获全国性大赛金奖。在全国第 18 届生肖（癸卯年）个性化邮票青少年创意设计大赛上，江苏省常熟市职业教育中心校沈越同学的作品喜获金奖。

（3）青少年集邮夏令营

2000 年，《苏州集邮》总第 92 期刊登《苏州市第二届青少年集邮夏令营开营》的消息。该消息称：苏州市集邮公司、苏州市教委教研室、苏州市青少年集邮协会联合举办的苏州市第二届青少年集邮夏令营于 7 月 21 日下午在苏州市迎枫饭店举行开营仪式，来自苏州市区和各县（市）中小学校的 19 名营员出席了仪式。为期 3 天的集邮夏令营活动丰富多彩，主要有以下活动：一是听取苏州市集邮协会副会长邓树镛主讲的集邮知识讲座；二是在苏州大学集邮协会会长盛惠良的引导下参观百年名校——苏州大学；三是游览昆山周庄、吴县甪直、吴江同里，感悟翌年将发行 3 镇题材邮票之意境。从这年开始，每年暑期举办一届集邮夏令营，尤其是 2011 年第 13 届夏令营苏州市区营员多达 112 名。

图 5-325　常熟市青少年集邮夏令营开幕式

周边县（市）同样重视该项活动，比如常熟市青少年集邮夏令营活动（图 5-325）至今已经连续开展了 26 期。2022 年 8 月，苏州市教育局、苏州邮政局与苏州市集邮协会围绕“喜迎二十大　筑梦向未来”主题，结合“七彩的夏日”暑期系列活动相关要求，联合开展了“强国复兴有我——品读历史，记忆‘邮’新”常熟市第 26 期青少年集邮夏令营活动，进一步丰富了全市青少年的暑期文化生活。

青少年集邮夏令营深受中小学生欢迎，并下延至基层，如苏州市景范中学校集邮协会自 2002 年 7 月起每年暑假都组织集邮夏令营活动，2021 年的活动主题是“景范中学寻访范仲淹足迹之旅暨 2021 集邮夏令营”专场。吴中区木渎镇青少年集邮协会在镇政府的大力支持下多年坚持组织青少年集邮夏令营，截至 2018 年已举办 11 届。

经过 10 多年的蓬勃发展，苏州青少年集邮活动结出累累硕果，已形成少年邮局、全国青少年集邮活动示范基地、集邮校本教材与集邮社团小报、特色邮戳等多个品牌和亮点。

① 少年邮局。

经苏州邮政局批准，江苏省首家少年邮局——苏州市少年邮局于 2002 年 6 月 1 日成立。由苏州邮政局与苏州市教育局联合主办，苏州邮政局城区营业分局、苏州市景范中学校承办，苏州市少年邮局成员由苏州市景范中学校学生担任，每周日在察院场邮政大楼营业大厅对外营业，服务范围包括国内平信、挂号信、印刷品的投递，出售邮票、少年邮局的邮品，以及宣传戳、风景戳、纪念戳的集邮盖戳业务。每逢重大集邮活动，苏州市少年邮局还在现场设置服务台。2022 年 6 月 1 日，在苏州市景范中学校范仲淹史迹陈列馆前举行了主题为“童心向党　力争上

‘邮’”的苏州市少年邮局成立二十周年庆典暨第二十一届换届仪式（图 5-326）。

图 5-326　苏州市少年邮局成立二十周年庆典暨第二十一届换届仪式

2012 年 6 月 1 日，第二届全国少年邮局联谊会在苏州召开，主会场设在苏州市景范中学校，全国 41 所青少年邮局云集于此，到会人数多达 110 余人。

此外，苏州大市范围内先后批准设立的少年邮局还有 18 家（含支局）。2004 年 3 月 18 日，太仓市双凤中学成立双凤中学少年邮局。2011 年 6 月 15 日，昆山市城北中心小学成立昆山市城北少年邮局。2012 年 1 月 16 日，苏州市吴中区横泾中心小学成立苏州横泾少年邮局。2012 年 5 月 28 日，吴江市盛泽镇中心小学目澜校区成立盛泽心语驿站少年邮局。2012 年 11 月 23 日，苏州市相城区北桥中学成立苏州市北桥少年邮局。2012 年 12 月 12 日，由 6 所学校（苏州市吴松陵小学，苏州市吴江区北门小学、苏州市吴江区鲈乡实验小学、苏州市吴江区实验小学、苏州市吴江区实验初中、苏州市吴江区松陵第一中学）轮流承办吴江垂虹少年邮局。2013 年 9 月 17 日，江苏省常熟职业教育中心校成立常熟市少年邮局，该邮局每逢周六在金沙江路邮政支局“少年邮局”窗口提供营业服务。2014 年 12 月 30 日，常熟市练塘中心小学成立常熟小白鸽少年邮局，该邮局每 2 周开放 1 次。2017 年，江苏省常熟市兴隆中学成立兴隆中学少年邮局。范贤少年邮局，由张家港邮政管理局、张家港市文体广电和旅游局、常熟市少年儿童图书馆共同筹建，系以贤为范、不忘初心、以阅读为纽带的主题邮局，主要是让学生了解书信文化、邮政知识，之后被正式命名为“张家港市少儿阅读邮局”。2016 年，张家港市少年儿童图书馆总局成立，随后还设立了张家港市实验小学支局、张家港市梁丰小学支局、张家港市世茂小学支局、张家港市乐余中心小学支局、张家港市大新实验学校支局、张家港市大新中心小学支局。美雅少年邮局，由江苏省昆山市邮政分公司、昆山千灯中心小学共建，于 2018 年 6 月 22 日成立。2022 年，经苏州市邮政管理局批准，常熟市实验中学昭文校区少年邮局正式成立，并获得标准的邮政日戳，可与普通邮局一样收寄信件。

② 全国青少年集邮活动示范基地。

图 5-327　张家港市凤凰小学在 2011 年第 3 批获得授牌

从 2003 年开始，中华全国集邮联合会展开了全国青少年集邮活动示范基地评定工作。截至 2018 年年底，中华全国联合会已分 5 批评定了 400 个全国青少年集邮活动示范基地。全国青少年集邮活动示范基地既是青少年集邮工作的先进典型和优秀代表，也是青少年集邮可持续发展的基础。其职责是在示范基地开设集邮课，成立相应的集邮组织，配备固定的集邮活动场所，定期开展丰富多彩、形式多样的集邮活动。如今，集邮文化已逐渐融入到校园文化建设之中，校园集邮文化已成为校园文化的特色品牌，得到教育部门、家长和社会各界的认可。

图 5-328　苏州市吴江区盛泽第二中学在 2018 年第 5 批获得授牌

苏州市景范中学校于 2003 年首批获得全国青少年集邮活动示范基地的授牌，太仓市双凤中学少年邮局在 2005 年第 2 批获得授牌，张家港市凤凰小学在 2011 年第 3 批获得授牌（图 5-327），苏州市北桥中学、常熟市练塘小学、苏州市吴中区横泾中心小学、苏州市吴江区盛泽小学在 2014 年第 4 批获得授牌，苏州市吴江区盛泽第二中学在 2018 年第 5 批获得授牌

图 5-329 苏州编出集邮校本教材成果累累

（图 5-328）。苏州地区现有全国青少年集邮活动示范基地 8 个，数量之多为江苏省之冠。

多年来，苏州市各示范基地在开展集邮教学、举办集邮活动等方面积累了很多宝贵的经验，成了做好青少年集邮工作的领路人和带头人，为全市青少年集邮的普及发挥了重要的示范、引领和辐射作用。

2019 年 6 月 11 日—17 日，全国青少年集邮活动示范基地成果在武汉国际博览中心举行的世界集邮展览会上亮相，其中有苏州市景范中学校、苏州市吴江区盛泽第二中学这两个苏州的全国青少年集邮活动示范基地所展示的集邮成果。

③集邮校本教材与集邮社团小报。

集邮校本教材是“集邮进课堂”教学活动的产物，苏州已有不少中小学校把“集邮”列为特色教育内容，因而促使集邮校本教材成果累累（图 5-329）。如：苏州市相城区北桥中学编写了《邮海启航：青少年集邮基础知识读本》《方寸寻天地　沃土育新芽——邮文选集》《苏州市相城区北桥中学集邮活动大事记》等 9 本集邮教材；苏州市景范中学校编写了校本教材《方寸之间天地宽》；在中华全国集邮联合会主办的 2014 年全国青少年集邮教材网络展评中，苏州市吴江区盛泽小学集邮教材《邮语》（第一、第二册）和苏州市吴江区盛泽第二中学教师袁农基撰写的《畅邮天下》分获小学组一等奖和中学组三等奖，袁农基的《品邮与品格》在 2018 年由团结出版社出版，苏州市吴江区震泽初级中学教师范建忠主编的《姑苏邮》在吴江区 2015 年第四届优秀校本课程评比中荣获教材类一等奖；张家港市凤凰小学（现更名为张家港市徐市小学）在 2010 年编写校本教材《走向生活——集邮世界（三）》，并率先在全市小学中开设了集邮课；太仓市双凤中学教师邵强、王介明、沈菊林等主编的《少年邮局》《青少年创意邮戳设计》分别由上海教育出版社、江苏教育出版社出版；等等。

吴江区青少年集邮协会下属中小学集邮社团的发展带动了集邮报刊编印工作的开展。2015 年 2 月 17 日，《中国集邮报》刊登专稿，介绍吴江校园掀起编办集邮小报风（图 5-330）。自吴江区青少年集邮协会成立以来，其下属的中小学集邮社团有苏州市吴江区实验初级中学“邮友”社团、苏州市吴江经济技术开发区天和小学“天和邮韵”社团、苏州市吴江经济技术开发区实验初级中学集邮分会、苏州市吴江实验小学城中校区集邮社团、苏州市吴江区松陵中心小学集邮兴趣小组及苏州市吴江区松陵第一中学集邮社团等。之后，其发展势头不减，截至 2018 年，吴江区已有 17 所学校成立了集邮社团。其中，有 15 所学校自办了专门的邮刊，诸如《逸彩邮梦》《心语驿站》《垂虹少年》《南小邮苑》《盛湖集邮》《育英少年》《畅邮天下》《鲈小邮家》《尚美集邮》《天和邮韵》《山湖邮苑》《集美乐邮》《征鸿集邮》《莺湖邮苑》《臻美集邮》等。

图 5-330 吴江校园掀起编办集邮小报风

④ 特色邮戳。

以苏州市景范中学校少年邮局为例。2002—2012 年，该校共启用风景日戳、纪念戳、宣传戳 324 枚，平均每旬出 1 枚邮戳，其图集精致而生动。2006 年 6 月 1 日，该校少年邮局还推出首个彩色连体邮戳——“史努比和孩子们一起过六一”，其特色邮戳深受全国各地集邮爱好者的青睐。苏州市景范中学校为此编印《苏州市少年邮局六周年邮戳汇编》和《苏州市少年邮局十周年邮戳续编》，并将此作为第二届全国少年邮局联谊会的献礼，2017 年又编写《苏州市少年邮局十五周年邮戳续编》（图 5-331）。

图 5-331 苏州市景范中学校编印的苏州市少年邮局邮戳续编

如今，特色邮戳已成为苏州市各少年邮局的重点邮品。例如，苏州横泾少年邮局在 2015 年全年发行纪念（宣传）戳 15 枚；2022 年，《苏州集邮》刊载《苏州市少年邮局 2021 年纪念（宣传）戳一览》《北桥少年邮局纪念（宣传）戳（2020—2022）选登》等稿，其内容图文并茂，充分展现了苏州市少年邮局特色邮戳的整体风貌。双凤中学少年邮局坚持配合时政要点、当地热点、节庆时点刻制与启用宣传（纪念）戳，在宣传大政方针、城市特色、集邮文化方面发挥了独特作用。2004—2018 年，经主管部门审批同意，双凤中学少年邮局使用连体宣传邮戳 218 枚；2019—2022 年，使用宣传戳 41 枚。这些由教师和学生精心设计与制作的 250 多枚各类宣传、纪念邮戳随信函、邮件走出太仓，飞向五湖四海，影响遍及海内外，真可谓“小邮戳做出了大文章”。

三、“集邮者之家”建设

“集邮者之家”是我国群众性集邮活动发展到一定阶段具有创造性的活动形式。1986 年 10 月，中华全国集邮联合会第二次代表大会提出在全国的集邮组织中开展创建“集邮者之家”活动，以促进集邮协会各项工作的规范、有序进行。1987 年 5 月，在江苏省集邮协会第二次代表大会上，会长洪德泽在工作报告中提出：要把各级集邮协会办成“集邮者之家”，各县（市）集邮协会要从实际出发，因地制宜，进一步发展系统、行业性团体会员，加强各级集邮协会内部的目标管理，健全各项工作制度，建立会议档案，扩大集邮协会为会员服务的项目。1988 年 9 月，江苏省集邮协会二届二次理事会讨论审定了《江苏省创建“集邮者之家”标准》（以下简称《标准》）《创建“集邮者之家”的验收细则》（以下简称《细则》），要求各级集邮协会按《标准》与《细则》的条款进行对照和创建。江苏省集邮协会理事会召开六合会议后，苏州市集邮协会认识到“建家”工作不仅顺应了集邮工作的客观规律，也体现了广大会员的内在要求。为此，苏州市集邮协会把“建家”工作当作头等大事来抓，且一抓到底。

1. 顶层设计，全面规划

首先，苏州市集邮协会根据江苏省集邮协会制定的《标准》，结合苏州市具体情况拟就十条“建家”要求[①]，并提交二届三次理事会讨论。1989 年 2 月，江苏省集邮协会下发有关通知和十条“建家”要求后，苏州市集邮协会立即召集常务理事会进行专题讨论，一致通过了修改后的以二级集邮协会为检查验收对象的“建家”条件。

其次，确定 1 名副会长和 1 名秘书长分管全年的“建家”工作，并将检查验收工作列为全年六大任务之首。1989 年 3 月初，苏州市集邮协会一边及时下发正式通知，一边通过《苏州集邮》加以宣传贯彻。这一举措很快得到苏州市区及各县（市）和部、省、市属企业集邮协会的响应，并逐步形成了气候。9 月中旬，在以“建家”为中心议题的徐州会议结束后，苏州市集邮协会立即召开“两长”会议，传达贯彻计划，在 10 月分 3 批由正、副会长与秘书长主持召开 6 个县（市）、8 个系统、13 个直属单位和部分基层集邮协会负责人会议，分 3 个层次传达江苏省集邮协会理事会精神，介绍徐州、常州、滨海经验，通过学习、对照、交流等方式，确定苏州阀门厂、吴江县集邮协会为首批候验单位。

2. 先行先试，身体力行

图 5-332　江苏省集邮协会验收组对吴江县集邮协会的“建家”工作进行全面验收

在江苏省集邮协会、苏州市集邮协会的指导和帮助下，两家首批候验单位积极行动，完善设施，丰富活动，加强宣传，“建家”条件日趋成熟。

1990 年 4 月 11 日—12 日，苏州市集邮协会受江苏省集邮协会的委托，对吴江县集邮协会的“建家”工作进行了全面验收（图 5-332）。验收组由江苏省集邮协会常务理事、苏州市集邮协会副会长汪日荣担任组长，秘书长孙宝明担任副组长。吴江县集邮协会会长钮维浩向验收组汇报了“建家”工作的情况。验收组在听取汇报的基础上，查看了吴江县集邮协会的档案资料，视察了其办公场所和活动场所，召开了有部分会员参加的座谈会，收集了会员

① 指导思想明确、组织机构健全、规章制度齐全、活动措施完善、会籍制度严格、组织活动得力、活动内容丰富、维护会员利益、重视学术研究、宣传渠道畅通。

对吴江县集邮协会各方面的评价。验收组在严格对照苏州市集邮协会十条“建家”要求后认为：吴江县集邮协会的“建家”工作验收合格。经江苏省集邮协会二届四次常务理事会批准，5 月 29 日，江苏省集邮协会在吴江县举行命名仪式，常务理事孙继贤代表江苏省集邮协会授予吴江县集邮协会“验收合格集邮者之家”铜匾（图 5-333）和证书。

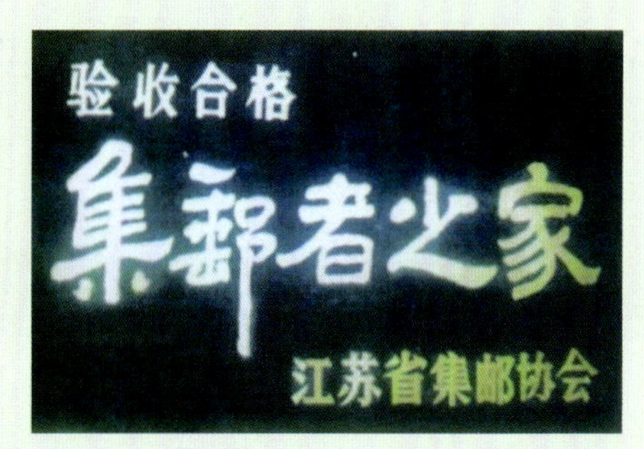

图 5-333 “验收合格集邮者之家”铜匾

同日，苏州市集邮协会二届四次常务理事会顺利召开。会上，与会者在听取邓树镛组长所做的苏州阀门厂“建家”工作验收报告，并进行认讨论后认为：该厂集邮协会在创建活动中，领导重视、工会配合，齐抓共管、分工合作，通过整合形成了由协会、小组、会员组成的三级网络和骨干队伍，以丰富多彩的活动和贴心周到的服务增强了协会的凝聚力。大会一致通过该厂集邮协会成为“集邮者之家”。7 月 28 日，苏州市区第一个“集邮者之家”命名仪式在苏州阀门厂隆重举行。苏州市委副书记周治华、苏州市委宣传部部长范廷枢、苏州市总工会副主席吴金龙、苏州邮电局局长朱永祺等到会祝贺，并发表讲话。出席命名仪式的还有苏州市集邮协会、直属单位集邮协会等各方代表共 50 余人。周治华副书记亲授“集邮者之家”铜牌，范廷枢部长当场题词：“集邮有益，智识无穷。”苏州日报社、苏州电视台专程到场采访与录像。

与此同时，苏州市集邮协会自身的“建家”工作也在加快推进，并于 1990 年年内申请验收。二届四次常务理事会后，苏州市集邮协会办公室立即着手按照江苏省集邮协会“建家”标准，梳理、总结了该协会自成立以来在以下六个方面取得的进步与成果。

（1）领导班子

苏州市集邮协会成立至今先后产生了两届理事会，这两届理事会都具有广泛的代表性：来自二级协会的集邮骨干分别占 53.48% 和 58.13%，而邮电人员只占 25.58% 和 20.93%，大大低于江苏省集邮协会的规定，中青年会员在理事会的占比则为 60.46% 和 69.76%。苏州市委领导十分重视提高集邮协会领导班子素质，苏州市委副书记周治华在二届四次理事会上发表的重要讲话“集邮工作要处理好‘四个关系’”为苏州市集邮协会领导班子指明了工作方向。第二届理事会不仅继承了上届理事会“志同道合，团结协作”的优良传统，还发扬了民主作风，走群众路线。工作总结和年度计划出自理事们的集思广益。一旦遇有重大事项，理事会或常务理事也会予以充分讨论，形成决议后，方才实施。而理事们则利用会议交流通报基层情况，当场反映会员要求，起到承上启下的积极作用。

（2）组织建设

建会初期，苏州市集邮协会的工作主要由苏州邮票公司兼办，自 1985 年起配备 1 名专职人员和 1 名退休干部，并专门辟出房间，正式挂牌办公。1989 年年底，根据江苏省有关规定，该协会配齐 2 名专职人员，并做了接待统计（内勤）和宣传联络（外勤）的具体分工，明确了各自的岗位职责，协会内部的工作制度也相继建立，较好地发挥了该协会的组织协调职能。为学习徐州经验，该协会将年度计划作为目标管理的主要内容，试行列表上墙填空法，做到全年计划明文有数，分段实施步骤明确，职责任务落实到人，完成情况一目了然。从 1987 年开始，该协会加强了对重大活动的记录总结和资料归档工作。之后，为提高集邮队伍素质，苏州市集邮协会花 2 年时间，基本完成了组织整顿工作，并且在此基础上，分期、分批地发展队伍，每年新增会员人数以 23% 的幅度递增。截至 2023 年 11 月底，苏州市区共有基层集邮协会 186 个，注册会员 6 421 人，其中按系统、行业归口与苏州市集邮协会形成三级网络的已占团体会员总数的 46.3%，另有一批区级集邮协会成立的条件也日趋成熟。

（3）宣传工作

苏州市集邮协会的宣传工作主要从四个方面入手。一是办好会刊。《苏州集邮》自 1985 年 4 月创刊以来已出版 33 期，发行总量达 13 万余份，除本市会员订阅之外，还与 20 多个省（区、市）兄弟协会建立了交换关系。同时，增办《苏州集邮简报》，该简报内容精炼，显示出“短、平、快”的特色，颇受基层集邮协会的欢迎。二是扩大影响。7 年来，该协会依托苏州市委、市政府重视名城文化建设的有利条件，通过专程登门汇报工作、邀请参观集邮展览、出席新春茶话会、主持重要仪式、寄赠纪念邮品等途径，向党政、群团领导宣传集邮工作，获得了各级领导的关心与支持。三是造好舆论。苏州市集邮协会历次重大活动在市级报纸、广播、电视中都有宣传。《苏州日报》星期版开辟集邮专栏已有 4 年，其中大部分都由苏州市集邮协会常务理事、理事及基层集邮协会骨干供稿，苏州市人民广播电台的新邮发行消息则均出自协会工作人员之手。四是当好配角。该协会主动配合党和政府的中心工作开展集邮宣传活动，扩大社会影响力。1986 年，苏州市集邮协会组织开展“纪念苏州建城 2 500 周年”活动，作为全市人民政治、经济、文化生活中的大事，其影响力遍及海内外。一方面，苏州市集邮协会由老会长田德明亲自出马，三上北京，争取到发行 JP9《苏州建城二千五百年》纪念，邮资明信片的机会；另一方面，特邀与苏州有着不解之缘的高级邮票设计师孙传哲来苏州举办个人绘画作品展，这既与纪念活动匹配，又于集邮宣传有利。此外，20 多个基层集邮协会也相继举办了类似的集邮活动，掀起了整个纪念活动的第二次高潮，苏州电视台对此做了专门报道。由于主题突出、辐射面广，这次活动获得了良好的社会效益。

（4）集邮活动

1983—1990 年，大型活动和重点工作主要有：1983 年，苏州市首届集邮展览中有 77 人参展，观众达 14 000 余人；1984 年，“可爱的祖国”专题集邮展览中有 68 个基层集邮协会选送邮票参展，观众达 12 000 余人；上海陆锦祥、唐无忌、邵林、刘广实应邀来苏州讲学两场，听讲者有 460 人；1985 年，邮票设计家作品展览共展出 120 件展品，观众达 9 200 人；大型集邮游园会共有 10 个活动项目，游园者达 2 200 人；1986 年，孙传哲绘画作品展览共展出 108 件作品，观众达 3 000 余人；1987 年，“集邮与知识”大奖赛中共有 19 个团体参加，400 人参加复赛，历时 2 个月；1988 年，在联谊交流系列活动中，会员赴上海学习集邮经验；与上海市集邮协会联合监制电视片《横塘驿》，接待美国旧金山集邮访华团，效果较好，影响甚广；1989 年，纪念苏州解放 40 周年集邮展览共有 42 部邮集参展，观众达 4 800 人次；1990 年，开展集邮骨干培训活动，各县（市）集邮协会会员共有 730 多人次参加。

（5）服务工作

为切实解决会员买票难问题，苏州市集邮协会通过调整集供比例，于 1989 年 1 月基本满足苏州市区 4 000 多名会员人手一套新邮的要求；1990 年又在优先解决新邮预订卡的前提下，批准新增 28 个团体、1 744 名会员。过去，紧俏邮品或数量有限的邮资封片（JF、WZ、JP 系列等）主要由公司对外出售，自 1988 年起全部改由苏州市集邮协会制定比例，从内部分配到基层，由各级组织根据会员参加活动的情况和作用择优供应。同时，该协会还把指导和服务结合起来，当基层在经费、供票、设施、评审、讲学、宣传等环节上出现困难时，该协会及时给予帮助、支援，比如吴县因无独立邮局、经费不足而无法按计划开展大型活动，为支持他们按计划组织大型活动，苏州市集邮协会借机拨款资助，缓解了吴县方面的燃眉之急。此外，苏州市集邮协会还为基层集邮协会提供相应的服务，诸如解决活动供票难题、协助集邮展览评审工作、安排讲座人员等服务。

（6）学术研究

苏州市集邮协会将学术重点放在收集、整理、编写当地集邮史上。为此，1990 年 6 月，由苏州市区及各县（市）代表组成的 13 人学术委员会成立，并确定由俞大雄担任主笔，汇编《苏州集邮史（市区篇）》。经过 3 个月的不懈努力，苏州市集邮协会组织人员撰写的 2 万多字初稿基本完成。经征求意见后，该协会又对初稿进行了补充、修改，最后由学术委员会初审，并提交常务理事会终审。由苏州市集邮协会副会长龚智渊与原苏州邮电局横塘支局长朱一明合写的《姑苏驿探讨》一文，从始建年代、地理位置、历史沿革、驿站职能等多个角度，对横塘驿站进行了全面的探究。1988 年 4 月，苏州市集邮协会与上海化工集邮协会以此文为线索合作录制《姑苏驿邮史》电视片，并于 9 月联合举办"姑苏驿邮史研讨会"。学术委员会主任陆志新的《试论新中国邮票设计的失误》一文被选为全国学术讨论会交流论文，他还应邀出席了在西安举行的学术年会。据统计，苏州市集邮协会骨干发表在省级和国家级邮刊上的各类论文多达 10 余篇。

1990 年 12 月 22 日，由江苏省集邮协会常务理事徐立生担任组长的江苏省集邮协会验收组一行 6 人来到苏州，对苏州市创建"集邮者之家"工作进行为期 4 天的检查验收工作。在苏州考察期间，验收组听取了苏州市集邮协会会长曹玠如的工作汇报，详细查阅了协会资料、台账、档案；召集了 2 次基层集邮协会代表座谈会，了解了他们对苏州市集邮协会"建家"工作的评价；视察了苏州丝绸印花厂、苏州阀门厂集邮协会的活动。12 月 25 日下午，验收组就检查情况与苏州市集邮协会领导交换意见，对验收结果表示满意，并在加强组织建设、收缴会费、改善办公条件、建立固定活动场所等方面提出了宝贵的意见和建议。会长曹玠如表示要以这次验收为动力，加快落实整改措施，把苏州市"建家"工作深入、持久、扎实地开展下去。

1991 年 1 月 22 日，江苏省集邮协会召开二届六次常务理事会议，同时批准苏州市、常熟市、张家港市 3 个集邮协会为合格"集邮者之家"。2 月 28 日、3 月 4 日、3 月 8 日，江苏省集邮协会先后在上述 3 地举行命名仪式。继吴江县集邮协会（1990 年 5 月）、苏州市集邮协会（1990 年 12 月）、常熟市集邮协会和张家港市集邮协会（1991 年 3 月）被江苏省集邮协会命名为"集邮者之家"后，昆山与吴县于次年通过省级验收，太仓市集邮协会于 1993 年成功"建家"，实现了县（市）"建家"满堂红。

3. 典型引路，以点带面

苏州市集邮协会"建家"之后，立即着手制定《关于对基层集邮协会创建"集邮者之家"的验收计划》，就验收组人员、日期、方法、流程、标准等方面（细化为 34 条）向常务理事会提交验收报告，并做出了明确规定。基层集邮协会"建家"验收工作由此启动。

1992 年 10 月 24 日，苏州市集邮协会三届二次常务理事会议审议了望亭发电厂、苏州市机械系统集邮协会"建家"验收报告，一致同意批准其命名为市级"集邮者之家"，并将其与苏州阀门厂一起，作为基层（系统）集邮协会创建活动的典型在全市予以推广。

1993 年 2 月 5 日，苏州市集邮协会召开三届三次、四次常务理事会议，将"扎扎实实抓好面上建家工作""紧抓基层建家"列为 1993 年、1994 年度五大任务之首。

1995 年 4 月 14 日，苏州市集邮协会第四次代表大会顺利举行。会长曹玠如在工作报告中强调：今后 4 年的工作重点是基层"建家"，各县（市）、区、局（公司）从 1995 年开始都要制订计划、落实措施，要像机械系统那样，通过调查研究，每年选择几个条件较好的基层协会，给予必要的指导和帮助，促使其早日达标。苏州市区尚未“建家”的二级协会在加快自身“建家”步伐的同时，要抓紧基层“建家”进度；已命名“建家”的协会要在基础工作和活动上有新发展。苏州市集邮协会将按照江苏省集邮协会有关精神组织“回头看”年度复查。

同年6月23日，为落实苏州市集邮协会第四次代表大会部署的“建家”任务，苏州市集邮协会召开了有28名基层集邮协会代表参加的创建“集邮者之家”座谈会。首批获得“集邮者之家”称号的苏州阀门厂集邮协会会长陆汉卿介绍了自身“建家”的收获与体会；苏州大学集邮协会早已把“建家”工作放到议事日程，并于上一年在校内开设了集邮学基础选修课，为“建家”奠定了良好的基础。苏州市工人文化宫集邮研究会秘书长朱炳南、苏州钢铁厂集邮协会会长姚家骥等9个单位的领导在交流各自开展活动的方式和特点后，表示有信心跨进“集邮者之家”的行列。这次座谈会有效推动了“建家”工作的进程，不到半年，就有13家基层集邮协会提交了“建家”验收申请。

随着基层集邮协会“建家”热情的日益高涨，申请“建家”验收的单位越来越多。11月13日，苏州市集邮协会再次召开“建家”工作座谈会，已经申报和准备申报“建家”的18个基层集邮协会的负责人参加了会议。为了体现“建家”验收标准的严肃性，会议要求申报“建家”的基层集邮协会必须备有协会章程、组织机构、活动资料、上级文件、会议记录、各类账目、集邮刊物、大事记等协会资料及活动场所，并将上述材料带至苏州市集邮协会办公室先行初检预审，通过后由苏州市集邮协会按照十条“建家”要求和规定程序进行现场验收。11月下旬，苏州市集邮协会对部分申报单位进行了“建家”验收。

1996年，苏州市集邮协会经四届三次常务理事会审议通过，于4月4日以文件的形式命名苏州市工人文化宫、苏州市工艺美术系统、苏州市姑苏房地产开发公司、苏州化学纤维厂、苏州电器股份有限公司、苏州市苏纶纺织厂、苏州市金属材料公司、苏州铁路电务段等单位的集邮协会为“集邮者之家”。同年12月19日—31日，苏州市集邮协会对10家预审合格的基层协会进行现场验收。

1997年，苏州市集邮协会经四届五次常务理事会审议通过，于1997年4月30日在四届三次理事会上隆重命名苏州市政协机关、苏州市委老干部局、苏州大学、苏州纺织机械厂、苏州丝绸印花厂、阿尔斯通公司等10家单位的集邮协会为“集邮者之家”，并为其授匾。同年11月9日—27日，苏州市景范中学校、苏州市饮食服务公司、苏州第一民族乐器厂、苏州林业机械厂、苏州钢铁厂、苏州新光丝织厂6家单位的集邮协会初检预审合格后，顺利通过苏州市集邮协会现场验收，翌年经苏州市集邮协会四届六次常务理事会审议批准，被命名为“集邮者之家”（图5-334）。

图5-334　苏州第一民族乐器厂集邮协会被命名为“集邮者之家”

此后，基层集邮协会的“建家”步伐进一步加快。自1998年起，每年都有4~6家基层集邮协会通过苏州市集邮协会初检预审及现场验收。2003年，在苏州市集邮协会第六次代表大会工作报告中，会长季心田对外宣布：全市已有60多个集邮协会创建了“集邮者之家”，催生了一批全国、江苏省集邮先进集体和个人。

4. 任重道远，常抓不懈

苏州市集邮协会第六次代表大会召开后，该协会明确了深入、持久地开展创建“集邮者之家”活动仍然是之后4年必须常抓不懈的工作。同时，面对因改制企业关停并转，原有集邮组织名存实亡、会员流离失散而出现的新变化，苏州市集邮协会也做出了应对决策：从调整、巩固、发展三个层面，扎扎实实推进协会“建家”的核心任务——组织建设。

第一，调整。针对基层集邮协会发生的变化，对其进行组织上的调整。上一级协会直至苏州市集邮协会协助解决失散会员的转会、挂靠和托管问题，做到组织解散，队伍犹存。

第二，巩固。做好现有队伍稳定、管理和指导工作。

第三，发展。在巩固的基础上，拓展新的领域，为协会不断输入新鲜血液。为了使集邮队伍的结构朝着多元化方向发展，各市（区）集邮协会应当把壮大农村集邮队伍列为组织建设的重点，有计划、有措施地培育新的增长点。各市（区）集邮协会则要继续在新区和工业园区加快“扩军”步伐，在中外独资、合资及民营企业中打开新的发展空间。

根据这一思路，苏州市集邮协会对开展基层创建“集邮者之家”活动做了战略调整，强调“建家”工作的常态化和长期性。一方面，要求现有基层集邮组织把“建家”内容贯穿于协会工作的全过程；另一方面，指导新建组织从初创阶段就开始引入“建家”目标，使班子、队伍、活动、宣传、服务五项中心工作齐头并进，使新建集组织真正成为受会员欢迎的“集邮者之家”。苏州市集邮协会对有创建意愿的基层集邮协会，无论新老，均实行“成熟一家，验收一家，命名一家”的策略。

2005年10月31日，苏州工业园区第一个外商控股合资企业集邮组织——苏州胶囊有限公司集邮协会顺利通过苏州市集邮协会“建家”验收，经苏州市集邮协会六届三次常务理事会审议批准，被命名为“集邮者之家”。

为落实苏州市集邮协会第六次代表大会关于创建“集邮者之家”的精神，成立于2004年7月的苏州市老年集邮协会经过3年的努力，在规范化管理、特色化活动、人性化服务上闯出了一条新路，成为新建集邮组织的佼佼者。苏州市集邮协会于2007年11月7日进行了现场验收，按照“建家”要求评定为95分，验收合格。经苏州市集邮协会六届五次常务理事会议审议批准，苏州市老年集邮协会被命名为“集邮者之家”。

“集邮者之家”的创建工作有力地推动了基层集邮协会的建设和发展，“建家”以来开展的很多集邮活动令人难以忘怀。例如，1992年，苏州阀门厂集邮协会与上海虹口区集邮协会的联谊活动（图5-335）。同年3月5日，经刘贻泽牵线，由90岁高龄的中华全国集邮联合会副会长张包子俊带队，上海市虹口区集邮协会副会长傅德霖、顾问屠松鉴及苏州老新光邮票研究会会员徐星瑛、谈祖麟、罗遇时、徐沛然、汤文义、黄湘远等，以及赵士骏的夫人和女儿一行20人，携《中信版孙像票及16分加盖票》《恭贺新禧》《中华邮政孙像票》《各国国旗》《清代排单和火票》

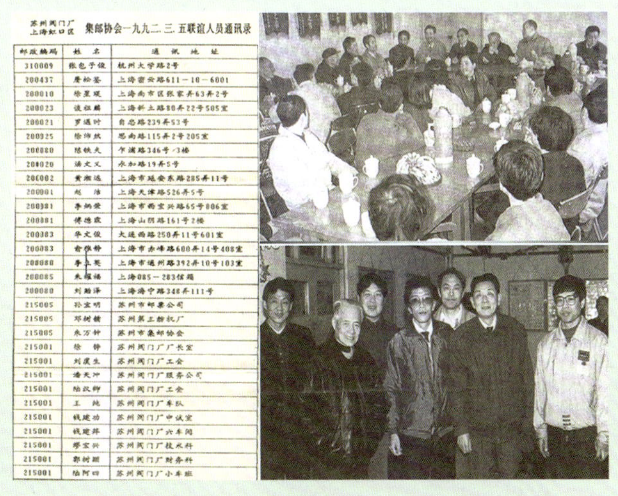

苏州阀门厂
上海虹口区
集邮协会一九九二.三.五联谊人员通讯录

邮政编码	姓　名	通讯地址
310009	张包子俊	杭州大学路2号
200437	屠松鉴	上海密云路611－10－6001
200010	徐星瑛	上海南市区张家弄63弄2号
200023	谈祖麟	上海斜土路80弄22号505室
200021	罗遇时	自忠路239弄53号
200025	徐沛然	思南路115弄2号205室
200080	陈铁夫	乍浦路346号/3楼
200020	汤文义	永加路19弄5号
200002	黄湘远	上海市延安东路285弄11号
200001	赵　泽	上海天津路526弄5号
200381	李炳荣	上海市西宝兴路65号806室
200081	傅德霖	上海山阴路161号2楼
200383	华文俊	大连西路250弄11号601室
200083	俞根铃	上海市赤峰路600弄14号408室
200080	李上琴	上海市通州路392弄10号103室
200085	朱耀福	上海085－283信箱
200080	刘贻泽	上海海宁路348弄111号
215005	孙宝明	苏州市邮票公司
215005	邓树镛	苏州第三纺织厂
215005	朱万钟	苏州市集邮协会
215001	徐　铮	苏州阀门厂厂长室
215001	刘庚生	苏州阀门厂工会
215001	潘天冲	苏州阀门厂服务公司
215001	陆汉卿	苏州阀门厂工会
215001	王　纯	苏州阀门厂车队
215001	钱建功	苏州阀门厂中试室
215001	钱建群	苏州阀门厂六车间
215001	缪宝兴	苏州阀门厂技术科
215001	郭树明	苏州阀门厂财务科
215001	陆阿四	苏州阀门厂小车班

图5-335　苏州阀门厂集邮协会与上海虹口区集邮协会的联谊活动

5 部邮集，从上海专程来到苏州阀门厂集邮协会“传经送宝”。这次联谊活动还邀请了苏州市集邮协会秘书长孙宝明、苏州市丝绸集邮协会会长邓树镛，以及苏州老新光邮票研究会会员朱万钟、俞大雄等参加，苏州阀门厂集邮协会参加人员有徐铮、刘虞生、潘天冲、陆汉卿、王纯、钱建功、钱建萍、缪宝兴、郭树颖、陆阿四等，会场内高朋满座，邮友如云。会上，张包子俊首先向大家介绍了上海的老集邮家及自己展示的邮集特色，然后在总结发言时指出：集邮活动是精神文明不可或缺的重要一环，基层职工集邮重在了解其基础知识，但也要学会研究邮学、编组邮集，从收集和研究中获得乐趣。在邮品积累到一定程度之后，可以试着编组邮集，在基层职工集邮活动中展现成果，争取参加市、省、全国乃至世界集邮展览。会后，张包子俊留下了两幅墨宝：一幅是“苏州阀门厂集邮协会”的题字，另一幅是“阀门邮展呈异彩，集邮文化发新姿”的题词。苏州阀门厂集邮协会还为本次联谊活动印制了纪念封和纪念片。

上述开展创建“集邮者之家”活动的实践表明，这项活动对集邮协会完善基础建设、稳定发展队伍、创新活动形式、优化服务质量、提升宣传效应、加强学术研究，起到了积极而全面的推动作用。由此形成的“争先评优”的意识和氛围，也为日后中华全国集邮联合会开展的创建“集邮文化先进城市”活动做了思想和组织上的铺垫。

四、集邮“五进”

20 世纪 80 年代初，苏州市集邮协会的成立从组织上大大加快了集邮大众化的发展进程。来自各条战线与各个阶层的工、农、商、学、兵，以及机关干部和知识分子，为了同一个业余爱好，集聚在各级集邮组织中，兴邮事、传邮讯、编邮集、办邮展、研邮学、著邮文，怡情益智，交友联谊，形成了数以几万计庞大的集邮爱好者群体。继 20 世纪 80 年代初集邮之花率先在工矿企业盛开之后，集邮活动进农村、进机关、进社区、进军营、进商圈的“五进”活动成为 40 年间独具特色而又经久不衰的文化现象。

1. 集邮进农村

改革开放以后，苏南模式下的乡镇企业异军突起、迅速发展，开创了农民就地、就近、就业的新道路。随着农民收入的提高和文化需求的不断增长，集邮风气开始向乡镇和农村蔓延。

1985 年 3 月 22 日，苏州市第一个农村乡级集邮组织——太仓县集邮协会浮桥分会正式成立（图 5-336），标志着苏州市集邮活动进入由城镇向农村深入发展的新阶段。太仓县集邮协会乘势而上，在沙溪镇、浏河镇、新湖镇等乡镇相继成立集邮协会。1991 年 6 月，沙溪镇集邮协会举办“没有共产党就没有新中国”集邮展览。1992 年，浮桥镇集邮协会与沙溪镇集邮协会召开第二次会员代表大会，为迎接党的十四大召开，浏河镇、浮桥镇、沙溪镇三地的集邮协会举行首届集邮联展。1993 年、1994 年，太仓县集邮协会分别和浏河镇、浮桥镇两地的集邮协会联合举办太仓县第一、第二届集邮知识竞赛活动。

图 5-336　太仓县集邮协会浮桥分会正式成立纪念封

常熟市集邮协会成立后，按照行业、地段划分建立的首批 14 个基层小组来设立白茆、藕渠 2 个乡区组。1993 年 9 月，任阳镇分会成立。1995 年，白茆集邮小组会员发展至 18 人，集邮小组扩建为集邮分会。白茆集邮分会立足乡村，积极开展各种集邮活动，诸如举办白茆迎春集邮展览，印制《纪念刘少奇主席视察白茆》《白茆山歌艺术节开幕》等加字邮资明信片等，被苏州市集邮协会和常熟市集邮协会评为集邮先进集体。在 1999 年开启的“送集邮文化下乡”的行动中，支塘镇、莫城镇、淼泉镇、唐市镇、练塘镇、张桥镇、董浜镇、新港镇等乡镇于 2001 年相继成立了集邮组织。2009 年 12 月，碧溪镇分会成立。常熟市集邮分会增至 19 个，集邮小组增至 94 个，会员总数达 2 246 人。

1986 年 10 月 1 日，吴县东山镇集邮协会成立。东山镇集邮协会会长朱文训不辞辛苦，深入村庄，建立了王家泾农民会员小组。东山镇集邮协会成立后积极举办集邮展览，普及集邮知识，组织邮品拍卖，为吴县各乡镇集邮起到了表率作用。1987 年 7 月、8 月，木渎、甪直两地的集邮协会先后成立。甪直集邮协会成立后，3 年举办集邮展览 9 次，鼓励会员参加苏州市区、吴县举办的集邮展览，并多次获奖。1999 年，吴县集邮协会把拓展农村集邮领域作为年内两大工作目标之一，根据各镇情况，本着先易后难的原则，列出计划逐步推进，有序发展。同年，东桥、藏书、光福、东渚、北桥、黄埭、蠡口、望亭、陆墓、横泾、越溪、渡村等乡镇的集邮组织先后成立。木渎镇集邮协会从“农家乐”集邮做起，一步一个脚印，荣获苏州市委宣传部、苏州文化广播电视局授予的“2007 年度群众文化十佳团体”称号。

1987 年，张家港兆丰乡工农业总产值达 14 000 多万元。1988 年 10 月，张家港第一个乡镇集邮分会——兆丰集邮爱好者协会成立。该协会举办张家港市乡镇集邮展览，参观者达 3 000 人。随后，中兴等 6 个乡镇的集邮协会成立。1998 年 7 月—2000 年 10 月，张家港西张、后塍、塘市、妙桥、大新、港区、锦丰、鹿苑、乐余、泗港、凤凰、晨阳、南丰、东莱等乡镇先后建立了集邮组织。2000 年 7 月 28 日，常阴沙农场集邮协会成立。2002 年 7 月 29 日，凤凰镇集邮展览在当地博物馆举办，展品由凤凰镇集邮协会会员及集邮爱好者提供。该展览共展出 16 部邮集、400 多张贴片，吸引全市万余名集邮爱好者观展。

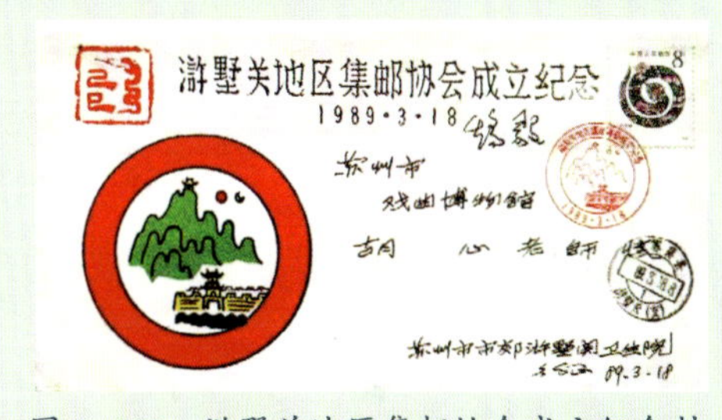

图 5-337　浒墅关地区集邮协会成立纪念封

图 5-338　平望镇集邮协会成立后会员合影

1989 年 3 月，浒墅关地区集邮协会成立，同时举办为期 3 天的首届集邮展览，发行由著名金石篆刻艺术家矫毅设计的纪念封（图 5-337）2 枚。

1989 年 10 月 30 日，吴江芦墟镇集邮协会成立；11 月 12 日，平望镇集邮协会成立（图 5-338）；1990—1991 年，同里镇、黎里镇、盛泽镇、震泽镇的集邮协会相继成立；1992 年 1 月 25 日，吴江松陵镇集邮协会成立。至此，吴江 7 个镇全部成立了集邮协会。平望镇集邮协会的会员人数从 1988 年年底的 45 人发展到 1991 年年底的 208 人，集邮爱好者多达 500 余人。其中，包括镇党委书记、镇长等领导。该协会还建立了 18 个集邮小组。1992 年 3 月和 6 月，铜罗镇、八坼镇的集邮协会成立。1993 年 12 月，南麻镇集邮协会举办首届集邮展览。1996 年 5 月，铜罗镇集邮协会率先举办“一框邮集”展览。吴江不少乡镇集邮协会创造条件，自办各种邮刊。

1991 年 11 月 29 日，张浦镇集邮协会成立，第一批会员有 63 人。该协会成立时印发纪念封和刻制纪念戳各 1 枚，并举办首届集邮展览。1992—1999 年，石牌、陈墓、周庄、千灯、淀山湖、石浦、蓬朗、兵希、新镇、城北、正仪、花桥、陆家、巴城等乡镇建立了集邮分会。1993 年 9 月，千灯镇集邮协会举办首届邮品展览。

1999 年 8 月，苏州工业园区唯亭镇集邮协会成立。

在 20 世纪末的相城区北桥镇，有一支引人瞩目的村级集邮队伍——北渔村集邮小组。该小组中的 10 多名成员都是渔民出身，于 1968 年在陆上定居后才逐步形成新渔村。渔民周福根在会计阮永泉的集邮启发下，把省下来的钱用来购买邮票。渔民李桂英等年年到邮局订购邮票年册，有时还会到苏州邮市上淘宝。全村集邮爱好者最多时有 22 人，除了因为外出工作、户口迁移等离会外，现在北桥集邮协会的会员仍有 17 名。这支队伍的特点是干部带头集邮，村干部、村办厂厂长都是集邮的“尝鲜者”。村党总支书记张林根十多年如一日坚持集邮，起到了很好的带头作用。苏州市利德纺织机件有限公司经理邵金林、苏州海达脚轮有限公司经理陈忠和苏州海达机械厂、苏州惠锋机件厂的厂长都是集邮爱好者，他们关注集邮信息，购买邮品，乐此不疲。在阮永泉的邮册内满是他早年收藏的《毛主席去安源》《毛泽东诗词》等“文革”新票。北渔村不但集邮人数多、热情高，积极参加镇集邮协会举办的集邮知识竞赛、经验交流会、集邮展览等，还大力支持镇集邮协会举办各项活动，无偿提供所需经费、场所和交通工具。其中，贡献最大的两位厂长（经理）当选为镇集邮协会名誉会长。

用集邮占领农村文化阵地，以集邮文化促进精神文明建设，是中华全国集邮联合会第二次代表大会的战略决策。苏州市集邮协会早在成立伊始，就把壮大集邮队伍的中长期目标锁定在苏州市区及各县（市）所属乡镇地区。截至 1991 年年底，全市共有 21 个乡镇组建集邮协会，市、县、镇（街道）三级网络初步形成。为了给开拓农村集邮发展空间提供决策依据，苏州市集邮协会从摸清全市乡镇集邮状况出发，通过 1 个多月的实地调研和考察，写成了长达 5 000 余字的《苏州市乡镇集邮活动调查报告》，并发表于《苏州集邮》1992 年第 1 期头版（图 5-339）。该报告列举了吴县、吴江、常熟、张家港、太仓、昆山等地农民集邮爱好者主动参加乡镇集邮协会举办的活动，并积极报名入会的事例，归纳了苏州市乡村集邮所呈现的“年轻化、知识化、‘JT’化、迫切性、积极性”五大特点，分析了队伍人员结构和本地乡村集邮发展的主因及其底层逻辑，并针对其存在的问题和难点提出了六点工作建议，引起了中华全国集邮联合会领导的高度关注。1992 年 6 月 6 日—7 日，中华全国集邮联合会副会长兼秘书长刘天瑞莅临苏州，专程赴吴江平望考察农村集邮情况（图 5-340），并就如何发挥农村学生集邮和乡镇企业职工集邮的辐射作用、如何带动和影响整个农村集邮等问题做出重要指示。

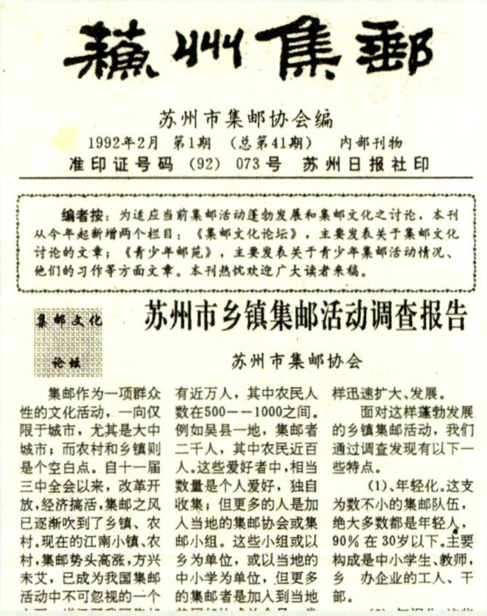

蘇州集郵

苏州市集邮协会编

1992年2月 第1期 （总第41期） 内部刊物

准印证号码 （92） 073号 苏州日报社印

编者按：为适应当前集邮活动蓬勃发展和集邮文化之讨论，本刊从今年起新增两个栏目：《集邮文化论坛》，主要发表关于集邮文化讨论的文章；《青少年邮苑》，主要发表关于青少年集邮活动情况、他们的习作等方面文章。本刊热忱欢迎广大读者来稿。

集邮文化论坛

苏州市乡镇集邮活动调查报告

苏州市集邮协会

集邮作为一项群众性的文化活动，一向仅限于城市，尤其是大中城市；而农村和乡镇则是个空白点。自十一届三中全会以来，改革开放，经济搞活，集邮之风已逐渐吹到了乡镇、农村。现在的江南小镇、农村，集邮势头高涨，方兴未艾，已成为我国集邮活动中不可忽视的一个

有近万人，其中农民人数在500——1000之间。例如吴县一地，集邮者二千人，其中农民近百人。这些爱好者中，相当数量是个人爱好，独自收集；但更多的人是加入当地的集邮协会或集邮小组。这些小组或以乡为单位，或以当地的中小学为单位，但更多的集邮者是加入到当地

样迅速扩大、发展。

面对这样蓬勃发展的乡镇集邮活动，我们通过调查发现有以下一些特点。

(1)、年轻化。这支为数不小的集邮队伍，绝大多数都是年轻人，90% 在 30岁以下。主要构成是中小学生、教师，乡 办企业的工人、干部。

图 5-339 《苏州集邮》刊发《苏州市乡镇集邮活动调查报告》

图 5-340 刘天瑞（1 排左 4）在吴江考察农村集邮情况

进入 21 世纪后，苏州市经济飞速发展，改革开放和城乡一体化步伐加快。由于行政区划调整带来了乡镇撤并和农民身份的转换，农村集邮难免会出现了一些波折。面对新变化、新情况，苏州市相关集邮协会不忘初心、牢记使命，坚持按年度计划组织集邮活动。2011 年 4 月 19 日，在《昆曲》邮票首发活动余波的推动下，昆山市集邮协会千灯镇分会恢复活动；2013 年 11 月，吴江莘塔集邮协

会宣告成立；吴中区木渎镇集邮协会自2009年组建由8所中小学组成的木渎镇青少年集邮协会至今，坚持不懈地把工作重心放在乡镇校园集邮文化建设上，集邮创新活动办得有声有色；相城区北桥集邮协会成立24年来，在街道领导的关心和支持下，活动持续不断，队伍逐年壮大，截至2022年年底，会员总数达122人，集邮成果从小到大，进步明显，2022年，在苏州市集邮协会第九次代表大会上，北桥集邮协会“好当家”——秘书长荣学润被表彰为集邮先进个人。

2. 集邮进机关

苏州是历史文化名城，苏州市委、市政府向来重视“文化苏州”的建设。自筹备成立苏州市集邮协会起，苏州市委、市政府就对苏州集邮文化的传承与发展给予了重大关切和巨大支持。“四套班子”领导不仅受聘担任名誉会长、顾问，应邀出席换届大会、理事会议、邮展开幕、邮票首发等大型集邮活动，还多次对协会工作的大政方针及发展方向提出了有针对性的建议和要求。受此带动，集邮活动很快在苏州市直机关及各部委办局机关内蔚然成风，并呈现出以下三个特点。

（1）建会行动快，发展势头猛

1985年5月，苏州市财政局率先成立集邮协会，成为苏州市第一个政府部门建立的集邮组织。此后，苏州市审计局（1987年9月29日）、苏州市委老干部局（1987年12月10日）、苏州市体育运动委员会（1989年2月20日）、苏州市委办公室（1990年5月22日）、苏州市政府办公室（1992年7月1日）、苏州市政协机关（1996年5月28日）、苏州市计划委员会（1997年7月18日）、苏州市人大常委会机关（1997年10月18日），以及苏州市公安局、苏州市检察院、苏州市司法局、苏州市地税局、苏州市文化局、苏州市教育局、苏州市人民政府外事办公室等政府部门相继成立集邮协会，并都印制纪念封（图5-341），刻制纪念章。1998年11月18日，苏州市金阊区机关集邮协会成立，会议审议通过协会章程，聘请区机关党委书记、区委组织部副部长商云瑞为会长，曹旬如、吴苏生为副会长，聘请区长王元仁、副区长张曙等为名誉会长。纪念片以自制《虎丘》极限片加印“苏州市金阊区机关集邮协会成立纪念”字样。

图5-341　苏州市政府办公室集邮协会成立纪念封

随着集邮文化内涵的逐步显现，21世纪初，机关集邮队伍的发展更为迅猛，苏州市委宣传部、组织部、苏州市委党校、民政局、旅游局、交通局、社保局、园林局、商业局、苏州市科学技术协会，以及区划调整后的相城区、高新区、工业园区、姑苏区均先后有了“集邮干部之家”。政府机关对集邮的理解与支持，为苏州创建集邮文化先进城市注入了强大动力。

（2）队伍素质高，活动形式多

苏州市审计局集邮协会成立后，坚持围绕党的中心工作和业务需要，组织集邮活动。1988年1月5日，苏州市审计局集邮协会印制《戊辰年》纪念封，满怀豪情迎接新年；1993年，印制《审计十年回顾与展望》纪念封，宣传审计工作取得的成果；2001年7月3日，举办庆祝中国共产党成立80周年暨首届集邮展览；2004年9月，发行《苏州市审计机关计算机技能竞赛》纪念封；2005年6月19日，在中国共产党成立84周年之际，为配合正在开展的保持共产党员先进性教育活动，苏州市审计局教育活动领导小组办公室、工会、集邮协会共同举办以歌颂党的先进性为主题的集邮展，同时发行《苏州市审计局保持共产党员先进性教育活动》纪念封，该纪念封印量

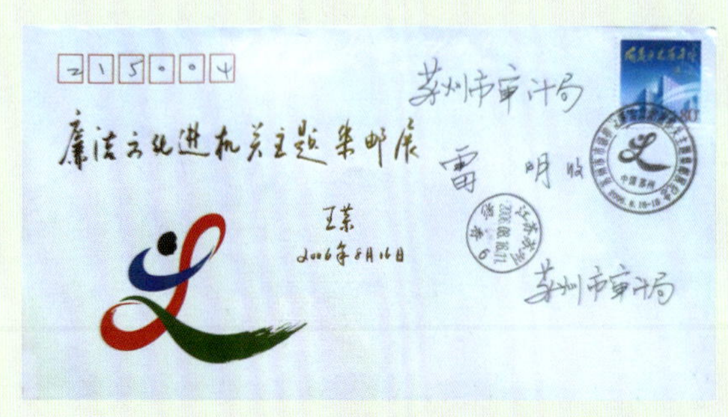

图 5-342 《廉洁文化进机关主题集邮展》纪念封

达 1 000 枚，并配有纪念章 1 枚。2006 年 8 月 16 日—18 日，由苏州市市级机关工作委员会主办、苏州市审计局承办的苏州市市级机关“廉洁文化进机关主题集邮展”在苏州革命博物馆展出，数百名党员干部在参观过程中受到了一次特殊形式的廉政教育。此外，苏州市审计局集邮协会还利用发行《廉洁文化进机关主题集邮展》纪念封（图 5-342），记录和反映重要审计业务或成果，诸如审计机关视频培训系统开通、首次选聘中介机构协审政府公共工程项目现场抽签仪式等，既发挥了集邮优势，又宣传了审计工作。

1989 年，苏州市体育集邮协会成立。该协会带着“促进体育事业与集邮文化共同发展”的历史使命，一方面，全力创办全国第一份独具地方特色的刊物《体育集邮》，以会刊为窗口，以集邮作为载体，反映与宣传苏州竞技体育和群众体育的时代风貌，坚持“集邮搭台，体育唱戏”的办刊宗旨，既宣传了苏州体育，又宣传了苏州集邮；另一方面，主动与苏州市集邮协会密切配合，组织苏州市运会和在苏州举办的江苏省运动会体育集邮展览（图 5-343），为全运会、亚运会、奥运会集邮展览推荐、选送苏州参赛作品，不仅取得了令人瞩目的成绩，也为苏州专题集邮发展立下了汗马功劳。

图 5-343 在苏州举办的江苏省运动会体育集邮展览

苏州市政协机关集邮协会成立以来，积极开展集邮活动，热情为会员服务，1997 年 4 月 30 日被苏州市集邮协会命名为“集邮者之家”。1997 年 12 月 11 日，苏州市政协机关集邮协会举办邮集展示会，让集邮爱好者一睹周治华副主席自编的《世界生肖邮票大观》资料性邮集的风采；1998 年 10 月 11 日，苏州市政协机关集邮协会又组织会员到上海参观“林霏开珍藏小全张展览”，让参观者大饱眼福。

2000 年 4 月 14 日，苏州市政法系统召开集邮协会负责人会议。苏州市委政法委、苏州市检察院、苏州市中级人民法院、苏州市国家安全局、苏州市司法局、苏州市公安局、苏州市民政局集邮协会负责人参加会议。苏州市委政法委集邮协会每次开展活动，相关领导都积极参与。会员从成立时的 12 人发展到 25 人。苏州市司法局集邮协会积极参与“集邮与澳门”知识竞赛，被苏州市集邮协会授予组织奖。该协会还配合苏州市集邮协会开展义卖《革命烈士许杏虎旧居》纪念封活动。苏州市公安局集邮协会、苏州市检察院集邮协会先后举办集邮展览，每年召开年会进行总结，为会员订集邮报刊。苏州市中级人民法院集邮协会有会员 76 名，分为 5 个集邮小组，这些小组利用业余时间开展小型活动。苏州市政法系统集邮协会现有注册会员 300 余名。

苏州市老干部集邮协会作为最早创建“集邮者之家”的机关集邮团队，36 年来始终坚持正确的集邮方向，紧紧围绕集邮“怡情益智、交友联谊、宣教育人”的宗旨与初心组织活动，开展工作。1991 年 7 月，苏州市老干部集邮协会与全国 31 个老干部集邮协会共同印制《中国共产党成立 70 周年》联庆封，并举办了专题集邮展览；1997 年 9 月 21 日—23 日，该协会联合吴江市委老干部局承办江苏省第十三届老干部集邮联谊会，丰富的活动安排和浓郁的苏州特色令与会者赞不绝口；该协会还与苏州市景范中学校结成“大手牵小手，共筑集邮乐”对子，举办“老少集邮联展”，在“晚霞生辉——主题活动成果汇报会”上受到苏州市委老干部局的表彰；特别是在新冠疫情防控期间，他们仍带着电子教程和党史邮集先后走进苏州市公安局交通警察支队车辆管理所、苏州市公积金管理中心、苏州市相城区总工会、苏州市生态环境综合行政执法局（图 5-344）、苏州市市场监督管理局、苏州市政协机关，举办主题集邮展览和讲授集邮党课。因此，苏州市老干部集邮协会成为市级机关集邮队伍的一面旗帜。

图 5-344　会员带着党史邮集走进苏州市生态环境综合行政执法局

2022 年 8 月 12 日，为迎接党的二十大胜利召开，由苏州市政协机关党委主办、苏州邮政姑苏园区分公司和苏州市集邮协会承办的“邮票上的党代会——喜迎二十大”主题党课和集邮展览首次在苏州市政府大院 4 号楼会议室隆重举行。苏州市政协主席、副主席、秘书长等主要领导和 50 多名党员代表参加，并兴致勃勃听取了苏州市老干部集邮协会陆维勇所做的“邮票上的党代会”的集邮党课（图 5-345），随后观看了《邮票上的党史——喜迎二十大》《没有共产党就没有新中国——喜迎二十大》《光辉的历程——喜迎二十大》《百年大党　风华正茂》等 20 框邮集，苏州电视台和苏州日报社记者进行了现场采访和报道。

图 5-345　集邮党课走进苏州市政协机关

（3）封片发行忙，宣传力度大

1992 年 7 月 1 日，苏州市人民政府办公室成立集邮协会，同时印制双庆纪念封 1 枚，刻制纪念戳 2 枚，颇具新意。苏州市市长章新胜在封面题词“开展集邮，陶冶情操”。

1992 年 9 月 29 日，中共苏州市委办公室集邮协会举办首届集邮展览，印制纪念封 1 枚。苏州市委副书记周治华为集邮展览题词“文明集邮，其乐无穷”。

1992 年 9 月 20 日—25 日，由纺织工业部、国家旅游局（今文化和旅游部）和苏州市人民政府联合举办的中国苏州丝绸旅游节隆重举行。为此，苏州市人民政府发行由苏州市委书记王敏生题写活动名称的纪念封 1 枚，分赠给来苏州参加活动的中外嘉宾和各地代表留念。

1993 年 4 月 1 日—30 日，苏州市举办全国第二个税收宣传月活动。该活动由苏州市税务局主办，苏州市税务局第三分局承办。为营造活动声势，特发行宣传月纪念封 1 枚。苏州市委副书记黄俊度在纪念封上题词“学习税法，宣传税法，贯彻税法”。

1993 年 8 月 30 日，苏州人民广播电台、苏州经济广播电台发行《苏州经济广播电台开播》纪念封。苏州市委书记王敏生在纪念封上题词，潘嘉豹负责封戳设计。

1994 年 2 月 1 日，为适应外事工作需要，经苏州市委、市政府批准建造的苏州外事大楼在竹辉路落成。苏州市人民政府外事办公室、苏州市人民对外友好协会发行《外事大楼落成纪念封》，江苏省人大常委会主任、苏州市委书记王敏生题词“外事大楼”。

1995 年 10 月 21 日—11 月 30 日，由苏州市园林局、苏州市文化局、苏州市旅游局主办，苏州天平山管理处和东吴电器公司承办的苏州天平红枫艺术节顺利举办。苏州天平山管理处与苏州市集邮公司联合发行了3 000枚纪念封，起到了很大的宣传作用。

1997年9月20日—25日，由中国纺织总会、国家旅游局、苏州市人民政府联合主办的中国苏州国际丝绸旅游节顺利举办。本届纪念封的发行数量扩大到5 000枚，取得了理想的宣传效果。

1998年1月12日、1月18日，苏州市政协和苏州市人大机关集邮协会联合苏州市集邮公司先后发行《中国人民政治协商会议苏州市第十届委员会第一次会议》《苏州市第十二届人民代表大会第一次会议》纪念封各1套2枚，受到与会代表的欢迎和好评。

此后，为代表大会发行纪念封的还有共青团苏州市第十五次、第十七次代表大会，苏州市工会第十二次、第十三次代表大会，中国共产党苏州市第九次代表大会，苏州市妇女第十一次、第十二次代表大会，苏州市姑苏区第一届人民代表大会第一次会议，政协苏州市姑苏区第一届委员会第一次会议。

1998年5月10日，苏州市交通局与苏州市集邮公司联合发行《苏州交通职工文化节》纪念封1枚，以集邮的方式对外展示交通职工新风貌。

此后，为本机关举办文化、艺术、体育、科技活动而发行纪念封的还有苏州市公安局首届公安文化周、苏州市公安局首届体育运动会、苏州市市级机关首届文化节、苏州市市级机关首届读书节、苏州市第十届科普宣传周、长三角九市（区）第六次审计研讨会暨审计文化作品展（苏州）、苏州市首届社会科学普及宣传周，以及由苏州市委、市政府组织倡导的面向广大市民的一项大型综合性阅读文化活动——首届苏州阅读节，等等。

1998年8月，苏州市创建国家卫生城市指挥部、苏州市爱国卫生运动委员会、苏州市环境管理委员会发行5 000枚纪念封。苏州市市长陈德铭题词“纪念苏州市建成国家卫生城市”。该创建工作始于1990年，尤其是自1995年以来，社会各界积极参与，城市环境质量日益改善。1998年5月26日，苏州市被正式授予“国家卫生城市”称号。同月，苏州市检察院发行《苏州市人民检察院重建二十周年》纪念封2 000枚。

此后，为本单位（机构）成立（周年庆）而发行纪念封的还有苏州市国家安全局建局15周年、江苏省苏州市药品监督管理局成立、中华人民共和国苏州海关驻邮局办事处正式开关暨苏州邮政局国际邮件互换局同时开通、苏州市城市管理综合行政执法局成立5周年、苏州市未成年人健康成长指导中心成立等。

1999年6月25日，苏州市国土管理局与常熟市、张家港市、苏州工业园区、昆山市、吴县市、苏州高新区国土管理局联合发行《第九个全国土地日》纪念封1万枚，苏州市副市长江浩在纪念封上题词“依法行政，合理用地”。

1999年9月24日，苏州市人民政府观前地区综合开发管理办公室发行《苏州市观前地区整治更新一期工程竣工》纪念封1套2枚，印量为5 000枚。

1999年10月14日，苏州市技术监督局、苏州市标准化协会发行《第30届世界标准化日》纪念封1枚，印量为1 500枚。

2002年10月15日—18日，经国务院同意、外经贸部批准，由国务院台湾事务办公室和江苏省人民政府主办，苏州市人民政府和江苏省台湾事务办公室承办的中国苏州电子信息博览会在苏州市相城区南亚国际会展中心举行。组委会发行纪念封1枚，印量为10 000枚。

2004年11月16日，苏州市民政局印制《苏州民政网站开通》纪念封1枚。

2005年9月，中共苏州市委组织部、中共苏州市委党史工作办公室联合发行《中共苏州独立支部成立80周年》纪念封1套2枚。

2007 年 4 月 19 日—22 日，中国国内旅游交易会在苏州召开。为配合这一盛会的到来，在 4 月 19 日开幕当天，经国家邮政局特批，发行《2007 中国国内旅游交易会》个性化邮票，苏州邮政局与苏州市旅游局在苏州工业园区建屋新罗国际大酒店苏园厅共同承办了这一首发活动。国家、江苏省、苏州市旅游局与苏州市领导及来苏州参加会议的代表出席了首发式。苏州市旅游局、苏州邮政局同时发行纪念封，刻制纪念章各 1 枚。

2007 年 10 月 23 日—28 日，由全国文联、中国电影家协会、苏州市人民政府联合主办的第 16 届中国金鸡百花电影节在苏州工业园区金鸡湖畔举办，该活动发行纪念封 1 枚（图 5-346）。

图 5-346　《第 16 届中国金鸡百花电影节》纪念封

2009 年 5 月，正值苏州工业园区开发建设 15 周年之际，苏州工业园区管理委员会发行纪念封 1 枚。

2018 年 11 月，苏州市档案局、苏州市档案学会、苏州市工商档案管理中心、中国丝绸档案馆共同发行纪念封 1 枚。

3. 集邮进社区

21 世纪初，随着改革开放的深入和社会管理模式的演进，城镇社区作为现代社会的最基层群众性组织，为党和政府传递政策与了解民情，为当地居民提供工作、生活、文化服务的重要性日益突出，社区建设得到大力推进。这对于因外部环境变化正寻求新的发展路径的集邮工作来说，无疑是个大好契机。

2003 年 1 月 14 日，苏州市集邮协会五届五次常务理事会议在完成主要议程后，专门就“社区集邮”话题展开讨论。与会者一致认为，在集邮活动阵地亟待开疆辟土的背景下，集邮进社区势在必行，社区集邮应当大力倡导和迅速推开。会议确定当年的工作任务是“舆论先行，调研跟上，培育典型，有所突破”。同年 12 月，该协会第六次代表大会召开，大会工作报告将“开辟社区集邮新天地，创建集邮活动新格局”列为之后 5 年的重要任务之一，并要求在起步阶段，各级集邮协会要发挥群体力量，选择目标社区，确立共建关系，主动配合社区中心工作，包办集邮活动，或无偿提供开展集邮活动所需的人力和物力，从而赢得社区的支持。苏州市集邮协会将在总结试点经验的基础上，树典型，推先进，力争用 2 年时间在社区集邮上打开局面。

（1）苏州市轻工系统集邮协会首当其冲，走出“整体移植”新路

21 世纪初，正值改革开放由浅入深之际，苏州市轻工系统绝大部分企业实施改制、兼并、重组工作，大批工人离职、下岗、退休，基层活动被迫停止，骨干会员大量流失，加上轻工业局内部改革，局工会撤并，集邮协会主管领导缺位，经费严重不足，场地不再固定，苏州市轻工系统集邮协会陷入前所未有的困境。面对不利局面，苏州市轻工系统集邮协会会员临危不惧、迎难而上，在调查与研究的基础上，按照组织不能散、活动不能停、场地不能无的“三不”原则，抓住社区加强文化建设的大好时机，果断决定以“整体移植”的方式融入社区和谐文明建设。社区既是城市构成的基础单元，也是宣传集邮文化的广阔天地，在这里可以大有作为。这一想法和打算，得到苏州市集邮协会的肯定和支持。2003 年 10 月 17 日，苏州市区第一家社区集邮组织——苏州市集邮协会观景社区分会宣告成立，该分会选举苏州市轻工系统集邮协会第一、第二届会长陈荣官为分会会长，

同时苏州市轻工系统集邮协会进行换届改选，选举陈传家为第三届会长，陈克强为副会长，王正中为秘书长兼任苏州市集邮协会观景社区分会秘书长，陈东豪、陈克联为理事。两块牌子、一套班子，立足社区街道，面向市民群众，开展集邮活动。这既解决了苏州市轻工系统集邮协会自身生存问题，又占领了社区文化阵地。

20年来，苏州市轻工系统协会以观景、佳菱、虹桥、金门等社区为根据地，紧密配合社会热点，契合街道重点，融合社区节点，因地制宜，应景策划，举办普及讲座、集邮展览，组织开展群众喜闻乐见的藏品（徽章、军属证、唱片、磁卡、钱币、印章、宣传画、票证等）展示活动。活动内容突出通俗化、大众化、趣味化、系列化，展示藏品贴近百姓生活。苏州市轻工系统集邮协会在街道的统一部署下参与“邻里文化节”活动，举办多种红色收藏展及“老苏州”草根收藏品展，还组织集邮进校园活动，先后在苏州市彩香实验小学、苏州工艺美术职业技术学院举办集邮展览。开展活动时，苏州市轻工系统集邮协会注重发动社区群众一起参与、展示、观摩，取得了良好的社会效应，受到了中共苏州市金阊区委及石路街道、留园街道、彩香街道党工委的肯定。

尽管经历了外部环境的重大变故，但集邮人依然情笃意定，240余名会员始终团结在理事会周围，坚持组织不垮、队伍不散、活动不断、活力不减。自响应苏州市集邮协会第六次代表大会关于“集邮进社区”的号召，以“整体移植”的方式扎根街道和社区后，会员们借助社区有利的场地条件，每周组织1次集邮沙龙活动，交流集邮体会，传递邮讯，研讨邮学。同时，苏州市轻工系统集邮协会辗转金阊区5个社区，通过开展30多次主题集邮（收藏）活动吸引社区集邮爱好者，先后有38名居民加入集邮组织。该协会的这一做法既为和谐社区的文化建设做出了贡献，又壮大了队伍，成了苏州市区“集邮进社区”的成功典型。

苏州市轻工系统集邮协会的创新实践证明，集邮协会与社区能够优势互补、资源共享，通过协作与配合，成为社会和谐的“黄金组合”，互进共赢。社区需要集邮协会，集邮协会更需要社区。只有走进社区，把集邮融入市民精神文明建设，才能使集邮文化成为凝聚人心、振奋精神的载体，更让集邮协会永葆生命力。

（2）苏州市职工集邮研究会踔厉引航，推进与社区共建关系深化

图5-347　苏州市职工集邮研究会开展“集邮进社区，快乐迎新年”系列活动

为加快苏州市区“集邮进社区”步伐，在苏州市集邮协会的指导决策下，苏州市职工集邮研究会选择与观前街道小公园社区建立集邮共建关系。2005年12月25日，“集邮进社区，快乐迎新年”系列活动在该社区拉开帷幕（图5-347）。苏州平江区委常委、宣传部部长单剑华，苏州邮政局副局长、苏州市集邮协会会长黄一芳，观前街道党工委书记胡岚，苏州平江区工会主席顾雷，观前街道办公室主任曹原参加了开幕式，胡岚、黄一芳为“集邮进社区共建基地”揭牌。这次由集邮展览（27部、101框会员新作）、咨询服务（邮资票品辨伪与估价）、有奖猜谜（集邮专题灯谜竞猜）3个项目构成的系列活动，历时3天，吸引了多辖区众居民和党员干部参与体验集邮文化的先进性、知识性和趣味性，并由此产生了集邮“开辟新天地，发展新模式”的示范效应。

2010年3月，应苏州平江区科技局邀请，苏州市职工集邮研究会选派有讲课经验的老会员戴咏梅以区“科普讲师团”成员的身份，按照时间、地点安排表，到区属街道社区为市民宣讲“邮票与科技”，受到大家的欢迎。这给深化集邮与社区的共建关系提供了机会。

（3）吴中区集邮协会因势利导，着力培育社区集邮活动基地

2005年5月13日，在吴中区苏苑街道党委、吴中区集邮协会的关心与支持下，经过3个多月的紧张筹备，吴中区苏苑街道南区社区召开集邮分会成立大会，苏州市集邮协会代表孙泉福宣读同意成立分会的批复。大会选出的首届理事会由5名成员组成，其中，蔡会东担任会长，许家德担任副会长兼秘书长。应邀出席会议的苏州市集邮协会副会长汪日荣、吴中区集邮协会会长周文才、吴中区苏苑街道党建科长陆敬梅先后发表讲话，并祝贺全市第二家社区集邮分会的诞生。随着协会人员的日趋老龄化，社区党委及时调整集邮协会的班子，采取以老带新的方式，适时配备副书记沈燕担任集邮协会名誉会长，专门协调工作。18年来，该集邮分会活动从不间断，每月1次的碰头会雷打不动。新的党委书记吴晓兰接任后，马上约见集邮分会负责人，并与另外2位社区工作人员一起加入集邮分会，充实集邮队伍。吴书记带头抓集邮分会，使这个群众组织充满生气。当新冠疫情稍有好转时，吴书记就让集邮分会开展进社区活动，并鼓励会员抓住防疫第一手资料，编排抗疫邮集进行展览。在喜迎中国共产党成立100周年时，吴书记又与集邮分会一起讨论如何开展集邮活动，并布置了出专刊、编党课、办邮展3项具体工作，至7月初，以上任务均圆满完成。其中，集邮党课与主题集邮展览的受众面和影响力空前提升，取得了意想不到的效果。正是在党委的重视下，南区社区的集邮文化，成了群众文化生活中的一抹亮色。

2015年8月4日，为扩大社区辐射范围，吴中区集邮协会改变集邮展览方式，组织“纪念抗日战争胜利70周年”抗战主题集邮展览，在月浜、宝带、南区、苑东4个社区巡回展出。会长周文才还结合集邮展览为暑假学生讲解集邮知识，回顾抗战历程。

2021年6月28日，吴中区集邮协会举办的“庆祝中国共产党成立100周年”主题集邮展览走进嘉宝社区。该展览展出的《没有共产党就没有新中国》《中国共产党的光辉历程》《国富民强》《重温党史，缅怀先烈，牢记初心》《问天》《抗疫》等主题邮集，形象、直观、易懂，使百余名前来参观的社区党员、集邮爱好者、暑期放假的中小学生深有感触。与此同时，副会长薛金根带着“学党史　强党性　永葆政治本色”的PPT集邮课件，为长桥街道南区、北区等4个社区的党员干部上主题党课，深受欢迎。

吴中区木渎镇集邮协会在镇领导的支持下，于2015年8月率先成立了由5个社区联合组成的市镇办集邮协会。该协会采用了活动联办、优势互补的策略，开创了全市社区集邮新的组织形式。

（4）苏州市区第一个自发创建的社区集邮组织应运而生

在友新街道友联第一社区，有多位从改制企业下岗或提前退休的集邮会员。他们因原组织解散而入会无门，所以渴望重拾爱好，参加有组织的集邮活动。2005年国庆后，集邮爱好者经多次酝酿，商议在本社区成立集邮组织，并利用社区有利的场地条件开展集邮活动，以活跃居民文化生活，这个想法得到了社区领导的首肯。随后，由朱炎元负责筹建工作，经过5个多月的努力，建会前期准备工作基本完成。

图5-348　苏州市沧浪区友新街道友一社区集邮分会成立

2006年5月22日，在苏州市集邮协会的指导和苏州市老年集邮协会的支持下，苏州市区第一个自发创建的社区集邮组织——苏州市沧浪区友新街道友一社区集邮分会正式成立（图5-348）。在成立大会上，由苏州市集邮协会办公室主任孙泉福宣读苏州市集邮协会关于成立苏州市沧浪区友新街道友一社区集邮分会的批复；同意金永根担任名誉会长，李林担任会长，沈鸿担任副会长，朱炎元担任秘书长。会议结束后，大家参观为成立大会准备的为期3天的集邮展览，并向与会人员赠送纪念邮品。另外，该集邮分会还刻制纪念戳1枚，供与会者加盖留念。

2007年4月27日，苏州市沧浪区友新街道友一社区集邮分会召开理事扩大会议，一致通过了沈鸿为分会会长的决定。5月21日—23日，为配合社区第二届文化艺术节活动，苏州市沧浪区友新街道友一社区集邮分会举办建会1周年集邮展览，共展出8部邮集、192个标准贴片，苏州市集邮协会、苏州市老年集邮协会及沧浪区、友新街道有关领导应邀出席开幕式，200多名社区居民参观集邮展览，该集邮分会还刻制纪念章1枚。

2008年8月21日，苏州市沧浪区友新街道友一社区集邮分会举办居民收藏展，其展品品种丰富多彩，除邮票之外，还有书画、主席像章、花木盆景、珍藏书籍等。这次集邮展览共展出邮集7部、14个展框，包括生肖、山水、风景、建筑、体育运动、革命先烈、古典遗产等类别。该展览现场还办起集邮知识讲座，20多名青少年聚精会神地聆听该集邮分会秘书长朱炎元讲解集邮目的及如何从零做起培养集邮兴趣。

正是在街道、社区领导的全方位支持下，集邮分会主动作为，在建会头3年中举办了5次有意义、有影响的集邮活动，受到了辖区居民的欢迎和称赞，为推进社区文化建设和精神文明建设发挥了积极作用。

（5）中街路社区红色集邮党支部踏实前行，持续传播正能量

图5-349　中街路社区红色集邮党支部命名授牌

2019年6月28日，在举国欢庆中国共产党成立98周年前夕，中街路社区党委组织举办了一场别开生面的“不忘初心　牢记使命”主题党日活动。为发挥基层党支部红色集邮的宣传作用，上级党委特意把中街路社区集邮文化推广组成员所属的党支部命名为中街路社区红色集邮党支部，并正式为该党支部授牌（图5-349）。至此，全国首个以“红色集邮”命名的社区党支部在苏州成立。

中街路社区集邮文化推广组成立10年来，坚持编组紧跟时代步伐的红色题材邮集，举办20多场红色集邮文化活动，紧密配合党的中心工作和建党、建军、国庆佳节，带着20多部红色题材邮集和相关PPT课件，先后到20多个兄弟社区举办红色集邮展览和党史讲座、主题党课活动，向数千名社区党员干部和居民传播满满的正能量。

4. 集邮进商圈

2007年10月25日—27日，苏州市第二届极限集邮展览在观前玉器珠宝古玩城隆重开幕。这次由苏州老凤祥银楼、观前玉器珠宝古玩城及苏州市极限集邮研究会主办的艺术节，以“原创作品展示、特色精品交流”为主旨，参展作品具有较高的水准。除有在全国竞赛级集邮展览上披金戴银的展品之外，还汇集了苏州市22名会员编组的25部（59框）极限类邮集，其中不乏颇有潜力的优秀作品。活动期间，主办单位还特制纪念封1枚和纪念邮戳1枚，并设立临时邮局，供市

民免费加盖、投寄。本届展览在苏州市集邮协会的大力支持与协调下得以在苏州市中心展出，体现“商业搭台、集邮唱戏”的双赢共享局面。这种收藏文化联姻形式是个新尝试，在苏州市尚属首次。

2013年12月3日是世界残疾人日，苏州市职工集邮研究会携手观前商圈综合服务中心在乔司空巷45号举办“集邮文化　健残共享”——世界残疾人日集邮知识讲座暨集邮展览。姑苏区残疾人联合会、观前街道领导、残疾人代表共30余人欢聚一堂，听讲座、观邮展、赠邮品，将集邮这种长知识、增乐趣的高雅收藏活动送到了残疾人身边。

2016年1月10日，苏州邮政在苏州诚品书店举办《拜年》特种邮票暨《拜年》贺岁邮册首发活动（图5-350）。作为《拜年》系列的第二套邮票，2016年《拜年》特种邮票延续了2015年《拜年》特种邮票的设计风格，年味浓重，风格独特。该活动除举行首发式之外，还邀请中国当代实力派画家、《关公》邮票设计师晁谷携《拜年》贺岁邮册进行现场签售，并由苏州鹤园书画院的潘国光、杭青石、潘振元、黄钟4位书画名家在现场题字、书写对联与“福”字赠予市民，并向邮迷和市民拜年送福。

图5-350　《拜年》特种邮票首发活动现场

位于金鸡湖畔的苏州诚品书店，是台湾诚品书店在大陆的第一家分店。在这个都市白领、文艺青年的聚集地举办邮票首发活动，将集邮文化与书香文化相结合，双向传递人文与历史，让更多年轻人在这座人文阅读、创意探索的美学生活馆里见证《拜年》特种邮票首发，不仅增添了书店的文化韵味，也提升了新群体对集邮文化的认知。

2017年5月17日，由中国邮政集团公司、中华全国集邮联合会主办，江苏省集邮协会、苏州市邮政分公司承办的“‘驿路·丝路·复兴路’——2017全国集邮巡回展览”在苏州举行。时逢“一带一路国际合作高峰论坛”取得巨大成功，又遇“2017世界城市峰会”及其纪念邮资片首发式在苏州举行。本次展览选择在苏州工业园区凤凰书城举办，并借全国巡展东风，同时启动“‘行走新丝路　喜迎十九大’——2017集邮会员嘉年华系列活动”。上午10时30分，该展览开幕式正式开始，中国邮政集团公司苏州市分公司副总经理郁云桥首先致辞。随后，苏州市集邮协会副会长汪日荣宣读2016年省级以上集邮展览苏州获奖作品名单，并由国家级邮展评审员郑炜为吴雪伟、张亦晟、陆树笙、道文进4位邮集作者颁发证书和奖金。接着，在苏州市集邮协会秘书长王丽玉宣读“2017邮资票品预订竞赛活动”的表彰名单后，苏州市集邮协会常务理事盛惠良、谈小汶，苏州市集邮公司副经理陆雪青等分批为28个受表彰的分会代表颁奖。开幕式第三项议程是别开生面的纪念邮戳启用仪式，苏州市少年邮局与苏州市老年邮局代表手持专为JP224《2017世界城市峰会》纪念邮资明信片首发而刻制的纪念戳在放大的邮资片上做盖戳演示。最后，郁云桥与苏州工业园区凤凰投资管理有限公司总经理曾峰共同为“‘驿路·丝路·复兴路’——2017全国集邮巡回展览”揭幕。本次展览展出包括《从潮汕侨批看海上丝路·百城二版孙中山像普通邮票》《世界遗产》《丝绸》等在内的传统类、专题类邮集共26部（60框），均来自江苏省。5月17日—24日，该展览在苏州市区及常熟市、张家港市进行了为期1周的巡回展出。

2018年1月10日，由中国邮政集团公司江苏省分公司主办，中国邮政集团公司苏州市分公司、苏州市轨道交通集团有限公司承办，狮山龙湖天街、苏州市鹤园书画院协办的《拜年》特种邮票首发系列活动，在苏州龙湖时代天街中庭展开。上午10时，第4套《拜年》特种邮票首发式正式开

图 5-351 《拜年》特种邮票首发式活动现场

始，中国邮政集团公司苏州市分公司副总经理郁云桥首先致辞。接着，在中国邮政集团公司苏州市分公司集邮与文化传媒部副经理陆雪青宣读邮票发行通告后，苏州市委原副书记沈荣法、龙湖商业苏州地区推广总监陈大为、苏州市集邮协会副会长汪日荣等一同上台为《拜年》特种邮票揭幕。由苏州轨交与苏州邮政首次联合推出的“戊戌年生肖地铁卡”也于当日首发，苏州市轨道交通集团有限公司党委副书记万智慧和苏州邮政新区分公司副总经理严晨一同为苏州首张收藏与功能兼具的生肖地铁卡揭幕。同时，由苏州邮政特别策划、彰显苏州特色的《福禄寿喜　同贺新春》拜年邮册也在活动上精彩亮相，受到集邮爱好者的热烈追捧。首发式一结束，主办方特邀的 8 位书画家在舞台上摆开阵势，依次在邮册或封片上为各界朋友签名贺年。现场购票的、盖戳的、寄封片的、觅墨宝的、求彩头的，数不胜数，到处人声鼎沸，喜气洋洋。大家来拜年，成为新年伊始龙湖时代天街一道亮丽的风景（图 5-351）。

2018 年 3 月 2 日，由中共苏州市委宣传部指导，中国邮政集团公司江苏省分公司和中国邮政集团公司苏州市分公司主办，苏州市集邮协会承办的《元宵节》特种邮票首发活动在苏州工业园区凤凰文化广场举行。该套特种邮票由擅长地方民风民俗艺术特色的苏州画家李涵教授创作设计。中国邮政集团公司苏州市分公司副总经理郁云桥致辞后，由中国邮政集团公司苏州市分公司总经理、苏州市集邮协会会长强斌，凤凰传媒投资有限公司总经理助理张翼东，邮票设计者李涵共同为《元宵节》特种邮票揭幕。随后，主持人就“集邮经历与艺术创作”的话题对李涵进行了简短而有趣的访谈。最后，郁云桥与苏州市职业大学党委书记钮雪林、江苏省中国画学会副会长周矩敏、苏州市散文学会会长王稼句一同为“李涵风俗绘画展”揭幕。苏州邮政还在活动现场设立临时邮局，并提供首发纪念封和相关邮品销售及纪念邮戳加盖服务。

图 5-352 《己亥年》生肖猪年邮票首发式现场

2019 年 1 月 5 日，一场生肖集邮文化盛宴——《己亥年》生肖猪年邮票首发式在苏州工业园区久光百货中厅拉开序幕（图 5-352）。中华全国集邮联合会副会长刘佳维专程到会，与来自全国 24 个省（区、市）及香港、澳门特别行政区的生肖集邮迷一同参加首发式。这是中国邮政连续 16 年在苏州首发生肖邮票。

在主办方致辞和宣读新邮发行公告后，中华全国集邮联合会副会长刘佳维、苏州市人大常委会副主任王鸿声、苏州市副市长聂飙、苏州市政协副主席周晓敏、中国邮政集团公司江苏省分公司集邮与文化传媒部总经理汤小翊、中国邮政集团公司苏州市分公司总经理陈力烈等一起上台，用 8 把金壶同时在红色图板上倾注金沙，当图板出现变化时，屏幕上跃出由韩美林担纲设计的《己亥年》1 套 2 枚邮票图案，五福金猪首次齐聚苏州工业园区久光百货，留下了激动人心的一刻。随后，刘佳维与中华全国集邮联合会原副会长王新中、江苏省集邮协会副会长马佑璋、生肖集邮研究会会长周治华一同为全国第二届生肖集邮新作展览、全国第 14 届生肖（己亥年）个性化邮票青少年创意设计大赛优秀作品展揭幕。

现场活动由中央电视台著名主持人韩乔生主持。参加首发式盛典的还有苏州市委原副书记沈荣法，江苏省分公司和中国邮政集团公司苏州市分公司有关部门负责人，中华全国集邮联合会会士林衡夫、葛建亚、孙海平、杨桂松、李伯琴、王宏伟、李汇祥、郑炜、李少可，集邮博览杂志社副社长张超华，集邮报社社长何成宏，澳门集邮协会会长姚鸿光等嘉宾。中国邮政集团公司苏州市分公司设立生肖主题邮局，启用 10 枚（临时）邮戳和纪念邮戳，推出《己亥年》首日封、极限片及各色邮册等文创产品。苏州市老年邮局、少年邮局相关人员也到现场服务。主办方设立“邮迷市集”，把各地来的邮商集中于一处，方便全国各地来此赴会的生肖邮迷拾遗补阙，觅邮寻宝。

2019 年，第一场全国性单项集邮展览——全国第二届生肖集邮新作展拉开帷幕。入选本届集邮展览的生肖邮集共有 128 部（248 框），作者来自全国 21 个省（区、市）及香港、澳门特别行政区。其中，除 2 部特邀作品之外，该展览上绝大部分展品都是近年来的新作或经重大修改与补充的优秀力作。一个可喜的现象是，在本届集邮展览上，以与生肖相关的邮资标签、自动化邮票等新素材为研究对象的作品占比超过了 12%，呈现出生肖集邮内涵与外延同步拓展、齐头并进的良好局面。

作为竞赛级集邮展览，按照组委会的工作安排，评审委员会的 6 名国际（国家）级集邮展览评审员依据此展评审规则，对 4 大类、126 部作品进行了客观、公正的评审。本届展览共评出金奖 2 个、大镀金奖 1 个、镀金奖 4 个、大银奖 4 个、银奖 5 个、镀银奖 6 个、试验类金奖 1 个、镀金奖 26 个、银奖 39 个、铜奖 34 个、参展证书 1 个。

苏州工业园区久光百货地处中央商务区核心商业圈，人气旺、流量大，系列活动的热闹氛围和 3 个展览的宏大场面，吸引了众多参观者循声而来，或驻足观展，或顺带购邮，或随波签售，或乘兴盖戳，或市集淘宝，集邮文化的魅力正在此处之间散发。

5. 集邮进军（警）营

2008 年 1 月 30 日，为贯彻落实苏州市委、市政府关于建设江苏省双拥模范城“三连冠”和警民共建工作的要求，木渎镇集邮协会与木渎消防中队签署《警民共建协议书》，由此拉开了警民共建集邮文化、推进精神文明建设的序幕。2 月 3 日，木渎镇集邮协会举办的“警民共建新春集邮展览”中有 6 位会员的 10 部邮集（42 框）在木渎消防中队展出。许多战士对集邮十分感兴趣，纷纷询问集邮方面的知识。木渎镇集邮协会向部队赠送邮刊、邮品、纪念册和书法家的字幅等。木渎镇集邮协会会长许蔚芸、老会长王静波等 10 多人冒雪参加了这次活动。

2009 年 1 月 17 日，木渎镇集邮协会与木渎消防中队举办了新春警民联欢会。会上，木渎镇集邮协会与木渎新区管委会向木渎消防中队赠送纪念邮品和慰问品，木渎镇青少年集邮协会的学生与消防队员同台出演精彩的文艺节目。此后，新春警民联欢会至 2019 年共举办 11 届，为密切共建关系，用和谐集邮文化搭建警民联谊之桥，助力苏州再创江苏省双拥模范城做出表率。

2011 年 5 月 4 日，木渎镇集邮协会和木渎镇青少年集邮协会与吴中区集邮协会联合举办庆祝中国共产党成立 90 周年集邮巡回展。这次展览共有 13 部邮集与 637 枚毛泽东像章同时展出。木渎镇党委宣传办公室、团委、总工会、妇联、双拥办公室等单位的领导也参加了开幕式。吴中区集邮协会会长周文才亲自为部队指战员讲解展品。木渎镇集邮协会向部队赠送邮品和《苏州集邮》等。木渎镇青少年集邮协会、苏州市吴中区横泾中心小学金子集邮小组组织部分学生借观摩此次集邮展览的机会，参观军营和了解部队生活。

2011年12月9日，应木渎消防中队之邀，木渎镇集邮协会第一次举办集邮知识讲座。近20名官兵首先观看了苏州创建集邮文化先进城市的专题录像片。接着，主讲人介绍了中国邮政发行的苏州题材的邮品和苏州的集邮组织、校园集邮、少年邮局等概况，让消防队员从邮票和集邮活动中了解苏州、认识苏州。此外，消防队员还听取了集邮知识讲解。讲座结束后，木渎镇集邮协会还向消防队员赠送《苏州集邮》《吴中邮苑》及集邮进军营的纪念明信片和木渎镇青少年集邮协会成立2周年的邮戳卡片。

2012年3月3日上午，木渎镇集邮协会走进某部队举办“向雷锋同志学习”主题集邮活动。这次活动以“学习雷锋同志”为主题，向到会的50多名指战员展示雷锋同志的生平事迹和相关系列邮品。同时，木渎镇集邮协会副会长兼秘书长周国和向指战员介绍邮票上的雷锋、刘英俊等中国军队的英雄人物。木渎镇集邮协会向指战员赠送《中国集邮报》《苏州集邮》《吴中邮苑》等邮刊及邮品。指战员对这次活动很感兴趣，他们不仅认真听讲、观看集邮展览，而且踊跃购买邮品，还在现场报名加入集邮协会。

2012年8月2日，昆山市集邮协会和解放军某站举行军民集邮联谊会，昆山市集邮公司毛经理和某站盛站长发表了热情洋溢的讲话，该协会常务理事单宪年代表昆山市集邮协会向官兵赠送集邮书籍及邮品，官兵回赠加盖三角形军邮戳的信封。随后，单宪年做题为“鉴赏集邮文化，感受邮票魅力”的讲座。该协会有部分会员参加了联谊活动，参观了同期举办的小型集邮展览，并刻制了2枚军民集邮联谊纪念邮戳。

2015年2月5日，由苏州市相城区北桥中学集邮协会、苏州市公安局相城分局北桥街道派出所联合举办的“集邮进所　警校合作——弘扬邮文化”活动走进派出所，为年前忙碌的公安干警送上一道集邮文化“大餐”。少年邮局在现场提供贺年明信片和盖戳服务。该派出所内会议室设有苏州市相城区北桥中学学生编组的邮集，由集邮协会教师为公安干警当场做咨询服务。

2017年7月28日，正值中国人民解放军建军90周年前夕，苏州市老干部集邮协会与风景戳研究会20多位会员赶到“金鸡湖畔的英雄集体”——苏州工业园区消防救援大队，为年轻的英雄消防员孙茂珲烈士所在部队全体官兵送上红色邮品，并举办“共庆建军九十年，喜迎党的十九大”集邮展览暨集邮知识讲座。该大队领导带领官兵热情接待，战士们迅速帮忙布展。这次展出的《八一颂》《最可爱的人》《中国人民军队军服演变》《革命纪念地风景日戳》《喜迎党的十九大》5部（21框）邮品，见证了人民军队90年成长发展的光辉历程，歌颂了党领导下的人民军队在不同历史时期建立的丰功伟绩。在参观展览前，先由苏州市老干部集邮协会会员、主要邮集作者陆维勇介绍建军邮集内容。下午，风景戳研究会苏州分会会长方志墉在现场做集邮讲座，让年轻的战士们了解风景日戳的主要特征和集邮意义。此外，消防队员还认真听取了88岁劳模金士英等会员的讲解，观看了消防英雄孙茂珲烈士事迹的视频。

在2017年《中国人民解放军建军90周年》纪念邮票首发期间，中国邮政集团公司苏州分公司与驻苏部队联合举办庆祝活动，苏州市集邮协会选送由苏州市老干部集邮协会会员编组的“八一”主题纪念邮集到部队展览。军队领导及部队官兵兴致勃勃地观看集邮展览，并商讨建立军营集邮协会。

五、创建全国集邮文化先进城市

为弘扬社会主义先进文化，以集邮打造城市特色品牌，自2010年3月起，中华全国集邮联合会在全国县级以上城市开展创建集邮文化先进城市活动。5月6日，江苏省集邮协会就活动范围、创建验收标准、创建申报程序、首批申报城市时间安排等事项下发文件做了具体规定。苏州市集邮协会对此高度重视，经苏州邮政局请示苏州市政府同意，决定提出申报。6月11日，由“两长”和部分常务理事组成的创建小组举行第一次工作会议，大家一致认为从城市文化底蕴、历史传统脉络、当今发展态势三个维度进行客观评价，苏州申报创建全国集邮文化先进城市很有必要。为此，会议根据创建验收标准、创建申报程序，提出了工作计划和实施方案，并对上报文字材料、组织影像资料、工作小组职责进行了具体分工。8月6日、9月3日，第二、第三次工作会议重点讨论并审定了上报的文字材料，确认将副会长汪日荣起草的《求创新，展特色，树品牌，努力创建集邮文化先进城市》作为申报材料，正式提交至江苏省集邮协会。为从领导和组织上保证创建活动的有效推进，9月16日，工作小组召开第四次会议，决定成立由市领导挂帅的苏州市创建全国集邮文化先进城市工作委员会，其成员建议名单如下。

苏州市创建全国集邮文化先进城市工作委员会成员建议名单

主　任：朱建胜（苏州市人大常委会副主任）或梅正荣（副市长）

副主任：陶孙贤（苏州市人民政府秘书长）

黄一芳（苏州邮政局党委书记、局长）

周治华（中华全国集邮联合会会士、生肖集邮研究会会长）

委　员：高志罡（苏州市委宣传部副部长兼文明办主任）

高福民（苏州市文广局原党委书记、局长）

谈小汶（苏州工业园区管委会办公室副主任、苏州工业园区集邮协会会长）

荣建国（苏州邮政局副局长、苏州市集邮协会会长）

袁　迪（苏州市教育局副局长、苏州市青少年集邮协会会长）

汪日荣（苏州市集邮协会副会长）

盛惠良（苏州大学财务处处长）

陆树笙（苏州市集邮协会常务理事）

郑　炜（苏州市紫勋化工有限公司董事长）

汪明勇（苏州邮政局办公室主任）

正式名单将由苏州邮政局请示苏州市政府领导批阅、确定。此外，与会者还就下一步整理与完善汇报材料、加快创建进程等事项进行了讨论。12月23日，苏州邮政局局长黄一芳在第五次工作会议上通报中华全国集邮联合会定于4天后率领申报城市代表莅临苏州召开座谈交流会及苏州市领导出席等情况，要求各委员从细节入手，做好会议准备工作。经讨论，有关会上播放影像资料、苏州市领导讲话及苏州市集邮协会汇报定稿3项任务都得到了落实。

图5-353　中华全国集邮联合会创建“集邮文化先进城市”活动座谈交流会

2010年12月27日—28日，中华全国集邮联合会创建“集邮文化先进城市”活动座谈交流会（图5-353）在苏州举行。来自辽宁、河北、山东、湖北、江西、河南、福建、广东、江苏等省的30多位集邮协会代表参加了会议。中华全国集邮联合会副会长兼秘书长刘佳维主持会议。苏州市副市长王鸿声代表苏州市政府到会致辞。黄一芳局长代表苏州邮政局做了题为“求创新，展特色，树品牌，努力创建集邮文化先进城市”的交流发言，受到刘佳维的充分肯定。随后，各省集邮协会代表交流本地创建工作验收情况，并就《“集邮文化先进城市”验收指导办法》《评分标准》进行讨论。中华全国集邮联合会常务副会长谭小为在听取各省代表发言后做重要讲话。苏州市委副书记、市长阎立在苏州市政府秘书长陶孙贤的陪同下亲切会见了谭小为。

2011年3月4日，中华全国集邮联合会下发《“全国集邮文化先进城市”验收评定办法（试行）》《评分表（试行）》文件，要求相关省（区、市）集邮协会据此对申报城市提出初验报告和自评分数表，并于4月底前上报。

同年4月13日，苏州市集邮协会召开七届四次理事会议，会长荣建国在工作报告中发出动员令——“再接再厉，为创建集邮文化先进城市而不懈努力！”（图5-354）。4月25日，苏州市集邮协会发出《关于认真落实“全国集邮文化先进城市”有关要求的通知》，要求各市（县）、区集邮协会及其各分会高度重视和认真做好“加强协会组织管理、积极开展集邮活动、倡导健康集邮氛围”三个方面工作，为实现创建目标共同努力。

图5-354　苏州市集邮协会会长荣建国发出动员令

图5-355　江苏省集邮协会初验小组来苏州督察迎检工作进展

同年4月29日，江苏省集邮协会副会长葛建亚带领初验小组，来苏州督查迎检工作进展（图5-355）。根据评分表所列项目查阅相关资料，对苏州市准备充分有序、台账完整齐备表示满意，同时提出备查资料翔实有余、简明不足，应尽可能列表索引、删繁就简，以及在基层组织和广大会员中加强创建活动宣传等建设性意见，并强调要以认真和实事求是的态度做好迎检工作，争取在6月—7月的验收工作中一次性达标，为“文化苏州”锦上添花。5月下旬，荣建国在《苏州集邮》上发表署名文章《对创建集邮文化先进城市重要性的几点认识》，从战略的高度和自身感悟，结合苏州实际，将创建活动的现实意义概括为七个“有助于”：有助于提高城市知名度和美誉度；有助于增强城市文化软实力和影响力；有助于从一个侧面推进“三城三区”建设；有助于加快文化事业和文化产业的多元化发展；有助于加强城市公共文化服务体系建设；有助于促进城市国际文化交流与合作；有助于完善协会自身建设，提高工作水平。

7月5日—6日，由中华全国集邮联合会中央国家机关工委、文化部（今文化和旅游部）组成的验收组对苏州市创建集邮文化先进城市进行验收。验收组组长李寒梅，成员李桂娥、张呈鼎、何培恩、李迎春、赵华、谷泽伟、李志勇，苏州邮政局局长黄一芳，苏州市集邮协会副会长汪日荣等参加验收工作。苏州市政协副主席周人言对苏州市创建活动做了介绍，苏州市集邮协会会长荣建国做了关于苏州市集邮活动开展情况的汇报。在汇报了苏州市的历史邮缘、活动特色、工作成效之后，会长荣建国在总结经验体会时强调：我们工作的每一点进步和每一次成功都离不开各级领导的关心、支持和社会各界的理解、帮助。一是苏州集邮资源的优势，来源于国家邮政局对苏州的厚爱。国家邮政局不仅使26项“苏州事物”入选国家名片，还连续8年将第三轮生肖邮票首发式定在苏州举行，从而为生肖品牌的形成提供根本性支撑；国家邮政局和中华全国集邮联合会领导几乎每年都亲临苏州，或出席活动，或视察工作。二是苏州集邮文化的发展得益于地方党政领导的关心与支持。自 1996 年以来，由苏州市政府与中国邮政集团公司江苏省分公司联合承办（协办）的邮票（品）首发活动达 16 次；27 年来，正、副职领导担任苏州市集邮协会名誉会长或亲自参加重大集邮活动，累计逾 80 人次。更为可贵的是，在本身爱好集邮的 9 位苏州市领导中，有一人被授予“全国集邮先进个人”称号，有一人编组的专题邮集荣获第 7 届江苏省集邮展览镀金奖。苏州市委宣传部除参与苏州市集邮协会筹建工作之外，还先后由 3 位副部长担任苏州市集邮协会副会长。市级机关及 51 个部委办局相继组建了集邮分会，并配合苏州解放 50 周年、学习“三个代表”重要思想、党员先进性教育、中华人民共和国成立 60 周年、机关文化艺术周等主题举办集邮展览等活动，从领导层面推进了集邮宣传教育功能的发挥。苏州市教育、苏州市体育局、苏州市民政局、苏州市委老干部局、苏州工业园区管委会办公室及苏州市总工会、共青团妇联等部门均从集邮活动的方向、主题、内容、组织乃至场地、经费、人员等方面提供了具体支持和实际帮助。苏州市委机关报《苏州日报》2 次连载周治华的生肖邮文；《姑苏晚报》副刊开辟《邮趣》专版，并进行了 3 次人物专访，苏州电视台开播《集邮天地》栏目。此外，苏州市的主流媒体还针对全市重大集邮活动召开 10 多次新闻通气会的报道，在全社会营造出浓厚的集邮氛围。同时，苏州市集邮协会制作了汇报视频光盘（图 5-356）。该协会汇报结束后，验收组对当地党政部门重视和支持集邮活动的情况、集邮组织机构健全、集邮文化建设取得显著成效三个方面进行了量化考核。经逐一查阅原始资料、电话抽查、座谈会、实地察看等方式综合验收，验收组初步评估苏州考核达标，并将结果上报中华全国集邮联合会常务理事会审批。

图 5-356　苏州市集邮协会创建“全国集邮文化先进城市”汇报视频光盘

2011 年 11 月 11 日，中华全国集邮联合会在无锡举办的亚洲国际集邮展览开幕式上举行首批 18 家“全国集邮文化先进城市”授牌仪式（图 5-357），苏州市政协秘书长高福民、苏州邮政局局长黄一芳专程赴会领取荣誉铜牌。

中华人民共和国中央人民政府
The Central People's Government of the People's Republic of China
www.GOV.cn

网站首页 | 今日中国 | 中国概况 | 法律法规 | 公文公报 | 政务互动 | 政府建设 | 工作动态 | 人事任免 | 新闻发布

当前位置： 首页>> 工作动态>> 部门信息

邮政局：18城市获首批集邮文化先进城市荣誉称号

中央政府门户网站 www.gov.cn　2011年11月13日 21时32分　来源：邮政局网站

【字体：大 中 小】【E-mail推荐 发送 】 打印本页 关闭窗口

首批“全国集邮文化先进城市”命名授牌仪式11月11日在无锡举行。全国政协副主席、中华全国集邮联合会名誉会长黄孟复，政协第八届全国委员会副主席、第九、第十届全国人大常委会副委员长、中华全国集邮联合会名誉会长何鲁丽，政协第十届全国委员会副主席、中华全国集邮联合会名誉会长张怀西，国家邮政局局长马军胜、中国邮政集团公司总经理李国华、全国集邮联合会会长杨贤足，向获得首批“全国集邮文化先进城市”荣誉称号的城市授牌并颁发证书。首批获得“全国集邮文化先进城市”荣誉称号的城市有：南京、广州、南昌、深圳、青岛、洛阳、苏州、泸州、宜昌、黄石、佛山、邯郸、烟台、新余、萍乡、高邮、长乐、珲春等。

图 5-357　苏州获首批“全国集邮文化先进城市”荣誉称号

2012 年 3 月 16 日，江苏省集邮协会副秘书长费甦在苏州邮政局七楼会议室主持召开苏州创建工作复查汇报座谈会，参加会议的有江苏省集邮协会和苏州邮政局主要领导，苏州市集邮协会正副会长、秘书长、部分常务理事及基层组织特邀代表。会议传达了中华全国集邮联合会关于对首批“全国集邮文化先进城市”进行回访检查的决定和要求，与会者认真听取了苏州市集邮协会一年来创建工作进展情况的汇报和部分人员的补充发言。江苏省集邮协会会长顾汶就深化创建活动意义、苏州创建工作评价、当前改进意见及今后工作思路发表重要讲话。副会长周治华对如何巩固创建成果提出了五点意见。会议指出，苏州作为首批“全国集邮文化先进城市”，在迎接复查回访过程中，要同南京、高邮一道，认真总结创建经验，既要突出个性、体现特色，又要改进不足、完善管理，更好地发挥先进城市的示范效应，拉动全省创建工作，争当表率。会议认为，在现阶段，苏州要在争取领导支持和优化基础管理两个方面落实措施、创新成果，进一步动员全市各级集邮协会深入开展创建活动，并按照顾会长讲话精神和具体指导意见，重点抓好两个环节：一是提高思想认识，明确创建目的，巩固和发展创建成果，旨在不断提升集邮文化的城市融合度和社会影响力。文化是城市的内涵，集邮是文化的内涵。发展集邮文化，就能丰富城市内涵，就能提升社会影响力和在文化事业与文化产业中的地位，进而打造城市文化品牌，助推城市发展建设。二是发挥个性特色，抓好提高与普及工作。在提高方面：其一，扩大品牌优势。生肖集邮是江苏省的品牌，创办生肖邮票博物馆要争取政府文件作为依托，形成官民合办，使之成为全国品牌；极限与个性化集邮作为新兴门类要提升水平，扩大影响。其二，推进校园集邮。集邮进校园作为苏州特色，要在现有范围内做精、做实，要通过加强专业知识培训、加快教师队伍建设和组建志愿讲师团等多种办法，解决集邮辅导教师不足问题，同时根据学校共性和个性，选配合适的教师和教材。其三，全市集邮工作要与城市文化互动，与旅游、工艺、戏曲、艺术等苏州特色文化互动，并随城市文化主题的变化而变化。在普及方面：其一，壮大集邮队伍。既要鼓励与组织专业协会会员交叉活动，增强吸引力；又要大力发展新队伍，提升会员城市人口占比。其二，多渠道宣传集邮。要运用建网站、开博客、请领导和专家及时与集邮网民互动等方式，扩大宣传阵地。同时，要与新闻单位多沟通，借助媒体之力，讲集邮之益，造社会之势，让更多市民分享创建成果和先进荣誉。会议强调，“创建省级集邮文化先进城市活动”在江苏省全面启动时，苏州要发动所辖县级集邮协会，积极创造条件，争取早日申报。各基层组织要以创建“集邮者之家”为目标，带领广大会员推进集邮文化大繁荣、大发展。

2012 年 5 月 30 日，根据中华全国集邮联合会的工作部署，常务副会长谭小为带领相关人员来到苏州，对苏州市作为首批“全国集邮文化先进城市”一年来创建工作的情况进行回访与检查。下午，在由苏州市创建活动领导小组成员、苏州市委宣传部副部长郦方主持的汇报座谈会上，会长谭小为首先就回访的目的及其重要性发表讲话：创建“全国集邮文化先进城市”活动，是一项有效推进集邮文化融入城市文化，实现可持续发展的创新举措。作为新的工作，从现行验收标准是否可行，到各地落实或改进情况如何，都需要实践检验。在 2 年复评中间进行一次回访，不仅可让我们了解和掌握创建工作的进程，发现和总结典型经验，还能及时找出薄弱环节，寻求解决办法，这将有助于创建活动的不断深化。这次中华全国集邮联合会专门组织相关课题组成员随同回访，并进行实地调研，目的也就在此。苏州市副市长徐惠民在向回访组介绍“巩固创建成果，发展集邮文化”情况时，重点通报自 2012 年以来苏州市委、市政府领导及有关部门为打造集邮品牌、繁荣城市文化、加大支持力度而做出的三个举措：一是经苏州市委书记蒋宏坤批示同意，由苏州市政府协调相关部门研究筹建生肖邮票博物馆。二是 4 月 11 日，苏州市政府就国家邮政正式批准启用《苏州轨道交通》专用邮资图一事专门下发《关于推广使用轨道交通邮资信封的通知》，要求各地、各部门、各单位通过统一使用轨道交通邮资封这一特殊文化传播载体，宣传苏州建设的发展成就，扩大文化名城对外的知名度和影响力。4 月 28 日，苏州市委书记蒋宏坤和苏州市代市长周乃翔亲自为邮资封和纪念封揭幕。三是为加快苏州市“国家公共文化服务体系建设示范区”创建步伐，苏州市文化广电新闻出版局决定将受众面宽、公益性强、在苏州有着广泛群众基础的集邮文化纳入全市公共文化服务体系建设范畴。作为第一步，自 2012 年起集邮活动将被归于“文化惠民工程”，进入示范区“服务供给”中年均惠及人次的统计范围。同时，邮政与文化主管部门还将在集邮文化宣传、公益活动组织、文化产业延伸和对外文化交流方面互补优势、合作共赢。苏州邮政局局长黄一芳代表创建领导小组在会上汇报了验收一年来创建工作在领导重视与部门支持、加强宣传与深化创建、优化管理与创新活动、壮大队伍与扩大成果四个方面的具体做法及其进展情况。接着，江苏省集邮协会副会长周治华，苏州市集邮协会副会长汪日荣，常务理事郑炜、秦士钧分别就“苏州集邮品牌效应与创建工作指导思想”“集邮在社会文化的地位与作用”“专项集邮学术组织的活力与成果”“以《集邮进百校》为亮点的青少年集邮活动”等内容做了补充发言。汇报结束后，随同回访的课题调研组成员纷纷发表感言，一致评价苏州文化底蕴深厚、集邮基础扎实，领导重视、措施得力、品牌突出、活动多彩、成果显著，创建经验值得借鉴。专程来苏州陪同回访的江苏省集邮协会会长顾汶在讲话中对苏州创建工作给予好评的同时，向在座的集邮联领导简要汇报江苏省集邮协会七届四次理事会的中心议题及江苏“创建省级集邮文化先进城市活动”已正式启动等情况。在会议间隙，回访组有关成员仔细查阅了苏州市集邮协会以中华全国集邮联合会《通知》规定的 8 项检查内容为顺序而汇集的由资料、记录、名册、图表等组成的 2 本合订本。谭会长在总结讲话中说，苏州在巩固创建成果，以集邮文化打造城市品牌方面确实做出了较大努力，取得了良好成效。他希望苏州作为首批创建城市，要在现有成绩的基础上，不断开拓进取，为地方文化繁荣和苏州城市发展做出更多贡献。

六、集邮文化常设展示场馆

1. 苏州生肖邮票博物馆

苏州生肖邮票博物馆位于苏州市山塘历史文化保护街区明代吏部尚书吴一鹏故居玉涵堂西一路，建筑面积为 660 平方米，其中展厅面积为 550 平方米，馆内藏有自 1950 年以来世界五大洲中 100 多个国家和地区发行的全部生肖邮票和部分生肖邮品。它不仅是收藏、展示和利用生肖邮票、研究传播生肖文化与生肖集邮的专门博物馆，也是世界上首座生肖邮票专题博物馆，还是中国邮政邮票博物馆首家专门性分馆。该馆以中华全国集邮联合会会士周治华先生捐赠的生肖邮品为基础，列入苏州市文化发展“十二五”规划“博物馆城”建设，由苏州市姑苏区人民政府主办，苏州市文化广电新闻出版局行业主管，苏州邮政局提供业务指导，于 2013 年 5 月 18 日（国际博物馆日）开馆。

凭一己之力发起并成功创办的苏州生肖邮票博物馆，系周治华为中国生肖集邮发展和苏州文化建设做出的最大贡献。早在 2003 年前后，年近 70 岁的周治华就已开始考虑个人生肖邮票藏品的最后归宿问题，经再三权衡，最后决定捐赠给有关方面，并在苏州建立一个博物馆。苏州荣誉市民、香港著名实业家周文轩听说后，立即于 2004 年捐赠 50 万元作为建馆之用。考虑到请邮政企业投入建馆启动资金困难较大和日常管理费用不足的问题，周治华于 2012 年 3 月 30 日亲笔致信江苏省委常委、苏州市委书记蒋宏坤及苏州市委副书记、苏州市代市长周乃翔，提出自己愿将自 1950 年以来收集的世界上 100 多个国家和地区发行的全部生肖邮票及一批邮品、资料捐赠给政府建立一个博物馆，为苏州城市的文化建设增光添彩，并建议苏州市委、市政府将建馆之事作为苏州城市文化建设的一个重要内容列入规划，从多方面给予支持，特别是解决建馆用房和日常管理经费问题。

苏州市委、市政府对此十分重视。苏州市代市长周乃翔第二天就做出批示：“请王市长重点阅示。可结合城建项目解决。”苏州市委书记蒋宏坤于 4 月 4 日批示（图 5-358）：“此建议很好。周治华同志退休后为苏州成为全国生肖集邮文化中心做了

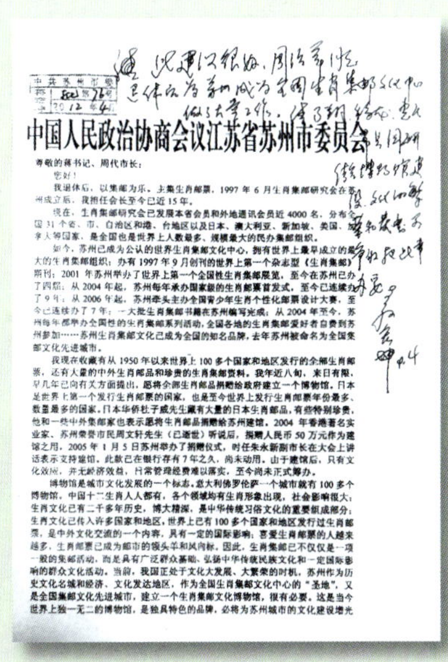
中国人民政治协商会议江苏省苏州市委员会

尊敬的蒋书记、周代市长：

您好！

我退休后，以集邮为乐，主集生肖邮票，1997 年 6 月生肖集邮研究会在苏州成立后，我担任会长至今已近 15 年。

现在，生肖集邮研究会已发展本省会员和外地通讯会员近 4000 名，分布全国 31 个省、市、自治区和港、台地区以及日本、澳大利亚、新加坡、美国、加拿大等国家，是全国也是世界上人数最多、规模最大的民办集邮组织。

如今，苏州已成为公认的世界生肖集邮文化中心，拥有世界上最早成立的最大的生肖集邮组织；办有 1997 年 9 月创刊的世界上第一个杂志型《生肖集邮》期刊；2001 年苏州举办了世界上第一个全国性生肖集邮展览，至今在苏州已办了四届；从 2004 年起，苏州每年承办国家级的生肖邮票首发式，至今已连续办了 9 年；从 2006 年起，苏州牵头主办全国青少年生肖个性化邮票设计大赛，至今已连续办了 7 年；一大批生肖集邮书籍在苏州编写完成；从 2004 年至今，苏州每年都举办全国性的生肖集邮系列活动，全国各地的生肖集邮爱好者自费到苏州参加……苏州生肖集邮文化已成为全国的知名品牌，去年苏州被命名为全国集邮文化先进城市。

我现在收藏有从 1950 年以来世界上 100 多个国家和地区发行的全部生肖邮票，还有大量的中外生肖邮品和珍贵的生肖集邮资料。我年近八旬，来日有限，早几年已向有关方面提出，愿将全部生肖邮品捐赠给政府建立一个博物馆。日本是世界上第一个发行生肖邮票的国家，也是至今世界上发行生肖邮票年份最多、数量最多的国家。日本华侨杜子威先生藏有大量的日本生肖邮品，有些特别珍贵，他和一些中外集邮家也表示愿将生肖邮品捐赠给苏州建馆。2004 年香港著名实业家、苏州荣誉市民周文轩先生（已逝世）听说后，捐赠人民币 50 万元作为建馆之用。2005 年 1 月 5 日苏州举办了捐赠仪式，时任朱永新副市长在大会上讲话表示支持建馆。此款已在银行存有 7 年之久，尚未动用。由于建馆后，只有文化效应，并无经济效益，日常管理经费难以落实，至今尚未正式筹办。

博物馆是城市文化发展的一个标志。意大利佛罗伦萨一个城市就有 100 多个博物馆。中国十二生肖人人都有，各个领域均有生肖形象出现，社会影响很大；生肖文化已有二千多年历史，博大精深，是中华传统习俗文化的重要组成部分；生肖文化已传入许多国家和地区，世界上已有 100 多个国家和地区发行过生肖邮票，是中外文化交流的一个内容，具有一定的国际影响；喜爱生肖邮票的人越来越多，生肖邮票已成为邮市的领头羊和风向标。因此，生肖集邮已不仅仅是一项一般的集邮活动，而是具有广泛群众基础、弘扬中华传统民族文化和一定国际影响的群众文化活动。当前，我国正处于文化大发展、大繁荣的时机，苏州作为历史文化名城和经济、文化发达地区，作为全国生肖集邮文化中心的“圣地”，又是全国集邮文化先进城市，建立一个生肖集邮文化博物馆，很有必要，这是当今世界上独一无二的博物馆，是独具特色的品牌，必将为苏州城市的文化建设增光

图 5-358　苏州市委书记蒋宏坤批示筹建苏州生肖邮票博物馆

大量工作。请乃翔、福龙、惠民市长调研，结合博物馆建设、文化的繁荣和发展，可争取把此事办妥。”副市长王鸿声于 4 月 5 日做出批示：“请市文广新局会同市邮政局就筹建生肖邮票博物馆进行研究，并提出具体方案报政府择期研究。”当月，苏州市政府就已确定将馆址选在山塘街明代吏部尚书吴一鹏故居玉涵堂内。经过 3 次筹备会议，制定了建立苏州生肖邮票博物馆的初步方案。9 月，经苏州市委常委会议讨论通过，苏州生肖邮票博物馆被列入苏州市区“‘十二五’期间十大文化工程”，并由苏州市文化广电新闻出版局在新闻发布会上对外宣布。

2013 年 1 月 5 日，周治华生肖邮票个人藏品捐赠仪式（图 5-359）在苏州图书馆报告厅举行。周治华当场向筹建中的苏州生肖邮票博物馆捐赠全世界迄今已发行的生肖邮票 1 375 种（含小型张、小全张、小本票、大小版张及特大版张），共计 9 575 枚（全部新票，不含复品）。苏州市文化广电新闻出版局局长陈嵘接受了捐赠邮品，副市长王鸿声为周治华颁发了捐赠证书。

图 5-359　周治华生肖邮票个人藏品捐赠仪式

2013 年 5 月 18 日，苏州生肖邮票博物馆（中国邮政邮票博物馆・生肖邮票分馆）（图 5-360）举行开馆仪式，中国邮政邮票博物馆馆长高桂兰专程莅临苏州致贺。仪式结束后，周治华陪同苏州市委领导和嘉宾参观（图 5-361），并讲解其捐赠的生肖邮品。

图 5-360　苏州生肖邮票博物馆

图 5-361　周治华陪同苏州市委领导和嘉宾参观

苏州生肖邮票博物馆自开馆以来的重要举措和成效具体有以下几点。

（1）常设展览和移动展览并举

全馆设有序厅、中国厅、集邮厅、世界厅、邮品厅 5 个固定展厅，是青少年青睐的集邮打卡地，于 2022 年获评苏州市第二十四批科普教育基地。除常设展览之外，该馆还举办临时展览和专题展览。

2013 年 10 月，“移动生肖邮票博物馆”项目正式启动，并举办生肖邮票展览。该展览首先在苏州金阊老年公寓举行。此次展览共展出馆藏珍品 20 框、320 张贴片，其中生肖邮票 910 枚，贺年生肖邮资封片 415 枚。2014 年 4 月 16 日，生肖邮票展览在昆山市城北中心小学举办，并获得圆满成功。

值得回顾的两次集邮展览如下：一是 2015 年 5 月 16 日—8 月 31 日，世界生肖邮票精品展在玉涵堂展出。此次展览首次大规模集中展出苏州生肖邮票博物馆藏珍贵邮票 190 件，在方寸之间展现中华民族传统文化的博大精深，并推出一系列体验活动，内容包括剪纸、彩蛋、刺绣、画信等。二是 2016 年 1 月 15 日—2 月 21 日，苏州生肖邮票博物馆应邀在列支敦士登国家博物馆举办“中国生肖邮票精品展”。这是中国生肖文化以邮票为载体，首次在境外集中展出，深受当地观众喜爱。

（2）接受捐赠，扩充馆藏

苏州生肖邮票博物馆将馆藏征集列为基础业务工作之一，积极做好多种渠道的社会征集与捐赠工作。继周治华、周文轩捐赠之后，2014 年 1 月 5 日，中华全国集邮联合会副会长孙蒋涛捐赠澳门一至三轮 30 年生肖邮票 30 版、计票 1 150 枚，苏州旅居澳大利亚的集邮人士丁兆德、丁兆庆委托周治华会士向苏州生肖邮票博物馆赠生肖邮票 5 000 枚（图 5-362）。翌日，列支敦士登邮政向苏州生肖邮票博物馆捐赠列支敦士登公国马年生肖邮票（图 5-363）。

在苏州生肖邮票博物馆开馆一周年之际，馆长俞莉和列支敦士登国家博物馆馆长雷诺·沃康摩尔签订了友好博物馆谅解备忘录（图 5-364）。签字前，美国华人集邮专栏作家戴定国捐赠 2 份美国蛇年邮票大版张（图 5-365），周治华受托转交唐鸿义、郭润康、何欣 3 位集邮家捐赠的 4 部邮集和一批珍贵生肖封片，齐向荣女士则代表列支敦士登邮政捐赠邮品。

图 5-362　孙蒋涛及丁兆德、丁兆庆向苏州生肖邮票博物馆捐赠邮票

图 5-363　列支敦士登邮政代表捐赠列支敦士登公国马年生肖邮票

图 5-364　苏州生肖邮票博物馆与列支敦士登国家博物馆签订友好博物馆谅解备忘录

图 5-365　戴定国捐赠美国蛇年邮票大版张生肖邮品

2023 年 3 月 25 日—7 月 23 日，苏州生肖邮票博物馆借馆庆 10 周年的契机，在集邮厅举办馆藏生肖邮集精品展。该展览展出了由周治华、沈建平、郭润康捐赠的生肖邮集 4 部（22 框）。

（3）创优争先，提升规格

2014 年 6 月，苏州生肖邮票博物馆正式成为中国博物馆协会团体会员，并在 2020 年 3 月获得国际博物馆协会会员证，同年 12 月入选第四批国家三级博物馆名单，2021 年荣获“2020 年度苏州市文博行业最具特色奖项——非国有馆人气奖”（图 5-366）。

2018 年 1 月 4 日，中华全国集邮联合会副会长兼秘书长张玉虎在江苏省邮政和苏州市邮政领导的陪同下，冒雨来到山塘街参观苏州生肖邮票博物馆（图 5-367）。他听取了馆长俞莉的介绍，依次观看了 5 个展厅及正在展览的“集邮家风采——王宏伟集邮摄影展”。

图 5-366　苏州生肖邮票博物馆之品牌与荣誉

图 5-367　张玉虎参观苏州生肖邮票博物馆

图 5-368　赵晓光视察苏州生肖邮票博物馆

同年5月17日，列支敦士登国家博物馆馆长雷诺·沃康摩尔博士与列支敦士登国家博物馆驻亚太地区总代表齐向荣女士再度来苏州交流访问，并将列支敦士登邮政发行的2018年狗年生肖邮票未裁切特大版张捐赠给苏州生肖邮票博物馆，还参观了“方寸背后的奥秘——邮票印制工艺展”、体验了十二生肖木刻年画套印项目。

2023年3月10日，中华全国集邮联合会常务副会长赵晓光在苏州调研生肖集邮活动期间视察了苏州生肖邮票博物馆（图5-368）。

截至2018年年底，苏州生肖邮票博物馆开馆5年多来共接待观众45万人次，其中未成年人4.8万人次。开放时间：周二至周日，9:30—16:30（16:00停止进馆参观）；每周一闭馆，法定节假日和特殊情况除外。

图 5-369　双拥集邮文化展厅

2. 昆山双拥集邮文化展厅

昆山双拥集邮文化展厅位于昆山市花园路838号憩园双拥主题公园内，隶属昆山市退役军人事务局，始建于20世纪90年代初。2021年12月，昆山双拥主题公园入选第二批“江苏省双拥示范基地”，公园内建有全国首个双拥集邮文化展厅（图5-369）。

昆山憩园是一座集国防教育、双拥展示、休闲娱乐于一体的双拥主题公园，昆山双拥集邮文化展厅始建于2015年，是昆山市集邮协会支持双拥工作自发组建的。该展厅开展过一片集邮展、集邮知识讲座和竞赛、生肖文化系列活动、“益起筹”爱心义卖等丰富多彩的活动（图5-370）。截至2021年年底，该展厅累计接待市民近万人。

图 5-370　昆山双拥集邮文化展厅内开展的集邮活动

3. 太仓万国码头主题艺术馆

太仓万国码头主题艺术馆位于太仓市县府街 39 号，由太仓市人民政府筹建。太仓市集邮协会主动介入由苏州市政府主办的太仓万国码头主题艺术馆的筹建工作，通过专设集邮展览馆，引入中国邮票设计家创作基地、中国书信文化研究会、太仓市民间艺术展览馆 3 家驻馆机构，在践行“集邮搭台，文化唱戏”中走出了一条新路。

2019 年 7 月 11 日，太仓万国码头主题艺术馆举行开馆仪式，中华全国集邮联合会会长杨利民题词祝贺，副会长李曙光捐赠题词，并出席开馆仪式（图 5-371）。邮票设计师阎炳武、李晨、姜伟杰、杨文清、徐喆、杨志英，中华全国集邮联合会会报、会刊代表，以及来自江苏各地的集邮组织、集邮爱好者代表参加开馆系列活动。

图 5-371　中华全国集邮联合会副会长李曙光捐赠杨利民会长题词

在开馆当日，领导和嘉宾先后参观了太仓航海史料陈列馆与集邮展览，其中集邮展览的展品包括由世界集邮展览、亚洲国际集邮展览、中华全国集邮展览大镀金奖得主道文进、范利清、姜达政组集的 4 部邮政史邮集和 1 部邮票设计家手绘封专集，以及 9 位设计（雕刻）师的图稿原件。

图 5-372　“传承红色基因　弘扬集邮文化——李曙光红色收藏签名展”

2020 年 10 月 1 日—8 日，由太仓市文体广电和旅游局主办、太仓博物馆承办、太仓万国码头主题艺术馆协办的“传承红色基因　弘扬集邮文化——李曙光红色收藏签名展”（图 5-372）在万国码头主题艺术馆举办。本次展览共分为两个单元：一是红军家信单元（图 5-373）。该单元展现了红军的革命思想和理想信念，弘扬红军战士不怕牺牲、坚韧不拔的革命精神。二是签名封单元。该单元展示了 60 多名党和国家领导人、开国将领在中华人民共和国成立 35 周年首日封上的题词和签名，传承与弘扬了爱国主义精神。

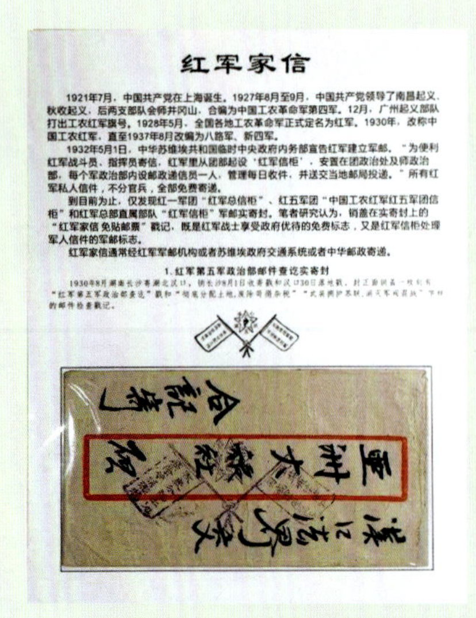

红军家信

1921年7月，中国共产党在上海诞生。1927年8月至9月，中国共产党领导了南昌起义、秋收起义，后两支部队会师井冈山，合编为中国工农革命军第四军。12月，广州起义部队打出工农红军旗号。1928年5月，全国各地工农革命军正式定名为红军。1930年，改称中国工农红军，直至1937年8月改编为八路军、新四军。

1932年5月1日，中华苏维埃共和国临时中央政府内务部宣告红军建立军邮。"为便利红军战斗员、指挥员寄信，红军里从团部起设'红军信柜'，安置在团政治处及师政治部，每个军政治部内设邮政递信员一人，管理每日收件，并送交当地邮局投递。"所有红军私人信件，不分官兵，全部免费寄递。

到目前为止，仅发现红一军团"红军总信柜"、红五军团"中国工农红军红五军团信柜"和红军总部直属部队"红军信柜"军邮实寄封。笔者研究认为，销盖在实寄封上的"红军家信 免贴邮票"戳记，既是红军战士享受政府优待的免费标志，又是红军信柜处理军人信件的军邮标志。

红军家信通常经红军军邮机构或者苏维埃政府交通系统或者中华邮政寄递。

1. 红军第五军政治部邮件查讫实寄封

1930年8月湖南长沙寄湖北汉口，销长沙8月1日收寄戳和汉口30日落地戳，封正面销盖一枚红色"红军第五军政治部查讫"戳和"领导分配土地,废除苛捐杂税""武装拥护苏联,消灭军阀混战"下行的邮件检查戳记。

图 5-373　红军家信单元

太仓万国码头主题艺术馆集展览、教育、文创功能于一体，基地占地面积约600平方米，内设太仓建制沿革、国家邮票设计家创作基地、中国书信文化研究会、太仓市民间人士艺术集藏成果展示、青少年教育基地及左手咖啡右手书（图书漂流驿站）等多个展区，是一个多元化的公益性文化交流平台。

苏州集邮史大事记
（1878—2023）

1878年

京都诞生官督民办的华洋书信馆，开创中国邮政的先河。是年，翁同龢将一封亲笔家书通过华洋书信馆自北京寄递常熟。

1896年

3月20日，光绪皇帝下诏成立大清邮政官局。此前苏州城内已有集邮者卢赋梅、张景盂等。

7月1日后，因《马关条约》增辟苏州为商埠，日本邮局开设于苏城领事馆内，1901年迁入城南青旸地日租界。

10月1日，苏州关正式开关运作，海关兼办邮政。

1897年

2月2日，已见红印花加盖票上“CUSTOMS SOOCHOW”苏州海关销票日戳。

3月7日，苏州府邮政分局开设于葑门外觅渡桥，已见的“SOOCHOW 苏州邮政局”英汉大圆戳较早使用日期为1897年7月19日。

5月3日，苏州古城区开办邮政支局，初设于阊门内宝林寺前。

10月8日，初见苏州八卦戳销票实寄封。

1898年

常熟邮政分局开设于常熟城内县南街。

1899年

正月二十（3月1日），已见“苏州SOOCHOW”汉英半切圆形日戳的使用。

1900年

苏州府邮政分局设立吴江邮政分局，原址在松陵镇北塘街。

1903年

朱世杰在沪兼营邮业，创设集古社，成为第一位在外埠业邮的苏州人。

1904年

太仓、昆山开设邮政分局。

大清邮政官局颁布的“干支日戳”正式启用，已见的苏州戳的较早使用日期为“江苏苏州城 甲辰三月十三日”。

1905—1907年

由东吴大学董事长林乐知著、东吴学者范祎述的《明信片源流》《邮票式样》《邮票之历史》，分刊于《万国公报》第一百九十三、第一百九十七、第二百一十七册上。

1910年

苏州改设为副邮界，归南京邮界管辖。据

《宣统元年邮政事务情形总论》记载：苏州邮界总分局数，1907 年为 7 处，1908 年为 8 处，1909 年为 10 处。

1913 年

12 月 13 日，邮政总局邮政总办帛黎签署第 344 号通令，苏州府邮政分局更名为“苏州一等邮局”。

1914 年

4 月起，上海《时事新报》见载多则常熟冯质甫、冯伯沅、杨智涵，苏州张仲复、张春霆、张剑初、孔劣愚、柴冠群等发布的征集旧邮票广告。

9 月，沪刊《白相朋友》登载同里市北埭杨佩玉发布的《佩玉征求中外旧邮》广告。

1915 年

张景盂在苏城祥符寺巷 30 号开办五洲邮票社，12 月 24 日于上海《时报》刊登首则售邮广告《奉赠旧邮票五十种》。

1917 年

8 月 25 日，北洋政府邮政总局颁发第 91 号通谕《遵照大总统更订全国行政区划令改订邮局名称》，“苏州府”局名更订为“吴县”，但未见执行。

1918 年

5 月 10 日—12 日，张景盂、柴冠群、卢赋梅携带邮品参加常州邮券展览会，柴冠群、卢赋梅二人并获首奖。

1919 年

卢赋梅从东吴大学辞职，于苏城苍龙巷 5 号寓所挂牌开办卢义思邮票公司。

1920 年

东吴大学附中学生徐荫祺在天赐庄 35 号寓所开设徐氏兄弟邮票社。

1921 年

太仓世界邮票社开办于太仓西门内陆家桥西首。

1922 年

3 月 10 日—11 日、7 月 3 日—4 日，徐氏兄弟邮票社在上海《申报》刊发售邮广告，当年编出《大陆邮票新闻》（季刊）两期。

7 月，太仓世界邮票社创刊《邮票杂志》（出 1 期停刊）。

8 月，太仓世界邮票社编出《邮票新闻》（出 2 期停刊）。

是月，上海神州邮票研究会成立，柴冠群为会员。

12 月 31 日，根据《关于在中国之外国邮局议决案》，设于城南青旸地的日本邮便局关闭。

1923 年

7 月，《新闻报》见载北京维廉邮票社迁至苏州学士街 96 号的营业广告，店主张维廉。

1924 年

《邮票新闻》第三期开始改称《邮票界》。

1925 年

7 月 11 日，中华邮票会在上海成立，张景盂为八名发起人之一。张景盂、柴冠群、卢赋梅、徐荫祺成为首批会员，前三位被推为评议员。

1926 年

3 月，卢义思邮票公司发行由卢赋梅、陈复祥合编的《中国邮票汇编》。

5 月，北京邮票交换会成立，徐荫祺、卢赋梅、张景盂加入，成为会员。

7 月，新光邮票研究会通过通信选举，推举柴冠群为会长，张景盂、徐荫祺为评议员，卢赋梅为研究部主任。

是月，朱世杰编著的《中国集邮图谱》由上海集古社出版。

1927 年

11 月，张景盂编纂的《集邮须知》由苏州五洲邮票社出版。

1928 年

11 月，卢赋梅就任新光邮票研究会拍卖部主任，于苏州寓所主持通讯拍卖。

1929 年

1 月，新光邮票研究会苏州分会成立，由卢赋梅负责。

8 月，东吴大学校刊《老少年》第五年第八期刊登东吴集邮社成立的消息。

10 月，卢赋梅请辞新光邮票研究会拍卖部主任一职。

1930 年

蒋士渊、蒋鹤舫在太仓城厢镇县党校址开设远东邮票社。

1931 年

4 月 4 日，据《交通部邮政总局通谕》第 347 号发布，苏州一等邮局改称“吴县一等邮局”。

9 月后，始见“吴县一等邮局”公章及“吴县（苏州）”双地名邮政日戳。

1932 年

4 月，因新光邮票研究会重整会务，其苏州分会宣布取消。

是年，华特生在常熟东河街 52 号开办绿洲邮票社。

1935 年

1 月 26 日，清中后期兴盛一时的民信局在苏州的各个机构全部停止营业。

8 月，陆志新于苏州景德路 220 号开办真光集邮社，《甲戌邮刊》第二卷第八期首登该社广告。

1936 年

1 月，中国邮商公会在沪成立，陈复祥被公推为会长，张景盂任苏州区委员，陆志新的真光集邮社、华特生的绿洲邮票社等先后入会。

6 月，陶墨耕的《影印华邮图集之建议》在《甲戌邮刊》第三卷第六期刊发，最终纳入选题者计十种，甲戌邮票会委托陶墨耕在苏州筹印。

11 月 8 日，甲戌邮票会第二届委员选举纪录揭晓，卢赋梅受聘为顾问，陶墨耕、张景盂分任宣传委员会吴县通讯处主任和委员。

12 月底，常熟绿洲邮票社迁至上海小西门尚文路松雪坊 7 号，华特生随即组建绿洲邮票会，创办《青春邮语月刊》（至 1937 年 6 月共出刊 6 期）。

1938 年

春，五洲邮票社迁往上海愚园路 608 弄 67 号。

7 月，真光集邮社迁往上海霞飞路 471 号营业。

8月，张景盂编译《邮苑珍闻》，张包子俊作序于申江寄庐。

苏城沦陷前夕，吴县邮局及所属支局的员工从苏城撤退至镇江，又转上海待命，苏州地区邮政业务暂时中断。

苏城沦陷初期，集邮活动陷入停摆状态。柴冠群、徐逢生、谢德华等人的邮品受损，陶墨耕已印竣华邮图集及明信片等皆被盗劫，甲戌邮票会吴县通讯处被迫告停。

1939年

6月，张景盂编译《集邮家用标准中西地名对照表》在沪印行，由五洲邮票社出版。

是年，苏州邮人陶墨耕逃难至常熟浒浦口，成家立业，开办洽生商店，兼营邮品。

1941年

4月20日，本埠集邮家徐逢生、谈佐麐发起成立苏州集邮会。翌日，假座旧学前民众教育馆，举行邮票展览3天。

6月10日，为适应接纳外地会员，苏州集邮会在沪开会，将会名改为“大华邮票会”。

7月、11月，大华邮票会印行会刊《大华邮刊》（共2期），徐逢生主办、张景盂编辑。会务由徐逢生、谈佐麐、张景盂、陆志新、钟笑炉分担。

是年起，大华邮票会以“吴苑茶叙”的特殊方式，在整个沦陷时期坚持邮谊活动，大华邮票会组建当年于每周日举行拍卖会。

1943年

9月，费昌渊在苏州三茅观巷敦仁里开设友谊邮票社。

12月18日—21日，应徐逢生、谈佐麐邀请，上海邮人陈志川、郭植芳等、杨成一、陈之逵、王纪泽、张包子俊和严西峤等7人结伴旅游苏州，进行邮谊活动。

1945年

5月21日，苏州邮人为欢迎王疆松莅苏，宴请于天和祥菜馆，席间还举行了邮票拍卖活动。

6月，诸绶熙、金德声、马珪芳、朱万钟4人发起成立苏州邮人联谊会，聘请吴晓谷为理事长，锡地邮友张筱庵、张建秋等加入为会员。

1946年

3月20日，新光邮票研究会苏州分会成立，理事长徐逢生，理事陆志新、李德荣、钱亚凡、钱孟方，监事朱万钟，会址设旧学前64号。

5月15日，苏州邮人联谊会创办《苏州邮刊》（当年编出6期）。创刊号发表李铭《关于“集邮大众化”的几句话》，在全国集邮界引发8个月的论争。

7月27日—29日，苏州教区青年团假座苏州天赐庄东吴大学举行夏令会三天，特设邮票趣味讲座，请李铭先生为讲师。

7月28日，苏州邮人联谊会举行首次理监事选举大会，马珪芳当选为理事长，朱万钟、李铭为常务理事，吴晓谷为监事长，理事有金德声、唐嘉澍、胡宝书、邓蒋瑛，吴德安、庄年为监事。

7月，北平邮币公司出版《中国邮友通讯录》，入册的苏州邮人有朱万钟、李鼎杰、李啸胡、吴玉麟、周志克、金德声、俞大雄、胡宝书、马珪芳、陈蕙芳、陶墨耕、杨德雄、谈佐麐、谢德华、魏建、严子明等16人。

8月4日，李铭在苏州英华女校青年益德会作“集邮趣味”之演讲。

是月，苏州成立小朋友集邮会，会员30余人，随后创刊《小小邮刊》。

12月30日，《苏州邮刊》总第六期第三版刊载《本会紧要启事》：本会自明年起，为普遍起见，将“苏州邮人联谊会”之名称改为“苏州邮票会”，理监事会议已通过，自明年元旦日起概用“苏州邮票会”名称。

是年，协利邮票社、两宜邮票寄卖所、香港文艺社、工艺书局邮人服务部、义大邮票社、海风邮票社、业余邮币社、晶晶邮票社、鹤鸣邮票社、古今邮票社、中国邮票公司苏州特约经理处等十余家邮票商社在苏城接踵开办。

1947年

1月1日—5日，苏州邮人蒋伯壎、俞大雄提供展品，参加新光邮票研究会杭州分会举行的杭州市第一次邮币展览会。

4月6日，苏州邮人联谊会改组为苏州邮币会后，举行第一届监理事会，与会理监事有马珪芳、陈蕙芳、李铭、朱万钟、吴玉麟、吴德安、庄年、周嘉平、胡宝书、唐嘉澍。

4月20日，《苏州邮币会刊》第一期刊出。

6月1日，苏州邮币会接办《苏州邮刊》第二卷。

12月，《苏州邮刊》第二卷第五、第六两期合刊有两个版本。

1948年

1月1日，李铭创刊《邮摘》周报（至1949年6月25日终刊，共出74期）。

是月，北平第一次邮人座谈会在北平邮刊社召开，共商筹组北平邮票会，就读北京高校的苏州邮人金德声参会，并列为发起人之一。

11月，新光邮票研究会杭州分会举行会员大会，决议改名为“杭州新光邮票会”，并改选第三届理监事及各科股干事：苏州邮人俞大雄为理事，殷小沅为监事，诸绶熙为文书组干事。

1949年

5月，吴县一等邮局改名“苏州区邮电管理分局”。

是年，万国邮票社、周氏邮票社、绿宝邮票社、文兮邮票社、良友邮票社等邮票商社先后在苏城开张。

1950年

8月31日，苏州邮政局设置军邮台，专门处理部队邮件。

10月1日，新中国成立后苏州首枚纪念邮戳“中华人民共和国开国周年纪念”启用。

是年末，多次举行苏州邮人联谊座谈会，参加者有谈佐麐、龚菊成、孙锡、周志克、朱万钟、姚贻伦、黄汝霖、顾文煜、李啸胡、吴玉麟、俞大雄、汪梦九等，曾商议恢复苏州邮票会事宜。

1951年

3月，“中国人民邮政　苏州”邮资机符志启用。

9月，邮、电合一，成立邮电部苏州邮电局。

是年，柯斌在西美巷80号开办苏一集邮社。

1952年

4月2日，苏州军邮支局开始办公。

7月，常熟市邮电局启用首枚纪念邮戳，在常熟市县第二次城乡物资交流大会主会场盖销。

1956年

苏州邮电局在观前街太监弄开设第一个报刊门市部，内设集邮专柜。

1957年

8月31日，苏州军邮支局被撤销。

11月7日，邮电部在全国统一颁发“伟大的十月社会主义革命四十周年”纪念邮戳，苏州、常熟邮电局启用。

1958 年

6 月，苏一集邮社迁至人民路 294 号，更名为“公私合营苏一集邮店”。

6 月—7 月，昆山成立红旗集邮小组，成员有周龚梁、陈钰昌、金德仁、郐良峰、曹昌荣 5 人。

7 月 1 日，苏州市工人文化宫集邮小组成立，组长陆念乔。

10 月 5 日，苏州市工人文化宫集邮小组编出会刊《集邮通讯》。

10 月 15 日—22 日，苏州市工人文化宫集邮小组举办“台湾是中国的领土”邮票展览会。

是年，常熟邮电局设集邮台，开办集邮业务。

1959 年

1 月 1 日—2 日，昆山邮电局、劳动人民文化宫及昆山红旗集邮小组联合举办昆山县首届集邮展览会，并启用纪念邮戳 1 枚。《集邮》第二期所载沈盈庭《首届邮展在昆山》予以报道。

3 月 7 日，江苏省昆山中学高二（3）班沈盈庭等 12 人组建晨钟集邮小组，并在校内举办五四邮展。

是月，全市第一个工矿基层集邮组织——地方国营苏州钢铁厂集邮小组成立。

4 月—5 月，苏州、常熟、吴县、昆山分别行用“解放十周年纪念”邮戳。

6 月 13 日，常熟县虞山人民公社文化宫成立集邮组。

10 月 1 日，常熟县工人文化宫集邮组首次举办邮展，启用“庆祝建国十周年纪念”戳。

11 月 7 日—15 日，常熟县工人文化宫举办“庆祝十月社会主义革命 42 周年邮票展览”，启用纪念章 1 枚。

是月，苏州市区江苏师范学院附属中学试点班一年级（2）班集邮小组举办“强大的东风”邮票展览。

1960 年

1 月 5 日，张惠生主编苏州钢铁厂集邮小组邮刊《戳邮研究》。

1 月 28 日，常熟县工人文化宫举办欢度春节集邮展览，启用纪念章 1 枚。

2 月，常熟古里人民公社集邮小组配合公社党委举办春节座谈会，并启用“江苏常熟古里人民公社春节工农联欢纪念”戳。

5 月，常熟县工人文化宫，举办“反对美帝国侵略，坚持解放台湾，保卫世界和平”邮展，启用纪念章 1 枚。

10 月 1 日，常熟县工人文化宫举办国庆邮展，启用纪念章 1 枚。

是年，苏州市工人文化宫集邮小组因故停止活动。

1961 年

5 月，由广东罗家声编订、苏州张惠生校阅、香港范同复校的《新中国纪念邮戳简目》在香港出版。

8 月，常熟祁介东编印的《集邮者论坛》首期出版。

10 月 1 日，虞山镇工人文化宫集邮组主编的《虞山邮讯》创刊。同日，集邮小组举办国庆邮展，启用纪念章 1 枚。

1962 年

3 月 25 日，原苏州市工人文化宫集邮小组改由青年俱乐部领导。

7 月 31 日，常熟县工人文化宫举办“纪念中国人民解放军建军三十五周年”集邮展览，启用纪念戳 1 枚。

9 月，苏一集邮店开始编出特色鲜明的《寄拍卖目录》，为苏州及外埠集邮者广开票源。

1963 年

5 月 1 日，常熟祁介东编写《解放后邮刊统计（初稿）》，收录邮刊 89 种。

是月，吴江县文化馆在五一劳动节、五四青年节先后组织集邮展览。

9 月，常熟县虞山镇工人文化宫集邮组解散，《虞山邮讯》出版至第二十三期后停刊。

1964 年

3 月，昆山中学学生吴德伟编组《音乐舞蹈史诗——东方红》邮集一部在学校展出，并撰文《我的〈东方红〉邮集》（署名“吴蔚蓝”）发表在 1965 年《集邮》第三期上。

8 月，常熟《虞山邮讯》编辑部出版《虞山邮讯存稿汇编》，分赠老读者。

10 月 1 日，苏州老新光邮票研究会会员俞大雄在沙洲县文化馆举办该县首次邮票和钱币展览。

是年，常熟邮电局集邮台撤销，集邮活动陷于停顿状态。

1970 年

1 月，国家邮政和电信分设，苏州和各县（市）单独成立邮政局。

1973 年

6 月，国家邮政和电信合并，苏州和各县（市）邮政、电信合并，重新成立邮电局，下属分支机构随之合并。

1979 年

6 月，苏州邮电局增设集邮门市部，恢复集邮业务。

是年，太仓邮电局增办集邮业务。

1980 年

2 月，常熟邮电局恢复集邮台业务。

9 月，苏州中学率先建立由初一至高二共 115 名学生参加的课外集邮小组。该集邮小组也是“文化大革命”后苏州市的第一家学生集邮社团。

1981 年

1 月 1 日，苏州市工人文化宫成立集邮研究会。

2 月 5 日—19 日，苏州市工人文化宫集邮研究会举办“姑苏新春邮展”。

4 月，苏州市工人文化宫集邮研究会出版《研究与交流》会刊。

6 月 16 日，江苏省邮票公司与地方集邮组织、文化馆联合组织的“江苏省邮票巡回展览”在苏州市工人文化宫和各县（市）巡回展览。

7 月 1 日，苏州钢铁厂职工业余集邮小组成立。

7 月 8 日，吴江县周一非、石志民、朱耀星、唐惠亭、唐卯生、周祥林等 6 人起草《吴江县集邮协会章程（草案）》。随后，召开吴江县集邮协会筹备组第一次会议。

10 月 1 日，吴江县集邮协会举行成立大会，吴大伟任会长。

10 月 1 日—5 日，吴江县集邮协会在吴江县文化馆举行首届邮展。

10 月 25 日，《吴江邮讯》创刊号诞生，主编杨兴华。

12 月，苏州市粮食系统集邮协会成立。

是年，苏州市区人民路乐桥北集邮门市部前自发形成有史以来最大的马路邮市，人流量日均数百。

1982 年

4 月 1 日，吴江县邮电局集邮门市部开业。

4 月 21 日，南京、常州、无锡、苏州、上海、杭州六市集邮家在无锡召开座谈会，苏州市郑光裕、王柏生、陶梦菊、唐雨田参加座谈会。

6 月 25 日，昆山县邮电局集邮门市部成立。

是月，苏州市阊门邮政支局设立集邮门市部，并在木渎、光福、东山三个邮政支局设立集邮专柜。

7月1日，太仓邮政局设立集邮专柜。

12月11日，苏州市邮票公司成立。

12月26日，苏州长风机械总厂集邮研究小组成立。

1983年

2月7日，太仓县工人文化宫集邮小组成立。

2月13日—21日，太仓县工人文化宫集邮小组在太仓县工人文化宫举办首届邮展。

2月22日，常熟工人文化宫集邮组成立。

3月，常熟工人文化宫集邮组创编《常熟集邮》会刊。

5月5日，苏州丝绸工学院集邮社成立。

5月14日，常熟工人文化宫集邮组举办首届邮展。

5月27日，昆山县集邮协会成立，并举办首届邮展。

6月7日，江苏省集邮协会第一次代表大会召开，苏州市田德明、汪日荣、徐宝煌、张池奎、瞿岱鑫、周一非等15人出席会议。路云、汪日荣被选为理事。

6月9日—14日，江苏省首届邮展在南京举办，苏州市张池奎、钟浬、徐永祥、徐承中、徐谋福、杨兴华、周一非等人的邮集受邀参加本届邮展。

9月9日，常熟市集邮协会召开成立大会，田玉其任会长。

10月1日，常熟市集邮协会举办首届国庆邮展。同日，太仓县工人文化宫集邮小组举办"建国三十周年集邮展览"，集邮家赵善长作"中国集邮发展史"讲座。

10月23日，苏州市集邮协会第一次代表大会举行，出席大会的正式代表有112人、特邀代表42人，推选田德明任会长，陆念乔、杜子威、汪日荣任副会长，孙宝明任秘书长。

10月25日—31日，在苏州市工人文化宫举办苏州市首届集邮展览。

12月15日，太仓县集邮协会成立，顾尧封任会长。

1984年

10月1日—3日，昆山县集邮协会举办"庆祝中华人民共和国成立三十五周年"邮票展览。同日，常熟市集邮协会、太仓县集邮协会分别举办集邮展览。

是月，苏州市集邮协会成立一周年，上海集邮家乐锦祥、唐无忌、刘广实、邵林来苏致贺，并举行大型学术讲座。

11月6日，陆志新出席在西安举办的中华全国集邮联合会学术委员会1984年学术年会，其论文《新中国邮票上公元年份的探讨》获一等奖。

1985年

3月15日，苏州邮电局集邮协会成立，刘叔培为名誉会长，龚智渊为会长。该协会是江苏省邮电系统内的第一个集邮组织。

3月22日，太仓县集邮协会浮桥分会成立，这是苏州市的第一个农村乡级集邮组织。

4月12日，苏州市集邮协会会刊《苏州集邮》创办，16开4版。主编陆念乔，副主编陆志新、汪日荣。

5月4日，沙洲县集邮协会成立，赵德娣任会长。

5月下旬，美国《国家地理》杂志游记作家安·凯莎女士来苏，考察横塘古驿亭。

6月7日—13日，江苏省集邮协会在扬州举办"中国人民革命战争时期解放区邮票展览"，苏州市7人提供20框展品参加展览。

6月13日，中华全国集邮联合会办公室主任沙子芬一行，由江苏省集邮协会副会长杨勇伟，苏州市集邮协会会长田德明、秘书长孙宝明等陪同，到吴江县调研集邮活动开展情况。

10月25日，苏州市集邮协会在苏州市工人文化宫举办“庆祝苏州市集邮协会成立二周年游园会”和“邮票设计者吴建坤、程传理、任宇、黄里作品展览”，2 000多名市区会员参加。

10月27日，邮票设计者黄里到吴江参加集邮座谈会。

12月5日—12日，苏州市集邮协会配合江苏省集邮协会、江苏省邮票公司在苏州举办“江苏省集邮专职人员培训班”，孙宝明参加培训。

1986年

1月5日，苏州市沧浪区少年集邮协会成立，是苏州市的第一个由少年儿童集邮爱好者组成的协会组织。

10月10日，苏州市集邮协会和苏州市青少年宫等单位举办青年文化夜市活动。

11月1日，邮电部发行JP9《苏州建城二千五百年》纪念邮资明信片1套1枚，苏州邮电局启用盘门三景、拙政园、留园、虎丘4枚风景日戳，“中国邮票设计家孙传哲绘画作品展览”同日揭幕。

11月7日，孙传哲在苏州参加座谈会，并走访吴江同里镇。

12月1日，沙洲县撤县建市，张家港市集邮协会发行“撤县建市”纪念封1枚。

12月15日，吴县集邮协会成立，周文才任会长。至此，苏州市所属六县（市）均已建立集邮组织。

12月30日，苏州第十二中学校萌芽教工集邮小组成立，并举办专题集邮讲座。

是年，中华全国集邮联合会副会长、新光邮票研究会创始人张包子俊应苏州阀门厂邀请，参观该厂邮展并作指导。

1987年

3月，《吴县集邮》创刊。

4月—5月，苏州市集邮协会与南京市集邮协会、扬州市集邮协会、常州市集邮协会组织首次集邮联展。

5月—6月底，苏州市集邮协会为配合中华全国集邮联合会的“邮票上的科学文化知识竞赛”，举办首届“集邮与知识”大奖赛。

5月20日—21日，江苏省集邮协会在南京召开第二次代表大会。苏州市曹玠如、周一非、汪日荣当选为第二届理事，汪日荣为常务理事。

11月25日，苏州市机械系统集邮协会被中华全国集邮联合会授予“全国集邮先进集体”光荣称号。江苏仅有两家获此殊荣。

12月10日，苏州市离休老干部集邮协会成立，吴锦儒任会长。

12月20日，苏州市集邮协会召开第二次代表大会，曹玠如任会长，杜子威、龚智渊、陆志新、汪日荣任副会长，孙宝明任秘书长。

1988年

3月31日，苏州市集邮协会召开《苏州集邮》通讯员工作会议。

5月1日，风景戳协会成立，会刊《风景戳》创办。

5月4日，苏州市集邮协会在慕园举办首次邮品拍卖会。朱万钟为主拍人。

6月，苏州邮电局、苏州市集邮协会与上海化工局集邮协会合作完成《姑苏邮驿史》录像片的录制工作。

7月8日—9日，美国旧金山中华集邮会秘书长帕特里克·斯盖恩率领美国集邮PTC601团一行12人首次来苏州访问。

8月25日，常熟市集邮协会举办徐宝煌“日本邮票展”。日本绫部市代表团到场参观。

10月，苏州市邮票公司开办邮品信托业务，朱万钟任评估师。

是月，张家港市集邮协会会刊《张家港邮苑》创办，集邮家赵善长题写刊名，江苏省集邮协会秘书长鲍军禾题词。

是年，苏州市离休老干部集邮协会更名为

“苏州市老干部集邮协会”。

1989年

4月5日—11日，苏州市集邮协会举办“纪念苏州解放四十周年集邮展览”。

4月23日—29日，苏州市集邮协会选送的6部邮集参加江苏省第三届集邮展览全部获奖，并获团体总分第一。

6月1日，苏州市青少年集邮协会成立。

10月12日—21日，在北京举行的中华全国集邮展览上，徐宝煌《新中国早期普通邮票》邮集获金奖。

12月12日，苏州阀门厂集邮协会“集邮者之家”在市区率先成立。

1990年

3月13日，苏州市集邮协会编办的《苏州集邮简报》第一期出版。

5月5日，经江苏省集邮协会常务理事会审批，吴江县集邮协会为首批“集邮者之家”之一。

5月29日，苏州市集邮协会召开二届四次常务理事会，批准苏州阀门厂集邮协会为“集邮者之家”，成立陆志新等13人组成的学术委员会。同日，江苏省集邮协会在吴江举行“集邮者之家”命名仪式，为吴江县集邮协会颁发铜匾和证书。

6月28日—7月1日，中华全国集邮联合会在徐州召开“建设集邮者之家”经验交流会。吴江县集邮协会钟浬、朱永法参加会议，并作书面交流。

9月27日—28日，苏州市集邮协会举办第一期集邮协会干部培训班。

1991年

1月22日—25日，江苏省集邮协会审议通过并授予苏州、张家港、常熟“集邮者之家”称号。

4月9日，苏州市集邮协会经苏州市民政局核准登记，成为具有法人资格的社会团体。

5月26日，苏州市集邮协会第三次代表大会召开，曹玠如任会长，王柏生等11人为常务理事。

6月11日—13日，江苏省集邮协会召开第三次代表大会，苏州市14名代表出席。苏州市集邮协会曹玠如、汪日荣、邓树镛、徐宝煌当选理事，汪日荣连任常务理事。

6月28日—7月8日，中华全国集邮联合会在上海举办“光辉的七十年——纪念中国共产党成立七十周年全国集邮展览”。苏州市有8部邮集参展，徐宝煌《新中国普通邮票（1950—1964）》邮集获大金奖。

8月，太仓县集邮协会会刊《太仓集邮》复刊，宋文治题写刊名。

9月28日，常熟市邮票公司成立。

9月30日，吴江县集邮协会召开“庆祝吴江县集邮协会成立十周年纪念大会”。中华全国集邮联合会副会长张包子俊和集邮家郭润康、赵人龙、杨勇伟分别题词。

10月25日—31日，苏州市集邮协会为纪念成立八周年，举办苏州市邮人参加国际、全国、江苏省邮展的“苏州市获奖邮集回顾展”。

11月27日，吴江县集邮协会邀请刘广实、杨勇伟、徐星瑛在平望镇作“如何编组邮集”学术报告。

1992年

3月5日，张包子俊和上海市虹口区集邮协会傅德霖、屠松鉴、徐星瑛、谈佐麐等一行20人携带邮集来到苏州阀门厂，与苏州阀门厂集邮协会会员进行联谊活动，并摄影留念。

5月14日，中华全国集邮联合会副会长兼秘书长刘天瑞致信苏州市集邮协会，肯定“苏州市乡镇集邮公司调查报告”的重要价值，提出“如何使集邮占领农村文化生活阵地的战略问题”，并就正确宣传集邮文化价值、社会功能作了批示。

5月27日，昆山市集邮协会被江苏省集邮协会命名为“集邮者之家”。同日，昆山市邮票公司成立。

6月6日—7日，刘天瑞亲临苏州检查指导苏州市集邮协会的工作，专程赴平望镇调研乡镇集邮情况，并对发展农村集邮，繁荣集邮文化作重要指示。

10月12日，第五次全国邮票工作会议在北京召开，苏州市邮票公司被大会授予“全国集邮业务先进集体”荣誉称号。

10月13日—16日，中华全国集邮联合会在北京召开成立十周年暨先进表彰大会，苏州市集邮协会和吴江市集邮协会被授予“集邮先进集体”光荣称号，宋顺馥、徐宝煌荣获“全国集邮先进个人”称号。

12月28日，苏州市集邮协会召开首届青少年集邮工作经验交流会。其书面材料后以《苏州市青少年集邮工作经验汇编》分发相关集邮协会。

1993年

1月25日，常熟市集邮协会举办首次邮品调剂会。

5月2日，吴县东山镇集邮协会在东山实验小学举办五一邮品拍卖会。

6月，苏州市中小学生在江苏省举办的“全省中小学生集邮征文比赛”中，荣获一等奖1名、二等奖1名、三等奖10名。

10月23日，苏州市集邮协会举办纪念协会成立十周年大会和邮展。由苏州市集邮协会编写的《苏州集邮文化学术论文汇编》《〈苏州集邮〉优秀文摘汇编》《苏州集邮史汇编》《苏州市青少年集邮工作经验汇编》4本专著结集发行。

是月，在泰国曼谷举办的世界集邮展览上，徐宝煌《新中国早期普通邮票》邮集获大银奖。

11月16日—25日，在北京举办的1993中华全国集邮展览中，道文进《新中国普通邮票（1950—1956）》获金奖。

11月18日—19日，由帕特里克·斯盖恩先生率领的美国中华集邮会访华团一行10人再度来苏州访问交流。

1994年

3月9日，苏州市集邮协会召开三届四次理事会暨苏州市青少年集邮工作委员会成立大会。

5月15日，张家港市集邮协会举办第四次集邮知识讲座，特邀国家级邮展评审员马佑璋讲学。

9月4日—5日，在江苏省第十三届运动会暨江苏省体育集邮协会第三届邮展上，徐宝煌《强国之路》邮集获二等奖，苏州市获团体总分第一名。

是月，苏州大学在江苏省率先开设集邮学基础选修课，苏州市集邮协会副会长邓树镛授课。

10月15日，江苏省集邮协会在苏州召开邮展工作委员会扩大会议，讨论《江苏省集邮协会邮展工作委员会暂行条例》，推荐省级邮展评审员、征集员。听取瑞士著名集邮家薛少棠作“当今世界邮展的新动态”学术演讲。

11月17日—20日，中华全国集邮联合会第四次代表大会在北京召开，苏州市代表孙宝明出席大会。

1995年

4月14日，苏州市集邮协会召开第四次代表大会，会长曹玠如，副会长缪仁生、汪日荣、邓树镛、周国荣，秘书长黄一芳。

5月22日，中国集邮总公司经理张志和、江苏省集邮公司经理徐宏国到张家港市，对集邮公司和集邮协会工作进行视察指导。

5月28日，苏州市体育集邮协会会刊《体育集邮》创办，国际奥委会主席萨马兰奇亲笔签名题词。

8月6日，张家港市集邮协会在《张家港日报》星期刊（第124期），首次开设《集邮天地》栏目。

是月，苏州市集邮协会组织青少年集邮夏令营，进行邮识传授与爱国主义教育。

9月3日—10日，苏州市集邮协会黄一芳等3人，赴新加坡参加1995年世界集邮展览，并与新加坡牛车水集邮会和菜市集邮会进行座谈与学术交流。

9月12日，马绍尔群岛共和国发行的《苏州园林》小型张首发式在苏州市拙政园玉兰堂举行。

9月17日，邮电部部长吴基传、江苏省邮电局局长张秉银在苏州邮电局局长王继荣的陪同下，到张家港市考察邮政和邮协工作。

11月13日—15日，江苏省集邮协会在南京召开第四次代表大会。曹玠如、汪日荣、邓树镛、徐宝煌4人当选理事，汪日荣连任常务理事。

1996年

1月，苏州市广播电视台新增《苏州集邮》专题节目。《姑苏晚报》与苏州市集邮协会合办《邮趣》专版。苏州电视台开设《集邮天地》专栏。

5月15日，密克罗尼西亚联邦发行的《苏州园林》小型张首发式在留园楠木厅举行。翌日，小型张设计者阎炳武到吴江考察同里古镇及退思园。

10月9日—13日，中国、新加坡两国邮政部门联合发行的《城市风光》邮票首发式在苏州举行，同时举办邮票展览。

10月12日，由苏州市集邮协会主办、苏州市职工集邮研究会承办、苏州拍卖行主持的大型邮品拍卖会开槌。总价达70万元的221件邮品，有62%的拍品易主，创苏州市历史之最。

12月20日，常熟市集邮协会编纂《常熟集邮史》，祁介东、汪建新任主编。

1997年

2月，《苏州集邮》扩版发行，为8开4版。邓树镛任主编，汪日荣、朱万钟、金诚、吴根生任编辑。

3月19日，苏州市集邮协会成立邮展工作委员会，召开第一次会议。

3月27日—31日，苏州市第七届集邮展览暨苏州市集邮活动中心新址落成开幕，共有9个类别的36部竞赛级邮集参展。

4月7日，中华全国集邮联合会会长罗淑珍在苏州市、张家港市邮电局领导的陪同下，视察张家港市集邮协会与集邮门市部，对张家港市集邮协会所做的工作给予肯定。

4月25日，《张家港日报》之《集邮天地》专版首期出版。

5月25日，张家港市集邮协会举行集邮讲座，特邀刘广实主讲“集邮收藏、研究和中国集邮的历史与现状”。

6月14日，生肖集邮研究会在苏州成立。来自全国各地的20余名代表出席代表大会，大会选举周治华任会长，黄一芳任秘书长。

是月，苏州市集邮协会举办“集邮与香港”知识竞赛。

7月11日，马达加斯加共和国发行《郑和下西洋》小型张1枚。受中国集邮总公司委托，太仓市邮电局在启锚地浏河镇举办《郑和下西洋》小型张首发式。

9月10日，苏州市集邮协会召开四届四次常务理事会，决定举办“中新联合发行邮票展览”。同日，生肖集邮研究会会刊《生肖集邮》创办，周治华任主编。

11月5日，国际邮展评审员梁鸿贵在江苏省集邮协会秘书长鲍军禾的陪同下来苏州考察，并与张家港市集邮爱好者举行座谈。

1998年

4月30日，苏州市青少年集邮协会召开第二次代表大会，副会长黄一芳致开幕词，叶正亭作工作报告。选举产生21名理事，组成第二届理事会，谷公胜为会长，章惠娟、秦士钧为副会长。

5月9日，张家港市集邮协会举办张家港、常熟、金坛三市友好协会联谊活动，同时举办集邮知识讲座，特邀刘广实主讲。

1999年

2月7日，苏州市集邮协会邀请集邮家马佑璋来苏州作“开放类邮集编制及其评审”的讲座。

2月9日，苏州市集邮协会召开第五次代表大会，季心田任会长。

3月20日—21日，苏州市集邮协会与苏州市集邮公司联合举办“春之声”邮品调剂展销会，江苏省内的20家集邮公司与苏州市区的13家基层集邮协会设摊64个，进行邮品调剂。

7月21日，苏州市集邮协会副会长邓树镛一行10人，专程赴丹阳市司徒镇高甸村瞻仰革命烈士许杏虎，并向许杏虎父母捐赠《革命烈士许杏虎旧居》纪念封5 000枚，捐款3 000元。

7月24日，由江苏省邮资票品局、江苏省集邮公司主办的“江苏省集邮管理人员（市、县公司经理）培训班”在苏州开班，有40名学员参加培训。

8月23日，在中国1999年世界集邮展览上，邓树镛编著的《多姿多彩的集邮方式》获文献类银奖，是苏州市集邮文献作者首次在世界邮展上获奖。

是月，常熟市集邮协会副会长荣建国撰文《百尺竿头，重上层楼》，纪念建会16周年和《常熟集邮》邮刊出版100期。

9月16日，苏州市集邮协会召开五届一次常务理事会，讨论第八届集邮展览和市区创建“集邮者之家”情况，增补王怡为第五届理事、常务理事、副秘书长。

12月25日，苏州市集邮协会与《姑苏晚报》邮趣版联合主办庆澳门回归——“集邮与澳门”知识大奖赛。

2000年

1月29日，国际集邮联合会副主席许少全偕夫人在中华全国集邮联合会副会长史维林、副秘书长刘钟林，江苏省集邮协会秘书长鲍军禾的陪同下，到吴江市视察。许少全和鲍军禾写下中英文“集邮迷”和“集邮怡情”的题词。

2月12日，苏州市邮政史集邮研究会的前身——网师园集邮沙龙在网师园成立，首批成员为贺萍、陆树笙、邓树镛、石剑荣、杨绍仪、戴立群、孙晓苏，共7人。

4月16日，江苏省集邮协会在南京召开第五次代表大会，周治华、潘裕宁、汪日荣、邓树镛、徐宝煌当选为理事，周治华、汪日荣当选为常务理事。

6月1日，苏州市集邮公司、苏州市教育委员会和苏州市青少年集邮协会联合举办“展望新世界”纪念封设计大赛活动。

7月18日，生肖集邮研究会会长、苏州市集邮协会顾问周治华赴北京出席中华全国集邮联合会第五次代表大会。

2001年

4月7日，《水乡古镇》邮票首发式在苏州国际贸易中心举行。首届生肖集邮展览和支持北京申办奥运集邮展览同时举行。

4月29日—5月3日，苏州市职工集邮研究会在苏州市工人文化宫举办纪念成立20周年集邮成果展，共展示35部邮集、138个标准框。

7月9日，江苏电视台、苏州电视台先后播映了张家港电视台摄制的《半个世纪的邮缘》专题电视片。该片记述了张家港市集邮协会副会长瞿岱鑫50年的集邮生涯。

8月，苏州市集邮协会编印的《苏州集邮文选》出版，该文选收录了1994—2000年全市40位作者的64篇论文。

9月18日，苏州市集邮协会副会长邓树镛等在网师园会见台湾中华集邮会会长何辉庆先生一行10余人，会后参观了横塘古驿、苏州洋关旧址，并夜游网师园。

9月21日—25日，中华全国集邮联合会在南京举办2001年中华全国集邮展览。苏州有5部邮集和3部文献类展品获奖。其中，陆树笙《清代明信片》获江苏省唯一大金奖。

10月9日，吴江市集邮协会召开成立20周年庆祝大会。中华全国集邮联合会会长刘平源和副会长盛名环、王新中，江苏省集邮协会副会长鲍军禾、杨勇伟及集邮家郭润康、邵林、孔浩鸿、刘开文等发来贺电与贺辞。

11月16日，苏州市集邮协会召开《苏州集邮》出版百期座谈会。

2002年

4月，山西《集邮报》推出的“2001年中国集邮十大新闻评选”结果揭晓，“中国第三轮生肖邮票设计研讨会4月8日在苏州举行，与此同时举办的还有全国首届生肖邮展”新闻入选，位列第四。

5月16日—6月16日，苏州邮政局、苏州市集邮协会举办首届集邮文化节和《2002年世界杯足球赛》邮票发行开幕式。

6月1日，苏州市少年邮局成立。工作班子由苏州市景范中学校学生组成，每周日对外开放。苏州市少年邮局为全国第12家少年邮局。

7月24日，苏州邮政局组织苏州市集邮协会理事、苏州市集邮公司有关人员，组成邮票选题小组，初步确定了7个选题。

7月28日，集邮家张文光为《吴江邮讯》题词：“喜读《吴江邮讯》，坚持集邮、宣传集邮，为集邮事业多作贡献。”

8月26日，中华全国集邮联合会召开成立20周年表彰大会，苏州市集邮协会被授予“全国集邮先进集体”称号，周治华、陆树笙、唐荣忠、秦士钧、钟浬、瞿岱鑫、吴德伟、徐宝煌等人被授予“全国集邮先进个人”称号。

9月9日，江苏省集邮协会、江苏省外事办公室和日本国驻上海总领事馆联合举办“纪念中日邦交正常化三十周年——南京苏州巡回邮展”，徐宝煌《日本集邮周》《日本体育邮票》和边习虞《兰花》3部邮集参展。

9月16日，中华全国集邮联合会主办“纪念‘稿’字邮票发行60周年暨解放区邮票学术研讨会”，周祥林、唐中杰参会，周祥林《华北、华东两区组集可行性研究》获评优秀奖。

10月13日，苏州工业园区中外合资企业——苏州胶囊有限公司集邮分会召开成立大会，这是苏州工业园区的首个企业集邮分会。

10月18日—21日，第五届全国体育邮展在苏州举行，奚文德《现代夏季奥运会》、徐伟《奥运百年》、徐宝煌《强国之路》获专题一等奖，王柏生《奥运百年》、陈三龙《体育世界》获专题二等奖。苏州市体育集邮协会《体育集邮》获文献类银奖。苏州市获优秀组织奖。

11月6日—10日，中华全国集邮联合会在北京平谷举办全国首届高级集邮培训班，苏州市唐中杰、道文进、周祥林、钱延林参加培训。

2003年

3月29日，苏州邮政局、苏州市集邮协会举办的《中国古桥——枫桥》特种邮票首发式在枫桥举行。

4月17日—21日，亚洲国际集邮展览候选展品邮展在重庆举办。苏州市有6部邮集参展，均获高奖，其中，大金奖、金奖、大镀金奖、镀金奖各1枚，大银奖2枚，为苏州市在历届全国邮展上参展邮集最多、获奖级别最高的一次。

6月29日，国家邮政局在苏州举办《苏州园林——网师园》特种邮票首发式，票图原画作者劳思在现场为集邮者签名。

10月19日，中华全国集邮联合会副秘书长刘佳维莅临苏州，视察生肖集邮研究会，进行集邮工作调研。周治华、黄一芳、邓树镛、王怡、周文才、朱万钟、戴咏梅、陆树笙、朱炳南及生肖集邮研究会苏州市区分会部分会员参加座谈。

10月28日，苏州市集邮协会召开“纪念苏州市集邮协会成立二十周年”座谈会。

12月10日—11日，中华全国集邮联合会在广州召开会议，对全国青少年集邮工作优秀地区和单位授予“全国青少年集邮活动示范基地”称号，苏州市景范中学校位列其中。

12月13日，苏州市集邮协会召开第六次代表大会。黄一芳任会长，缪学为、高福民、陶孙贤、韩电、汪日荣、邓树镛任副会长，李岑任秘书长。

是月，《苏州集邮》改版为16开32页，四封彩印，季刊。编委会主任为黄一芳，邓树镛任主编。

2004年

1月14日，《桃花坞木版年画》邮票首发式在苏州桃花坞木刻年画社广场举行。

3月1日，中国、新加坡两国邮政部门联合发行的《中国新加坡合作——苏州工业园区成立十周年》纪念邮票在苏州举行首发式。当天，苏州工业园区集邮协会成立，同时举办邮展与专题讲座。

3月18日，双凤中学少年邮局成立。该邮局是苏州第二家少年邮局，亦是全国第16家少年邮局。

4月19日，苏州市集邮协会举办的“20年来20件集邮大事”评选结果揭晓。从740份选票中，评出一等奖5人、二等奖10人、三等奖20人，6个分会组织获组织奖。

4月21日，《苏州市西园戒幢律寺》“专用邮资图”和普通邮资明信片门票在苏州西园首发，邮资为60分。这是苏州市首次在风景名胜参观门票上使用专用邮资图案。

5月8日，苏州市集邮协会召开六届一次常务理事会，成立5个工作委员会及秘书处。

6月26日—28日，苏州市集邮协会为迎接世界遗产大会在苏州召开，在苏州大学图书馆举办第九届集邮展览。期间，举办集邮讲座，由江苏省集邮协会副会长马佑璋主讲。

7月8日，在中华全国集邮联合会主办的首届全国优秀集邮图书评选中，周治华编著的“世界生肖邮票精品”丛书荣获集邮知识类书籍一等奖，《世界生肖邮票大观》获三等奖。

7月16日，经苏州邮政局批准，苏州市老年邮局正式开局，局长为朱炳南。

7月17日，苏州市老年集邮协会成立，孙宝明任会长，赵正匡、朱炳南任副会长，陈龙官任秘书长。

是日，特种邮票《民间传说——柳毅传书》首发式在苏州东山举行。

8月，《集邮报》头版报道吴江市平望镇集邮协会副会长周茂哉《情系山区学生》的动人事迹。

11月26日—28日，江苏省集邮协会召开第六次代表大会，周治华被推选为副会长，黄一芳、汪日荣为常务理事，邓树镛、徐宝煌为理事。

2005年

1月5日，《乙酉年》生肖邮票首发式、全国生肖邮币卡券藏品展览等生肖集邮系列活动在苏州图书馆举行，中国文学艺术界联合会主席周巍峙莅苏参观。

3月12日，苏州市极限集邮研究会在沧浪亭成立。时永良任会长，钱延林、郑炜任副会长，余承豫任秘书长，同时举办首届极限集邮展览。

4月15日，苏州市集邮协会在苏州市集邮活动中心举行纪念《苏州集邮》创刊20周年座谈会。

4月23日，江苏省集邮协会副会长马佑璋来苏州市集邮协会指导工作。

7月1日，中华全国集邮联合会会长刘平源、江苏省集邮协会会长陈洪涛、苏州市集邮协会会长黄一芳到吴江市集邮协会调研，并为《吴江邮讯》题词。

8月20日—22日，苏州高新区台资企业集邮分会成立，余金生任会长，并举办邮展。

是月，《苏州集邮》开始连载万寿票专家宋醉陶未刊遗著《万寿加盖大字长短距票版式》，以及泰国集邮名家许茂春《从侨批实寄封上探讨华侨和暹罗国邮政史》。

9月25日，中华全国集邮联合会在江苏高邮举办第三届中国邮文化节，《中国集邮人物风采录（第一卷）》在高邮首发，周治华的集邮事迹被收录其中。

12月29日，苏州市景范中学集邮协会成立20周年，苏州市老干部集邮协会与苏州市景范中学集邮协会联合举办《老少集邮展》，共展出18部邮集。

2006年

3月28日，苏州市集邮协会部署在全市会员之间开展“献爱心义捐义卖邮品”活动，所得善款全部捐助青少年集邮组织中的贫困生。

5月10日，苏州市集邮协会汪日荣、孙泉福赴沈阳参加“杨麟瑞先生邮书赠送仪式”。

7月28日—29日，在中华全国集邮联合会第六次代表大会上，生肖集邮研究会会长周治华当选为会士。

8月20日，苏州市集邮协会举办“爱心助学——义捐义卖品”活动。

9月30日，苏州市集邮协会举办“爱心助学捐赠仪式”。

10月20日—22日，苏州市集邮协会在苏州大学举办“2006极限集邮（苏州）展览暨学术论坛”。

12月2日，苏州市集邮协会秘书长、第六届常务理事，《苏州集邮》编委王怡不幸车祸去世。

2007年

6月1日，苏州少年邮局在苏州市景范中学校举行成立5周年纪念活动，周治华、邵林、陆树笙、颜锦尧分别向少年邮局赠送集邮报刊。

6月14日，生肖集邮研究会召开成立10周年座谈会。马佑璋、刘广实到会。会长周治华作“坚持地方会员组织建设，努力开创新局面”的讲话。

7月29日，苏州市专题集邮研究会成立，邓树镛任会长，徐宝煌、钟浬、周文才任副会长，盛惠良任秘书长。

8月3日，苏州市新中国邮资片研究会成立，陈建政任会长。

2008年

2月26日，苏州市集邮协会召开六届五次常务理事会，增补郑炜为常务理事、瞿慰祖为理事，对参加全国集邮展览获奖的邮集进行奖励，授予苏州市老年集邮协会“集邮者之家”称号。

4月12日，《苏通长江公路大桥》特种邮票首发式在常熟举行。

5月22日，苏州邮政局、苏州市体育局联合举办《第29届奥林匹克运动会——火炬接力》城市个性化邮票首发式。

5月25日，2008年北京奥运会火炬从上海传递到苏州，苏州和常熟市邮政局启用纪念邮戳2枚。

8月1日，苏州市集邮协会集邮文献资料室启用，会员可借阅1 300多册集邮书刊。

8月8日，北京奥林匹克博览会邮展开幕，汤淦贤《乒乓球运动》邮集获镀金奖。

11月6日，江苏省集邮协会在南京召开第七次代表大会，周治华当选为副会长，荣建国、汪日荣当选为常务理事，邓树镛、徐宝煌、陆树笙、郑炜当选为理事。

2009年

肖集邮新作展”和首届青少年画信比赛作品展。

3月20日，中华全国集邮联合会会士赖景

耀到吴江指导集邮工作。

4月10日—16日，中国2009世界集邮展览在河南洛阳举行，郑炜《石质建筑》邮集获本届邮展极限类邮集最高奖——大镀金奖。

4月10日，江苏省邮政管理局主办的《中国2009世界集邮展览》纪念邮票首发式在常熟举行。小型张主图系常熟清代画家马逸的《国色天香图》。

4月17日，以美国中华集邮会会长H.杰姆斯·马克斯维尔为首的11人来苏州，在苏州科技学院（今苏州科技大学）与苏州市邮人进行联谊交流。

5月15日—16日，江苏省集邮协会在苏州召开全省青少年集邮活动示范基地现场交流暨江苏省青少年集邮工作委员会会议。

9月13日，苏州市专题集邮研究会在苏州大学举办首届专题集邮展览，共展出72部、205框专题邮集。

10月23日，苏州市集邮协会召开七届三次常务理事会，审议并通过了《苏州集邮》主编邓树镛辞去主编一职的请求，由汪日荣接任主编。

12月，苏州市教育局与苏州邮政局联合发文，开展“集邮进百校”活动，有116所中小学先后举办集邮巡展和邮识讲座。

2010年

3月20日，《富春山居图》特种邮票首发系列活动在常熟举行。常熟市集邮协会向温家宝总理致信并赠送《富春山居图》邮品。

4月24日—25日，英国皇家邮学会首届中国年会暨邮学论坛在苏州网师园和南园宾馆举行。出席年会的中华全国集邮联合会会士有马佑璋、张雄，苏州陆树笙、戴立群、道文进、曹兴龙等9人应邀参加。

5月18日，中国邮政集团公司在苏州大学举办《苏州大学建校110周年》纪念邮资明信片首发式。同时，苏州大学集邮协会举办“苏州大学建校110周年集邮邀请展”。

6月12日，我国首套多媒体视频《昆曲》特种邮票首发式在苏州市会议中心举行。同时，昆山市千灯镇举办该邮票的首发活动。

7月7日，由中华全国集邮联合会学术委员会主办、生肖集邮研究会承办、《中国集邮报》协办的“全国首届生肖集邮学术研讨会”在苏州召开。

7月26日，苏州市集邮协会在苏州工业园区培训管理中心召开七届五次常务理事会，重点研讨苏州建设“全国集邮文化先进城市”申报工作。

8月16日，江苏省邮政公司、太仓市政府举办《民间传说——牛郎织女》邮票首发式。

9月1日，苏州邮政局与苏州市园林和绿化管理局联合开设拙政园服务中心，为国内外游客提供邮政服务。

12月10日，2010中华全国集邮展览在杭州举行，苏州邮集《中华邮政孙中山像特制邮简》《桥》《中国信柜邮戳（1899—1949）》参展，均获大镀金奖。

12月27日—28日，全国创建集邮文化先进城市座谈会在苏州召开，中华全国集邮联合会副会长兼秘书长刘佳维主持会议，苏州市副市长王鸿声到会致辞，市长阎立会见参会人员。

2011年

1月5日，苏州辛卯年生肖文化节承办方举办“2011苏州邮票（品）专场拍卖会”，1980年T.46《庚申年（猴）》邮票整版以120万元成交。

是月，中央电视台《旗帜》摄影组，受中共中央宣传部委托，专程赴吴江平望镇，采访93岁的离休干部、平望镇集邮协会会长奚天然同志。

3月，苏州市老干部集邮协会与苏州市老年大学合办“集邮讲座”课程班，课程设置三年。

4月15日，《中国古代书法——草书》特

种邮票首发式在苏州太平天国忠王府正门广场举行。

4月16日，上海文献集邮研究会与苏州《邮刊史研究》编委会在苏州大学图书馆举办“沪苏集邮文献研讨会”。

5月7日，苏州市委宣传部、苏州市精神文明建设指导委员会办公室、苏州市集邮协会、苏州图书馆联合举办的“市民大讲坛”邀请苏州市集邮协会常务理事陆树笙主讲“以邮鉴史”。

6月20日，《明清家具——坐具》特种邮票在苏州图书馆举行首发式。

7月8日，由中国邮政集团公司主办、江苏省邮政公司与苏州市政府承办的《中国曲艺》特种邮票首发式在拙政园举行。

8月11日，中国2011第27届亚洲国际集邮展览巡邮苏州站暨《十二花神》个性化邮票首发活动在苏州举行。

9月28日，吴江市集邮协会举行成立30周年庆典，江苏省集邮协会副会长周治华、马佑璋，苏州市、吴江市党政领导到会祝贺，中华全国集邮联合会常务副会长谭小为和会士刘广实、林衡夫发来贺信。吴江市集邮协会第九次代表大会暨第21届邮展同日开幕。

10月9日，苏州市邮政史集邮研究会正式成立，石剑荣任会长，汪日荣任名誉会长。

11月11日，在中国2011第27届亚洲国际集邮展览期间，中华全国集邮联合会正式命名苏州等18个城市为“全国集邮文化先进城市”。

2012年

4月27日，《福禄寿喜》特种邮票首发式暨纪念苏州解放63周年邮展，在苏州图书馆举行。

4月28日，苏州轨道交通1号线通车试运行典礼在乐桥广场举行。苏州是全国首个开通轨道交通的地级市，中国邮政集团公司发行《苏州轨道交通》邮资封、开通纪念封各1枚。

5月30日，中华全国集邮联合会常务副会长谭小为一行7人来苏州对苏州市创建“全国集邮文化先进城市”进行回访调查，听取苏州市副市长徐惠民和苏州邮政局局长黄一芳作的情况汇报。

6月1日，第二届全国少年邮局联谊会暨苏州市少年邮局成立10周年庆典，在苏州市景范中学校举行。

7月17日，苏州市集邮协会七届十二次常务理事会在苏州邮政局召开，审议全国先进集邮组织和先进个人推荐名单，传达苏州市委书记蒋宏坤对苏州建立生肖邮票博物馆的批示。

7月20日，中华全国集邮联合会正式发文，批准苏州市集邮协会常务理事、生肖集邮研究会副会长郑炜为国家级邮展评审员，这是苏州市首位国家级邮展评审员。

12月29日，中国少年先锋队事业发展中心、《中国集邮报》联合主办的“红领巾集邮文化体验行动”在北京为14所学校授予全国首批“红领巾集邮文化体验示范学校”称号，昆山市城北中心小学、千灯中心小学校榜上有名。

2013年

5月10日—13日，纪念苏州市集邮协会成立30周年暨苏州市第十届集邮展在苏州大学图书馆举办，展出竞赛类邮集85部、291框。

5月18日，世界上第一座以生肖邮票为陈列主题的苏州生肖邮票博物馆（中国邮政邮票博物馆生肖邮票分馆）在山塘街玉涵堂举行开馆仪式。

6月16日，《金铜佛造像》特种邮票首发式在苏州博物馆忠王府门前广场举行。其中，第二枚邮票图为“宋·铜鎏金地藏菩萨立像”，该文物是1978年在瑞光塔塔心佛龛内发现的宋代文物。

6月24日，江苏省集邮协会在南京召开第八次代表大会，苏州市马小群、郑炜当选为常务理事，周治华被聘为名誉副会长。

6月25日，《顾炎武诞生400周年》纪念邮资明信片在昆山千灯镇首发，这是昆山第一枚纪念邮资明信片。

是月，在昆山市集邮协会成立30周年之际，昆山市集邮协会和生肖集邮研究会昆山分会编写的《昆山集邮史》出版。

9月29日，常熟市集邮协会新编的《常熟集邮史》正式出版。

11月12日，中国邮政集团公司正式发行《苏州精神》专用邮资图6号、7号邮资信封。苏州成为全国第一个以邮资封展现城市精神的地级市。

2014年

1月5日，中华全国集邮联合会副会长孙蒋涛和苏州旅居澳大利亚人士丁兆德、丁兆庆，分别向苏州生肖邮票博物馆和苏州市集邮协会捐赠生肖邮品。

4月26日，苏州邮政局为2015年第53届世界乒乓球锦标赛发布倒计时一周年会徽吉祥物主题口号，发行纪念封。首发式在苏州工业园区独墅湖新剧院举行，国际乒乓球联合会名誉主席徐寅生、中国乒乓球协会副主席陆元盛应邀参加首发活动。

6月15日，经苏州市集邮协会批准，苏州市新中国邮资片研究会和个性化邮票研究小组合并为苏州市邮资封片和个性化邮票研究会，会长陈建政，副会长周铭刚。

9月2日，共青团中央权益部梅峰一行实地调研太仓市双凤中学少年邮局的工作，对青少年集邮工作走出的这一条新路予以肯定。

9月10日，为纪念2014年第30个教师节，苏州邮政局、苏州市教育局联合在苏州市景范中学校举行《教师节》纪念邮票暨《叩开集邮之门》电子读本首发活动，中华全国集邮联合会会士李近朱到会祝贺。

9月13日，《长江》邮票首发式暨江苏省专题类获奖邮集在张家港博物馆举行。李近朱到会作“从话说长江到邮说长江”专题讲座。

10月16日，《中国现代科学家（六）》纪念邮票首发式在常熟举行。其中，第一枚邮票上的“中国原子弹之父”王淦昌是常熟人。

10月18日，《中国新加坡合作——苏州工业园区成立20周年》纪念邮资明信片在苏州工业园区规划展示馆举行首发式。

10月26日，首届中国民信局研讨会在苏州市南园宾馆举行。研讨会由英国皇家邮学会、中国邮政文史中心共同主办，苏州市邮政史集邮研究会承办。本次研讨会的主题为“民信局的起源”。

12月30日，苏州邮政局在寒山寺开设苏州市和合邮局。

2015年

3月6日，苏州市集邮协会召开八届二次常务理事会，增补会长强斌，副会长周春良、马文欣，理事毛勇、张开、屠富强。

4月4日，苏州邮政局和姑苏区政府在苏州市第十中学校举办《中国古代文学家（四）》纪念邮票首发式。

4月26日，第53届世界乒乓球锦标赛在苏州开幕，中国邮政集团公司发行纪念邮资明信片1枚。

5月，江苏省集邮协会组织开展江苏省首届青少年一片邮集制作大赛及展示活动，苏州市选送30篇作品参加比赛，喜获小学组一等奖2名、二等奖5名，中学组一等奖3名、二等奖6名。

9月3日，苏州邮政局、姑苏区政府在枫桥铁铃关联合举办《中国人民抗日战争暨世界反法西斯战争胜利70周年》纪念邮票首发式。

2016年

5月15日，《2016年汤姆斯杯暨尤伯杯赛》纪念邮资明信片在昆山市体育中心首发。

7月，《周治华集邮文选》由人民邮电出版社出版。

8月7日，“苏州市青少年集邮工作经验成果交流会暨发展论坛”在太仓市双凤中学举行。

8月8日，全国首届集邮周“集邮与生肖”主题活动日，由江苏省集邮协会、生肖集邮研究会在苏州生肖邮票博物馆联合主办。另“少有所学”主题活动于7日在太仓市双凤中学举行，“集邮与会员”主题活动于10日在苏州市集邮活动中心举行。

2017年

1月6日，中华全国集邮联合会会长杨利民在苏州调研集邮工作，并出席由苏州市集邮协会主办的集邮者交流座谈会。

4月30日，“共筑幸福太仓——集邮与中国传统文化联展”在太仓市博物馆开幕。南京博物院院长龚良、太仓市政协主席邱震德分别致辞。

5月17日，“驿路·丝路·复兴路——行走新丝路　喜迎十九大”2017全国集邮巡回展江苏首站在苏州工业园区凤凰书城举行。

5月20日，由太仓市政协主办的“邮史研究——太仓论坛”在太仓娄东宾馆举行，中华全国集邮联合会副会长刘佳维、李曙光，《集邮》杂志社社长刘劲，江苏省集邮协会副会长马佑璋及省内外邮政史研究者50余人出席论坛。

9月12日，常熟举办国际雕刻大师马丁·莫克苏州首签暨《音律华章》邮册首发活动，马丁·莫克莅临常熟举办签售活动。

12月8日，经中华全国集邮联合会七届三次会议审议通过，生肖集邮研究会副会长郑炜当选为会士。

2018年

1月4日，中华全国集邮联合会副会长兼秘书长张玉虎视察苏州生肖邮票博物馆。

5月11日—13日，第十八届全国邮展在常州举办。道文进8框邮政历史类邮集《中国人民邮政史（1946—1956）》获金奖加特别奖。

8月4日，中国邮政邮票博物馆和中国海关博物馆联合主办的大龙邮票诞生140周年学术研讨会在北京举行。苏州张晓钢、邹子阳的论文分获二、三等奖。

9月14日—16日，庆祝改革开放40周年全国集邮巡回展在苏州市吴中区青少年活动中心举办。

11月15日，中华全国集邮联合会在太原举行“庆祝改革开放40周年”全国集邮征文评选颁奖大会，周治华《生肖集邮是改革开放的产物》获一等奖。

2019年

3月22日，苏州市集邮协会召开八届五次会议，中国邮政集团公司苏州市分公司党委书记、总经理陈力烈增补为会长，同时增补沈宗健、张晓钢为八届常务理事。

7月11日，在全国第15个航海日，太仓市政府筹建的万国码头主题艺术馆正式开馆，中华全国集邮联合会会长杨利民题词祝贺，副会长李曙光出席开馆仪式。

9月，金晓宏编著的《中国邮刊史（1918—2018）》由黑龙江人民出版社出版，该书2020年获苏州市哲学社会科学优秀成果二等奖。

11月9日—10日，英国皇家邮学会第十届中国年会在太仓娄东宾馆和万国码头主题艺术馆举办。中华全国集邮联合会副会长刘佳维、中国邮政文史中心副主任吕兴华、国家清史编纂委员会传记组组长潘振平等应邀出席。

12月3日，中华全国集邮联合会在北京召开“庆祝中华人民共和国成立70周年全国集邮学术研讨会”，周治华《世界发行生肖邮票热是新中国国际地位空前提高的体现》论文获一等奖。

2020年

6月18日，中华全国集邮联合会第八次代表大会在北京召开，视频连线各省分会场，苏州代表郑炜参会并当选为八届理事。

7月11日，《故宫博物院（二）》特种邮票首发暨中国邮政生肖邮票发行40周年纪念活动在苏州举行。

9月19日，《中国现代科学家（八）》纪念邮票首发式在苏州高铁新城举行，首枚邮票图为苏州籍院士王大珩。

10月18日，《苏州大学建校120周年》纪念邮资信封首发式在苏州大学独墅湖校区举行。

是年，集邮先进周治华、邓树镛等先后病逝，是苏州邮坛的莫大损失。

2021年

6月27日，由苏州市总工会、苏州市职工文化体育协会主办，苏州市职工集邮研究会承办的“苏州市职工庆祝建党百年暨第11届集邮新人新作展”在苏州图书馆开幕，展期三天。

是月，在中华全国集邮联合会组织开展的“庆祝中国共产党成立100周年”集邮学术研究活动中，苏州金问涛《早期文献“区票”报道史略　佐证红色政权星火燎原历程》获二等奖。

10月6日，苏州市邮政史集邮研究会在苏州市三元宾馆举行成立10周年纪念活动。

11月，生肖集邮研究会郑炜编著的《邮票上的苏州》由苏州大学出版社出版。

2022年

1月4日，生肖集邮研究会第七次代表大会在苏州召开，郑炜当选会长。

1月15日，苏州市集邮协会第九次代表大会在苏州市邮政大楼召开。陈力烈当选为会长，毛勇任常务副会长，郑炜、盛惠良、张晓钢、唐孝飞任副会长，张杰任秘书长。

5月18日，《姑苏繁华图》特种邮票首发式在苏州山塘街方基上寻根广场举行。

6月14日，《苏州集邮史（1878—2023）》编纂工作启动会在苏州邮政管理局7楼会议室召开，编写工作正式启动。

10月16日，《中国共产党第二十次全国代表大会》纪念邮票苏州首发、中共苏州独立支部旧址数字化防伪邮资机宣传戳首发暨百场集邮巡展启动仪式，在中共苏州独立支部旧址（苏州市体育场路4号）举办。

2023年

1月，江苏省集邮协会编辑发行《江苏集邮文选（2013—2020）》，苏州周治华、郑炜、金问涛、张晓钢、邹子阳、徐铮、陈保芳、唐孝飞、朱永平、时永良、翟瀚等人的17篇邮文被收录。

3月10日，中华全国集邮联合会常务副会长赵晓光、学术研究部主任成冬青、展览工作部主任谷泽伟一行来苏州调研生肖集邮活动。

5月21日，2023第五届中国民信局研讨会暨太仓市中国民信局研究会成立大会在太仓举办，会长范利清。

10月20日，在绵阳举办的全国青少年集邮活动示范基地建设研讨会上，苏州市景范中学校党委书记沈宗健作为江苏省的唯一代表作重点经验交流。

主要参考文献

【1】李近朱．中国集邮史（1878—2018）[M]. 北京：人民邮电出版社，2020.

【2】中华人民共和国信息产业部，《中国邮票史》编审委员会．中国邮票史：第一卷（1878—1896）[M]. 北京：商务印书馆，1999.

【3】中华人民共和国信息产业部，《中国邮票史》编审委员会．中国邮票史：第二卷（1896—1911）清代国家邮政时期 [M]. 北京：商务印书馆，2004.

【4】中华人民共和国信息产业部，《中国邮票史》编审委员会．中国邮票史：第三卷（1912—1937）[M]. 北京：商务印书馆，2004.

【5】马佑璋，鲍军禾．江苏集邮史 [M]. 南京：江苏人民出版社，2002.

【6】苏州市集邮协会．苏州集邮史汇编 [M]. 内部资料，1993.

【7】江苏省集邮协会．江苏集邮文选（2000—2007）[M]. 内部资料，2007.

【8】江苏省集邮协会．江苏集邮文选（2008—2012）[M]. 内部资料，2012.

【9】江苏省集邮协会．江苏集邮文选（2013—2020）[M]. 内部资料，2023.

【10】苏州市集邮协会．苏州集邮文选 [M]. 内部资料，2001.

【11】常熟市集邮协会．常熟集邮史 [M]. 北京：中国邮史出版社，2013.

【12】昆山市集邮协会，生肖集邮研究会昆山分会．昆山集邮史 [M]. 内部资料，2013.

【13】吴江市集邮协会．吴江市集邮协会成立 30 周年纪念（1981—2011）[M]. 内部资料，2011.

【14】张家港市集邮协会．张家港市集邮协会成立 30 周年纪念 [M]. 内部资料，2015.

【15】吴县市集邮协会．吴县市集邮协会成立十周年资料选编 [M]. 内部资料，1996.

【16】周治华．周治华集邮文选 [M]. 北京：人民邮电出版社，2016.

【17】陆允昌．苏州洋关史料（1896—1945）[M]. 南京：南京大学出版社，1991.

【18】苏州电信局《苏州电信局志》编纂委员会．苏州邮电志 [M]. 苏州：古吴轩出版社，2001.

【19】《苏州海关志》编纂委员会．苏州海关志 [M]. 苏州：苏州大学出版社，2009.

说明：本书除参考上述书目之外，还参考了部分期刊，如中华邮票会会刊（1925—1940）、新光邮票研究会会刊（1926—1948）、《甲戌邮刊》（1934—1949）、《国粹邮刊》（1942—1946）、《大华邮刊》（1941）、《苏州邮刊》（1946—1949）、《邮摘》（1948—1949）、《集邮月刊》（1949—1952）、《邮钞园地》（1950—1951）、《集邮》（1959—1965）、《虞山邮讯》（1961—1963）、《研究与交流》（1981—2023）、《江苏集邮》（1985—2023）、《苏州集邮》（1985—2023）、《生肖集邮》（1997—2023）、《邮刊史研究》（2009—2016）、《东吴邮学杂志》（2010—2020）、《上海集邮》（2011—2021）、《邮史研究》、《苏州邮史研究》、《姑苏邮学》（2012—2020）等。

附　　录

附录一　苏州市集邮协会历届先进表彰名单
附录二　苏州市集邮协会全市竞赛级邮展获奖邮集
附录三　苏州作者出版的集邮图书（1953—2022）
附录四　苏州市和所属县市（区）集邮协会成立及历届代表大会召开日期
附录五　江苏省集邮协会表彰先进等苏州事项
附录六　江苏省集邮协会选评的苏州集邮学术论文
附录七　省级、国家级、国际级集邮展览苏州获奖展品
附录八　中华全国集邮联合会表彰先进等苏州事项
附录九　全国性集邮学术论文评优苏州入选名单

附录一　苏州市集邮协会历届先进表彰名单

1983—1986 年度

先进集体（21 个）

苏州市医药集邮协会
苏州市机械系统集邮协会
苏州市面粉厂集邮小组
吴江县集邮协会
苏州市互感器厂集邮协会
常熟市集邮协会
苏州市第二电表厂集邮小组
常熟电讯器材厂集邮兴趣小组
苏州市砂轮厂集邮协会
常熟市白茆乡集邮小组
苏州市电力技工学校集邮社
太仓县集邮协会城厢镇分会
苏州市第三纺机厂集邮小组
太仓利泰棉纺厂集邮小组
苏州市林业机械厂集邮协会
昆山县实验小学集邮兴趣小组
苏州市造船厂集邮小组
张家港市港务局集邮爱好者协会
苏州市仪表元件厂集邮协会
张家港市邮电局集邮爱好者协会
苏州市第十二中学萌芽少年集邮组

先进个人（119 名）

陆志新　金　诚　朱万钟　黄国萍　柳先根　王涵康　金克昌　徐宝煌　陆念乔
周一非　洪承熙　徐全根　沈厚钤　俞见芳　钱勤利　沈　鹰　薛国兴　杨亚琴
顾公达　蒋志忠　梁建华　谈世强　吕　丁　蔡元凤　侯连堂　严厚人　眭根南
庄文豹　王柏生　朱煜明　汪日荣　郑荣华　姚治平　朱文江　张鑫泉　仲　跃
李裕生　刘谦中　陈校章　龚智渊　盛汉清　虞文龙　宋顺馥　祁介东　缪郁仁
俞樟景　凌礼澄　张祥茂　张书儒　滕金甲　周振声　朱跃良　唐荣忠　孙　红
梁容真　杨晓若　沈善法　徐永祥　邓树镛　杨惠韵　周立平　洪承德　张小妹
吴靖宇　居浩然　张池奎　金伯元　刘家元　严柏松　邓和娣　夏林森　陈伟民
王振中　裘忠康　沈耐贤　茅健民　顾永维　沈禹民　唐仁洲　尤小鹤　戴咏梅
朱学明　周金寿　徐谋福　于卫东　夏咸洪　张惠君　黄惠祥　秦鸿斌　李　伟
魏贤德　韩应天　王治华　陆　云　郭子曦　俞大雄　石　武　金国良　陶嘉熹
孙敏义　祁仁金　徐祖年　徐瑞钰　张象贤　朱云先　潘天冲　张坚中　陈定良
钟　浬　杜铁鸣　尹　征　顾桂琴　刘　旸　吴根生　赵葵葆　顾振尧　张振序
祝振海　龚文彬

1987—1990 年度

先进集体（5 个）

吴江县集邮协会
常熟市集邮协会
张家港市集邮协会
苏州阀门厂集邮协会
苏州第四制药厂集邮协会

先进个人（121名）

张志远	洪承熙	仓公鼎	何祖铭	朱跃星	杜家鑫	周建社	徐宝煌	李国锦
仲 跃	祁介东	马 昆	孙祖涛	张建华	汪建新	瞿岱鑫	沈耐贤	涂文琴
张祥茂	傅亚正	毛仁生	魏贤德	陈雪敏	戚建国	陈 洪	蒋正龙	王文吉
刘谦中	刘建民	苏伦礼	高平华	韩应天	严厚人	金伯元	孙 红	金国良
顾亚同	张惠君	柯永生	唐锡伦	王 纯	钱建功	傅建平	陈立鹏	易鉴忠
王涵康	翁鑫涛	夏继生	朱学明	庄文豹	贾松鹤	王小凤	钱勤利	凌礼澄
邢珉珉	易炳南	洪承德	吴建祥	俞见芳	吴 伟	金莉珍	徐寿生	刘景峰
唐雨田	汪昌年	何 勇	朱炳南	居浩然	潘世伟	尤福清	娄春华	姜鸿宝
唐永新	朱兆华	李 伟	周金寿	张迪君	陈克元	张维梁	黄国萍	黄水明
张象贤	王治华	刘家元	杨亚琴	邹耿兴	黄寿荣	朱 琨	朱志发	沈厚钤
盛汉清	袁以韧	朱 伟	龚文彬	龚森生	谈世强	沈余广	李祥生	黄月官
袁寿山	王振中	潘维基	严 毅	李桐明	金继武	芮 滋	戴咏梅	韩德华
许祥官	陈春强	顾 浩	王树立	江维宽	薛德卿	陆志新	汪日荣	邓树镛
俞大雄	朱万钟	杨泉森	张晓妹					

1991—1994年度

先进集体（7个）

吴江市集邮协会	太仓市集邮协会	常熟市集邮协会
张家港市集邮协会	苏州阀门厂集邮协会	苏州市工人文化宫集邮研究会
望亭发电厂集邮协会		

先进个人（68名）

严焕文	许佩玉	周国和	娇 健	奚天然	洪承熙	朱继红	杜家鑫	周祥林
吴德伟	黄国强	戚建国	陈校章	李慧文	道文进	韩应天	蒋曼美	徐宝煌
仲 跃	吴 伟	徐铭祥	汪建新	曹企新	黄祖釭	薛全富	瞿岱鑫	吴 斌
盛惠良	潘宋民	陆阿四	王 纯	赵凤英	周德义	朱一明	黄水明	黄国萍
唐雨田	朱炳南	贺 评	周振声	何 勇	张平江	王庄生	张 新	徐 放
裘忠康	洪承德	王涵康	陆维勇	屠富强	江文铭	王 肖	徐瑞钰	夏咸洪
李 伟	王力行	陈祖琪	潘维基	薛德卿	李全根	时敬平	张 泠	郑其福
许祥官	戴咏梅	俞大雄	王柏生	陈志芳				

1995—1998年度

先进集体（9个）

常熟市集邮协会	吴江市集邮协会	太仓市集邮协会
张家港市集邮协会	吴县市集邮协会	苏州市机械系统集邮协会
苏州市职工集邮研究会	苏州阀门厂集邮协会	望亭发电厂集邮协会

先进个人（95名）

徐宝煌　祁介东　汤淦贤　滕煜文　张建华　姚振中　曹兴龙　张池奎　道文进
陈校章　周祥林　唐志祥　奚天然　仓公鼎　何祖铭　瞿岱鑫　童茂资　张祥茂
黄祖釭　徐中汇　王　幸　谢彩珍　王继昌　朱文训　潘传春　吴是穆　张　新
吴伟敏　裘忠康　杨德明　庄文豹　侯连堂　盛惠良　庄小燕　尚侣云　江文铭
李　伟　丁　红　薛德卿　阎　腾　桑文珍　王正中　吉金大　陈荣官　姚福年
查美珠　王乃榕　孙利平　王菊媛　夏林坤　宋真红　庄建栋　宋子良　严大庆
李洪峰　王　毅　洪祥生　张昌颐　戴立群　程民康　朱炳南　吴根生　姜晋楚
黄耀良　时永良　刘　慧　钱景炜　吴　斌　马钟麟　李全根　马　奇　周建华
余承豫　朱勤茂　夏咸洪　丁逢时　刘坛华　陆阿四　钱建功　沈　昀　陈以金
姚家骥　胡增光　金莉珍　王惠林　龚二耽　邹耿兴　郭立安　沈天宏　龚　勃
王　敬　石剑荣　周治华　俞大雄　王柏生

1999—2002年度

先进集体（11个）

常熟市集邮协会　太仓市集邮协会　昆山市集邮协会　吴江市集邮协会
张家港市集邮协会　吴中区集邮协会　苏州市机械系统集邮协会
苏州大学集邮协会　中核苏阀集邮分会
苏州市职工集邮研究会　苏州市景范中学集邮协会

先进个人（107名）

周治华　崔乃利　翟　瀚　徐宝煌　茅健民　时　文　陈浩兴　汤淦贤　姚振中
唐孝飞　奚天然　钱延林　周祥林　钟　浬　曹兴龙　唐中杰　道文进　蔡虎平
何燕萍　瞿岱鑫　童茂资　顾振尧　过介初　王栋梁　黄家栋　徐中伟　江文铭
夏　炎　戴咏梅　徐　伟　周文才　张根寿　汪忠元　周国和　刘年宝　余福安
毛振瓌　朱炳南　陆树笙　徐功良　骆勤奋　梁建民　王剑明　温林森　薛　君
钱慕秋　曹宏煊　阎　腾　仲崇惠　薛德卿　李洪峰　盛　农　陈如松　尤金官
陈东豪　唐锡伦　钱景炜　阙震家　奚文德　查美珠　陈克联　陈克强　乐　雯
李全根　金问涛　张建明　刘　怡　王志强　袁从瑞　洪祥生　卢国柱　王炳坤
陈伟礼　朱　泓　邬　军　厉永喜　朱兆华　李　伟　王　敬　严大庆　仇伟光
陆翠琏　陆阿四　邹耿兴　张　和　余承豫　陈建政　夏咸洪　高建良　丁　红
方志墉　邵苏萍　马　汀　李永兴　查荣林　金水龙　潘健豪　宋真红　盛咏坚
汪建栋　韩列平　沈天宏　龚二眈　龚　勃　陈根南　荣学润　曹琪卉

《苏州集邮》优秀通讯员（16名）

唐志祥　张志远　仲　跃　祁介东　吴德伟　曹兴龙　瞿岱鑫　张祥茂　严焕文
阎　腾　屠富强　朱炳南　宋真红　时永良　余心立　薛德卿

2003—2007年度

先进集体（29个）

常熟市集邮协会　吴江市集邮协会　太仓市集邮协会
张家港市集邮协会　昆山市集邮协会　苏州市审计局集邮协会
苏州市老干部集邮协会　苏州大学集邮协会　苏州市老年集邮协会
苏州市职工集邮研究会　吴中区集邮协会　苏州高新区集邮协会
苏州市青少年集邮协会　苏州市景范中学集邮协会　苏州市机械系统集邮协会
苏州市轻工系统集邮协会　中核苏阀集邮分会
苏州高新区集邮协会污水处理分会　望亭发电厂集邮协会
苏州胶囊有限公司集邮协会　苏州市集邮协会风景戳研究会
常熟市集邮协会生肖集邮研究组　常熟市老干部集邮协会
吴江市老干部集邮协会　吴江市平望镇集邮协会
太仓市双凤中学集邮协会　太仓市供电局集邮协会
张家港市沙工集邮协会　张家港市青少年集邮协会

先进个人（136名）

徐宝煌　姚振中　汤淦贤　陈浩兴　蒋曼美　林振峰　钟　浬　张权权　唐孝飞
洪承熙　钱延林　周茂哉　曹兴龙　蔡虎平　唐中杰　范利清　金云达　曹企新
过介初　童茂资　许和清　瞿岱鑫　黄家栋　吴德伟　徐中汇　张婷秀　吴永刚
孙利平　袁从瑞　乐　雯　钱中纬　杨晓春　董　冬　李伟光　朱　泓　王炳坤
沈　昀　阙振家　陈伟礼　郭立安　石　英　徐佑丙　毛振瓖　金同涛　许裕生
钱景炜　马　玎　汪建栋　薛德卿　查荣林　张志伟　蒋秉兴　朱炎元　盛国良
华致甫　金泉根　张人杰　刘国麟　张苏萌　霍　明　陈　杰　刘年宝　黄耀良
周文才　许家德　陈祖庆　章锦国　周国和　李洪峰　盛　农　王　毅　游树明
张梅根　荣学润　谢文灿　李东阳　秦士钧　江文铭　戴咏梅　承立波　徐达娴
王煦和　张　悦　吴菊萍　温林森　张　新　童庆苏　徐功良　陆中冶　陈克强
顾亚同　滕全官　阎　腾　眭金顺　乔一鸣　朱兆华　李　伟　高丽云　许　勤
潘春平　陈东豪　姚传新　袁卫萍　彭乐英　陆翠琏　杨建平　陆阿四　黄国萍
严大庆　陈根南　唐国庆　朱雁芳　刘惕民　王　敬　杜鸿元　高建良　谢云华
许仁余　沈　强　盛咏坚　潘健豪　朱德昌　严文华　王　纯　唐锡伦　陈建政
顾治国　张　荣　洪祥生　杨英培　蒋洁敏　薛　军　唐　皓　王金凤　陈龙官
朱炳南

《苏州集邮》优秀通讯员（11名）

蒋宇冰　祁介东　张志远　唐孝飞　瞿岱鑫　曹兴龙　朱炳南　严焕文　钱慕秋
余心立　屠富强

2008—2012 年度

先进集体（38 个）

张家港市集邮协会　苏州市机械系统集邮协会　苏州市青少年集邮协会
苏州市极限集邮研究会　吴江区集邮协会　吴江市卫生系统集邮协会
常熟市集邮协会　张家港市凤凰小学集邮分会　苏州市景范中学集邮协会
生肖集邮研究会苏州市区分会　吴中区集邮协会　吴江盛泽小学集邮分会
昆山市集邮协会　常熟市职教中心集邮分会　苏州大学集邮协会
苏州市专题集邮研究会　相城区集邮协会　吴中区木渎镇集邮协会
太仓市集邮协会　生肖集邮研究会常熟分会　吴中区横泾中心小学集邮分会
苏州市老干部集邮协会　苏州市个性化邮票研究小组　苏州市老年集邮协会
苏州外事办公室集邮协会　苏州工业园区集邮协会　生肖集邮研究会昆山分会
苏州供电公司集邮协会　苏州市文广新局集邮分会　相城区北桥集邮协会
苏州高新区集邮协会　太仓市双凤中学集邮协会　苏州市职工集邮研究会
苏州市轻工系统集邮协会　苏州市体育集邮协会　相城区北桥中学集邮协会
中核苏阀集邮分会　苏州高新区集邮协会污水处理分会

先进个人（142 名）

周茂哉　钱延林　沈桐葆　钟　浬　袁农基　徐铭祥　倪文元　林振峰　徐宝煌
姚振中　汤淦贤　钱建和　童茂资　过介初　许和清　曹企新　李伟伦　黄家栋
戚建国　江思渤　李　品　蔡虎平　曹兴龙　唐中杰　范利清　秦士钧　朱九如
秦宁人　钱美华　李庆瑞　陶列英　王　纯　华致甫　张人杰　蒋秉兴　盛国良
张志伟　王毓明　朱道英　陆闻钟　王再斌　姚福年　蔡声良　裴东琛　钱中纬
王炳坤　薛　君　许　曦　郭立安　侯咏梅　阙震家　沈　昀　卢玲明　朱　泓
马　玎　杨英培　金奎春　刘惕民　李洪峰　李　鸣　李　英　阎东风　谈小汶
唐　皓　姜学军　顾伟杰　杨思洁　陈祖庆　周国和　许家德　张则范　顾苏云
江文铭　张敏红　胡浩文　张云男　荣学润　张子初　金问涛　许裕生　唐锡伦
钱万里　钱慕秋　毛振瓌　瞿慰祖　郑其福　黄耀良　陈经伦　石剑荣　朱炳南
郑　炜　蒋宇冰　薛德卿　金士英　吴雪伟　刘国麟　杨绍仪　李　琰　周铭刚
王冬生　张建华　杨坚平　陆翠琏　黄国萍　叶　涌　糜依群　何绪铸　陈克联
滕全官　王　毅　张　荣　徐功良　唐荣忠　梁建民　阎　腾　唐志远　李　伟
宋建民　王惠民　朱建明　严文华　高丽云　许　勤　彭乐英　陈东豪　沈寿荣
谈世强　吴　军　谢云华　钱仁林　倪星火　许仁余　陈根南　唐国庆　朱雁芳
汪建栋　汪日荣　陆树笙　叶永刚　刘年宝　沈　勇　顾治国

《苏州集邮》优秀通讯员（12 名）

蒋宇冰　朱炳南　余心立　陈保芳　钱慕秋　阎　腾　曹企新　姚振中　张志远
唐孝飞　曹兴龙　单宪年

2013—2021 年度

先进集体（47 个）

吴江区集邮协会　相城区北桥中学集邮协会　苏州工业园区集邮协会
吴江区平望镇集邮协会　常熟市集邮协会生肖分会　苏州市集邮协会机械分会
吴江区盛泽镇集邮协会　常熟练塘中心小学集邮分会　苏州市职工集邮研究会
吴江区卫生系统集邮协会　常熟市青少年集邮协会　苏州市轻工系统集邮协会
东吴邮学会　苏州市邮资封片和个性化邮票研究会　苏州市老干部集邮协会
风景日戳研究会　张家港市集邮协会沙钢分会　苏州市邮政史集邮研究会
张家港市集邮协会徐市小学分会　月中桂集邮分会　苏州市景范中学集邮协会
张家港市集邮协会青少年集邮分会　苏州市专题集邮研究会　姑苏区集邮协会
张家港市集邮协会港务局集邮分会　吴中区木渎镇集邮协会范仲淹小学集邮分会
苏州市极限集邮研究会　中核苏阀集邮分会　太仓市集邮协会
太仓市集邮协会双凤中学少年邮局　苏州市老年集邮协会　昆山市集邮协会
生肖集邮研究会昆山分会　宝钢集邮协会　嘉捷电梯有限公司集邮协会
昆山市城北少年邮局　望亭发电厂集邮协会　吴中区长桥街道南区集邮协会
苏钢集邮协会　中航长风集邮协会　吴中区木渎镇集邮协会
生肖集邮研究会苏州市区分会　广济医院集邮分会　吴中区集邮协会直属组
苏州图书馆集邮协会　苏州大学集邮协会　苏州市立医院本部集邮分会

先进个人（96 名）

唐孝飞　袁农基　沈桐葆　张权权　徐宝煌　季　军　徐铭祥　茅健民　张亦晟
李建平　陈　思　吴德伟　毛永晟　曹企新　许和清　柏爱平　过介初　道文进
范利清　曹兴龙　李　品　沈　勇　徐水根　潘　霖　王毓明　张志伟　张伟烈
陈龙官　吴永刚　周国和　王志云　钱延林　张子初　唐　皓　姜学军　朱炳南
吴雪伟　李冲林　陈经伦　陈鑫华　许立义　陈建政　张　荣　张永伟　侯连堂
沈宗健　江文铭　金问涛　钱万里　钱慕秋　李存钧　郑琪慧　顾亚同　陈克强
屠富强　时永良　孙晓苏　陆维勇　张苏萌　余承豫　周铭刚　严文华　陶志军
徐建珍　舒金霞　荣学润　周询敏　朱　敏　李　珏　顾文雍　潘为夷　朱勤茂
刘年宝　杨黄培　张迎辉　邹国伟　郑　龙　朱雁芳　匡德寅　樊　璃　钱中纬
李　群　费　鸣　靳水发　朱　鸿　王伟国　葛建华　宋百明　张浩然　陈　纯
王毓蓉　章泽安　孙永祥　江　健　陈建生　莫钟汉

《苏州集邮》优秀通讯员（9 名）

朱炳南　陈保芳　曹企新　姚振中　徐　阳　曹兴龙　单宪年　王志云　陆维勇

附录二　苏州市集邮协会全市竞赛级邮展获奖邮集

1983 年 10 月 23 日—31 日　苏州市首届集邮展览

特别奖：陆念乔《早期西德、瑞士票》。

一等奖：汪昌年《解放区票》、王观荦《纪特小型张、特殊形式邮票》、马寿南《中国邮票沿革》、陆志新《苏联早期票、早期宇航票》。

二等奖：顾文煜《在党的领导下解放中华》、王柏生《邮票上的第一》、徐宝煌《中国航空票》和《普通邮票》、杨兴华《锦绣河山》、张池奎《各国美术》、吕品《保护益鸟》、、戚永康《苦难的岁月》。

三等奖：徐顺中《中国革命斗争史》、沈鹰《今日预备队　明日的主力军》、徐谋福《中国邮票上的世界之最》、吴鸿彰《中日友好》、章汝熙《邮票上的手》、江洁《小版票》、徐伟《世界各国新年邮票》、严焕文《灿烂的文明文化艺术》、俞大雄《新中国封片》、朱之江《我们爱科学》、郑坚《火车邮戳首日封》、徐文行《百花园》。

1989 年 4 月 5 日—11 日　纪念苏州解放 40 周年集邮展览

一等奖：徐宝煌《新中国普通邮票（1950—1964）》、周一非《鸟——人类的朋友》。

二等奖：唐建文《新中国初期普、改、欠、航空邮票及实寄封选》、张池奎《航天》、陆念乔《瑞士联邦发行的邮票》、王柏生《清代、民国邮票一瞥》。

三等奖：周振声《新中国小型张及其相关邮票》、戴咏梅《生物课堂》、黄祖釭《新中国纪、特邮票首日实寄封》、郭松林《中国服饰的演变》。

鼓励奖：周宜《全国自然保护区实寄封》（青少年类）。

荣誉奖：邓树镛《原地首日实寄封选》。

1993 年 10 月 23 日—29 日　苏州市集邮协会成立 10 周年集邮展览

一等奖：王振中《中国人民邮政普票（1950—1970）》、朱万钟《国内变体、趣味品》、徐铭祥《新中国普票（1950—1956）》（传统类）。

二等奖：周振声《“文革”历史时期邮票集（1967—1973）》（传统类），祁仁金《邮学与江苏》、王伟国《邮票上的五色环》、严大庆《观赏鸟》、郑其福《水上竞技》（专题类），唐中杰《中国军邮》（邮政史类）。

三等奖：王文吉《毛泽东像邮票》、陆维勇《毛泽东》、朱炳南《船舶纵横》、裘忠康《船》、茅健民《中华体育之窗》、王治华《历史的证明》（专题类），王纯《巨人的功绩——献给新中国缔造者》、姜晋《中华名山览胜》（极限类），章宜《多思的年华》、王洁《哺乳动物》（青少年类）。

1997 年 3 月 27 日—31 日　苏州市第七届集邮展览

金　奖：周祥林《华北、华东解放区邮票》（传统类）。

镀金奖：唐中杰《中国军邮（1949—1957）》（邮政史类），严焕文《猛禽》（专题类），时永良《中国建筑》（极限类）。

银　奖： 石剑荣《香港普通邮票》（传统类），曹兴龙《新中国普通明信片（1949—1977）》（邮政用品类），高鹤松《鱼与人类》、汤淦贤《奔向太空》（专题类），姜晋《中国的世界文化遗产》（极限类），陈文英《中国珍稀动物》、凌云之君《书法》（青少年类），周治华《邮票与苏州》（文献类）。

镀银奖： 唐志祥《香港邮票》（传统类），王柏生《鸟》、莫钟汉《畜牧与人类》、张平江《探索奥秘》（专题类），戴立群《解放初期苏州地区印花税票》（税票类），周喆《新中国新币普通邮票》（青少年类），瞿岱鑫《国内邮政快件》（现代集邮类），《苏州集邮（1985—1996）》（文献类）。

铜　奖： 朱继红《侨批》（邮政史类），赵自恒《中草药的价值》、黄振寰《载人航天史》、祁仁金《江苏》、黄志凌《世界杯足球赛》、黄耀良《交响乐》（专题类），钱延林《十大名胜》（极限类），宗品仁《航天》（青少年类），《常熟集邮史》（文献类）。

评审员邮集： 徐宝煌《日本集邮周》。

1999年10月1日—5日　苏州市第八届集邮展览

金　奖： 严焕文《猛禽》（专题类）。

镀金奖： 唐志祥《香港邮票》（传统类），曹兴龙《中国邮政明信片（1949—1969）》（邮政用品类），徐伟《奥运百年》、奚文德《现代奥运》（专题类），戴立群《江苏解放初印花税票（1949.5—1950.6）》（税票类），陈文英《中国珍稀动物》、高云健《野生动物园》（青少年类）。

银　奖： 朱万钟《国内变异票》、童茂资《图案附加费凭证》（传统类），许之麟《会飞的花朵》、周文才《力量、速度和技巧的竞争》、黄志凌《世界杯足球赛》、黄耀良《乐器》、高鹤松《鱼》、汤淦贤《登月》、张平江《航天》、边习虞《兰花》（专题类），姜晋《中国的世界文化遗产》（极限类），王佳珍《多姿多彩的鸟》、蔡利青《箭楼邮资封》、龚德怡《音乐》（青少年类）。

镀银奖： 石剑荣《清代民国票》、贺评《“文”字邮票》（传统类），瞿岱鑫《中国邮政贺年（有奖）明信片（1992—1994）》（邮政用品类），王伟国《邮票上的五环》、吴德伟《邮坛争奇葩、方寸竞风流》、张池奎《航天之窗》、时文《丝绸》（专题类），周茂哉《民国后期印花税票（1945—1949）》（税票类），宋玉林《石头》、钱延林《宏图》（极限类），宗品仁《乒乓振国威》、唐孝飞《中国画》（青少年类）。

铜　奖： 金敏明《“名居”普票研究》（传统类），瞿岱鑫《国内邮政快件》、夏咸洪《邮政快件》（邮政史类），魏贤德《上海世界邮政日免资明信片》《中国贺年邮资封、片》（邮政用品类），陈三龙《体育世界》、唐荣忠《庆祝国庆》（专题类），时永良《中国书画艺术》、王纯《华夏雕塑瑰宝》、汪忠元《中国的世界文化遗产》、徐功良《改革开放二十年》、蔡虎平《中国革命之歌》（极限类），李硕愚《亭台楼阁塔》（青少年类）。

试验类第一名： 王毓明《苏州古典园林》。
试验类第二名： 奚天然《一代伟人毛泽东》。
试验类第三名： 宋真红《黄山》。

2004年6月26日—28日　苏州市第九届集邮展览

金　奖：徐铭祥《新中国普通邮票（1950—1964）》（传统类），孙晓苏《孙中山像邮资明信片》（邮政用品类）。

镀金奖：杨绍仪《中国“文革”邮政史》（邮政史类），奚文德《现代夏季奥运会》、陶孙贤《乒乓振国威》、时文《丝绸》、金问涛《世界遗产》（专题类），钱延林《人类瑰宝——世界古建筑遗产》（极限类）。

银　奖：范利清《孙中山像普通邮票（1931—1949）》、陈经伦《电子邮票》（传统类），贺萍《“文革”邮政》、童茂资《图案邮政费凭证》（邮政史类），汪源长《奥运会史》、汤淦贤《登月》、张平江《探索宇宙》、张池奎《飞机百年》、唐孝飞《中国画》（专题类），瞿岱鑫《“远望号”航海船上测控卫星火箭飞船》（航天类），时永良《中国古建筑》（极限类），朱炳南《中国民居》（现代集邮类），周茂哉《交通联运图印花税票的版式及暗记和实际应用》（税票类），许英《中华龙文化》、费洁《十二生肖的故事》（青少年类）。

镀银奖：夏传生《专用邮票集锦》（传统类），周文才《新中国机要通信封戳》（邮政史类），郑其福《游泳运动》、周文奎《花卉的功能》、毛振瓌《电》、卢震《光辉的历程》（专题类），宋玉林《石头》（极限类），汤宇《人造地球卫星》、张汇《JP实寄片》、王怡《我们是祖国的花朵》（青少年类）。

铜　奖：钱慕秋《邮政自动化一瞥》（邮政史类），曹宏煊《百花争妍在神州》、徐佑丙《中国的世界文化遗产》、曾国栋《悉说江西》、章汝熙《二十世纪西方艺术》、温林森《佛教的雕塑和建筑》（专题类），张苏萌《美哉遗产》（极限类），丁倩然《走进中国的世界遗产》、沈洁《名人邮戳》、华君杰《游黄山》（青少年类）。

一框类一等奖：唐惟乐《华北解放区邮戳》、唐孝飞《灯》。

一框类二等奖：江家春《太仓邮戳史（1911—1957）》、钱延林《建筑丰碑》、何践《上海开埠五十周年邮票剖析》、徐铭祥《虎与生肖》、吴冰琰《水稻》、唐志祥《香港普通邮票》。

一框类三等奖：王纯《明长城（普票）》、冯惠森《亥猪福臻》、张祥茂《甲申年》、朱佩宝《鼠——生肖之首》。

2013年5月10日—13日　苏州市第十届集邮展览

金　奖：道文进《华东人民邮政（1949.3.15—1950.1.9）》（邮政史类），陈强《中华航空邮政》（航空集邮类），钱延林《建筑的故事》（极限类）。

大镀金奖：黄耀良《孙中山像邮票（中华邮政时期纪特普票）》（传统类），石剑荣《中国快递邮政（1926—1953）》（邮政史类），袁农基《纺织》（专题类），周茂哉《民国交通联运图印花税票》（税票类），徐佳乐《我的童年》（青少年类）。

镀金奖：贺萍《“文”字邮票》、仲跃《华东解放战争时期邮票（1945—1950）》、朱炳南《新中国民居普通邮票》（传统类），陈保芳《湖南邮政附加费》（邮政史类），夏传生《早期及特殊邮政用品》（邮政用品类），吴雪伟《握手》、曹企新《帆船》、莫钟汉《羊羊羊》（专题类），张帆《中国龙》、唐卓凡《一个关于狗的故事》（青少年类），王阿明《体育场馆与比赛项目》（极限类）。

大银奖：唐志祥《香港普通邮票》（传统类），钟浬《新中国地方免资邮品》（邮政用品类），徐伟《果实》、杨明谊《辉煌的历程》（专题类），赵正匡《亭》（极限类），徐佳乐《奥运主办国邮票 1896—1976》（青少年类）。

银　奖：陈小冬《新中国纪念邮资片》、孙晓苏《北京地区大宗邮资标签》（邮政用品类），毛振瓌《绿色发电》、黄耀良《钢琴》、郑其福《桌上网球乒乓声》、祁仁金《中国画》、陆维勇《毛泽东》（专题类），陈传业《名山风光极限片》、奚文德《奥林匹克竞赛项目》（极限类），徐阳《中国地貌中的岩石景观》、吴洲缘《大熊猫》、钟启承《蛇》、钱嘉欢《钓鱼》（青少年类）。

镀银奖：顾家匡《国际年》、王建荣《看亚运》、黄振寰《载人航天》（专题类），顾建刚《庚寅年虎戳》（极限类），邵丽春《学生时代》、张严馨《红色足迹》（青少年类）。

铜　奖：朱永平《万众一心抗非典》（专题类）。

一框类金奖：邹子阳《1850—1852 维多利亚蝴蝶邮戳》、朱汉举《庚申年》。

一框类镀金奖：范利清《苏州民信局》、徐明《国画》、莫钟汉《骆驼》、江思渤《世界第一套生肖邮票——日本 1950 年〈虎年邮票〉》。

一框类银奖：钟浬《普九型 1-1958 普通资明信片》、钱瑾《护士赞歌》、吴建新《义务兵专用邮票使用始末》、周文才《建国初期的机要通信》、徐铭祥《解放区邮票选》和《虎与生肖》、金问涛《戳中奇葩》、陈明侠《中国书法艺术》、瞿祥根《“文”字邮票》。

一框类铜奖：宋孙兰《中国近代民主革命的先行者——孙中山》、张人杰《微笑》、陶兴宇《龙是如何登上生肖宝座》、茅健民《人民英雄纪念碑》、周文才《发生在邮政日戳上的故事》、连耕泉《走进兰花的世界》、林振峰《鸡》、沈桐葆《虎》、时文《星条旗上的“星”》、钱嘉欢《非典期间》。

试验类大镀金奖：徐佑丙《十二生肖的故事》。

试验类大银奖：黄家栋《中国首轮生肖邮票》、沈勇《龙的传说》。

试验类镀银奖：刘彩华《壬辰年——2012 世界各国（地区）》、顾建刚《庚寅年虎戳》、王静波《香港回归后的首日实寄封》、唐志祥《个性化专用邮票》、苏伦礼《邮币合一乐趣多》、倪忠显《酉年与鸡》。

评审员邮集：徐宝煌《新中国体育邮票（1952—1983）》、陆树笙《中华邮政银圆时期信函邮资（1949.4—1949.12）》、唐孝飞《中国首轮生肖邮票（1980—1991）》和《灯，给人类带来了……》。

附录三　苏州作者出版的集邮图书（1953—2022）

1. 通信的故事 / 朱翊新撰，少年儿童出版社 1953 年版。
2. 邮票上的莫斯科 / 俞彪文著，人民邮电出版社 1956 年版。
3. 苏联邮票 / 徐传贤译，人民邮电出版社 1956 年版。
4. 邮票与苏州 / 周治华著，南京出版社 1996 年版。
5. 世界生肖邮票大观 / 周治华编著，江苏人民出版社 1997 年版。
6. 多姿多彩的集邮方式 / 邓树镛著，人民邮电出版社 1999 年版。
7. 世界生肖邮票精品・龙 / 周治华著，上海人民出版社 2000 年版。
8. 世界生肖邮票精品・鼠 / 周治华著，上海人民出版社 2001 年版。
9. 世界生肖邮票精品・牛 / 周治华著，上海人民出版社 2001 年版。
10. 世界生肖邮票精品・虎 / 周治华著，上海人民出版社 2002 年版。
11. 世界生肖邮票精品・兔 / 周治华著，上海人民出版社 2002 年版。
12. 世界生肖邮票精品・蛇 / 周治华著，上海人民出版社 2002 年版。
13. 世界生肖邮票精品・马 / 周治华著，上海人民出版社 2002 年版。
14. 世界生肖邮票精品・猴 / 周治华著，上海人民出版社 2002 年版。
15. 世界生肖邮票精品・羊 / 周治华著，上海人民出版社 2003 年版。
16. 世界生肖邮票精品・鸡 / 周治华著，上海人民出版社 2003 年版。
17. 世界生肖邮票精品・狗 / 周治华著，上海人民出版社 2003 年版。
18. 世界生肖邮票精品・猪 / 周治华著，上海人民出版社 2003 年版。
19. 邮票上的故事——甲申年 / 周治华编，人民邮电出版社 2004 年版。
20. 苏州邮缘 / 周治华编著，古吴轩出版社 2005 年版。
21. 明信片神州旧梦 / 姜晋编著，吉林人民出版社 2006 年版。
22. 苏州百年明信片图录 / 时永良编，古吴轩出版社 2006 年版。
23. 少年邮局 / 邵强，上海教育出版社 2006 年版。
24. 生肖集邮概说 / 周治华主编，陕西人民出版社 2008 年版。
25. 世界生肖邮票目录 / 周治华、徐星瑛、黄秉泽编，人民邮电出版社 2008 年版。
26. 偷闲集——唐孝飞邮文选辑 / 唐孝飞著，陕西人民出版社 2008 年版。
27. 世界生肖邮票目录（2011）/ 周治华、郑炜编，人民邮电出版社 2012 年版。
28. 再会邮简 / 陈强编著，江苏教育出版社 2013 年版。
29. 青少年创意邮戳设计 / 王介明、沈菊林主编，江苏凤凰教育出版社 2014 年版。
30. 真情守候 / 王平、翟瀚著，现代出版社 2015 年版。
31. 你且看他 / 王平著，白山出版社 2016 年版。
32. 周治华集邮文选 / 周治华著，人民邮电出版社 2016 年版。
33. 流光曳影——不曾搁浅的诺奖记忆 / 王平著，苏州大学出版社 2017 年版。
34. 清代民国苏州明信片图鉴（1898—1941）/ 陆树笙，苏州大学出版社 2018 年版。

35. 品邮与品格 / 袁农基著，团结出版社 2018 年版。
36. 大龙邮票集邮文献概览 / 金晓宏编著，黑龙江人民出版社 2018 年版。
37. 中国邮刊史（1918—2018）/ 金晓宏编著，黑龙江人民出版社 2019 年版。
38. 邮话精彩中国七十年 / 盛惠良编，苏州大学出版社 2019 年版。
39. 邮票上的苏州 / 郑炜编著，苏州大学出版社 2021 年版。
40. 邮说敦煌 / 金晓宏著，南方出版社 2022 年版。
41. 太仓老信封 / 陈校章著，上海文艺出版社 2022 年版。

附录四　苏州市和所属县市（区）集邮协会成立及历届代表大会召开日期

苏州市

1983 年 10 月 23 日，苏州市集邮协会成立。
1987 年 12 月 20 日，苏州市集邮协会第二次代表大会召开。
1991 年 5 月 26 日，苏州市集邮协会第三次代表大会召开。
1995 年 4 月 14 日，苏州市集邮协会第四次代表大会召开。
1999 年 2 月 9 日，苏州市集邮协会第五次代表大会召开。
2003 年 12 月 13 日，苏州市集邮协会第六次代表大会召开。
2008 年 7 月 3 日，苏州市集邮协会第七次代表大会召开。
2013 年 8 月 27 日，苏州市集邮协会第八次代表大会召开。
2022 年 1 月 15 日，苏州市集邮协会第九次代表大会召开。

吴 江

1981 年 10 月 1 日，吴江县集邮协会成立。
1983 年 9 月 29 日，吴江县集邮协会第二次全体会员会议召开。
1986 年 9 月 30 日，吴江县集邮协会第三次代表大会召开。
1989 年 10 月 2 日，吴江县集邮协会第四次代表大会召开。
1994 年 10 月 25 日，吴江市集邮协会第五次代表大会召开。
1998 年 11 月 28 日，吴江市集邮协会第六次代表大会召开。
2002 年 12 月 27 日，吴江市集邮协会第七次代表大会召开。
2006 年 10 月 1 日，吴江市集邮协会第八次代表大会召开。
2011 年 9 月 28 日，吴江市集邮协会第九次代表大会召开。
2016 年 10 月 16 日，吴江区集邮协会第十次代表大会召开。

昆 山

1983 年 5 月 27 日，昆山县集邮协会成立。
1988 年 5 月 27 日，昆山县集邮协会第二次代表大会召开。
1991 年 5 月 27 日，昆山市集邮协会第三次代表大会召开。
1994 年 5 月 2 日，昆山市集邮协会第四次代表大会召开。
1999 年 5 月 2 日，昆山市集邮协会第五次代表大会召开。
2008 年 12 月 29 日，昆山市集邮协会第六次代表大会召开。
2013 年 6 月 25 日，昆山市集邮协会第七次代表大会召开。
2018 年 4 月 2 日，昆山市集邮协会第八次代表大会召开。

2022年11月26日，昆山市集邮协会第九次代表大会召开。

常熟

1983年9月29日，常熟市集邮协会成立。
1987年9月29日，常熟市集邮协会第二次代表大会召开。
1991年9月28日，常熟市集邮协会第三次代表大会召开。
1995年9月29日，常熟市集邮协会第四次代表大会召开。
1999年9月29日，常熟市集邮协会第五次代表大会召开。
2004年5月18日，常熟市集邮协会第六次代表大会召开。
2008年10月9日，常熟市集邮协会第七次代表大会召开。
2013年10月9日，常熟市集邮协会第八次代表大会召开。
2022年10月15日，常熟市集邮协会第九次代表大会召开。

太仓

1983年12月1日，太仓县集邮协会成立。
1988年5月29日，太仓县集邮协会第二次代表大会召开。
1991年7月28日，太仓县集邮协会第三次代表大会召开。
1995年6月9日，太仓市集邮协会第四次代表大会召开。
1999年，太仓市集邮协会第五次代表大会召开。
2014年11月22日，太仓市集邮协会第六次代表大会召开。

张家港

1985年5月4日，沙洲县集邮协会成立。
1988年6月12日，张家港市集邮协会第二次代表大会召开。
1992年9月28日，张家港市集邮协会第三次代表大会召开。
1996年5月4日，张家港市集邮协会第四次代表大会召开。
2000年5月20日，张家港市集邮协会第五次代表大会召开。
2005年5月27日，张家港市集邮协会第六次代表大会召开。
2010年6月8日，张家港市集邮协会第七次代表大会召开。
2014年7月25日，张家港市集邮协会第八次代表大会召开。
2022年11月5日，张家港市集邮协会第九次代表大会召开。

吴中

1986年12月15日，吴县集邮协会成立。
1989年12月15日，吴县集邮协会第二次代表大会召开。
1992年12月13日，吴县集邮协会第三次代表大会召开。
1996年12月15日，吴县市集邮协会第四次代表大会召开。

2002 年 1 月 12 日，吴中区集邮协会第一次代表大会召开。
2007 年 12 月 15 日，吴中区集邮协会第二次代表大会召开。
2012 年 12 月 8 日，吴中区集邮协会第三次代表大会召开。
2017 年 12 月 15 日，吴中区集邮协会第四次代表大会召开。
2022 年 9 月 9 日，吴中区集邮协会第五次代表大会召开。

附录五　江苏省集邮协会表彰先进等苏州事项

1. 江苏省集邮协会表彰先进

1987 年

先进集体（2 个）

苏州市机械系统集邮协会　吴江县集邮协会

先进个人（12 名）

王柏生　刘谦中　祁介东　沈善法　沈　鹰　张池奎　陆志新　陈定良
周一非　周金寿　顾振尧　魏贤德

1991 年

先进集体（4 个）

苏州市集邮协会　苏州阀门厂集邮协会
常熟市集邮协会　吴江县集邮协会

先进个人（13 名）

王柏生　王继昌　邓树镛　孙宝明　吕林根　祁介东　张志远　张池奎
杜家鑫　宋顺馥　徐宝煌　魏贤德　瞿岱鑫

1995 年

先进集体（4 个）

望亭发电厂集邮协会　苏州阀门厂集邮协会
常熟市集邮协会　吴江市集邮协会

先进个人（14 名）

周治华　吕林根　陈三龙　阎　腾　朱炳南　时敬平　戴咏梅　洪祥生
祁介东　张池奎　吴德伟　瞿岱鑫　杜家鑫　矫　健

2000 年

先进集体（4 个）

吴江市集邮协会　苏州市体育集邮协会
苏州市职工集邮研究会　常熟市集邮协会

先进个人（12名）

王伟峰　刘虞生　吕林根　庄文豹　陆锦观　周治华　洪祥生　钟　浬
秦士钧　曹兴龙　魏贤德　瞿岱鑫

2004年

先进集体（5个）

生肖集邮研究会　苏州市青少年集邮协会　苏州市职工集邮研究会
吴江市集邮协会　常熟市集邮协会

先进个人（12名）

周治华　马　玎　王静波　刘虞生　汤淦贤　陆树笙　金问涛　奚天然
唐荣忠　黄家栋　曹兴龙　童茂资

2008年

先进集体（7个）

苏州市集邮协会　苏州市老年集邮协会　苏州市职工集邮研究会
苏州市青少年集邮协会　吴江市集邮协会　常熟市集邮协会
苏州高新区集邮协会

先进个人（16名）

周治华　汪日荣　邓树镛　冯惠森　钱延林　金问涛　曹兴龙　陆翠琏
顾建刚　陈龙官　秦士钧　周文才　朱炳南　李洪峰　瞿慰祖　孙泉福

2013年

先进集体（11个）

生肖集邮研究会　苏州市集邮协会　苏州工业园区集邮协会
苏州高新区集邮协会　苏州市青少年集邮协会　苏州大学集邮协会
苏州市老年集邮协会　苏州市职工集邮研究会　苏州市景范中学集邮协会
常熟市集邮协会　吴江区集邮协会

先进个人（34名）

周治华　汪日荣　郑　炜　顾苏云　周国和　钟　浬　王伟峰　孙泉福
陆树笙　陆闻钟　钱中纬　唐　皓　阎东风　许家德　龚丽莉　孙宝明
瞿慰祖　秦士钧　沈　昀　朱炳南　陆翠琏　陈传家　吴菊萍　钱万里
苏伦礼　江文铭　刘年宝　徐铭祥　曹企新　曹兴龙　沈建荣　黄家栋
翟　瀚　蒋宇冰

2. 参加江苏省集邮协会代表大会的苏州代表

1983年江苏省集邮协会第一次代表大会

路 云　田德明　孙宝明　陆念乔　汪日荣　王维尼　冯树森　董耀仁
徐宝煌　顾尧封　张池奎　李平凡　范学良　张行高　周一非

1987年江苏省集邮协会第二次代表大会

路 云　曹玠如　孙宝明　赵祖德　汪日荣　宋顺馥　陆志新　周文才
沈耐贤　张池奎　金 诚　周一非

1991年江苏省集邮协会第三次代表大会

邓树镛　孙宝明　吕林根　汪日荣　宋顺馥　纽维浩　周一非　周文才
张池奎　顾振尧　徐宝煌　曹玠如　高祥宝　钱克明　潘天冲　魏贤德

1995年江苏省集邮协会第四次代表大会

曹玠如　汪日荣　邓树镛　黄一芳　叶正亭　陆汉卿　唐荣忠　王伟国
王伟国　钱志明　徐宝煌　陈雪敏　邢 军　殷丁元　周祥林　朱 瑛
周文才

2000年江苏省集邮协会第五次代表大会

周治华　潘裕宁　邓树镛　汪日荣　王 怡　宋顺馥　陆汉卿　秦士钧
周文才　徐宝煌　殷丁元　王雷强　朱 瑛　张池奎

2004年江苏省集邮协会第六次代表大会

周治华　黄一芳　汪日荣　邓树镛　李 岑　徐宝煌　钟 浬　陆树笙
金云达　周文才　朱 瑛　朱炳南　吴德伟　王伟峰　孙宝明　江文铭

2008年江苏省集邮协会第七次代表大会

荣建国　余 敏　汪日荣　邓树镛　陆树笙　周治华　徐宝煌　王伟峰
祁 伟　王 俊　吴德伟　曹兴龙　孙宝明　江文铭　周文才　朱炳南
游树明　盛惠良　郑 炜　屠富强

2013年江苏省集邮协会第八次代表大会

周治华　马小群　汪日荣　余 敏　陈 强　谈小汶　陆树笙　盛惠良
顾苏云　赵正匡　李洪峰　周文才　道文进　王 俊　徐宝煌　黄家栋
郑 炜　翟 瀚　周海泉（列席）

2020年江苏省集邮协会第九次代表大会

汪日荣　沈宗健　张晓钢　陆雪青　陆维勇　陈力烈　林振峰　周国和
郑　炜　单宪年　赵正匡　徐　健　殷丁元　曹企新　盛惠良　道文进
俞　莉　金问涛（列席）

荣誉会员：路云（1987年江苏省集邮协会第二次代表大会上授予）
周一非（1991年江苏省集邮协会第三次代表大会上授予）

3. 江苏省集邮协会理事会中的苏州成员

第一届（1983—1987）

理事路云、汪日荣。

第二届（1987—1991）

常务理事汪日荣，理事汪日荣、周一非、曹玠如。

第三届（1991—1995）

常务理事汪日荣，理事邓树镛、汪日荣、徐宝煌、曹玠如。

第四届（1995—2000）

常务理事汪日荣，理事邓树镛、汪日荣、徐宝煌、曹玠如。

第五届（2000—2004）

常务理事周治华、汪日荣，理事周治华、潘裕宁、汪日荣、邓树镛、徐宝煌。

第六届（2004—2008）

副会长周治华，常务理事汪日荣、周治华、黄一芳，理事邓树镛、汪日荣、周治华、徐宝煌、黄一芳。

第七届（2008—2013）

副会长周治华，常务理事汪日荣、周治华、荣建国，理事邓树镛、汪日荣、陆树笙、周治华、荣建国、徐宝煌、郑炜。

第八届（2013—2020）

名誉副会长周治华，常务理事马小群、郑炜，理事马小群、仇敏达、汪日荣、陆树笙、徐宝煌、谈小汶、顾苏云、盛惠良、郑炜。

增补理事：王丽玉（2014年5月19日—20日八届二次理事会议上授予）

第九届（2020年始）

常务理事郑炜，理事陆雪青、陈力烈、郑炜、俞莉、盛惠良。

4. 江苏省集邮协会工作机构中的苏州成员

集邮学术委员会

1994年：委员邓树镛。

学术、宣传委员会

2008年：委员陆树笙、徐宝煌。

2013年：委员汪日荣、金问涛。

学术工作委员会

2020 年：副主任金问涛。

宣传工作委员会

1993 年：委员徐国祥。

1998 年：委员谷公胜。

2008 年：副主任周治华，委员江文铭。

2013 年：委员江文铭。

2020 年：委员袁农基、沈宗健、张晓钢。

邮展工作委员会

1994 年：委员邓树镛。

2008 年：委员汪日荣、孙泉福。

2013 年：委员周海泉、郑炜。

2020 年：副主任郑炜，委员徐健。

老年集邮工作委员会

2008 年：主任周治华，委员朱炳南。

2013 年：主任周治华，委员赵正匡。

2020 年：委员朱炳南、赵正匡。

附录六　江苏省集邮协会选评的苏州集邮学术论文

1.《江苏集邮文选》

2001—2007 年

周治华《民间集邮组织有关问题探讨》
周治华《论生肖邮票的定义》
翟　瀚《古代驿站的演变》
周祥林《抗战期间华东华北某些地区互用异地邮资凭证情况初探》
唐中杰《中国人民志愿军军邮概况》（与浙江张雄合作）
陆树笙《清代邮资明信片（1897—1911）》
戴立群《“苏州行政区”印花税票的新发现》
陈经伦《初探德国电子邮票自动售票机及德国电子邮票》
陆树笙《清代邮政干支日戳》
邓树镛《清代邮戳上的地名》
戴立群《苏州早期邮资机之谜》
石剑荣《含戳号（邮局号）的中英文日戳及其由来与变化》
邹子阳《我的一框邮集〈早期蝴蝶邮戳〉》

2008—2012 年

郑　炜《中国极限集邮的转型升级》
蒋宇冰《生肖集邮同质化倾向》
唐中杰《太岳区军邮的组建与发展》（与浙江张雄合作）
徐宝煌《你知道“驱帝城”吗？》
丁　蘖《苏皖边区红色毛像便字邮票之我见》
郑　炜《金字塔古典极限片的研究》
郑　炜《研究中国的个性化邮票》
郑　炜《极限邮集〈石质建筑〉的编组》
唐孝飞《专题邮集〈狮子〉编组体会》
邹子阳《比利时世界邮展参展心得》
金问涛《〈邮票考略〉作者苇如考辨》
邹子阳《〈近代邮刊〉的版本、印量及附件》
周治华《蓬勃发展的生肖集邮研究会》
苏州市集邮协会《求创新　展特色　树品牌　努力创建集邮文化先进城市》

2013—2020 年

周治华《世界发行生肖邮票热是新中国国际地位空前提高的体现》
金问涛《对中国首次邮展争鸣的思考》
张晓钢《1876 年“烟台议邮”始末——中国海关试办邮政的先声》
邹子阳《万国赛珍会临时邮局及免资印花票》
徐　铮《一战时期中国和欧洲通邮的艰难》
张晓钢《苏州民信局研讨会侧记》
金问涛《上海是中国集邮的发祥地》
张晓钢《抗战胜利初上海盟侨俘虏免资邮政史》
陈保芳《独特的同图异值〈美丽杭州〉专用邮资图普资片》
唐孝飞《极限邮集〈埃及金字塔（1894—1913）〉的编组感想》
郑　炜《周治华会长，我们永远怀念您》
金问涛《集邮大家蒋伯壎在徐州的集藏足迹考》
唐孝飞《记住黄里》
朱永平《我与钱延林老人的“邮”情》
邹子阳《北京邮票交换会及其会刊探秘》
时永良《搜尽奇峰始成卷——〈清代民国苏州明信片图鉴〉读后》
翟　瀚《陆树笙编著〈清代民国苏州明信片图鉴（1898—1941）〉发行》

2. 江苏省集邮协会集邮学术征文评奖

2013 年纪念毛泽东诞生 120 周年“集邮与江苏”集邮学术征文

二等奖：周治华《生肖集邮和生肖集邮研究会的发展之路》。

三等奖：朱永平《集邮组织在当前集邮事业发展中的主要问题和发展对策》、戴立群《苏州地区的船信探索》。

纪念奖：翟瀚《虎符源流及其形制考释》、陈经伦《苏州使用邮资机及其符志简说》。

2013 年纪念江苏省集邮协会成立 30 周年“我与江苏集邮”征文

一等奖：周治华《生肖集邮研究会的坚定有力支持者——江苏省集邮协会》。

纪念奖：袁农基《记忆犹新的“邮票上的科学文化知识竞赛”活动》、孙宝明《孙传哲的苏州情与江苏缘》、张志远《我与江苏集邮有关的几件事》、汪日荣《一次创新而成功的会议》、孙泉福《十八年集邮之缘》、姚福年《我的集邮那些事》、桑梅琴《集邮——坚持的理由》、郑炜《一半是回忆　一半是继续》。

征文组织奖：苏州市集邮协会、生肖集邮研究会。

2019 年江苏省集邮协会“庆祝中华人民共和国成立 70 周年”集邮学术征文

一等奖：周治华《世界发行生肖邮票热是新中国国际地位空前提高的体现》。

三等奖：袁农基《要把黄河的事情办好——谈邮票上的黄河水利水电工程》。

纪念奖：张苏萌《极限集邮　前程无限》。

2021年江苏省集邮协会“庆祝中国共产党成立100周年”集邮学术征文

二等奖：金问涛《早期文献“区票”报道史略　佐证红色政权星火燎原历程》。

2023年庆祝江苏省集邮协会成立40周年学术论文评选

二等奖：袁农基《新中国邮票上的航空工业建设》。

附录七 省级（附表7-1—7-11）、国家级（附表7-12—7-35）、国际级（附表7-36—7-57）集邮展览苏州获奖展品

江苏省集邮展览

附表7-1 江苏省解放区邮票展览（1985年6月7日—13日，扬州）苏州展品获奖情况一览表

参展者	邮集名称	奖 级
朱为绳	区票与纪念戳	—
俞大雄	封、片、戳集	—
滕金甲	解放区邮票选	—
顾文煜	中华之崛起——区票集锦	—
王文吉	区票选集	—
汪昌年	部分区票选	—

附表7-2 江苏省第三届集邮展览（1989年4月23日—29日，南京）苏州展品获奖情况一览表

参展者	邮集名称	奖 级
徐宝煌	新中国普通邮票集	一等奖
周一非	鸟——人类的朋友	一等奖
唐建文	新中国初期普、改、欠、航空邮票及实寄封选	二等奖
张池奎	航天	二等奖
陆念乔	瑞士联邦发行的邮票	三等奖
王柏生	清代、民国邮票一瞥	三等奖

附表7-3 江苏省第四届集邮展览（1993年6月8日—14日，南京）苏州展品获奖情况一览表

参展者	邮集名称	奖 级
周祥林	华北、华东解放区邮票	金奖
道文进	新中国普通邮票（1950—1955）	金奖
张平江	社会主义的缔造者——列宁	金奖
唐中杰	华北、华东军邮	大镀金奖

附表 7-4　江苏省第五届集邮展览（1997 年 5 月 8 日—11 日，南京）
苏州展品获奖情况一览表

参展者	邮集名称	奖　级
周祥林	华北、华东解放区邮票	金奖
徐宝煌	新中国普通邮票（1950—1956）	金奖
道文进	新中国早期特殊邮戳	镀金奖
严焕文	猛禽	镀金奖

附表 7-5　江苏省第六届集邮展览（2000 年 10 月 8 日—10 日，南京）
苏州展品获奖情况一览表

参展者	邮集名称	奖　级
道文进	中国邮政日戳（1949—1956）	金奖
陆树笙	中国清代邮资明信片及加盖片	金奖
唐中杰	华东、华北军邮（1949—1951）	镀金奖
严焕文	猛禽	镀金奖

附表 7-6　江苏省第七届集邮展览（2004 年 11 月 26 日—28 日，南京）
苏州展品获奖情况一览表

参展者	邮集名称	奖　级
徐铭祥	新中国普通邮票（1950—1966）	镀金奖
严焕文	猛禽	镀金奖
汤淦贤	乒乓球运动	镀金奖
邹子阳	早期的蝴蝶戳	一等奖
唐中杰	华北解放区邮戳	二等奖
唐孝飞	灯	三等奖
周祥林	华北、华东解放区邮票	特邀
陆树笙	清代邮资明信片	特邀
石剑荣	国共通邮史	特邀

附表 7-7　江苏省第八届集邮展览（2008 年 11 月 7 日—9 日，南京）苏州展品获奖情况一览表

参展者	邮集名称	奖　级
邹子阳	古典蝴蝶邮戳	金奖
石剑荣	中国中英文日戳	大镀金奖
唐孝飞	狮子	大镀金奖
钱延林	拱门	大镀金奖
周治华	世界生肖邮票目录	大镀金奖
唐孝飞	狮身人面像与金字塔	镀金奖
钱延林	欧美地区红十字战俘邮件	镀金奖
陈经伦	法国电子邮票	镀金奖
汤淦贤	乒乓球运动	镀金奖
严文华	桥	镀金奖
周茂哉	民国交通联运图印花税票	镀金奖
金　刚	中国电子邮票	镀金奖
夏静涵	生肖的故事	镀金奖
生肖集邮研究会	生肖集邮概说	镀金奖
郑　炜	石质建筑	荣誉类

附表 7-8　江苏省第九届集邮展览（2013 年 6 月 24 日—7 月 31 日，南京网络邮展）苏州展品获奖情况一览表

参展者	邮集名称	奖　级
道文进	华东人民邮政 （1949.3.15—1950.1.9）	金奖
邹子阳	1850—1852 维多利亚蝴蝶邮戳	金奖
陆树笙	中华邮政银圆时期信函邮资 （1949.4—1949.12）	大镀金奖
徐　伟	写字	大镀金奖
唐孝飞	灯	大镀金奖
钱延林	建筑的故事	大镀金奖
朱汉举	庚申年	大镀金奖
周治华 郑　炜	世界生肖邮票目录（2011）	大镀金奖

续表

参展者	邮集名称	奖　级
袁农基	纺织	镀金奖
吴雪伟	握手	镀金奖
周茂哉	民国交通联运图印花税票	镀金奖
金问涛	中华邮政双地名戳汇考（苏州集邮增刊）	镀金奖
苏州市集邮协会	苏州集邮（2010—2012）合订本	镀金奖
莫钟汉	骆驼	镀金奖
江思渤	世界第一套生肖邮票——日本1950年《虎年邮票》	镀金奖
范利清	苏州民信局	镀金奖
汤淦贤	拳击	镀金奖

附表 7-9　江苏省第十届集邮展览（2015 年 9 月 19 日—20 日，常州）苏州展品获奖情况一览表

参展者	邮集名称	奖　级
道文进	中国人民邮政史（1949—1955）	金奖
陆树笙	清代邮政干支日戳	金奖
范利清	苏州邮政史（1865—1949）	大镀金奖
唐孝飞	中国首轮生肖邮票（1980—1991）	大镀金奖
张亦晟	从小爱篮球	大镀金奖
黄天瑜	帆船	大镀金奖
石剑荣	中国快递邮政（1905—1949）	镀金奖
莫钟汉	羊——我的自述	镀金奖
林振峰	电的探索、产生和应用	镀金奖
吴雪伟	握手	镀金奖
苏州市集邮协会	苏州集邮（2013—2014）合订本	镀金奖
徐佳乐	我的童年	镀金奖
周建武	英国一便士邮资封	镀金奖
张晓钢	抗战时期驻华美军军邮（APO）	镀金奖

附表 7-10 江苏省第十一届集邮展览（2017 年 11 月 25 日—26 日，海安）苏州展品获奖情况一览表

参展者	邮集名称	奖 级
张晓钢	二战中缅印战区美英军事邮政	大镀金奖
黄天瑜	帆船	大镀金奖
张亦晟	我爱篮球	大镀金奖
唐卓凡	一个关于狗的故事	大镀金奖
吴雪伟	握手——人类情感沟通的使者	镀金奖
林振峰	电的探索、产生和应用	镀金奖
徐 鹏	桥	镀金奖
徐宝煌	日本第一次国立公园邮票	大银奖
王 平 翟 瀚	真情守候	银奖
王 平	你且看他	镀银奖

附表 7-11 江苏省第十二届集邮展览（2020 年 12 月 10 日—12 日，南京）苏州展品获奖情况一览表

参展者	邮集名称	奖 级
孙晓苏	孙中山像邮资明信片	金奖 + 特别奖
金晓宏	中国邮刊史	金奖 + 特别奖
范利清	中国民间通信	大镀金奖
唐孝飞	加拿大王国邮资明信片（1878—1929）	大镀金奖
陆焕俊	建筑的历史	大镀金奖
袁农基	手工纺织	大镀金奖
陆树笙	德国在华军邮	镀金奖

全国专项集邮展览

附表 7-12 广州 2002 中华全国老年集邮展览苏州展品获奖情况一览表

参展者	邮集名称	奖 级
钱延林	拱门	镀金奖
周治华	世界生肖邮票精品 · 虎 世界生肖邮票精品 · 牛	镀银奖

附表 7-13　高邮 2006 中华全国文献集邮展览苏州展品获奖情况一览表

参展者	邮集名称	奖 级
周治华	世界生肖邮票精品丛书	大银奖
周治华	苏州邮缘	大银奖
陆树笙	中国早期邮政档案汇编	银奖
生肖集邮研究会	生肖集邮（2005）合订本	银奖
时永良	苏州百年明信片图录	银奖
苏州市集邮协会	苏州集邮文选	银奖
苏州市集邮协会	苏州集邮（2003—2005）合订本	银奖
张家港市集邮协会	集邮天地（合订本）	镀银奖
生肖集邮研究会	邮林别韵——生肖集邮研究会成立五周年纪念集	镀银奖
周治华	邮票上的故事——甲申年	镀银奖
吴江市集邮协会	垂虹邮苑	铜奖
唐孝飞	方寸夜话	铜奖
徐宝煌	东方邮刊（合订本）	铜奖
徐宝煌	集邮学术文章目录	证书
徐宝煌	老苏区的邮票	证书
徐宝煌	新中国纪念邮戳简目	证书

附表 7-14　武汉 2006 中华全国网络集邮展览苏州展品获奖情况一览表

参展者	邮集名称	奖 级
郑　炜	自然之石与人文建筑	大镀金奖 + 特别奖
钱延林	马对人类的贡献	银奖
钱延林	献血	镀银奖
唐孝飞	灯	镀银奖
唐孝飞	中国画	镀银奖

附表 7-15　苏州 2007 中华全国生肖集邮展览苏州展品获奖情况一览表

参展者	邮集名称	奖 级
徐宝煌	十二生肖故事	镀金奖
郑　炜	2006 丙戌世界生肖邮票赏析	银奖
钱延林	龙戳集锦	铜奖
唐孝飞	中国首轮生肖邮票	二等奖
翟岱鑫	龙戳集趣	三等奖

附表 7-16 浙江善琏 2020 首届中华全国农民集邮展览苏州展品获奖情况一览表

参展者	邮集名称	奖 级
张吉蔚	麦盖提农民画手绘封	一框铜奖

附表 7-17 上海 2021 庆祝中国共产党成立 100 周年中华全国集邮展览苏州展品获奖情况一览表

参展者	邮集名称	奖 级
徐 阳	江苏吴江“众志成城，抗击疫情”文化日戳的使用	镀银奖
袁农基	精准施策，抗击疫情	镀银奖
唐孝飞	京津冀协同发展	一框银奖

附表 7-18 东莞虎门 2022 第 2 届粤港澳大湾区集邮展览苏州展品获奖情况一览表

参展者	邮集名称	奖 级
莫钟汉	羊——我的自述	镀金奖
袁农基	手工纺纱	镀金奖

附表 7-19 高邮 2022 中华全国集邮文献展览苏州展品获奖情况一览表

参展者	邮集名称	奖 级
郑 炜	邮票上的苏州	大镀金奖
陈建政	生肖集邮（2021—2022）	镀金奖
金晓宏	中国邮刊史（1918—2018）	镀金奖
汪日荣	苏州集邮（2020—2021）合订本	大银奖
盛惠良	邮话精彩中国七十年	镀银奖
张吉蔚	“蔚来小筑”微信公众号	银奖

全国综合性集邮展览

附表 7-20　第三届中华全国集邮展览（1989 年 10 月 12 日—21 日，北京）
苏州展品获奖情况一览表

参展者	邮集名称	奖 级
徐宝煌	新中国早期普通邮票	金奖

附表 7-21　第四届中华全国集邮展览（1991 年 6 月 28 日—7 月 8 日，上海）
苏州展品获奖情况一览表

参展者	邮集名称	奖 级
徐宝煌	新中国普通邮票（1950—1964）	大金奖

附表 7-22　第五届中华全国集邮展览（1993 年 11 月 16 日—25 日，北京）
苏州展品获奖情况一览表

参展者	邮集名称	奖 级
道文进	新中国普通邮票（1950—1955）	金奖

附表 7-23　第六届中华全国集邮展览（1997 年 10 月 18 日—24 日，重庆）
苏州展品获奖情况一览表

参展者	邮集名称	奖 级
周祥林	华北、华东解放区邮票	金奖
徐宝煌	中华人民共和国普通邮票（1950—1956）	大镀金奖
周治华	世界生肖邮票大观	镀银奖
周治华	邮票与苏州	铜奖

附表 7-24　第八届中华全国集邮展览（2001 年 9 月 21 日—25 日，南京）
苏州展品获奖情况一览表

参展者	邮集名称	奖 级
石剑荣	香港普通邮票及澳门早期邮政概况	—
周祥林	华北、华东解放区邮票	大镀金奖
唐中杰	华北、华东军邮（1949—1951）	镀金奖
陆树笙	清代邮资明信片（1897—1911）	大金奖
道文进	新中国早期邮政日戳（1949.10—1956.12）	大银奖
周治华	世界生肖邮票精品·鼠	银奖
苏州市集邮协会	苏州集邮文选	镀银奖
生肖集邮研究会	生肖集邮（1999—2000）	镀银奖

附表 7-25 第九届中华全国集邮展览（2003 年 4 月 17 日—21 日，重庆）苏州展品获奖情况一览表

参展者	邮集名称	奖 级
周祥林	华北、华东解放区邮票	金奖
唐中杰	华北、华东军邮	大镀金奖
道文进	新中国早期邮政日戳	大银奖
陆树笙	清代明信片	大金奖
汤淦贤	乒乓球运动	大银奖
钱延林	拱形建筑	镀金奖
周治华	世界生肖邮票精品系列丛书	银奖

附表 7-26 第十届中华全国集邮展览（2005 年 11 月 6 日—8 日，澧县）苏州展品获奖情况一览表

参展者	邮集名称	奖 级
邹子阳	早期蝴蝶邮戳	一等奖

附表 7-27 第十一届中华全国集邮展览（2006 年 6 月 30 日—7 月 4 日，太原）苏州展品获奖情况一览表

参展者	邮集名称	奖 级
周祥林	华北、华东解放区邮票	镀金奖
唐中杰	华北军邮（1946—1950）	镀金奖
陆树笙	清代邮政干支日戳	大银奖

附表 7-28 第十二届中华全国集邮展览（2008 年 4 月 19 日—21 日，潍坊）苏州展品获奖情况一览表

参展者	邮集名称	奖 级
唐孝飞	狮子	一等奖
郑 炜	自然之石与人文建筑	一等奖

附表 7-29 第十三届中华全国集邮展览（2008 年 9 月 19 日—23 日，南昌）苏州展品获奖情况一览表

参展者	邮集名称	奖 级
邹子阳	古典蝴蝶邮戳	金奖
唐孝飞	狮子	镀金奖
郑 炜	石质建筑	大镀金奖 + 特别奖
生肖集邮研究会	生肖集邮概说	大银奖
周治华	苏州邮缘	大银奖
生肖集邮研究会	生肖集邮（2006—2007）合订本	银奖
苏州市集邮协会	苏州集邮（2006—2007）合订本	镀银奖

附表 7-30　第十四届中华全国集邮展览（2010 年 12 月 10 日—13 日，杭州）苏州展品获奖情况一览表

参展者	邮集名称	奖　级
陈　强	中华邮政孙中山像特制邮简	大镀金奖 + 特别奖
范利清	中国信柜邮戳（1899—1949）	大镀金奖
严文华	桥	大镀金奖
苏州市集邮协会	苏州集邮（2008—2009）合订本	银奖

附表 7-31　第十五届中华全国集邮展览（2012 年 7 月 20 日—22 日，呼和浩特）苏州展品获奖情况一览表

参展者	邮集名称	奖　级
陈　强	第一次世界大战战俘邮件（远东地区）	大镀金奖
周建武	世界第一套邮资明信片（奥匈帝国 1869—1872）	镀金奖
唐孝飞	埃及金字塔（1894—1913）	镀金奖
石剑荣	中英文日戳	大银奖
张亦晟	人造地球卫星	银奖
陈经伦	法国电子邮票（1969—2006）	银奖

附表 7-32　第十六届中华全国集邮展览（2014 年 5 月 23 日—25 日，长沙）苏州展品获奖情况一览表

参展者	邮集名称	奖　级
道文进	华东解放区邮政史（1946—1950）	金奖 + 特别奖
陆树笙	中华邮政银圆时期信函邮资（1949.4—1949.12）	大镀金奖
唐孝飞	灯的故事	大镀金奖
袁农基	纺织	大镀金奖
钱延林	建筑的故事	镀金奖
莫钟汉	骆驼	镀金奖
范利清	苏州民信局	镀金奖
周治华	世界生肖邮票目录（2011）	镀金奖
苏州市集邮协会	苏州集邮（2012—2013）合订本	大银奖

附表 7-33　第十七届中华全国集邮展览（2016 年 4 月 8 日—10 日，西安）苏州展品获奖情况一览表

参展者	邮集名称	奖　级
道文进	中国人民邮政史（1949—1955）	大镀金奖 + 特别奖
范利清	苏州邮政史（1865—1949）	大镀金奖
张亦晟	我爱篮球	镀金奖
唐孝飞	中国首轮生肖邮票（1980—1991）	大银奖

附表 7-34　第十八届中华全国集邮展览（2018 年 5 月 11 日—13 日，常州）苏州展品获奖情况一览表

参展者	邮集名称	奖　级
道文进	中国人民邮政史（1946—1956）	金奖 + 特别奖
唐卓凡	一个关于狗的故事	大镀金奖
张晓钢	二战期间中缅印战区美英军事邮政	镀金奖
张亦晟	我爱篮球	镀金奖
柏依阳	我心中的毛爷爷	镀金奖
吴洲缘	大熊猫的自述	大银奖
周治华	周治华集邮文选	大银奖
唐孝飞	中国首轮生肖邮票（1980—1991）	银奖

附表 7-35　第十九届中华全国集邮展览（2023 年 4 月 27 日—5 月 1 日，昆明）苏州展品获奖情况一览表

参展者	邮集名称	奖　级
范利清	中国民营通信业（1778—1948）	大镀金奖
孙晓苏	孙中山像邮资明信片	大银奖
吴雪伟	握手——人类情感沟通的使者	大银奖
苏州市集邮协会	苏州集邮（2017—2019）合订本	大银奖
袁农基	品邮与品格	银奖

亚洲集邮展览

附表 7-36　印尼第八届亚洲国际集邮展览（1995 年 8 月 19 日—25 日，雅加达）苏州展品获奖情况一览表

参展者	邮集名称	奖　级
徐宝煌	中华人民共和国普通邮票	大银奖

附表 7-37　泰国第十三届亚洲国际集邮展览（2000 年 3 月 25 日—4 月 3 日，曼谷）苏州展品获奖情况一览表

参展者	邮集名称	奖　级
周祥林	华北、华东解放区邮票	大银奖

附表 7-38　中国第十六届亚洲国际集邮展览（2003 年 11 月 20 日—24 日，绵阳）苏州展品获奖情况一览表

参展者	邮集名称	奖　级
陆树笙	清代明信片	镀金奖
周治华	世界生肖邮票精品系列丛书	镀银奖

附表 7-39　阿联酋第十九届亚洲国际集邮展览（2006 年 11 月 13 日—16 日，迪拜）苏州展品获奖情况一览表

参展者	邮集名称	奖 级
唐中杰	华北军邮（1946—1951）	大镀金奖

附表 7-40　香港第二十三届亚洲国际集邮展览（2009 年 5 月 14 日—17 日，香港）苏州展品获奖情况一览表

参展者	邮集名称	奖 级
邹子阳	古典蝴蝶邮戳	镀金奖

附表 7-41　南非第二十六届亚洲国际集邮展览（2010 年 10 月 27 日—31 日，约翰内斯堡）苏州展品获奖情况一览表

参展者	邮集名称	奖 级
唐孝飞	狮子	镀金奖

附表 7-42　中国第二十七届亚洲国际集邮展览（2011 年 11 月 11 日—15 日，无锡）苏州展品获奖情况一览表

参展者	邮集名称	奖 级
陈　强	中华邮政孙中山像特制邮简	镀金奖
陶孙贤	乒乓球	镀金奖
郑　炜	石质建筑	大银奖

附表 7-43　泰国第三十二届亚洲国际集邮展览（2016 年 8 月 10 日—15 日，曼谷）苏州展品获奖情况一览表

参展者	邮集名称	奖 级
范利清	苏州邮政史（1865—1949）	镀金奖

附表 7-44　中国第三十三届亚洲国际集邮展览（2016 年 12 月 2 日—6 日，南宁）苏州展品获奖情况一览表

参展者	邮集名称	奖 级
徐　伟	书写的历史	大镀金奖 + 特别奖
道文进	中国人民邮政史（1949—1956）	大镀金奖
陆树笙	中华邮政银圆时期信函邮资（1949.4—1949.12）	镀金奖
袁农基	纺织	镀金奖
张亦晟	我爱篮球	镀金奖
严文华	桥	银奖

附表 7-45 孟加拉国首届亚洲网络集邮展览（2021 年 12 月 10 日—30 日，孟加拉国）苏州展品获奖情况一览表

参展者	邮集名称	奖 级
唐孝飞	加拿大邮资明信片（1871—1929）	镀金奖

世界集邮展览

附表 7-46 泰国 1993 年世界集邮展览（1993 年 10 月 1 日—10 日，曼谷）苏州展品获奖情况一览表

参展者	邮集名称	奖 级
徐宝煌	新中国早期普通邮票	大银奖

附表 7-47 中国 1999 世界集邮展览（1999 年 8 月 21 日—30 日，北京）苏州展品获奖情况一览表

参展者	邮集名称	奖 级
邓树镛	多姿多彩的集邮方式	银奖

附表 7-48 泰国 2003 世界集邮展览（2003 年 10 月 4 日—13 日，曼谷）苏州展品获奖情况一览表

参展者	邮集名称	奖 级
陆树笙	清代明信片	大银奖

附表 7-49 比利时 2006 世界集邮展览（青少年、专题、开放、一框）（2006 年 11 月 16 日—20 日，布鲁塞尔）苏州展品获奖情况一览表

参展者	邮集名称	奖 级
邹子阳	早期蝴蝶邮戳	镀金奖

附表 7-50 中国 2009 世界集邮展览（2009 年 4 月 10 日—16 日，洛阳）苏州展品获奖情况一览表

参展者	邮集名称	奖 级
郑 炜	石质建筑	大镀金奖
周治华	世界生肖邮票目录	铜奖

附表 7-51 葡萄牙 2010 世界集邮展览（2010 年 10 月 1 日—10 日，里斯本）苏州展品获奖情况一览表

参展者	邮集名称	奖 级
唐中杰	华北军邮	镀金奖

附表 7-52　印度尼西亚 2012 世界集邮展览（2012 年 6 月 18 日—24 日，雅加达）
苏州展品获奖情况一览表

参展者	邮集名称	奖　级
唐孝飞	狮子	大银奖

附表 7-53　澳大利亚 2013 世界集邮展览（2013 年 5 月 10 日—15 日，墨尔本）
苏州展品获奖情况一览表

参展者	邮集名称	奖　级
陈　强	第一次世界大战远东地区战俘邮件	镀金奖

附表 7-54　泰国 2013 世界集邮展览（2013 年 8 月 2 日—8 日，曼谷）
苏州展品获奖情况一览表

参展者	邮集名称	奖　级
陈　强	中国邮资邮简（1918—1949）	镀金奖

附表 7-55　美国 2016 世界集邮展览（2016 年 5 月 28 日—6 月 4 日，纽约）
苏州展品获奖情况一览表

参展者	邮集名称	奖　级
道文进	华东解放区邮政史（1946—1950）	镀金奖
陆树笙	中华邮政银圆时期信函邮资（1949.4—1949.12）	镀金奖

附表 7-56　泰国 2018 世界集邮展览（2018 年 11 月 28 日—12 月 3 日，曼谷）
苏州展品获奖情况一览表

参展者	邮集名称	奖　级
张亦晟	我爱篮球	大镀金奖

附表 7-57　中国 2019 世界集邮展览（2019 年 6 月 11 日—17 日，武汉）
苏州展品获奖情况一览表

参展者	邮集名称	奖　级
徐　伟	书写的历史	金奖
道文进	中国人民邮政史（1946—1956）	大镀金奖
唐孝飞	灯的故事	镀金奖
金晓宏	大龙邮票集邮文献概览（1878—2018）	镀金奖
唐卓凡	一个关于狗的故事	镀金奖
柏依阳	我心中的毛爷爷	镀金奖
吴洲缘	大熊猫的自述	大银奖
张晓钢	二战中缅印战区盟军军事邮政	银奖

附录八 中华全国集邮联合会表彰先进等苏州事项

1987 年集邮先进集体（1 个）

苏州市机械系统集邮协会

1992 年集邮先进集体（1 个）

苏州市集邮协会

1992 年集邮先进个人（2 名）

宋顺馥 徐宝煌

2002 年集邮先进集体（1 个）

苏州市集邮协会

2002 年集邮先进个人（7 名）

周治华 陆树笙 唐荣忠 秦士钧 钟 浬 瞿岱鑫 吴德伟

2012 年集邮先进集体（3 个）

苏州市集邮协会 苏州市景范中学集邮协会 生肖集邮研究会

2012 年集邮先进个人（9 名）

周治华 顾苏云 周国和 钟 浬 郑 炜 王伟峰 汪日荣 孙泉福 陆树笙

2022 年先进基层集体组织（1 个）

生肖集邮研究会

2022 年集邮先进个人（1 名）

汪日荣

出席代表大会代表

孙宝明（1994 年中华全国集邮联合会第四次代表大会）
周治华（2000 年中华全国集邮联合会第五次代表大会）
郑 炜（2020 年中华全国集邮联合会第八次代表大会）

当选会士

周治华（2007 年第二批） 郑 炜（2017 年第四批）

当选理事

郑 炜（2020 年中华全国集邮联合会八届理事会上授予）

学术工作委员会委员

金问涛　郑　炜（2020 年中华全国集邮联合会八届理事会上授予，2020 年 12 月至今）

青少年集邮工作委员会副主任

周治华（2007 年中华全国集邮联合会六届理事会上授予，2007—2013）

邮展工作委员会委员

郑　炜（2020 年中华全国集邮联合会八届理事会上授予，2020 年 12 月至今）

宣传工作委员会副主任

金问涛（2020 年中华全国集邮联合会八届理事会上增补，2023 年 12 月至今）

附录九 全国性集邮学术论文评优苏州入选名单

◆ 中华全国集邮联合会 1984 年征文：陆志新《新中国邮票上公元年份的探讨》获一等奖，陆志新出席中华全国集邮联合会学术委员会 1984 学术年会并宣读论文。

◆ 1997 年中华全国集邮联合会学术工作部、《集邮》杂志编辑部征文精选：时文《从新中国体育邮票看我国体育事业的发展和成就》、屠富强《谈风景日戳的规范问题》入选，《中国集邮学术研究文选（1994—1997）》收录。

◆ 1999 年国际集邮学术研讨会征文：周治华《生肖邮票的发行及其专题集邮的兴起》入选，《中国 1999 国际集邮学术研讨会论文暨中国集邮学术论文选（1998—1999）》收录。

◆ 2001 年全国集邮学术研讨会征文：苏荣福《抓住基本点，排出困惑点，找准切入点——当前基层邮协活动的三点思考》和周祥林、张志远《冀鲁豫边区毛主席像邮票发行日期及其实寄封的研究》入选，《中国集邮研究论文选（2000—2001）》收录。

◆ 2002 年中华全国集邮联合会学术部、《集邮》杂志社“20 年优秀论文评选”：周治华《论集邮文化概念》入选，《全国优秀集邮学术论文集（1982—2001）——纪念中华全国集邮联合会成立 20 周年》收录。

◆ 2002 年中华全国集邮联合会学术委员会、江苏省集邮协会主办“纪念‘稿’字邮票发行 60 周年暨解放区邮票学术研讨会”论文审定：周祥林《华北、华东两区组集可行性研究》获评优秀奖（最高级别）。

◆ 2004 年中华全国集邮联合会学术工作部编《中国集邮研究文选（2002—2003）》：周治华《民间集邮组织有关问题探讨》入选。

◆ 2005 年中华全国集邮联合会“纪念抗日战争胜利 60 周年集邮学术研讨会”征文：张雄、唐中杰《抗战初期经中华邮政寄递的新四军邮件研究》获二等奖，《纪念抗日战争胜利 60 周年集邮学术研讨会获奖论文集》和《中国集邮研究文选（2004—2007）》收录。

◆ 2008 年全国集邮学术研讨会征文：张雄、唐中杰《华野西线兵团“军邮免资”戳记之初探》获纪念奖，《2008 年全国集邮学术研讨会获奖论文集》收录。

◆ 2008 年中华全国集邮联合会“迎中国 2009 世界邮展全国集邮征文大赛”评选：唐中杰《“晋冀鲁豫光荣信封”发行始末》获二等奖，唐孝飞《为洛阳世界邮展文字解说献策》获纪念奖。

◆ 2010 年中华全国集邮联合会主办“全国首届生肖集邮学术研讨会”征文：蒋宇冰《生肖邮集同质化倾向刍议》获一等奖，徐宝煌《提高生肖邮集的珍罕性》获三等奖，《生肖集邮学术研讨会论文选（2010）》收录。

◆ 2010 年中华全国集邮联合会“纪念中国人民革命战争时期邮票发行八十周年”学术研讨会征文：唐中杰《太岳区军邮的组建与发展》获二等奖。

◆ 2011 年中华全国集邮联合会“纪念中国共产党成立九十周年集邮论文”评选：唐中杰《苏区邮政——红军军邮的缔造者》获三等奖，《集邮》2011 年增刊第 17 期收录。

◆ 2011 年新中国普通邮票研究会主办，中华全国集邮联合会学术委员会支持，《集邮》《集邮博览》《上海集邮》《集邮报》协办的“全国首届普通邮票学术研讨会”征文：袁农基《普 18-

11“纺织”图案考证》获纪念奖，《全国首届中国普通邮票学术研讨会暨纪念新中国普通邮票研究会成立十周年优秀论文集》收录。

◆ 2012年“纪念中华全国集邮联合会成立三十周年”征文：张雄、唐中杰《晋冀鲁豫边区“光荣信封”发行之始末》、周治华《论“生肖邮票”定义》获评全国优秀集邮学术论文，《纪念中华全国集邮联合会成立30周年　全国优秀集邮学术论文集（2002—2011）》收录。

◆ 2013年中华全国集邮联合会“纪念毛泽东同志诞生120周年”学术征文：周治华《生肖集邮和生肖集邮研究会发展之路》获三等奖，《纪念毛泽东同志诞生一百二十周年集邮学术论文集》收录。

◆ 2016年《纪念新中国第一套普通邮票发行66周年暨庆祝新中国普通邮票研究会成立15周年优秀论文集》收录袁农基获奖论文《普18-11“纺织”邮票版铭研究》。

◆ 2018年中国邮政邮票博物馆、中国海关博物馆联合主办“‘大龙邮票与清代海关邮政’大龙邮票诞生140周年学术研讨会”征文：张晓钢《1876年“烟台议邮”始末——中国海关试办邮政的先声》获二等奖、邹子阳《海关洋员绵嘉义参加1888年巴塞罗那世界博览会》获三等奖，中华全国集邮联合会会刊《集邮博览》2018年总第371期《大龙邮票与清代海关邮政——大龙邮票诞生140周年特刊》收录。

◆ 2018年中华全国集邮联合会“庆祝改革开放40年”全国集邮征文评选：周治华《生肖集邮是改革开放的产物》获一等奖，徐阳《我在改革开放中幸福集邮》获纪念奖，《邮情四十年》收录。

◆ 2019年中华全国集邮联合会“庆祝中华人民共和国成立70周年集邮学术研讨会”获奖论文：周治华《世界发行生肖邮票热是新中国国际地位空前提高的体现》获一等奖，《庆祝中华人民共和国成立七十周年优秀集邮学术论文集》收录。

◆ 2021年《庆祝新中国普通邮票研究会成立20周年暨第三届中国普通邮票学术研讨会优秀论文集》收录袁农基获奖论文《普18-11“纺织”40分在信件中的使用》。

◆ 2021年中华全国集邮联合会“庆祝中国共产党成立100周年集邮学术研究论文”评选：金问涛《早期文献“区票”报道史略　佐证红色政权星火燎原历程》获二等奖，《庆祝中国共产党成立100周年集邮学术获奖论文选》收录。

◆ 2023年中华全国集邮联合会“集邮与新时代文化建设”集邮学术征文：金问涛《“中国集邮家精神与集邮者精神”刍议》获二等奖，袁农基《邮说中央红军的长征历程》《辅导青少年学生制作一页邮集之我见》获纪念奖。

图片索引

序　篇

图 0-1　千灯秦柱山仿建的烽火台 …… 3
图 0-2《苏子美与欧阳公书》中“姑苏驿”之记载 …… 3
图 0-3《新测苏州城厢明细全图》上标注的“驿站” …… 4
图 0-4　大运河吴江段古纤道 …… 4
图 0-5　京杭运河边的横塘驿站 …… 4
图 0-6《中华全国集邮联合会第三次代表大会》小型张 …… 4
图 0-7　光绪十二年苏州织造部堂寄江宁织造部堂特大型公文封套 …… 5
图 0-8　同治十年江南江宁等处承宣布政使司寄苏州等处承宣布政使司大型公文封套 …… 5
图 0-9　光绪九年金陵寄苏松太道邵大型驿站排单公文封 …… 5
图 0-10　同治十二年甘肃省城寄江苏布政司大型驿站排单公文封 …… 6
图 0-11　同治六年江苏布政使司寄常熟县大型驿站排单公文封 …… 6
图 0-12　太平天国《幼主詔旨》中的“递文路程单” …… 7
图 0-13　太平天国盖有云马圆戳的实寄封 …… 7
图 0-14　太平天国“勋天义发”印章 …… 8
图 0-15　太平天国将领黄得馥致吴习玖禀帖 …… 8
图 0-16　忠王李秀成给定天豫康玉吉谆谕 …… 8
图 0-17　道光二十九年天顺差局收据 …… 9
图 0-18　咸丰九年天顺政记信局封 …… 10
图 0-19　同治九年天成局封 …… 10
图 0-20　繁盛一时的阊门水上运输 …… 10
图 0-21　阊门外吊桥堍和渡僧桥堍的民信局实寄封及收据 …… 11
图 0-22　苏州郊县民信局存世封 …… 12
图 0-23　苏州船递封 …… 12

第一章

图 1-1《中日马关新约》（片段） …… 15
图 1-2　清代明信片：阊门东洋堂本店门面（右前） …… 16

图 1-3 苏州日本客邮日戳六式 …… 16
图 1-4 清代明信片：觅渡桥畔 …… 17
图 1-5 苏州海关日戳销票（1897 年 2 月 2 日） …… 17
图 1-6 标准型苏州海关英文日戳 …… 17
图 1-7 苏州海关邮件戳 …… 17
图 1-8 翁同龢光绪四年北京寄常熟亲笔家信 …… 18
图 1-9 苏州觅渡桥邮局开具的汇银执据 …… 19
图 1-10 苏州快信发信收单 …… 19
图 1-11 大清邮政中国境内业经设立各等邮局清单（1901） …… 19
图 1-12 阊门外鸭蛋桥堍苏州邮政总局的地契和新局所 …… 20
图 1-13《申报》上刊发的广告（1910） …… 20
图 1-14 小龙暂作洋银加盖改值贴票苏州实寄封 …… 21
图 1-15 红印花加盖票苏州实寄封 …… 21
图 1-16 红印花加盖票镇洋实寄封 …… 21
图 1-17 苏州邮政总局及所辖周边邮局寄发的蟠龙贴票实寄封 …… 22
图 1-18 宣统纪念邮票首批分发各邮区数量表 …… 22
图 1-19 苏州盖销宣统登极纪念邮票 …… 22
图 1-20 苏州贴用大清国邮政欠资票实寄封 …… 23
图 1-21 苏州实寄初版大清邮政蟠龙图邮资明信片 …… 23
图 1-22《万国公报》载东吴大学林乐知著、范祎述《明信片源流》（1905） …… 24
图 1-23 倪远甫保存的蟠龙红条封 …… 24
图 1-24 柳亚子藏清末实寄封 …… 25
图 1-25《新闻报》上刊登的胡绥之的广告（1901） …… 25
图 1-26 卢赋梅在《邮票新声》上刊登的集邮广告（1927） …… 26
图 1-27《集邮须知》上刊载的张景盂的自序（1926） …… 26

第二章

图 2-1《申报》上撤废日邮的报道（1922） …… 30
图 2-2《新闻报》上撤废日邮的报道（1922） …… 30
图 2-3 苏州一等邮局公函（1930 年 7 月 14 日） …… 31
图 2-4 吴县一等邮局印信（1931） …… 31
图 2-5 吴县民信局同业公会 1933 年信函 …… 31
图 2-6《苏州明报》上刊登的苏地民信局停业报道（1935） …… 31
图 2-7《申报》上刊登的苏沪邮政报道（1938） …… 32
图 2-8 洞庭东山旅沪同乡会雇用山船传递民信封 …… 32
图 2-9《申报》上刊载的苏州邮政城市支局名录（1922） …… 32
图 2-10 民国元年，苏州城区实寄片与常熟、昆山、太仓销票，贴票均为“中华民国”加盖清票 …… 33
图 2-11 以“苏州”遮盖“大清”快信票据 …… 33

图 2-12 苏州“壬子”干支纪年邮戳……33
图 2-13 民国年间“苏州府”戳……33
图 2-14 苏州“洪宪元年”邮戳……34
图 2-15 苏州行用的“徐大总统就任纪念”邮戳……34
图 2-16 中华邮政苏州局 71 号邮政通知（英文版）……34
图 2-17《申报》上刊载的苏州《开办邮政储金之通告》（1919）……35
图 2-18 苏州行销之“邮政储金”戳式……35
图 2-19 苏州“中华邮政”立券邮件邮戳……36
图 2-20 早期吴县（苏州）双地名邮戳行用实例（1931）……36
图 2-21 苏州城区的“邮政分局”和“信柜”等戳记式样……37
图 2-22 苏州邮票代售处代售邮票执照……37
图 2-23《时事新报》上刊登的征求旧邮票广告……38
图 2-24 同里杨佩玉征求中外旧邮广告（1914）……38
图 2-25 常熟冯补拙征收旧邮票广告（1916）……39
图 2-26 苏州冯渭卿征求书画邮票广告（1918）……39
图 2-27 集邮家卢赋梅收件（1912）……39
图 2-28 苏州寄美国西式封（1914）……39
图 2-29 苏州寄美国集邮封（1913）……39
图 2-30 苏州寄美国明信片（1914）……40
图 2-31 苏州寄美国明信片（1915）……40
图 2-32 苏州寄美国集邮封（1917）……40
图 2-33 苏州邮人本埠实寄封（1918）……40
图 2-34 苏州寄美国集邮片（1918）……41
图 2-35 常熟寄美国挂号封（1918）……41
图 2-36《时报》刊登的苏州五洲邮票社广告（1915）……42
图 2-37 早期五洲邮票社实寄封（1917）……42
图 2-38《大公报》刊登的卢义思邮票公司广告（1922）……42
图 2-39 卢义思邮票公司专用信笺……42
图 2-40 徐氏兄弟邮票社实寄封（1924）……42
图 2-41《申报》售邮广告的快速效应……42
图 2-42《思益附刊》刊登的邮社广告（1922）……43
图 2-43 太仓世界邮票社创业六周年广告（1927）……43
图 2-44《新闻报》《时事新报》刊登的维廉邮票社在苏州的营业广告（1923）……43
图 2-45 吴县俞致吾兼营邮品记录（1915）……43
图 2-46《时报》刊登的蒋伯年售邮广告（1914）……43
图 2-47《申报》刊登的左起喜售邮广告（1918）……44
图 2-48《申报》刊发的远东邮票社广告……44
图 2-49 常熟绿洲邮票社售邮广告（1936）……44
图 2-50 真光集邮社开办广告（1935）……44
图 2-51 苏城邮商间调剂邮品的通信（1922）……46

图 2-52 苏沪邮商通信（1924）…… 46
图 2-53 朱世杰像…… 46
图 2-54 卢赋梅像…… 47
图 2-55 柴冠群像…… 47
图 2-56 张景盂像…… 47
图 2-57 陈复祥像…… 48
图 2-58 张维廉像…… 48
图 2-59 徐荫祺像…… 49
图 2-60 华特生像…… 49
图 2-61 陆志新像 …… 50
图 2-62 陈毓万像…… 51
图 2-63 朱朴庐像…… 52
图 2-64 谢大任像…… 52
图 2-65 陶墨耕像…… 53
图 2-66 姚叔威像…… 54
图 2-67 黄儒林信札一（1932）…… 55
图 2-68 黄儒林信札二（1933）…… 55
图 2-69《青年》第一期纪事（1915）…… 57
图 2-70 苏州东洋堂印制的东吴大学校景明信片…… 57
图 2-71 陈海澄像…… 57
图 2-72 吴献书像…… 58
图 2-73 菿溪三剑客——卢赋梅、陆志韦、王疆松像…… 58
图 2-74 苏州东吴大学堂丙班生合影（1903）…… 59
图 2-75 朱兰荪《邮票新声》邮文（1928）…… 59
图 2-76 陆干臣像 …… 59
图 2-77 陆干臣集邮封（1920）…… 60
图 2-78 孙君毅学籍档案 …… 60
图 2-79 东吴集邮社成立消息（1929）…… 60
图 2-80 汪葆熙像…… 61
图 2-81 沈大銈像…… 61
图 2-82 沈大銈集邮片…… 61
图 2-83 尤心贤集邮封…… 61
图 2-84 强亦明像…… 61
图 2-85 蒋宪清像…… 62
图 2-86 谢慎修于东吴大学时所编著作…… 62
图 2-87 谢颂羔像…… 62
图 2-88《邮票新声》第二卷第一期《中国邮票刊物调查》存目（1927）…… 63
图 2-89 太仓世界邮票社邮刊发行信息（1924）…… 63
图 2-90《趣味世界》创刊号 …… 64
图 2-91《申报》上刊登的《〈邮苑〉旬刊》发行广告（1935）…… 64

图 2-92《青春：邮语月刊》封面集锦 …… 64
图 2-93《中国邮票汇编》书封及序 …… 65
图 2-94《中国集邮图谱》（1926 年初版）…… 66
图 2-95《集邮须知》（1927 年初版）…… 67
图 2-96 早期的《五洲邮票社营业目录》…… 68
图 2-97 苏州编印的《五洲邮票社卖品目录》…… 68
图 2-98《五洲邮票社卖品目录》第十二版插页文章《集邮之乐乐如何》…… 69

第三章

图 3-1 诸绶熙《援助东北义军的商榷》…… 73
图 3-2 赵人龙作文《柳》（1931）…… 74
图 3-3 李铭撰写的《集邮与我》（1947）…… 74
图 3-4 带有“毋忘国耻”宣传语的实寄封 …… 75
图 3-5 金德声青年时像 …… 75
图 3-6 刊登于《申报》上的《失踪者之访寻》（1932）…… 76
图 3-7 一·二八事变殉难邮人赵尊三像 …… 76
图 3-8《甲戌邮刊》第六卷第一至第三期上的《会友消息》…… 77
图 3-9 屠松鉴像 …… 77
图 3-10 蒋仲川像 …… 78
图 3-11《陪都邮声》上刊登的《会友介绍：郑汝纯先生》一文（1943）…… 78
图 3-12 郑允明像 …… 78
图 3-13 乐爱邮票公司开业通告（1945）…… 79
图 3-14 常熟浒浦口洽生商店实寄邮资片（1941）…… 79
图 3-15 朱万钟像 …… 79
图 3-16 丁宗琪像 …… 79
图 3-17 心爱邮币社广告 …… 80
图 3-18 马珪芳、陈蕙芳夫妇像 …… 80
图 3-19 马珪芳启事 …… 80
图 3-20 周志克像 …… 80
图 3-21 文心邮票社广告（1946）…… 81
图 3-22《苏州新报》报道的苏州集邮会成立及举行邮展的消息（1941）…… 81
图 3-23 宋志翔《祝苏州集邮会成立》…… 82
图 3-24 徐逢生《记大华邮票会》（1948）…… 82
图 3-25 大华邮票会的“茶叙迎宾”活动现场（1943）…… 84
图 3-26 李德荣在吴苑深处款待沪上邮友（1948）…… 84
图 3-27 徐逢生学历证明 …… 85
图 3-28 谈佐麐像 …… 85
图 3-29 广州邮票研究会实寄朱怀庵邮资片 …… 86
图 3-30 钱亚凡笔记 …… 86

图 3-31 潘家沣像…………………………………………………… 86
图 3-32 潘家沣邮文处女作……………………………………… 86
图 3-33 李德荣集邮实寄封（1948）…………………………… 87
图 3-34 钱孟方所开的中医处方………………………………… 87
图 3-35 姚啸秋像…………………………………………………… 88
图 3-36 吴国瑞像…………………………………………………… 88
图 3-37《一德集邮服务社启事》………………………………… 89
图 3-38 周文钦像…………………………………………………… 89
图 3-39 刘瑞章像…………………………………………………… 89
图 3-40 徐师亮像…………………………………………………… 90
图 3-41 屈永浚像…………………………………………………… 90
图 3-42 杨德熊像…………………………………………………… 90
图 3-43 黄汝霖像…………………………………………………… 91
图 3-44 吴玉麟像…………………………………………………… 93
图 3-45 轿力挺像及力挺邮币社广告…………………………… 94
图 3-46 周嘉平像…………………………………………………… 94
图 3-47 昆山邮票社广告…………………………………………… 95
图 3-48 赵士骏像及其博士集邮社开幕广告…………………… 95
图 3-49 联华银行委托书…………………………………………… 95
图 3-50 苏州邮人联谊会骨干合影（1946）…………………… 96
图 3-51 马编版与李编版刊封……………………………………… 96
图 3-52 李铭像……………………………………………………… 97
图 3-53 王疆松《苏州来鸿》（1945）………………………… 98
图 3-54 李铭《集邮趣味》演讲稿（1946）…………………… 99
图 3-55《邮票趣味讲座》（1946）…………………………… 101
图 3-56 柴庆翔像…………………………………………………… 101
图 3-57 王大中像及其集邮笔记…………………………………… 102
图 3-58 俞大雄像…………………………………………………… 102
图 3-59 郑光裕像…………………………………………………… 103
图 3-60 姚苏凤像及其所撰邮文…………………………………… 103
图 3-61《邮苑珍闻》封面（1938）…………………………… 104
图 3-62《集邮家用标准中西地名对照表》封面（1939）…… 104
图 3-63《1941 中国及商埠邮票罗门氏专门目录》封面（1940） …… 105
图 3-64《罗门氏华邮辅刊》封面（1941）…………………… 105
图 3-65《红印花暂作小二分版号识别法》封面（1942）…… 106
图 3-66《集邮趣味》封面（1948）…………………………… 107
图 3-67《邮摘》第三十七期刊《集邮五部曲》广告………… 107
图 3-68《大华邮刊》第一、第二期刊封………………………… 107
图 3-69《小小邮刊》创刊报道…………………………………… 108
图 3-70《邮侣》创刊号（1946）………………………………… 108

图 3-71《苏州邮刊》创刊号（1946）…… 109
图 3-72《苏州邮币会刊》第一期（1947）…… 110
图 3-73《邮摘》创刊号与终刊号 …… 111
图 3-74 朱璐《谈谈中信百城版》…… 113
图 3-75 钱希清《牛角尖式的研究是什么？提高华邮的国际地位该这样吗？》…… 113
图 3-76 李铭《从大众化到专门化》及“笑炉按”（1947）…… 114
图 3-77 马珪芳《为各地邮会》（1946）…… 117
图 3-78 郑汝纯像 …… 118
图 3-79 郑汝纯《陪都邮声创刊献辞》（1943）…… 119
图 3-80 赵人龙像 …… 120
图 3-81 赵人龙《集邮研究之道·总论》…… 120
图 3-82 潘安生像 …… 121
图 3-83 署名“晏星”的《中华邮政发展史》…… 121
图 3-84 署名“封翁”的《红学研究的另类思考》（1995）…… 121
图 3-85《苏州邮史研究》载潘安生贺词 …… 123
图 3-86 柳无忌像 …… 123
图 3-87《参考消息》转载柳无忌的《集邮六十年琐记》（1980）…… 124
图 3-88 钟声《中共苏皖边区邮票》（1946）…… 125
图 3-89 孙锡《我所知道的“苏中战邮”及“苏皖边邮”》…… 126
图 3-90 杨雪林像及其珍藏的 1943 年淮南津浦路西区绿色邮票 …… 126
图 3-91 沈曾华像与稀世珍邮“‘稿’字四方联”藏品 …… 126
图 3-92《抗日民族战争胜利纪念》邮票盖销封 …… 127
图 3-93《邮侣》竞拍“区票”之记载（1949）…… 128
图 3-94 杨德雄《延安邮票之我闻》（1947）…… 128
图 3-95 徐敏邮文及 1937 年陕甘宁边区早期票配图 …… 129

第四章

图 4-1 孙锡《天堂邮况》（1950）…… 133
图 4-2 良友邮票社邮票交易封（1951）…… 133
图 4-3《近代邮刊》载《孙锡让品简目》（1950）…… 133
图 4-4 苏一集邮社特制邮票夹（1956）…… 134
图 4-5 吕延臣寄发苏一集邮店柯斌之邮购明信片（1959）…… 134
图 4-6《出让书刊临时目录》…… 135
图 4-7《胡宝书业余集邮复品目录》…… 135
图 4-8《良友邮息》…… 135
图 4-9 枣市街 61 号收转陆仁川之集邮封（1949）…… 136
图 4-10 孙锡集邮封（1950）…… 136
图 4-11 俞大雄集邮封（1950）…… 136
图 4-12 陆念乔寄美国邮友集邮信函（1951）…… 136

图 4-13 陆念乔寄东欧集邮封 …… 136
图 4-14 黄汝霖寄意大利邮友集邮封（1951） …… 137
图 4-15 黄汝霖寄香港石少东集邮封 …… 137
图 4-16《邮钞园地》载文《苏州邮坛呈现新气象　苏州邮人空前大团结》（1951） …… 137
图 4-17 苏州市工人文化宫知识大楼 …… 140
图 4-18《集邮》报道的《苏州举办“祖国万岁”邮展》（1959） …… 140
图 4-19 江苏师范学院附中邮展“前言”（1959） …… 141
图 4-20《集邮》报道《首届邮展在昆山》（1959） …… 141
图 4-21“虞山人民公社文化宫集邮组”名章 …… 141
图 4-22 有关苏州纪念日戳使用的邮电部通知 …… 142
图 4-23 苏州地区 20 世纪 50 年代纪念邮戳销票封片集锦 …… 143
图 4-24《集邮通讯》（1958） …… 145
图 4-25《集邮快报》（1959） …… 145
图 4-26《虞山邮讯》（1961） …… 146
图 4-27 张惠生参编的邮戳研究书刊 …… 146
图 4-28 张惠生集邮预印封 …… 147
图 4-29《集邮者邮坛》（1961） …… 147
图 4-30《解放后邮刊统计（初稿）》（1963） …… 148
图 4-31《图案集》（1964） …… 148
图 4-32《戳图集》（1964） …… 148
图 4-33 祁介东像 …… 148
图 4-34 柯斌像 …… 149
图 4-35《苏一寄拍卖目录》（1958） …… 150
图 4-36《转业拍卖目录》（1958） …… 150
图 4-37《寄拍卖目录》（1962） …… 150
图 4-38 柯斌誓词印章 …… 150
图 4-39《寄拍卖目录》改版（1964） …… 150
图 4-40《寄拍卖目录》1964 年新春号 …… 150
图 4-41《简答与小启》栏目 …… 151
图 4-42《毛主席像邮票专集资料》 …… 151
图 4-43 柯斌刊发的代客征求广告 …… 152
图 4-44《寄拍卖目录》封面集锦 …… 152
图 4-45 苏一集邮店印制的《年历》（1963） …… 152
图 4-46 宣传画《向雷锋同志学习》 …… 152
图 4-47《虞山邮讯》载《苏州邮讯》（1962） …… 154
图 4-48 南京杨勇伟寄苏一集邮店封（1965） …… 154
图 4-49 苏一集邮店寄昆明叶于构封（1965） …… 154
图 4-50“江苏常熟古里人民公社春节工农联欢纪念”戳（1960） …… 154
图 4-51 盖常熟邮展纪念戳之实寄封（1962） …… 155
图 4-52 江苏省昆山中学吴德伟在《集邮》第三期发表邮文（1965） …… 155

图 4-53 太仓项志群集邮封（1960）………………………………………………………………155
图 4-54 集邮小报《一往无前》（1966 年 6 月创刊）…………………………………………156
图 4-55 周适像…………………………………………………………………………………………156
图 4-56 周一非像………………………………………………………………………………………157
图 4-57 乌干达寄苏州集邮封（1967）…………………………………………………………157
图 4-58 昆山寄苏州集邮封（1968）……………………………………………………………157
图 4-59《苏州报》短讯（1979）…………………………………………………………………158
图 4-60 昆山集邮门市部开业一周年纪念戳……………………………………………………158
图 4-61 苏州市工人文化宫集邮研究会成立纪念戳……………………………………………159
图 4-62 王柏生像………………………………………………………………………………………159
图 4-63 苏州钢铁厂职工业余集邮小组成立纪念戳……………………………………………159
图 4-64 “姑苏新春邮展”纪念戳…………………………………………………………………159
图 4-65 “江苏省邮票巡回展览”纪念戳…………………………………………………………159
图 4-66 长三角集邮家会聚无锡（1982）…………………………………………………………160
图 4-67 吴江县集邮协会成立倡议书（1981）……………………………………………………160
图 4-68 中共吴江县委宣传部批复文件（1981）…………………………………………………160
图 4-69 同里镇“迎春邮展”活动现场（1982）…………………………………………………160
图 4-70 常熟工人文化宫集邮组成立纪念戳………………………………………………………161
图 4-71《常熟集邮》发刊词（1983）………………………………………………………………161
图 4-72 常熟市工人文化宫集邮组首届邮展宣传广告（1983）…………………………………161
图 4-73 太仓县工人文化宫第 2 届邮展纪念封（1983）…………………………………………162
图 4-74 昆山县集邮协会首届邮票展览上部分会员签名…………………………………………163

第五章

图 5-1 2011 年新邮预订竞赛活动表彰大会……………………………………………………168
图 5-2 苏州市邮票公司开办信托业务公告……………………………………………………168
图 5-3 “春之声”邮品调剂展销会………………………………………………………………168
图 5-4《中国汇兑印纸目录》及其展示的汇兑印纸手绘印样与北寺塔参照相片…………170
图 5-5 宝塔图“华北邮电暂作邮票”加字改值邮票……………………………………………170
图 5-6 宝塔图“中国人民邮政”加字改值邮票…………………………………………………170
图 5-7《苏州宝带桥》………………………………………………………………………………171
图 5-8 江苏省集邮协会发布《关于填报 2022 年研究课题调查问卷的通知》………………171
图 5-9《太湖·洞庭山色》邮票……………………………………………………………………171
图 5-10 JP163《苏州大学建校 110 周年》纪念邮资明信片设计图稿…………………………172
图 5-11《苏州园林——网师园》邮票图稿研讨会参会嘉宾签名实寄封………………………172
图 5-12 JP175《顾炎武诞生 400 周年》纪念邮资明信片…………………………………………173
图 5-13 中国邮政集团公司邮票发行部回函新加坡邮政…………………………………………173
图 5-14 JP194《中国新加坡合作——苏州工业园区成立 20 周年》设计初稿、修订稿、审定稿
……………………………………………………………………………………………………174

图 5-15《苏州精神》邮资封首发新闻发布会 …… 175
图 5-16《苏州园林》小型张首发式在留园举行的报道 …… 175
图 5-17 副会长李近朱出席《长江》特种邮票首发式 …… 176
图 5-18《姑苏繁华图》特种邮票首发式 …… 176
图 5-19 1997 年苏州兴盛的“六大”邮市 …… 179
图 5-20 关于《集邮市场管理办法》正式施行的报道 …… 181
图 5-21 文庙古玩城邮市现状 …… 181
图 5-22 2022 年购邮者在邮票发售现场选购 …… 182
图 5-23 苏州邮友与邮商参加上海拍卖会活动 …… 182
图 5-24 苏州邮电局请示报告 …… 183
图 5-25 苏州市集邮协会第一次代表大会 …… 184
图 5-26 中华全国集邮联合会副会长、著名集邮家马任全 …… 184
图 5-27 田德明像 …… 185
图 5-28 朱学范、叶圣陶、成安玉为苏州市集邮协会的成立题词 …… 185
图 5-29 苏州市集邮协会第二次代表大会部分代表合影 …… 186
图 5-30 苏州市集邮协会第三次代表大会部分代表合影 …… 188
图 5-31 苏州市集邮协会第四次代表大会部分代表合影 …… 190
图 5-32 苏州市集邮协会第五次代表大会部分代表合影 …… 192
图 5-33 苏州市集邮协会副会长汪日荣授予朱万钟荣誉理事证书 …… 195
图 5-34 第六届理事会会长荣建国在苏州市集邮协会第七次代表大会上做工作报告 …… 196
图 5-35 苏州市集邮协会第八次代表大会 …… 198
图 5-36 苏州市集邮协会第九次代表大会主会场和分会场 …… 200
图 5-37 苏州市集邮协会第九次代表大会表彰先进仪式 …… 200
图 5-38 新老副会长在会场合影 …… 202
图 5-39 继任会长陈力烈为苏州市集邮协会第九届监事会成员颁发荣誉聘书 …… 202
图 5-40 吴江县集邮协会成立纪念封 …… 203
图 5-41 吴江市《鲈乡大讲坛》节目讲师钟浬进校园开展集邮宣讲活动 …… 204
图 5-42 吴江会员的邮集荣获的部分奖杯、奖牌 …… 206
图 5-43 昆山县集邮协会成立纪念封 …… 207
图 5-44 昆山撤县设市 20 周年集邮展览 …… 208
图 5-45 生肖集邮研究会昆山分会举行新春联谊活动 …… 211
图 5-46《关于成立“常熟市集邮协会”的请示报告》批复 …… 212
图 5-47 中华全国集邮联合会原会长刘平源为《常熟集邮》题词 …… 213
图 5-48 1988 年日本邮票展览 …… 215
图 5-49 江阴与常熟两市集邮、集报联展参展成员合影 …… 216
图 5-50 朱敏外交系列纪念封暨常熟市第 24 届集邮展览现场 …… 217
图 5-51 新春邮品调剂会 …… 218
图 5-52 太仓县集邮协会成立大会 …… 218
图 5-53 太仓市集邮协会第六次代表大会 …… 219
图 5-54 娄东邮学沙龙 …… 219

图 5-55 刘佳维、李曙光、刘劲、马佑璋等人参观联展……220
图 5-56 双凤中学少年邮局……221
图 5-57 沙洲县集邮协会成立纪念封 ……222
图 5-58 赵人龙题写刊名……223
图 5-59 中华全国集邮联合会会长罗淑珍在会员的邮资封片上签名 ……223
图 5-60 纪念戳图谱 ……224
图 5-61 张家港港务局集邮爱好者协会成立……224
图 5-62 沙洲职业工学院集邮协会开展集邮知识讲座 ……225
图 5-63 吴县集邮协会成立大会……225
图 5-64 周文才受聘为吴中区集邮协会第五次代表大会名誉会长……226
图 5-65 吴中区集邮协会领导审核集邮党史 PPT 课件 ……227
图 5-66 木渎镇青少年集邮协会理事会议 ……227
图 5-67 吴县集邮协会与上海沪东汽运公司集邮协会集邮联谊会……228
图 5-68 吴中区集邮协会与苏州市职工集邮研究会第 20 届联谊活动 ……228
图 5-69 苏州市工人文化宫集邮研究会成立大会……228
图 5-70 苏州市工人文化宫集邮研究会第二次会员大会……229
图 5-71 顾文煜像……229
图 5-72 姑苏新春邮展……230
图 5-73 苏州市工人文化宫集邮研究会首届职工集邮新人新作展……230
图 5-74 苏州市首届“集邮与知识”大奖赛授奖纪念封……233
图 5-75 疫情期间的苏州市老年邮局营业处……234
图 5-76 苏州夕阳红集邮讲师团合影……235
图 5-77 苏锡常集邮联谊会上三方邮友互赠集邮礼品……235
图 5-78 苏州市职工集邮研究会赈灾义捐邮品拍卖会……236
图 5-79 “集邮进社区，快乐迎新年”系列活动举行开幕仪式 ……237
图 5-80 马佑璋莅临苏州大学观看苏州市职工集邮研究会集邮收藏展……237
图 5-81 生肖集邮研究会成立会议……238
图 5-82 全国文联主席周巍峙参观全国生肖邮币卡券藏品展……238
图 5-83 《生肖集邮》创刊号 ……239
图 5-84 周治华手书办刊流程……239
图 5-85 生肖集邮研究会苏州市区分会会员合影……240
图 5-86 中国第三轮生肖邮票设计研讨会……241
图 5-87 生肖集邮研究会第二次会员代表会议会员合影……241
图 5-88 王新中名誉会长颁发“周治华奖” ……243
图 5-89 全国生肖个性化邮票青少年创意设计大赛颁奖座谈会 ……244
图 5-90 《生肖集邮学术研讨会论文选（2010）》 ……245
图 5-91 生肖集邮研究会获评全国先进集邮组织荣誉证书……246
图 5-92 中华全国集邮联合会领导莅临苏州参加生肖集邮研究会活动……247
图 5-93 会长杨利民题词……247
图 5-94 全国集邮联调研生肖集邮活动座谈会参会人员合影……248

图 5-95 首届全国生肖集邮嘉年华活动部分参会人员合影 …… 248
图 5-96 郑炜会士向中国集邮家博物馆捐赠《中国生肖邮票大全套》 …… 248
图 5-97 周治华像 …… 249
图 5-98 苏州市离休老干部集邮协会成立纪念封 …… 250
图 5-99 “中共苏州市委老干部局”官网关于集邮的报道 …… 250
图 5-100 会员观看联展 …… 252
图 5-101 风景戳研究会成立 …… 252
图 5-102 风景戳研究会苏州分会成立 …… 252
图 5-103 杨利民贺词 …… 252
图 5-104《风景日戳》会刊 …… 254
图 5-105《上海集邮》参加 2004 年度“全国十佳风景日戳”评选活动 …… 254
图 5-106《风景日戳文集》 …… 255
图 5-107 风景戳研究会举办“纪念长征胜利 80 周年”红色邮展暨风景日戳集邮知识讲座 …… 255
图 5-108 苏州市老年集邮协会成立大会 …… 256
图 5-109 孙宝明像 …… 256
图 5-110 老年邮协首届邮展 …… 257
图 5-111 苏州市老年集邮协会祝寿会 …… 258
图 5-112 苏州市第一届老年集邮文化节 …… 258
图 5-113 苏州市极限集邮研究会成立大会 …… 260
图 5-114 苏州市极限集邮研究会十周年纪念会 …… 261
图 5-115 郑炜获中国 2009 世界集邮展览大镀金奖 …… 261
图 5-116 严文华获杭州 2010 中华全国集邮展览大镀金奖 …… 261
图 5-117 钱延林获珠海 2013 第三届东亚集邮展览大镀金奖 …… 261
图 5-118 极限集邮专家与台湾中华原图极限集邮研究会内知名人士 …… 262
图 5-119 彩版《苏州极限集邮——“2006 极限集邮（苏州）展览暨学术论坛”特刊》 …… 263
图 5-120 苏州市专题集邮研究会成立 …… 263
图 5-121 邓树镛像 …… 264
图 5-122 唐孝飞做专题集邮讲座 …… 265
图 5-123 苏锡通专题集邮联谊会在苏州大学举行 …… 265
图 5-124 苏州市第二届专题集邮展览评审现场 …… 266
图 5-125 袁农基获长沙 2014 第 16 届中华全国集邮展览大镀金奖 …… 266
图 5-126 新中国邮资片研究会成立大会 …… 267
图 5-127 新中国邮资片研究会首届集邮展览 …… 267
图 5-128 苏州市个性化邮票研究小组成立大会 …… 268
图 5-129 苏州市邮资封片和个性化邮票研究会揭幕仪式 …… 268
图 5-130《邮资封片和个性化邮票研究》 …… 269
图 5-131 网师园集邮沙龙 …… 269
图 5-132 英国皇家邮学会第一届中国年会暨邮学论坛 …… 269

图 5-133《苏州市邮迷沙龙记事》 …… 270
图 5-134 贺萍像 …… 270
图 5-135 苏州市邮政史集邮研究会成立大会 …… 270
图 5-136 思达邮社 …… 270
图 5-137《邮史研究》创刊号 …… 271
图 5-138 苏州市邮政史集邮研究会成立 1 周年集邮展览 …… 271
图 5-139 苏州市邮政史集邮研究会参展邮集于南京市会审 …… 271
图 5-140 第三届中国民信局研讨会（苏州）与会代表合影 …… 273
图 5-141 杨利民题词 …… 273
图 5-142 常熟徐宝煌主讲“日本邮票的收藏与研究” …… 274
图 5-143 苏州市观前文化市场 B 层 DB209 室 …… 274
图 5-144 苏州市艺都古玩城 B 层新会址 …… 274
图 5-145 东吴邮学会获批挂靠苏州市集邮协会 …… 275
图 5-146 东吴邮学会集邮沙龙 …… 275
图 5-147 集邮活动走进苏州同里同兴村 …… 276
图 5-148 东吴邮学会集邮活动走进吴江区八坼中学 …… 276
图 5-149 苏州吴江与浙江嘉兴、桐乡举办运河文化联谊活动 …… 277
图 5-150 太仓市中国民信局研究会成立大会 …… 277
图 5-151 中华全国集邮联合会会长成安玉参观集邮展览 …… 278
图 5-152 著名集邮家赵善长莅临苏州参观集邮展览 …… 278
图 5-153《邮票设计者作品展览》纪念封 …… 279
图 5-154《中国邮票设计家孙传哲绘画作品展览》纪念封 …… 279
图 5-155《万维生邮票设计展览》纪念张 …… 279
图 5-156 苏州市第七届集邮展览参观券 …… 280
图 5-157 苏州市第八届集邮展览开幕式 …… 280
图 5-158 苏州市第九届集邮展览开幕式 …… 282
图 5-159 2006 极限集邮（苏州）展览暨学术论坛开幕式 …… 282
图 5-160 “庆祝《昆曲》荣登国家名片集邮展览”前言 …… 283
图 5-161 苏州市第十届集邮展览展品目录 …… 283
图 5-162 江苏省第三届集邮展览一等奖奖杯 …… 284
图 5-163 苏州市集邮协会领导出席苏州市首届专题集邮展览 …… 285
图 5-164 中华全国集邮联合会高级培训班邮集讲解现场 …… 286
图 5-165 国际集邮联合会主席约瑟夫·沃尔夫现场点评极限邮集 …… 286
图 5-166 苏州集邮展览进工厂、进农村、进校园、进社区 …… 287
图 5-167 纪念中国共产党成立 90 周年集邮联展 …… 287
图 5-168 OK 邮集《喜迎二十大 永远跟党走 百年邮品史料展》现场展示 …… 287
图 5-169 徐宝煌的《新中国早期普通邮票》荣获第 3 届中华全国集邮展览金奖 …… 288
图 5-170 陆树笙的《清代邮资明信片（1897—1911）》荣获第 8 届中华全国集邮展览大金奖 …… 288

图 5-171 道文进的传统邮集《中国人民邮政史（1946—1956）》获第 18 届中华全国集邮展览金奖之获奖证书、奖牌盒和特别奖 …… 289
图 5-172 唐卓凡、黄天瑜获第 18 届中华全国集邮展览青少年类大镀金奖之获奖证书和奖牌 …… 289
图 5-173 唐孝飞担任第 2 届粤港澳大湾区集邮展览实习评审员证书及其与评审委员会成员合影 …… 290
图 5-174 唐中杰的军邮集《华北军邮》在第 19 届亚洲国际集邮展览上获军邮类大镀金 …… 291
图 5-175 唐中杰的军邮集《华北军邮》在第 19 届亚洲国际集邮展览上获军邮类大镀金 …… 291
图 5-176 张亦晟获泰国 2018 世界集邮展览青少年类大镀金 …… 292
图 5-177 徐伟获中国 2019 世界集邮展览专题类金奖 …… 292
图 5-178 金晓宏获中国 2019 世界集邮展览文献类镀金奖 …… 292
图 5-179《苏州日报》关于邮品联合拍卖的报道 …… 292
图 5-180 赈灾邮票发行暨邮品义拍纪念封 …… 293
图 5-181 苏州首届大型邮品拍卖会拍品目录 …… 294
图 5-182 常熟市集邮协会举办新春邮品调剂会 …… 295
图 5-183 水原明窗寄赠陆树笙日丰发行的精美首日封和信函 …… 296
图 5-184 吴根生与水原明窗在南林饭店前合影 …… 297
图 5-185 水原明窗自拙政园签发明信片 …… 297
图 5-186 中国与美国邮友在苏州丝绸印花厂开展集邮座谈会 …… 297
图 5-187 苏州市集邮协会领导会见台湾地区邮友陈继勋 …… 298
图 5-188 王柏生出示自己珍藏的邮票贴片 …… 298
图 5-189 汪日荣、何勇、朱炳南、吴根生观看斯盖恩展示的中国珍邮贴片 …… 298
图 5-190 史维林等陪同许少全及夫人、郑炳贤参观吴江同里 …… 298
图 5-191 生肖集邮研究会在苏州会议中心举行招待宴会暨海外联盟活动 …… 299
图 5-192 台湾中华集邮会参观团参观横塘驿站 …… 300
图 5-193 美国中华集邮会会员抵达苏州 …… 300
图 5-194 美国中华集邮会会员访问苏州 …… 300
图 5-195 生肖集邮研究会台湾寻邮之旅 …… 301
图 5-196 列支敦士登邮票展 …… 301
图 5-197 中国生肖邮票精品展 …… 301
图 5-198 徐伟海外寻邮剪影 …… 302
图 5-199 中国与新加坡邮政领导互赠纪念邮票 …… 303
图 5-200 盛名环等人参加《郑和下西洋 600 周年》纪念邮票首发式 …… 303
图 5-201《古琴与钢琴》特种邮票首发式 …… 303
图 5-202 联合国副秘书长安娜·蒂贝琼卡在昆山签封 …… 304
图 5-203 冯新生出席《中国和新加坡建交 20 周年》纪念邮资信封首发式并观看集邮展览 …… 304
图 5-204 马丁·莫克在常熟签售纪念封 …… 304

图 5-205 日文版《中国集邮》报道 …… 305
图 5-206《体育集邮》第 3 期头版信息 …… 305
图 5-207 徐伟博客上的邮事图片和文字 …… 306
图 5-208 《中国飞剪》总第 450 期刊发了《邮刊史研究》总第 13 期封面图 …… 306
图 5-209 王剑智代赠英国皇家邮学会《邮刊史研究》 …… 306
图 5-210 列支敦士登公国杂志 *Volksblatt* 的报道 …… 306
图 5-211 美国《林氏邮票新闻》官网 …… 307
图 5-212 陆志新出席中华全国集邮联合会学术委员会 1984 年学术年会 …… 309
图 5-213 宋醉陶的邮学遗稿《万寿加盖大字长短距票版式》 …… 310
图 5-214 周治华《邮票与苏州》的获奖证书 …… 311
图 5-215 邓树镛邮著 …… 311
图 5-216 陆树笙邮著 …… 311
图 5-217 周治华邮著 …… 311
图 5-218 郑炜邮著 …… 311
图 5-219 唐中杰的论文获奖证书 …… 312
图 5-220 张晓钢的特聘研究员聘书 …… 312
图 5-221 金晓宏邮著 …… 312
图 5-222 邹子阳关于绵嘉义研究的专稿与邮著（初稿） …… 313
图 5-223 特约编辑翟瀚 …… 313
图 5-224 唐孝飞邮著 …… 313
图 5-225 王平邮著 …… 314
图 5-226《上海集邮》杂志创刊 40 周年纪念座谈会报道及参加《中国集邮史（1878—2018）》全稿章节标题审定会 …… 314
图 5-227 郑炜、金问涛参编《中国集邮大辞典》 …… 314
图 5-228 屠富强邮著 …… 314
图 5-229 袁农基邮著 …… 315
图 5-230 首届民信局研讨会在苏州南园宾馆举办 …… 315
图 5-231 太仓市中国民信局研究会成立大会 …… 315
图 5-232《苏州集邮》总第 100 期和总第 191 期 …… 316
图 5-233《苏州集邮》创刊二十周年纪念座谈会 …… 316
图 5-234《苏州集邮》合订本 …… 318
图 5-235 中共苏州市委书记发来的贺信 …… 319
图 5-236 中共苏州市委宣传部的经费资助 …… 319
图 5-237 姑苏驿邮史研讨会明信片 …… 320
图 5-238《张家港日报》的专栏《集邮天地》刊头设计 …… 320
图 5-239 昆山双拥集邮文化展厅电视采录 …… 321
图 5-240 媒体记者采访生肖集邮研究会会长郑炜 …… 321
图 5-241 纪念毛泽东同志诞辰 130 周年——2023 癸卯年生肖一框邮集全国（网络）邀请展展会指南、展品目录 …… 322
图 5-242 首届微信一框集邮展览 …… 322

图 5-243 微信公众号上的集邮专栏《方寸话中医》……322
图 5-244 在抖音上发布集邮分享活动……323
图 5-245 “集邮与党的知识”大奖赛授奖纪念……323
图 5-246《吴江邮讯》创刊号和首期彩版……325
图 5-247《常熟集邮》创刊号与铅印版……325
图 5-248《苏州集邮》创刊号与改版后的第 1 期……326
图 5-249《苏州集邮简报》……326
图 5-250《吴县集邮简讯》……326
图 5-251《吴县集邮》……326
图 5-252《吴县邮苑》……326
图 5-253《吴中邮苑》……326
图 5-254《张家港邮苑》创刊号与彩版……327
图 5-255《昆山集邮》创刊号与《昆山集邮 · 生肖邮苑》合刊……327
图 5-256《太仓集邮》创刊号与复刊号……327
图 5-257《娄东邮讯》创刊号……328
图 5-258《苏大集邮》第 32 期……328
图 5-259《博邮》……328
图 5-260《东山集邮》……329
图 5-261《长江邮盟》……329
图 5-262《灵岩邮刊》……329
图 5-263《莺湖邮苑》……329
图 5-264《苏机邮讯》……329
图 5-265《宝带桥邮苑》……330
图 5-266《车坊集邮》及《车坊集邮 · 会务通讯》……330
图 5-267《相城邮苑》……330
图 5-268《吴江卫生集邮简讯》……330
图 5-269《苏州老年集邮简报》……330
图 5-270《盛湖集邮》……330
图 5-271《研究与交流》首期与总第 255 期……331
图 5-272《风景戳》……331
图 5-273《风景日戳》新年号……332
图 5-274《体育集邮》创刊号与终刊号……332
图 5-275《生肖集邮》第 150 期……332
图 5-276《苏州生肖通讯》……333
图 5-277《常熟生肖》……333
图 5-278《生肖集邮剪报》……333
图 5-279《苏州极限集邮》创刊号……333
图 5-280 吴江极限之友》创刊号……333
图 5-281《吴江生肖集邮会讯》……333
图 5-282《新中国邮资片研究》创刊号与特刊……334

图 5-283《生肖邮苑》试刊号 …… 334
图 5-284《邮刊史研究》筹备刊 …… 334
图 5-285《东吴邮学杂志》 …… 334
图 5-286《个性化邮票研究》 …… 335
图 5-287《信销邮趣》 …… 335
图 5-288《姑苏邮学》 …… 335
图 5-289《苏州专题集邮》 …… 335
图 5-290《中国民信局研究》 …… 335
图 5-291《江南邮讯》 …… 336
图 5-292《笔峰邮趣》 …… 336
图 5-293《苏州邮友》 …… 336
图 5-294《封戳精华》 …… 336
图 5-295《宝带集邮》 …… 336
图 5-296《绸都邮讯》 …… 336
图 5-297《云岩邮缘》 …… 337
图 5-298《姑苏邮苑》《姑苏昆虫邮苑》《蝴蝶邮苑》 …… 337
图 5-299《水都极限》《水城极限》 …… 338
图 5-300《极限研究》 …… 338
图 5-301《苏州极限之友》 …… 338
图 5-302《姑苏极限》 …… 338
图 5-303《苏州极限》 …… 338
图 5-304《四季集藏》 …… 339
图 5-305《世纪邮潮》 …… 339
图 5-306《邮之旅》创刊号 …… 339
图 5-307《水乡邮趣》创刊号 …… 339
图 5-308 苏州市粮食系统集邮协会 …… 340
图 5-309 苏州冶金机械厂集邮分会成立 20 周年合影 …… 340
图 5-310 苏州阀门厂集邮协会活动纪念戳章 …… 342
图 5-311 苏州阀门厂、苏州林业机械厂、苏州长风机械总厂 3 厂联合集邮展览纪念封 …… 343
图 5-312 苏州第一民族乐器厂集邮兴趣小组参观横塘驿站 …… 344
图 5-313 苏州医药集邮协会成立纪念封 …… 345
图 5-314 苏州砂轮厂建厂 35 周年纪念封 …… 346
图 5-315 苏州刺绣厂集邮协会成立纪念封 …… 346
图 5-316 苏州阀门厂集邮小组创办的《邮海觅趣》 …… 346
图 5-317 苏州市机械系统集邮协会“集邮者之家”命名纪念封 …… 347
图 5-318 苏州市少年集邮协会成立纪念封 …… 348
图 5-319 苏州市青少年集邮协会第二次代表大会 …… 349
图 5-320 苏州市青少年集邮活动示范基地授牌仪式 …… 350
图 5-321 苏州市夕阳红集邮讲师团上门宣讲集邮知识 …… 352

图 5-322 苏州市青少年集邮知识竞赛相关报道 …… 352
图 5-323 苏州市教育系统暨青少年集邮展览纪念封 …… 353
图 5-324 苏州市青少年“展望新世纪”纪念封设计大赛 …… 353
图 5-325 常熟市青少年集邮夏令营开幕式 …… 354
图 5-326 苏州市少年邮局成立二十周年庆典暨第二十一届换届仪式 …… 355
图 5-327 张家港市凤凰小学在 2011 年第 3 批获得授牌 …… 355
图 5-328 苏州市吴江区盛泽第二中学在 2018 年第 5 批获得授牌 …… 355
图 5-329 苏州编出集邮校本教材成果累累 …… 356
图 5-330 吴江校园掀起编办集邮小报风 …… 357
图 5-331 苏州市景范中学校编印的《苏州市少年邮局十五周年邮戳汇编》 …… 357
图 5-332 江苏省集邮协会验收组对吴江县集邮协会的“建家”工作进行全面验收 …… 358
图 5-333 “验收合格集邮者之家”铜匾 …… 359
图 5-334 苏州第一民族乐器厂集邮协会被命名为“集邮者之家” …… 362
图 5-335 苏州阀门厂集邮协会与上海虹口区集邮协会的联谊活动 …… 363
图 5-336 太仓县集邮协会浮桥分会正式成立纪念封 …… 364
图 5-337 浒墅关地区集邮协会成立纪念封 …… 365
图 5-338 平望镇集邮协会成立后会员合影 …… 365
图 5-339《苏州集邮》刊发《苏州市乡镇集邮活动调查报告》 …… 366
图 5-340 刘天瑞在吴江考察农村集邮情况 …… 366
图 5-341 苏州市政府办公室集邮协会成立纪念封 …… 367
图 5-342《廉洁文化进机关主题集邮展》纪念封 …… 368
图 5-343 在苏州举办的江苏省运动会体育集邮展览 …… 368
图 5-344 会员带着党史邮集走进苏州市生态环境综合行政执法局 …… 369
图 5-345 集邮党课走进苏州市政协机关 …… 369
图 5-346《第 16 届中国金鸡百花电影节》纪念封 …… 371
图 5-347 苏州市职工集邮研究会开展“集邮进社区，快乐迎新年”系列活动 …… 372
图 5-348 苏州市沧浪区友新街道友一社区集邮分会成立 …… 373
图 5-349 中街路社区红色集邮党支部命名授牌 …… 374
图 5-350《拜年》特种邮票首发活动现场 …… 375
图 5-351《拜年》特种邮票首发式活动现场 …… 376
图 5-352《乙亥年》生肖猪年邮票首发式现场 …… 376
图 5-353 中华全国集邮联合会创建“集邮文化先进城市”活动座谈交流会 …… 379
图 5-354 苏州市集邮协会会长荣建国发出动员令 …… 380
图 5-355 江苏省集邮协会初验小组来苏州督察迎检工作进展 …… 380
图 5-356 苏州市集邮协会创建“全国集邮文化先进城市”汇报视频光盘 …… 381
图 5-357 苏州获首批“全国集邮文化先进城市”荣誉称号 …… 381
图 5-358 苏州市委书记蒋宏坤批示筹建苏州生肖邮票博物馆 …… 383
图 5-359 周治华生肖邮票个人藏品捐赠仪式 …… 384
图 5-360 苏州生肖邮票博物馆 …… 384
图 5-361 周治华陪同苏州市委领导和嘉宾参观 …… 384

图 5-362 孙蒋涛及丁兆德、丁兆庆向苏州生肖邮票博物馆捐赠邮票 …………………… 385
图 5-363 列支敦士登邮政代表捐赠列支敦士登公国马年生肖邮票 …………………… 385
图 5-364 苏州生肖邮票博物馆与列支敦士登国家博物馆签订友好博物馆谅解备忘录…… 385
图 5-365 戴定国捐赠美国蛇年邮票大版张生肖邮品 …………………………………… 385
图 5-366 苏州生肖邮票博物馆之品牌与荣誉 ………………………………………… 386
图 5-367 张玉虎参观苏州生肖邮票博物馆 …………………………………………… 386
图 5-368 赵晓光视察苏州生肖邮票博物馆 …………………………………………… 386
图 5-369 昆山双拥集邮文化展厅 ……………………………………………………… 386
图 5-370 昆山双拥集邮文化展厅内开展的集邮活动 …………………………………… 387
图 5-371 中华全国集邮联合会副会长李曙光捐赠杨利民会长题词 …………………… 387
图 5-372 “传承红色基因 弘扬集邮文化”——李曙光红色收藏签名展………………… 387
图 5-373 “红军家信”单元 ……………………………………………………………… 388

后　记

苏州是全国集邮先进城市，集邮风气早开，无论是清末民初，还是新中国成立及改革开放以来，一直是全国集邮的重镇。无论是新中国成立前“民国三大邮会”中苏州籍会员人数的高涨，还是新中国成立后集邮活动、获奖邮集、集邮大家的涌现，都值得大书特书、系统总结、修撰成史，前告慰先贤，后激励青壮。

然因早年信息闭塞、史料星散、钩沉不易，难成史牒。直到 1993 年，借苏州市集邮协会成立十周年之东风，由老新光邮票研究会会员俞大雄执笔，编出了一本 76 页的资料集《苏州集邮史汇编》。

本着弘扬苏州集邮文化的初心，十余年前苏州市老干部集邮协会会长瞿慰祖又牵头开启了民间编史进程：拟大纲、组班子、收集资料、试写样稿等，做了大量铺垫工作。同时，近二十年来《苏州集邮》也登载了许多苏州集邮史的研究文章。

在 2022 年 1 月 15 日召开的苏州市集邮协会第九次代表大会上，《苏州集邮史（1878—2023）》的编撰工作被正式提上议事日程，并得到了中国邮政集团有限公司苏州市分公司、苏州市集邮协会及苏州大学出版社的明确支持。2022 年 6 月 14 日，《苏州集邮史（1878—2023）》编写工作启动。时任中国邮政集团有限公司苏州市分公司总经理、苏州市集邮协会会长的陈力烈到会发言，对《苏州集邮史（1878—2023）》的编写工作表示大力支持。此事天时地利人和，时不我待，义不容辞。

根据苏州市集邮协会常务理事金问涛参编《中国集邮史（1878—2018）》和《上海集邮文献史（1878—1949）》的经验，《苏州集邮史（1878—2023）》的参编人员已在 2022 年 2 月 13 日的编写筹备会上做了分工，并参考《中国集邮史（1878—2018）》《江苏集邮史》等著作的体例，结合苏州特点，拟定了编写大纲（三级类目）草案：按正史编写体例，条块结合，以充分展示苏州集邮史各时段的重点和亮点。但是，整个编写过程中必然需要也热忱希望得到各方的支持和帮助。金问涛提名编写组及审读组首批成员建议名单。

苏州市集邮协会副会长盛惠良邀请苏州大学出版社副编审薛华强出席启动会，目的在于请专业编辑提前介入，建立编写人员微信群，同步进行沟通，方便指导大家规范编写体例，使得初稿即符合出版要求。这是一种高效的写作与审校同步的工作方法，为《苏州集邮史（1878—2023）》按进度准时出版提供了切实支撑。

全体参编人员攻坚克难，同心协力。编写中，借鉴了新版《中国集邮史（1878—2018）》《江苏集邮史》的体例和编写经验。历经两个寒暑，终于2024年4月完稿。

本书序篇、第1—3章由金问涛、邹子阳编写，第4章由翟瀚、邹子阳编写，第5章由汪日荣、陆树笙、翟瀚编写，大事记及附录由张晓钢、赵正匡编写，序、前言、目录、概述部分的英文由金晓宏翻译，图片统筹由邹子阳担任。全书由张晓钢、金问涛、翟瀚统稿，编撰顾问为盛惠良、瞿慰祖。

本书由陆树笙主审，汪日荣、徐宝煌担任副主审，张杰、朱炳南、屠富强、范利清、道文进、殷丁元、王伟峰、李建平、曹企新、唐孝飞、钱延林、曹兴龙担任特约审读。

本书还得到了诸多师友的关心与帮助。为本书提供有价值的信息史料和插图书影的有瞿慰祖、赵正匡、徐铮、余敏、朱炳南、唐孝飞、徐阳、张池奎、范利清、毛琼、单宪年等，特此鸣谢。本书中所使用的图片，少部分来自历年各大拍卖行的邮品拍卖目录，囿于工作量，无法一一追溯并注明买受人信息，在此一并致谢。

《苏州集邮史（1878—2023）》编写组

二〇二四年四月